파이썬과 Fraudit을 활용한

회계부정적발

안정국 저

A-JIN
도서출판 아 진

Fraudit을 설치하는 순서는 다음과 같다.

❶ www.fraudit.io 에 접속한다.

❷ 회원을 가입하지 않은 경우 먼저 회원을 가입한다.

❸ 다운로드 >> 다운로드로 들어가면 다운로드와 교육용 다운로드 버튼이 나온다. 다운로드 버튼은 상용버전이며 이것을 누르면 7일 평가판을 다운로드 받을 수 있다. 교육용 버전은 사용기간 제한 없이 사용할 수 있지만 기능에 제한이 있다. 본서에서는 상용버전으로 설명할 것이다.

❹ 자신의 컴퓨터가 윈도우 64비트 운영체제인지 확인한다. 윈도우 10을 기준으로 확인하는 방법은 시작 버튼에서 오른쪽 클릭 한 후 시스템 메뉴를 선택하면 확인할 수 있다. Fraudit은 윈도우

64비트에서만 작동하며, 윈도우 버전은 7,8,10에서 작동하나 가능한 10을 권장한다.

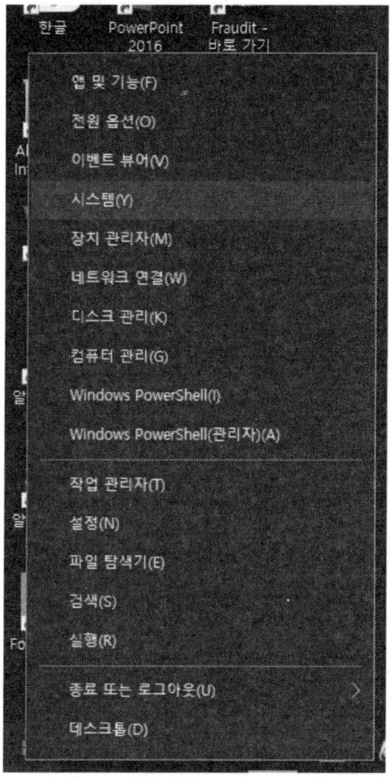

❺ 상용버전 설치를 완료한 후에 인터넷이 반드시 연결되어 있어야 한다. 실행을 하면 왼쪽과 같은 메뉴가 나온다. 여기서 Get evaluation license 메뉴를 누른다.

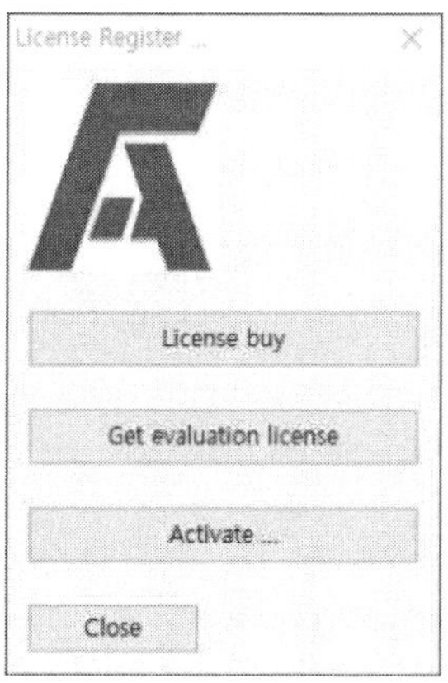

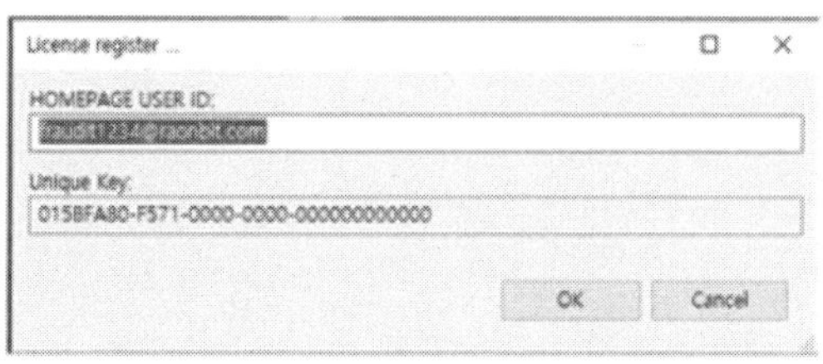

❻ HOMEPAGE USER ID는 www.fraudit.io 홈페이지에서 회원가입한 아이디를 입력한다. Unique Key는 자신의 컴퓨터에서 자동적으로 세팅되며 OK를 누르면 창이 닫히고 Fraudit이 실행된다.

머리말

바둑에서도 기계가 사람을 이긴다는 사실에 익숙해지고 있는 시점에 문득 '우리는 뭘 준비해야지' 하는 생각으로 밤샌 적이 있다. 나만 이런 생각을 하는지 궁금해서 주변 사람들에게 이런 질문을 하였지만 의외로 자신이 피부로 느끼기에는 먼 미래의 일이라고 믿는 것 같다.

'인공지능' 혹은 '4차산업혁명'을 화두로 한 미래의 변화에 대하여 많은 이야기를 하고 있지만 미래의 변화에 대처하기 위하여 우리가 무엇을 어떻게 준비해야 하는지에 대한 구체적인 방법을 알려주는 기사나 자료들은 거의 없다. 설령 있다 하더라도 내가 준비하기에는 너무 많은 시간과 비용이 드는 것이 아닌가 하는 막연한 두려움이 앞설 뿐이다.

필자도 당연히 그런 두려움이 있다. 아니 이런 두려움은 영원히 계속될 것 같다. 그렇다면 이 두려움을 극복하기 위한 방법은 없는 것일까? 인공지능, 4차산업혁명 시대에 대처할 수 있는 가장 현명한 방법은 이러한 변화에 적극적으로 대응하고자 하는 용기라고 본다. 필자는 이 용기를 끌어내기 위한 체계적인 수단이 데이터 분석이라고 보았고 특히 필자의 전문지식분야인 부정적발을 위한 전산감사, 특히 데이터감사에 촛점을 맞추고 싶었다.

본 서는 최근 프로그래밍 언어로 가장 인기가 높은 파이썬을 베이스로 만들어진 국산 전산감사 소프트웨어인 Fraudit을 이용하여 분식회계 및 부정을 적발하기 위한 다양한 기법을 사례와 함께 설명하고 있다. 기본적으로는 Fraudit에 대한 기능 및 기초 파이썬을 설명하고, 더 나아가 부정과 관련된 다양한 사례를 직접 풀어나가면서 기업의 모든 활동에 대한 통찰력을 키울 수 있도록 도와줄 것이다. 특히 AICPA의 Data Analytics 파이썬 사례와 해외 논문의 종합 사례를 포함하였으며, Fraudit의 대폭적인 업그레이드 기능 설명 및 대량 데이터 분석에 필수적인 파이썬 라이브러리인 Pandas, 정규식, 그리고 최근 매우 인기 높은 RPA에 대한 설명을 포함시켰다.

본 서는 실제 회계감사업무를 수행하고 있는 회계사, 내부감사, 부정적발 담당자 등의 업무에 직접적인 도움을 주는 것을 1차적인 목적으로 하고 있으나 대학에서 한 학기 동안 데이터 분석 또는 회계감사 보조교재로도 충분히 활용할 수 있을 것이다.

본 서에서 나오는 예제파일은 저자의 블로그 (https://python-people.tistory.com/)에 올려놓았으니 얼마든지 참고하여 활용하기 바라며 더 나은 사례를 개발한 분들은 블로그에 올려놓기를 바란다. 독자들의 집단지식이 더 나은 책을 만들 수 있는 원천이라고 믿으며 앞으로도 계속 노력하여 보다 충실한 교재로 거듭날 것을 약속하며 독자들의 충고와 질책을 바라는 바이다.

본 서를 출간하게 해주신 아진출판사 김근배 대표님과 기타 편집 관계자에게 감사를 드리는 바이다. 아무쪼록 본 서가 한국의 투명성 제고에 일조를 할 수 있다면 그 이상 기쁨은 없을 것이다.

2021년 7월

안정국

목차

제2장 Python 기초

제3장 Fraudit 테이블과 파이썬의 관계

제4장 Pandas

제5장 사례분석-카드/입찰부정

제6장 사례분석-구매부정

제7장 사례분석-종업원 부정

제8장 사례분석-연령분석

제9장 사례분석-영업부정

제10장 사례분석-재고자산

제11장 사례분석-JET

제12장 사례분석–종합사례

제13장 파이썬으로 RPA 만들기

제14장 정규표현식(Regular Expression)

| 제 1 장 |

Fraudit

01 | Fraudit 개요

1 Fraudit은 어떤 소프트웨어인가?

- Fraudit은 부정적발, 분식회계탐지 등을 위한 고급 데이터 감사 소프트웨어로 Python으로 만들어진 소프트웨어이다. Fraudit은 부정적발, 분식회계탐지 등을 주목적으로 개발하였지만 일반 데이터분석 툴로도 확장성이 뛰어난 소프트웨어이다.
- MS Excel과 같은 스프레드시트 또는 통계 전용 소프트웨어는 각각 해당 분야에서 강점을 가지고 있다. 그러나 기업 데이터, 특히 회계나 재무 데이터의 경우 이와 같은 소프트웨어만으로는 심도 있는 분석을 하기가 어려울 수 밖에 없다. 따라서, 이러한 소프트웨어를 사용하다보면 다음과 같은 필요성을 느끼게 된다.

✓ 부정적발 및 분식회계 탐지에 특화된 템플렛
✓ 사용이 쉬우면서 강력한 기능을 발휘할 수 있는 스크립트(언어) 사용
✓ 방대한 양의 데이터를 분석할 수 있는 능력
✓ 전문 분석가에 작업을 의뢰하지 않고도 일반 분석가가 업무를 수행할 수 있게 하는 방법
✓ GUI와 console 모두를 사용할 수 있게 하는 interface

- Fraudit은 부정적발 및 분식회계에 초점을 맞추고 있지만 실제로 다양한 유형의 데이터 분석에도 사용될 수 있는 framework이다.

2 Fraudit의 특징

- Fraudit은 다음과 같은 특징이 있다.

✓ Fraudit은 배우기 쉽고 데이터 분석 분야에서 강력한 기능을 제공하는 컴퓨터 언어인 Python을 **기반**으로 하고 있다. 다른 부정적발 데이터 감사 소프트웨어들은 자체 언어를 사용하는데 반하여 Fraudit은 데이터분석 분야에서 가장 인기있는 언어인 Python을 그대로 사용할 수 있으며 수천개의 Python 라이브러리를 분석 목적에 맞게 무료로 다운로드 받아 사용할 수 있다.

✓Fraudit은 GUI**에서 사용자가 수행한 모든 결과를 스크립트 코드로 보여준다**. 따라서 사용자가 Fraudit 자체의 함수를 다 알지 못하더라도 Console에서 쉽게 알 수 있고 이를 그대로 이용하여 자동화된 절차를 수행할 수 있는 Python 코드를 쉽게 작성할 수 있게 해준다. 또한 사용자가 for문과 if문 정도만 이해하고 있어도 그렇지 않은 사람보다 엄청나게 효율적이고 효과적으로 분석을 할 수 있다.

✓Fraudit은 다른 부정적발 데이터 감사 소프트웨어에는 없는 **인공지능(딥러닝, 머신러닝)분석 기법**을 제공한다(단, 교육용 버전이 아닌 상용 버전에서만 제공된다).

3 Fraudit과 MS Excel과의 관계는?

- MS Excel은 역사가 매우 오래되었으며 수치 분석에 있어서 강력한 어플리케이션이다. 그러나 MS Excel은 전형적인 데이터베이스 중심의 분석이라기 보다는 임시(ad-hoc)분석에 더 적합하다. 즉, 재무 또는 회계와 같은 계산에는 MS Excel이 매우 편리하지만 쿼리와 같은 분석에는 그렇지 않다. 또한 필터링 기능을 제공하고 있지만 계층화(stratify), 요약(summarize), 매칭(match), 조인(join) 등을 전문적으로 처리하기에는 한계가 있다.
- Fraudit은 대규모의 데이터베이스에서 검색된 데이터를 사용하여 작업할 수 있다. MS Excel은 약 100만개의 record를 처리할 수 있지만 메모리를 많이 사용하는 어플리케이션이므로 실제로는 40~50만개 이상의 record를 처리하기에는 무리가 있다. Fraudit은 수천만개의 record를 처리할 수 있으므로(단지 컴퓨터 메모리에 제한을 받을 뿐이다) Excel에서 불가능한 규모에 대해서도 강력하고 빠른 분석 기능을 제공한다. 또한 계층화(stratify), 요약(summarize), 매칭(match), 조인(join) 등을 매우 손쉽게 할 수 있다.

4 Fraudit과 Pandas와의 관계는?

- Python의 라이브러리인 Pandas는 그 자체만으로도 매우 훌륭한 2차원 표형태의 분석 패키지이다. 그러나 Pandas는 데이터프레임을 하나의 객체로 다루므로 그 안에서 column과 record를 분리하여 여러 가지 기능을 추가하기 위해서는 Pandas 자체의 사용법에 매우 익숙해져야 한다.
- Fraudit은 Pandas와 유사하게 테이블(가로 세로로 구성된)을 주로 다루고 있으나, column과 record를 별도로 구분하여 사용자가 직접 조건문을 적용하기가 매우 용이하

다. 또한 Fraudit은 Pandas를 Fraudit shell(console)이나 코드 에디터에서 그대로 사용가능하다. 특히 Fraudit의 테이블과 Pandas의 데이터프레임을 서로 호환하는 별도의 함수를 가지고 있으므로 아래와 같은 장점이 있다.

✓ 대용량의 원시 데이터(CSV, Excel 등)를 Pandas를 통하여 불러와 Pandas를 활용한 사전 작업을 통하여 필요한 데이터만 손쉽게 추출한 후 이를 Fraudit 테이블로 전환하여 전체적인 분석시간을 줄이고 분석의 효율성을 높일 수 있다.

✓ Fraudit 테이블을 Pandas의 데이터프레임으로 전환하여 Pandas만의 강력한 데이터 분석기능을 활용할 수 있다.

02 I Fraudit 기초

1 Fraudit의 Workspace

• 【그림 1】에 표시된 Fraudit의 Workspace는 크게 세가지 주요 영역으로 구분되어 있다. Menu bar, Object Tree/Disk explorer, Table/Script tab, 그리고 shell 이다. 아래에서는 이에 대해서 자세히 설명하기로 한다.

【그림 1】 Fraudit의 메인 화면

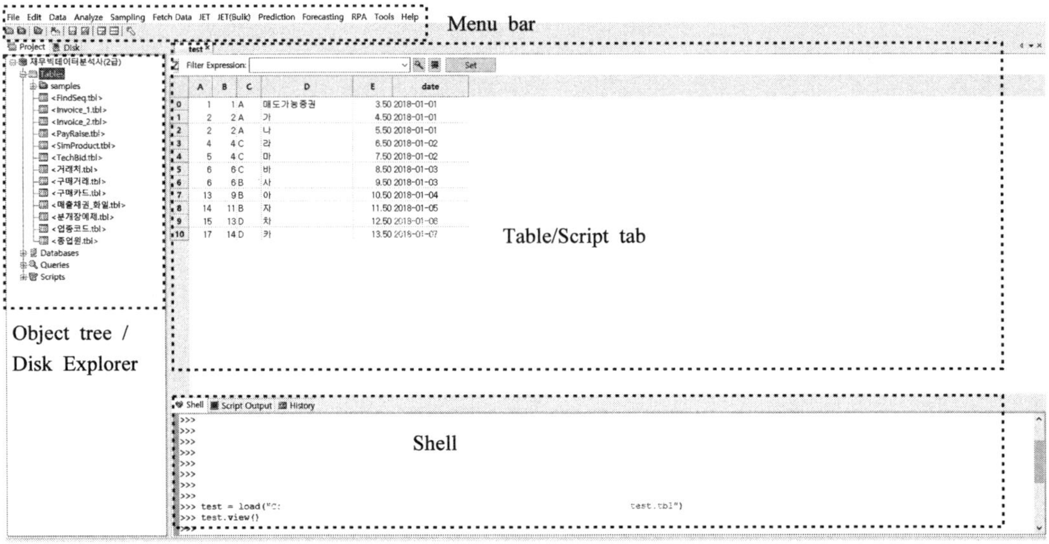

(1) Object Tree

- Object Tree는 **모든 데이터베이스 연결과 테이블**을 보여준다. 목록에서 테이블을 더블 클릭하면 오른쪽 상단 Table tab에 보이게 된다.
- Object Tree의 테이블은 『**<테이블명>**』 처럼 되어 있으면 하드디스크에 저장된 테이블이다. 이와 같이 저장된 테이블을 더블클릭하면 Table tab에 보이게 되며 이때 Object Tree에서는 『**테이블명<테이블명>**』과 같이 보여진다. 만약, Object Tree에서 『**테이블명**』처럼 보이면 이는 테이블을 변수처리하여 임시로 메모리에 저장된 상태이므로 프로그램을 닫거나 Table tab에서 닫으면 자동으로 삭제되므로 유의하기 바란다.
- 테이블을 하드디스크에 자동 저장하는 것은 바람직하지 않다. 그 이유는 테이블의 크기에 따라 저장하는 시간이 걸릴 수 있으며 불필요한 테이블을 저장하는 것은 하드디스크의 효율적 사용에도 별 도움이 되지 않기 때문이다.

(2) Table/Script tab

- Fraudit에서 가장 중요한 부분은 Table/Script tab이다. 스프레드시트와 같이 보이는 테이블에 칼럼, 레코드, 셀의 값을 추가, 삭제, 변경할 수 있으며 filter, sorting 및 메뉴에서 제공하는 기본 기능을 적용할 수 있다.
- Script는 File 메뉴의 New Script 메뉴를 클릭하면 아래 화면과 untitled 1과 같이 코드 에디터가 생성되며 여기에 파이썬 Script를 작성하면 된다. 이 Script를 저장하면 파이썬으로 확장자 .py로 저장되며 왼쪽 Script tree에 보여진다.

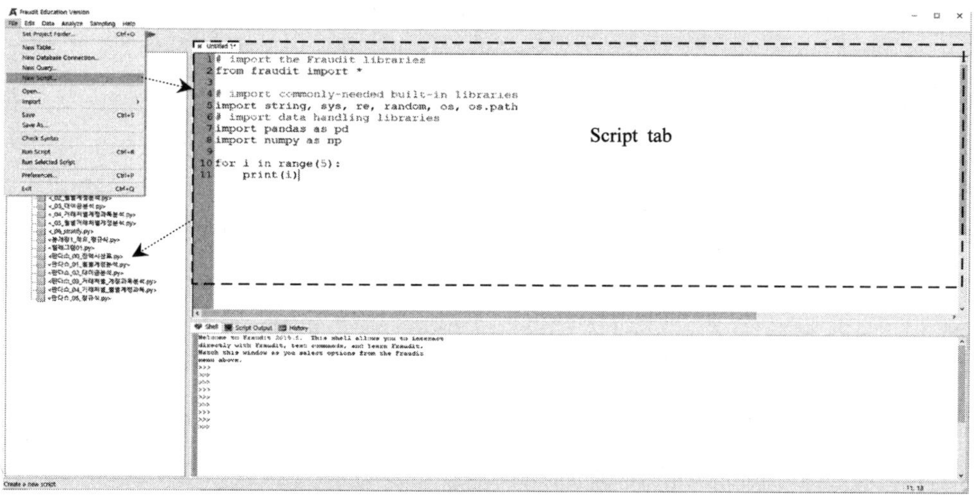

- Script가 Python 문법에 따라 잘 작성되었는지를 확인하려면 상단 ✔ 표시 아이콘을 누

르면 된다. 이 확인은 Python 자체의 문법이 잘 작성되었는지를 확인하는 것이므로 변수 간의 상호 관계 등 코드상의 모순과 같은 에러는 실제 실행시에 메시지가 발생한다는 점에 유의하기 바란다.

- 상단 ▶ 아이콘은 하나의 .py 파일을 전체 실행할 때 사용하며, ▶▶아이콘은 사용자가 Script의 일부를 영역 설정하여 해당 영역만 실행할 때 사용한다. 따라서 일부 Script를 임시 작성하여 테스트 할 때는 ▶▶아이콘을 사용하는 것이 편리하다.

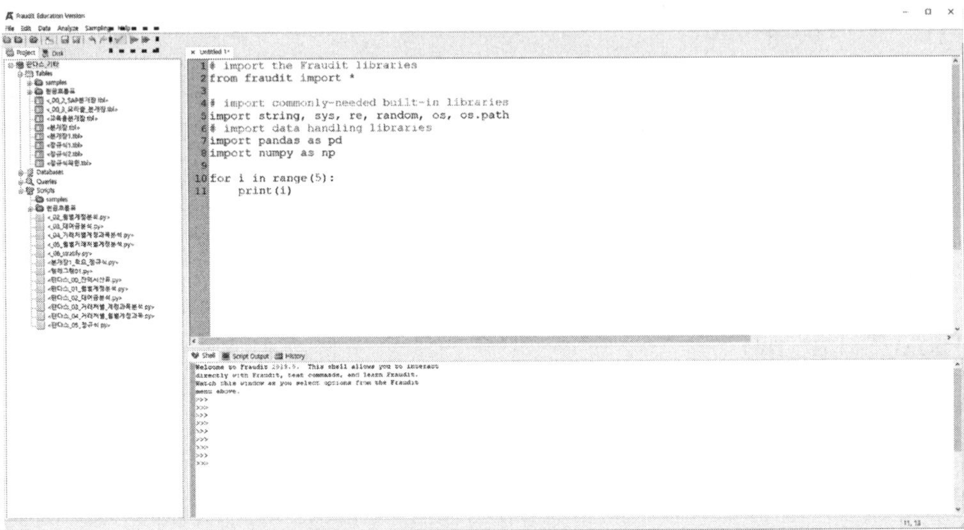

(3) Shell, Script Output, and History

- Shell에서는 파이썬 코드를 한 번에 하나씩 입력하여 결과를 생성할 수 있다. 그렇다면 Shell과 Script tab의 차이는 무엇인가? Shell에서는 한 줄씩 입력하여 최종적으로 엔터키를 치는 순간 그 결과를 바로 Shell에서 확인할 수 있다. 이는 Python이 interpreted 언어라 컴파일러 거쳐서 기계어로 변환되지 않고 바로 실행되는 프로그래밍 언어이기 때문이다. 이에 반하여 Script tab에서 해당 스크립트를 실행하려면 반드시 ▶ 아이콘 또는 ▶▶ 아이콘을 눌러서 실행하여야 한다.
- GUI와 Shell은 양방향으로 인터렉티브하게 반영된다. 즉, Fraudit 메뉴와 대화상자에서 수행하는 거의 모든 작업은 Shell에 나타난다(Chart 메뉴 실행시에만 Shell에 나오지 않는다). 마찬가지로, Shell에서 실행하면 모든 항목이 GUI에 즉시 반영된다. 따라서, Fraudit 메뉴와 대화상자를 실행하는 경우 Shell에 어떤 Script가 생성되는지를 유심히 확인하기 바란다. 시간이 지나면서 각 명령어가 무엇을 하는지에 대해 알게 되고 Shell에 대해 더 익숙하게 될 것이다. 익숙하게 되면 메뉴를 사용하는 것보다 Shell에서 직접 script를 작성하는 것이 더 빠르고 효율적이라는 것을 알게 될 것이다.

- 한편, 사용자가 GUI에서 변경하는 모든 항목(예 테이블에서의 셀 값 수정 등)도 Shell 변수에서 변경됨을 의미한다. 마찬가지로, Shell 변수에서 변경하는 모든 항목이 GUI에 즉시 반영된다. 반면에 Script tab에는 GUI 메뉴를 실행시킬 때 그 스크립트가 인터랙티브하게 나오지 않는다.

2 Fraudit에서 명령을 실행하는 방법

- Fraudit에서 명령을 실행하는 방법에는 다음과 같이 3가지가 있다.

✓ Menu and Toolbar : Menu and Toolbar는 각 기능을 안내하는 대화 상자로 이동하도록 한다.
✓ Shell : 【그림 1】의 하단에 표시된 Shell을 사용하여 스크립트 명령어를 한 번에 한 줄씩 입력할 수 있다. 이 때 Python의 문법을 그대로 사용할 수 있다. 이는 임시 분석 또는 테스트 명령 호출을 수행하기 위한 좋은 방법이다.
✓ Script : Script는 가장 강력한 인터페이스이다. Script를 사용하면 여러 분석을 완전히 자동화 할 수 있다.

(1) Menu and Toolbar

- Menu and Toolbar를 사용하면 다양한 Fraudit 기능을 수행할 수 있다. 메뉴에서 옵션을 선택할 때마다 Fraudit은 Shell에 관련 Script를 표시한다(메뉴와 대화 상자는 Script를 생성하여 Shell에서 실행하는 체계를 가진다).

1) File 메뉴

- File Menu는 ① 테이블 및 ② 데이터베이스에 대한 조작 기능을 제공한다. 행과 열을 테이블에 추가하고, 열 유형과 같은 테이블 속성을 수정하고, 데이터베이스 연결을 생성하고, 데이터베이스 쿼리를 실행할 수 있다(그 결과 표가 생성됨). 또한 Fraudit에 대한 기본 설정 옵션을 이 메뉴에서 설정할 수 있다.

메뉴명	주요 기능
Set Project Folder	프로젝트 폴더를 생성하고 프로젝트를 관리할 수 있도록 해준다. Fraudit을 처음 실행할 때 적어도 하나 이상의 프로젝트 폴더가 있어야 하므로 자동으로 생성하도록 요구한다.
New Table	새로운 테이블을 생성하여 준다. 이 버튼을 누르면 Table Properties 상자가 보이면서 칼럼명과 데이터 형태, 포맷을 정하고, 테이블명을 입력할 수 있게 된다. 테이블을 저장하려면 Save 또는 Save As 버튼을 누른다.
New Database	데이터베이스에 연결할 수 있도록 마법사 기능을 제공한다. ODBC, SQLite,

Connection	MySQL, PostgreSQL, Oracle 데이터베이스와 연결할 수 있도록 해준다(향후 업그레이드시 데이터베이스의 종류가 추가될 예정).
New Query	데이터베이스에 연결한 후에 query 명령을 할 수 있도록 해준다.
New Script	Python 스크립트를 작성할 수 있는 에디터를 생성한다. 이 에디터를 통하여 작성한 스크립트를 확장자 .py로 저장하여 실행시킬 수 있다.
Open	Fraudit Table을 연다.
Import	Excel, CSV 등의 파일을 불러와서 Fraudit Table로 변환해 준다.
Filter	Filter 기능을 제공한다. Filter는 와일드카드와 Python의 정규식이 모두 사용 가능하다.
Sort	Sort는 정렬을 해주는 기능으로 여기서는 Full Sort를 해준다. 즉, 여러개의 칼럼에서 조건을 동시에 걸 수 있게 해준다.
Transpose	테이블의 칼럼과 레코드의 방향을 바꾸어 준다. Excel의 행열 바꾸기 기능과 유사한 기능이다.
Row	테이블의 Row를 삽입(insert)하거나 아래에 추가(append) 또는 삭제(delete) 한다.
Save	테이블을 저장한다.
Save As	테이블을 다른 이름으로 저장한다. 다른 이름으로 저장하게 되면 다음에 불러올 때 테이블명이 저장된 다른 이름으로 변경된다.
Export	테이블을 Excel 또는 CSV 파일로 Export한다.
Copy Table	선택한 테이블을 복사(Copy)한다. 이 기능은 사용자가 지정한 테이블명과 특정 스크립트에서 지정한 테이블명이 다를 때 사용자가 지정한 테이블명을 copy하여 특정 스크립트에서 지정한 테이블명으로 바꾸게 되면 해당 스크립트를 그대로 사용할 수 있으므로 이러한 경우 매우 편리하게 활용할 수 있다.
Rename Table	선택한 테이블명을 변경한다. 다만, 이 테이블명은 탭상에서만 변경이 되고 파일 상으로는 변경전 테이블이 그대로 존재하게 된다(즉, ad-hoc분석을 위해서 테이블명을 일시적으로 변경하는 것이다). **따라서, 이 기능은 특별한 경우가 아니면 자주 사용하는 것을 권장하지 않는다.** 테이블명을 변경하게 되면 변경후 테이블과 변경전의 테이블이 탭상에 동시에 존재하게 된다. 변경후 테이블에서 작업을 저장하게 되면 그 내용이 변경을 반영하기 위해서는 테이블명을 변경한 후의 테이블을 저장하면 변경전의 테이블에 저장된다.
Close Table	선택한 테이블을 닫는다. hard disk에서 삭제하는 것은 아니다.
Delete Table	선택한 테이블을 hard disk에서 삭제한다. 따라서 이 기능은 신중하게 실행하여야 한다.
Table Properties	선택한 테이블의 칼럼명, 데이터 형식, 포맷, 산식 등을 정할 수 있으며 칼럼의 표시 순서를 변경할 수 있다.
Page Setup	인쇄할 페이지를 세팅한다.
Printing Review	인쇄 미리보기 기능이다.
Preference	일반 기본 설정을 변경할 수 있다. 필요에 따라 커스터마이징도 가능하다.

2) Edit 메뉴

- Edit Menu에는 복사, 잘라내기, 붙여 넣기, 찾기, 바꾸기 등 대부분의 편집 메뉴의 표준 기능과 기능이 있다.

메뉴명	주요 기능
Find and Replace	특정 value, string 등을 검색하여 주고 이를 일괄적으로 변경해주는 기능이다.
Find Next	Find and Replace 메뉴을 실행한 후에 해당 value, string등을 순서대로 찾아주는 기능이다.
Go To Row	특정 Row로 바로 이동하는 기능이다.
Copy	특정 셀, 칼럼, 레코드를 복사하는 기능이다.
Paste	복사한 값을 붙여넣기 하는 기능이다.
Clear Script Output	Script Output의 내용을 지우는 기능이다.
Clear History	History의 내용을 지우는 기능이다.

3) Data 메뉴

- Data Menu는 테이블 내의 데이터를 조작하는 기능을 제공한다. 하위 메뉴로는 Select, Join, Stratify, Summarize, Merge, Chart, Pivot table 등이 있다.

메뉴명	주요 기능
Select	특정 조건에 해당하는 레코드를 선택하여 별도의 테이블로 구성해준다. 분석하기 전에 테이블을 filtering 하고 테이블에서 찾는 것이 유용하다.
Join	2개의 테이블에 대하여 조건을 설정하여 함께 결합할 수 있다. Join 기능은 데이터베이스 query joining보다는 느리지만 훨씬 더 강력하고 유연하다. 예를 들어 값이 일치하는 위치에 단순히 연결하는 것이 아니라, fuzzy text 일치 및 사용자 정의 표현에 기초하여 테이블을 결합할 수 있다. 사용자 지정 식에서는 사용자가 원하는 방식으로 테이블을 결합할 수 있다.
Group	특정 칼럼을 계층화하여 그룹핑하여 별도의 하위 테이블의 목록으로 구분할 수 있다. 예를 들어, 영업 거래 테이블을 각 영업 사원별로 별도의 테이블로 구분할 수 있다.
Summarize	요약(Summarize)을 통해 합계, 평균, 표준 편차, 개수 등의 요약 기능을 사용하여 계층화된 테이블을 다시 조합할 수 있다. 요약(Summarize)은 해당 기간 동안 구매자당 총 구매액을 계산하거나, 가장 많이 거래하는 공급업체를 찾는 것과 같은 경우에 유용하다. 요약(Summarize)은 쿼리 언어의 GroupBy와 유사하다.
Merge	칼럼구조가 동일한 여러개의 테이블을 위 아래로 합하는 기능이다.
Pivot Table	Excel의 피봇 테이블 기능과 유사한 기능을 제공한다.

Chart	Chart 기능을 제공한다.
Upload Table To Database	Fraudit 테이블을 데이터베이스에 직접 업로드 시킬 수 있게 해준다.

4) Analyze 메뉴

- Analyze Menu는 특정 분석을 실행하는 기능을 제공한다.

메뉴명	주요 기능
Descriptives	테이블의 데이터 세트에 대하여 개수, 표준편차, 최대값, 최소값, 합계와 같은 기본적인 통계결과를 보여준다.
Benford Analysis	Benford 법칙을 사용하여 column 값이 자연스러운지 아닌지를 평가할 수 있다. 자세한 것은 Benford Analysis 장에서 설명하기로 한다.
Digital Analysis	분석이 필요한 칼럼에 대하여 아래와 같은 분석 칼럼을 옆에 추가한다. • Add Percentage Column : 특정 칼럼의 전체 합산에서 각 레코드의 차지하는 비율을 백분율로 보여준다. • Add Cumsum Column : 특정 칼럼의 레코드 순서대로 누적합산액을 계산하여 준다. • Add Cumsubtract Column : 특정 칼럼의 레코드 순서대로 누적차감액을 계산하여 준다. • Add Shift Column : 특정 칼럼의 레코드의 순서를 하나씩 내리거나 올린 칼럼을 보여준다. • Add Vlookup Column : Excel의 Vlookup기능과 유사한 기능을 제공한다.
Find	• Duplicates : 중복된 값이 있는 경우를 찾아준다. • Gap : 순서로 나열된 것 중에 누락되어 있는 경우를 찾아준다. 이러한 기능은 중복된 송장 또는 지급, 누락된 문서 또는 정렬 문제를 발견하는데 유용하다. • Condition : 특정 조건을 충족하는 레코드를 발견하여 별도의 테이블로 생성해 준다. • Matching By Value : 테이블에서 조건과 일치하는(Matching) 값을 가지는 칼럼을 찾아준다. • NonMatching By Value : 테이블에서 조건과 일치하지 않는(Matching) 값을 가지는 칼럼을 찾아준다. • Matching By Expression : 테이블에서 조건을 산식으로 정하고 이 산식과 일치하는(Matching) 칼럼을 찾아준다. • NonMatching By Expression : 테이블에서 조건을 산식으로 정하고 이 산식과 일치하지 않는(NonMatching) 칼럼을 찾아준다.
Outliers	레코드 세트에서 이상 징후를 검색할 수 있다. • Add ZScore Column : 이상치를 발견하는 방법은 많지만, Zscore 계산은 가장 간단하면서도 좋은 방법 중 하나이다. 이 메뉴를 통해서 Zscore 칼럼을 추가

메뉴명	주요 기능
	하여 이상 징후를 선택하고 Outliers와 NonOutliers를 선택할 수 있다. • Select NonOutliers : 최소값과 최대값을 직접 입력하고 이 값 사이에 있는 NonOutliers를 뽑아주는 기능이다. • Select NonOutliers by ZScore: ZScore 값을 입력하고 이 값 사이에 있는 NonOutliers를 뽑아주는 기능이다. • Select Outliers : 최소값과 최대값을 직접 입력하고 이 값 범위의 밖에 있는 Outliers를 뽑아주는 기능이다. • Select Outliers by ZScore: ZScore 값을 입력하고 이 값 범위의 밖에 있는 Outliers를 뽑아주는 기능이다.
Trend	• Add Cusum Column : 테이블의 각 record 값의 차이를 누적한 것을 별도의 칼럼으로 보여준다. Cusum은 어떤 곡선의 전반적인 방향을 직관적으로 알려줌으로써 추세의 패턴을 알 수 있게 도와준다. • By Regression Slope : 회귀분석 결과 기울기를 보여주는 것이다. 회귀분석에 대한 자세한 설명은 통계 교과서를 참고하기 바란다. • By Handshaking Slope : 모든 레코드 간의 기울기를 계산한 칼럼을 추가해준다. • By High_Low Slope : minimum X, Y 와 maximum X, Y 간의 기울기를 구하는 것이다.

5) Sampling 메뉴

• Sampling Menu는 샘플링 분석을 실행하는 기능을 제공한다.

메뉴명	주요 기능
MUS(PPS)	화폐단위 샘플링의 Plan(계획), Extract(샘플추출), Evaluation(샘플링 결과 평가) 기능을 제공한다. 자세한 것은 샘플링 관련 장에서 설명하기로 한다.
Record	레코드 샘플링(속성 샘플링) 기능을 제공한다. 자세한 것은 샘플링 관련 장에서 설명하기로 한다.

6) Fetch Data 메뉴

• Fetch란 서버로 네트워크 요청을 보내고 응답을 받을 수 있도록 해주는 메쏘드(함수)를 말한다. 여기서는 DART 홈페이지와 관세청 홈페이지에 접속하여 검색하고자 하는 정보를 받을 수 있는 기능을 제공한다.

메뉴명	주요 기능
DART	DART API Key를 설정한 후, 원하는 상장기업의 종속기업 정보, 기업지배구조, 특수관계자 정보를 받을 수 있다.
UNIPASS	관세청 홈페이지에서 받은 API Key를 입력한후, B/L Number 등을 이용하여 선적 정보를 받을 수 있다.

7) JET 메뉴

• JET란 Journal Entry Test의 약자로 회계감사시 회사가 제시하는 분개장에 대하여 다양한 분석 및 그 결과 보고서를 자동으로 생성하는 기능을 제공하며, 현금흐름표도 자동으로 생성하는 기능을 제공한다.

8) JET(Bulk) 메뉴

• 대용량 분개장(SAP, 오라클, 더존 등과 같은 ERP, 회계프로그램 등에서 다운로드 받은)에 대하여 다양한 분석 및 그 결과 보고서를 보다 빠르게 자동으로 생성하는 기능을 제공한다.

9) Prediction 메뉴

• 딥러닝, 머신러닝 기법을 사용할 수 있는 기능이다. 현재 버전에서는 CatBoost, Deep Neural Network, AutoML 기능을 제공한다.

10) Forecasting 메뉴

• 시계열 예측 기능을 제공한다. Saturating forecasts는 예측의 수렴선(Saturation point)을 미리 가정하여(즉, 예측 값이 무한히 증가하지 않아야 하므로) 예측을 하는 기능이다.

11) RPA 메뉴

• RPA기능을 사용자가 직접 만들거나 이미 만들어진 RPA 모듈을 사용할 수 있는 기능이다.

메뉴명	주요 기능
Custom	Fraudit, Window, Web의 프로세스를 매크로처럼 저장하여 자동으로 처리할 수 있게 하는 기능이다.
Built-in	환율정보(KEB 하나은행 홈페이지)와 사업자등록 휴폐업 조회(국세청 홈페이지)를 자동으로 할 수 있게 하는 기능이다.

12) Tools 메뉴

메뉴명	주요 기능
Excel to Text	Excel 파일을 text 파일(csv)로 전환해주는 기능이다.
Merge Text files	여러개의 text 파일(csv)을 하나의 text 파일(csv)로 합쳐주는 기능이다.
Check Data Veracity	text 파일(csv)의 칼럼 구분이 올바르게 되어 있는지 확인하여 주는 기능으로, 데이터가 규칙에 따라 정렬이 되어 있지 아니한 경우를 자동으로 경고해주는

	기능이다.
Network Analysis	네트워크 분석을 해주는 기능이다.
Notification	텔레그램 API 키를 활용하여 자신이 텔레그램에 메시지를 자동으로 전송해주는 기능이다.
Scheduler	주기적으로 정해진 Fraudit 기능 또는 파이썬 코드를 실행하여 상시 모니터링을 할 수 있게 해주는 기능이다.

3 Fraudit의 Preferences

- File 메뉴의 하위 메뉴인 Preferences를 사용하면 필요에 따라 Fraudit을 customizing 할 수 있다.

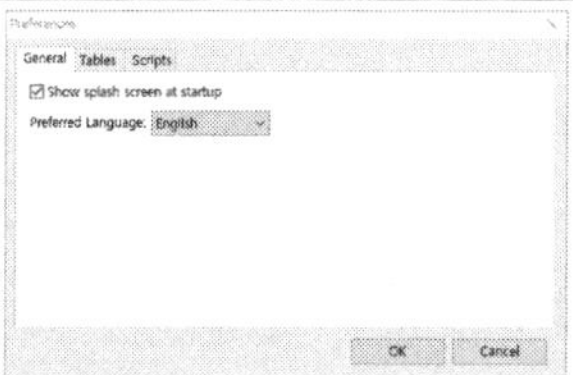

(1) Fraudit이 시작하면 프로그램이 로드되는 동안 스플래시 화면이 표시된다. 이를 체크하지 않으면 스플래시 화면이 보여지지 않는다.

(2) Preferred Language : 영어와 한글 둘 중 하나를 선택한다. 디폴트는 영어이며 현재 버전에서는 영어만 된다.

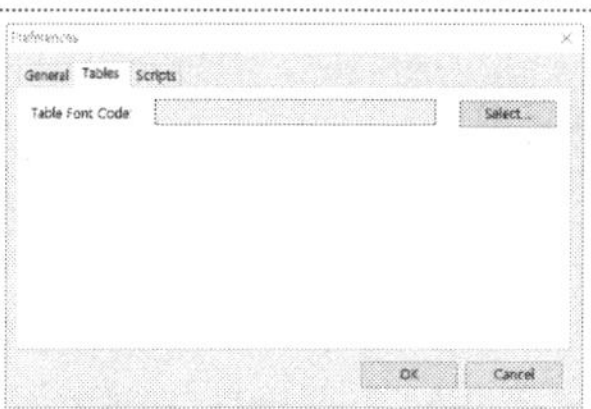

(3) Table Font를 선택할 수 있다.

☞ Font는 가능한 수정하지 않고 디폴트 폰트를 사용할 것은 권장한다.

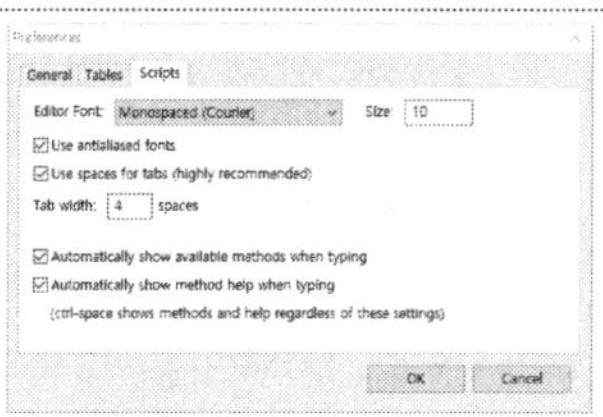

(4) 스크립트 에디터의 폰트를 수정할 수 있다.

(5) Tab 키를 누를 때마다 커서가 일정한 공간만큼 이동한다. 이 숫자는 "탭 폭" 텍스트 상자에서 설정할 수 있다(파이썬 베이스이므로 가능한 4로 하기 바란다).

(6) Typing이 끝나면 Fraudit 또는 Python의 방법 예를 자동으로 보여지게 체크할 수 있다.

(7) Typing 도중에 방법과 help를 자동으로 보여지게 할 수 있다. 이러한 기능은 보다 효과적이고 정확하게 script를 작성하는데 도움이 된다. 원하는 경우 이러한 기능을 사용하지 않도록 설정할 수 있다.

03 I Fraudit의 테이블(Table)

- Fraudit은 모든 기능이 Table에서 작동하기 때문에 먼저 Table을 이해해야 한다. Table은 MS Excel과 같은 스프레드시트와 매우 유사하며, column과 row로 이루어진 2차원 그리드이다.

1 Fraudit의 Table 개요

- Fraudit의 Table은 데이터의 2차원 그리드이다. 데이터는 모든 종류가 될 수 있으며, Table의 모든 셀이 동일할 필요는 없다. 몇 가지 예외를 제외하고 Fraudit에 있는 거의 모든 기능은 Table을 가정하고 입력 및 출력을 하기 때문에 데이터를 Table에 보관해야 할 필요가 있다.

(1) Fraudit의 테이블과 MS Excel과 같은 스프레드시트와의 차이

- Fraudit의 Table은 MS Excel과 같은 스프레드시트와 유사하다고 볼 수 있다. Fraudit은 데이터 입력 응용 프로그램이 아닌 기본 분석 응용 프로그램이기 때문에 Excel, CSV, 액세스 등과 같은 데이터 원본을 Fraudit에 불러오는 경우가 많다. 하지만, Fraudit의 Table은 MS Excel과 같은 스프레드시트와 다음과 같은 몇 가지 중요한 차이점이 있다.

✓ Fraudit Table의 각 행(row 또는 record)과 칼럼(column)의 시작은 0**부터 시작**된다. 그 이유는 Fraudit Table도 **파이썬의 문법**을 따르기 때문이다.

✓ Fraudit Table의 **칼럼**(column)**은 중복되지 않은 고유의 명칭**을 가져야 한다. 또한 문자 또는 밑줄(underbar)로 시작되어야 한다. 그 이유 역시 Python의 문법을 따르기 때문이다. 칼럼명은 상기 문법을 지킨다면 자유롭게 변경할 수 있다.

✓ Fraudit Table에는 데이터를 저장한 만큼의 열과 행이 생기게 된다. 반면 MS Excel과 같은 스프레드시트에는 항상 104만개(과거 버전은 6만 5천개)의 행과 A-XFD열(과거 버전은 IV)로 제한이 있다.

✓ 일반적으로 Fraudit Table에는 제한된 산식을 가지는 대량의 데이터가 들어간다. MS Excel과 같은 스프레드시트는 셀 단위의 계산을 전문으로 하며, 흔히 대출 원리금 상환 또는 세금 계산 등과 같은 작업에 사용된다. 이와는 대조적으로, Fraudit의 계산은 일반적으로 셀 단위보다 전체 칼럼에 대해 이루어진다.

✓큰 테이블로 작업해야 하는 경우(수천만개에서 수억개에 이르는 레코드 범위), 운영 데이터베이스에 레코드를 저장할 필요가 있다. 왜냐하면 Fraudit의 데이터베이스 모듈은 전체 테이블을 메모리에 한번에 로딩하지 않고 개별적으로 레코드를 통해 반복할 수 있기 때문이다.

(2) Fraudit의 테이블 처리 용량의 한계

• 각 Fraudit Table은 이론적으로 21억 row과 21억 column을 수용할 수 있지만, 대부분의 사용자는 이 이론적 한계에 도달하지 못할 것이다. Fraudit의 테이블 크기에 대한 기본 제한은 컴퓨터 메모리이다. row과 column의 숫자에 대한 현실적인 한계는 각 셀의 데이터 크기와 열과 행의 비율에 따라 달라진다.

(3) Fraudit의 테이블의 데이터 타입과 이름 설정

• Fraudit의 테이블은 Python의 기본 데이터 타입과는 달리 Fraudit 자체에서 설정한 Table이라는 데이터 타입을 가진다.

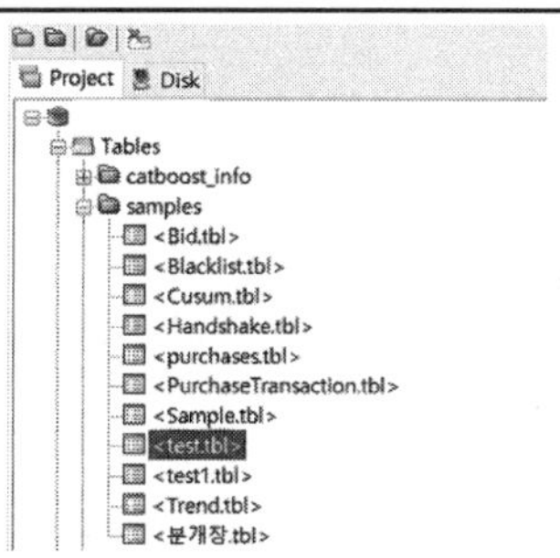

(1) samples 폴더에 있는 ***test.tbl***을 더블 클릭하여 연다.

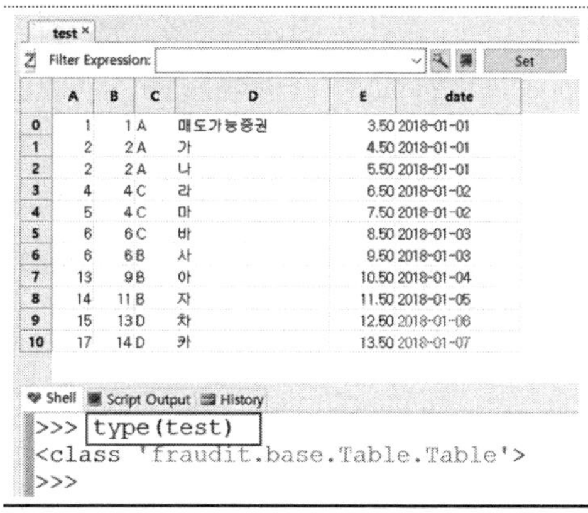

(2) Shell에서 테이블 test의 데이터 타입을 확인하기 위하여 왼쪽과 같이 ***type(test)***를 입력한 후 [Enter↵] 키를 누르면 ***<class 'fraudit.base.Table.Table'>***라고 나온다.

☞ 이는 Fraudit에서 테이블을 별도의 데이터 타입으로 저장하는 것이며 테이블명이 Python의 변수명과 동일한 개념이라고 이해하면 된다.

• Fraudit의 테이블에 대한 명명체계는 Python에서의 변수명 설정 규칙과 동일하다. 따라서 테이블 명 설정은 다음과 같은 제약조건을 가진다.

✓Table 이름은 A, b또는 z와 같은 **알파벳 문자(한글 포함) 또는 밑줄**(underbar)**로 시작**해야 한다. Table 이름의 나머지 문자는 임의의 문자, 숫자 또는 밑줄(underbar)이 될 수 있다.
✓Table 이름은 대문자와 소문자를 구분한다.
✓Table 이름은 **공백과 특수문자가 허용되지 않는다.**

• 다음은 유효한 Table 이름의 예이다.

✓ mytable ✓ MyTable ✓ emp_records
✓ emp_records15 ✓ weather12data

• 다음은 유효하지 않은 Table 이름의 예이다.

✓ 7eleven (숫자로 시작) ✓ ydate/6 (슬래시 문자 포함)
✓ Dark Woods (스페이스 포함)

상기의 명명 규칙은 테이블의 칼럼(column) 이름에도 적용된다.

2 Fraudit 테이블 불러오기 및 저장

• Fraudit의 테이블은 확장자 .tbl로 저장된다(tbl은 table의 약자). 이 형식은 Fraudit에서만 읽을 수 있으며, 칼럼명과 칼럼의 데이터 타입, 셀 데이터 및 칼럼 계산을 포함하여 테이블과 관련된 모든 정보를 한꺼번에 저장한다.
• 그렇다면 왜 Fraudit의 테이블이 필요한가? 데이터베이스 및 데이터 웨어하우스는 설정 및 유지 관리가 어려울 수 있으며, 이러한 데이터베이스는 소규모 프로젝트에 너무 과할 수 있기 때문이다(몇 천개의 record를 위해서 굳이 데이터베이스를 구축하는 것은 비효율적이다). 이렇게 작은 상황에서는 Fraudit의 테이블이 매우 효율적이다. Fraudit의 테이블 파일은 크기에 상관없이 테이블을 보관할 수 있지만, 더 작은 테이블에 특히 효율적이다.
• Fraudit의 테이블 파일은 디스크 공간을 절약하도록 자동으로 압축된다. 즉, Fraudit의 테이블 파일을 굳이 압축해서 이메일로 보내거나 다른 방법으로 다른 사람에게 보내지 않아도 된다.

04 | 테이블의 데이터 타입

1 테이블 칼럼의 데이터 타입(Type)

- Fraudit의 테이블 자체는 Table이라는 데이터 타입을 가진다고 앞에서 설명하였다. 그런데 테이블 안에는 여러개의 칼럼이 존재할 수 있으며 각각의 칼럼은 별도의 데이터 타입을 가질 수 있다. 이는 데이터베이스의 칼럼이 각각의 데이터 타입을 가질 수 있는 것과 유사하다.
- Fraudit에서 지원하는 데이터 타입(Type)은 아래와 같이 6가지이다. float가 Decimal Number로 불리우는 점을 제외하고는 Python의 데이터 타입과 다르지 않다.

Type	예
String	직원 이름과 같은 일련의 텍스트 문자("홍길동")
Integer	4 또는 -22와 같은 정수(소수 점 이하는 될 수 없지만 음수일 수 있음)
Decimal Number	28.9047과 같이 소수 점 이하인 숫자 Python의 float와 실질적으로 동일한 개념이다.
DateTime	특정 날짜 및 시간
True/False	속성이 true 또는 false인 경우 사용

- String, Integer, Decimal Number는 특별히 이해하기 어렵지 않으므로 아래에서는 DateTime에 대해서 중점적으로 설명하도록 하겠다.

(1) DateTime

- Python에서 DateTime이라는 데이터 타입을 설정하기 위해서는 datetime이라는 내장 라이브러리를 불러와야 한다고 설명하였다. MS Excel에 익숙한 사용자들은 빈 Excel 시트를 열고 그 안에서 특정한 셀에 '2020-01-01'이라고 입력하는 순간 자동적으로 날짜 포맷으로 변경이 되는 것을 경험하였을 것이다. 이러한 Excel 환경에 익숙한 나머지 Python에서도 이러한 변환이 자동적으로 될 것이라고 예상하는데, Excel은 어플리케이션 프로그램이므로 자동 전환 기능이 제공되지만, Python은 프로그래밍 언어이다 보니 자동적으로 데이터 타입 및 포맷을 변경해주지 못한다. 그러다 보니 Fraudit의 테이블

안에서 특정 칼럼의 데이터 타입을 DateTime으로 설정하기 위해서는 약간의 절차를 거쳐야 한다. 다음의 사례를 살펴보자.

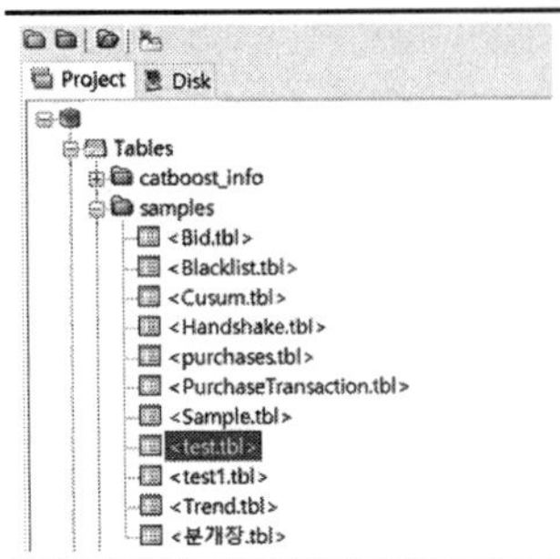

(1) samples 폴더에 있는 ***test.tbl***을 더블 클릭하여 연다.

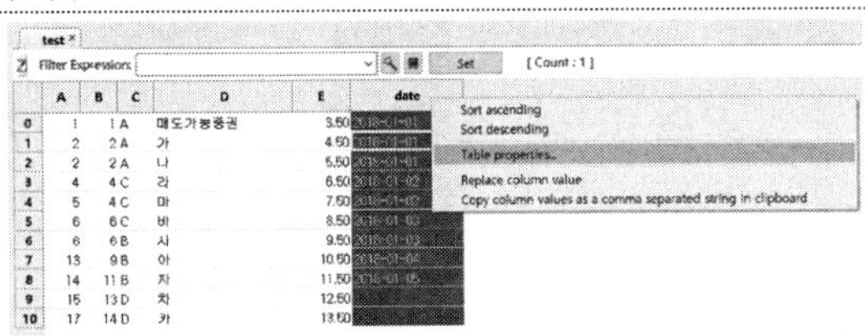

(2) date 칼럼을 선택한 후 오른쪽 클릭을 하여 Table properties 메뉴를 클릭한다.

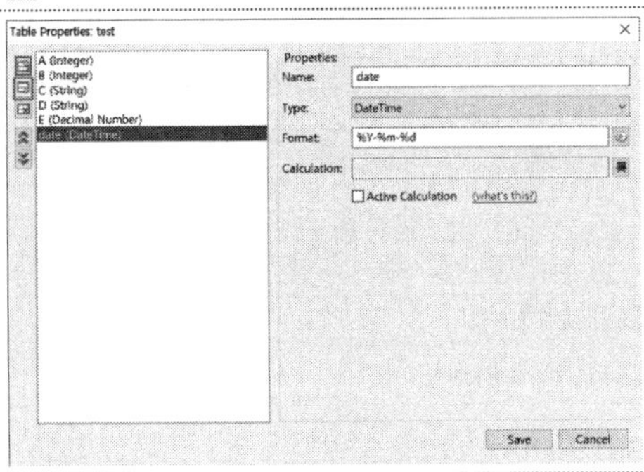

(3) 아이콘을 누른다.

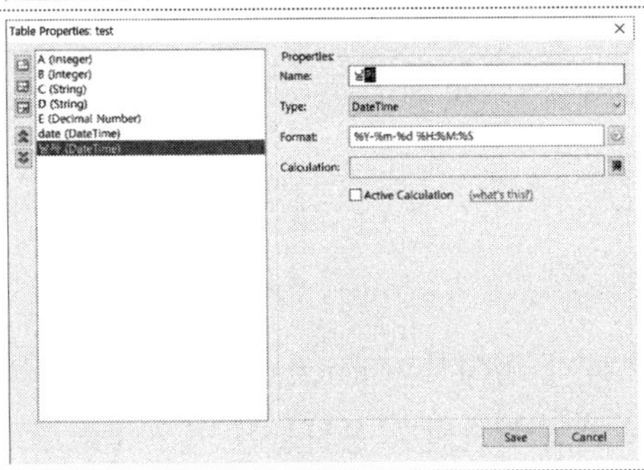

(4) Name : ***날짜*** 라고 입력

- Type : ***DateTime*** 선택
- Format : ***%Y-%m-%d %H:%M:%S*** 선택

(5) Save 버튼을 누른다.

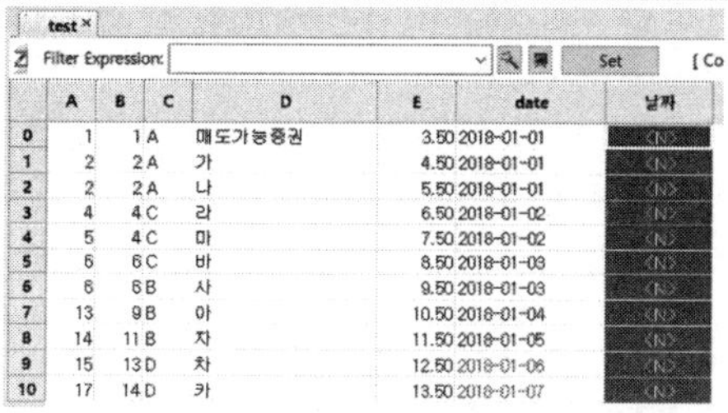

(6) ***날짜*** 칼럼이 삽입된다.

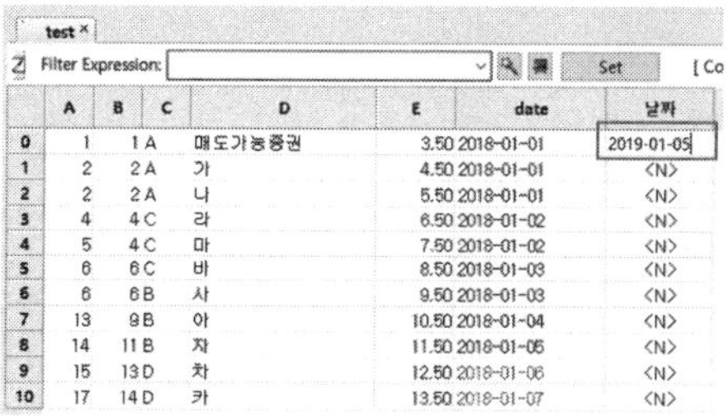

(7) ***날짜*** 칼럼의 첫 번째 레코드에 ***2019-01-05*** 라고 입력하고 Enter↵를 누른다.

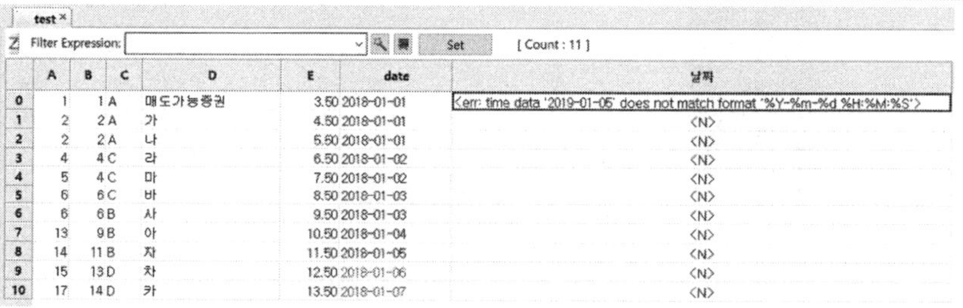

(8) 상기와 같이 에러 표시가 나온다.

- **2018-01-05**는 **string**이므로 데이터 타입이 DateTime인 **날짜** 칼럼에 상기와 같이 입력하면 데이터 타입에 맞지 않기 때문에 에러가 나오게 되는 것이다. 따라서, 데이터 타입이 DateTime인 **날짜** 칼럼에 DateTime으로 입력하려면 다음의 방법 중 하나를 선택할 필요가 있다.

1) 날짜를 직접 string으로 입력한 후 DateTime으로 변환하기

- 날짜를 입력하고자 하는 칼럼의 **데이터 타입**을 **String**으로 설정하고, 날짜 형식으로 입력한 후에 해당 칼럼의 **데이터 타입을 DateTime으로 변환**한다. Fraudit에서는 String을 DateTime 타입으로 변환하기 위해서 아래와 같은 변환 과정이 필요하다.

String	Type 변환(String ➡ DateTime)	Format 설정
YYYY-MM-DD	DateTime	%Y-%m-%d
YYYY/MM/DD	DateTime	%Y/%m/%d
YYYYMMDD	DateTime	%Y%m%d
MM-DD-YYYY	DateTime	%m-%d-%Y

• Format Field에서 직접 상기와 같이 기입하여 변경할 수 있으며 다음과 같이 Format Field의 드롭다운 리스트로 선택할 수도 있다.

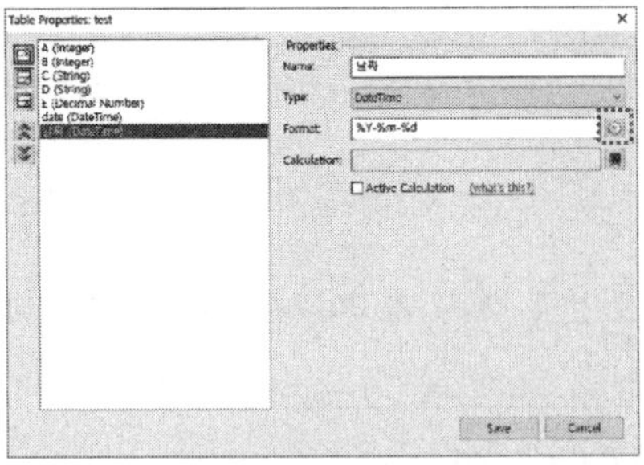

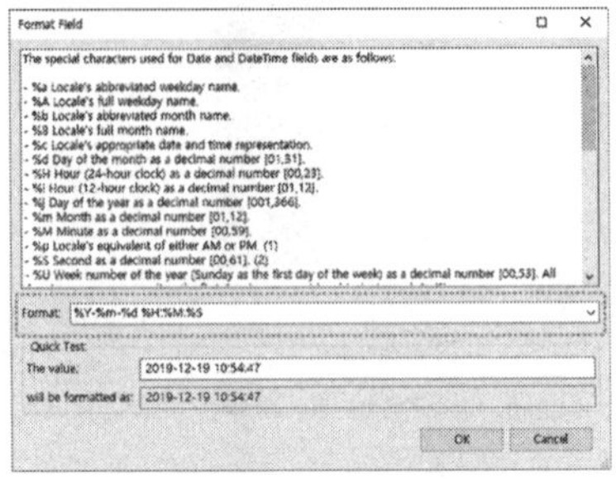

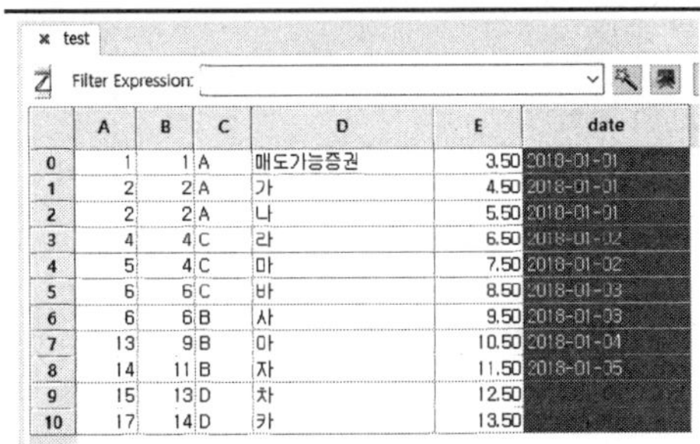

(1) 예제파일 중 ***test.tbl*** 을 연다.

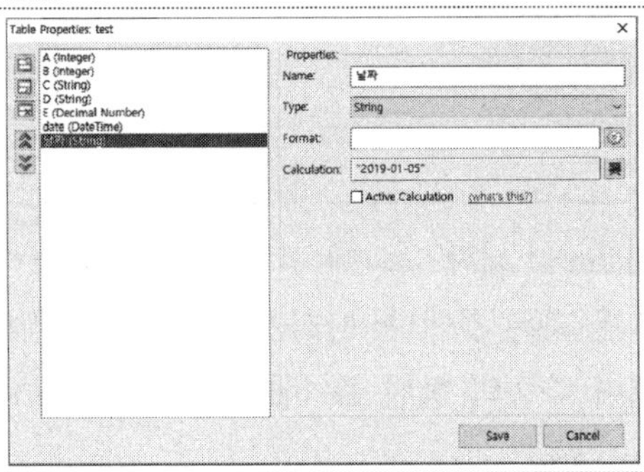

(2) ***날짜*** 칼럼을 삽입한다.

- Type : ***String*** 선택
- Calculation : ***"2019-01-05"*** 입력

(3) Save 버튼을 누른다.

(4) ***날짜*** 칼럼에 string으로 ***2019-01-05*** 가 들어간 것을 확인할 수 있다.

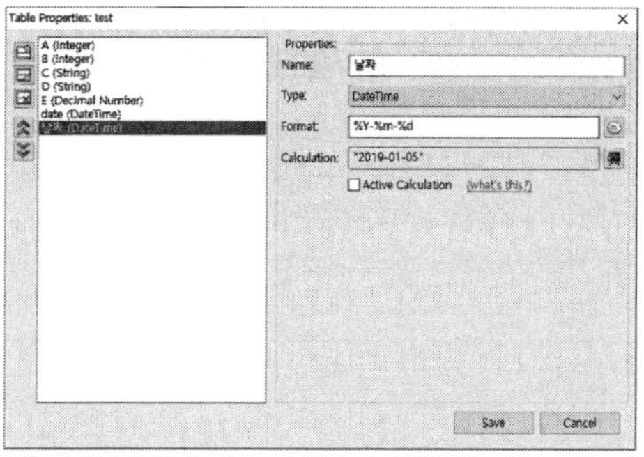

(5) *날짜* 칼럼을 아래와 같이 변경한다.

- Type : ***DateTime*** 선택
- Format : ***%Y-%m-%d*** 입력
  (끝에 공백이 없게 하여야 함)

(6) Save 버튼을 누른다.

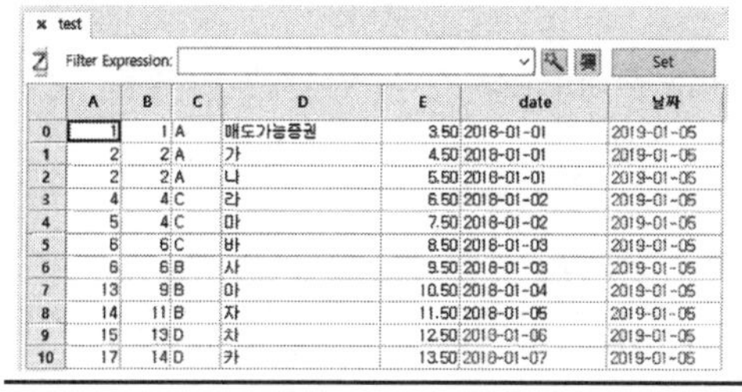

	A	B	C	D	E	date	날짜
0	1	1	A	매도가능증권	3.50	2018-01-01	2019-01-05
1	2	2	A	가	4.50	2018-01-01	2019-01-05
2	2	2	A	나	5.50	2018-01-01	2019-01-05
3	4	4	C	라	6.50	2018-01-02	2019-01-05
4	5	4	C	마	7.50	2018-01-02	2019-01-05
5	6	6	C	바	8.50	2018-01-03	2019-01-05
6	6	6	B	사	9.50	2018-01-03	2019-01-05
7	13	9	B	아	10.50	2018-01-04	2019-01-05
8	14	11	B	자	11.50	2018-01-05	2019-01-05
9	15	13	D	차	12.50	2018-01-06	2019-01-05
10	17	14	D	카	13.50	2018-01-07	2019-01-05

(7) *날짜* 칼럼이 ***DateTime***으로 변경되었음을 확인할 수 있다 (*토요일*과 *일요일*인 경우 *빨간색*으로 나타난다).

2) 특정일을 DateTime으로 입력하기

- 이제, 특정 칼럼의 데이터 타입을 DateTime으로 설정하고, datetime을 이용하여 날짜를 직접 입력하는 방법에 대해서 알아보자.

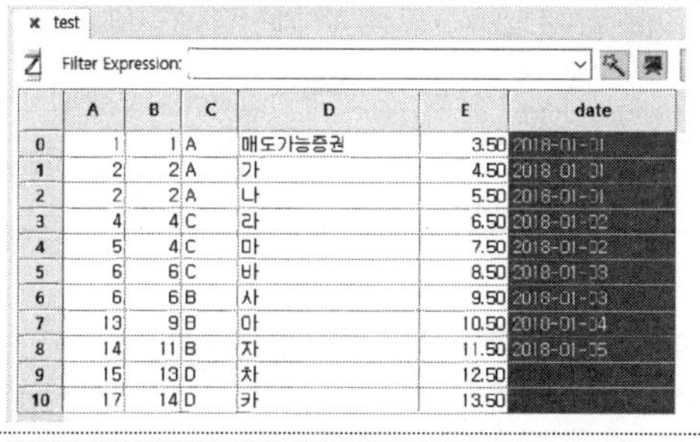

	A	B	C	D	E	date
0	1	1	A	매도가능증권	3.50	2018-01-01
1	2	2	A	가	4.50	2018-01-01
2	2	2	A	나	5.50	2018-01-01
3	4	4	C	라	6.50	2018-01-02
4	5	4	C	마	7.50	2018-01-02
5	6	6	C	바	8.50	2018-01-03
6	6	6	B	사	9.50	2018-01-03
7	13	9	B	아	10.50	2018-01-04
8	14	11	B	자	11.50	2018-01-05
9	15	13	D	차	12.50	[illegible]
10	17	14	D	카	13.50	[illegible]

(1) 예제파일 중 ***test.tbl*** 을 연다.

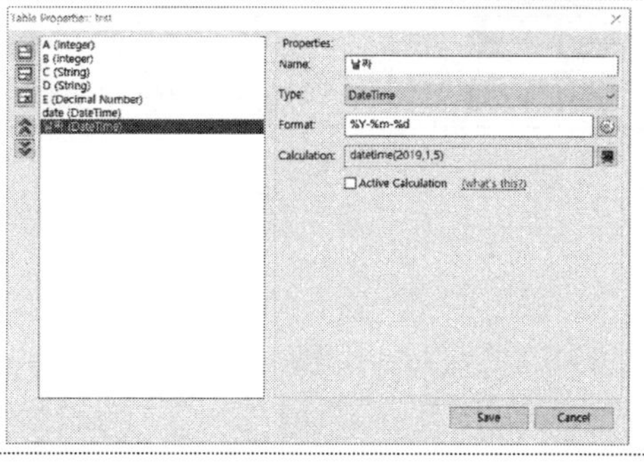

(2) *날짜* 칼럼을 삽입한다.

- Type : ***DateTime*** 선택
- Format : ***%Y-%m-%d*** 선택
- Calculation : ***datetime(2019,1,5)*** 입력

(3) Save 버튼을 누른다.

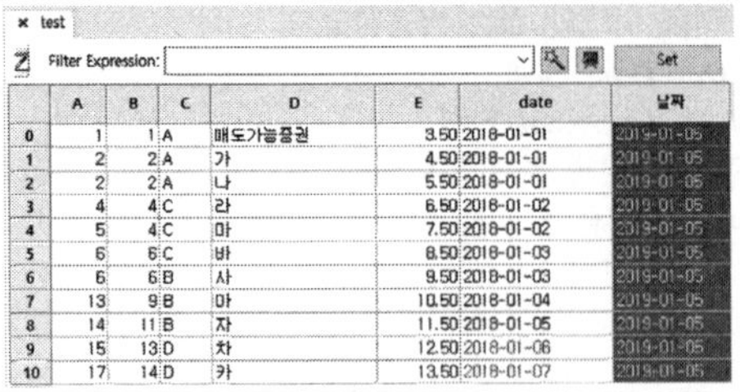

× test

Filter Expression: Set

	A	B	C	D	E	date	날짜
0	1	1	A	매도가능증권	3.50	2018-01-01	2019-01-05
1	2	2	A	가	4.50	2018-01-01	2019-01-05
2	2	2	A	나	5.50	2018-01-01	2019-01-05
3	4	4	C	라	6.50	2018-01-02	2019-01-05
4	5	4	C	마	7.50	2018-01-02	2019-01-05
5	6	6	C	바	8.50	2018-01-03	2019-01-05
6	6	6	B	사	9.50	2018-01-03	2019-01-05
7	13	9	B	아	10.50	2018-01-04	2019-01-05
8	14	11	B	자	11.50	2018-01-05	2019-01-05
9	15	13	D	차	12.50	2018-01-06	2019-01-05
10	17	14	D	카	13.50	2018-01-07	2019-01-05

(4) ***날짜*** 칼럼이 ***DateTime***으로 변경되었음을 확인할 수 있다 (***토요일***과 ***일요일***인 경우 ***빨간색***으로 나타난다).

(2) DateTime 타입에서의 연산

- DateTime 타입의 2개의 날짜 또는 1개의 DateTime과 integer 간의 연산은 다음과 같이 할 수 있다.

【Fraudit에서 DateTime 간 계산】

date1(칼럼명)	date2(칼럼명)	계산칼럼(식)	계산칼럼(결과)
Type : DateTime	Type : DateTime	Type : String	
2018-03-04 23:00:00	2018-03-01 00:00:00	date1 – date2	3 days, 23:00:00
2018-03-01 00:00:00	2018-03-04 23:00:00	date1 – date2	주1) -4 days, 1:00:00

주1) 이 결과의 의미는 [−4 days + 1시간]이므로 결과적으로는 [−(3 days+ 23 : 00 : 00)]을 의미한다.

date1(칼럼명)	date2(칼럼명)	계산칼럼(식)	계산칼럼(결과)
Type : DateTime	Type : DateTime	Type : Integer	
2018-03-04 23:00:00	2018-03-01 00:00:00	(date1 – date2).days	3
2018-03-01 00:00:00	2018-03-04 23:00:00	(date1 – date2).days	주2) -4

주2) 주1)의 설명 참조

date1(칼럼명)	d3(칼럼명)	계산칼럼(식)	계산칼럼(결과)
Type : DateTime	Type : Integer	Type : DateTime	
2018-03-04 23:00:00	1	date1 + d3	2018-03-05 23:00:00
2018-03-01 00:00:00	1	date1 + d3	2018-03-02 00:00:00

(3) DateTime을 숫자로 변환하기

- 입찰 부정등과 같이 입찰일자의 분포를 분석하기 위해서는 날짜를 숫자로 변환해야 하는 경우가 발생할 수 있다. Fraudit에서는 DateToNum(DateTime형식의 칼럼명) 함수를 이용하면 쉽게 날짜를 숫자로 변환할 수 있다.

date1(칼럼명)	계산칼럼(식)	계산칼럼(결과)
Type : DateTime	Type : Integer	
2018-12-01	DateToNum(date1)	1543590000

(4) 숫자를 DateTime으로 변환하기

date1(칼럼명)	계산칼럼(식)	계산칼럼(결과)
Type : Integer	Type : DateTime	
1543590000	NumToDate(date1)	2018-12-01

05 | Fraudit의 기본 메뉴

1 테이블(tbl) 파일 열기

- 사례 파일은 기본 예제파일인 **Bid.tbl**이다. **Bid.tbl**을 여는 방법은 아래 2가지 방법이다.

> ✓ File >> Open 으로 열거나,
> ✓ 네비게이터에서 해당 “Bid.tbl”을 더블클릭한다.

2 테이블 정렬(Sorting)

- Sorting을 사용하면 Table의 column을 내림차순 또는 오름차순으로 정렬할 수 있다. Table을 정렬하기 전에 오름차순과 내림차순 간의 차이점을 이해하는 것이 중요하다. 오름차순은 가장 낮은 숫자 또는 첫번째 문자를 배열하여 정렬한다(예 ABC..). 내림차순은 가장 큰 숫자 또는 마지막 문자(예 ZYX...)가 배치된다. 칼럼에 숫자와 문자가 모두 포함되어 있는 경우 오름차순은 숫자가 문자 앞에 오며 (예 123ABC..), 내림차순은 문자가 숫자앞에 온다(예 ZYX987..)
- Table을 Sorting하는 방법은 다음과 같이 크게 2가지로 구분된다.

(1) File 메뉴의 Sort 메뉴을 이용하는 방법

(1) 예제파일인 ***Bid.tbl*** 을 연다.

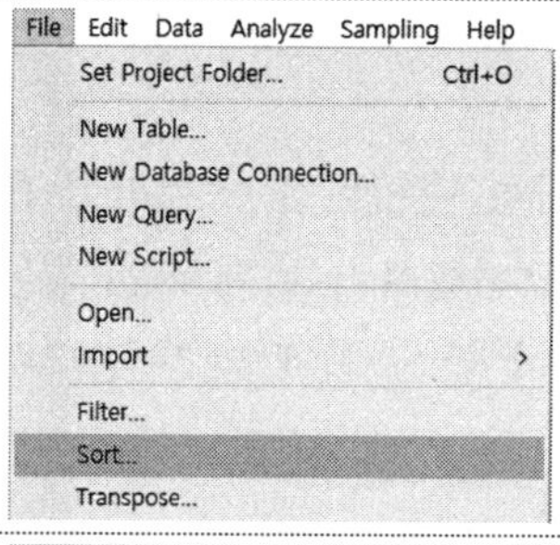

(2)File >> Sort 메뉴를 누른다.

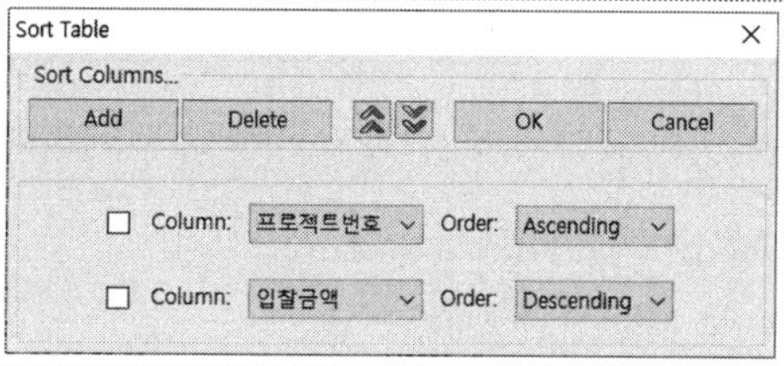

(3) Add 버튼을 누르면 column이 추가되며 order에서 Ascending과 Descending을 선택할 수 있다.

(4) 삭제하기 위한 column에 체크박스를 선택하고 Delete 버튼을 누르면 해당 column이 삭제된다.

☞ 여기서는 ***프로젝트번호*** 칼럼은 ***오름차순(Ascending)***으로, ***입찰금액*** 칼럼은 ***내림차순(Descending)***으로 정렬한다.

(5) OK버튼을 누르면 Sorting이 실행된다.

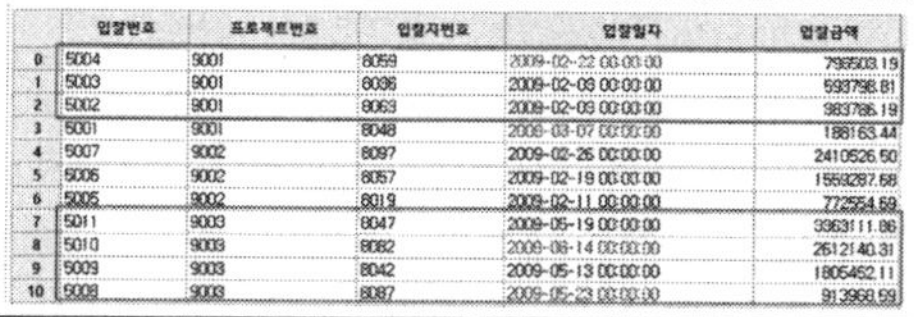

	입찰번호	프로젝트번호	입찰자번호	입찰일자	입찰금액
0	5004	9001	8059	2009-02-22 00:00:00	798503.19
1	5003	9001	8036	2009-02-03 00:00:00	593798.81
2	5002	9001	8063	2009-02-03 00:00:00	383786.19
3	5001	9001	8048	2009-03-07 00:00:00	188163.44
4	5007	9002	8097	2009-02-26 00:00:00	2410526.50
5	5006	9002	8057	2009-02-19 00:00:00	1559287.68
6	5005	9002	8019	2009-02-11 00:00:00	772554.69
7	5011	9003	8047	2009-05-19 00:00:00	3363111.86
8	5010	9003	8082	2009-06-14 00:00:00	2612140.31
9	5009	9003	8042	2009-05-13 00:00:00	1805452.11
10	5008	9003	8087	2009-05-23 00:00:00	913968.59

(6) 정렬 결과를 확인할 수 있다.

(2) 테이블의 칼럼에서 오른쪽 클릭으로 Sort하는 방법

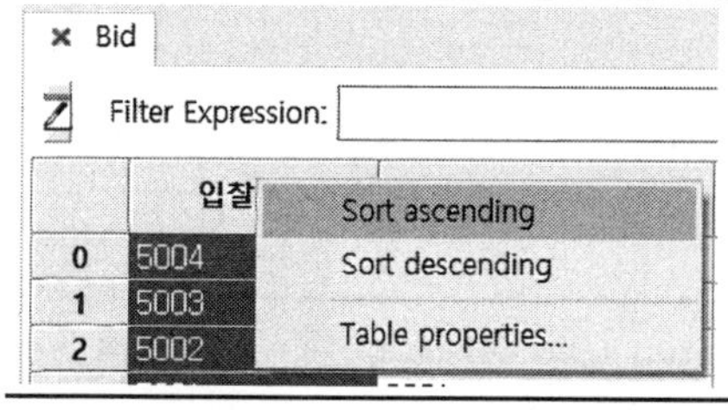

(1) 예제파일인 ***Bid.tbl*** 을 연다.

(2) Sort하고자 하는 칼럼을 선택하고 오른쪽 클릭을 한 후 오름차순과 내림차순 중 하나를 선택한다.

☞ 이 방법은 하나의 칼럼에 대해서만 Sort할 수 있으며 여러 개의 칼럼에 대해서 Sort 조건을 정하기 위해서는 File 메뉴의 Sort 메뉴를 이용하여야 한다.

• Table을 정렬할 때 정렬하려는 칼럼의 데이터 타입에 주의를 기울여야 한다. Integer, Decimal Number, Datetime, string은 매우 다르게 정렬이 된다. 예를 들어, Integer인 『4, 12, 22, 165』는 이 순서대로 오름차순으로 정렬된다. 그러나 string인 『'4', '12', '22', '165'』를 오름차순하면 『'12', '165', '22', '4'』 로 정렬된다.

3 행(row 또는 record) 추가 또는 삭제

- Fraudit은 데이터 입력 응용 프로그램이 아니지만 사용자가 직접 데이터를 수정하고 행(row 또는 record)를 추가 또는 제거할 수 있다. 셀의 데이터를 편집하기 위해서는, 셀에 직접 입력하거나 수정하면 된다(단, 데이터 타입에 따라 지켜야 할 규칙에 따라 입력하여야 한다).
- Table에 행(row 또는 record)를 추가하는 방법은 다음과 같다.

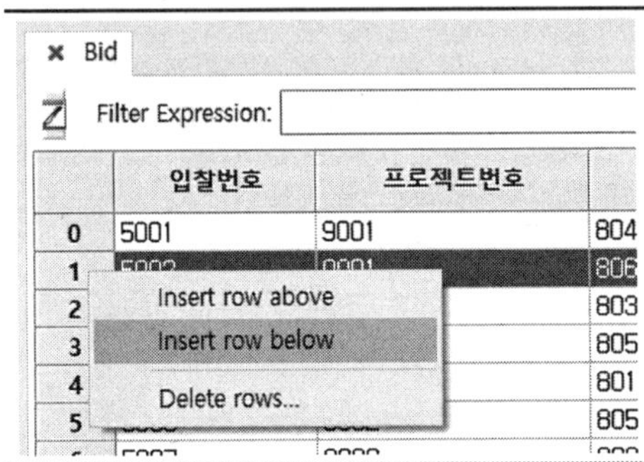

(1) 예제파일인 ***Bid.tbl*** 을 연다.
(2) 행(Row)을 선택하고 그 위에 삽입할지, 그 아래에 삽입할지를 선택한다.
(3) 위로 삽입하기로 한다(Insert row above)

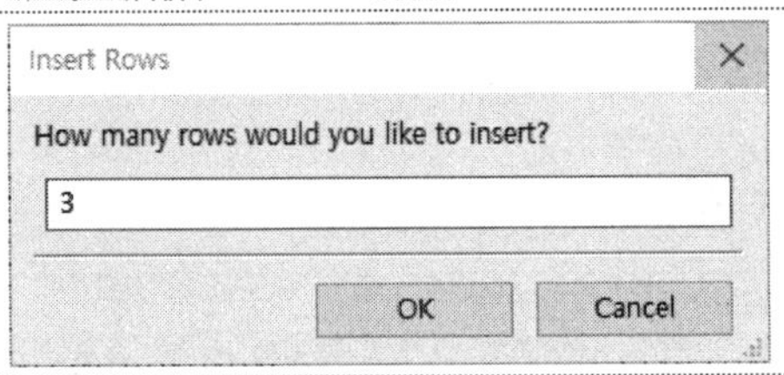

(4) 삽입하고자 하는 행(Row)의 개수를 설정한다. 여기서는 3개를 삽입하기로 하고 3을 입력한다.

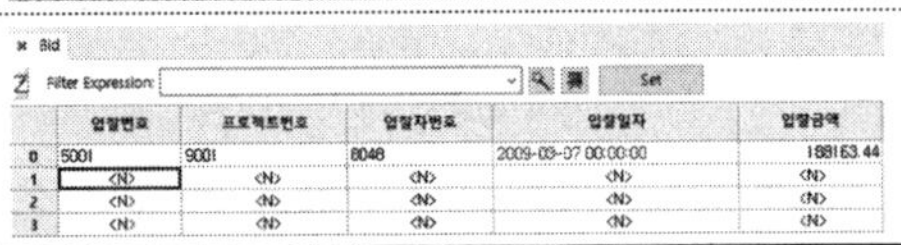

(5) 위로 3개의 행(Row)이 삽입되는 것을 확인할 수 있다.

- 새 row의 각 셀에는 <N>으로 표시되는 None 값이 주어진다. 이 값은 데이터가 없음을 나타낸다(0이나 화면에 아무것도 안 보이는 것과 다른 의미이다).
- 다음은 행(row 또는 record)을 삭제하는 것이다. 기존 레코드를 삭제하려면 해당 레코드가 있는 인덱스 부분을 영역 설정하고, 오른쪽 클릭을 한 후 "Delete" 옵션을 선택하면 된다.

4 테이블 데이터의 복사 및 붙여넣기

- Table의 데이터는 일반적인 방법으로 복사하여 붙여 넣을 수 있다. MS Excel과 같은 어플리케이션에서 셀을 선택하여 복사하고 Fraudit의 빈 테이블에 붙여넣을 수 있다. 마찬가지로, Fraudit의 셀을 복사해서 다른 애플리케이션으로 붙여넣을 수 있다.
- Fraudit에 데이터를 붙여넣을 때는 현재 선택된 셀에 붙여넣기가 시작된다. 전체 값 테이블을 붙여넣으려면 커서가 왼쪽 위 셀에 있어야 한다. Fraudit은 붙여넣은 데이터에 필요한 레코드를 자동으로 추가한다. 그러나 Table에 column이 자동으로 추가되지는 않는다.
- Fraudit 테이블에 붙여넣을 때 특정 칼럼의 데이터 타입에 따라 에러가 날 수 있다. 예를 들어, Excel에서 2020-01-01과 같이 날짜를 복사하여 Fraudit 테이블의 DateTime 칼럼에 붙인다면 에러가 날 수 있다. 이때는 앞에서 설명한 방법과 같이 적절하게 수정하여야 한다.

5 데이터 불러오기

- 데이터를 Fraudit에 가져오는 방법은 다음과 같이 3가지로 구분할 수 있다.

> ✓ 데이터 가져오기 마법사를 사용하여 Excel 파일을 Fraudit에 불러오는 방법
> ✓ 데이터 가져오기 마법사를 사용하여 텍스트 파일(예 : CSV)을 불러오는 방법
> ✓ DataBase Connection을 이용하여 DB에서 쿼리로 Table로 불러오는 방법

(1) Excel 파일 불러오기

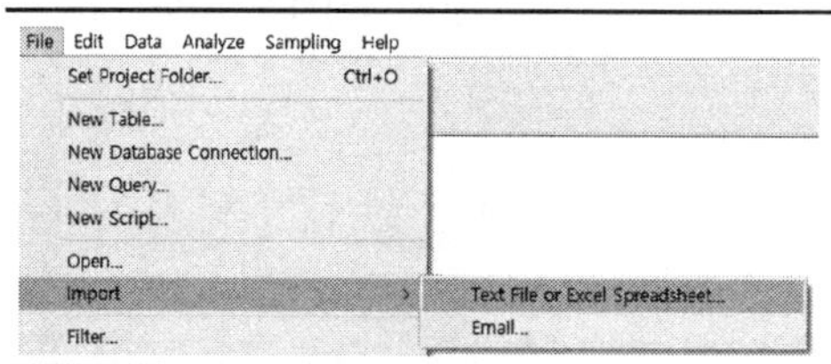

(1) File >> Import >> Text File or Excel Spreadsheet 메뉴를 누른다.

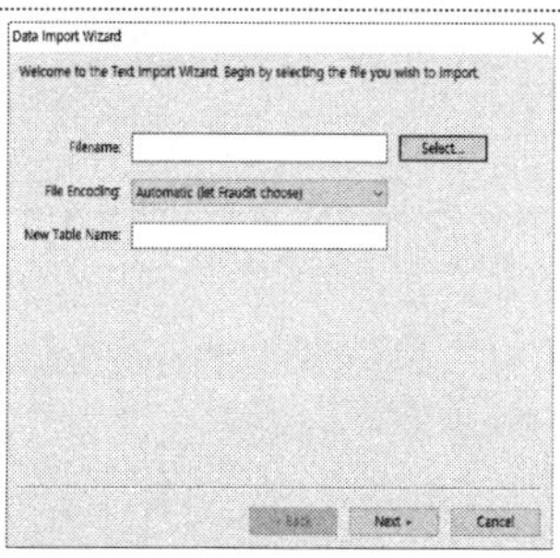

(2) Select 버튼을 누른다.

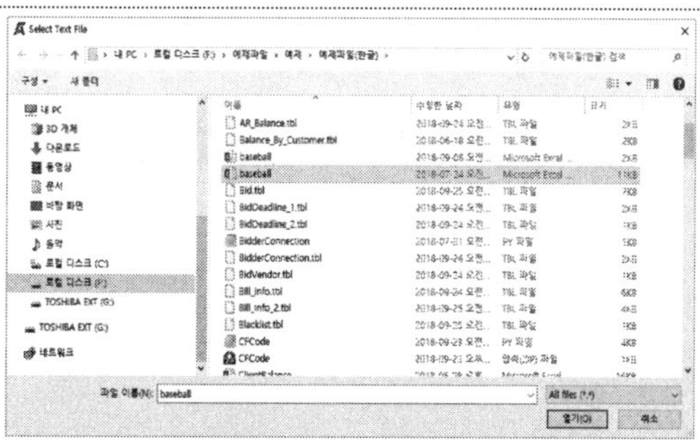

(3) 예제파일 중 ***baseball.xlsx*** 파일을 선택하고 연다.

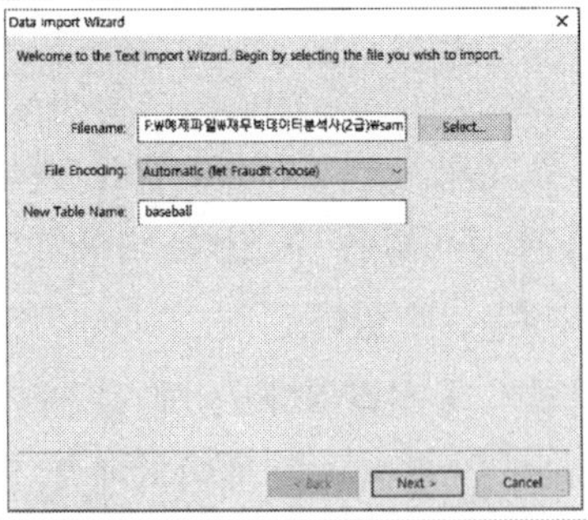

(4) 원본 데이터에 ***한글이 포함되어 있는 경우***(헤더 및 데이터 중 한글자라도 한글이 포함된 경우)에는 File Encoding을 ***Korean (cp949, 949, ms949, uhc)***로 선택한다.

☞ 여기서는 한글이 포함되어 있지 않기 때문에 File Encoding을 Automatic으로 선택한다.

(5) New Table Name을 ***baseball*** 로 입력한다.

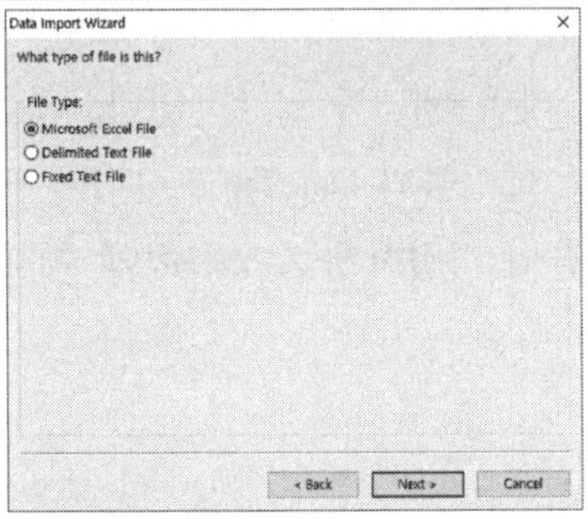

(6) File Type을 Microsoft Excel File으로 선택한 후 Next 버튼을 누른다.

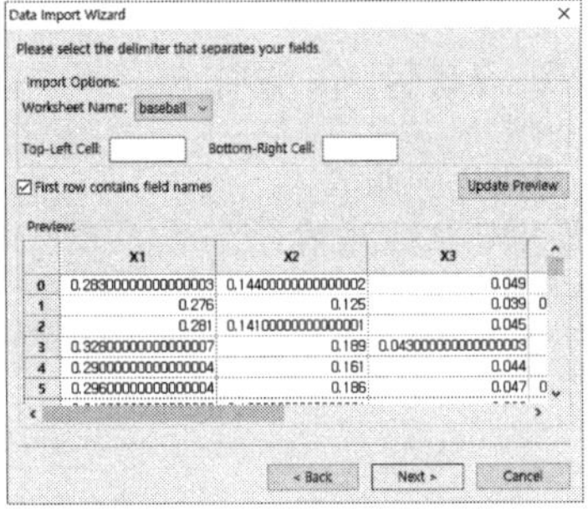

(7) Worksheet Name : 엑셀 시트가 여러개인 경우 불러오고 싶은 시트명을 드롭다운 리스트에서 선택한다. 여기서는 baseball 하나의 시트만 있으므로 이를 선택한다.

- Top-Left Cell은 불러올 영역 중 가장 왼쪽 상단을 의미하며 해당 셀값을 입력하면 된다. 여기서는 공란으로 남긴다.
- Bottom-Right Cell은 불러올 영역 중 가장 오른쪽 하단을 의미하며 해당 셀값을 입력하면 된다. 여기서는 공란으로 남긴다.
- First row contains filed names를 체크하면 첫 번째 row를 필드명으로 자동 변환해준다.
- ***update Preview는 Worksheet Name을 변경하는 경우 반드시 눌러야 하며*** 그 결과는 Preview에서 업데이트 된다. 여기서는 누르지 않는다.

(8) Next 버튼을 누른다.

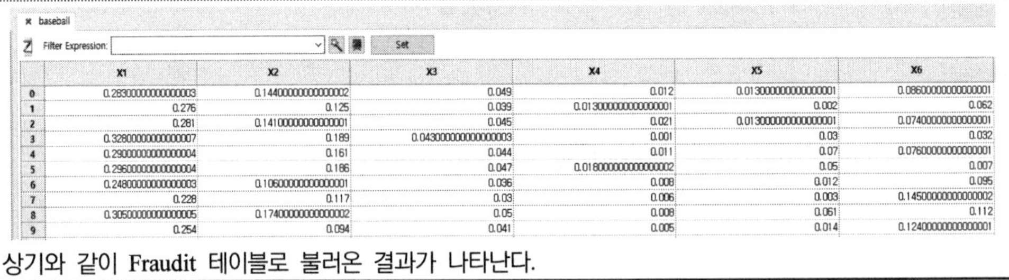

baseball

Filter Expression: Set

	X1	X2	X3	X4	X5	X6
0	0.28300000000000003	0.14400000000000002	0.049	0.012	0.013000000000000001	0.086000000000000001
1	0.276	0.125	0.039	0.013000000000000001	0.002	0.062
2	0.281	0.14100000000000001	0.045	0.021	0.013000000000000001	0.074000000000000001
3	0.32800000000000007	0.189	0.043000000000000003	0.001	0.03	0.032
4	0.29000000000000004	0.161	0.044	0.011	0.07	0.076000000000000001
5	0.29600000000000004	0.186	0.047	0.018000000000000002	0.05	0.007
6	0.24800000000000003	0.10600000000000001	0.036	0.008	0.012	0.095
7	0.228	0.117	0.03	0.006	0.003	0.14500000000000002
8	0.30500000000000005	0.17400000000000002	0.05	0.008	0.061	0.112
9	0.254	0.094	0.041	0.005	0.014	0.12400000000000001

(9) 상기와 같이 Fraudit 테이블로 불러온 결과가 나타난다.

(2) CSV 파일 불러오기

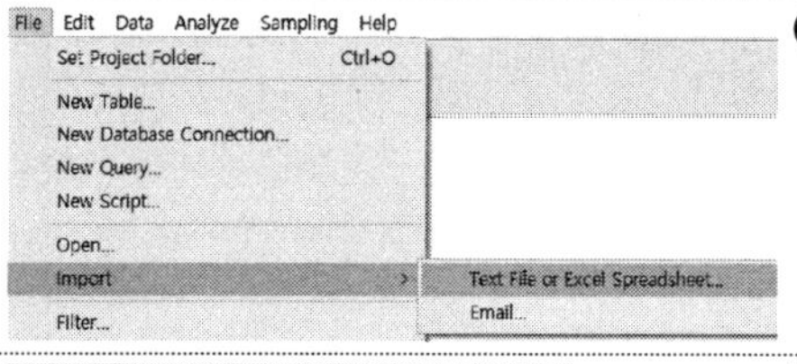

(1) File >> Import >> Text File or Excel Spreadsheet 메뉴를 누른다.

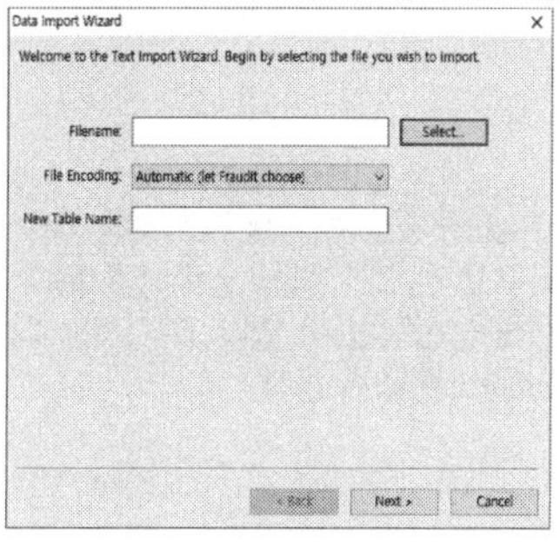

(2) Select 버튼을 누른다.

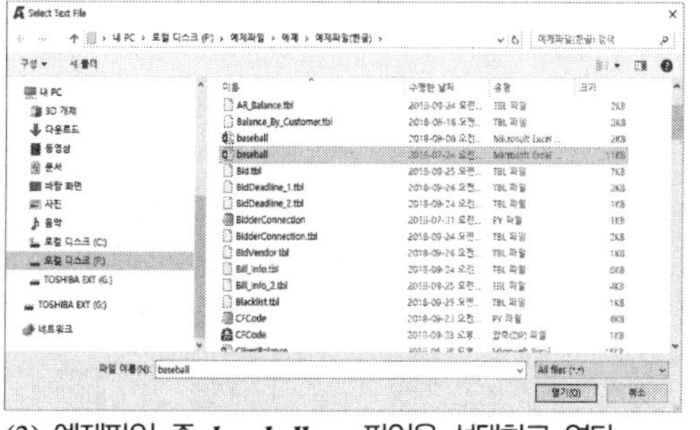

(3) 예제파일 중 ***baseball.csv*** 파일을 선택하고 연다.

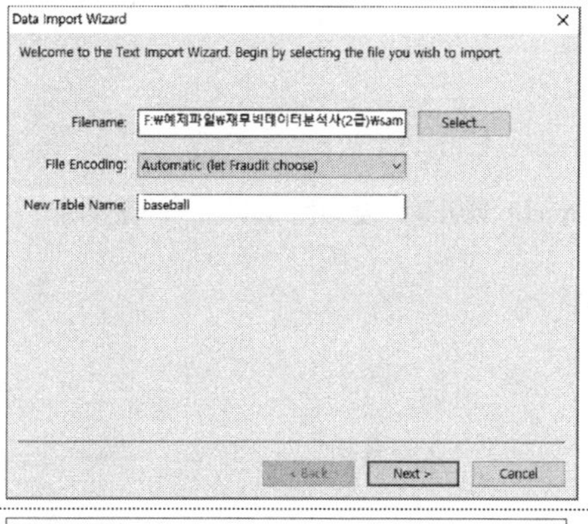

(4) 원본 데이터에 한글이 포함되어 있는 경우(헤더 및 데이터 중 한글자라도 한글이 포함된 경우)에는 File Encoding을 Korean (cp949, 949, ms949, uhc)로 선택한다.

☞ 여기서는 한글이 포함되어 있지 않기 때문에 File Encoding을 Automatic으로 선택한다.

(5) New Table Name을 ***baseball*** 로 입력한다.

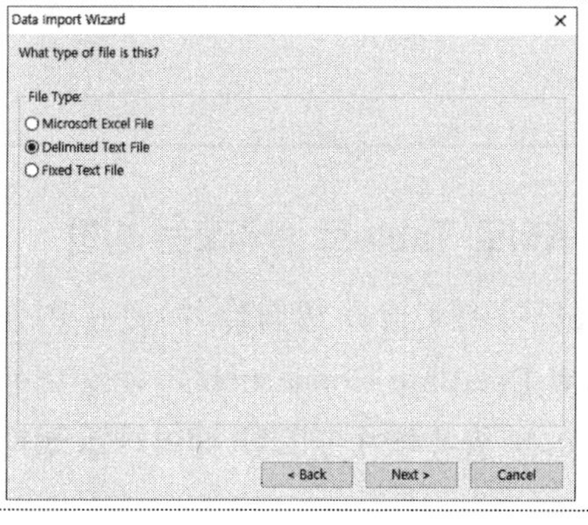

(6) File Type을 Delimited Text File으로 선택한 후 Next 버튼을 누른다.

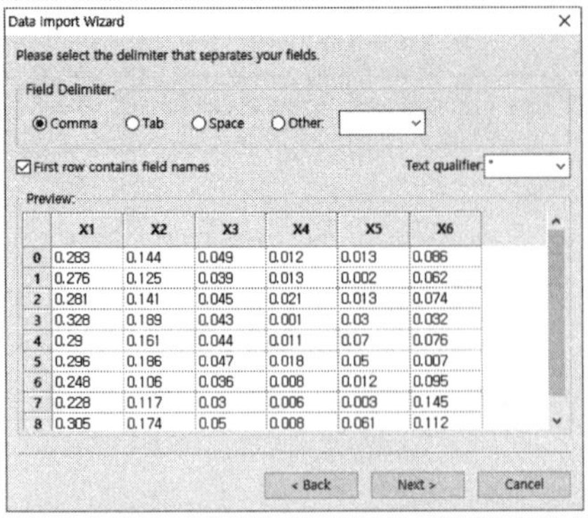

(7) Field Delimiter : Comma를 선택한다.
- First row contains filed names를 체크하면 첫 번째 row를 필드명으로 자동 변환해준다.

(8) Next 버튼을 누른다.

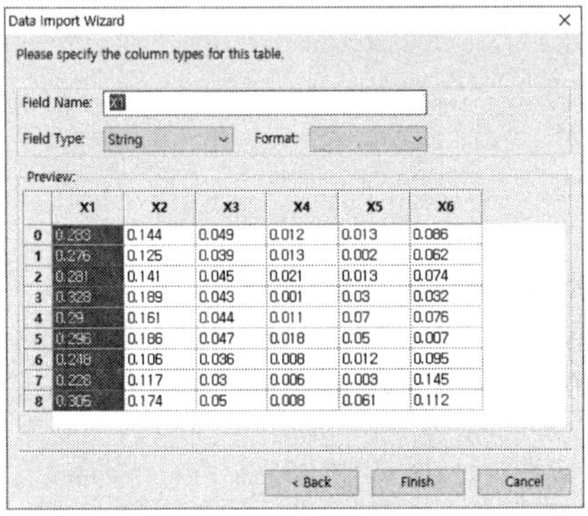

(9) Preview의 칼럼을 선택하면 Field Name이 자동으로 해당 칼럼명을 나타낸다. 만약 이를 바꾸고 싶으면 직접 입력하면 된다.

(10) Field Type과 Format을 적절하게 선택할 수 있다. 여기서는 디폴트 선택사항으로 하고 Finish버튼을 누른다.

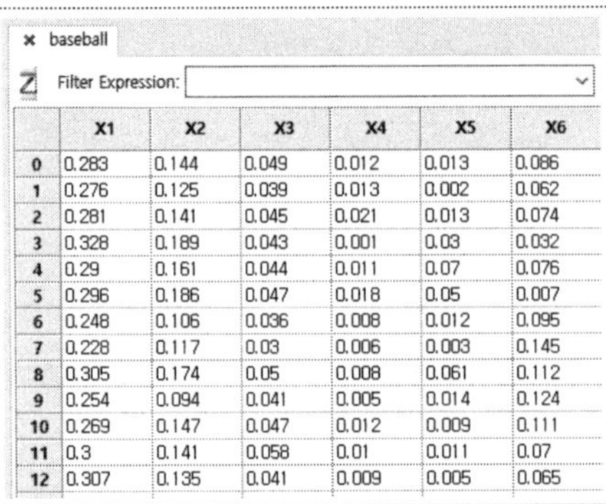

(11) 왼쪽과 같이 Fraudit 테이블로 불러온 결과가 나타난다.

(3) DataBase Connection을 이용하여 DB에서 쿼리로 Table로 불러오는 방법

- Fraudit은 데이터베이스에 직접 접속하여 SQL을 통하여 데이터를 발췌할 수 있는 기능을 기본으로 제공하고 있다. 여기서는 Fraudit의 New DataBase Connection 기능을 이용하여 SQLite로 작성한 데이터베이스에 접속하고 SQL을 활용하여 필요한 데이터를 선택하는 방법에 대해서 설명한다.

1) Visual Query 사용 준비

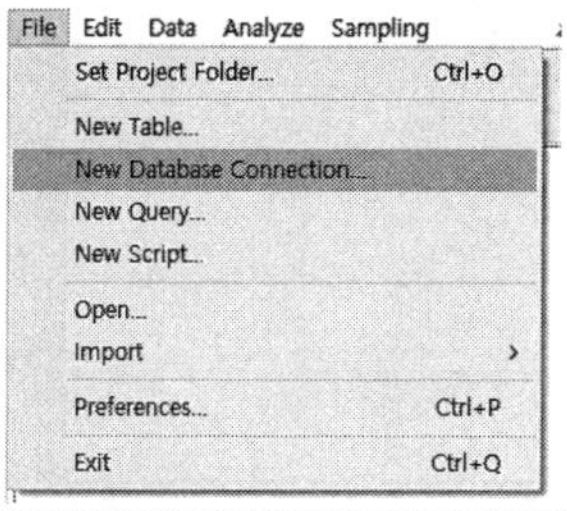

(1) File >> New Database Connection 메뉴를 선택한다.

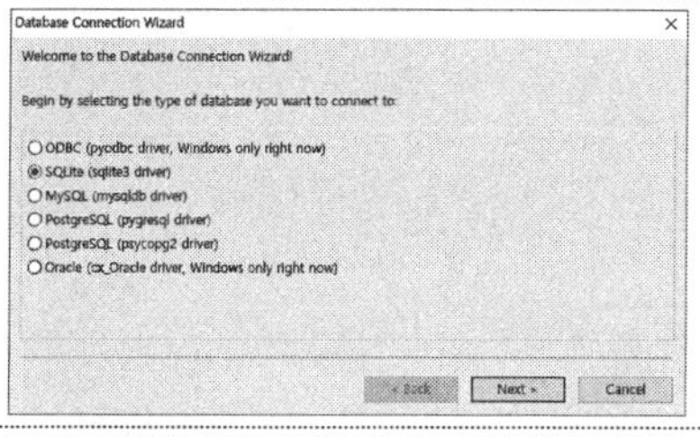

(2) Database type 선택

- ***SQLite*** 로 선택

(3) Next 버튼을 누른다.

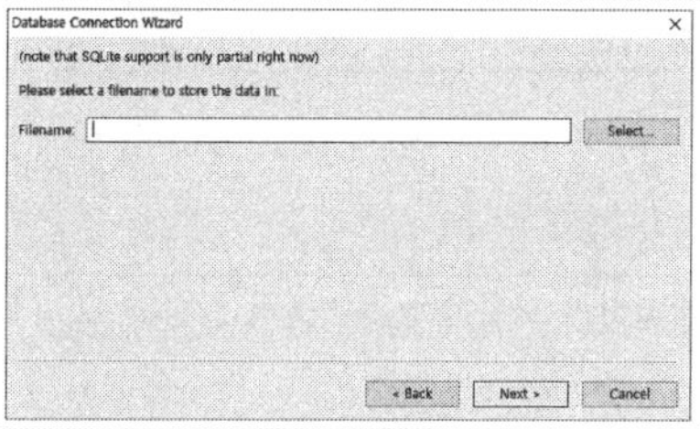

(4) 예제로 제공된 ***입찰정보.db***를 선택하기 위하여 Select 버튼을 누른다.

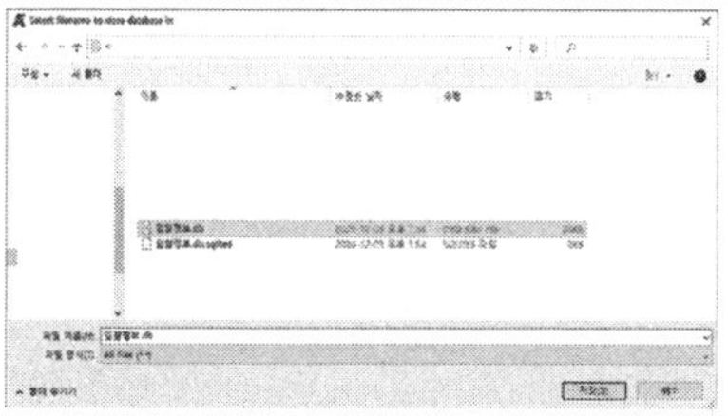

(5) Filename에 파일 경로가 나타나고 아래 Next 버튼을 누른다.

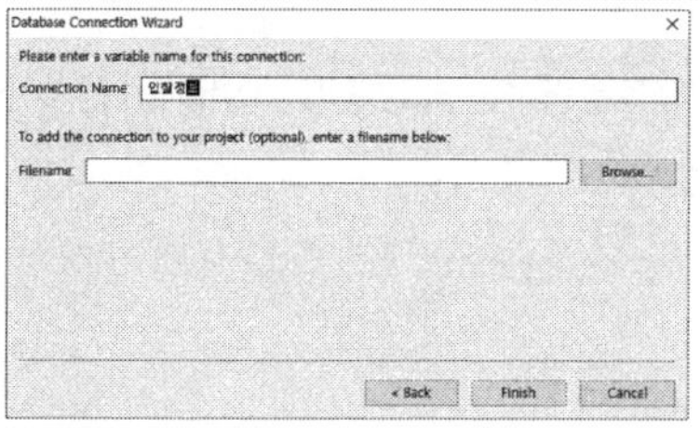

(6) Connection Name 입력

- ***입찰정보*** 입력

(7) 프로젝트 연결은 생략해도 된다.

(8) Finish 버튼을 누른다.

(9) Fraudit Shell에 다음과 같이 파이썬 코드가 자동으로 생성된다.

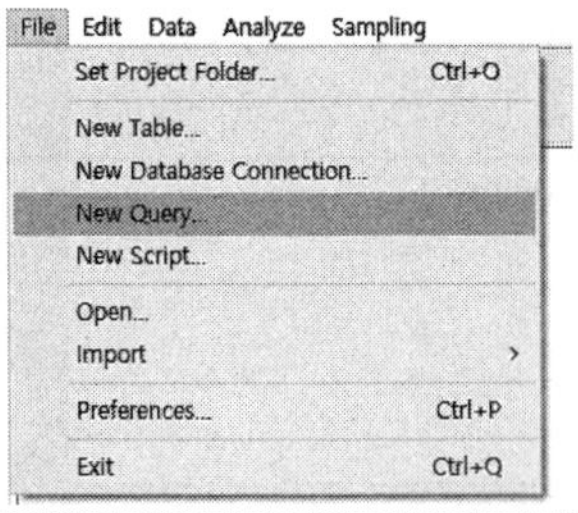

(10) File >> New Query 메뉴를 선택한다.

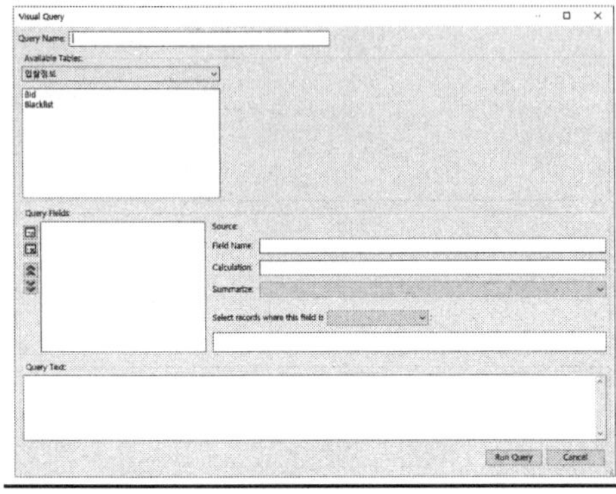

(11) Visual Query를 사용할 준비가 되었다.

2) Select 테이블 칼럼

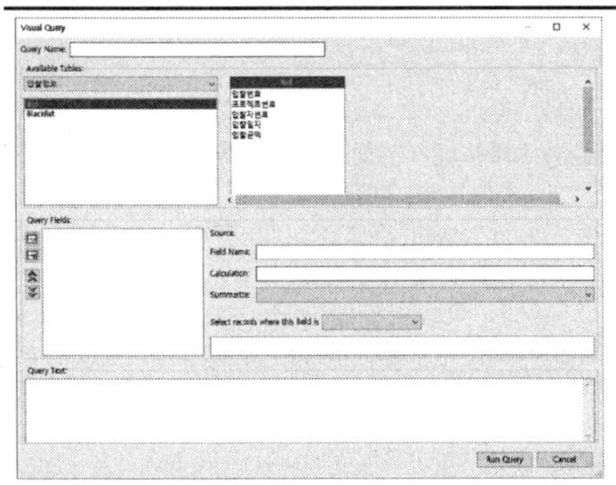

(1) ***Bid*** 테이블을 더블클릭하면 오른쪽에 테이블과 칼럼이 보이게 된다.

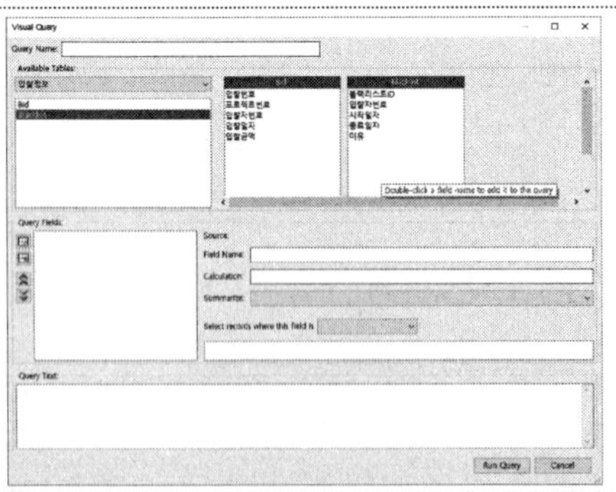

(2) ***Blacklist*** 테이블을 더블클릭하면 오른쪽에 테이블과 칼럼이 보이게 된다.

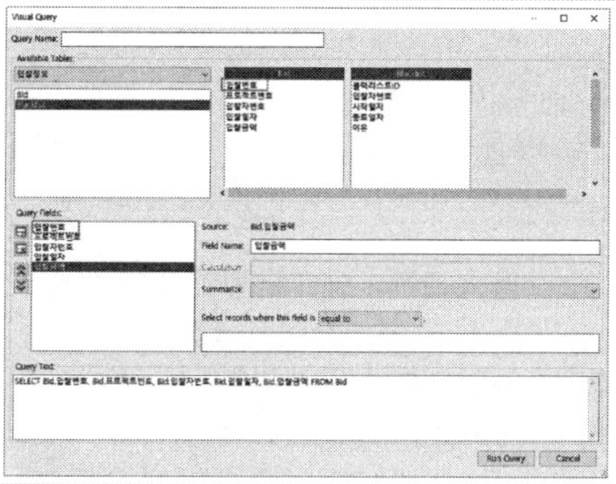

(3) 원하는 테이블의 칼럼 부분(옆의 네모 부분)을 더블클릭하면 Query Fields에 Select할 칼럼이 추가되는 것을 확인할 수 있다.

(4) ***Bid*** 테이블의 입찰번호, 프로젝트번호, 입찰자번호, 입찰일자, 입찰금액을 차례대로 더블 클릭하여 Query Fields에 차례대로 추가한다.

(5) 아래 Query Text에는 쿼리문이 자동적으로 생성되는 것을 확인할 수 있다.

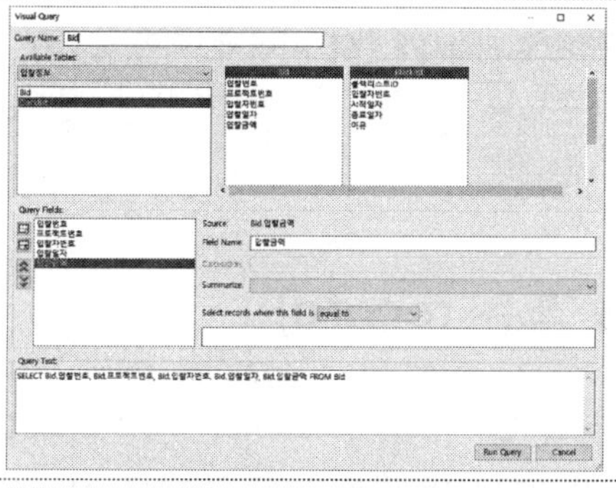

(6) 상단에 Query Name에 Bid라고 입력한다.

(7) Run Query 버튼을 누른다.

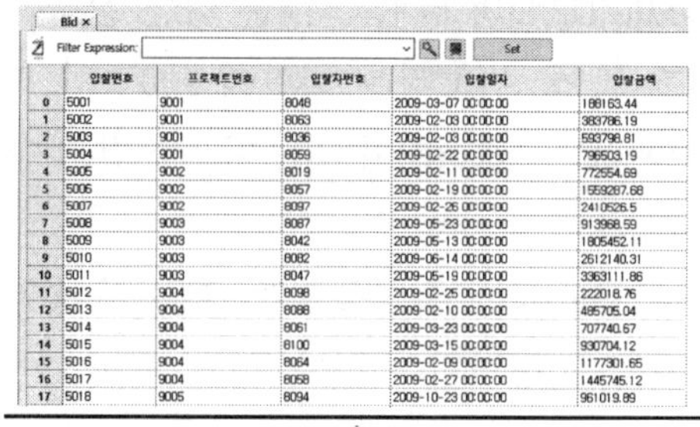

	입찰번호	프로젝트번호	입찰자번호	입찰일자	입찰금액
0	5001	9001	8048	2009-03-07 00:00:00	188163.44
1	5002	9001	8063	2009-02-03 00:00:00	383786.19
2	5003	9001	8036	2009-02-03 00:00:00	593798.81
3	5004	9001	8059	2009-02-22 00:00:00	796503.19
4	5005	9002	8019	2009-02-11 00:00:00	772554.69
5	5006	9002	8057	2009-02-19 00:00:00	1559287.68
6	5007	9002	8097	2009-02-26 00:00:00	2410526.5
7	5008	9003	8087	2009-05-23 00:00:00	913968.59
8	5009	9003	8042	2009-05-13 00:00:00	1805452.11
9	5010	9003	8082	2009-06-14 00:00:00	2612140.31
10	5011	9003	8047	2009-05-19 00:00:00	3363111.86
11	5012	9004	8098	2009-02-25 00:00:00	222018.76
12	5013	9004	8088	2009-02-10 00:00:00	485705.04
13	5014	9004	8061	2009-03-23 00:00:00	707740.67
14	5015	9004	8100	2009-03-15 00:00:00	930704.12
15	5016	9004	8064	2009-02-09 00:00:00	1177301.65
16	5017	9004	8058	2009-02-27 00:00:00	1445745.12
17	5018	9005	8094	2009-10-23 00:00:00	961019.89

(8) Fraudit 탭에 ***Bid.tbl***(프로딧용 테이블 파일)이 생성된 것을 확인할 수 있다.

6 테이블 닫기

- Fraudit 테이블은 크게 다음과 같이 2가지 방법으로 닫을 수 있다.

✓ **Close Table**
인터페이스에 Table이 표시되면 ① **파일 메뉴에서** Close Table**을 누르거나** ② **테이블의 이름 탭에서 '탭 닫기' 아이콘(X표시)을 클릭한다.** 이 옵션들은 테이블을 닫지만 하드 디스크에서 삭제하지는 않는다. 따라서 왼쪽 object tree에 이름을 남겨둔다. 테이블을 다시 로드하려면 왼쪽 object tree에서 해당 테이블을 두번 클릭하거나 Open 메뉴를 이용하여 테이블을 불러오면 된다.

✓ **Delete Table**
이 방법을 사용하면 테이블이 **메모리 및 하드 디스크에서 영구적으로 사라지게 된다.** 따라서, 백업 디스크와 같은 다른 테이블의 복사본이 없으면 테이블이 영구적으로 없어지게 되므로 유의하여야 한다.

7 칼럼(column 또는 field)과 행(row 또는 record)

- Fraudit Table은 스프레드시트와 매우 비슷하다는 것을 알 수 있다. Table은 데이터의 2차원 그리드이다. 스프레드시트와 마찬가지로 Fraudit Table의 칼럼과 행은 다른 값들을 나타낸다. 행은 row 또는 record라고 불리운다. 예를 들어, ABC라는 회사에 500명의 직원이 근무하는 경우 Fraudit Table에 500개의 행(row 또는 record)이 있으며, 각 행은 한 명의 직원만을 나타낸다.
- 반면에, 칼럼은 각각의 특정한 사람들의 장소나 물건에 대한 속성을 나타내는 것이다. 이러한 칼럼에는 각 행에 대해 일반화될 수 있는 특성이 정의되어 있다. 상기 ABC사에서, 모든 직원들이 공유하는 몇가지 일반적인 특성을 가정해보자. 이름, 입사일자, 생년월일, 부서, 직원 ID번호 등이 있을 수 있다. 이러한 특정 속성은 특정 직원에 국한된 것이 아니라 모든 직원에 대해 일반적으로 적용되는 것이다. 즉, 모든 직원은 이름, 입사일자 등이 있기 때문이다. 다음은 Fraudit 테이블에서 나올 수 있는 칼럼의 속성(데이터 타입)을 보여준다.

✓ String : 직원 이름과 같은 일련의 텍스트 문자(예 "홍길동")
✓ Integer : 4 또는 -22와 같은 정수(소수 점 이하는 될 수 없지만 음수일 수 있음)
✓ Decimal Number : 28.9047과 같이 소수 점 이하인 숫자
✓ DateTime : 특정 날짜 및 시간
✓ True/False : 속성이 True 또는 False인 경우 사용

- 새로운 칼럼을 삽입하고 데이터 형식을 선언하기 위해서는, 『Table Properties』 인터페이스로 이동하여야 한다. 『Table Properties』 인터페이스에 접근하는 방법은 다음과 같다.

✓특정 column을 선택하고 오른쪽 클릭 한후 Table Properties 메뉴를 선택하는 방법
✓File 메뉴에서 Properties 메뉴를 선택하는 방법
✓상단 몽키 스패너 아이콘을 누르는 방법

- 『Table Properties』 인터페이스가 표시되면 다음과 같이 특정 칼럼을 삽입 및 삭제하는 옵션을 사용할 수 있다.

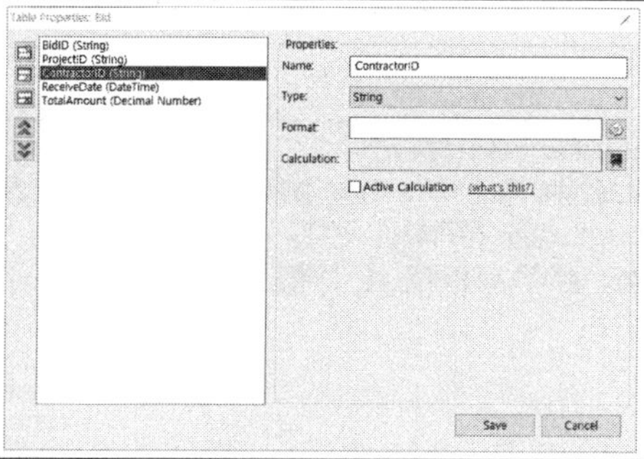

(1) 아이콘을 클릭하면 현재 필드(칼럼) 앞에 새로운 필드(칼럼)를 삽입하면서 Name, Type, Format, Calculation을 세팅할 수 있게 된다.
(2) 아이콘을 클릭하면 현재 필드(칼럼) 뒤에 새로운 필드(칼럼)를 삽입하면서 Name, Type, Format, Calculation을 세팅할 수 있게 된다.
(3) 아이콘을 클릭하면 현재 필드(칼럼)을 삭제한다.
(4) 아이콘을 클릭하면 현재 필드(칼럼)가 앞으로 이동한다.
(5) 아이콘을 클릭하면 현재 필드(칼럼)가 뒤로 이동한다.

- 새로운 칼럼이 생성되면 데이터 타입을 지정해야 하는데 기본적으로 "String" 타입으로 지정된다. 따라서 데이터 타입을 적절하게 선택할 필요가 있다. 또한 데이터 타입을 "Decimal Number" 로 선택하면 해당 소수 점 숫자의 정밀도를 지정할 수 있다(소수 점 2개만 표시 등).
- **「Table Properties」 창에서 변경 내용을 저장하기 위해서는 반드시 Save 버튼을 눌러야 한다는 것이다. Save 버튼을 누르지 않고 나오면 변경내용이 저장되지 않는다.**
- 마지막으로, **「Table Properties」 창에서 Save 버튼을 눌러도 실제 테이블을 저장하지 않고 Fraudit을 닫는 경우 파일 변경사항이 저장되지 않아 「Table Properties」 변경사항이 사라지게 됨에 유의하기 바란다.**

8 필터링(Filtering)

- 필터링은 Table에 있는 데이터를 분석하기 위한 필수적인 기능이다. 필터링은 분석과 관련이 없는 행(row 또는 record)을 표시하지 않는다. 표시되지 않는 행은 실제로 삭제되지 않고 일시적으로만 숨겨지는 것이므로 언제든지 복원할 수 있다. Table은 사용자가 작성한 산식(expression)으로 필터링이 된다.
- 필터를 생성하는 방법에는 몇 가지가 있는데 여기에서는 아래의 3가지 방법을 소개한다.

✓레코드를 선택하여 오른쪽 클릭 후 단순조건 필터링하는 방법
✓Filter 메뉴를 사용하는 방법
✓Expression Builder를 사용하는 방법

(1) 레코드를 선택하여 오른쪽 클릭 후 단순 조건 필터링하는 방법

• 필터링을 하는 가장 간단한 방법은 특정 칼럼에서 오른쪽 클릭하여 필터 조건을 선택하는 것이다. 다음의 사례를 살펴보자.

(1) ***PurchaseTransaction*** 테이블을 연다.
(2) *금액* 칼럼에서 첫번째 행(인덱스 0)의 셀을 선택하고 오른쪽 클릭을 하여 Filter 조건을 선택하면 된다.
여기서는, ***Filter: 금액 > 9318*** 을 선택한다.

(3) Filter Expression 박스에 ***금액> 9318*** 이 입력되고, *금액* 칼럼이 이 조건을 충족하는 행(레코드)만 필터링 된 것을 확인할 수 있다.

(2) Filter 메뉴를 사용하는 방법

- 두 번째 방법은 Filter 메뉴를 사용하는 것이다.

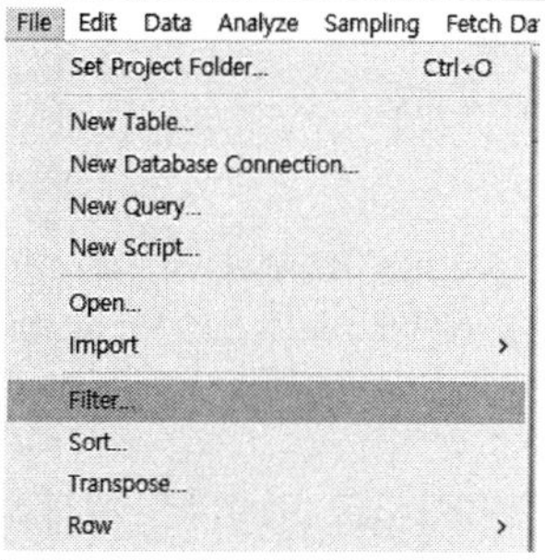

(1) ***PurchaseTransaction*** 테이블을 연다.
(2) File >> Filter 메뉴를 선택하거나,

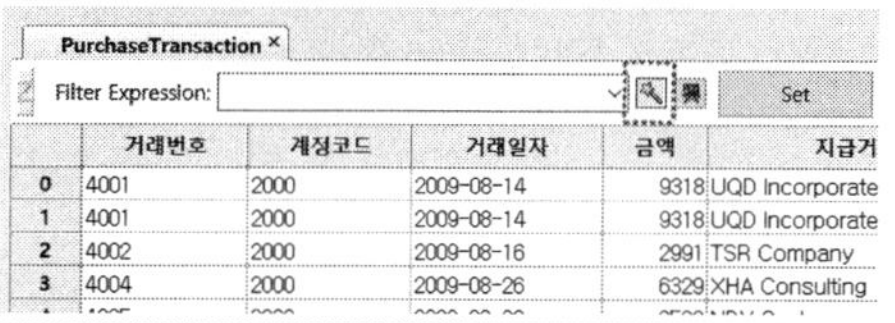

(3) 상단의 🔍 아이콘을 누른다.

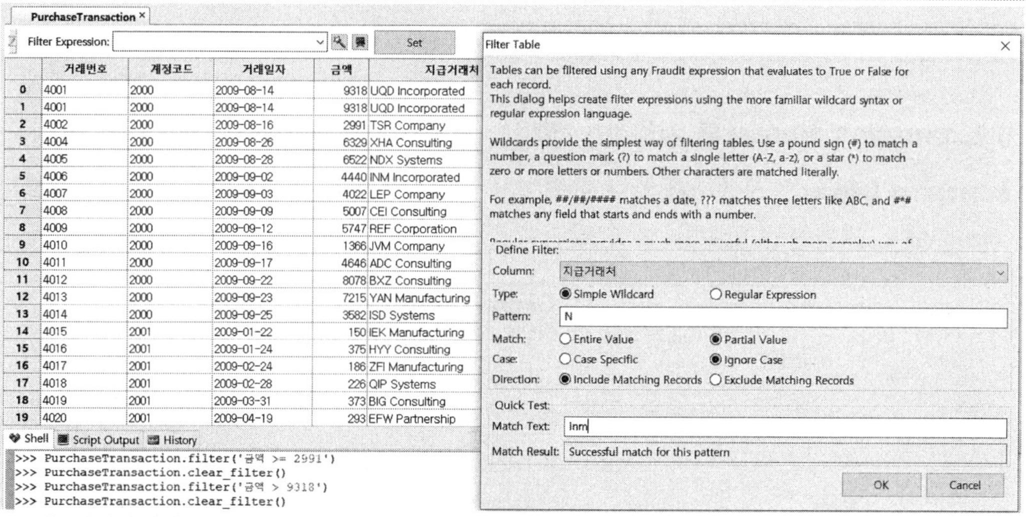

(4) 지급거래처 칼럼에서 알파벳 N(대문자)이 들어간 행만 필터링하고 싶다고 가정하면,

- Column : ***지급거래처*** 선택
- Type : ***Simple Wildcard*** 선택
  - Simple Wildcard는 ***, #, ?**을 사용할 수 있다.
    *****은 없거나(Zero) 문자(letters)나 숫자(numbers)가 가능하다.
    #은 숫자만 가능하다.
    ?은 문자만 가능하다.
  - Regular Expression은 **Python 정규식**으로 별도의 장에서 자세히 다루기로 한다.
- Pattern : ***N(대문자)***을 입력한다.
- Match : ***Partial Value***를 선택한다.
  - Entire Value : Pattern 에 입력한 것과 전체로만 일치할 때 선택

- Partial Value : Pattern 에 입력한 것이 일부(또는 전체) 일치할 때 선택

• Case : ***Ignore Case***를 선택한다.
  - Case Specific : 대소문자를 구분할 때 선택
  - Ignore Case : 대소문자를 구분하지 않을 때 선택
• Direction : ***Include Matching Records***를 선택한다.
  - Include Matching Records : Pattern에 입력한 것을 포함하는 행(레코드)만 필터링
  - Exclude Matching Records : Pattern에 입력한 것을 포함하지 않는 행(레코드)만 필터링
• Quick Test
  - Match Test : ***inm***(소문자)을 입력한다.
  - Match Result : Match Test에 입력한 것이 상기 옵션에 따라 매치가 되는지를 사전에 미리 보여준다. 여기서는 잘 매치가 되므로 ***Successful match for this pattern***이라는 메시지를 보여준다. 만약 잘 매치가 되지 않으면 No match for this pattern이라는 메시지를 보여줄 것이다.

(5) OK버튼을 누른다.

(6) 지급거래처에서 n(대소문자 구분하지 않고)이 들어간 행(레코드)가 필터링 된 것을 확인할 수 있다.

☞ 상기 ***Release*** 버튼을 누르면 필터가 다시 풀린다.

(3) Expression Builder를 사용하는 방법

• Expression Builder는 사용자가 보다 유연하게 필터링을 사용할 수 있다는 장점이 있으나 Fraudit에서 지원하는 함수를 미리 알아야 할 필요가 있다.

(1) ***PurchaseTransaction*** 테이블을 연다.

(2) 상단의 아이콘을 누른다.

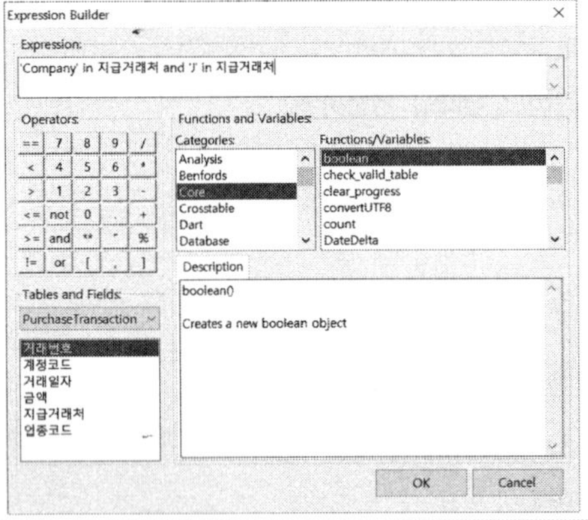

(3) Expression 박스에 다음과 같이 입력한다.

'Company' in 지급거래처 and 'J' in 지급거래처

☞ 상기 코드는 지급거래처 칼럼에서 'Company'가 있으면서(and) 'J'도 들어가 있는 것을 필터링하라는 의미이다.

(4) OK 버튼을 누른다.

PurchaseTransaction

Filter Expression: 'Company' in 지급거래처 and 'J' in 지급· Set

	거래번호	계정코드	거래일자	금액	지급거래처	업종코드
0	4001	2000	2009-08-14	9318	UQD Incorporated	211144
1	4001	2000	2009-08-14	9318	UQD Incorporated	211144
2	4002	2000	2009-08-16	2991	TSR Company	678888
3	4004	2000	2009-08-26	6329	XHA Consulting	439472
4	4005	2000	2009-08-28	6522	NDX Systems	504967
5	4006	2000	2009-09-02	4440	INM Incorporated	899538
6	4007	2000	2009-09-03	4022	LEP Company	888462
7	4008	2000	2009-09-09	5007	CEI Consulting	211144
8	4009	2000	2009-09-12	5747	REF Corporation	866160
9	4010	2000	2009-09-16	1366	JVM Company	485094

(5) Set 버튼을 누른다.

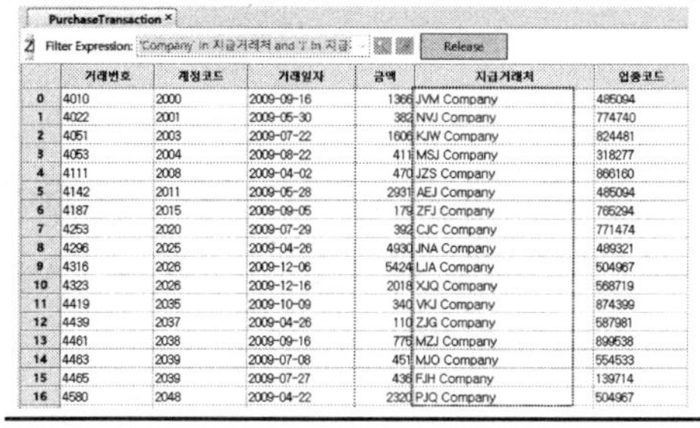
PurchaseTransaction

Filter Expression: 'Company' in 지급거래처 and 'J' in 지급· Release

	거래번호	계정코드	거래일자	금액	지급거래처	업종코드
0	4010	2000	2009-09-16	1366	JVM Company	485094
1	4022	2001	2009-05-30	382	NVJ Company	774740
2	4051	2003	2009-07-22	1606	KJW Company	824481
3	4053	2004	2009-08-22	411	MSJ Company	318277
4	4111	2008	2009-04-02	470	JZS Company	866160
5	4142	2011	2009-05-28	2931	AEJ Company	485094
6	4187	2015	2009-09-05	179	ZFJ Company	765294
7	4253	2020	2009-07-29	392	CJC Company	771474
8	4296	2025	2009-04-26	4930	JNA Company	489321
9	4316	2026	2009-12-06	5424	LJA Company	504967
10	4323	2026	2009-12-16	2018	XJQ Company	568719
11	4419	2035	2009-10-09	340	VKJ Company	874399
12	4439	2037	2009-04-26	110	ZJG Company	587981
13	4461	2038	2009-09-16	775	MZJ Company	899538
14	4463	2039	2009-07-08	451	MJO Company	554533
15	4465	2039	2009-07-27	436	FJH Company	139714
16	4580	2048	2009-04-22	2320	PJQ Company	504967

(6) 'J'와 'Company'가 들어가 있는 행(레코드)만 필터링 된 것을 확인할 수 있다.

☞ 상기 ***Release*** 버튼을 누르면 필터가 다시 풀린다.

06 I Fraudit의 Select 메뉴

• Data 메뉴의 하위 메뉴인 Select 메뉴는 특정 조건을 충족하는 행(레코드)를 추출하여 별도의 테이블로 구성하는 기능을 제공한다. 필터는 오리지널 테이블에서 필터링을 하는 것이지만, Select는 별도의 테이블로 구성한다는 점에서 차이가 난다.

1 Select By Record Index 메뉴

• 이는 행의 인덱스를 지정하여 추출하는 기능을 제공한다. 다음의 사례를 살펴보자.

	입찰번호	프로젝트번호	입찰지번호	입찰일자	입찰금액
0	5001	9001	8048	2009-03-07 00:00:00	188163.44
1	5002	9001	8063	2009-02-03 00:00:00	383786.19
2	5003	9001	8036	2009-02-03 00:00:00	593798.81
3	5004	9001	8059	2009-02-22 00:00:00	796503.19
4	5005	9002	8019	2009-02-11 00:00:00	772554.69
5	5006	9002	8057	2009-02-19 00:00:00	1559287.68
6	5007	9002	8097	2009-02-26 00:00:00	2410526.50
7	5008	9003	8087	2009-05-23 00:00:00	913968.59
8	5009	9003	8042	2009-05-13 00:00:00	1805452.11
9	5010	9003	8082	2009-06-14 00:00:00	2612140.31
10	5011	9003	8047	2009-05-19 00:00:00	3363111.86
11	5012	9004	8098	2009-02-25 00:00:00	222018.76
12	5013	9004	8088	2009-02-10 00:00:00	485705.04
13	5014	9004	8061	2009-03-23 00:00:00	707740.67

(1) ***Bid*** 테이블을 연다.

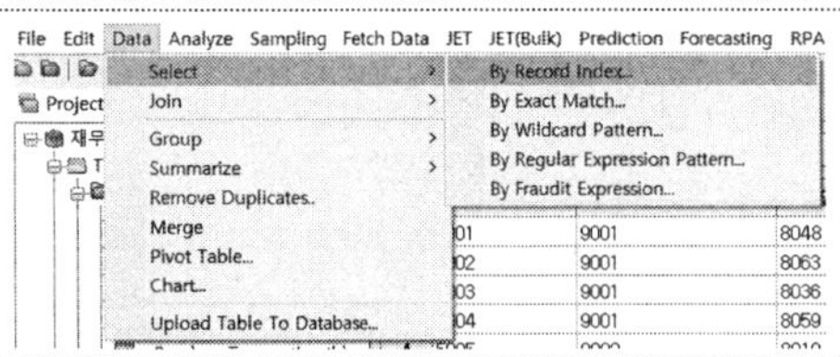

(2) Data >> Select >> By Record Index 메뉴를 선택한다.

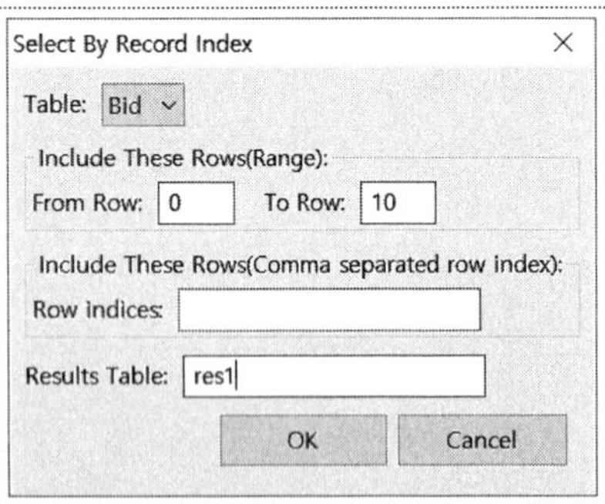

(3) Table : 드롭다운 리스트에서 ***Bid*** 선택

(4) Include These Rows(Range) : 선택하고 싶은 row의 인덱스의 범위를 입력한다.

☞ 여기서는 From Row에 0을 입력하고 To Row에 10을 입력해서 0~10 row(총 11개)를 선택하기로 한다.

(5) Results Table 박스에 테이블 명을 res1로 기입한 후 OK 버튼을 누른다.

	입찰번호	프로젝트번호	입찰자번호	입찰일자	입찰금액
0	5001	9001	8048	2009-03-07 00:00:00	188163.44
1	5002	9001	8063	2009-02-03 00:00:00	383786.19
2	5003	9001	8036	2009-02-03 00:00:00	593798.81
3	5004	9001	8059	2009-02-22 00:00:00	796503.19
4	5005	9002	8019	2009-02-11 00:00:00	772554.69
5	5006	9002	8057	2009-02-19 00:00:00	1559287.68
6	5007	9002	8097	2009-02-26 00:00:00	2410526.50
7	5008	9003	8087	2009-05-23 00:00:00	913968.59
8	5009	9003	8042	2009-05-13 00:00:00	1805452.11
9	5010	9003	8082	2009-06-14 00:00:00	2612140.31
10	5011	9003	8047	2009-05-19 00:00:00	3363111.86

(6) 왼쪽과 같이 0부터 10 row의 값(총 11개)을 선택한 결과가 나타난다.

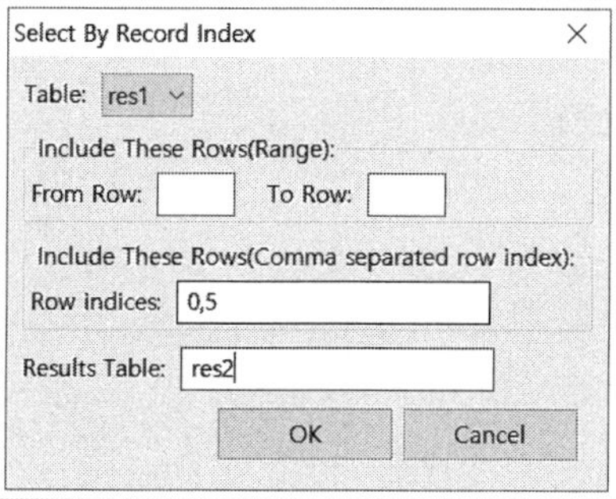

※ 만약, 선택하고 싶은 row의 인덱스의 범위가 아니라 별도의 레코드를 하나 하나씩 선택하고 싶으면

(7) Include These Rows(Comma separated row index)에서 선택하고 싶은 row의 인덱스를 하나 하나씩 입력하되 콤마로 구분한다.

☞ 여기서는 Row indices에 0,5를 입력하여 2개의 레코드만 선택하기로 한다.

(8) Results Table 박스에 테이블 명을 res2로 기입한 후 OK 버튼을 누른다.

	입찰번호	프로젝트번호	입찰자번호	입찰일자	입찰금액
0	5001	9001	8048	2009-03-07 00:00:00	188163.44
1	5006	9002	8057	2009-02-19 00:00:00	1559287.68

(9) 상기와 같이 0과 5 row의 값을 별도로 선택한 결과가 나타난다.

2 Select By Exact Match 메뉴

• 이는 데이터 타입이 String, Integer, Decimal Number인 칼럼에 대해서 **==, !=, 〉, 〉=, 〈, 〈=** 의 연산자를 이용한 조건을 충족하는 행(레코드)을 추출하는 기능이다. 여기서는 복수조건을 적용할 수 있는데 이 조건들은 and 조건으로 이어지므로 **or 조건이 포함되는 경우**에는 후술할 **Select By Fraudit Expression** 메뉴를 이용하여야 한다.

	입찰번호	프로젝트번호	입찰자번호	입찰일자	입찰금액
0	5001	9001	8048	2009-03-07 00:00:00	188163.44
1	5002	9001	8063	2009-02-03 00:00:00	383786.19
2	5003	9001	8036	2009-02-03 00:00:00	593798.81
3	5004	9001	8059	2009-02-22 00:00:00	796503.19
4	5005	9002	8019	2009-02-11 00:00:00	772554.69
5	5006	9002	8057	2009-02-19 00:00:00	1559287.68
6	5007	9002	8097	2009-02-26 00:00:00	2410526.50
7	5008	9003	8087	2009-05-23 00:00:00	913968.59
8	5009	9003	8042	2009-05-13 00:00:00	1805452.11
9	5010	9003	8082	2009-06-14 00:00:00	2612140.31
10	5011	9003	8047	2009-05-19 00:00:00	3363111.86
11	5012	9004	8098	2009-02-25 00:00:00	222018.76
12	5013	9004	8088	2009-02-10 00:00:00	485705.04
13	5014	9004	8061	2009-03-23 00:00:00	707740.67

(1) ***Bid*** 테이블을 연다.

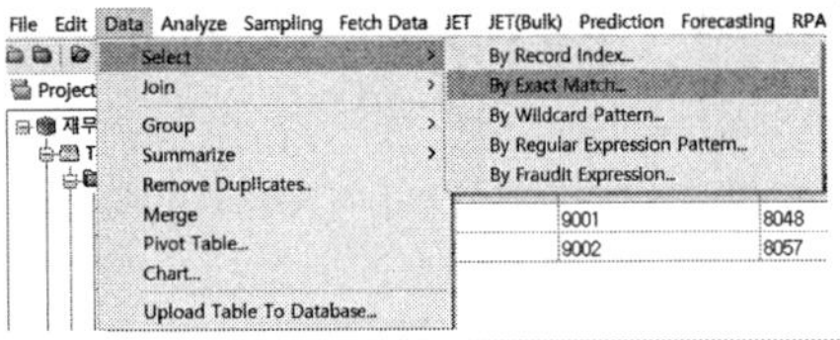

(2) Data >> Select >> By Exact Index 메뉴를 선택한다.

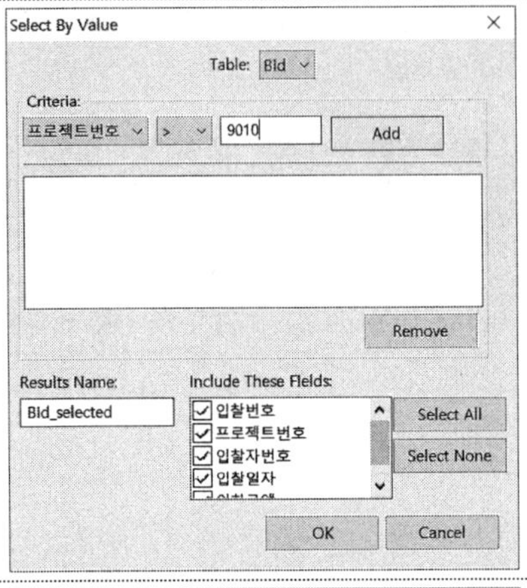

(3) Table : ***Bid*** 선택

(4) Criteria :

- 칼럼 : ***프로젝트번호*** 선택
- 연산자 : > 선택
- 박스 : ***9010*** 선택

(5) Add 버튼을 누른다.

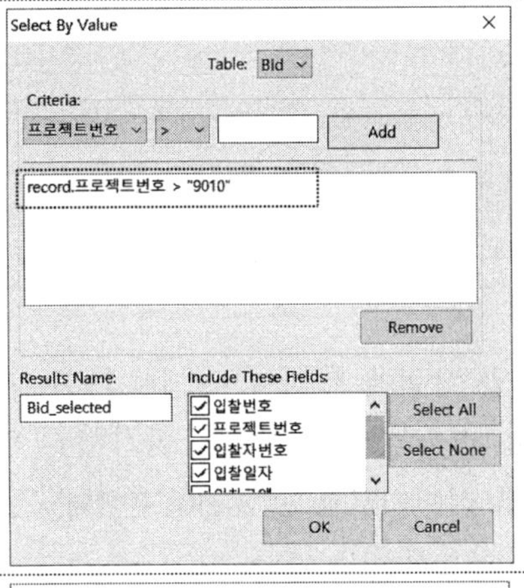

(6) 밑의 박스에 왼쪽과 같이 입력되는 것을 확인할 수 있다.

☞ 9010을 입력했는데, 자동적으로 "9010"으로 들어간 것은 프로젝트번호 칼럼의 데이터 타입이 string이기 때문이다. 따라서, 데이터 타입이 string인 칼럼에서는 박스안에서 따옴표를 넣지 않도록 한다.

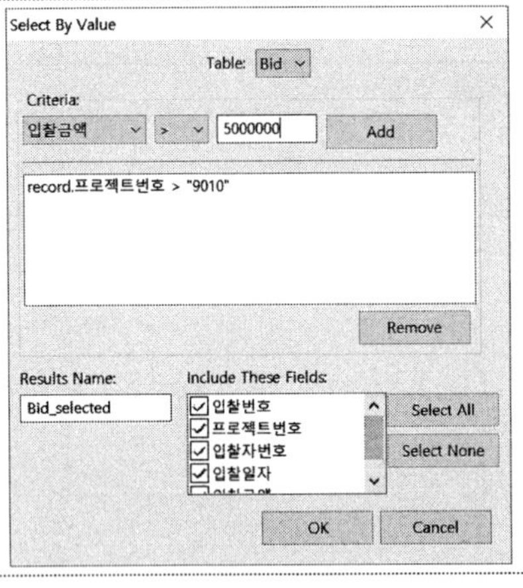

(7) Criteria :

- 칼럼 : ***입찰금액*** 선택
- 연산자 : > 선택
- 박스 : ***5000000*** 선택

(8) Add 버튼을 누른다.

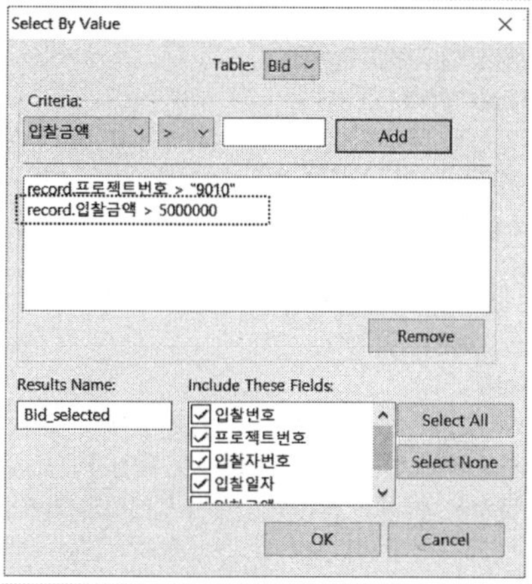

(9) 밑의 박스에 왼쪽과 같이 입력되는 것을 확인할 수 있다.
☞ 5000000을 입력했는데, 자동적으로 5000000으로 들어간 것은 입찰금액 칼럼의 데이터 타입이 Decimal Number이기 때문이다.
(10)Results Name : ***Bid_selected***로 입력
(11)Include These Fields : ***Select All*** 버튼을 누른다.
(12)OK 버튼을 누른다.

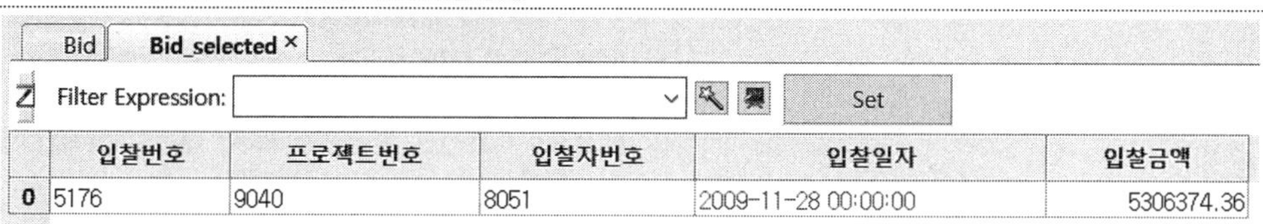

(13)상기와 같은 결과가 Select된 것을 확인할 수 있다.

3 Select By Wildcard Pattern 메뉴

• 이는 앞서 설명한 Filter 메뉴와 거의 유사하다. 즉, Wildcard Pattern을 충족하는 행(레코드)를 추출하여 별도의 테이블을 생성해주는 기능을 제공한다.

(1) ***Bid*** 테이블을 연다.

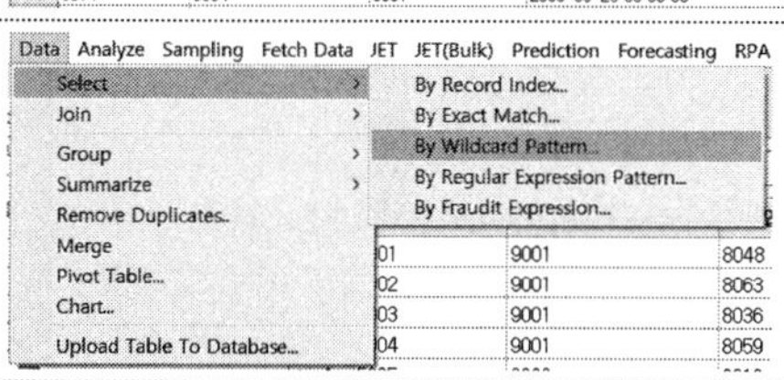

(2) Data >> Select >> By Wildcard Pattern 메뉴를 선택한다.

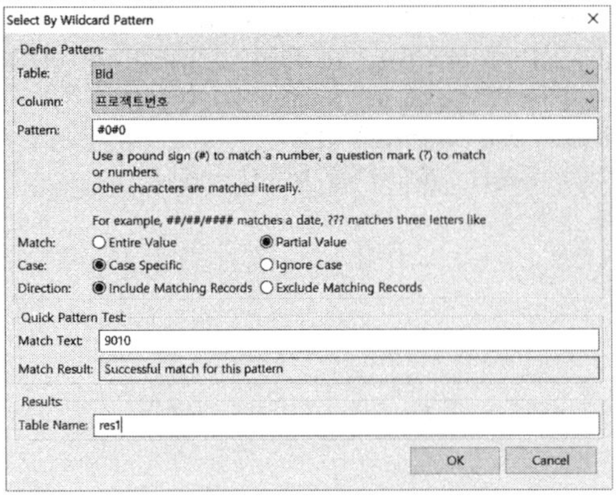

(3) Table : ***Bid*** 선택

(4) Column : 프로젝트번호 선택

(5) Pattern : #0#0 입력

☞ 이는 프로젝트번호 네자리 문자 중 두 번째가 0이면서 네 번째가 0인 항목을 선택하고자 하는 것이다.

(6) Mach : ***Partial Value*** 선택

(7) Case : ***Case Specific*** 선택

(8) Direction : ***Include Matching Records*** 선택

(9) Mach Text : ***9010*** 입력

(10) Match Result :

☞ Match Test에 입력한 것이 상기 옵션에 따라 매치가 되는지를 사전에 미리 보여준다. 여기서는 잘 매치가 되므로 Successful match for this pattern이라는 메시지를 보여준다. 만약 잘 매치가 되지 않으면 No match for this pattern이라는 메시지를 보여줄 것이다.

(11) Table Name : ***res1*** 입력

(12) OK 버튼을 누른다.

Bid | res1 ×

Filter Expression: Set

	입찰번호	프로젝트번호	입찰자번호	입찰일자	입찰금액
0	5036	9010	8017	2009-12-10 00:00:00	552896.72
1	5037	9010	8065	2009-11-17 00:00:00	1048533.45
2	5038	9010	8084	2009-11-24 00:00:00	1546581.48
3	5081	9020	8086	2009-09-21 00:00:00	571798.73
4	5082	9020	8036	2009-10-03 00:00:00	1039119.74
5	5083	9020	8006	2009-09-20 00:00:00	1553943.94
6	5084	9020	8100	2009-09-20 00:00:00	2095694.32
7	5085	9020	8061	2009-09-11 00:00:00	2635537.87
8	5086	9020	8078	2009-09-11 00:00:00	3169514.23
9	5123	9030	8002	2009-03-19 00:00:00	438076.38
10	5124	9030	8029	2009-04-05 00:00:00	873556.27
11	5125	9030	8036	2009-03-05 00:00:00	1382927.92
12	5126	9030	8012	2009-04-03 00:00:00	1866902.67
13	5171	9040	8053	2009-11-09 00:00:00	948532.81
14	5172	9040	8090	2009-11-18 00:00:00	1767573.57
15	5173	9040	8081	2009-10-31 00:00:00	2588275.11
16	5174	9040	8035	2009-11-12 00:00:00	3526036.68
17	5175	9040	8015	2009-11-16 00:00:00	4412551.84
18	5176	9040	8051	2009-11-28 00:00:00	5306374.36

(13) 프로젝트번호 칼럼에서 ***#0#0*** 패턴인 항목만 발췌한 res1 테이블이 생성된다.

4 Select By Regular Expression 메뉴

- 이 메뉴는 Python의 정규식(Regular Expression)을 사용한다는 점을 제외하고는 Select By Wildcard Pattern 메뉴의 사용방법과 거의 유사하다. Python의 정규식(Regular Expression)은 별도의 장에서 자세하게 설명할 것이므로 해당 장에서 이 메뉴 사용방법을 설명할 것이다.

5 Select By Fraudit Expression 메뉴

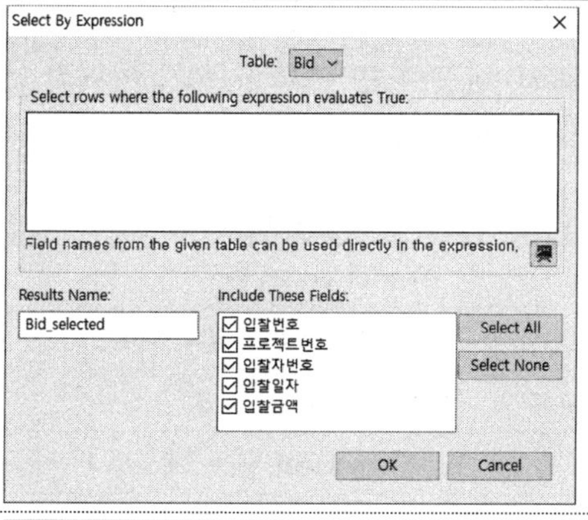

(1) 예제파일인 ***Bid.tbl*** 을 연다.

(2) Data >> Select >> By Fraudit Expression.. 메뉴를 선택한다.

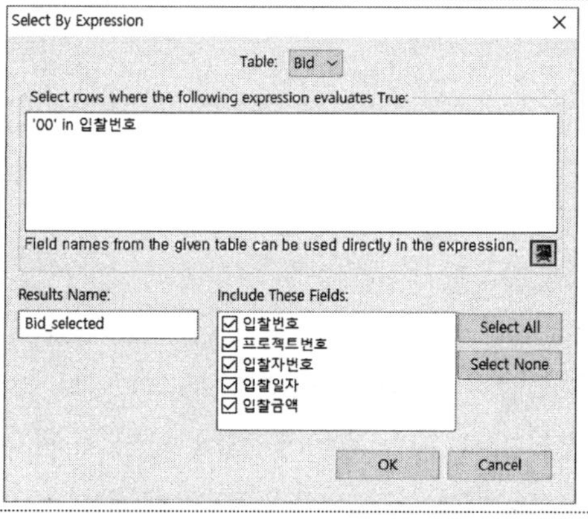

(3) Expression 입력창에 직접 입력하거나 아래 Expression 아이콘을 눌러 Expression builder에서 식을 입력할 수 있다. 입력시 String 필터에는 ' '(작은 따옴표)로 한다.

☞ 여기서는「 '00' in 입찰번호 」로 입력한다. 이는 '00' 이라는 string이 [입찰번호] 칼럼에 있으면 해당하는 것만 select 하라는 의미이다.

(4) Results_Name에서 테이블명을 별도로 정할 수 있다.

☞ 여기서는 ***Bid_selected*** 로 입력한다.

(5) 포함해서 보여줄 필드를 체크박스로 선택할 수 있다. 여기서는 다 체크한다.

(6) OK 버튼을 누른다.

	입찰번호	프로젝트번호	입찰자번호	입찰일자	입찰금액
0	5004	9001	8059	2009-02-22 00:00:00	796503.19
1	5003	9001	8036	2009-02-03 00:00:00	593798.81
2	5002	9001	8063	2009-02-03 00:00:00	383786.19
3	5001	9001	8048	2009-03-07 00:00:00	188163.44
4	5007	9002	8097	2009-02-26 00:00:00	2410526.50
5	5006	9002	8057	2009-02-19 00:00:00	1559287.68
6	5005	9002	8019	2009-02-11 00:00:00	772554.69
7	5009	9003	8042	2009-05-13 00:00:00	1805452.11
8	5008	9003	8087	2009-05-23 00:00:00	913968.59
9	5100	9024	8005	2009-12-10 00:00:00	2821971.68
10	5200	9046	8094	2009-02-04 00:00:00	845164.91

(7) ***입찰번호*** 칼럼에 '00'이 포함된 항목만 select 된 결과를 확인할 수 있다.

6 Simple Expressions

• 간단한 Expression을 사용하여 칼럼 값을 지정한 값과 비교할 수 있다. 간단한 Expression은 아래와 같다. 여기서 유의할 점은 equal to(같다)는 기호가 (=)가 아니라 (==)임을 유의하기 바란다(Python의 문법이 이와 같다는 점도 기억하기 바란다).

Expression	Literal	Example
>	Greater Than	WorldCup > 1957
<	Less Than	GoalScored < 40
>=	Greater Than or Equal to	GamesPlayed >= 35
<=	Less Than or Equal to	AvgGameGoals <= 2.8
==	Equal to	Expulsion == 5
!=	Not Equal to	GoldenGoals != 0

7 Complex Expressions

• 복수의 칼럼을 서로 비교하거나 『and』, 『or』, 『and not』 및 『or not』과 같은 연산자를 사용하여 둘 이상의 간단한 Expression을 결합하여 복잡한 Expression을 만들 수 있다. 각 Expression의 예는 아래 표와 같다. 필터는 대 소문자를 구분하여야 하며 칼럼 이름도 표시되는 대로 입력해야 한다. 예를 들어, 칼럼 이름이 『Olympic』이라면, 필터에 반드시 대소문자를 구분하여야 하며 만약 『olympic』이라고 입력하면 인식하지 못한다.

Expression	Example
and	(WorldCup > 1957 and GoalScored < 40)
or	(GoalScored < 40 or GoalScored >= 50)
and not	(GamesPlayed >= 35 and not GamesPalyed > = 55)
or not	(AvgGameGoals <= 2.8 or not AvgGameGoals > 3.1)
Mutiple column	PenaltyGolas + Expulsions < 9
	PenaltyGolas < Expulsions
	GoalScored / AvgGameGoals > GamesPalyed

07 I Fraudit의 Join 메뉴

- Join은 두 테이블을 연결하는 것이다. 이 기능을 사용하면 두 Table에서 정보를 가져와 지정한 값에 따라 하나의 Table로 결합할 수 있다. 이를 통해 Table을 빠르게 비교하고 두 Table의 정보를 동시에 사용할 수 있다. 사례 파일로 test.tbl과 test1.tbl 파일을 연다.
- 사례 파일로 test.tbl과 test1.tbl 파일을 연다.

1 Join by Value

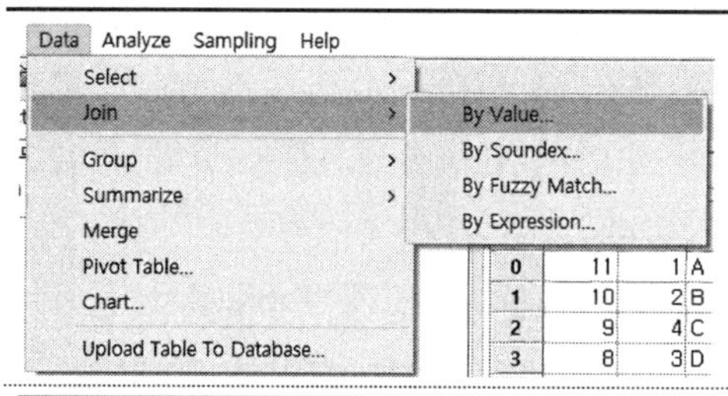

(1) 예제파일인 ***test.tbl***과 ***test1.tbl*** 파일을 연다.
(2) Data >> Join >> By Value.. 메뉴를 선택한다.

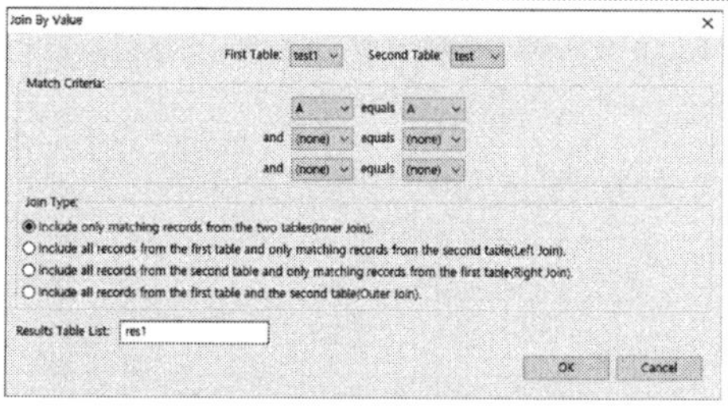

(3) First Table을 ***test1***으로, Second Table을 ***test***로 선택한다.
(4) Match Criteria는 첫 번째를 아래와 같이 설정
  A equals A
☞칼럼의 값이 일치하는 지 여부를 3가지 and 조건으로 찾을 수 있다.

(5) Join Type : 첫 번째 옵션 체크
※Join Type에서는 4가지 중 하나를 선택할 수 있다.
① 두 Table에서 Match Criteria를 충족하는 record만 포함하는 형태(Inner Join)
② 첫 번째 Table은 모든 record를 포함하고 두 번째 Table에서 Match Criteria를 충족하는 항목만 포함하는 형태(Left Join)
③ 두 번째 Table은 모든 record를 포함하고 첫 번째 Table에서 Match Criteria를 충족하는 항목만 포함하는 형태(Right Join)
④ 첫 번째 Table과 두 번째 Table의 모든 record를 포함하면서 Match Criteria를 충족하는 항목을 보여주는 형태(Outer Join)
(6) Results Table : ***res1*** 입력
(7) OK 버튼을 누른다.

	A_L	A_R	B_L	B_R	C_L	C_R	D_L	D_R	E_L	E_R	date_L	date_R
0	1	1	11	1	K	A	A16	매도가능증권	13.5	3.5	2018-01-11 00:00:00	2018-01-01 00:00:00
1	2	2	10	2	J	A	A15	가	12.5	4.5	2018-01-10 00:00:00	2018-01-01 00:00:00
2	2	2	10	2	J	A	A15	나	12.5	5.5	2018-01-10 00:00:00	2018-01-01 00:00:00
3	4	4	8	4	H	C	A12	라	10.5	6.5	2018-01-08 00:00:00	2018-01-02 00:00:00
4	5	5	7	4	G	C	A10	마	9.5	7.5	2018-01-07 00:00:00	2018-01-02 00:00:00
5	6	6	5	6	F	C	A09	바	8.5	8.5	2018-01-06 00:00:00	2018-01-03 00:00:00
6	6	6	5	6	F	B	A09	사	8.5	9.5	2018-01-06 00:00:00	2018-01-03 00:00:00

(8)상기와 같이 Join된 테이블이 별도로 생성된다.

- 두 Table을 Join할 때 다음과 같은 점을 유의하여야 한다.

✓지정한 두 column에 일치하는 값이 없으면 결과 테이블이 공백이 된다. 이것은 실수가 아니다. 단지 그 열에 일치하는 값이 없다는 것을 의미할 뿐이다.
✓둘 이상의 조건으로 Join 할 수 있다. 이렇게 하면 결과를 정렬하고 원하는 행을 결정하는 데 걸리는 시간을 절약할 수 있다.
✓Join할 Table의 이름을 두 Table의 Join을 설명하는 논리적 이름으로 지정하는 것이 바람직하다.
✓Join by Value의 경우, Table의 두 값이 정확히 일치해야 한다. Join by Fuzzy Match의 경우 두 값이 반드시 정확하지 않아도 된다.

- Join을 사용하면 많은 레코드를 검색할 때 상당한 시간을 절약할 수 있다. 예를 들어, 고객 정보가 포함된 Table과 거래에 대한 정보가 있는 다른 Table이 있는 경우, Join을 통해 각 고객과 해당 거래에 대한 특정 정보를 결정할 수 있다. 첫 번째 Table의 고객 ID가 두 번째 Table의 고객 ID와 일치하는 Join을 수행하기만 하면 된다. 결과 표에는 고객 ID, 정보 및 고객이 참여한 각 거래가 포함된다.
- 특정 Join을 사용하면 고객 ID별로 각 Table을 정렬한 다음 첫 번째 Table에서 원하는 고객 ID를 찾아 두 번째 Table의 고객 ID와 비교하여 고객이 어떤 거래에 참여했는지 확인해야 하는 번거로움을 줄일 수 있다. Join 기능을 잘 활용하면 Excel의 vlookup보다 훨씬 강력한 결과를 얻을 수 있다.

2 Join by Fuzzy Match

- Table을 Join하는 경우에 두 Table의 기준 칼럼의 항목이 정확히 일치하지 않을 수 있기 때문에 Fraudit은 Fuzzy matching 기능을 제공한다. 이렇게 하면 두 Table의 기준 칼럼을 비교하여 정확히 일치하지는 않지만 비슷한 항목을 기준으로 Join할 수 있다.
- 어느 칼럼의 데이터 타입이 string이며 그 항목이 'match'라면, 다른 Table의 칼럼에 있는 항목 중 이와 유사하다고 볼 수 있는 예는 다음과 같다.

✓ match ✓ matched ✓ matcher ✓ matching ✓ matchbox

- Fraudit의 Fuzzy matching 알고리즘은 상당히 편리한 matching 방법이다. 하지만, Fuzzy matching 알고리즘은 텍스트 내의 조건을 적용할 때 굉장히 많은 조건을 적용하여야 하기 때문에 알고리즘 내에서 시나리오는 기하급수적으로 증가할 수 있다.
- Fuzzy matching 알고리즘은 첫 번째 Table의 개별 값과 두 번째 Table의 개별 값을 매치한다. 예를 들어, 각각 10개의 레코드가 있는 두 개의 Table이 있다고 가정해 보자. 첫 번째 Table의 개별 값을 두 번째 테이블의 개별 값과 비교하려면 100개(10×10)의 레코드를 비교해야 한다. 만약 각각 1000개의 레코드가 있는 두개의 Table을 가지고 있다고 가정해 보면 100만개(1000×1000)의 비교 자료를 가지고 있게 된다. 두개의 테이블에 각각 10,000개의 레코드가 있다고 가정해 보면 이는 1억개(10000×10000)를 비교하는 것과 같다.
- 다음은 Fuzzy matching으로 테이블을 조인하는 방법을 설명하는 사례이다.

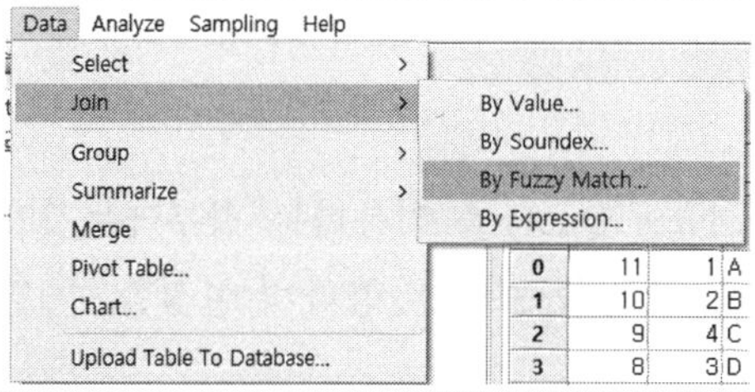

(1) 예제파일인 ***test.tbl***과 ***test1.tbl*** 파일을 연다.
(2) Data >> Join >> By Fuzzy Match.. 메뉴를 선택한다.

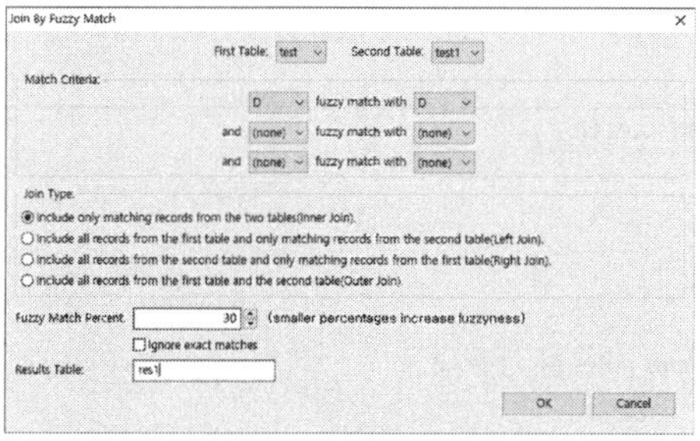

(3) First Table을 ***test***로, Second Table을 ***test1***으로 선택한다.
(4) Match Criteria는 첫 번째를 아래와 같이 설정

D equals D

☞ 칼럼의 값이 일치하는 지 여부를 3가지 and 조건으로 찾을 수 있다.

(5) Join Type : 첫 번째 옵션 체크

(6) Fuzzy Match Percent에서 퍼센트를 결정한다. 이 퍼센트가 높을수록 Fuzzy가 감소되고 낮을수록 Fuzzy가 증가한다(Fuzzy가 증가한다는 의미는 그만큼 정확하지 않은 값들이 매칭될 수 있다는 의미이다).
☞ 여기서는 30을 입력한다.

(7) Results Table : ***res1*** 입력
(8) OK 버튼을 누른다.

	A_L	A_R	B_L	B_R	C_L	C_R	D_L	D_R	E_L	E_R	date_L	date_R
0	1	11	1	1	A	A	매도가능증권	매도가능주식	3.5	3.512	2018-01-01 00:00:00	2018-01-14 00:00:00

(9) 상기와 같이 Join된 테이블이 별도로 생성된다. D_L열과 D_R열을 보면 ***매도가능증권***과 ***매도가능주식***이 정확하게 일치하지 않아도 Fuzzy로 Join된 것을 알 수 있다.

3 Join by Expression

- Join by Expression은 사용자가 Expression Box에 다양한 조건을 직접 넣어 Join을 할 수 있는 기능을 제공한다. 다만, Expression Box에서는 다음과 같은 규칙에 따라 산식을 넣어야 한다.

✓ 첫 번째 Table의 레코드는 ***record1***이라고 하여야 하며, 두 번째 Table의 레코드는 ***record2***라고 하여야 한다.

✓ record1 또는 record2뒤에 ***.칼럼명***을 붙인다. 예를 들어, 첫 번째 Table의 ID라는 칼럼과 두 번째 Table의 ID라는 칼럼이 일치하는 경우 Join을 하게 하려면 Expression Box내에 다음과 같이 산식을 넣어야 한다. 한편, and 또는 or 조건을 추가할 수 있다.

```
record1.ID == record2.ID
```

4 New Query를 활용한 조인

- New Query 메뉴를 활용하여 조인을 걸 수 있다. New Query를 이용하는 경우에는 3개 이상의 테이블을 동시에 조인을 걸 수 있으며 조인 조건을 보다 다양하게 설정할 수 있는 장점이 있다.
- Bid와 Blacklist 테이블을 연다.

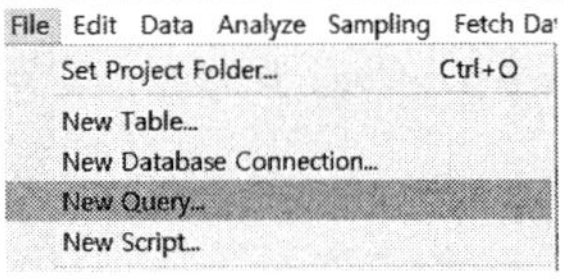

(1) File >> New Query 메뉴를 선택한다.

(2) 상단의 ***Join*** 버튼을 누른다.

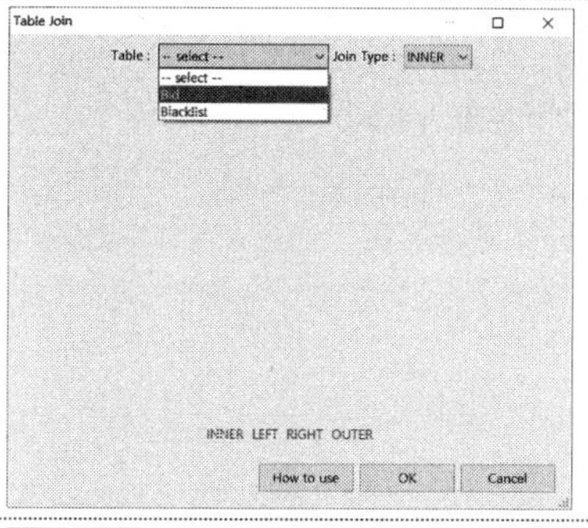

(3) Join Type : ***INNER*** 선택

(4) Table : ***Bid*, *Blacklist*** 를 차례대로 선택

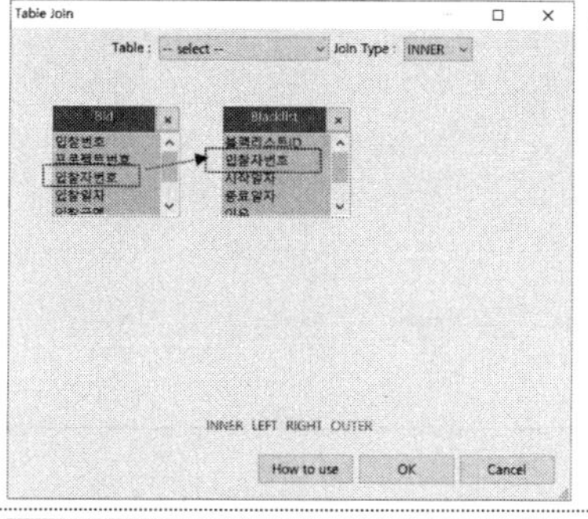

(5) ***Bid*** 테이블의 ***입찰자번호*** 칼럼을 클릭한 후 마우스를 드래그하여 ***Blacklist*** 테이블의 ***입찰자번호*** 칼럼에 댄다.

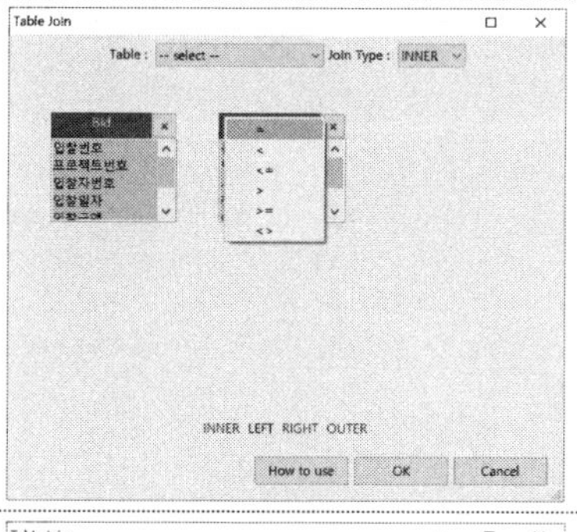

(6) 그러면 등호식이 나오고 여기서 = 을 선택한다.

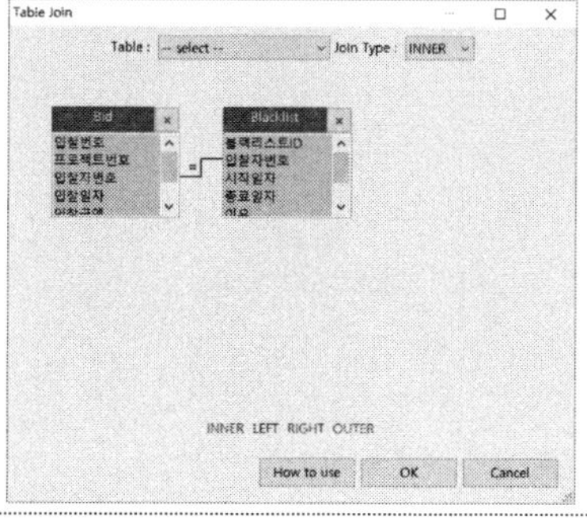

(7) ***Bid*** 테이블의 ***입찰자번호*** 칼럼과 ***Blacklist*** 테이블의 ***입찰자번호*** 칼럼이 Inner 및 = 조건으로 조인이 된 것이 빨간선으로 나온다.

(8) OK 버튼을 누른다.

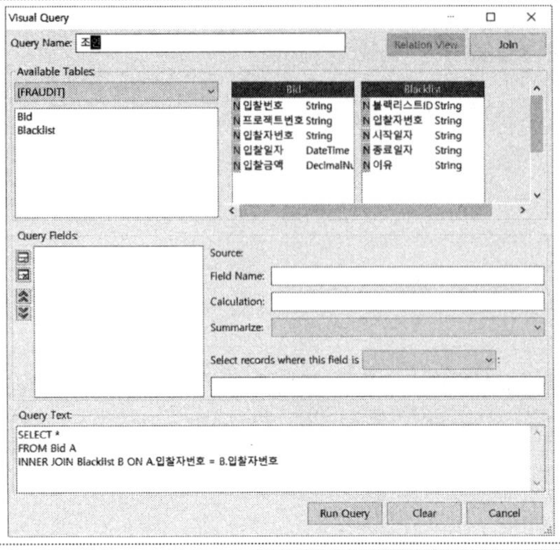

(9) 하단의 Query Text에 SQL이 자동 생성된다.
(10)Query Name : ***조인*** 입력
(11)Run Query 버튼을 누른다.

Filter Expression: Set

	입찰번호	프로젝트번호	입찰자번호	입찰일자	입찰금액	블랙리스트ID	입찰자번호_1	시작일자	종료일자	이유
0	5264	9061	8080	2009-12-28 00:00:00	120908.04	11	8080	2009-11-05	2010-03-16	Fraudulent pracices

(12)상기와 같이 ***조인*** 테이블이 생성된다.

08 I Fraudit의 Group 메뉴

- Group 기능은 특정 칼럼의 값이 여러 개로 구성될 때 이를 그룹핑하여 보여주는 기능을 말한다. MS Excel에서는 Group 기능이 기본적으로 제공되지 않는다. 따라서 filter를 여러 번 한 후 그것을 복사해서 별도의 테이블을 만드는 작업을 하거나 이것을 매크로 또는 VBA로 코딩을 해야 하는 번거로움이 있다.
- Fraudit의 Group 기능은 타 소프트웨어 보다 훨씬 유연하고 강력한 기능을 제공한다. 타 소프트웨어의 경우 숫자 칼럼(integer나 decimal) 칼럼에 대해서만 그룹핑하여 각 계층별 레코드 수와 분포를 구하는데 반하여 **Fraudit의 Group은 숫자 칼럼 뿐만 아니라 string 및 DateTime 칼럼에 대해서도 Group기능을 적용할 수 있다.** 이하에서는 예제를 가지고 Group기능에 대해서 설명하기로 한다.

1 Group By Value

(1) 단일 칼럼에 대하여 그룹핑하기

- **Bid.tbl** 파일을 연후, **Data 〉〉 Group 〉〉 By Value**를 누르고 아래와 같이 설정한다.

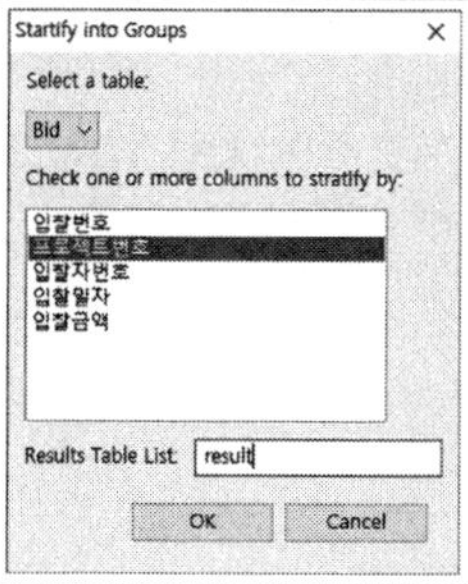

(1) 예제파일인 ***Bid.tbl*** 파일을 연다.
(2) Data >> Group >> By Value를 선택한다.
(3) Select a table : ***Bid*** 선택
(4) Check one or more columns to stratify by ➟ ***프로젝트번호*** 체크
(5) Results Table List : ***result*** 입력
(6) OK 버튼을 누른다.

Filter Expression: | Set | 0 of 64

	입찰번호	프로젝트번호	입찰자번호	입찰일자	입찰금액
0	5001	9001	8048	2009-03-07 00:00:00	188163.44
1	5002	9001	8063	2009-02-03 00:00:00	383786.19
2	5003	9001	8036	2009-02-03 00:00:00	593798.81
3	5004	9001	8059	2009-02-22 00:00:00	796503.19

(7) ***프로젝트번호*** 칼럼으로 그룹핑 한 결과 64개(오른쪽 상단 스크롤바의 숫자)의 그룹핑을 확인할 수 있다. 오른쪽 상단 스핀 버튼에서 위 아래로 이동하면 그룹핑된 sub table이 계속해서 바뀌는 것을 확인할 수 있다.

(2) 복수 칼럼에 대해서 그룹핑 하기

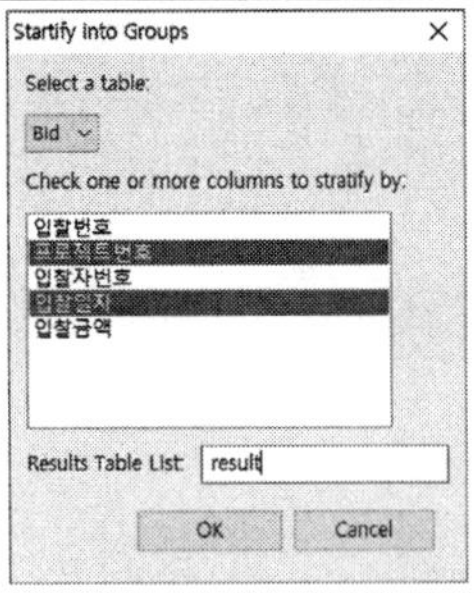

(1) Select a table : ***Bid*** 로 선택
(2) Data >> Group >> By Value를 선택한다.
(3) Select a table : ***Bid*** 선택
(4) Check one or more columns to stratify by ➟ ***프로젝트번호***와 ***입찰일자*** 체크
(5) Results Table List : ***result*** 입력
(6) OK 버튼을 누른다.

× Bid × result

Filter Expression: Set 0 of 262

	입찰번호	프로젝트번호	입찰자번호	입찰일자	입찰금액
0	5002	9001	8063	2009-02-03 00:00:00	383786.19
1	5003	9001	8036	2009-02-03 00:00:00	593798.81

(7) ***프로젝트번호*** 칼럼과 ***입찰일자*** 칼럼으로 그룹핑한 결과 262개(오른쪽 상단 스크롤바의 숫자)의 그룹핑을 확인할 수 있다. 오른쪽 상단 스크롤바를 위 아래로 이동하면 그룹핑된 sub table이 계속해서 바뀌는 것을 확인할 수 있다.

2 Group By Date Column

• **Bid.tbl** 파일을 연후, **Data 〉〉 Group 〉〉 By Date Column**을 누르고 아래와 같이 설정한다.

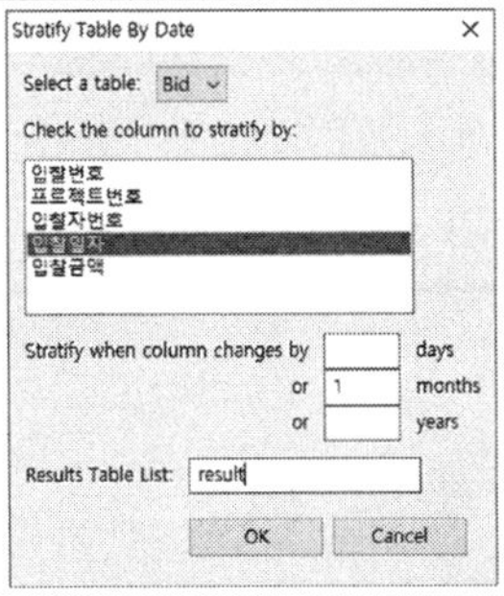

(1) Select a table : ***Bid*** 로 선택
(2) Check the column to stratify by ➟ 데이터 형식이 DateTime인 ***입찰일자*** 칼럼을 선택한다.
(3) Stratify when column changes by
- days에 숫자를 기입하면 해당 일수만큼 구분하여 그룹핑 해준다.
- month에 숫자를 기입하면 해당 월 만큼 그룹핑 해준다. 예를 들어 1을 기입하면 1월 단위로 계층화하며, 2를 기입하면 2월 단위로 계층화한다.
- years에 숫자를 기입하면 해당 년 만큼 그룹핑 해준다. 예를 들어, 1을 기입하면 1년 단위로 계층화하며, 2를 기입하면 2년 단위로 계층화 한다.

☞ 여기서는 months에 1을, Results Table List : <result>라고 입력한다.

× Bid × result

Filter Expression: Set 0 of 13

	입찰번호	프로젝트번호	입찰자번호	입찰일자	입찰금액
0	5260	9060	8046	2009-01-09 00:00:00	522298.96
1	5191	9044	8100	2009-01-12 00:00:00	455394.84
2	5261	9060	8028	2009-01-13 00:00:00	1115470.66
3	5190	9044	8043	2009-01-16 00:00:00	303813.45
4	5263	9060	8054	2009-01-16 00:00:00	2178993.38
5	5087	9021	8092	2009-01-25 00:00:00	825051.22
6	5189	9044	8009	2009-01-25 00:00:00	139222.02
7	5144	9034	8069	2009-01-26 00:00:00	698589.35
8	5141	9034	8061	2009-01-28 00:00:00	349843.86
9	5192	9044	8096	2009-01-29 00:00:00	615294.17
10	5199	9046	8085	2009-01-29 00:00:00	433474.96
11	5203	9046	8086	2009-01-30 00:00:00	2201600.44
12	5089	9021	8049	2009-01-31 00:00:00	2317731.93

(4) ***입찰일자*** 칼럼으로 그룹핑 한 결과 13개(오른쪽 상단 스크롤바의 숫자)의 그룹핑이 이루어진다. 오른쪽 상단 스크롤바를 위 아래로 이동하면 그룹핑된 sub table이 계속해서 바뀌는 것을 확인할 수 있다.

3 Group By Amount

- Group By Amount 메뉴는 데이터의 숫자 자료가 어떤 구간에 분포하는지를 빈도와 금액으로 구분하여 보여준다. **Bid.tbl** 파일을 연후, **Data 〉〉 Group 〉〉 By Amount**를 누르고 아래와 같이 설정한다.

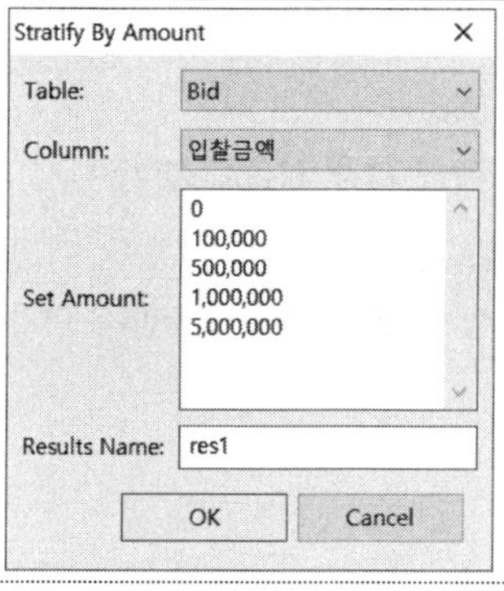

(1) Table : ***Bid*** 선택
(2) Column : ***입찰금액*** 선택
☞ 선택 대상 칼럼은 반드시 숫자 타입이어야 한다.
(3) Set Amount : 구간 값을 0부터 차례대로 하나씩 엔터를 치면서 입력한다. 값은 천단위 콤마를 넣어도 되고 넣지 않아도 된다.
(4) Results Name : ***res1*** 입력

Filter Expression: Set

	Stratum	OverEqual_L_Limit	Less_U_Limit	Record_Num	Record_Percent	입찰금액	입찰금액_Percent	입찰금액_ABS	입찰금액_ABS_Percent
0	1	.00	100,000.00	0	0.00%	.00	0.00%	.00	0.00%
1	2	100,000.00	500,000.00	56	20.07%	18,579,670.04	4.54%	18,579,670.04	4.54%
2	3	500,000.00	1,000,000.00	73	26.16%	55,433,544.69	13.55%	55,433,544.69	13.55%
3	4	1,000,000.00	5,000,000.00	149	53.41%	329,776,341.12	80.61%	329,776,341.12	80.61%
4	Lower limit exceptions	<N>	.00	0	0.00%	.00	0.00%	.00	0.00%
5	Upper limit exceptions	5,000,000.00	<N>	1	0.36%	5,306,374.36	1.30%	5,306,374.36	1.30%
6	Total	<N>	<N>	279	100.00%	409,095,930.21	100.00%	409,095,930.21	100.00%

(5) ***OverEqual_L_Limit***은 ***하한값과 같거나*** 큰 것을 의미하며, ***Less_U_Limit***은 ***상한값보다 작은*** 것을 의미한다. ***_ABS***는 절대값으로 데이터에 음수(-)가 포함되어 있는 경우 ***ABS***와 ***ABS_Percent***로 판단해야 한다.

4 Group By Aging

- Group By Aging 메뉴는 주로 매출채권 연령분석과 같이 특정 기준일자로부터 구간을 정해서 몇 일 후 또는 전의 데이터 분포를 보여준다. **Bid.tbl** 파일을 연후, **Data 〉〉 Group 〉〉 By Aging**을 누르고 아래와 같이 설정한다.

(1) Table : ***Bid*** 선택

(2) Aging Column : ***입찰일자*** 선택

☞ 선택 대상 칼럼은 반드시 DateTime 타입이어야 한다.

(3) Cutoff Date : 기준일자이다. 여기서는 ***2009년 12월 31일***로 선택한다.

(4) Target Column : ***입찰금액*** 선택

☞ 선택 대상 칼럼은 반드시 숫자 타입이어야 한다.

(5) Set Day : 구간 값을 0부터 차례대로 하나씩 엔터를 치면서 입력한다. 여기서는 0, 30, 60, 90, 120을 입력한다.

	Stratum	OverEqual_L_Limit	Less_U_Limit	Record_Num	Record_Percent	입찰금액	입찰금액_Percent	입찰금액_ABS	입찰금액_ABS_Percent
0	1	0	30	23	8.24%	37,001,259.40	9.04%	37,001,259.40	9.04%
1	2	30	60	21	7.53%	41,964,251.85	10.26%	41,964,251.85	10.26%
2	3	60	90	42	15.05%	73,504,313.04	17.97%	73,504,313.04	17.97%
3	4	90	120	22	7.89%	31,772,186.25	7.77%	31,772,186.25	7.77%
4	Lower limit exceptions	<N>	0	6	2.15%	9,386,145.20	2.29%	9,386,145.20	2.29%
5	Upper limit exceptions	120	<N>	165	59.14%	215,467,774.47	52.67%	215,467,774.47	52.67%
6	Total	<N>	<N>	279	100.00%	409,095,930.21	100.00%	409,095,930.21	100.00%

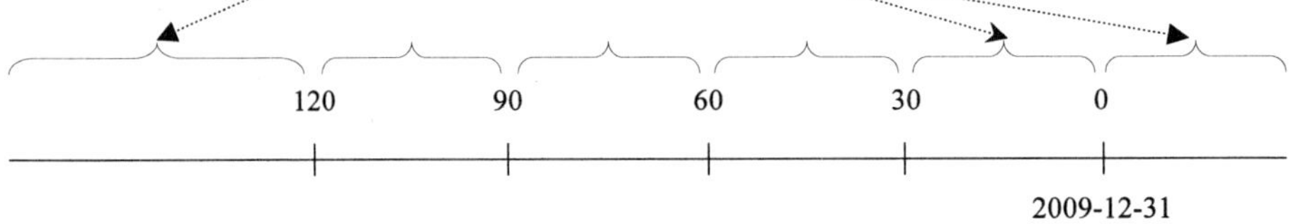

(6) 상기 결과 테이블이 나온다. 상기 결과 테이블에 대한 구간의 의미는 아래 그림과 연결하여 이해하기 바란다.

5 Group Into A Specified Number of Groups

- **Bid.tbl** 파일을 연후, **Data 〉〉 Group 〉〉 Specified Number of Groups**를 누르고 아래와 같이 설정한다.

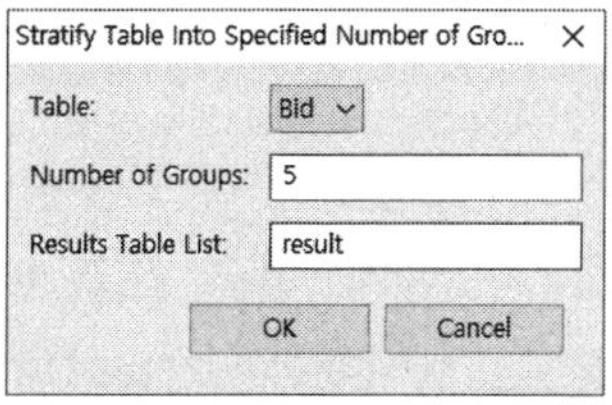

(1) Select a table : ***Bid*** 로 선택

(2) Number of Groups ➟ 전체 테이블을 5개로 계층화한다. 계층화는 현재 정렬상태에서 이루어진다. 기준으로 5개로 한다.

(3) Results Table List : ***result*** 라고 입력한다.

	입찰번호	프로젝트번호	입찰자번호	입찰일자	입찰금액
0	5260	9060	8046	2009-01-09 00:00:00	522298.96
1	5191	9044	8100	2009-01-12 00:00:00	455394.84
2	5261	9060	8028	2009-01-13 00:00:00	1115470.66
3	5190	9044	8043	2009-01-16 00:00:00	303813.45
4	5263	9060	8054	2009-01-16 00:00:00	2178993.38
5	5087	9021	8092	2009-01-25 00:00:00	825051.22
6	5189	9044	8009	2009-01-25 00:00:00	139222.02
7	5144	9034	8069	2009-01-26 00:00:00	698589.35
8	5141	9034	8061	2009-01-28 00:00:00	349843.86
9	5192	9044	8096	2009-01-29 00:00:00	615294.17
10	5199	9046	8085	2009-01-29 00:00:00	433474.96
11	5203	9046	8086	2009-01-30 00:00:00	2201600.44

(4) 그룹핑 한 결과 5개(오른쪽 상단 스크롤바의 숫자)의 그룹핑이 이루어진다. 오른쪽 상단 스크롤바를 위 아래로 이동하면 그룹핑된 sub table이 계속해서 바뀌는 것을 확인할 수 있다.

6 Combine Table List

- Combine Table List는 Stratify한 sub table 별로 각기 분석을 한 후 이를 하나의 테이블로 합칠 수 있는 기능이다. 이는 original table에서 직접 처리하기 어려운 경우에 먼저 Stratify를 한 후에 sub table 별로 분석을 한 후 이를 합칠 수 있기 때문에 뒤에 설명할 Summarize 기능과 연계한 후 간단한 script를 추가하면 더욱 강력한 분석을 할 수 있다.

09 | Fraudit의 Summarize 메뉴

- Summarize는 그룹핑된 테이블에서 계산하고자 하는 칼럼에 대하여 합계, 평균, 표준 편차, 분산, 개수 등의 요약 값을 산출하여 별도의 테이블로 보여주는 기능이다. Summarize는 구조화된 쿼리 언어의 GROUPBy와 거의 유사하다고 보면 된다.
- Fraudit에서는 Summarize를 하기 전에 먼저 자동적으로 Group을 수행한다. 따라서 동일한 칼럼 기준으로 Group과 Summarize를 하게 되면, Summarize의 결과 나오는 순서(인덱스)는 Group의 순서(인덱스)와 동일하다. 따라서, 후술할 Add index column 기능을 사용하면 Summarize 결과를 다양하게 소팅한 후에 상세 테이블 내용을 Group 결과에서 편리하게 조회할 수 있다.

1 Summarize By Value

(1) 단일 칼럼에 대하여 Summarize 하기

- **Bid.tbl** 파일을 연후, **Data 〉〉 Summarize 〉〉 By Value**를 누르고 아래와 같이 설정한다.

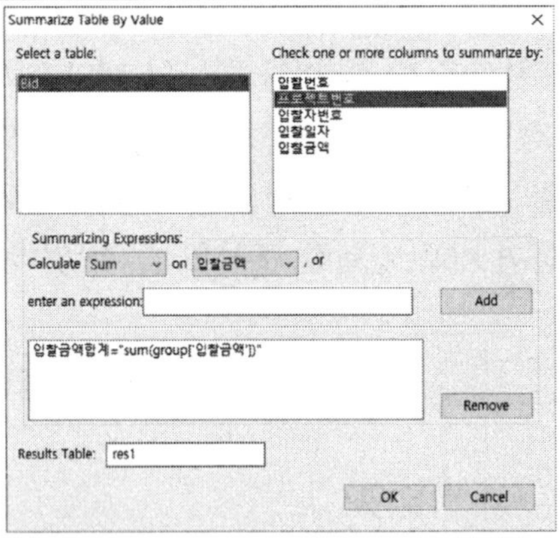

(1) Select a table : ***Bid*** 로 선택
(2) Check one or more columns to summarize by ➠ ***프로젝트번호*** 체크
(3) Summarizing Expressions :
- Calculate : ***Sum*** 선택
- on : ***입찰금액*** 선택
- Add 버튼 누르고 ***입찰금액합계*** 입력

(4) Results Table : ***res1*** 입력
(5) OK 버튼을 누른다.

	프로젝트번호	입찰금액합계
0	9001	1962251.62999999984
1	9002	4742368.8699999990
2	9003	8694672.8700000015
3	9004	4969215.3599999998
4	9005	5895059.4799999996
5	9006	960997.43
6	9007	1172042.54999999999
7	9008	6445842.5900000006
8	9009	10025217.0000000001
9	9010	3148011.6500000001
10	9011	3430921.6299999993
11	9012	6698652.61999999936

(6) ***프로젝트번호***를 64개로 그룹핑 한 후 각각의 그룹에 대해서 ***입찰금액*** 의 ***Sum*** 이 표시된 것을 확인할 수 있다.

☞ Group 결과와 Summarize 결과를 연계하여 설명하면 다음과 같다.

Filter Expression: Set 0 of 64

	입찰번호	프로젝트번호	입찰자번호	입찰일자	입찰금액
0	5001	9001	8048	2009-03-07 00:00:00	188163.44
1	5002	9001	8063	2009-02-03 00:00:00	383786.19
2	5003	9001	8036	2009-02-03 00:00:00	593798.81
3	5004	9001	8059	2009-02-22 00:00:00	796503.19

Σ 1962251.63

	프로젝트번호	입찰금액합계
0	9001	1962251.62999999984
1	9002	4742368.8699999990
2	9003	8694672.8700000015
3	9004	4969215.3599999998
4	9005	5895059.4799999996
5	9006	960997.43
6	9007	1172042.54999999999
7	9008	6445842.5900000006
8	9009	10025217.0000000001
9	9010	3148011.6500000001
10	9011	3430921.6299999993
11	9012	6698652.61999999936

(2) 복수 칼럼에 대하여 Summarize 하기

- **purchases.tbl** 파일을 연후, **Data 〉〉 Summarize 〉〉 By Value**를 누르고 아래와 같이 설정한다.

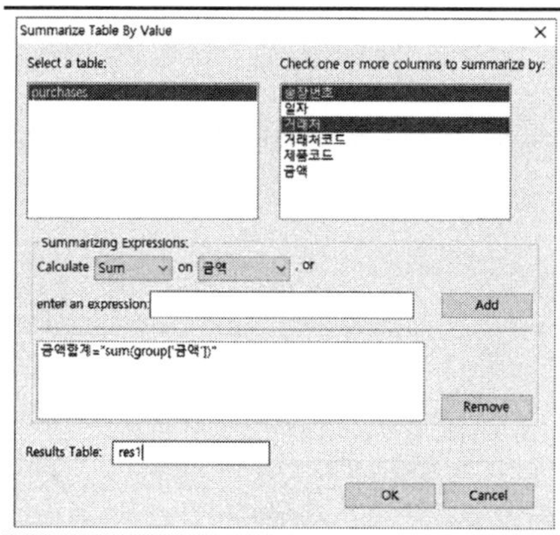

(1) Select a table : ***purchases*** 선택

(2) Check one or more columns to summarize by ➠ ***송장번호***와 ***거래처*** 체크

(3) Summarizing Expressions :

- Calculate : ***Sum*** 선택
- on : ***금액*** 선택
- Add 버튼을 누르고 ***금액합계*** 라고 기입한다.

(4) Results Table : ***res1*** 이라고 기입한다.

(5) OK 버튼을 누른다.

	송장번호	거래처	금액합계
0	2	Vijay	195935.00
1	3	Vijay	47512.00
2	4	Adam	24162.00
3	5	Adam	191252.00
4	6	Suzie	34210.00
5	7	Vijay	70008.00
6	8	Suzie	43471.00
7	9	Suzie	55128.00
8	10	Suzie	51924.00
9	11	Vijay	152643.00
10	12	Adam	11698.00
11	13	Vijay	117218.00

(6) ***송장번호*** 와 ***거래처*** 에 대해서 그룹핑 한 후 각각의 그룹에 대해서 금액합계가 표시된 것을 확인할 수 있다.

2 Summarize By Date Column

• **Bid.tbl** 파일을 연후, **Data 〉〉 Summarize 〉〉 By Date Column**를 누르고 아래와 같이 설정한다.

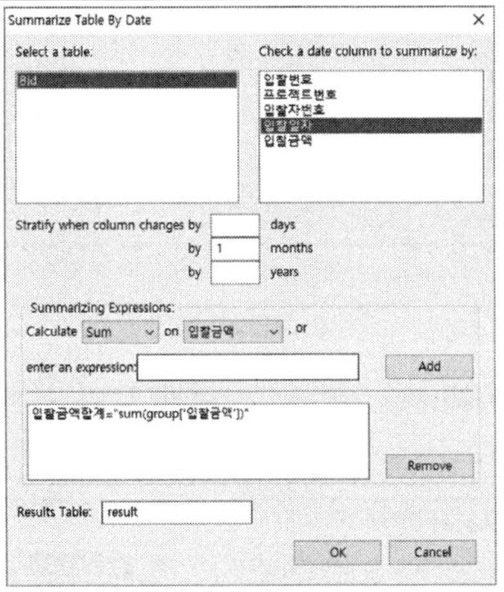

(1) Select a table : ***Bid*** 선택

(2) Check one or more columns to summarize by ➠ ***입찰일자*** 를 체크(데이터 타입이 DateTime이 아닌 칼럼을 선택하는 경우 에러가 발생한다).

(3) Stratify when column changes by : by [1] months로 1을 기입한다.

(4) Summarizing Expressions :

- Calculate : ***Sum*** 선택
- on : ***입찰금액*** 선택
- Add 버튼을 누르고 ***입찰금액합계*** 라고 기입한다.

(5) Results Table : ***result*** 라고 기입한다.

(6) OK 버튼을 누른다.

	StartValue	EndValue	입찰금액합계
0	2009-01-09 00:00:00	2009-01-31 23:59:59	12156779.24
1	2009-02-01 00:00:00	2009-02-28 23:59:59	46603168.79
2	2009-03-01 00:00:00	2009-03-31 23:59:59	22809036.96
3	2009-04-01 00:00:00	2009-04-30 23:59:59	42731042.89
4	2009-05-01 00:00:00	2009-05-31 23:59:59	24703569.6
5	2009-06-01 00:00:00	2009-06-30 23:59:59	24551937.279999997
6	2009-07-01 00:00:00	2009-07-31 23:59:59	14907687.629999999
7	2009-08-01 00:00:00	2009-08-31 23:59:59	25004551.08
8	2009-09-01 00:00:00	2009-09-30 23:59:59	30486598.089999996
9	2009-10-01 00:00:00	2009-10-31 23:59:59	73698119.47999999
10	2009-11-01 00:00:00	2009-11-30 23:59:59	42149794.82
11	2009-12-01 00:00:00	2009-12-31 23:59:59	37907498.15
12	2010-01-01 00:00:00	2010-01-31 23:59:59	9386145.200000001

(7) 1개월별로 그룹핑된 계층별 ***입찰금액합계*** 가 표시된다.

3 Summarize Existing Table List

- Summarize Existing Table List는 이미 그룹핑된 sub table이 생성된 상태에서 Summarize 기능을 적용하는 것으로, 굳이 original table에 돌아가서 Summarize기능을 적용하지 않아도 되는 편리한 기능이다.

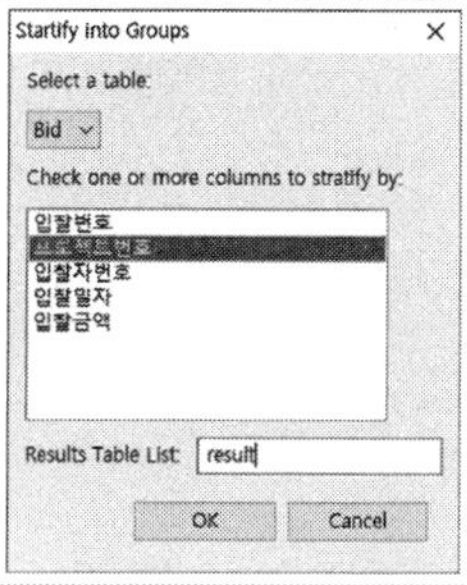

(1) 예제파일인 ***Bid.tbl*** 파일을 연다.
(2) Data >> Group >> By Value를 선택한다.
(3) Select a table : ***Bid*** 선택
(4) Check one or more columns to stratify by ➠ ***프로젝트번호*** 체크
(5) Results Table List : ***result*** 입력
(6) OK 버튼을 누른다.

	입찰번호	프로젝트번호	입찰자번호	입찰일자	입찰금액
0	5001	9001	8048	2009-03-07 00:00:00	188163.44
1	5002	9001	8063	2009-02-03 00:00:00	383786.19
2	5003	9001	8036	2009-02-03 00:00:00	593798.81
3	5004	9001	8059	2009-02-22 00:00:00	796503.19

(7) ***프로젝트번호*** 칼럼으로 그룹핑 한 결과 64개(오른쪽 상단 스크롤바의 숫자)의 그룹핑을 확인할 수 있다. 오른쪽 상단 스핀 버튼에서 위 아래로 이동하면 그룹핑된 sub table이 계속해서 바뀌는 것을 확인할 수 있다.

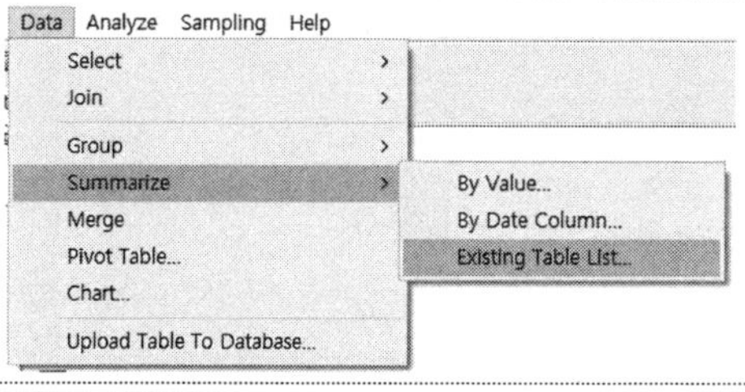

(8) Data >> Summarize >> Existing Table List 메뉴를 선택한다.

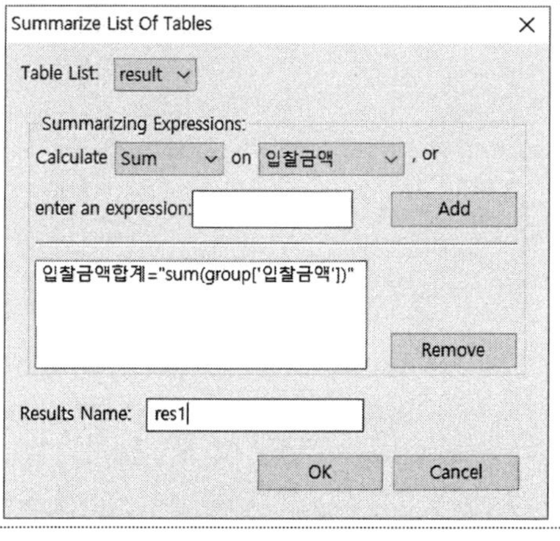

(9) Table List : ***result*** 선택
(10) Summarizing Expressions :
- Calculate : ***Sum*** 선택
- on : ***입찰금액*** 선택
- Add 버튼 누르고 ***입찰금액합계*** 입력

(11) Results Name : ***res1*** 입력
(12) OK 버튼을 누른다.

	StartValue	EndValue	입찰금액합계
0	9001	9001	1962251.63
1	9002	9002	4742368.869999999
2	9003	9003	8694672.870000001
3	9004	9004	4969215.359999999
4	9005	9005	5895059.4799999995
5	9006	9006	960997.43
6	9007	9007	1172042.55
7	9008	9008	6445842.590000001
8	9009	9009	10025217.0
9	9010	9010	3148011.65
10	9011	9011	3430921.6299999994

(13) ***프로젝트번호*** 별로 ***입찰금액합계*** 가 나타나는 것을 확인할 수 있다.

10 | Fraudit의 Remove Duplicates 메뉴

- Remove Duplicates 메뉴는 중복 레코드를 제거하고 하나만 남겨주는 기능을 제공한다. 하나만 남길 때에는 중복 레코드 중 가장 위에 있는 레코드만 남긴다.

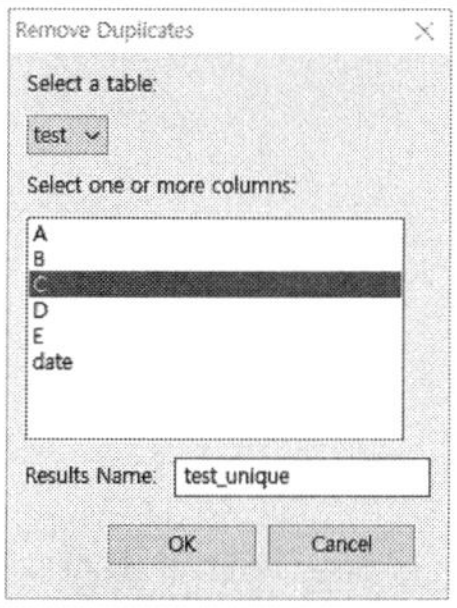

(1) 예제파일인 ***test.tbl*** 파일을 연다.
(2) Data >> Remouve Duplicates 메뉴를 선택한다.
(3) Select a table : ***test*** 선택
(4) Check one or more columns to stratify by ➠ ***C*** 체크
(5) Results Table List : ***test_unique*** 입력
(6) OK 버튼을 누른다.

Filter Expression: Set

	A	B	C	D	E	date
0	1	1	A	매도가능증권	3.5	2018-01-01 00:00:00
1	4	4	C	라	6.5	2018-01-02 00:00:00
2	6	6	B	사	9.5	2018-01-03 00:00:00
3	15	13	D	차	12.5	2018-01-06 00:00:00

(7) C칼럼의 중복 데이터 중 가장 위에 있는 레코드만 남긴 결과만 나타난다.

11 | Fraudit의 Merge 메뉴

• Merge 메뉴는 테이블을 위 아래로 합쳐주는 기능이다. 다만 합쳐지는 테이블의 칼럼수와 칼럼의 데이터 타입이 동일하여야 한다.

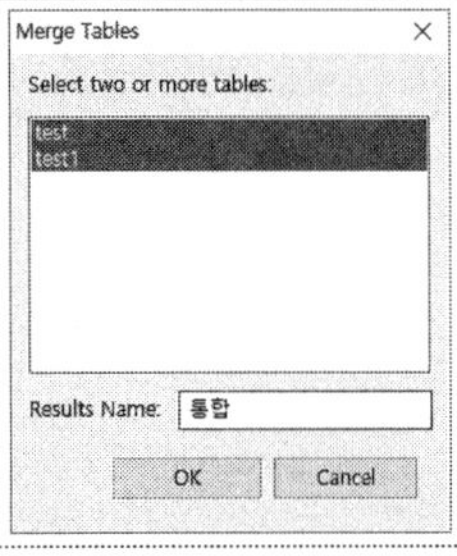

(1) 예제파일인 ***test.tbl*** 과 ***test1.tbl*** 을 연다.
(2) Data >> Merge 메뉴를 선택한다.
(3) Select two or more tables : ***test***, ***test1***을 선택한다.
(4) Results Name : ***통합*** 입력
(5) OK 버튼을 누른다.

	A	B	C	D	E	date
0	1	1	A	매도가능증권	3.50	2018-01-01
1	2	2	A	가	4.50	2018-01-01
2	2	2	A	나	5.50	2018-01-01
3	4	4	C	라	6.50	2018-01-02
4	5	4	C	마	7.50	2018-01-02
5	6	6	C	바	8.50	2018-01-03
6	6	6	B	사	9.50	2018-01-03
7	13	9	B	아	10.50	2018-01-04
8	14	11	B	자	11.50	2018-01-05
9	15	13	D	차	12.50	2018-01-06
10	17	14	D	카	13.50	2018-01-07
11	11	1	A	매도가능주식	3.51	2018-01-14
12	10	2	B	A02	4.50	2018-01-02
13	9	4	C	A04	5.50	2018-01-03
14	8	3	D	A05	6.50	2018-01-04
15	7	6	E	A08	7.50	2018-01-05
16	6	5	F	A09	8.50	2018-01-06
17	5	7	G	A10	9.50	2018-01-07
18	4	8	H	A12	10.50	2018-01-08
19	3	9	I	A13	11.50	2018-01-09
20	2	10	J	A15	12.50	2018-01-10
21	1	11	K	A16	13.50	2018-01-11

(6) ***test***와 ***test1*** 테이블이 위 아래로 합쳐진 ***통합*** 테이블이 생성된다.

12 Fraudit의 Pivot Table 메뉴

- MS Excel에서 Pivot Table 기능을 사용해본 경험이 있으면 Fraudit의 Pivot Table기능을 쉽게 이해할 수 있다. Fraudit의 Pivot Table기능은 MS Excel에서 Pivot Table 기능과 거의 유사하다.
- **Bid.tbl** 파일을 연후, **Data 〉〉 Pivot Table**을 누르고 아래와 같이 설정한다.

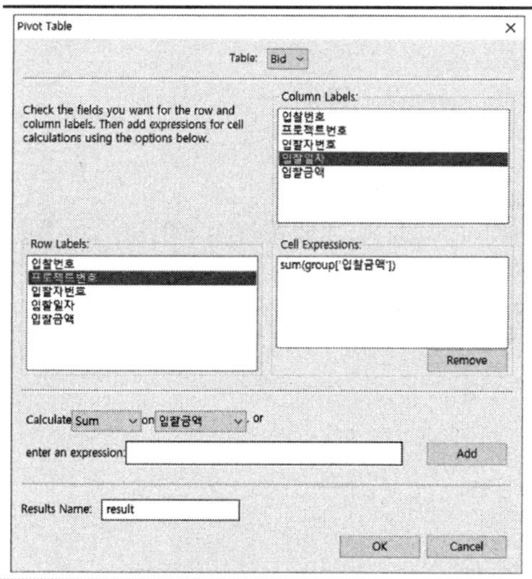

(1) Table : ***Bid*** 선택
(2) Row Labels : ***프로젝트번호*** 체크
(3) Column Labels : ***입찰자번호*** 체크
(4) Cell Expressions :
- Calculate : ***Sum*** 선택
- on : ***입찰금액*** 선택
- Add 버튼을 누르면 Cell Expression에 입력된다.

(5) Results Table : ***result*** 라고 기입한다.
(6) OK 버튼을 누른다.

	ProjectID	_8001	_8002	_8003	_8004	_8005	_8006	_8007	_8008	…	_8100	Totals
0	9001	0	0	0	0	0	0	0	0		0	1962251.62999999984
1	9002	0	0	0	0	0	0	0	0		0	4742368.8699999990
2	9003	0	0	0	0	0	0	0	0		0	8694672.8700000015
3	9004	0	0	0	0	0	0	0	0		930704.12	4969215.3599999998
4	9005	0	0	0	0	0	0	1956054.2	0		0	5895059.4799999996
5	9006	0	0	0	0	0	0	0	0		0	960997.43
6	9007	0	0	0	0	0	0	0	0		0	1172042.54999999999
7	9008	0	0	0	0	0	0	0	0		0	6445842.5900000006
8	9009	0	0	0	0	0	0	0	0		0	10025217.0000000001
9	9010	0	0	0	0	0	0	0	0		0	3148011.6500000001
10	9011	0	0	0	0	0	0	0	0		0	3430921.6299999993

(7) ***result*** 테이블 결과가 상기와 같이 나타난다.

13 | Fraudit의 Chart 메뉴

• Chart 메뉴는 테이블의 데이터를 참조하여 차트를 표시해주는 기능을 제공한다. 먼저 **test1.tbl** 파일을 열고, **Data 〉〉 Chart**를 누른 후 다음과 같이 설정한다.

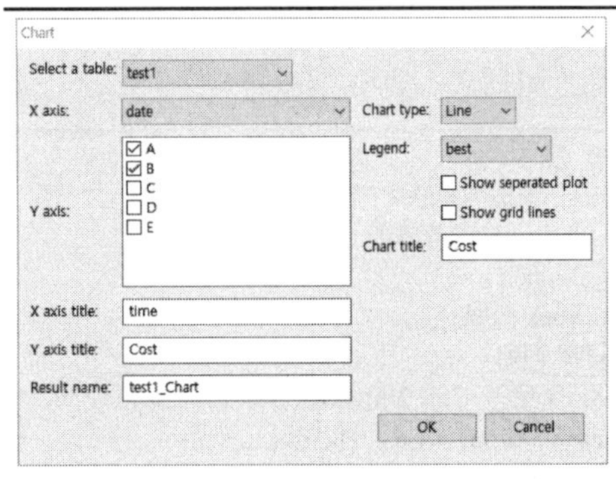

(1) Select a table : ***test1***을 선택한다.
(2) X축은 ***date***를 선택한다.
(3) Y축은 원하는 칼럼을 체크한다. 여기서는 *A*와 *B*칼럼을 체크한다.
(4) X축 타이틀을 ***time*** 이라고 입력
(5) Y축 타이틀을 ***Cost*** 라고 입력
(6) Result name : ***test1_Chart***로 입력
(7) Chart type : ***Line*** 선택
(8) Legend : ***best*** 선택
☞ Show separated plot을 체크하면 A칼럼과 B칼럼을 각자 차트에서 보여준다.
(9) Chart title : ***Cost*** 라고 입력
(10) OK 버튼을 누른다.

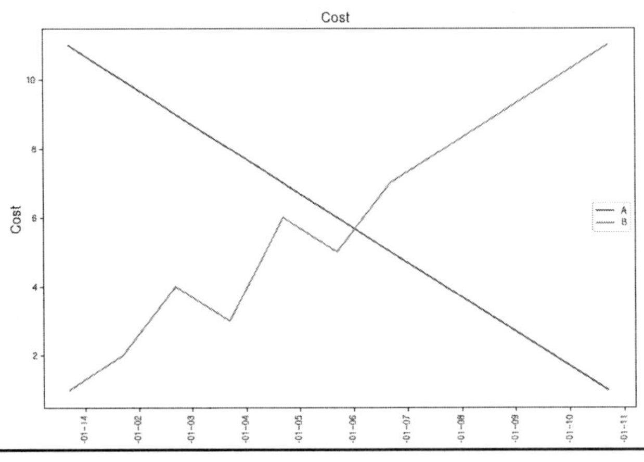

14 | Fraudit의 Analyze 메뉴

1 Descriptives

Descritptives 기능은 테이블의 칼럼별로 개수, 최대, 최소값, 평균, 중간값, 최빈치, 표준편차, 분산, 합계, 빈 레코드, None 레코드, text 개수를 한번에 보여주어, 테이블에 대한 전체적인 조망을 할 수 있게 해준다.

- 먼저 **Bid.tbl** 파일을 연후, **Analyze 〉〉 Descritptives** 을 누르면 다음과 같은 결과 테이블이 생성된다.

× Bid × Bid_descriptives

Filter Expression: Set

	Descriptive	입찰번호	프로젝트번호	입찰자번호	입찰일자	입찰금액
0	NumRecords	279.0	279.0	279.0	279.0	279.0
1	NumEmpty	0.0	0.0	0.0	0.0	0.0
2	NumNone	0.0	0.0	0.0	0.0	0.0
3	NumZero	0.0	0.0	0.0	0.0	0.0
4	NumText	0.0	0.0	0.0	279.0	0.0
5	NumNumeric	279.0	279.0	279.0	0.0	279.0
6	Median	5140.0	9034.0	8053.0	<N>	1115470.66
7	Mean	5140.0	9032.89	8053.47	<N>	1466293.66
8	Max	5279.0	9064.0	8100.0	<N>	5306374.36
9	Min	5001.0	9001.0	8001.0	<N>	120908.04
10	Variance	6510.0	326.64	779.82	<N>	1238918888760.02
11	StdDev	80.68	18.07	27.93	<N>	1113067.33
12	Total	1434060.0	2520176.0	2246918.0	<N>	409095930.21

2 Benford Analysis

- Benford 법칙이란,
  ① 금액의 첫째 단위인 1~9까지의 숫자와 둘째 단위인 0~9까지의 숫자가 전체 모집단에서 나올 확률(예 앞의 두 숫자가 23이라면 첫째 단위에서 2가 나올 확률과 둘째 단위에서 3일 나올 확률)과
  ② 금액의 앞에서 두단위가 전체 모집단에서 나올 확률(예 앞의 두 숫자가 23이라면 10~99사에서 23이 나올 확률이
  아래와 같은 분포를 따른다고 Benford가 경험적으로 산출한 것이다.

【Benford 법칙에 따른 첫째 단위(1~9)와 둘째 단위(0~9)가 나올 확률】

숫자	첫째 단위	둘째 단위
0		0.11968
1	0.30103	0.11389
2	0.17609	0.10882
3	0.12494	0.10433
4	0.09691	0.10031
5	0.07918	0.09668
6	0.06695	0.09337
7	0.05799	0.09035
8	0.05115	0.08757
9	0.04576	0.08500
합계	1.00000	1.00000

【Benford 법칙에 따른 앞에서 두 단위가 나올 확률】

첫째 \ 둘째	0	1	2	3	4	5	6	7	8	9
1	0.0414	0.0378	0.0348	0.0322	0.0300	0.0280	0.0263	0.0248	0.0235	0.0223
2	0.0212	0.0202	0.0193	0.0185	0.0177	0.0170	0.0164	0.0158	0.0152	0.0147
3	0.0142	0.0138	0.0134	0.0130	0.0126	0.0122	0.0119	0.0116	0.0113	0.0110
4	0.0107	0.0105	0.0102	0.0100	0.0098	0.0095	0.0093	0.0091	0.0090	0.0088
5	0.0086	0.0084	0.0083	0.0081	0.0080	0.0078	0.0077	0.0076	0.0074	0.0073
6	0.0072	0.0071	0.0069	0.0068	0.0067	0.0066	0.0065	0.0064	0.0063	0.0062
7	0.0062	0.0061	0.0060	0.0059	0.0058	0.0058	0.0057	0.0056	0.0055	0.0055
8	0.0054	0.0053	0.0053	0.0052	0.0051	0.0051	0.0050	0.0050	0.0049	0.0049
9	0.0048	0.0047	0.0047	0.0046	0.0046	0.0045	0.0045	0.0045	0.0044	0.0044

- 따라서 어떤 금액의 첫째 단위와 둘째 단위 또는 앞의 두단위가 상기 표의 확률분포에서 많이 벗어난 경우 의도적인 조작이 포함되었을 가능성이 높다는 것이다.

(1) Benford Analysis 메뉴

(1) *업무추진비* 테이블을 연다.
(2) Analyze >> Benford Analysis 메뉴를 선택한다.

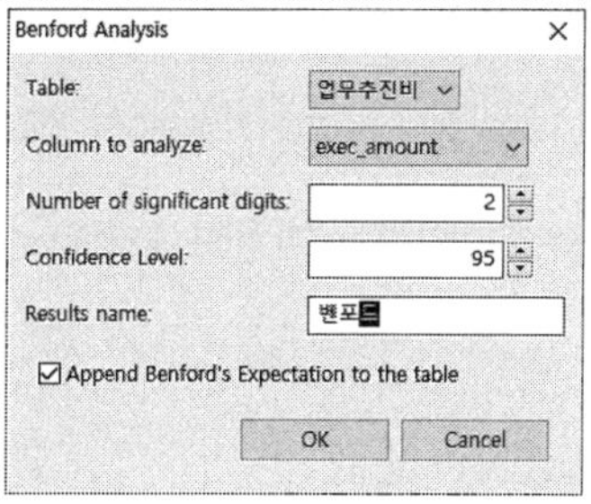

(3) Table : ***업무추진비*** 선택
(4) Column to analyze : ***exec_amount*** 칼럼 선택
(5) Number of significant digits : ***2*** 선택
☞ 앞의 두 단위를 선택하겠다는 의미이다.
(6) Confidence Level : ***95*** 선택
☞ 벤포드 확률을 평균이라고 가정하는 경우 근단치의 임계치를 95%라고 정한 것이다.
(7) Results name : ***벤포드*** 입력
(8) Append Benford's Expectation to the table : ***체크함***
(9) OK 버튼을 누른다.

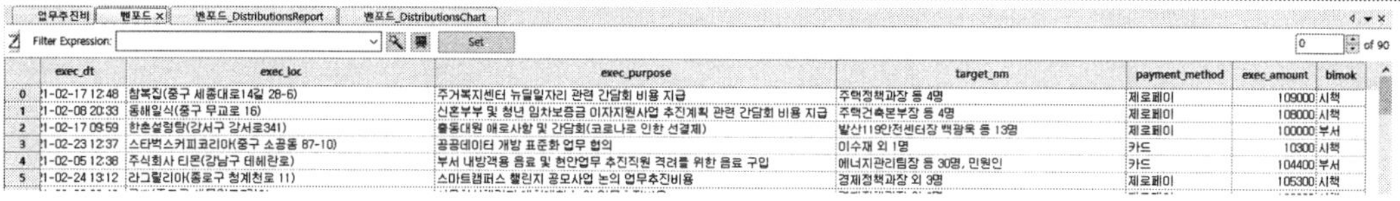

	exec_dt	exec_loc	exec_purpose	target_nm	payment_method	exec_amount	bimok
0	21-02-17 12:48	참복집(중구 세종대로14길 28-6)	주거복지센터 뉴딜일자리 관련 간담회 비용 지급	주택정책과장 등 4명	제로페이	109000	시책
1	21-02-08 20:33	동해일식(중구 무교로 16)	신혼부부 및 청년 임차보증금 이자지원사업 추진계획 관련 간담회 비용 지급	주택건축본부장 등 4명	제로페이	108000	시책
2	21-02-17 09:59	한촌설렁탕(강서구 강서로341)	출동대원 애로사항 및 간담회(코로나로 인한 선결제)	발산119안전센터장 백광욱 등 13명	제로페이	100000	부서
3	21-02-23 12:37	스타벅스커피코리아(중구 소공동 87-10)	공공데이터 개방 표준화 업무 협의	이수재 외 1명	카드	10300	시책
4	21-02-05 12:38	주식회사 티몬(강남구 테헤란로)	부서 내방객용 음료 및 현안업무 추진직원 격려를 위한 음료 구입	에너지관리팀장 등 30명, 민원인	카드	104400	부서
5	21-02-24 13:12	라그릴리아(종로구 청계천로 11)	스마트캠퍼스 챌린지 공모사업 논의 업무추진비용	경제정책과장 외 3명	제로페이	105300	시책

(10)벤포드 테이블은 앞 2단위를 그룹핑 테이블 90개로 보여준다.

	First_2_Dig	Counts	Found	Expected	Z_score
0	60.0	174.0	.0331	.0072	22.1600
1	50.0	184.0	.0350	.0086	20.6362
2	80.0	134.0	.0255	.0054	19.7783
3	10.0	419.0	.0796	.0414	13.8848
4	11.0	365.0	.0694	.0378	11.9723
5	40.0	126.0	.0239	.0107	9.2422
6	22.0	24.0	.0046	.0193	7.7242
7	23.0	22.0	.0042	.0185	7.6528
8	90.0	63.0	.0120	.0048	7.4286
9	17.0	48.0	.0091	.0248	7.2778
10	48.0	97.0	.0184	.0090	7.2240
11	13.0	83.0	.0158	.0322	6.7080
12	14.0	75.0	.0143	.0300	6.6458
13	75.0	67.0	.0127	.0058	6.6028
14	19.0	48.0	.0091	.0223	6.4205
15	16.0	64.0	.0122	.0263	6.3767
16	18.0	54.0	.0103	.0235	6.2884
17	21.0	42.0	.0080	.0202	6.2536
18	31.0	21.0	.0040	.0138	6.0366
19	64.0	70.0	.0133	.0067	5.7413
20	26.0	35.0	.0067	.0164	5.5109
21	25.0	40.0	.0076	.0170	5.2355

(11)벤포드_DistributionReport 테이블을 First_2_Dig 칼럼에 대해서 Z_score 값 기준으로 내림차순 정렬한 결과가 나타난다.

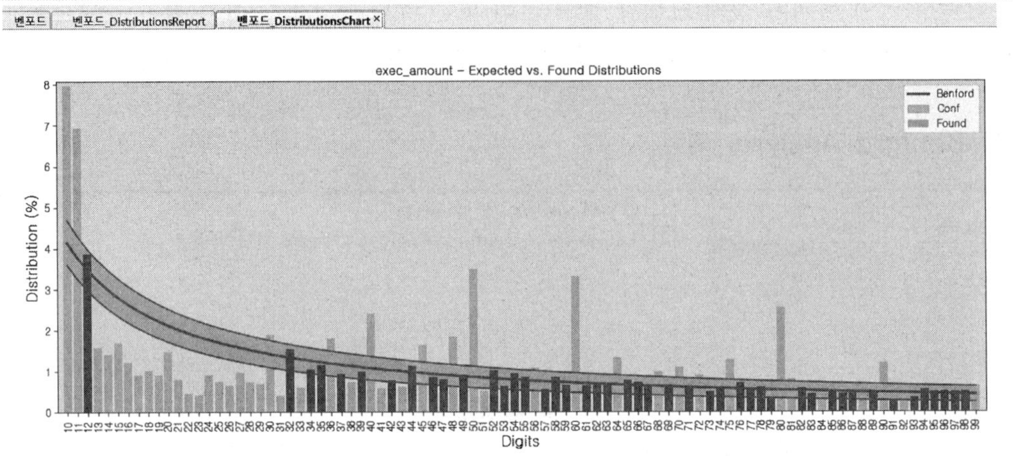

(12) 벤포드_DistributionChart는 벤포드 확률과 실제 확률간의 차이가 95% 극단치를 넘는 항목을 주황색으로 보여준다.

☞ 첫 2단위가 50인 경우 벤포드 확률과 실제 확률간의 차이가 매우 크므로 첫 2단위가 50인 데이터가 어떤 것인 확인해 볼 필요가 있다.

업무추진비 | 벤포드 × | 벤포드_DistributionsReport | 벤포드_DistributionsChart

Filter Expression: Set 40 of

	exec_purpose	target_nm	payment_method	exec_amount	bimok
0	서울주택도시공사 소속직원 경조사비 지급	주택건축본부장	현금	50000	기관
1	본부 소속직원 경조사비 지급(주거사업과)	주택건축본부장	제로페이	50000	기관
2	요금관리부 주요시책사업 점검 관련 간담회	요금관리부장 등 4명	제로페이	50000	시책
3	상수도사업본부 남부수도사업소 직원 경조사비 지급	요금관리부장	현금	50000	기관
4	직원 경조사 비용 지급	강서소방서장	현금	50000	기관
5	직원 경조사 비용 지급	강서소방서장	현금	50000	기관
6	빅데이터 통합저장소 보안관리 업무 협의	이수재 외 2명	제로페이	50000	시책
7	소속 상근직원 경조사비 지급	경제일자리기획관	현금	50000	기관
8	소속 상근직원 경조사비 지급	경제정책실장	현금	50000	기관
9	소속 상근직원 경조사비 지급	경제정책실장	현금	50000	기관
10	보궐선거 대비 공직기강 확립계획 논의 업무추진비용	경제정책실장 외 2명	제로페이	50000	시책
11	소속 상근직원 경조사비 지급	경제일자리기획관	현금	50000	기관
12	소속 상근직원 경조사비 지급	경제정책실장	현금	50000	기관
13	중소기업 지식재산권 확보지원사업 논의 업무추진비용	경제정책과장 외 2명	제로페이	50000	시책
14	2021 Try Everything 실무회의 업무추진비 지급	투자창업과장 외 2인	제로페이	50000	시책
15	원활한 수돗물공급을 위한 정수센터 재건설정비방안 간담회	급수부장 외 3명	제로페이	50000	시책
16	상수도사업본부 수도사업소 임직원 부의금 지급	급수부장	현금	50000	기관
17	상수도관로에 대한 효율적인 유지관리 방안 간담회	급수부장 외 3명	제로페이	50000	시책
18	소속직원 경조사비 지급	박물관장	현금	50000	기관
19	경조사비(직원부친상)	박물관장	현금	50000	기관

(13) 첫 2단위가 50인 경우 대부분 경조사비라는 것을 알 수 있다. 경조사비의 경우 50,000원 한도일 가능성이 높으므로 벤포드 확률보다 실제 확률이 매우 높을 가능성이 충분히 있다.

(2) Benford 분석시 유의사항

- Benford 법칙에 따라 테스트할 때 어떤 기준을 가지고 테스트 할 것인지를 결정하는 것이 중요하다. 계정과목 특성을 무시하고 단순히 모든 금액 하나 하나를 Benford 법칙에 따라 테스트하는 것은 효과적이지 않다. 다음의 사례를 들어보자. 만약 어떤 회사의 거래가 아래와 같이 9개만 있고 이것이 모두 Benford 법칙에 따른다면 언뜻 보기에 문제가 없어 보일 수 있다. 하지만 계정과목별 첫째 단위의 Benford 법칙 평균(average)을 구해보면 상황은 달라진다.

계정과목	금액	첫째 단위	숫자	첫째 단위의 Benford 확률	계정과목별 첫째 단위의 Benford 확률 평균
매출채권	100,013	1	1	0.30103	주1) 0.200
매출채권	22,000	2	2	0.17609	0.200
매출채권	350,000	3	3	0.12494	0.200
미지급금	41,400	4	4	0.09691	주2) 0.081
미지급금	55,000	5	5	0.07918	0.081
미지급금	604,000	6	6	0.06695	0.081
미지급비용	70,000	7	7	0.05799	주3) 0.052
미지급비용	8,700	8	8	0.05115	0.052
미지급비용	92,380	9	9	0.04576	0.052
				1.00000	1.000

주1) (0.30103+0.17609+0.12494) / 3 = 0.200 주2) (0.09691+0.07918+0.06695) / 3 = 0.081
주3) (0.05799+0.05115+0.04576) / 3 = 0.052

- 미지급비용은 다른 계정과목과 달리 첫째 단위가 높은 숫자에 몰려있다보니 Benford 법칙에 따른 발생확률의 평균이 매우 낮아지게 된다. 이와 같이 매출채권, 미지급금, 미지급비용의 첫째 단위가 특정 구간에 집중되어 있다면(각각 1~3, 4~6, 7~9) 어떤 계정과목의 부정가능성이 높을까? Benford 법칙은 확률론적이고 경험적인 방법이므로 절대적으로 어떤 계정과목이 부정가능성이 높다고 말하기는 어렵다. 그렇지만 상대적으로 **계정과목별 첫째 단위의 Benford 확률의 평균이 낮으면 낮을수록 특정 계정과목의 분포가 높은 숫자에 몰려있을 가능성이 높기 때문에** 이는 상대적으로 낮은 숫자에 몰려있을 가능성보다 드문 경우에 해당한다. 따라서 계정과목별 첫째 단위의 Benford 확률의 평균이 낮으면 낮을수록 부정의 개입 가능성은 상대적으로 크다고 볼 수 있다.
- 여기서는 사례 PurchaseTransaction.tbl을 가지고 설명하도록 하겠다. 먼저 PurchaseTransaction.tbl을 열고 다음의 절차대로 수행한다.

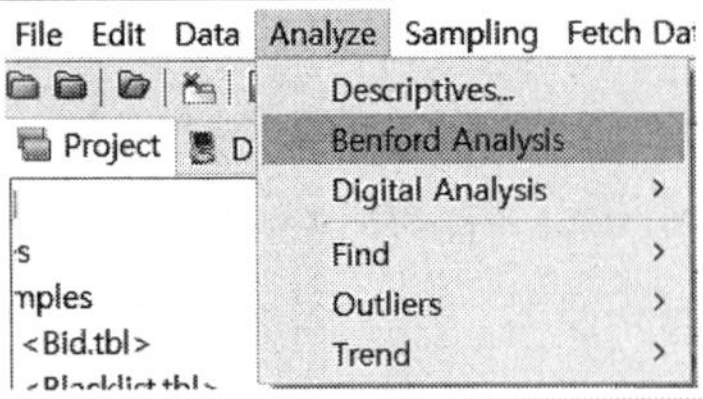

(1) Analyze >> Benford Analysis 메뉴를 선택한다.

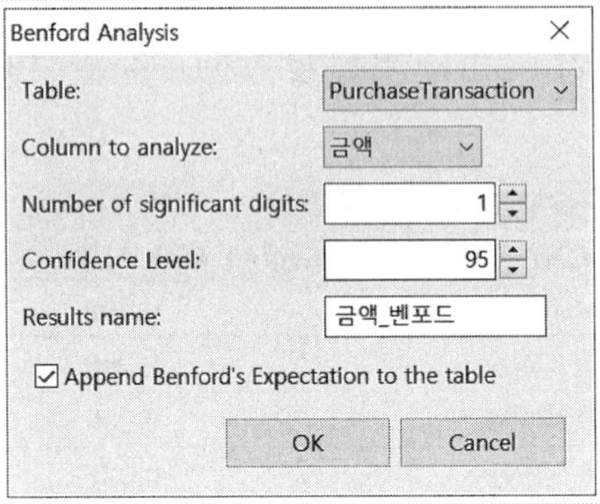

(2) Table : ***PurchaseTransaction*** 선택
(3) Column to analyze : ***금액*** 선택
(4) Number of significat digits : ***1*** 선택
(5) Confidence Level : ***95*** 선택
(6) Results name : ***금액_벤포드*** 입력
(7) Append Benford's Expectation to the table : ***체크함***
(8) OK 버튼을 누른다.

	거래번호	계정코드	거래일자	금액	금액_Actual	금액_Expected	지급거래처	업종코드
0	4001	2000	2009-08-14	9318	0.0444	0.0458	UQD Incorporat	211144
1	4001	2000	2009-08-14	9318	0.0444	0.0458	UQD Incorporat	211144
2	4002	2000	2009-08-16	2991	0.2115	0.1761	TSR Company	678888
3	4004	2000	2009-08-26	6329	0.0436	0.0669	XHA Consulting	439472
4	4005	2000	2009-08-28	6522	0.0436	0.0669	NDX Systems	504967
5	4006	2000	2009-09-02	4440	0.1547	0.0969	INM Incorporate	899538
6	4007	2000	2009-09-03	4022	0.1547	0.0969	LEP Company	888462
7	4008	2000	2009-09-09	5007	0.0494	0.0792	CEI Consulting	211144
8	4009	2000	2009-09-12	5747	0.0494	0.0792	REF Corporatio	866160
9	4010	2000	2009-09-16	1366	0.2461	0.301	JVM Company	485094
10	4011	2000	2009-09-17	4646	0.1547	0.0969	ADC Consulting	318277
11	4012	2000	2009-09-22	8078	0.0444	0.0512	BXZ Consulting	211144
12	4013	2000	2009-09-23	7215	0.0494	0.058	YAN Manufactu	554533

(9) ***금액_Actual***(실제 확률)과 ***금액_Expected***(Benford 법칙에 따른 기대확률) 칼럼이 금액 칼럼 오른쪽에 추가 된다.

※ 이제 AccountNum별로 통합하여 테스트를 할 것이므로 AccountNum별 Amount 첫째 단위의 Benford 법칙 예상 확률을 가지고 테스트 할 것이다. 경우에 따라서는, 거래처 코드 등으로 통합하여 테스트를 할 수 있다.

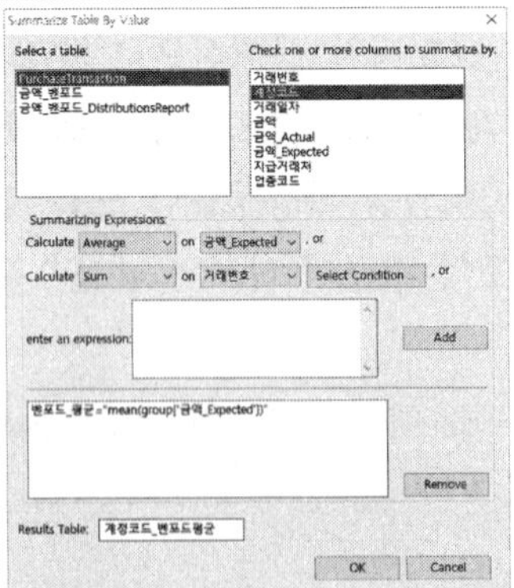

(10) Data >> Summarize >> By Value 를 누른다.
(11) Check one or more columns to summarize by: ***계정코드*** 체크
(12) Summarizing Expressions
- Calculate : ***Average*** 선택
- on : ***금액_Expected*** 선택

(13) Add 버튼을 누른 후 ***벤포드_평균***이라고 입력한다.
(14) Results Table : ***계정코드_벤포드평균*** 입력
(15) OK 버튼을 누른다.

PurchaseTransaction | 계정코드_벤포드평균 ×

Filter Expression:

	계정코드	벤포드_평균
0	2038	0.0532842105263158
1	2058	0.06491000000000001
2	2082	0.07404736842105264
3	2065	0.07852
4	2083	0.08497500000000001
5	2088	0.08561052631578947
6	2028	0.08805555555555557
7	2047	0.0969
8	2054	0.09844285714285715
9	2018	0.09876153846153847
10	2000	0.09897857142857144
11	2071	0.09910499999999998
12	2016	0.10233333333333332
13	2099	0.10311428571428571
14	2003	0.11037499999999997
15	2059	0.11126

(16) ***계정코드_벤포드평균*** 테이블에서 ***벤포드_평균*** 칼럼을 오름차순으로 정렬한다.

☞ 계정코드 ***2038, 2058, 2082***의 Benford 확률 평균이 가장 낮은 편에 속한다. Benford 확률 평균이 낮으면 낮을수록 가상의 숫자일 가능성이 높아진다는 것은 이미 설명하였다. 따라서 상기 계정코드 ***2038, 2058, 2082***에 대해서는 추가적인 조사가 필요할 수 있다.

3 Digital Analysis

- Digital Analysis 메뉴는 분석이 필요한 칼럼에 대하여 아래와 같은 분석을 한 칼럼을 그 옆에 추가해주는 기능이다. 이는 Python 문법에 익숙하지 않은 사용자에게 GUI로만으로 매우 편리한 기능을 제공해주며, Python 문법에 익숙한 사용자에게는 보다 효율적인 코드를 작성해주게 한다.

(1) Add Percentage Column

- Add Percentage Column : 특정 칼럼의 전체 합산에서 각 레코드의 차지하는 비율을 백분율로 보여준다. **test.tbl** 파일을 연후, **Analyze ≫ Digital Analysis ≫ Add Percentage Column** 를 누른 후 다음과 같이 설정한다.

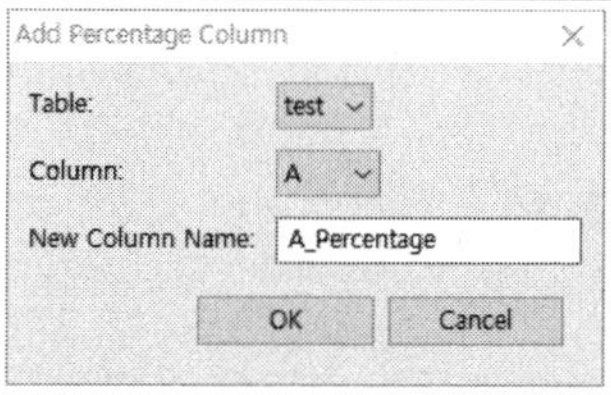

(1) Table : ***test*** 선택
(2) Column : ***A*** 선택
(3) New Column Name : 특별히 기입하지 않으면 테이블명_Percentage로 자동 생성된다. 여기서는 ***A_Percentage***로 기입한다.
(4) OK 버튼을 누른다.

× test

Filter Expression: | Set

	A	A_Percentage	B	C	D	E	date
0	1	1.1765%	1	A	매도가능증권	3.50	2018-01-01
1	2	2.3529%	2	A	가	4.50	2018-01-01
2	2	2.3529%	2	A	나	5.50	2018-01-01
3	4	4.7059%	4	C	라	6.50	2018-01-02
4	5	5.8824%	4	C	마	7.50	2018-01-02
5	6	7.0588%	6	C	바	8.50	2018-01-03
6	6	7.0588%	6	B	사	9.50	2018-01-03
7	13	15.2941%	9	B	아	10.50	2018-01-04
8	14	16.4706%	11	B	자	11.50	2018-01-05
9	15	17.6471%	13	D	차	12.50	2018-01-06
10	17	20.0000%	14	D	카	13.50	2018-01-07

(5) ***A*** 칼럼 옆에 ***A_Percentage*** 칼럼이 추가되면서 ***A*** 칼럼 전체 합산에서 ***A*** 칼럼 각 레코드 값이 차지하는 비율을 % 포맷으로 보여준다.

(2) Add Cumsum Column

- Add Cumsum Column은 특정 칼럼의 레코드 순서대로 누적합산액을 계산하여 준다. **test.tbl** 파일을 연후, **Analyze 〉〉 Digital Analysis 〉〉 Add Cumsum Column** 를 누른 후 다음과 같이 설정한다.

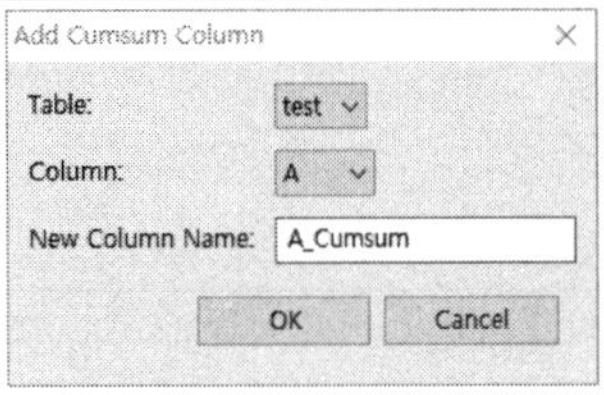

(1) Table : ***test*** 선택
(2) Column : ***A*** 선택
(3) New Column Name : 특별히 기입하지 않으면 ***테이블명_Cumsum***으로 자동 생성된다. 여기서는 ***A_Cumsum***으로 한다.
(4) OK 버튼을 누른다.

× test

Filter Expression: Set

	A	A_Cumsum	B	C	D	E	date
0	1	1	1	A	매도가능증	3.50	2018-01-01
1	2	3	2	A	가	4.50	2018-01-01
2	2	5	2	A	나	5.50	2018-01-01
3	4	9	4	C	라	6.50	2018-01-02
4	5	14	4	C	마	7.50	2018-01-02
5	6	20	6	C	바	8.50	2018-01-03
6	6	26	6	B	사	9.50	2018-01-03
7	13	39	9	B	아	10.50	2018-01-04
8	14	53	11	B	자	11.50	2018-01-05
9	15	68	13	D	차	12.50	2018-01-06
10	17	85	14	D	카	13.50	2018-01-07

(5) ***A*** 칼럼 옆에 ***A_Cumsum*** 칼럼이 추가되면서 ***A*** 칼럼의 레코드 순서대로 누적합산액을 보여준다.

(3) Add Cumsubtract Column

- Add Cumsubtract Column은 특정 칼럼의 레코드 순서대로 누적차감액을 계산하여 준다.
- **test.tbl** 파일을 연후, **Analyze 〉〉 Digital Analysis 〉〉 Add Cumsubtract Column** 를 누른 후 다음과 같이 설정한다.

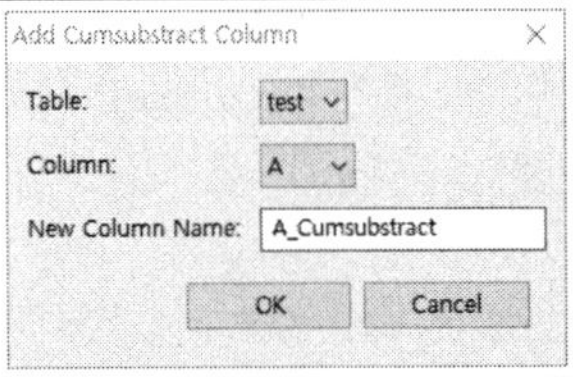

(1) Table : ***test*** 선택
(2) Column : ***A*** 선택
(3) New Column Name : 특별히 기입하지 않으면 ***테이블명_Cumsubtract*** 으로 자동 생성된다. 여기서는 ***A_Cumsubtract*** 으로 한다.
(4) OK 버튼을 누른다.

× test

Filter Expression: Set

	A	A_Cumsubstract	B	C	D	E	date
0	1	1	1	A	매도가능증	3.50	2018-01-01
1	2	-1	2	A	가	4.50	2018-01-01
2	2	-3	2	A	나	5.50	2018-01-01
3	4	-7	4	C	라	6.50	2018-01-02
4	5	-12	4	C	마	7.50	2018-01-02
5	6	-18	6	C	바	8.50	2018-01-03
6	6	-24	6	B	사	9.50	2018-01-03
7	13	-37	9	B	아	10.50	2018-01-04
8	14	-51	11	B	자	11.50	2018-01-05
9	15	-66	13	D	차	12.50	2018-01-06
10	17	-83	14	D	카	13.50	2018-01-07

(5) ***A***칼럼 옆에 ***A_Cumsubtract*** 칼럼이 추가되면서 ***A*** 칼럼의 레코드 순서대로 누적차감액을 보여준다.

(4) Add Shift Column

- Add Shift Column은 특정 칼럼의 레코드의 순서를 하나씩 내리거나 올린 칼럼을 보여준다. **test.tbl** 파일을 연후, **Analyze 〉〉 Digital Analysis 〉〉 Add Shift Column** 를 누른 후 다음과 같이 설정한다.

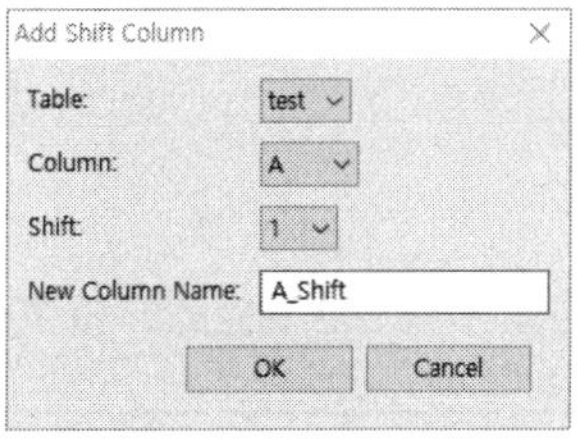

(1) Table : ***test*** 선택
(2) Column : A 선택
(3) Shift : ***1*** 또는 ***-1***을 선택한다. 1을 선택하면 순서를 하나씩 내린 칼럼을 보여주고, -1을 선택하면 순서를 하나씩 올린 칼럼을 보여준다.
(4) New Column Name : 특별히 기입하지 않으면 ***테이블명_Shift***로 자동 생성된다.
☞ 여기서는 ***A_Shift***로 한다.
(5) OK 버튼을 누른다.

	A	A_Shift	B	C	D	E	date
0	1	0	1	A	매도가능증	3.50	2018-01-01
1	2	1	2	A	가	4.50	2018-01-01
2	2	2	2	A	나	5.50	2018-01-01
3	4	2	4	C	라	6.50	2018-01-02
4	5	4	4	C	마	7.50	2018-01-02
5	6	5	6	C	바	8.50	2018-01-03
6	6	6	6	B	사	9.50	2018-01-03
7	13	6	9	B	아	10.50	2018-01-04
8	14	13	11	B	자	11.50	2018-01-05
9	15	14	13	D	차	12.50	2018-01-06
10	17	15	14	D	카	13.50	2018-01-07

(6) ***A*** 칼럼 옆에 ***A_Shift*** 칼럼이 추가되면서 ***A*** 칼럼의 레코드의 순서를 하나씩 내린 칼럼을 보여준다.

(5) Add Vlookup Column

- Add Shift Column은 Excel의 Vlookup기능과 유사한 기능을 제공한다. **test.tbl** 과 **test1.tbl** 파일을 연후, **Analyze 〉〉 Digital Analysis 〉〉 Add Vlookup Column**을 누른 후 다음과 같이 설정한다.

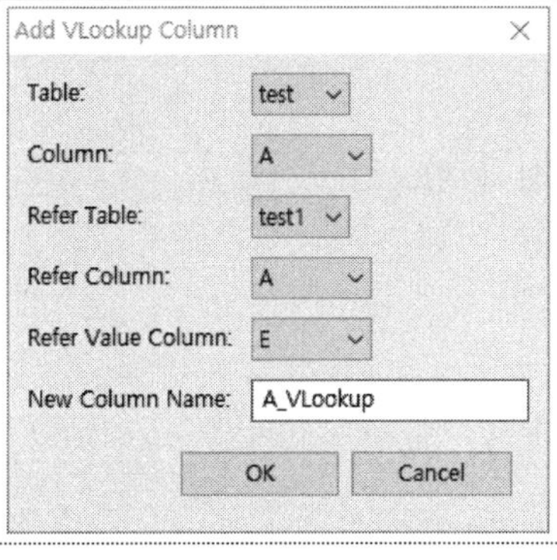

(1) Table : ***test*** 선택
(2) Column : ***A*** 선택
(3) Refer Table : ***test1*** 선택
(4) Refer Column : ***A*** 선택
☞ Refer Column은 중복값이 없는 Column 이어야 한다.
(5) New Column Name : 특별히 기입하지 않으면 ***테이블명_VLookup***으로 자동 생성된다.
☞ 여기서는 ***A_VLookup*** 으로 한다.
(6) OK 버튼을 누른다.

	A	A_VLookup	B	C	D	E	date
0	1	13.5	1	A	매도가능증	3.50	2018-01-01
1	2	12.5	2	A	가	4.50	2018-01-01
2	2	12.5	2	A	나	5.50	2018-01-01
3	4	10.5	4	C	라	6.50	2018-01-02
4	5	9.5	4	C	마	7.50	2018-01-02
5	6	8.5	6	C	바	8.50	2018-01-03
6	6	8.5	6	B	사	9.50	2018-01-03
7	13	<N>	9	B	아	10.50	2018-01-04
8	14	<N>	11	B	자	11.50	2018-01-05
9	15	<N>	13	D	차	12.50	2018-01-06
10	17	<N>	14	D	카	13.50	2018-01-07

(7) ***A*** 칼럼 옆에 ***A_VLookup*** 칼럼이 추가되면서 ***test1*** 테이블의 ***E*** 값을 VLookup 으로 갖고 오고 해당 값이 없으면 <***N***>이 표시된다.

(6) Add Index Column

- Add Index Column은 인덱스 칼럼을 테이블의 맨 앞 칼럼으로 넣어주는 기능을 제공한다. 어떤 테이블에 대해서 동일한 칼럼 기준으로 Group과 Summarize를 수행하면 Group의 스핀버튼상의 인덱스는 Summarize된 테이블의 인덱스와 같아진다. 그러나 Summarize된 테이블상에 인덱스 칼럼이 별도로 생기지 않으므로 이 때 Summarize된 테이블에 Add Index Column 메뉴를 실행하면 인덱스 칼럼이 삽입되므로 **Summarize된 테이블에 대해서 정렬 등을 할 때 인덱스 칼럼에 따라 상세 내용을 Group에서 편하게 찾을 수 있게 된다.**

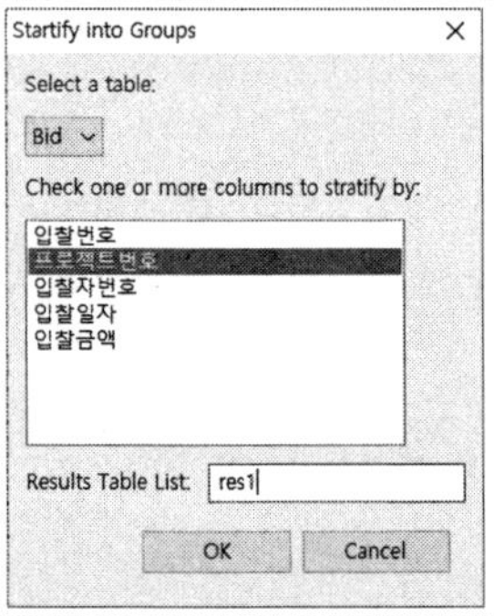

(1) ***Bid.tbl***을 연후 Data >> Group >> By Value 메뉴를 실행한다.
(2) Select a Table : ***Bid*** 선택
(3) Select one or more columns : ***프로젝트번호*** 선택
(4) Results Name : ***res1*** 입력
(5) OK 버튼을 누른다.

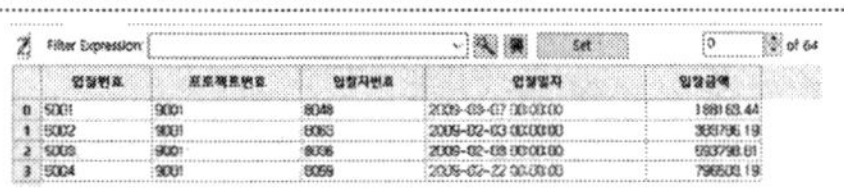

(6) Group 결과를 확인할 수 있다.

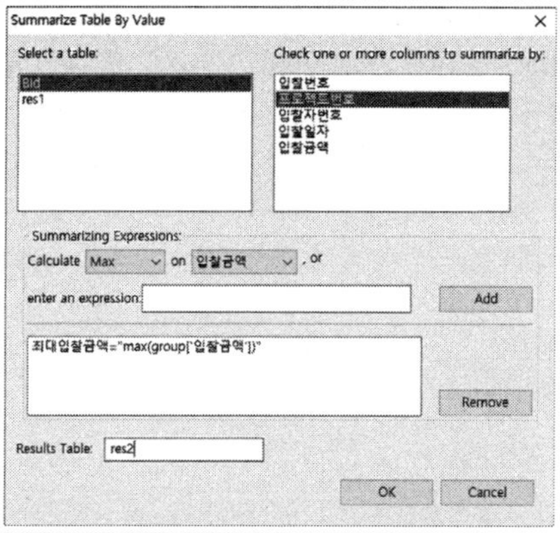

(7) Data >> Summarize >> By Value 메뉴를 실행한다.
(8) Select a table : ***Bid*** 선택
(9) Check one or more columns to summarize by : ***프로젝트번호*** 체크
(10) Summarizing Expressions :
- Calculate : ***Max*** 선택
- on : ***입찰금액*** 선택
- Add 버튼을 누르고 ***최대입찰금액*** 입력

(11) Results Table : ***res2*** 입력
(12) OK 버튼을 누른다.

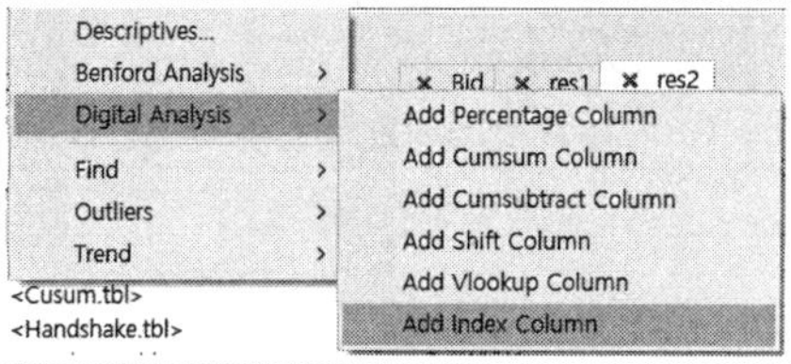

(13) Analyze >> Digital Analysis >> Add Index Column 메뉴를 실행한다.

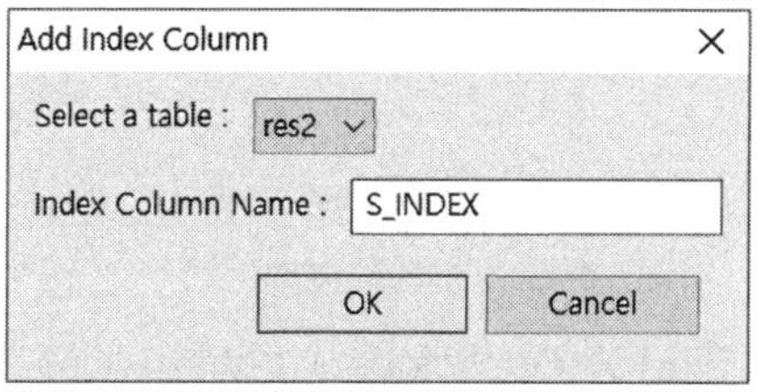

(14) Select a table : ***res2*** 선택
(15) index Column Name : ***S_INDEX*** 입력
(16) OK 버튼을 누른다.

	S_INDEX	프로젝트번호	최대입찰금액
0	0	9001	796503.19
1	1	9002	2410526.4999999995
2	2	9003	3363111.860000001
3	3	9004	1445745.12
4	4	9005	2977985.3899999997
5	5	9006	486574.04
6	6	9007	584958.97
7	7	9008	2127399.8300000005
8	8	9009	3976685.08
9	9	9010	1546581.48
10	10	9011	1404082.7499999998
11	11	9012	2239037.18
12	12	9013	1855319.4799999997

(17) ***res2*** 테이블에 ***S_INDEX*** 칼럼이 삽입됨을 확인할 수 있다.

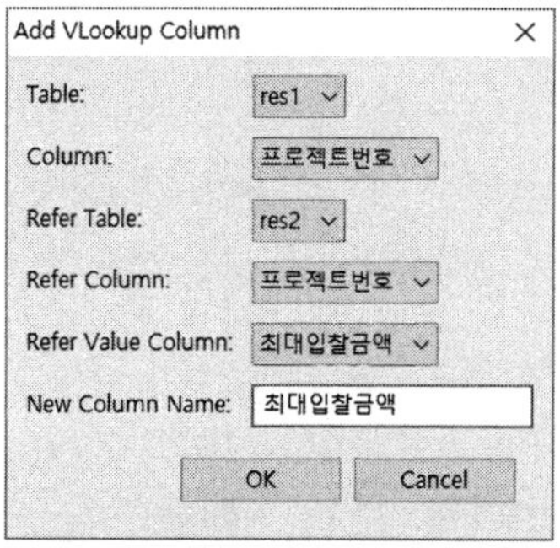

(18) Analyze >> Digital Analysis >> Add Vlookp Column 메뉴를 실행한다.
(19) Table : ***res1*** 선택
(20) Column : ***프로젝트번호*** 선택
(21) Refer Table : ***res2*** 선택
(22) Refer Column : ***프로젝트번호*** 선택
(23) Refer Value Column : ***최대입찰금액*** 선택
(24) New Column Name : ***최대입찰금액*** 입력
(25) OK 버튼을 누른다.

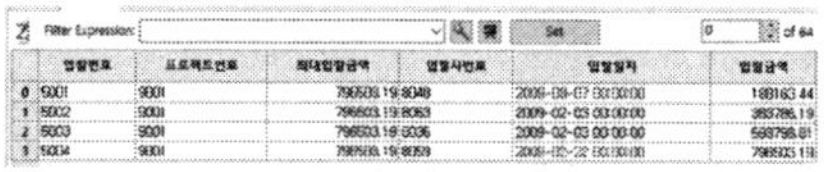

(26) ***res1*** 테이블에 ***최대입찰금액***이 vlookup으로 들어간 것을 확인할 수 있다.

	S_INDEX	프로젝트번호	최대입찰금액
0	39	9040	5306374.359999998
1	54	9055	4965691.059999999
2	58	9059	4687517.330000001
3	48	9049	4838501.92
4	35	9036	4465384.589999999
5	44	9045	4268187.13
6	15	9016	4113699.090000003
7	16	9017	4030315.769999996
8	8	9009	3976685.08
9	23	9024	3848143.199999997
10	34	9035	3654262.56
11	37	9038	3636029.54

(27) ***res2*** 테이블의 ***최대입찰금액*** 칼럼을 내림차순으로 정렬한다. 그 결과 ***S_INDEX*** 칼럼에서 39가 가장 크므로 39 인덱스를 ***res1***의 스핀버튼에서 찾는다.

39 of 64

	입찰번호	프로젝트번호	최대입찰금액	입찰자번호	입찰일자	입찰금액
0	5171	9040	5306374.359999998	8053	2009-11-09 00:00:00	948532.81
1	5172	9040	5306374.359999998	8090	2009-11-18 00:00:00	1767573.57
2	5173	9040	5306374.359999998	8081	2009-10-31 00:00:00	2588275.11
3	5174	9040	5306374.359999998	8035	2009-11-12 00:00:00	3526036.68
4	5175	9040	5306374.359999998	8015	2009-11-16 00:00:00	4412551.84
5	5176	9040	5306374.359999998	8051	2009-11-28 00:00:00	5306374.36

(28) ***res1***의 39번째 sub table을 확인하면 그 상세 내역상 최대입찰금액이 ***5306374.36***임을 확인할 수 있다.

4 Find

(1) Duplicates

- Duplicates 기능은 특정 칼럼에서 중복된 값이 있는 경우 해당 row를 보여주는 기능이다. **PurchaseTransaction.tbl** 파일을 연후, **Analyze 〉〉 Find 〉〉 Duplicates** 를 누른 후 다음과 같이 설정한다.

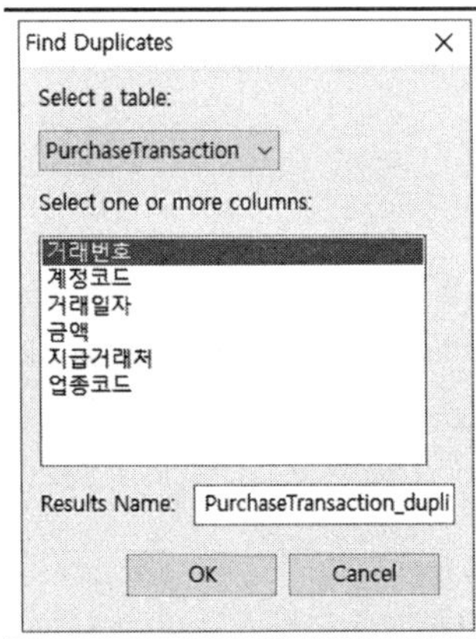

(1) Select a Table : ***PurchaseTransaction***을 선택
(2) Select one or more columns : ***거래번호*** 선택
(3) Results Name : 특별히 기입하지 않으면 ***원 테이블명_duplicates***로 자동 생성된다.
☞ 여기서는 ***PurchaseTransaction_duplicates***로 한다.
(4) OK 버튼을 누른다.

× PurchaseTransaction × PurchaseTransaction_duplicates

	Row	거래번호	계정코드	거래일자	금액	지급거래처	업종코드
0	0	4001	2000	2009-08-14	9318	UQD Incorporated	211144
1	1	4001	2000	2009-08-14	9318	UQD Incorporated	211144

(5) 0과 1 row(index)에서 거래번호 ***4001***이 중복으로 나온 것을 확인할 수 있다.

(2) Gaps

- Gap 기능은 선택한 칼럼의 연속성, 즉, 누락여부를 테스트하는 것이다. 이는 어음수표 번호의 연속성, 재고실사 Tag 번호의 연속성, 발주서 번호의 연속성, 전표번호의 연속성 등을 검증할 때 사용할 수 있다. **Integer**에 대해서만 분석이 가능하며, 한 번에 하나의 칼럼만이 선택가능하다. Gap기능은 테스트를 하기 전에 파일이 **먼저 sorting(Ascending) 되어** 있어야 한다.
- **PurchaseTransaction.tbl** 파일을 연후, **Analyze 〉〉 Find 〉〉 Gaps** 를 누른 후 다음과 같이 설정한다.

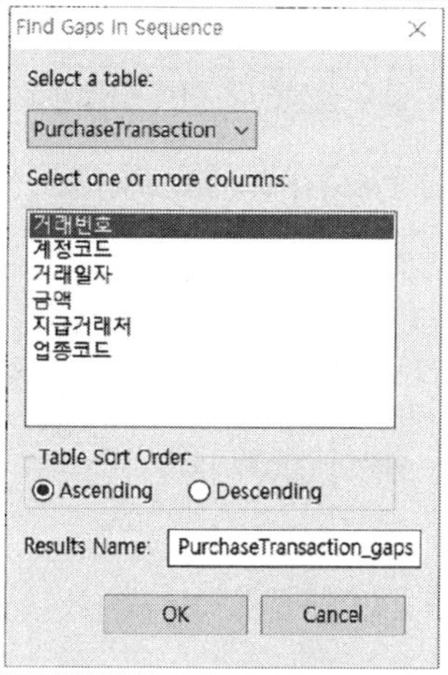

(1) ***거래번호***의 데이터 타입을 integer로 설정한다.
(2) ***거래번호***가 ***Ascending***으로 정렬되어 있는지 확인한다.
(3) Select a Table : ***PurchaseTransaction***을 선택
(4) Select one or more columns : ***거래번호*** 선택
(5) Table Sort Order : ***Ascending***으로 선택한다.
(6) Results Name : 특별히 기입하지 않으면 ***원 테이블명_gaps*** 로 자동 생성된다.
☞ 여기서는 ***PurchaseTransaction_gaps***로 한다.
(7) OK 버튼을 누른다.

× PurchaseTransaction × PurchaseTransaction_gaps

Filter Expression:

	Row_Index	Gap_Start	Gap_End	Missing_No
0	0	4001	4001	0
1	2	4002	4004	1

(8) 0 row(index)와 1 row(index)는 duplicate인 동시에 gap이 된다(4001과 4002 사이에 중복값 4001 있기 때문에 일종의 gap으로 본다는 의미이다).
(9) 2 row(index)와 3 row(index)는 ***4002***와 ***4004***이므로 gap이 되며, Missing Number는 1(4003)이 된다.

(3) Condition

- Condition 메뉴는 특정 조건을 충족하는 레코드만 발췌하여 별도의 테이블로 생성해주는 기능을 제공한다. **Data 〉〉 Select 〉〉 By Fraudit Expression** 메뉴는 직접 코드를 작성하여 발췌할 수 있는데, Condition 메뉴는 사용자가 코드에 익숙하지 않아도 보다 직관적으로 UI를 통하여 레코드를 발췌할 수 있다는 장점이 있다.
- **Bid.tbl** 파일을 연후, **Analyze 〉〉 Find 〉〉 Condition** 을 누른 후 다음과 같이 설정한다.

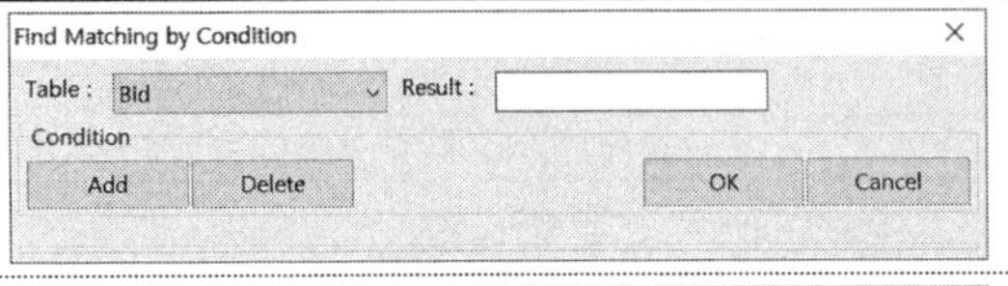

(1) Table : ***Bid*** 선택

(2) Condition : Add 버튼을 3번 누른다.

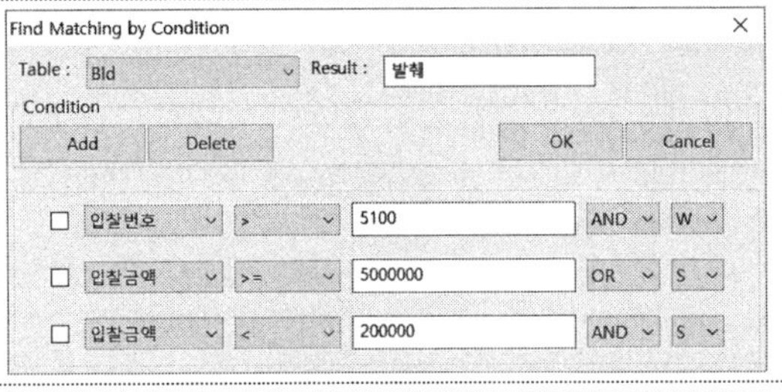

(3) 각 행을 옆의 그림과 같이 설정한다. 이는 다음과 같은 의미이다.

(입찰번호 > 5100 and 입찰금액 >= 5000000) or 입찰금액 < 200000

☞ W는 아래 것을 포함하여 괄호를 닫을 때 사용한다. 맨 마지막은 아래가 없으므로 AND와 OR 중 아무 것이나 선택하면 된다. 마찬가지로 맨 마지막은 아래가 없으므로 S와 W 중 아무 것이나 선택하면 된다.

	입찰번호	프로젝트번호	입찰자번호	입찰일자	입찰금액
0	5001	9001	8048	2009-03-07 00:00:00	188163.44
1	5021	9006	8061	2009-05-22 00:00:00	161971.69
2	5090	9022	8088	2009-11-01 00:00:00	180077.29
3	5127	9031	8047	2009-03-28 00:00:00	198281.82
4	5139	9034	8045	2009-02-12 00:00:00	125495.43
5	5176	9040	8051	2009-11-28 00:00:00	5306374.36
6	5189	9044	8009	2009-01-25 00:00:00	139222.02
7	5221	9051	8039	2009-03-03 00:00:00	142119.45
8	5224	9052	8014	2009-05-06 00:00:00	198018.87
9	5264	9061	8080	2009-12-28 00:00:00	120908.04

(4) ***발췌*** 테이블 결과가 왼쪽과 같이 나온다.

(4) Matching by Value

• Matching by Value는 Value값이 일치하는 record를 찾아주는 기능이다. 이 기능은 블랙리스트에 올라간 거래처가 최종 계약을 하였는지 등을 분석할 때 편리한 기능이다. **Bid.tbl**과 **Blacklist.tbl** 파일을 열고, **Analyze 〉〉 Find 〉〉 Matching by Value** 를 누른 후 다음과 같이 설정한다.

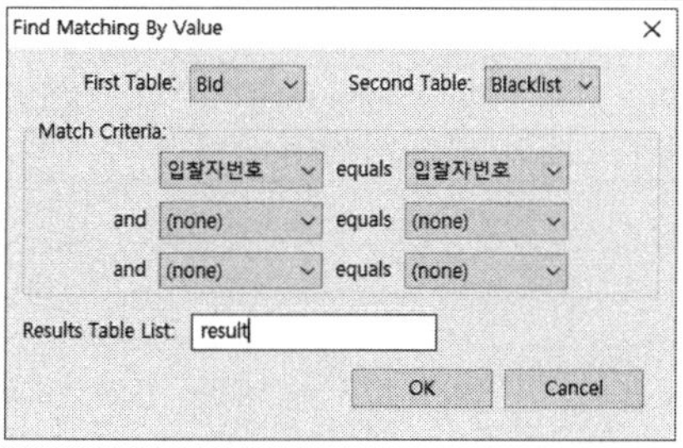

(1) First Table : ***Bid*** 선택
(2) Second Table : ***Blacklist***를 선택한다.
(3) Match Criteria : First Table의 ***입찰자번호*** 와 Second Table의 ***입찰자번호*** 를 선택한다.
(4) Results Table List : ***result*** 로 입력한다.
(5) OK 버튼을 누른다.

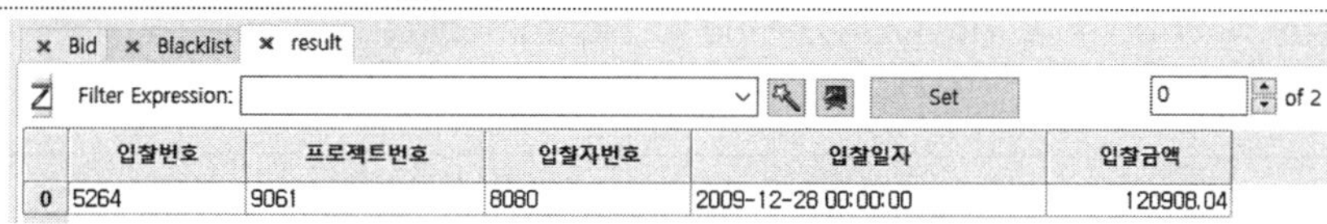

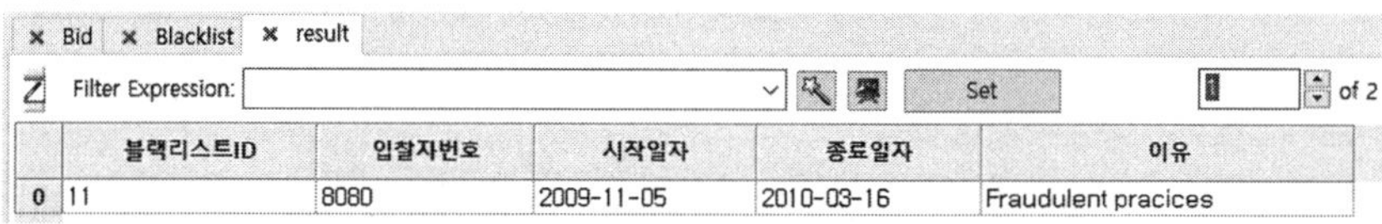

(6) 첫 번째(0) sub table은 입찰자번호 ***8080***이 계약이 체결된 것을 보여주고 두 번째(1) sub table은 그 입찰자번호 ***8080***이 Blacklist라는 것을 보여준다. 즉, 프로젝트번호 ***9061***은 블랙리스트와 계약이 체결된 것을 알 수 있다.

(5) Matching by Expression

• Matching by Expression은 Expression을 활용하여 Matching by Value보다 다양한 Matching Criteria를 설정할 수 있는 기능이다. **Bid.tbl**과 **Blacklist.tbl** 파일을 열고, **Analyze 〉〉 Find 〉〉 Matching by Expression** 를 누른 후 다음과 같이 설정한다.

(1) First Table : ***Bid*** 를 선택한다.
(2) Second Table : ***Blacklist*** 를 선택한다.
(3) Match Using The Following Expression :

record1.입찰자번호 == record2.입찰자번호

☞ 이는 첫 번째 table의 record1.입찰자번호 칼럼의 레코드와 두 번째 table의 record1.입찰자번호 칼럼의 레코드가 일치하는 것을 찾으라는 의미이다.

(4) Results Table List : ***result*** 로 입력한다.
(5) OK 버튼을 누른다.

	입찰번호	프로젝트번호	입찰자번호	입찰일자	입찰금액
0	5264	9061	8080	2009-12-28 00:00:00	120908.04

	블랙리스트ID	입찰자번호	시작일자	종료일자	이유
0	11	8080	2009-11-05	2010-03-16	Fraudulent pracices

(6) 첫 번째(0) sub table은 입찰자번호 ***8080***이 계약이 체결된 것을 보여주고 두 번째(1) sub table은 그 입찰자번호 ***8080***이 Blacklist라는 것을 보여준다. 즉, 프로젝트번호 ***9061***은 블랙리스트와 계약이 체결된 것을 알 수 있다.

(6) Nonmatching by Value

- Nonmatching by Value는 Matching by Value의 여집합을 찾아주는 기능이다. **Bid.tbl**과 **Blacklist.tbl** 파일을 열고, **Analyze 〉〉 Find 〉〉 Nonmatching by Value** 를 누른 후 다음과 같이 설정한다.

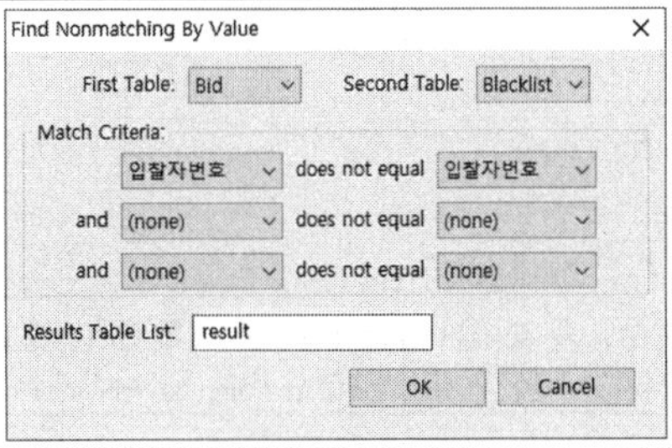

(1) First Table : ***Bid*** 를 선택한다.
(2) Second Table : ***Blacklist*** 를 선택한다.
(3) Match Criteria :
- First Table : ***입찰자번호*** 선택
- Second Table : ***입찰자번호*** 선택

(4) Results Table List : ***result*** 로 입력한다.
(5) OK 버튼을 누른다.

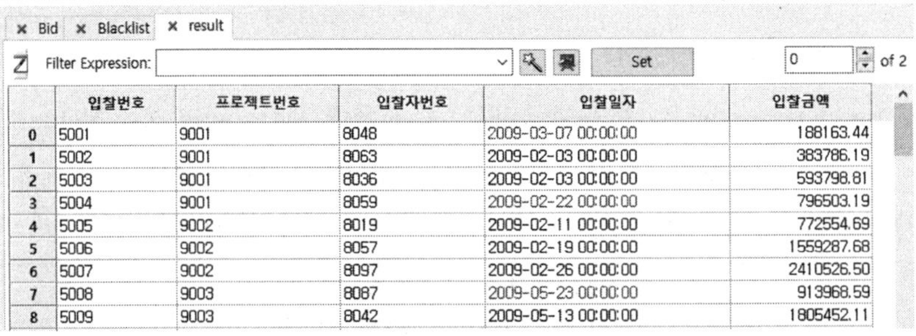

	입찰번호	프로젝트번호	입찰자번호	입찰일자	입찰금액
0	5001	9001	8048	2009-03-07 00:00:00	188163.44
1	5002	9001	8063	2009-02-03 00:00:00	383786.19
2	5003	9001	8036	2009-02-03 00:00:00	593798.81
3	5004	9001	8059	2009-02-22 00:00:00	796503.19
4	5005	9002	8019	2009-02-11 00:00:00	772554.69
5	5006	9002	8057	2009-02-19 00:00:00	1559287.68
6	5007	9002	8097	2009-02-26 00:00:00	2410526.50
7	5008	9003	8087	2009-05-23 00:00:00	913968.59
8	5009	9003	8042	2009-05-13 00:00:00	1805452.11

	블랙리스트ID	입찰자번호	시작일자	종료일자	이유
0	12	8025	2006-07-09	2013-07-09	Currently under investigation
1	13	8075	2009-03-12	2019-03-12	Conflicts of interest
2	14	8055	2009-10-10	2015-10-10	Terrorist connections
3	15	8018	2006-07-25	2012-07-25	Fraudulent pracices

(6) 첫 번째 sub table은 blacklist가 아닌 계약자와 체결된 현황을 보여주고 두 번째 sub table은 그 [입찰자번호] 8080을 제외한 나머지 Blacklist를 보여준다. 즉, 첫 번째 sub table은 블랙리스트와 계약 체결된 것이 없다는 것을 보여준다.

(7) Nonmatching by Expression

- Nonmatching by Value는 Matching by Expression의 여집합을 찾아주는 기능이다. **Bid.tbl**과 **Blacklist.tbl** 파일을 열고, **Analyze >> Find >> Nonmatching by Expression** 를 누른 후 다음과 같이 설정한다.

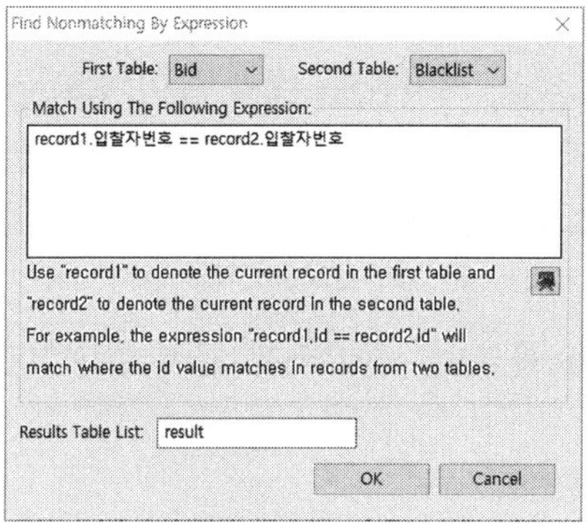

(1) First Table : ***Bid*** 를 선택한다.

(2) Second Table : ***Blacklist*** 를 선택한다.

(3) Match Using The Following Expression :

record1.입찰자번호 = = record2.입찰자번호

☞ 원래 expression의 의미는 첫 번째 table의 입찰자번호 칼럼의 레코드와 두 번째 table의 입찰자번호 칼럼의 레코드가 일치하는 것을 찾으라는 의미이지만 Nonmatching 메뉴이므로 자동적으로 Nonmatching을 찾아주는 것이다.

(4) Results Table List : ***result***로 입력한다.

(5) OK 버튼을 누른다.

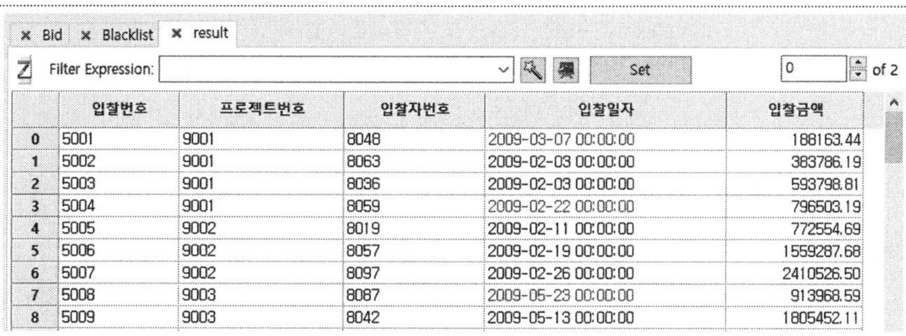

	입찰번호	프로젝트번호	입찰자번호	입찰일자	입찰금액
0	5001	9001	8048	2009-03-07 00:00:00	188163.44
1	5002	9001	8063	2009-02-03 00:00:00	383786.19
2	5003	9001	8036	2009-02-03 00:00:00	593798.81
3	5004	9001	8059	2009-02-22 00:00:00	796503.19
4	5005	9002	8019	2009-02-11 00:00:00	772554.69
5	5006	9002	8057	2009-02-19 00:00:00	1559287.68
6	5007	9002	8097	2009-02-26 00:00:00	2410526.50
7	5008	9003	8087	2009-05-23 00:00:00	913968.59
8	5009	9003	8042	2009-05-13 00:00:00	1805452.11

	블랙리스트ID	입찰자번호	시작일자	종료일자	이유
0	12	8025	2006-07-09	2013-07-09	Currently under investigation
1	13	8075	2009-03-12	2019-03-12	Conflicts of interest
2	14	8055	2009-10-10	2015-10-10	Terrorist connections
3	15	8018	2006-07-25	2012-07-25	Fraudulent pracices

(6) 첫 번째 sub table은 Bid 테이블에서 ***blacklist가 아닌 계약자***와 체결된 현황을 보여주고 두 번째 sub table은 그 Blacklist 테이블에서 입찰자번호 ***8080을 제외한 나머지***를 보여준다. 즉, 첫 번째 sub table은 블랙리스트와 계약 체결된 것이 없다는 것을 보여준다.

5 Outliers

(1) Add ZScore Column

- ZScore는 통계학적으로 정규분포를 만들고 개개의 경우가 표준편차상에 어떤 위치를 차지하는지를 보여주는 차원없는 수치를 말한다.
- ZScore의 절대값이 크면 클수록 발생가능성이 낮다는 것을 의미한다. 예를 들어, ZScore가 1.96이면 5%의 발생가능성이 있는 것이며 ZScore가 2.57이면 1%의 발생가능성이 있다는 것이다. 따라서 어떤 그룹핑 내에서 수치의 ZScore가 매우 크다면 이는 이상치(Outlier)일 가능성이 크다는 것을 의미한다.
- 먼저, **Bid.tbl** 파일을 열고, **Data 〉〉 Stratify 〉〉 By Value**를 누른 후 다음과 같이 설정한다.

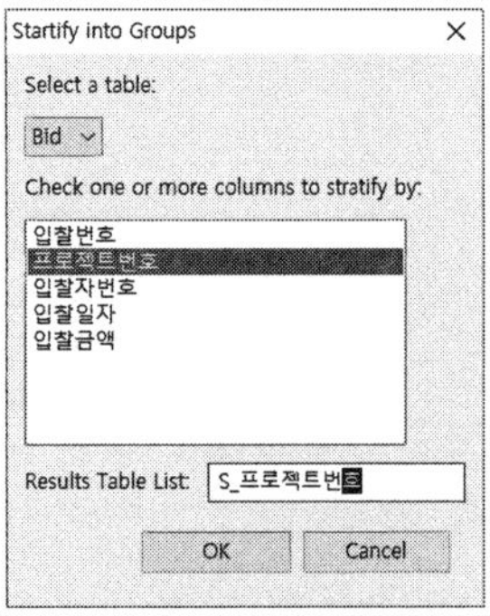

(1) Select a table : ***Bid***를 선택한다.
(2) Check one or more columns to stratify by : ***프로젝트번호*** 를 체크한다.
(3) Results Table List : ***S_프로젝트번호*** 라고 입력한다.
(4) OK 버튼을 누른다.

	입찰번호	프로젝트번호	입찰자번호	입찰일자	입찰일자2	입찰금액
0	5001	9001	8048	2009-03-07 00:00:00	1236351600.00	188163.44
1	5002	9001	8063	2009-02-03 00:00:00	1233586800.00	383786.19
2	5003	9001	8036	2009-02-03 00:00:00	1233586800.00	593798.81
3	5004	9001	8059	2009-02-22 00:00:00	1235228400.00	796503.19

(5) ***프로젝트번호*** 칼럼으로 그룹핑 한 결과 64개(오른쪽 상단 스크롤바의 숫자)의 계층화가 이루어진다.

- 이제 **Analyze 〉〉 Outliers 〉〉 Add ZScore Column** 을 누른 후 다음과 같이 설정한다.

(6) First Table : ***S_프로젝트번호*** 를 선택한다.
(7) Column : ***입찰금액*** 을 선택한다.
(8) New Column Name : ***입찰금액_Z*** 라고 입력한다.
(9) OK 버튼을 누른다.

× Bid × S_프로젝트번호

Filter Expression: Set 0 of 64

	입찰번호	프로젝트번호	입찰자번호	입찰일자	입찰일자2	입찰금액	입찰금액_Z
0	5001	9001	8048	2009-03-07 00:00:00	1236351600.00	188163.44	-1.3289754855355118
1	5002	9001	8063	2009-02-03 00:00:00	1233586800.00	383786.19	-0.4692588950522895
2	5003	9001	8036	2009-02-03 00:00:00	1233586800.00	593798.81	0.4536978348006986
3	5004	9001	8059	2009-02-22 00:00:00	1235228400.00	796503.19	1.3445365457871024

(10) ***프로젝트번호*** 칼럼으로 그룹핑한 sub table의 마지막 칼럼에 ***입찰금액_Z*** 칼럼이 삽입되고 ZScore가 보여진다.

• 이제 **Data 〉〉 Stratfify 〉〉 Combine Table List**를 누르고 다음과 같이 설정한다.

(11)Table List : ***S_프로젝트번호*** 를 선택한다.
(12)New Table Name : ***C_프로젝트번호*** 를 입력한다.
(13)OK 버튼을 누른다.

× Bid × S_프로젝트번호 × C_프로젝트번호

Filter Expression: Set

	입찰번호	프로젝트번호	입찰자번호	입찰일자	입찰일자2	입찰금액	입찰금액_Z
0	5001	9001	8048	2009-03-07 00:00:00	1236351600.00	188163.44	-1.3289754855355118
1	5002	9001	8063	2009-02-03 00:00:00	1233586800.00	383786.19	-0.4692588950522895
2	5003	9001	8036	2009-02-03 00:00:00	1233586800.00	593798.81	0.4536978348006986
3	5004	9001	8059	2009-02-22 00:00:00	1235228400.00	796503.19	1.3445365457871024
4	5005	9002	8019	2009-02-11 00:00:00	1234278000.00	772554.69	-1.2083551303475308
5	5006	9002	8057	2009-02-19 00:00:00	1234969200.00	1559287.68	-0.03214657331392497
6	5007	9002	8097	2009-02-26 00:00:00	1235574000.00	2410526.50	1.2405017036614556
7	5008	9003	8087	2009-05-23 00:00:00	1243004400.00	913968.59	-1.3807341999822276
8	5009	9003	8042	2009-05-13 00:00:00	1242140400.00	1805452.11	-0.4035950805340557
9	5010	9003	8082	2009-06-14 00:00:00	1244905200.00	2612140.31	0.4806014073799676
10	5011	9003	8047	2009-05-19 00:00:00	1242658800.00	3363111.86	1.3037278731363158

(14) ***입찰금액_Z*** 가 칼럼으로 추가된 단일 테이블으로 합쳐진다(Combine Table).

× Bid × S_프로젝트번호 × C_프로젝트번호

Filter Expression: Set

	입찰번호	프로젝트번호	입찰자번호	입찰일자	입찰일자2	입찰금액	입찰금액_Z
0	5061	9015	8063	2009-05-03 00:00:00	1241276400.00	1549111.41	1.5175137283512112
1	5017	9004	8058	2009-02-27 00:00:00	1235660400.00	1445745.12	1.5029192877186908
2	5135	9032	8088	2009-08-05 00:00:00	1249398000.00	1328857.77	1.488511358684182
3	5086	9020	8078	2009-09-11 00:00:00	1252594800.00	3169514.23	1.4820823435199144
4	5176	9040	8051	2009-11-28 00:00:00	1259334000.00	5306374.36	1.4799473164964563
5	5144	9034	8069	2009-01-26 00:00:00	1232895600.00	698589.35	1.4770023370031675
6	5119	9028	8032	2009-12-26 00:00:00	1261753200.00	3399528.59	1.4757640386583857
7	5217	9049	8019	2009-02-23 00:00:00	1235314800.00	4838501.92	1.4581549827267255
8	5170	9039	8052	2009-09-11 00:00:00	1252594800.00	1380245.98	1.4556870771618813
9	5154	9036	8082	2009-04-10 00:00:00	1239289200.00	4465384.59	1.4523297125367587
10	5188	9043	8014	2009-08-20 00:00:00	1250694000.00	2306145.98	1.4450348410779803

(15) ***입찰금액_Z*** 칼럼에 대해서 R-Click하여 Sort descending 한다.
(16)ZScore가 가장 높은 것이 1.5 정도이므로 추가 분석이 필요한 만큼 높지 않음을 알 수 있다.

(2) Select NonOutliers

• Select NonOutlierse는 사용자가 설정한 Outlier 임계치 안에 포함되는 NonOutlier만 선택하여 보여주는 기능이다. **Bid.tbl** 파일을 열고 **Analyze 〉〉 Outliers 〉〉 Select NonOutliers**를 누른 후 다음과 같이 설정한다.

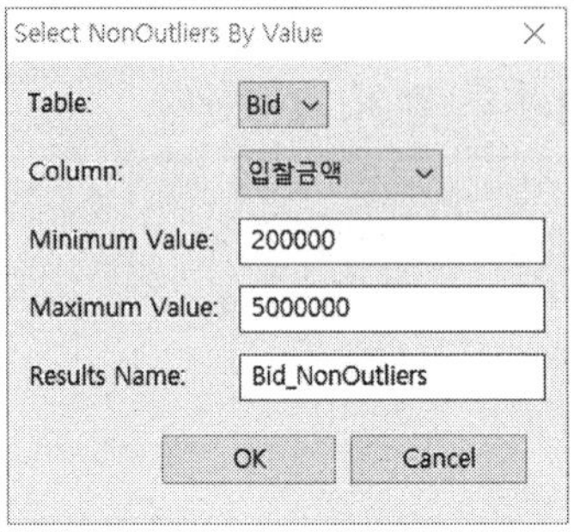

(1) Table : ***Bid*** 를 선택한다.
(2) Column : ***입찰금액*** 을 선택한다(데이터 타입이 ***interger*** 또는 ***Decimal Number*** 인 칼럼을 선택하여야 한다).
(3) Minimum Value : ***200000***을 기입한다.
(4) Maximum Value : ***5000000***을 기입한다.
(5) Results Name : ***Bid_NonOutliers*** 라고 기입한다.
(6) OK 버튼을 누른다.

× Bid × Bid_NonOutliers

Filter Expression: Set

	입찰번호	프로젝트번호	입찰자번호	입찰일자	입찰금액
0	5002	9001	8063	2009-02-03 00:00:00	383786.19
1	5003	9001	8036	2009-02-03 00:00:00	593798.81
2	5004	9001	8059	2009-02-22 00:00:00	796503.19
3	5005	9002	8019	2009-02-11 00:00:00	772554.69
4	5006	9002	8057	2009-02-19 00:00:00	1559287.68
5	5007	9002	8097	2009-02-26 00:00:00	2410526.50
6	5008	9003	8087	2009-05-23 00:00:00	913968.59
7	5009	9003	8042	2009-05-13 00:00:00	1805452.11
8	5010	9003	8082	2009-06-14 00:00:00	2612140.31

(7) ***입찰금액*** 칼럼에서 값이 200000 이상에서 5000000 사이의 record(NonOutliers)만 나타난다.

(3) Select NonOutliers by ZScore

• Select NonOutlierse by ZScore는 사용자가 설정한 ZScorer 임계치 안에 포함되는 NonOutlier만 선택하여 보여주는 기능이다. **Bid.tbl** 파일을 열고 **Analyze 〉〉 Outliers 〉〉 Select NonOutliers by ZScore**를 누른 후 다음과 같이 설정한다.

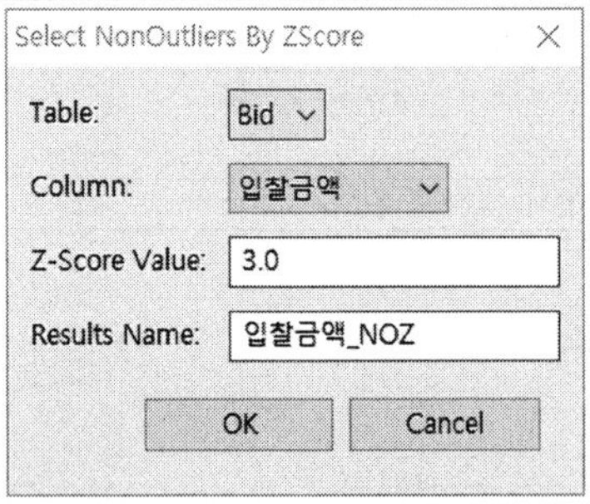

(1) Table : ***Bid*** 를 선택한다.
(2) Column : ***입찰금액*** 을 선택한다(데이터 타입이 interger 또는 Decimal Number 인 칼럼을 선택하여야 한다).
(3) Z-Score Value : ***3.0***을 기입한다.
(4) Results Name : ***입찰금액_NOZ*** 라고 기입한다.
(5) OK 버튼을 누른다.

× Bid × 입찰금액_NOZ

Filter Expression: Set

	입찰번호	프로젝트번호	입찰자번호	입찰일자	입찰금액
0	5001	9001	8048	2009-03-07 00:00:00	188163.44
1	5002	9001	8063	2009-02-03 00:00:00	383786.19
2	5003	9001	8036	2009-02-03 00:00:00	593798.81
3	5004	9001	8059	2009-02-22 00:00:00	796503.19
4	5005	9002	8019	2009-02-11 00:00:00	772554.69
5	5006	9002	8057	2009-02-19 00:00:00	1559287.68
6	5007	9002	8097	2009-02-26 00:00:00	2410526.50
7	5008	9003	8087	2009-05-23 00:00:00	913968.59
8	5009	9003	8042	2009-05-13 00:00:00	1805452.11

(6) ***입찰금액*** 칼럼에서 ZScore 값이 −3.0 이상에서 3.0사이의 record(NonOutliers)만 나타난다.

(4) Select Outliers

- Select Outlierse는 사용자가 설정한 Outlier 임계치를 초과하는 Outlier만 선택하여 보여주는 기능이다. **Bid.tbl** 파일을 열고 **Analyze 〉〉 Outliers 〉〉 Select Outliers**를 누른 후 다음과 같이 설정한다.

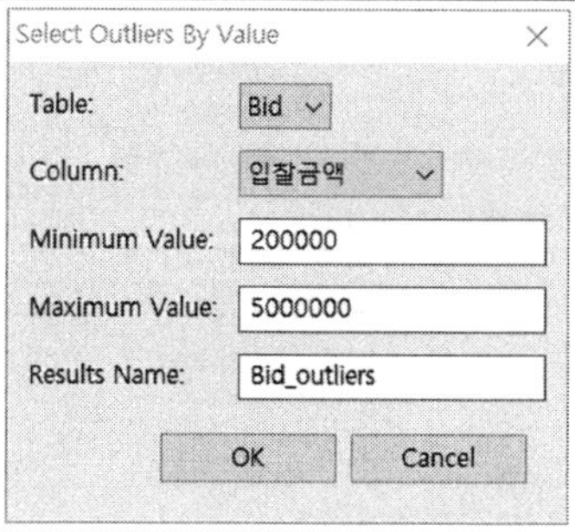

(1) Table : ***Bid*** 를 선택한다.
(2) Column : ***입찰금액*** 을 선택한다(데이터 타입이 interger 또는 Decimal Number 인 칼럼을 선택하여야 한다).
(3) Minimum Value : ***200000***을 기입한다.
(4) Maximum Value : ***5000000***을 기입한다.
(5) Results Name : ***Bid_Outliers*** 라고 기입한다.
(6) OK 버튼을 누른다.

× Bid × Bid_outliers

Filter Expression: Set

	입찰번호	프로젝트번호	입찰자번호	입찰일자	입찰금액
0	5001	9001	8048	2009-03-07 00:00:00	188163.44
1	5021	9006	8061	2009-05-22 00:00:00	161971.69
2	5090	9022	8088	2009-11-01 00:00:00	180077.29
3	5127	9031	8047	2009-03-28 00:00:00	198281.82
4	5139	9034	8045	2009-02-12 00:00:00	125495.43
5	5176	9040	8051	2009-11-28 00:00:00	5306374.36
6	5189	9044	8009	2009-01-25 00:00:00	139222.02
7	5221	9051	8039	2009-03-03 00:00:00	142119.45
8	5224	9052	8014	2009-05-06 00:00:00	198018.87
9	5264	9061	8080	2009-12-28 00:00:00	120908.04

(7) ***입찰금액*** 칼럼에서 값이 200000 미만 및 5000000 초과하는 record(Outliers)만 나타난다.

(5) Select Outliers by ZScore

- Select Outlierse by ZScore는 사용자가 설정한 ZScore가 임계치를 벗어나는 Outlier만 선택하여 보여주는 기능이다. **Bid.tbl** 파일을 열고 **Analyze 〉〉 Outliers 〉〉 Select Outliers by ZScore**를 누른 후 다음과 같이 설정한다.

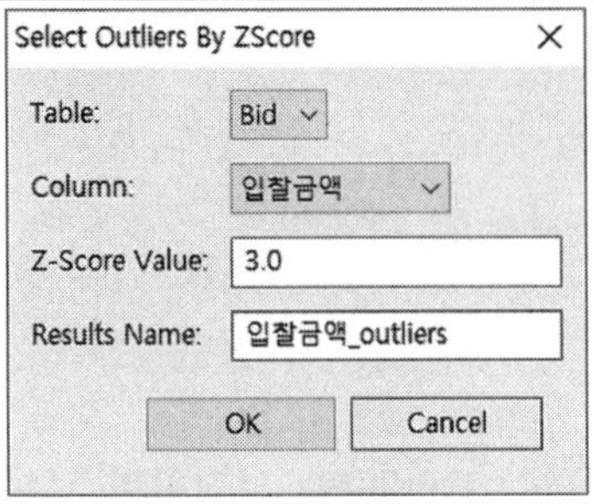

(1) Table : ***Bid*** 를 선택한다.
(2) Column : ***입찰금액*** 을 선택한다(데이터 타입이 interger 또는 Decimal Number 인 칼럼을 선택하여야 한다).
(3) Z-Score Value : ***3.0***을 기입한다.
(4) Results Name : ***입찰금액_outliers*** 라고 기입한다.
(5) OK 버튼을 누른다.

× Bid × 입찰금액_outliers

Filter Expression: Set

	입찰번호	프로젝트번호	입찰자번호	입찰일자	입찰금액
0	5176	9040	8051	2009-11-28 00:00:00	5306374.36
1	5217	9049	8019	2009-02-23 00:00:00	4838501.92
2	5241	9055	8034	2009-10-07 00:00:00	4965691.06
3	5259	9059	8099	2009-02-19 00:00:00	4887517.33

(6) ***입찰금액*** 칼럼에서 ZScore 값이 −3.0 미만 및 3.0 초과하는 record(Outliers)만 나타난다.

6 Trend

(1) Add Cusum Column

- Cusum(누적합)이란 테이블의 각 record 값의 차이를 누적한 것을 말한다. Cusum은 어떤 곡선의 전반적인 방향을 직관적으로 알려줌으로써 추세의 패턴을 알 수 있게 도와준다.
  ☞ Add Cusum Column과 Add Cumsum Column의 기능은 다르다.
- Cusum의 계산은 다음과 같다.

인덱스	Col_1	Cusum_Col_1	산식
0	5	0	5-5 = 0
1	3	-2	0 + (3-5) = -2
2	4	-1	-2 + (4-3) = -1
3	8	3	-1 + (8-4) = 3

- **Cusum.tbl** 파일을 열고, **Analyze 〉〉 Trend 〉〉 Add Cusum Column**을 누른 후 다음과 같이 설정한다.

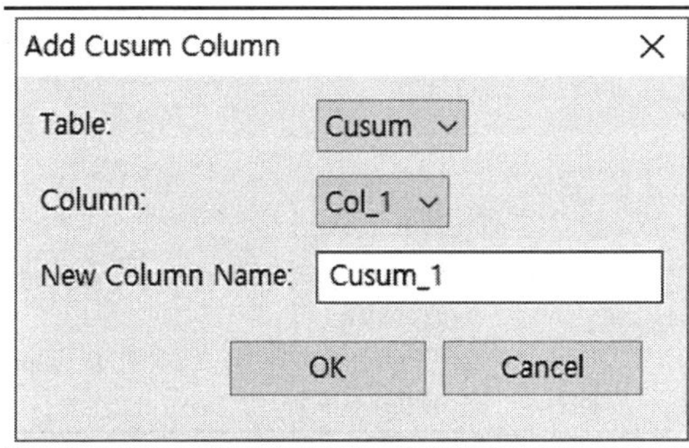

(1) Table : ***Cusum*** 선택
(2) Column : ***Col_1*** 선택
(3) New Column Name : ***Cusum_1*** 이라고 입력
(4) OK 버튼을 누른다.

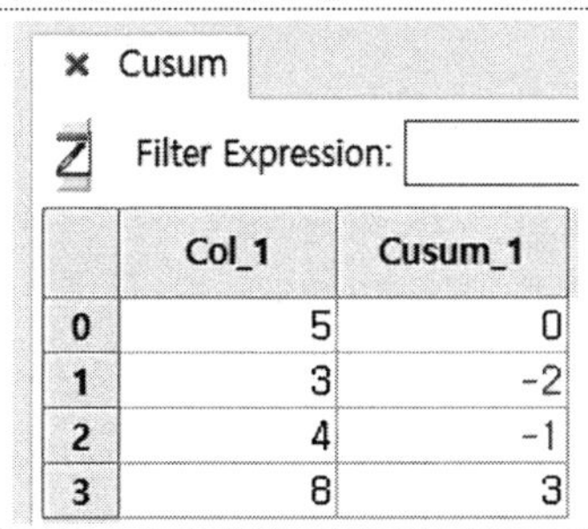

(5) ***Cusum_1*** 칼럼에 ***Cusum***값이 나타난다.

(2) By Regression Slope

- By Regression Slope는 회귀분석 결과 기울기를 보여주는 것이다. 회귀분석에 대한 자세한 설명은 통계 교과서를 참고하기 바란다. **Trend.tbl** 파일을 열고, **Analyze ⟩⟩ Trend ⟩⟩ By Regression Slope**를 누른 후 다음과 같이 설정한다.

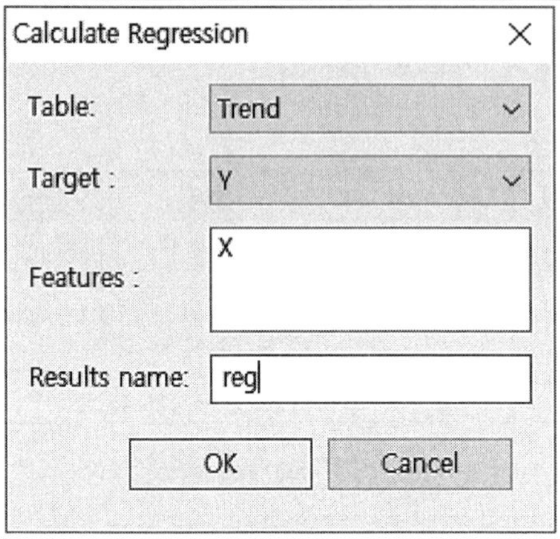

(1) Table : ***Trend*** 를 선택

(2) Target : ***Y*** 를 선택

☞ Target은 종속변수를 의미한다.

(3) Features : ***X*** 입력

☞ Features는 독립변수를 의미한다.

(4) OK 버튼을 누른다.

	Index_1	Value_1	Index_2	Value_2
0	Model:	OLS	Adj. R-squared:	0.639
1	Dependent Variable:	Y	AIC:	41.6598
2	Date:	2021-06-02 22:43	BIC:	42.2649
3	No. Observations:	10	Log-Likelihood:	-18.830
4	Df Model:	1	F-statistic:	16.95
5	Df Residuals:	8	Prob (F-statistic):	0.00336
6	R-squared:	0.679	Scale:	3.1621

(5) reg_summary 테이블에 회귀분석 요약 결과가 나온다. R^2 값은 0.679, 수정 R^2 값은 0.639이다.

	Variables	Coefficent	Std_Err	t_statistic	P_value	qt_025	qt_975
0	Intercept	3.4667	1.2148	2.8538	0.0214	0.6654	6.2679
1	X	0.8061	0.1958	4.1172	0.0034	0.3546	1.2575

(6) 기울기는 약 0.8061, P-value는 0.0034이며, 절편(Intercept)은 약 3.4667, P-value는 0.0214이다.

(3) By Average Slope

- By Average Slope는 평균 기울기를 구하는 것이다. 예를 들어 다음과 같은 테이블이 있다고 가정하자. 이 경우 Average Slope 계산 결과는 3.75가 된다.

인덱스	Col_1	기울기	기울기	기울기	기울기
0	1				
1	3	2 2(3-1)÷1(1-0)			
2	6		3 3(6-3)÷1(2-1)		
3	10			4 4(10-6)÷1(3-2)	
4	16				6 6(16-10)÷1(4-3)

- Handshaking Slope : (2+3+4+6) / 4 = 3.75
- **Handshake.tbl** 파일을 열고, **Analyze 〉〉 Trend 〉〉 By Average Slope**를 누른 후 다음과 같이 설정한다.

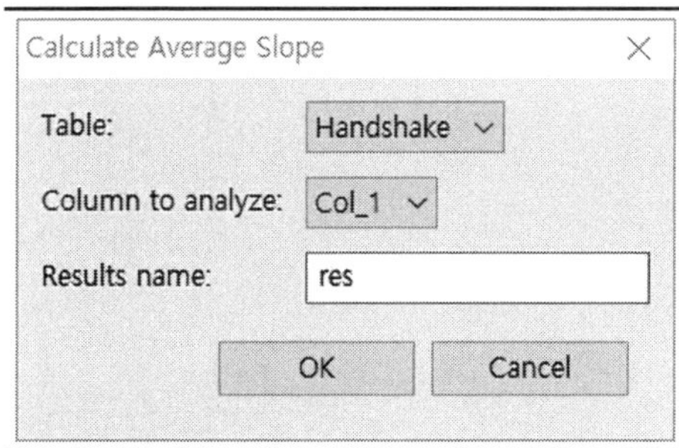

(1) Table : ***Handshake***을 선택한다.
(2) Column to analyze: ***Col_1***를 선택한다.
(3) Results Name : ***res*** 라고 입력한다.
(4) OK 버튼을 누른다.

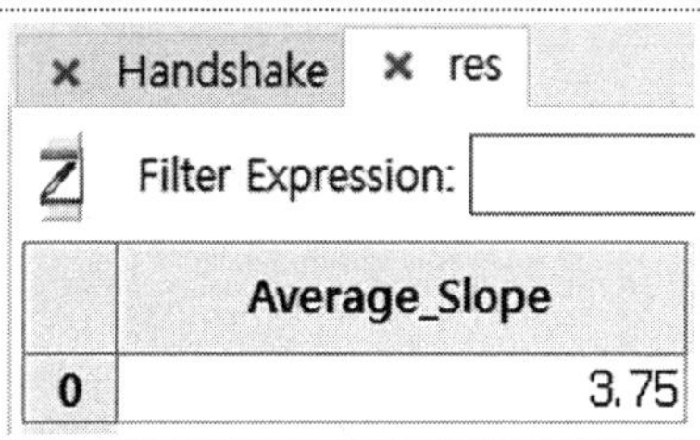

(5) ***Average Slope***가 3.75임을 알 수 있다.

(4) By High_Low Slope

- By High_Low Slope는 minimum X, Y 와 maximum X, Y 간의 기울기를 구하는 것이다. **Trend.tbl** 파일을 열고, **Analyze 〉〉 Trend 〉〉 By High_Low Slope**를 누른 후 다음과 같이 설정한다.

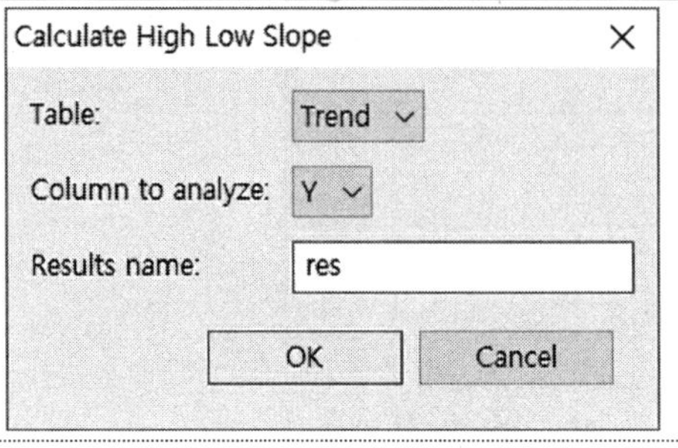

(1) Table : ***Trend*** 를 선택한다.
(2) Column to analyze: ***Y*** 를 선택한다.
(3) Results Name : ***res*** 라고 입력한다.
(4) OK 버튼을 누른다.

	MinX	MinY	MaxX	MaxY	Slope
0	0	4	6	13	1.5

(5) Slope는 1.5임을 알 수 있다.

(5) By Handshaking Slope

- By Handshaking Slope는 모든 점 사이의 기울기를 계산하는 것이다. 예를 들어 다음과 같은 테이블이 있다고 가정하자. 이 경우 Handshaking Slope 계산 결과는 3.7083이 된다.

인덱스	Col_1	기울기	기울기	기울기	기울기
0	1				
1	3	2 2(3-1)÷1(1-0)			
2	6	2.5 5(6-1)÷2(2-0)	3 3(6-3)÷1(2-1)		
3	10	3 9(10-1)÷3(3-0)	3.5 7(10-3)÷2(3-1)	4 4(10-6)÷1(3-2)	
4	16	3.75 15(16-1)÷4(4-0)	4.333 13(16-3)÷3(4-1)	5 10(16-6)÷2(4-2)	6 6(16-10)÷1(4-3)

- Handshaking Slope : (2+2.5+3+3.75+3+3.5+4.333+4+5+6) / 10 = 3.7083
- **handshake.tbl** 파일을 열고, **Analyze 〉〉 Trend 〉〉 By Handshaking Slope** 메뉴를 누른 후 다음과 같이 설정한다.

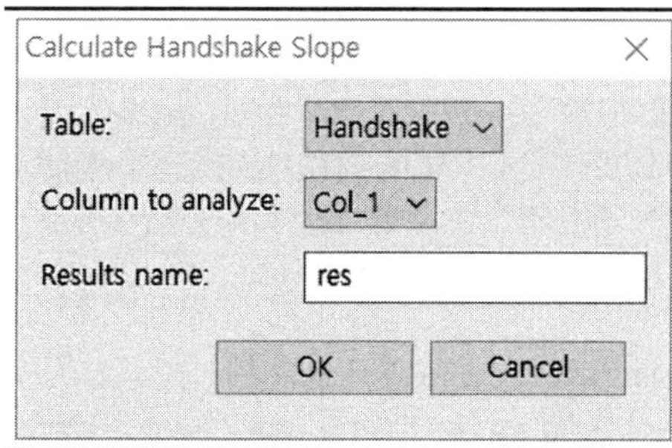

(1) Table : 『Handshake』을 선택한다.
(2) Column to analyze: [Col_1]를 선택한다.
(3) Results Name : <res>라고 입력한다.
(4) OK 버튼을 누른다.

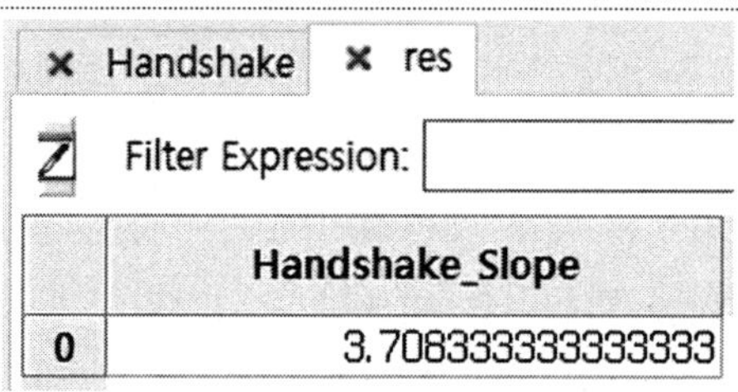

(5) Handshaking Slope가 3.7083임을 알 수 있다.

15 | Fraudit Sampling 메뉴

1 샘플링 기초 이론

(1) 표본감사

- 표본감사란 특정 계정잔액이나 거래유형의 특성을 평가하기 위하여 그 **계정잔액이나 거래유형의 구성요소 중 일부에 대해서만** 입증감사절차를 적용하는 것이다. 시간과 비용의 제한이 있는 회계감사에서 전체 모집단에 대해서 감사절차를 수행하는 것은 현실적으로 불가능하다.
- 회계감사기준에서는 다음과 같이 설명하고 있다.

> 적용된 절차의 범위는 부정으로 인한 중요왜곡표시위험의 평가내용을 반영한다. 예를 들어 표본규모를 확대하거나 보다 세부적인 수준에서 분석적절차를 수행하는 것이 적합할 수 있다. 또한 컴퓨터를 이용한 감사기법은 전자형태의 거래파일과 계정파일에 대하여 보다 확대된 테스트를 가능하게 할 것이다. 그러한 기법은 전자형태의 주요 파일에서 표본거래를 추출하거나 특정한 성격의 거래를 분류하거나, 표본대신 모집단 전체를 테스트하기 위하여 이용될 수 있다.

회계감사기준상 "전자형태의 거래파일에 포함된 데이터에 관하여 더 많은 증거를 입수하기 위하여 감사인은 컴퓨터를 이용한 감사기법을 이용할 수 있다." 라는 것은 컴퓨터를 활용한 감사기법을 통하여 재무제표 감사에서 부정에 관한 감사인의 책임을 최대한 낮추려는 것이다.

- 즉, 표본감사로는 회사의 전반적인 위험을 평가하기에는 매우 제한적이므로 이때는 전수데이터를 스캔하고 이상 패턴과 같은 상황을 파악하는 컴퓨터를 이용한 감사기법이 매우 효율적이라는 것이다. 그러므로 컴퓨터를 이용한 감사기법을 적용하여 이상 패턴이 발견되면 해당 항목에 대해서 집중적으로 검토하는 것도 일종의 표본감사라고 볼 수 있다.

(2) 모집단

1) 모집단의 정의

• 통계학에서는 잘 정의된 연구목적과 이에 대한 명확한 연구대상을 설정할 필요가 있다.

✓예 : 대한민국 남성의 평균수명

• 모집단(population)은 연구대상이 되는 모든 개체의 집합을 말한다.

✓예 : 대한민국 남성 전체

• 실제로 관심을 가지는 것은 대상 자체보다는 그 대상의 속성에 관심이 있기 때문에 전체 대상의 속성이 모집단이 되기도 한다.

✓예 : 대한민국 남성 전체의 수명

2) 모집단은 매우 커서 전수 조사가 힘들며 정의가 모호함

• 대부분의 모집단은 매우 커서 전체를 조사하는 것이 불가능한 경우가 많다. 예를 들어, 여론 조사의 경우 모집단을 전체 조사하는 것은 시간과 비용상 불가능하므로 표본을 대상으로 이루어진다.
• 모집단을 명확하게 정의할 수 있는 경우도 있지만 모호한 경우도 있다. 예를 들어 동전 던지기를 해서 앞면이 나올 확률이 몇 %인지를 추론하기 위하여 몇 번의 동전던지기(모집단)을 해야 하는가? 이 경우는 동전 던지기 실험을 무한히 많이 반복수행하여 결과를 모아 놓은 것으로 이해하여야 한다.

(3) 표본(sample)

• 표본이란 모집단에서 선택된 일부의 개체를 말한다. 표본을 선택하는 이유는 모집단의 전수 조사가 힘들기 때문에 표본을 조사하고 이를 통해 모집단의 특성을 추론하기 때문이다.
• 표본은 모집단의 특성을 대표할 수 있는지가 매우 중요하다. 어떤 표본이 모집단 중 어떤 특성에 편향되어 있다면 이러한 표본으로는 모집단의 특성을 제대로 추론할 수 없게 된다. 따라서 모집단을 대표할 수 있는 표본을 추출하는 기법이 중요하다.
• 표본을 추출하는 방법은 그 설계방식에 따라 크게 확률표본추출과 비확률표본추출로 구분할 수 있다.

1) 확률표본추출

가. 단순무작위 표본추출(random sampling)

- 모집단으로부터 표본을 균등한 확률로 추출하는 것으로 난수표나 엑셀의 함수 등을 이용한다. 예를 들어 모집단의 구성원이 100,000명이고 표본의 크기가 100명이라면 표본으로 선택될 가능성은 100/100000 = 1/1000이 되는 것이다.
- 그러나 이러한 확률표본추출방법은 모집단의 구성형태에 따라서 적절한 추출방법이 아닐 수도 있다. 100명의 학생이 남자 70명, 여자 30명으로 구성되어 있는 경우 단순무작위 표본추출을 하는 경우 표본이 전부 남자 또는 여자로 구성될 수 있으므로 이는 대표성의 문제가 발생할 수 있다. 단순무작위 표본추출의 장점과 단점은 다음과 같다.

장점	·모집단에 대한 자세한 지식이 불필요하다. ·분류에 따른 오류의 가능성을 제거할 수 있다.
단점	·항상 대표성을 지닌 표본이 추출되는 것은 아니다. ·다른 표본추출절차에 비해 표본오차가 높아지는 경향이 있다.

나. 체계적 표본추출(계통추출, systematic sampling)

- 체계적 표본추출은 표본 프레임에 배열된 구성요소들의 목록에서 일정한 간격으로 개체를 추출하는 방법이다. 표본추출간격(Sampling Interval)은 모집단 크기를 표본크기로 나누어 결정한다.
- 예를 들어 모집단의 구성원이 100,000명이고 표본의 크기가 100명이라고 하면, 표본추출간격은 1000명이 되고 표본 프레임 목록에서 매 1000번째 개체를 선택하여 표본을 구성하면 된다
- 그런데 만약 모집단의 구성요소들이 일정한 주기나 규칙에 따라 목록화되었다면, 표본추출과정에서 편향이 발생할 수 있다. 따라서 체계적 표본추출을 할 때에는 목록의 특성을 주의 깊게 살펴보고, 만약 편향을 초래할 수 있는 방법으로 목록이 구성되어 있다면 조치를 취해야한다. 체계적 표본추출의 장점과 단점은 다음과 같다.

장점	·모집단에 대한 자세한 지식이 불필요하다. ·분류에 따른 오류의 가능성을 제거할 수 있다.
단점	·항상 대표성을 지닌 표본이 추출되는 것은 아니다. ·다른 표본추출절차에 비해 표본오차가 높아지는 경향이 있다.

다. 층화 표본추출(stratified sampling)

- 층화표본추출은, 모집단을 서로 겹치지 않는 몇 개의 집단으로 분류한 후, 각 집단에서 배정된 표본을 단순무작위 표본추출 방법에 따라 추출하는 방법이다. 이 과정에서 각 하위 집단은 구성요소들이 모집단으로 함께 뭉쳐있을 때보다 좀 더 동질적인 집단이 된다. 층화표본추출이 장점은 다음과 같다.

장점	·표본크기가 크지 않아도 모집단의 대표성이 보장된다. ·단순임의추출 또는 계통추출보다 불필요한 자료의 분산을 축소할 수 있다. ·전체 모집단에 대한 추정뿐만 아니라 각 층별 추정결과도 얻을 수 있다.

라. 집락 표본추출(cluster sampling)

- 모집단의 전체 구성요소들에 대한 목록을 작성하는 것이 불가능하거나 실용적이지 않은 경우에 사용되는 방법으로, 모집단을 서로 인접한 기본단위들로 묶어 집락을 구성하여 먼저 집락을 추출하고, 추출된 집락 내의 일부 또는 전체를 조사하는 방법이다.
- 층화표본추출과 유사하게 보이지만 하위집단을 분류하는 원칙이 다음과 같이 다르다.

✓층화표본추출은 집단 내에서는 동질적이지만 집단 간의 차이가 이질적이다.
✓집락표본추출은 집단 내에서는 이질적이고 집단 간의 차이가 동질적이다.

- 예를 들어, 어떤 한 중학교 학생들을 1학년 층, 2학년 층, 3학년 층으로 구분하고 각각의 층으로부터 단순무작위추출을 하는 것이 층화표본추출이라면, 그 중학교를 1반 군집, 2반 군집... 6반 군집 이런식으로 한 군집내에 1학년부터 3학년이 모두 포함이 되도록 군집을 만드는 것이다.

2) 비확률표본추출

- 비확률표본추출은 확률표본추출이 불가능하거나 시간과 비용이 매우 많이 드는 경우에 사용된다. 이러한 설계에서는 모집단 구성요소들의 추출확률을 모르기 때문에 표본으로부터 도출된 결론을 일반화할 수 있는 가능성이 현저하게 떨어지므로 과학적인 조사방법으로 활용될 수 없다.
- 비확률표본추출방법으로는 간편추출법, 판단추출법, 할당추출법, 눈덩이표본추출법이 있다.

2 속성 샘플링과 변수 샘플링

(1) 속성 샘플링

- 속성 샘플링(attributes sampling)은 다음과 같은 특징이 있다.

> ✓ 모집단에서 부정이나 오류 등과 같은 특정속성(attributes)이 포함되어 있는 비율 또는 발생빈도를 추정하기 위하여 사용되는 통계적 표본감사기법
> ✓ 내부통제의 시사에서 감사인이 관심을 가지는 속성은 예외사항의 금액적 크기가 아니라 예외사항이 전체 모집단에서 차지하는 이탈률(또는 오류율)임
> ✓ 내부통제의 시사에 적합한 통계적 표본감사기법

(2) 변수 샘플링

- 변수 샘플링variables sampling)이란 다음과 같은 특징이 있다.

> ✓ 모집단에서 부정이나 오류 등과 같은 특정 속성(attributes)의 금액적 크기를 추정하기 위하여 사용하는 통계적 표본감사기법
> ✓ 입증감사절차는 계정잔액에 대한 예외사항의 금액적 크기에 관심이 있기 때문에 변수표본감사가 타당함

- 예외사항의 금액적 크기가 관심 대상이라면 '예외'의 정도가 다양하게 된다. 예를 들어 매출채권 5,000원은 50원, 500원 또는 심지어 5,000원까지 과대표시될 수 있기 때문이다. 감사인은 더 큰 왜곡 표시에 관심이 있을 수 밖에 없다. 따라서 왜곡 표시의 정도나 비율을 화폐금액으로 환산하여 왜곡표시 정도를 조정하는 것이 필요하다.
- 변수표본감사에는 금액비례확률 표본감사와 전통적 변수표본감사(실물단위표본감사)가 있다.

3 MUS 샘플링(PPS 샘플링)

- MUS(Monetary Unit Sampling)는 PPS(Probability Proportional to size Sampling)이라고도 한다. 이는 계정 잔액에 존재할 수 있는 왜곡된 금액을 평가하는 데 사용되는 통계적 표본 추출 방법이다. 화폐단위 표본추출 또는 확률비례크기 표본추출이라고도 알려진 이 방법은 수년 간 사용되어 왔으며 감사인 사이에서 널리 받아들여지고 있다.

• MUS 샘플링의 특징은 다음과 같다.

✓전통적 변수표본조사보다 적용하기 쉽다.
✓표본크기를 결정할 때 표준편차 등을 직접 고려할 필요 없다.
✓표본이 화폐금액에 비례해서 추출되기 때문에 자동적으로 층화표본추출의 결과를 가져온다.
✓오류의 발생이 예상되지 않는다면, 전통적 변수표본조사보다 추출하여야 할 표본크기가 작아 효율적이다.
✓모집단이 체계적으로 구성되어 있지 않아도 추출이 가능하고, 표본의 설계가 비교적 쉽다.

• MUS는 다음과 같은 3가지 단계를 거친다.

① 적절한 샘플 규모를 결정하기
② 샘플을 선정하고 감사절차를 수행하기
③ 그 결과를 평가하고 모집단에 대한 결론에 도달하기

(1) 적절한 샘플 규모를 결정하기

• MUS는 변수 샘플링에 사용되지만 실제로는 속성 샘플링 기법을 기반으로 한다. 통제 테스트를 위한 통계적 샘플 규모를 결정하는데 적용되는 절차와 동일한 절차에 따라 샘플 규모를 결정할 수 있다. 일반적인 방법은 AICPA에서 발간한 샘플 규모 표를 사용한다.

1) 모집단의 화폐금액(Population dollar value)

• '모집단의 화폐금액'은 감사 대상이 되는 계정에 대하여 **장부에 기록된 금액**을 말한다.

2) 허용왜곡표시(tolerable misstatement)

• **허용왜곡표시**는 개별적으로는 중요하지 않은 왜곡표시이지만 그 합계는 재무제표를 중요하게 왜곡시킬 수 있는 위험에 대처하고, 발견되지 않은 왜곡표시 가능액에 대한 여유를 제공하기 위하여 샘플을 설계할 때 결정하는 **최대 왜곡표시수준**을 말한다.
• **허용왜곡표시는 중요성**과 **같거나 적은** 금액이 될 것이다(왜냐하면 허용왜곡표시는 개별적으로는 중요하지 않지만 합계는 왜곡시킬 수 있는 최대 왜곡표시수준이며 중요성은 전체 재무제표 즉, 왜곡표시의 합계와 관련이 있기 때문이다). 허용왜곡표시와 중요성을 결정은 **감사인의 판단**에 따르는 것이므로 **Fraudit이 허용왜곡표시와 중요성 자체를 결정해주는 것은 아니다.**
• 샘플규모를 결정하는 데 필요한 실제 입력 값은 **허용 오차(tolerable rate of misstatement : TR)**이며, 이는 **[허용왜곡표시 / 모집단 화폐금액]**과 같다. 그러나 허용 오차는 대개 화폐로 표시되기 때문에 일반적으로 화폐로 TR을 입력할 수 있도록 설계하는 경향이 있다. TR과 샘플 규모 사이에는 역관계가 있다.
• Fraudit에서는 허용왜곡표시를 **Tolerable Error**라고 표현한다.

3) 예상 오차율

- 예상 오차율(Expected population exception rate)은 모집단에 존재할 것으로 예상되는 오차율이다. 예를 들어, 감사인이 예상 오차율을 2%로 하고, 기록된 모집단 금액이 100,000이라면 그 의미는 기록된 모집단 금액이 2,000만큼 왜곡표시 되었을 것이라고 예상하는 것이다. 예상오차를 직접 화폐단위로 입력가능하지만 이를 백분율로 환산하는 것과 동일한 결과가 나온다.
- 예상 오차율은 샘플 규모와 직접 관련되며 **허용 오차(TR)보다 상당히 작아야 한다. 예상 오차율이 허용 오차(TR)에 접근하면 표본 크기가 엄청나게 커진다**. 예상 오차율의 결정은 **감사인의 판단**에 따르는 것이다. 이 결정을 하기 위해서, 감사인은 사전 감사결과, 최근 고객 인력의 변화 또는 왜곡표시 가능성을 보여줄 수 있는 기타 정보를 고려할 수 있다. 오차가 없을 것이라고 예상한다면 0을 사용할 수 있으나 오차의 margin을 허용하기 위해서 약간의 작은 예상 오차율을 사용하는 것이 바람직할 수 있다.
- Fraudit에서는 예상 오차율을 **Expected Error**라고 표현한다.

4) Acceptable risk of incorrect acceptance (ARIA) : Confidence Level

- ARIA는 모집단의 실제 왜곡표시가 허용왜곡표시를 초과함에도 불구하고 모집단이 중요하게 왜곡표시된 것이 아니라고 잘못 결론내리는 것을 기꺼이 받아들일 최대위험을 말한다. 이는 **(1-신뢰도)**와 동일한 개념이다.
- ARIA는 낮은 수준으로 설정해야 하지만, 정확한 값은 전반적인 허용 가능한 감사 위험, 통제 테스트 및 기타 입증감사(예 분석적 검토 절차)의 결과를 포함하여 여러 요인에 의해 영향을 받을 수 있다. **ARIA를 결정하려면 감사인의 유의적인 판단을 요구하므로 Fraudit이 그 자체를 결정할 수 있게 하는 것은 아니다.** ARIA와 샘플 규모 사이에는 **반비례 관계**가 있다.
- Fraudit에서는 ARIA를 **Confidence Level**이라고 표현한다.

5) 샘플규모가 원하는 것보다 큰 경우

- 샘플 규모가 원하는 것보다 큰 경우, 감사인은 아래의 옵션 중 하나 또는 그 이상의 조합을 사용하여 샘플 규모를 줄일 수 있다.

✓ 허용왜곡표시(tolerable misstatement)를 증가시키기
✓ ARIA를 증가시키기
✓ 예상 오차율(Expected population exception rate)을 감소시키기

- 다른 계정에 할당된 허용왜곡표시를 줄일 수 있다고 가정할 때, 현실적으로 유일한 대안은 첫 번째인 허용왜곡표시를 증가시키는 방안이다. 그러나 **허용왜곡표시를 증가시키는 것도 다른 계정에 할당된 허용왜곡표시를 고려하여야 하므로 신중하게 결정하여야 한다.**
- 두 번째인 ARIA는 신뢰수준을 의미하므로 이 단계에서 이를 **임의로 변경하는 것은 설득력이 떨어진다.**
- 세 번째인 **예상 오차율**은 모집단의 오차율에 대한 **감사인의 최선의 추정치**이므로 샘플 규모를 변경하기 위하여 예상 오차율을 변경한다는 것 자체가 설득력이 떨어진다.
- 따라서 허용왜곡표시를 변경할 수 없다면, 감사인은 재무제표에 대한 의견을 뒷받침할 충분한 증거를 수집하기 위해 계산된 표본 크기를 변경하는데 매우 신중해야 할 것이다.

(2) 샘플을 선정하고 감사절차를 수행하기

1) 샘플 크기 선정 및 interval 산정

- 샘플 크기는 MUS sampling 테이블(예 AICPA audit guide sampling 테이블)을 이용하여 수작업으로 결정할 수도 있다. 여기서는 먼저 수작업으로 샘플 크기를 정하는 방법을 설명하기로 한다. 앞서 설명한 개념에 따라 샘플 크기를 산정하기 위하여 필요한 변수를 다음과 같이 설정한다고 가정한다.

✓ 모집단 금액(Population dollar value : PV) → 94,613,131
✓ 허용왜곡표시(Tolerable misstatement : TM) → 3,000,000
✓ 예상 오차율(Expected population exception rate : EM) → 300,000
✓ Confidence Level → 95%

- confidence factor를 다음과 같이 산정한다.

✓ 예상오차율(EM) / 허용왜곡표시(TM) = 0.10
✓ Confidence Level → 95%
✓ Confidence factor = 3.68(아래 테이블의 원표시 참조)

MUS Confidence Factors for Sample Size Design

Ratio of Expected to Tolerable Misstatement	Confidence Level (Risk of Incorrect Acceptance)								
	95% (5%)	90% (10%)	85% (15%)	80% (20%)	75% (25%)	70% (30%)	65% (35%)	63% (37%)	50% (50%)
0.00	3	2.31	1.9	1.61	1.39	1.21	1.05	1	0.7
0.05	3.31	2.52	2.06	1.74	1.49	1.29	1.12	1.06	0.73
0.10	3.68	2.77	2.25	1.89	1.61	1.39	1.2	1.13	0.77
0.15	4.11	3.07	2.47	2.06	1.74	1.49	1.28	1.21	0.82
0.20	4.63	3.41	2.73	2.26	1.9	1.62	1.38	1.3	0.87
0.25	5.24	3.83	3.04	2.49	2.09	1.76	1.5	1.41	0.92
0.30	6	4.33	3.41	2.77	2.3	1.93	1.63	1.53	0.99
0.35	6.92	4.95	3.86	3.12	2.57	2.14	1.79	1.67	1.06
0.40	8.09	5.72	4.42	3.54	2.89	2.39	1.99	1.85	1.14
0.45	9.59	6.71	5.13	4.07	3.29	2.7	2.22	2.06	1.25
0.50	11.54	7.99	6.04	4.75	3.8	3.08	2.51	2.32	1.37
0.55	14.18	9.7	7.26	5.64	4.47	3.58	2.89	2.65	1.52
0.60	17.85	12.07	8.93	6.86	5.37	4.25	3.38	3.09	1.7

- MUS 공식을 이용하여 샘플 크기 및 interval을 산정한다.

✓샘플 크기 = MUS confidence factor × PV/TM
= 3.68 × (94,613,131/3,000,000)
= 116.05(round up) = 116

✓Interval = 94,613,131 / 116 (모집단 값 / 샘플 크기)= 815,630

2) Fraudit의 MUS 샘플링 메뉴를 활용하여 샘플크기 구하는 사례

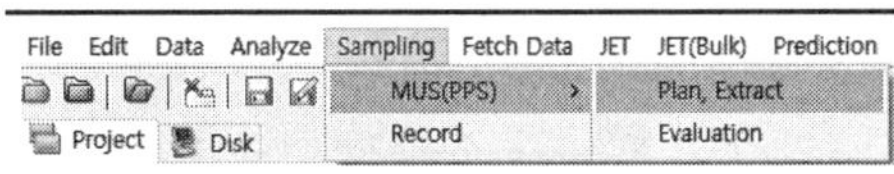

(1) Sample.tbl을 연다.
(2) Sampling >> MUS(PPS) >> Plan, Extract 메뉴를 누른다.

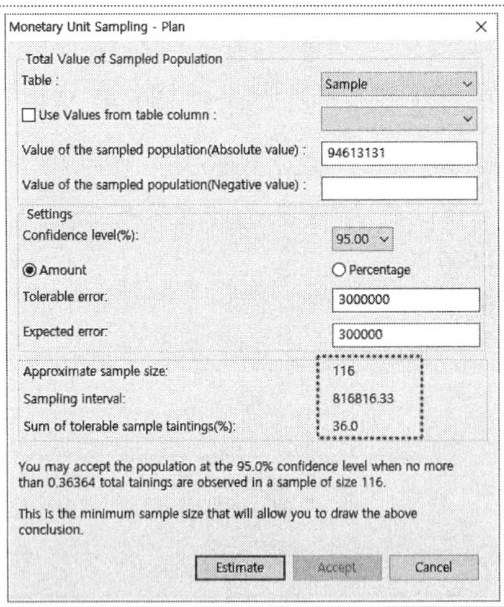

(3) Table : ***Sample*** 선택
(4) Use Values from table column : ***체크하지 않는다.***
(5) Value of the sampled population(Absolute value) : ***94613131***을 입력
(6) Confidence level(%) : ***95.00***을 드롭다운에서 선택
(7) Tolerable error : ***3000000*** 입력
(8) Expected error : ***300000*** 입력
(9) Estimate 버튼을 누르면 왼쪽과 같이 샘플 크기와 interval이 나온다.

☞ 샘플링에 대한 분포를 어떤 것을 사용하느냐에 따라 Sampling Interval이 수작업과 약간 차이가 날 수 있는데 Fraudit은 감마분포를 사용하므로 수작업 결과와 샘플링 interval이 약간 차이가 날 수 있다.

3) MUS는 체계적인 샘플추출(층화 표본추출)이 수행됨

- MUS는 체계적인 샘플 선택이 종종 사용된다. 예를 들어 장부금액, 누적금액이 아래와 같다고 가정하자.

항목	장부금액	누적금액	Interval
1	5,000	5,000	
2	7,000	12,000	10,000
3	850,000	862,000	825,630
4	1,100,000	1,962,000	1,641,260

- 수작업으로 구한 샘플 interval이 815,630이라고 가정하자.
- 첫 번째 interval은 1에서 815,630사이의 1개의 무작위 번호(R)를 선택한다. 여기서는 10,000을 선택한다.
- 두 번째 interval은 10,000 + interval → 10,000 + 815,630 = 825,630이며,
  세 번째 interval은 10,000 + 2×interval → 10,000 + 2×815,630 = 1,641,260이며,
  네 번째 interval은 10,000 + 3×interval → 10,000 + 3×815,630 = 2,456,890이다.
- 첫 번째 샘플 선택항목은 항목 2가 된다. 왜냐하면 10,000 < 12,000(누적금액) < 825,630이 되기 때문이다.
  두 번째 샘플 선택항목은 항목 3이 된다. 왜냐하면 825,630 < 862,000(누적금액) < 1,641,260이 되기 때문이다.
  세 번째 샘플 선택항목은 항목 4가 된다. 왜냐하면 1,641,260 < 1,962,000(누적금액) < 2,456,890이 되기 때문이다.
  이러한 패턴이 총 116개가 될 때까지 계속되는 것이다.
- 체계적인 샘플 선택을 사용할 때는 샘플 interval인 815,630보다 큰 항목은 한 번 이상 선택되며, 샘플 interval보다 매우 큰 항목은 두 번 이상 선택될 수 있다. 따라서 실제 선택되는 항목 수는 계산된 샘플 Size보다 적을 수 있다.
- **여러 번 선택된 항목에 대해 예외가 기록된 경우에는 하나의 항목에만 적용하면 된다.**
- 무작위 시작점을 다르게 선택한다면, 기본 파라미터(모집단 값 및 표본 크기)가 변경되지 않더라도 샘플이 변경될 수 있다. 이 결과를 사용하여 감사인은 위의 절차를 사용하여 실제 샘플 항목을 식별한다.
- 마지막으로, 감사인은 각 샘플 항목에 적절한 감사 절차(예 조회 확인)를 적용한다. 발견된 예외사항에 대한 정보는 모집단 값에 대한 결론을 도출하는 데 사용된다.

(3) 결과 평가하기

- MUS는 속성 샘플링의 원칙에 근거하지만, 그 목표(모집단의 화폐적 왜곡표시 추정)는 전통적인 속성 샘플링의 목표와는 상당히 다르다. 특히, MUS는 다음 2가지 요소가 고려되어야 한다.

> ✓ 모집단의 화폐적 왜곡표시 추정에 중요한 영향을 미치므로 예외의 유형(과대 평가 또는 과소평가)이 고려되어야 한다.
> ✓ 왜곡표시 추정시 예외의 정도를 측정하고 고려하여야 한다. 예를 들어, 다음의 ①이 ②보다 가중치가 더 부여되어야 한다는 것이다.
> ① 장부금액 1,000에 대한 감사결과 100이었다면 이는 900(90%)만큼 과대 평가
> ② 장부금액 1,000에 대한 감사결과 990이었다면 이는 10(1%)만큼 과대 평가

- 감사인이 만약 100개 샘플에서 다음과 같은 3가지 예외를 탐지하였으며 각 항목은 한번만 선택되었다고 가정한다.

항목	장부금액	감사결과 금액	과대(과소)표시 금액
1	1,650.00	572.55	1,077.45
2	1,200.00	900.00	300.00
3	975.00	159.90	815.10

- 즉, 표본 크기가 100이고 예외 항목이 상기와 같이 3개라면, 다음 표에서 통제 테스트 목적으로 모집단의 실제 예외가 7.6번을 초과할 확률이 5%라는 것을 나타내며, 이는 달리 말하면 실제 예외율이 7.6%를 초과할 확률이 5%라는 것을 나타내는 것이다.

【표 : 통제 테스트를 위한 통계적 샘플 결과 평가】

Statistical Sampling Results Evaluation Table for Tests of Controls—Upper Limits at 5 Percent Risk of Overreliance

	Actual Number of Deviations Found										
Sample Size	0	1	2	3	4	5	6	7	8	9	10
20	14.0	21.7	28.3	34.4	40.2	45.6	50.8	55.9	60.7	65.4	69.9
25	11.3	17.7	23.2	28.2	33.0	37.6	42.0	46.3	50.4	54.4	58.4
30	9.6	14.9	19.6	23.9	28.0	31.9	35.8	39.4	43.0	46.6	50.0
35	8.3	12.9	17.0	20.7	24.3	27.8	31.1	34.4	37.5	40.6	43.7
40	7.3	11.4	15.0	18.3	21.5	24.6	27.5	30.4	33.3	36.0	38.8
45	6.5	10.2	13.4	16.4	19.2	22.0	24.7	27.3	29.8	32.4	34.8
50	5.9	9.2	12.1	14.8	17.4	19.9	22.4	24.7	27.1	29.4	31.6
55	5.4	8.4	11.1	13.5	15.9	18.2	20.5	22.6	24.8	26.9	28.9
60	4.9	7.7	10.2	12.5	14.7	16.8	18.8	20.8	22.8	24.8	26.7
65	4.6	7.1	9.4	11.5	13.6	15.5	17.5	19.3	21.2	23.0	24.7
70	4.2	6.6	8.8	10.8	12.7	14.5	16.3	18.0	19.7	21.4	23.1
75	4.0	6.2	8.2	10.1	11.8	13.6	15.2	16.9	18.5	20.1	21.6
80	3.7	5.8	7.7	9.5	11.1	12.7	14.3	15.9	17.4	18.9	20.3
90	3.3	5.2	6.9	8.4	9.9	11.4	12.8	14.2	15.5	16.9	18.2
100	3.0	4.7	6.2	7.6	9.0	10.3	11.5	12.8	14.0	15.2	16.4
125	2.4	3.8	5.0	6.1	7.2	8.3	9.3	10.3	11.3	12.3	13.2

- 앞선 사례에서 예상 오차율(Expected population exception rate : EM)이 300,000이라고 하였고, Confidence Level이 95%(ARIA 5%)라고 하였으므로 300,000×7.6%(상기 테이블의 점선 교차점) = 22,800만큼 과대표시 되었다고 볼 수 있다.
- MUS는 통제 테스트와 달리 감사인으로 하여금 7.6%의 총 상위 예외 한도를 몇 개의 레이어로 구분하도록 한다.
- 첫 번째 레이어는 예외가 발견되지 않았다면(0이었다면) 적용될 3.0%의 상위 한도이다. 100개의 샘플 크기에서 어떠한 예외도 발견되지 않았다 하더라도, 감사인은 모집단의 3% 이상이 예외라는 위험이 5%라고 결론내려야 한다. 첫 번째 레이어는 샘플 크기가 증가되면 될수록 감소될 샘플 위험의 기본 허용치를 나타낸다. 이러한 잠재적 왜곡에 관하여 알려진 것이 없기 때문에, 보수적인 접근법은 worst-case 시나리오(100% 왜곡)를 가정하는 것이며 이 레이어에 대해서는 $9,000($300,000×3%)의 추정되는 왜곡이 있을 것이라고 해석하는 것이다.
- 두 번째 레이어와 관련된 상위 한도는 1개 예외시의 값(4.7%)과 예외가 없는 경우의 값(3.0%)의 차이인 1.7%이다. 이러한 첫 번째 예외가 발견되었기 때문에, 감사인은 이제 모집단의 추가적인 1.7%가 예외를 포함하고 있다고 추정한다. 추가적인 상위 한도는 유사하게 계산되며 점점 작게 된다.
- 각 레이어에 대한 화폐금액을 결정하기 위해서, 장부금액과 감사결과의 차이가 사용된다. 여기서 필요한 결정은 특정 레이어에 각 과대평가를 어떻게 할당하냐는 것이다. MUS는 왜곡된 백분율에 근거하여 내림차순으로 예외에 대한 랭킹을 매기는 방식의 보수적인 접근방법을 취한다. 왜냐하면, upper limit은 추가적인 레이어와 함께 점점 작아지므로, 내림차순으로 랭킹을 매김으로써 가장 차이가 큰 금액에 첫 번째 레이어의 값이 적용되므로, 실제 예외에 대하여 가능한 가장 최대의 왜곡을 나타내기 때문이다.
- 이제 Fraudit에서 샘플링 사례를 수행해보자. 먼저 예제파일인 『Sample.tbl』을 연다.

(1) Sample.tbl을 연다.
(2) Sampling >> MUS(PPS) >> Plan, Extract 메뉴를 누른다.

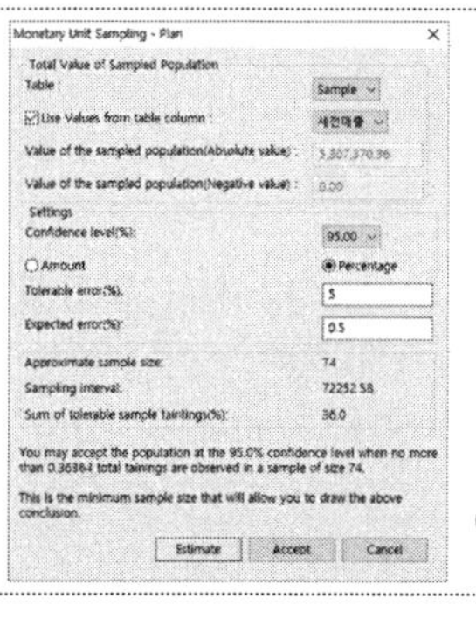

(3) Table : Sample 선택
- Use Values from table column 체크
- 세전매출 칼럼 선택
- Confidence level(%) : 95.00 선택
- Percentage 라디오 버튼 선택
- Tolerable error(%) : 5 입력
- Expected error(%) : 0.5 입력
- Estimate 버튼을 누른다.

☞ 박스 하단에 샘플 크기 선정에 대한 설명이 나온다.

(4) Accept 버튼을 누르면 다음 화면으로 이동한다.

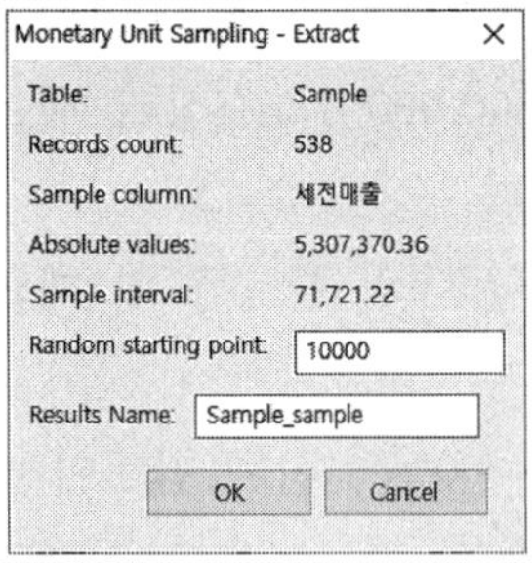

(5) Random starting point : 10000 입력
☞ 이는 71721.22보다 작은 랜덤한 숫자를 넣으면 된다.
(6) Results Name : Sample_sample 입력
(7) OK 버튼을 누른다.

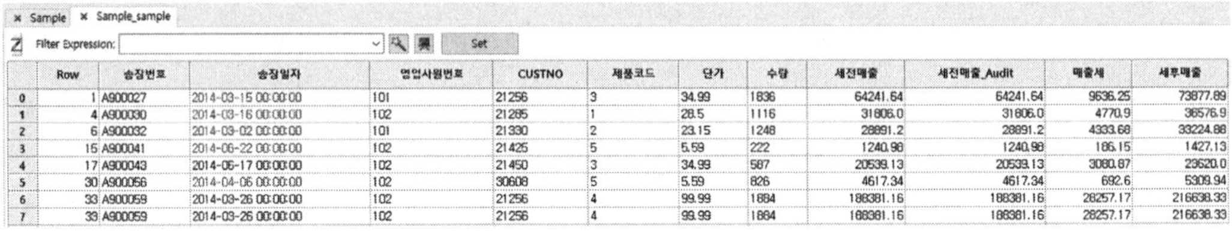

(8) 세전매출_Audit 칼럼이 새로 생기고 샘플링 수는 74개인 것을 확인할 수 있다. 여기서 송장번호 A900059과 같이 금액이 interval을 크게 초과하는 경우에는 중복하여 샘플링 될 수 있으며 이는 각각 하나의 경우라고 가정하면 된다.

세전매출	세전매출_Audit
64,241.64	60,000.
31,806.0	31,806.0
28,891.2	28,891.2
1,240.98	1,240.98
20,539.13	20,539.13
4,617.34	4,617.34
188,381.16	15,000.
188,381.16	188,381.16

(9) 입증감사결과 64241.64의 장부금액은 실제 60000이라고 가정하여 세전매출_Audit에서 60000을 입력한다.
(10) 입증감사결과 188381.16의 장부금액은 실제 15000이라고 가정하여 세전매출_Audit에서 15000을 입력한다.
☞ 188381.16은 하나의 경우라고 가정하므로 15000을 하나만 맨위에 있는 것에 기입한다.

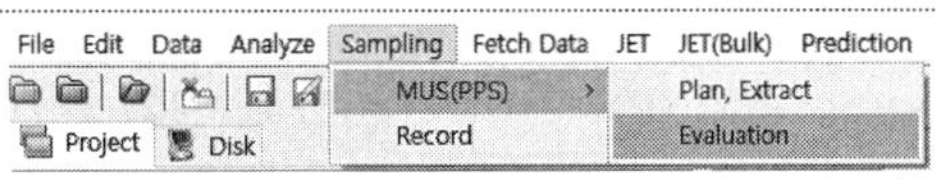

(11) Sampling >> MUS(PPS) >> Evaluation 메뉴를 선택한다.

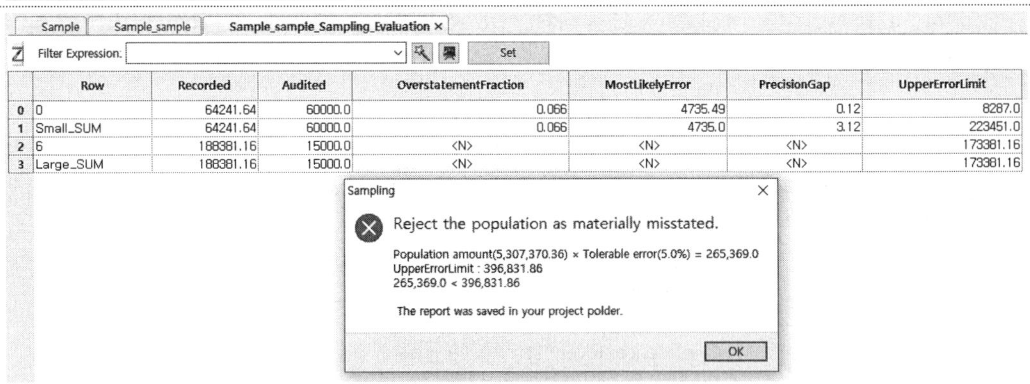

Row	Recorded	Audited	OverstatementFraction	MostLikelyError	PrecisionGap	UpperErrorLimit
0	64241.64	60000.0	0.066	4735.49	0.12	8287.0
Small_SUM	64241.64	60000.0	0.066	4735.0	3.12	223451.0
6	188381.16	15000.0	<N>	<N>	<N>	173381.16
Large_SUM	188381.16	15000.0	<N>	<N>	<N>	173381.16

(12) UpperErrorLimit 396,831.86은 Small_SUM 223451.0과 Large_SUM 173381.16의 합계이며, UpperErrorLimit이, 모집단 5,307,370에 Tolerable Error인 5%를 곱한 금액인 265,369보다 크므로 모집단이 중요성 관점에서 왜곡표시되었다고 결론내린다(즉, 모집단을 기각한다는 의미임)
(13) OK 버튼을 누른다.

(14) 프로젝트 폴더에 Sample_sample_MUS_Sample_Report 엑셀 파일이 생긴다. 이를 감사증거로 활용할 수 있다.

4 Record 샘플링

- Record 샘플링은 속성 샘플링(attributes sampling)이라고도 한다. 이는 통제 테스트에 사용되며 각 표본 항목을 '예외' 또는 '예외가 아님'의 두 분류 중 하나로 분류할 때 가장 적합한 기법이다. 즉, 내부통제제도가 제대로 운용되고 있는가를 검증하기 위하여 속성 샘플링을 적용할 경우 감사인은 어느 특정 거래가 회사가 설정한 내부통제제도의 절차에 따라 정확하게 이루어지고 있는가를 검증하게 된다. 만약 어느 특정 거래가 내부통제제도의 절차를 벗어나 있는 경우 이를 이탈사항으로만 구분되며 이탈의 정도는 고려되지 않는다. 즉, 여기에서 발생하는 '이탈'의 개념에는 이탈된 정도의 차이를 구별하지 않고 다만 '예', '아니오'의 결론을 의미한다.
- 따라서, Record 샘플링에서는 각 이탈사항은 감사인이 통계적 추론을 내리는 과정에서 그 금액의 크기에 상관없이 동일한 것으로 취급받는다. 따라서 대금청구가 이루어지지 않는 10,000원의 매출거래나 1,000,000원의 매출거래 모두 그 금액의 크기와 상관없이 내부통제제제도로부터의 이탈사항으로 동일하게 간주된다(이 부분이 MUS 샘플링과 가장 큰 차이가 나는 부분이다).

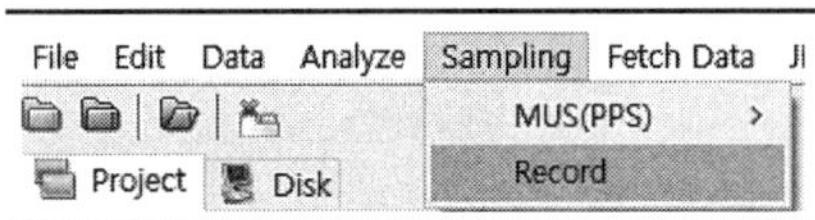

(1) Sampling >> Record 메뉴를 누른다.

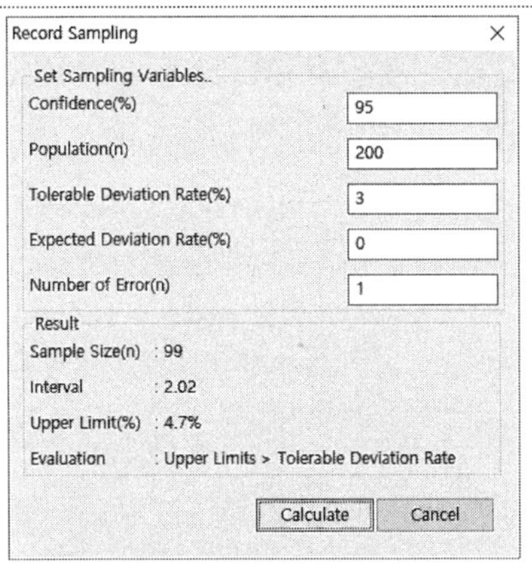

(2) Confidence(%) : 95 입력

(3) Population(n) : 테스트 하려는 모집단 통제건수를 입력한다. 여기서는 200으로 입력한다고 가정한다.

(4) Tolerable Deviation Rate(%) : 3 입력(3%까지는 허용하겠다는 가정)

(5) Expected Deviation Rate(%) : 0 입력(예상 오류는 없다고 가정)

(6) Number of Error(n) : 실제 테스트하여 차이가 발생한 통제건수를 입력한다. 여기서는 1건이라고 가정하여 1을 입력

(7) Calculate 버튼을 누르면 상기 그림과 같이 결과가 나온다.
- Sample Size(n) : 99(99개를 랜덤으로 샘플링하라는 의미)
- Interval : 2.02
- Upper Limit(%) : 4.7%

(8) 결국 Upper Limit 4.7%가 Tolerable Deviation Rate 3%를 초과하므로 속성 샘플링 테스트 결과 해당 통제는 기각한다(즉, 통제가 적절하지 않다고 결론내린다).

16 | Fraudit Fetch Data 메뉴

- Fetch란 서버로 네트워크 요청을 보내고 응답을 받을 수 있도록 해주는 메쏘드이다. Fraudit에서는 회계감사와 관련하여 접속이 빈번한 대표적인 사이트인 금융감독원 DART와 관세청 UNIPASS에서 API 키를 발급 받으면, 관련 정보를 쉽게 검색 및 다운로드 받을 수 있는 기능을 제공하는 메뉴가 있는데 이것이 Fetch Data 메뉴이다. Fetch Data 메뉴는 DART와 UNIPASS이외의 관련 사이트가 계속 업데이트 될 예정이다.
- Fetch Data 메뉴를 사용하기 위해서는 기본적으로 검색하고자 하는 사이트로부터 API 키를 발급 받아야 한다.

1 DART

(1) DART API 키 발급받기

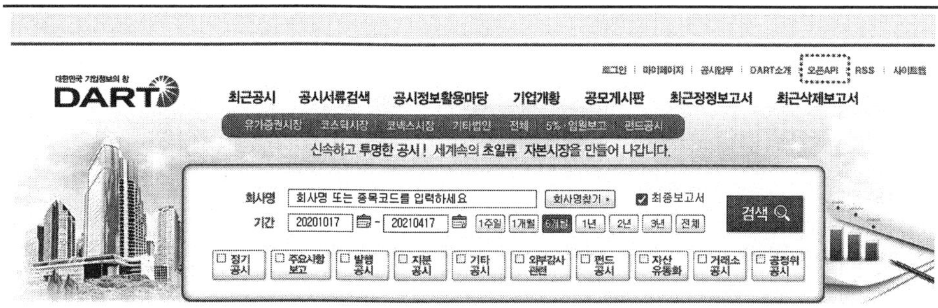

(1) http://dart.fss.or.kr/ 에 접속하여 상단 ***오픈API*** 메뉴를 누른다.

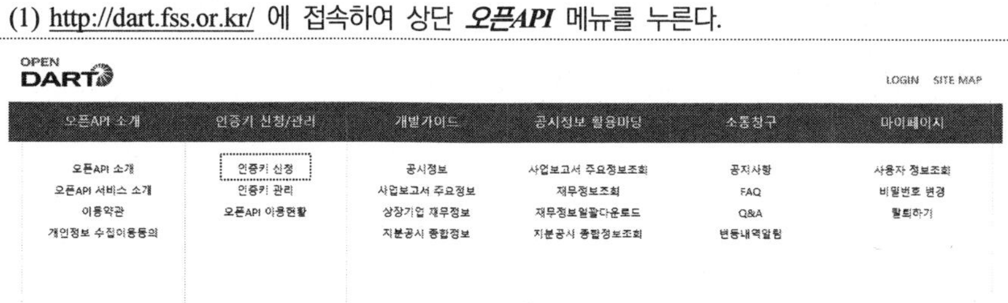

(2) ***인증키 신청/관리*** 메뉴의 ***인증키 신청*** 메뉴를 누른다.

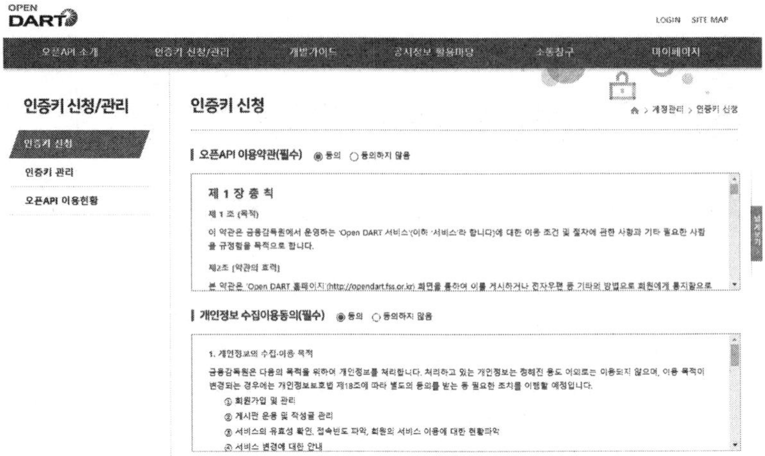

(3) 오픈API 이용약관(필수)에 동의를 체크하고, 개인정보 수집이용동의(필수)에 동의를 체크한다.

(4) 사용자 구분 : 개인 체크
(5) 이메일 : 자신의 이메일 주소 입력
(6) 비밀번호 : 지시사항에 따라 입력
(7) 비밀번호확인 : 비밀번호를 재입력
(8) API 사용환경 : 자신의 상황에 맞게 체크
(9) API 사용용도 : 연구목적 등 적절하게 입력
(10)확인 URL : 예시처럼 입력
(11)등록 버튼을 누르면 이용신청이 완료되며 이메일로 신청 결과가 발송된다.

(2) Set Open API Key

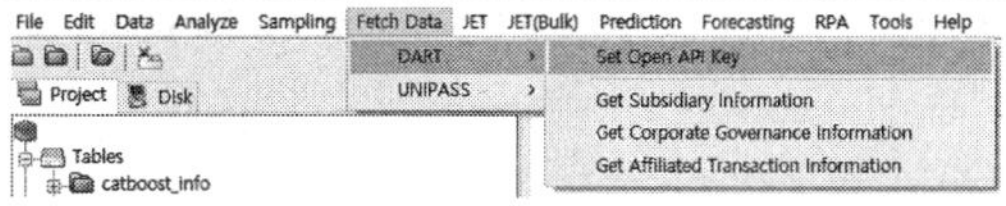

(1) Fetch Data >> DART >> Set Open API Key 메뉴를 누른다.

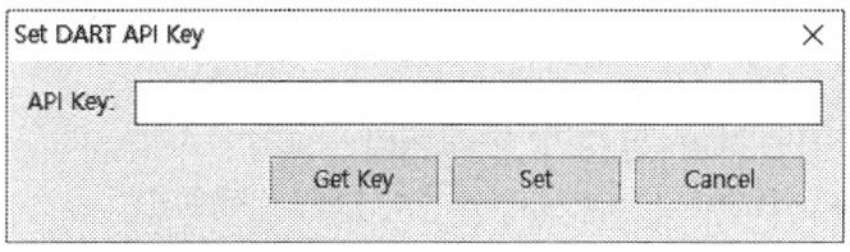

(2) Get Key를 누르면 DART 홈페이지의 API 신청 페이지로 자동 접속되므로 앞서 설명한 절차에 따라 API 키를 신청하면 된다. 이미 신청을 하였다면 누를 필요 없다.

(3) API 키를 발급 받았으면 이를 API Key 박스에 입력하고 Set 버튼을 누르면 된다.

(3) Get Subsidiary Information

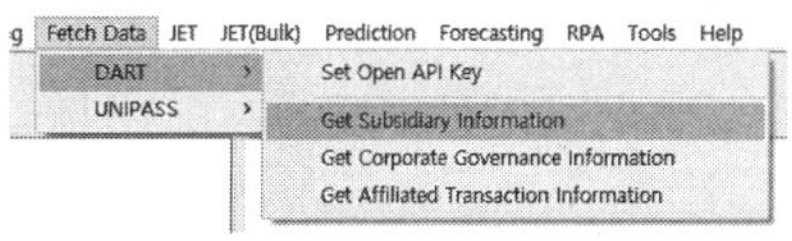

(1) Fetch Data >> DART >> Get Subsidiary Information 메뉴를 누른다.

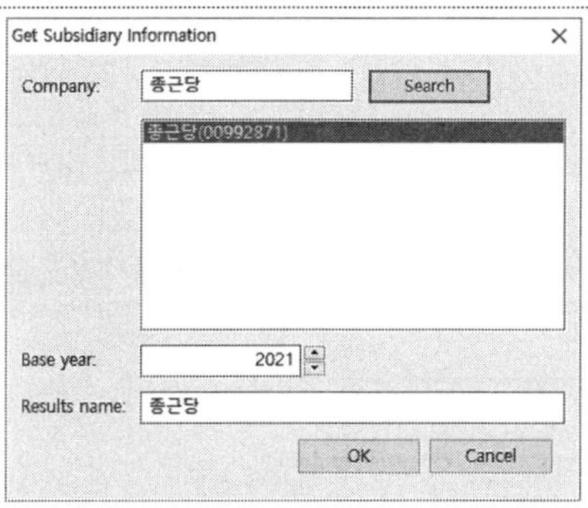

(2) Company : 검색하고자 하는 기업명을 입력한다. 여기서는 ***종근당***을 입력한다.

(3) Search 버튼을 누르면, 기업명과 코드가 입력된다.

(4) Base year : 기준년도를 선택한다. 여기서는 ***2021(게시일자기준)***을 선택한다.

(5) Results name : 검색하고자 하는 기업명이 자동으로 입력된다. 여기서는 ***종근당***이 자동으로 입력된다.

(6) OK 버튼을 누른다.

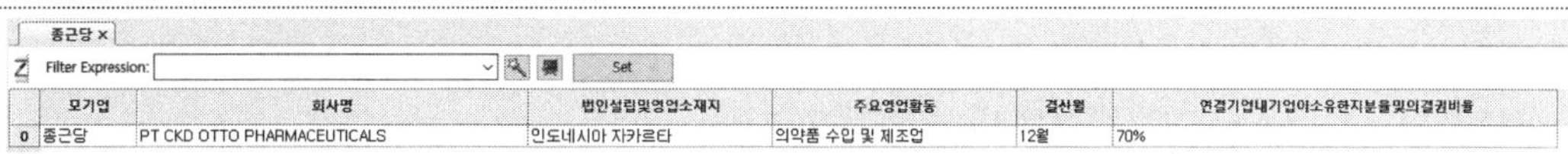

(7) 종속기업 현황 결과를 확인할 수 있다. 이는 아래와 같이 DART 사업보고서의 연결재무제표 주석에서 별도로 확인할 수 있다.

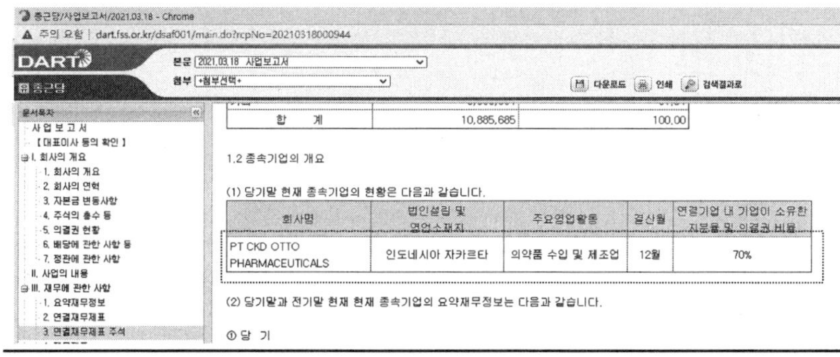

(4) Get Corporate Governance Information

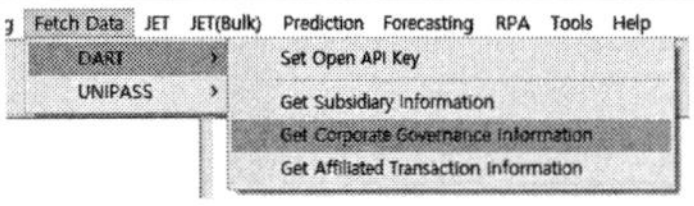

(1) Fetch Data >> DART >> Get Corporate Governance Information 메뉴를 누른다.

(2) Company : 검색하고자 하는 기업명을 입력한다. 여기서는 ***종근당***을 입력한다.
(3) Search 버튼을 누르면, 기업명과 코드가 입력된다.
(4) Base year : 기준년도를 선택한다. 여기서는 ***2021***을 선택한다.
(5) Graph Layout : 적절한 그래프 스타일을 선택한다. 여기서는 ***planar***를 선택한다.
(6) Results name : 검색하고자 하는 기업명이 자동으로 입력된다. 여기서는 ***종근당***이 자동으로 입력된다.
(7) OK 버튼을 누른다.

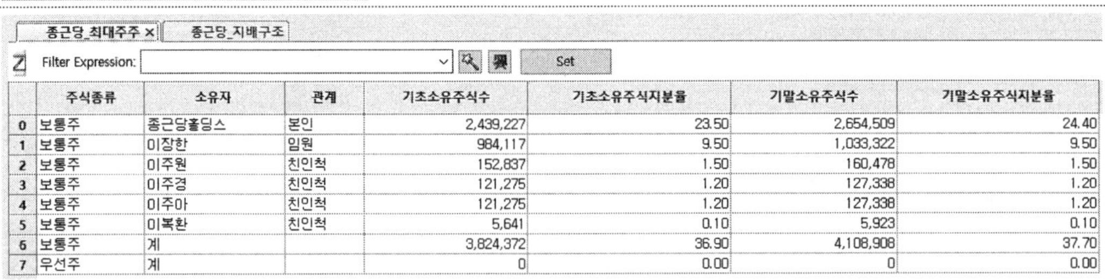

	주식종류	소유자	관계	기초소유주식수	기초소유주식지분율	기말소유주식수	기말소유주식지분율
0	보통주	종근당홀딩스	본인	2,439,227	23.50	2,654,509	24.40
1	보통주	이장한	임원	984,117	9.50	1,033,322	9.50
2	보통주	이주원	친인척	152,837	1.50	160,478	1.50
3	보통주	이주경	친인척	121,275	1.20	127,338	1.20
4	보통주	이주아	친인척	121,275	1.20	127,338	1.20
5	보통주	이복환	친인척	5,641	0.10	5,923	0.10
6	보통주	계		3,824,372	36.90	4,108,908	37.70
7	우선주	계		0	0.00	0	0.00

(8) 종근당 최대주주 결과를 확인할 수 있다. 이는 아래와 같이 DART 사업보고서의 ***주주에 관한 사항***에서 별도로 확인할 수 있다.

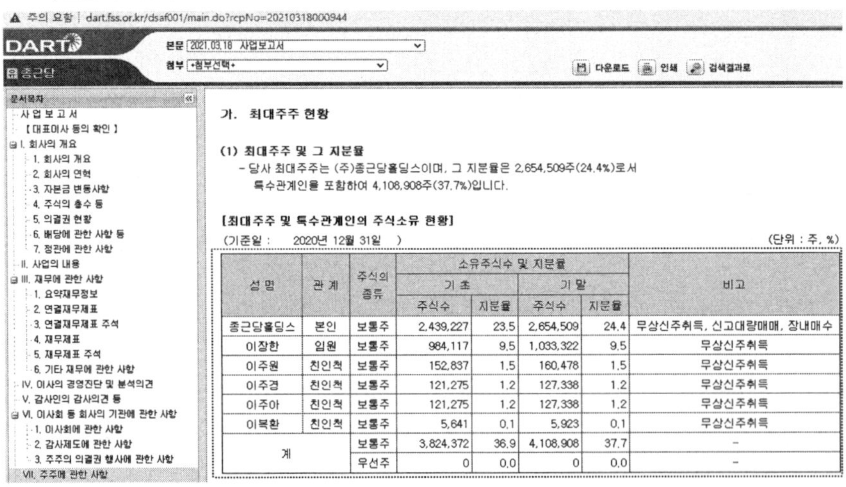

가. 최대주주 현황

(1) 최대주주 및 그 지분율

- 당사 최대주주는 (주)종근당홀딩스이며, 그 지분율은 2,654,509주(24.4%)로서 특수관계인을 포함하여 4,108,908주(37.7%)입니다.

[최대주주 및 특수관계인의 주식소유 현황]

(기준일 : 2020년 12월 31일) (단위 : 주, %)

성 명	관 계	주식의 종류	소유주식수 및 지분율				비고
			기 초		기 말		
			주식수	지분율	주식수	지분율	
종근당홀딩스	본인	보통주	2,439,227	23.5	2,654,509	24.4	무상신주취득, 신고대량매매, 장내매수
이장한	임원	보통주	984,117	9.5	1,033,322	9.5	무상신주취득
이주원	친인척	보통주	152,837	1.5	160,478	1.5	무상신주취득
이주경	친인척	보통주	121,275	1.2	127,338	1.2	무상신주취득
이주아	친인척	보통주	121,275	1.2	127,338	1.2	무상신주취득
이복환	친인척	보통주	5,641	0.1	5,923	0.1	무상신주취득
계		보통주	3,824,372	36.9	4,108,908	37.7	-
		우선주	0	0.0	0	0.0	-

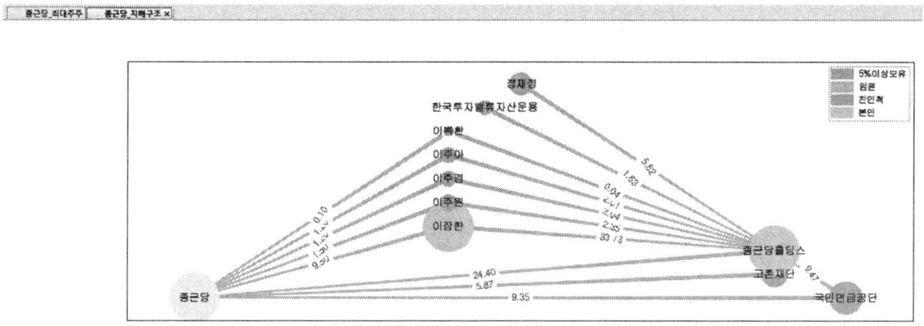

(9) 종근당_지배구조에서는 (8)의 테이블 결과를 네트워크 이미지 결과로 보여준다.

(5) Get Affiliated Transaction Information

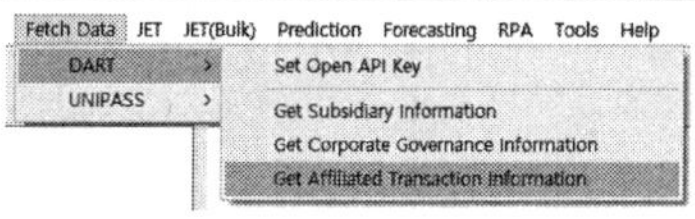

(1) Fetch Data >> DART >> Get Affiliated Transaction Information 메뉴를 누른다.

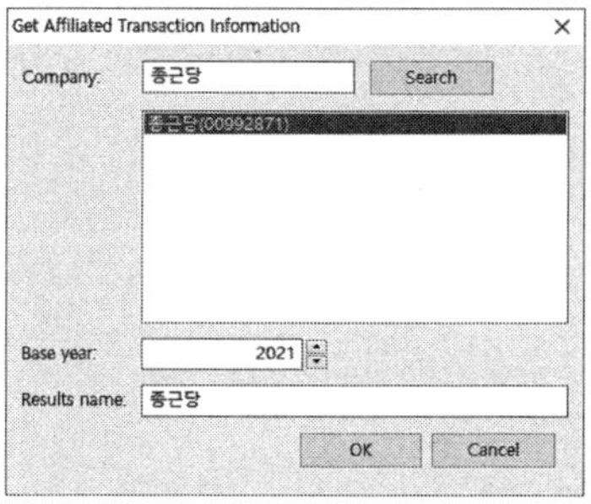

(2) Company : 검색하고자 하는 기업명을 입력한다. 여기서는 ***종근당***을 입력한다.
(3) Search 버튼을 누르면, 기업명과 코드가 입력된다.
(4) Base year : 기준년도를 선택한다. 여기서는 ***2021***을 선택한다.
(5) Results name : 검색하고자 하는 기업명이 자동으로 입력된다. 여기서는 ***종근당***이 자동으로 입력된다.
(6) OK 버튼을 누른다.

종근당_특수관계자거래_1 | 종근당_특수관계자거래_2 | 종근당_특수관계자거래_3 | 종근당_특수관계자거래_4 | 종근당_특수관계자거래_5 | 종근당_특수관계자거래_6 | 종근당_특수관계자거래_7 | 종근당_특수관계자거래_8

Filter Expression: Set

	구분	특수관계자의명칭	설명
0	유의적인 영향력을 행사하는 기업	㈜종근당홀딩스	(1) 보고기간종료일 현재 연결기업의 특수관계자 현황은
1	기타특수관계자	종근당산업㈜, ㈜종근당바이오, 종근당건강㈜, ㈜벨아이앤에스, ㈜벨에스엠, ㈜벨이앤씨, ㈜경보제약, ㈜벨커뮤니케이션즈, CKD창업투자㈜, PT Otto Pharmaceutical Industries 등	(1) 보고기간종료일 현재 연결기업의 특수관계자 현황은

30. 특수관계자거래

(1) 보고기간종료일 현재 연결기업의 특수관계자 현황은 다음과 같습니다.

구 분	특수관계자의 명칭
유의적인 영향력을 행사하는 기업	㈜종근당홀딩스
기타특수관계자	종근당산업㈜, ㈜종근당바이오, 종근당건강㈜, ㈜벨아이앤에스, ㈜벨에스엠, ㈜벨이앤씨, ㈜경보제약, ㈜벨커뮤니케이션즈, CKD창업투자㈜, PT Otto Pharmaceutical Industries 등

(7) 특수관계자거래_1에서는 특수관계자거래 주석정보의 (1) 부분을 테이블로 보여준다.

종근당_특수관계자거래_1 | 종근당_특수관계자거래_2 | 종근당_특수관계자거래_3 | 종근당_특수관계자거래_4 | 종근당_특수관계자거래_5 | 종근당_특수관계자거래_6 | 종근당_특수관계자거래_7 | 종근당_특수관계자거래_8

Filter Expression: Set

	단위천원_구분	대상회사_단위천원	매출_수익거래_단위천원_당기	수익거래_단위천원_당기_기타	단위천원_당기_매입_비용거래	기타_단위천원_당기_비용거래	매출_수익거래_단위천원_전기	수익거래_단위천원_기타_전기	단위천원_비용거래_매
0	유의적인 영향력을 행사하는 기업	㈜종근당홀딩스	176170	-	-	13257824	3402	7694	-
1	기타특수관계자	㈜종근당바이오	21991	35624	17369216	17000	10308	79305	18189172
2	기타특수관계자	㈜경보제약	361140	21738	27309321	1161457	465624	75342	22115814
3	기타특수관계자	㈜벨커뮤니케이션즈	1091	-	-	4158637	-	605	-
4	기타특수관계자	㈜벨에스엠	-	4320	-	8779091	-	5975	-
5	기타특수관계자	종근당건강㈜	-	-	-	212873	-	31678	-
6	기타특수관계자	종근당산업㈜	6738	-	-	3139036	4445	2176	-
7	기타특수관계자	㈜벨아이앤에스	-	-	-	6857883	-	12407	-
8	기타특수관계자	㈜벨이앤씨	-	-	-	4628630	-	9542	-
9	기타특수관계자	CKD창업투자㈜	-	-	-	-	-	181	-
10	기타특수관계자	PT Otto Pharmaceutical Industries	346548	-	-	-	809298	-	-
11	합 계	합 계	913678	61682	44678537	42212430	1293077	224905	40304986

(2) 당기 및 전기 중 특수관계자 거래 내역은 다음과 같습니다.

(단위: 천원)

구 분	대 상 회 사	당기 수익거래 매출	당기 수익거래 기타	당기 비용거래 매입	당기 비용거래 기타	전기 수익거래 매출	전기 수익거래 기타	전기 비용거래 매입	전기 비용거래 기타
유의적인 영향력을 행사하는 기업	㈜종근당홀딩스	176,170	-	-	13,257,824	3,402	7,694	-	8,272,632
기타특수관계자	㈜종근당바이오	21,991	35,624	17,369,216	17,000	10,308	79,305	18,189,172	-
	㈜경보제약	361,140	21,738	27,309,321	1,161,457	465,624	75,342	22,115,814	1,853,360
	㈜벨커뮤니케이션즈	1,091	-	-	4,158,637	-	605	-	9,671,007
	㈜벨에스엠	-	4,320	-	8,779,091	-	5,975	-	7,447,198
	종근당건강㈜	-	-	-	212,873	-	31,678	-	41,322
	종근당산업㈜	6,738	-	-	3,139,035	4,445	2,176	-	3,146,600
	㈜벨아이앤에스	-	-	-	6,857,883	-	12,407	-	5,670,237
	㈜벨이앤씨	-	-	-	4,628,630	-	9,542	-	1,221,890
	CKD창업투자㈜	-	-	-	-	-	181	-	-
	PT Otto Pharmaceutical Industries	346,548	-	-	-	809,298	-	-	-
합 계		913,678	61,682	44,678,537	42,212,430	1,293,077	224,905	40,304,986	37,324,246

(8) 특수관계자거래_2에서는 특수관계자거래 주석정보의 (2) 부분을 테이블로 보여준다.

종근당_특수관계자거래_1 | 종근당_특수관계자거래_2 | 종근당_특수관계자거래_3 | 종근당_특수관계자거래_4 | 종근당_특수관계자거래_5 | 종근당_특수관계자거래_6 | 종근당_특수관계자거래_7 | 종근당_특수관계자거래_8

Filter Expression: Set

	단위천원_구분	대상회사_단위천원	단위천원_매출채권	단위천원_미수금	단위천원_임차보증금	단위천원_매입채무	단위천원_미지급금	단위천원_임대보증금	단위천원_리스부채	설명
0	유의적인 영향력을 행사하는 기업	(주)종근당홀딩스	120166	-	-	-	1123289	-	-	(3) 보고기간종료일 현재 특수관계자에 대한 채권 · 채무잔액은
1	기타특수관계자	(주)종근당바이오	-	18040	-	1992263	-	-	-	(3) 보고기간종료일 현재 특수관계자에 대한 채권 · 채무잔액은
2	기타특수관계자	(주)경보제약	162503	-	-	11646074	-	35000	-	(3) 보고기간종료일 현재 특수관계자에 대한 채권 · 채무잔액은
3	기타특수관계자	(주)벨커뮤니케이션즈	1200	-	-	-	4298448	-	-	(3) 보고기간종료일 현재 특수관계자에 대한 채권 · 채무잔액은
4	기타특수관계자	(주)벨에스엠	-	-	-	-	812070	5700	-	(3) 보고기간종료일 현재 특수관계자에 대한 채권 · 채무잔액은
5	기타특수관계자	종근당건강(주)	-	-	-	845	3271	-	-	(3) 보고기간종료일 현재 특수관계자에 대한 채권 · 채무잔액은
6	기타특수관계자	종근당산업(주)	-	-	1705920	-	2984	-	3975614	(3) 보고기간종료일 현재 특수관계자에 대한 채권 · 채무잔액은
7	기타특수관계자	(주)벨아이앤에스	-	-	-	-	1262319	-	-	(3) 보고기간종료일 현재 특수관계자에 대한 채권 · 채무잔액은
8	기타특수관계자	(주)벨이앤씨	-	-	-	-	2165020	-	-	(3) 보고기간종료일 현재 특수관계자에 대한 채권 · 채무잔액은
9	기타특수관계자	PT Otto Pharmaceutical Industries	109327	-	-	-	-	-	-	(3) 보고기간종료일 현재 특수관계자에 대한 채권 · 채무잔액은
10	합 계	합 계	393196	18040	1705920	13639182	9667401	40700	3975614	(3) 보고기간종료일 현재 특수관계자에 대한 채권 · 채무잔액은

(2) 당기 및 전기 중 특수관계자 거래 내역은 다음과 같습니다.

(단위: 천원)

구 분	대 상 회 사	당기 수익거래 매출	당기 수익거래 기타	당기 비용거래 매입	당기 비용거래 기타	전기 수익거래 매출	전기 수익거래 기타	전기 비용거래 매입	전기 비용거래 기타
유의적인 영향력을 행사하는 기업	㈜종근당홀딩스	176,170	-	-	13,257,824	3,402	7,694	-	8,272,632
기타특수관계자	㈜종근당바이오	21,991	35,624	17,369,216	17,000	10,308	79,305	18,189,172	-
	㈜경보제약	361,140	21,738	27,309,321	1,161,457	465,624	75,342	22,115,814	1,853,360
	㈜벨커뮤니케이션즈	1,091	-	-	4,158,637	-	605	-	9,671,007
	㈜벨에스엠	-	4,320	-	8,779,091	-	5,975	-	7,447,198
	종근당건강㈜	-	-	-	212,873	-	31,678	-	41,322
	종근당산업㈜	6,738	-	-	3,139,035	4,445	2,176	-	3,146,600
	㈜벨아이앤에스	-	-	-	6,857,883	-	12,407	-	5,670,237
	㈜벨이앤씨	-	-	-	4,628,630	-	9,542	-	1,221,890
	CKD창업투자㈜	-	-	-	-	-	181	-	-
	PT Otto Pharmaceutical Industries	346,548	-	-	-	809,298	-	-	-
합 계		913,678	61,682	44,678,537	42,212,430	1,293,077	224,905	40,304,986	37,324,246

(9) 특수관계자거래_3에서는 특수관계자거래 주석정보의 (3) ① 당기말 부분을 테이블로 보여준다.

종근당_특수관계자거래_1 | 종근당_특수관계자거래_2 | 종근당_특수관계자거래_3 | 종근당_특수관계자거래_4 | 종근당_특수관계자거래_5 | 종근당_특수관계자거래_6 | 종근당_특수관계자거래_7 | 종근당_특수관계자거래_8

Filter Expression: Set

	단위천원_구분	대상회사_단위천원	단위천원_매출채권	단위천원_미수금	단위천원_임차보증금	단위천원_매입채무	단위천원_미지급금	단위천원_임대보증금	단위천원_리스부채	설명
0	유의적인 영향력을 행사하는 기업	(주)종근당홀딩스	-	-	-	-	774404	-	-	② 전기말
1	기타특수관계자	(주)종근당바이오	-	10658	-	6185524	-	4400	-	② 전기말
2	기타특수관계자	(주)경보제약	115253	9323	-	9343361	-	40000	-	② 전기말
3	기타특수관계자	(주)벨커뮤니케이션즈	-	-	-	-	3323869	-	-	② 전기말
4	기타특수관계자	(주)벨에스엠	-	-	-	-	741154	5700	-	② 전기말
5	기타특수관계자	종근당건강(주)	-	-	-	2706	1693	-	-	② 전기말
6	기타특수관계자	종근당산업(주)	-	487	1691830	-	3188	-	5831735	② 전기말
7	기타특수관계자	(주)벨아이앤에스	-	1339	-	-	1719064	-	-	② 전기말
8	기타특수관계자	(주)벨이앤씨	-	863	-	-	412588	-	-	② 전기말
9	기타특수관계자	PT Otto Pharmaceutical Industries	522670	-	-	-	-	-	-	② 전기말
10	합 계	합 계	637923	22670	1691830	15531591	6975960	50100	5831735	② 전기말

② 전기말

(단위: 천원)

구 분	대 상 회 사	매출채권	미수금	임차보증금	매입채무	미지급금	임대보증금	리스부채
유의적인 영향력을 행사하는 기업	(주)종근당홀딩스	-	-	-	-	774,404	-	-
기타특수관계자	(주)종근당바이오	-	10,658	-	6,185,524	-	4,400	-
	(주)경보제약	115,253	9,323	-	9,343,361	-	40,000	-
	(주)벨커뮤니케이션즈	-	-	-	-	3,323,869	-	-
	(주)벨에스엠	-	-	-	-	741,154	5,700	-
	종근당건강(주)	-	-	-	2,706	1,693	-	-
	종근당산업(주)	-	487	1,691,830	-	3,188	-	5,831,735
	(주)벨아이앤에스	-	1,339	-	-	1,719,064	-	-
	(주)벨이앤씨	-	863	-	-	412,588	-	-
	PT Otto Pharmaceutical Industries	522,670	-	-	-	-	-	-
합 계		637,923	22,670	1,691,830	15,531,591	6,975,960	50,100	5,831,735

(10)특수관계자거래_4에서는 특수관계자거래 주석정보의 (3) ② 전기말 부분을 테이블로 보여준다.

종근당_특수관계자거래_1 | 종근당_특수관계자거래_2 | 종근당_특수관계자거래_3 | 종근당_특수관계자거래_4 | 종근당_특수관계자거래_5 × | 종근당_특수관계자거래_6 | 종근당_특수관계자거래_7 | 종근당_특수관계자거래_8

Filter Expression: Set

	단위천원_구분	자본거래_단위천원_배당지급	자본거래_단위천원_현금출자	단위천원_차입	상환_단위천원_차입	설명
0	(주)종근당홀딩스	2195304	-	-	-	(4) 당기 및 전기 중 특수관계자와의 자금거래의 내역은 다음과 같습니다.① 당 기
1	PT Otto Pharmaceutical Industries	-	-	1004550	-	(4) 당기 및 전기 중 특수관계자와의 자금거래의 내역은 다음과 같습니다.① 당 기

(4) 당기 및 전기 중 특수관계자와의 자금거래의 내역은 다음과 같습니다.

① 당 기

(단위: 천원)

구 분	자본거래		차입	
	배당지급	현금출자	차입	상환
(주)종근당홀딩스	2,195,304	-	-	-
PT Otto Pharmaceutical Industries	-	-	1,004,550	-

(11) 특수관계자거래_5에서는 특수관계자거래 주석정보의 (4) ① 당기 부분을 테이블로 보여준다.

종근당_특수관계자거래_1 | 종근당_특수관계자거래_2 | 종근당_특수관계자거래_3 | 종근당_특수관계자거래_4 | 종근당_특수관계자거래_5 | 종근당_특수관계자거래_6 × | 종근당_특수관계자거래_7 | 종근당_특수관계자거래_8

Filter Expression: Set

	단위천원_구분	자본거래_단위천원_배당지급	자본거래_단위천원_현금출자	단위천원_자금대여거래_대여	단위천원_자금대여거래_회수	설명
0	(주)종근당홀딩스	1952364	-	-	-	② 전 기

② 전 기

(단위: 천원)

구 분	자본거래		자금대여거래	
	배당지급	현금출자	대여	회수
(주)종근당홀딩스	1,952,364	-	-	-

(12) 특수관계자거래_6에서는 특수관계자거래 주석정보의 (4) ② 전기 부분을 테이블로 보여준다.

종근당_특수관계자거래_1 | 종근당_특수관계자거래_2 | 종근당_특수관계자거래_3 | 종근당_특수관계자거래_4 | 종근당_특수관계자거래_5 | 종근당_특수관계자거래_6 | 종근당_특수관계자거래_7 × | 종근당_특수관계자거래_8

Filter Expression: Set

	제공한기업_단위천원	단위천원_제공받은기업	단위천원_지급보증내역	단위천원_금액	단위천원_지급보증처	설명
0	㈜종근당	㈜벨커뮤니케이션즈	광고료 지급보증	2000000	한국방송광고진흥공사 외	(5) 당기 보고기간종료일 현재 특수관계자에게 제공한 지급보증의 내역은 다음과 같습니다.

(5) 당기 보고기간종료일 현재 특수관계자에게 제공한 지급보증의 내역은 다음과 같습니다.

(단위: 천원)

제공한 기업	제공받은 기업	지급보증내역	금 액	지급보증처
㈜종근당	㈜벨커뮤니케이션즈	광고료 지급보증	2,000,000	한국방송광고진흥공사 외

(13) 특수관계자거래_7에서는 특수관계자거래 주석정보의 (5) 부분을 테이블로 보여준다.

종근당_특수관계자거래_1 | 종근당_특수관계자거래_2 | 종근당_특수관계자거래_3 | 종근당_특수관계자거래_4 | 종근당_특수관계자거래_5 | 종근당_특수관계자거래_6 | 종근당_특수관계자거래_7 | 종근당_특수관계자거래_8 ×

Filter Expression: Set

	단위천원_구분	단위천원_당기	단위천원_전기	설명
0	단기급여	8678093	9447085	(6) 당기 및 전기 중 주요경영진에 대한 보상내역은 다음과 같습니다.
1	퇴직급여 등	871856	958272	(6) 당기 및 전기 중 주요경영진에 대한 보상내역은 다음과 같습니다.
2	합 계	9549949	10405357	(6) 당기 및 전기 중 주요경영진에 대한 보상내역은 다음과 같습니다.

(6) 당기 및 전기 중 주요경영진에 대한 보상내역은 다음과 같습니다.

(단위: 천원)

구 분	당 기	전 기
단기급여	8,678,093	9,447,085
퇴직급여 등	871,856	958,272
합 계	9,549,949	10,405,357

(14) 특수관계자거래_8에서는 특수관계자거래 주석정보의 (6) 부분을 테이블로 보여준다.

2 UNIPASS

(1) UNIPASS API 키 발급받기

- Open API 를 사용하기 위해서는 UNI-PASS 회원으로 가입되어 있어야 하며, 로그인 후 아래 메뉴에서 Open API 서비스를 신청할 수 있다

> ✓Home > My 메뉴 > 서비스관리 > OpenAPI 사용관리

- 신규 서비스를 신청하고자 할 경우, 해당 서비스명 왼쪽 박스를 체크한 후 하단에 **OPEN API 신청** 버튼을 클릭한다.

- 아래와 같은 메시지가 보이면 정상적으로 신청된 것이다

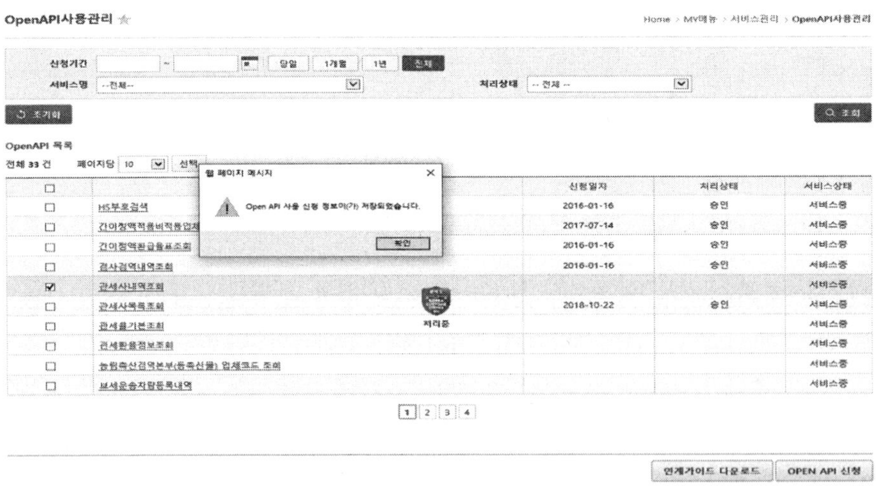

- 서비스에 대한 승인은 신청 즉시 이루어지며 다시 한번 조회를 해보면 처리상태가 "승인"으로 변경되어 있음을 확인할 수 있다. 또한 서비스를 활용하기 위해서는 본인에게

발급된 인증키가 반드시 필요하므로 이를 확인해야 한다.

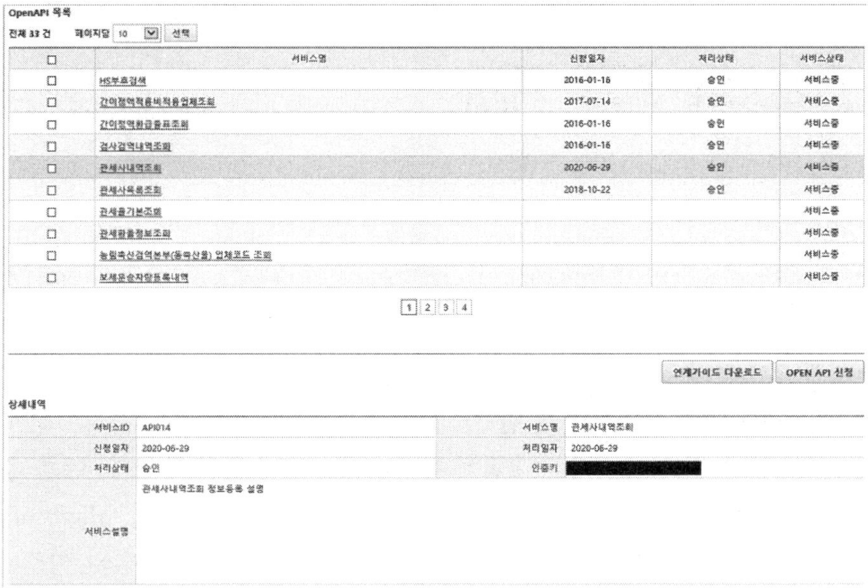

(2) Fraudit UNIPASS 메뉴 사용방법

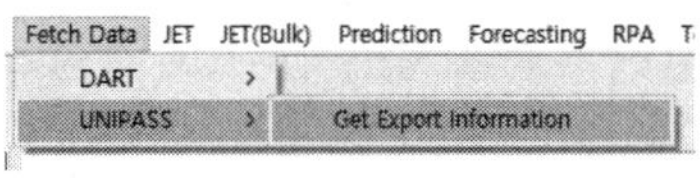

(1) Fetch Data >> UNIPASS >> Get Export Information 메뉴를 누른다.

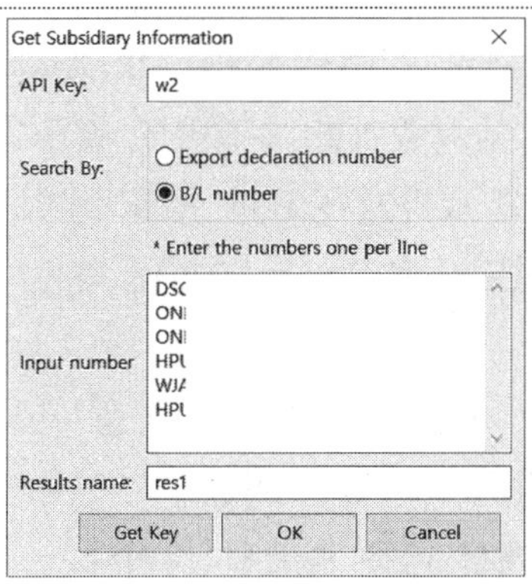

(2) API Key : 발급받은 인증키를 입력한다.

(3) Search By : ***B/L number*** 체크

(4) Input number : BL number를 입력한다.

☞ BL Number는 공개자료가 아니므로 피감사회사 등으로부터 수령할 필요가 있다.

(5) Results name : ***res1*** 입력

(6) OK 버튼을 누른다.

	수리일자	수출자상호	적재의무기한	선적지	출항일자	적하목록관리번호	선적완료여부	선적포장개수	선적포장단위	선적중량	통관포장개수	통관포장단위	통관중량	분할회수
0	2019-03-27 17:37:13		2019-04-26	부산항	2019-03-31		Y	20	PG		20	GT		0
1	2018-07-13 13:59:48		2018-08-12	부산항	2018-07-18		Y	121	GT		121	GT		0
2	2018-11-02 09:16:06		2018-12-02	부산항	2018-11-11		Y	177	GT		177	GT		0
3	2018-02-13 11:24:31		2018-03-15	부산항	2018-02-21		Y	17	GT		17	GT		0
4	2018-02-21 15:20:31		2018-03-23	인천항	2018-02-27		Y	36	GT		36	GT		0
5	2018-11-06 13:49:32		2018-12-06	부산항	2018-11-13		Y	16	GT		16	GT		0

(7) BL number와 관련된 회사의 수출 실적을 관세청 정보와의 대조 확인할 수 있다.

17 | Fraudit JET 메뉴

- JET란 Journal Entry Test의 약자로 감사인이 분개장(원장) 입력 자료의 완전성, 특이사항 등을 테스트하는 것을 말한다. 이는 회계거래를 기록할 때 부정으로 인한 중요한 왜곡위험이 있는지를 검토하기 위하여 이루어진다. 감사인은 JET 결과 의심스러운 성격의 거래에 대해서는 집중적으로 살펴보아야 한다.
- 인터넷 회사들은 수십 년 동안 데이터를 활용하여 비즈니스를 수행하여 왔다. 예를 들어, 아마존은 20년 전에 기본적인 AI 시스템을 사용하고 있었다. Netflix, Microsoft, Google 등 많은 기업들이 데이터와 알고리즘 우선 접근 방식을 사용하여 그들의 비즈니스를 지배해 왔다. 하지만 회계 분야를 살펴보면, 여전히 많은 사람들이 데이터 분석을 새롭거나, 필수적이지 않은 선택적이거나, 자신들의 업무와는 거리가 먼 것이라고 믿고 있다. 특히, JET에 관해서는 전통적으로 감사인들은 낡은 접근법과 표본추출기법을 사용해 왔다. 많은 사람들은 이러한 낡은 감사방법이 기존 감사기준을 준수한다고 말함으로써 그러한 방법의 사용을 정당화하였다.
- 2020년에 AICPA는 감사과정 전반에 걸쳐 테크놀로지와 자동화를 활용할 수 있는 방법에 대한 중요한 업데이터를 포함하는 새로운 감사증거 관련 기준서 SAS 142 Audit Evidence를 발표하였다. 여기서는 이 기준서와 AICPA가 감사증거를 수집하고 결론을 내릴 때 데이터 분석과 자동화에 대해서 명시적으로 고려한 몇가지 중요한 예를 살펴보도록 하겠다. SAS 142는 2022년 12월 15일 이후에 회계연도가 종료되는 기업에 적용되기 시작한다.
- SAS 142의 개정은 데이터 분석과 자동화된 툴 및 기법이 감사에 엄청난 영향을 미칠 것이라는 것을 시사하고 있다. 게다가, 감사 품질과 효율성의 획기적인 개선을 추진하기 위하여 이러한 기술의 잠재력은 오늘날 원격 작업 환경에서 더욱 증폭될 것이다.
- SAS 142에서는 데이터 분석 및 자동화가 감사 증거 수집 및 생성 방식에 어떻게 영향을 미칠 수 있는지에 대해 다음과 같이 설명하고 있다.

A3. Audit evidence is cumulative in nature and is obtained through the performance of one or more audit procedures on information obtained during the course ofthe audit. **The auditor's evaluation of information to be used as audit evidence may be enhanced by the use of automated tools and techniques,** which may enable the auditor to aggregate or disaggregate information or consider information obtained from multiple sources. *[SAS 142 A3]*

A4. For example, **the auditor may use automated tools and techniques for the purpose of planning or performing the audit, such as audit data analytics**. Data analytics is described as the analysis of **patterns, identification of anomalies, or extraction of other useful information in data underlying or related to the subject matter of an audit through analysis, modeling, or visualization.** Examples of other automated tools and techniques are **artificial intelligence, machine learning, remote observation tools, and robotic process automation.** *[SAS 142 A4]*

A11. Information to be used as audit evidence may take different forms, which influences the nature of audit procedures that may be necessary to obtain or evaluate the information. Different forms of information, individually or in combination, include following:

- oral information
- visual information
- paper documents
- **electronic information**, which includes
  - documents obtained in electronic documentary form (for example, a **scanned version of an executed sales contract** or an **electronic confirmation**).
  - **data stored in the entity's IT system** or obtained electronically from an **external information source**. **Such data may be manually input into the system** or **may be electronically generated (for example, an electronic data interface between the entity and a service organization)**

A13. Accounting records are an example of information provided by management that is obtained from the financial reporting process and may include the following:

- The records of initial accounting entries and supporting records, such as checks and records of electronic fund transfers; invoices; contracts; the general and subsidiary ledgers; and journal entries
- Records, such as spreadsheets, cost allocation, computation, reconciliation, and disclosures

A14. An example of information provided by management that is obtained from outside the general and subsidiary ledgers is **internal marketing information developed by the entity's sales function as an assumption in making an accounting estimate for a warranty provision.**

A16. As indicated in paragraph A12, information to be used as audit evidence by the auditor may be obtained directly or derived individually or in combination from different sources. For example, in making an accounting estimate for an accumulated pension obligation, management may use information that is obtained from the general and subsidiary ledgers; information obtained from outside the general and subsidiary ledgers; and information obtained from a management's specialist. Similarly, an **auditor may obtain information to be used as audit evidence from multiple sources**. For example, in performing a **regression analysis to test revenue recorded**, the auditor may obtain information about **square footage of retail space and sales prices (both management generated) and changes in an index published**

by a government agency (an external information source).

A45. The auditor may use **automated tools and techniques** to process, organize, structure, or present data in a given context in order to generate useful information that can be used as audit evidence.

A46. An auditor may use **automated tools and techniques** to perform both a **risk assessment procedure and a substantive procedure concurrently**. As illustrated by the concepts in exhibit A, a properly designed audit data analytic may be used to perform risk assessment procedures and may also provide sufficient appropriate audit evidence to address a risk of material misstatement.

A47. The auditor may also use **automated tools and techniques to obtain audit evidence about the operation of the entity's internal control**. For example, if management has controls over the sequential numbering of sales invoices, the auditor may be able to obtain corroborating audit evidence about the sequential numbering of sales invoices for the period by **using automated tools and techniques to determine whether any gaps in numbering or duplicates exist, which may provide audit evidence about the controls over the completeness of invoices issued during the period.**

A48. Some information may be available only in electronic form or **only at certain points or periods in time**, which may affect the nature and timing of the audit procedures to be performed.

A50. Some electronic information (for example, **records maintained on a distributed ledger, such as a blockchain**) is available on a **continuous basis during the audit**. In such cases, auditors may develop audit procedures using **automated tools and techniques to obtain information about transactions on a real-time basis**.

A51. Inspection involves an **examination**(being physically present or **using remote observation tools**) of an asset or an examination of records or documents, whether internal or external or in paper form, electronic form, or other media. An example of inspection used as a test of controls is inspection of records, using manual or automated techniques, for evidence of authorization. **An example of an automated technique for inspection is the use of text-recognition programs to examine large populations of documents, such as contracts, to identify items for further audit consideration.**

A53. Remote observation tools (for example, a **camera mounted on a drone or a video transmission**) may aid the auditor in performing an inspection or an observation procedure, such as management's **physical inventory count**.

A57. By using **automated tools and techniques**, auditors may be able to perform **recalculation procedures on 100 percent of a population**, for example, **recalculating the gross margin for each product sold for an entity's product line**.

A61. **Analytical procedures involve the auditor's exercise of professional judgment and may be performed manually or by using automated tools and techniques.** For example, the auditor may manually scan data to identify significant or unusual items to test, which may include the identification of unusual individual items within account balances or other data through the reading or analysis of entries in transaction listings, subsidiary ledgers, general ledger control accounts, adjusting entries, suspense accounts, reconciliations, and other detailed

> reports for indications of misstatements that have occurred. The auditor also might **use automated tools and techniques to scan an entire population of transactions and identify those transactions meeting the auditor's criteria for a transaction being unusual.** The identification of items that exhibit characteristics of risk of material misstatement through analytical procedures provides the auditor with audit evidence about those items. **Analytical procedures also provide audit evidence about the items not exhibiting characteristics of risks of material misstatements because the auditor has determined, exercising professional judgment, that the items not selected for further audit procedures are less likely to be materially misstated.**

- SAS 142는 감사증거로 사용될 수 있는 정보에 대한 감사인의 평가는 automated tools and techniques 활용을 통하여 더 향상될 수 있다는 입장을 취하고 있다. 즉, 자동화가 단지 효율성을 제고시키는 것에 국한하는 것이 아니라 감사품질까지 제고할 수 있다는 점을 명확히 하였다는 점이 주목할만한 점이다.
- 상기 문단 모두가 중요하지만, 상기 A61의 밑줄친 부분은 시사하는 바가 더욱 크다. 분석적 절차(Analytical procedure)는 감사인의 전문가적 판단과 관련이 있으며 수작업 또는 automated tools and techniques 활용하여 수행될 수 있다. 감사인은 해당 거래의 전체 모집단을 스캔하고 비정상적이라고 판단하는 거래를 식별하기 위하여 automated tools and techniques를 활용할 수 있다. 또한 분석적 절차(수작업 또는 automated tools and techniques)를 하게 되면, 감사인이 추가적인 감사절차가 필요하지 않다는 전문가적 판단에 따라 중요하게 왜곡표시될 가능성이 낮다고 결정한 항목들에 대한 감사증거를 제공한다(즉, 전문가적 판단만을 활용하여 잘못된 의사결정을 할 수 있는 것을 분석적 절차를 통하여 예방할 수 있다는 의미임).
- 즉, 전문가적 판단에만 의존하여서는 안되고 automated tools and techniques를 이용한 Data driven 방식을 적극적으로 활용하여야 한다는 의미가 내포되어 있는데 이는 패러다임의 전환에 가까운 변화라고 보아야 할 것이다.
- Fraudit의 JET 메뉴는 SAS 142에서 말하는 일종의 automated tools and techniques이라고 볼 수 있다. 이하에서는 JET 메뉴에 대해서 보다 자세하게 설명하겠다.

1 Initialize Journal Object

- 이 메뉴는 JET를 하기 위한 준비작업이다. 각기 다른 회계프로그램 또는 ERP로부터 다운로드 받은 분개장 파일을 Fraudit 테이블로 변환후 테이블의 칼럼을 표준 칼럼명에 매핑하는 작업과 각기 다른 계정과목에 대하여 표준화된 분석을 하기 위해 표준 계정과목으로 매핑하는 작업이 이루어지는 메뉴이다.
- 먼저, Samples 폴더에 있는 **분개장.tbl**을 연다.

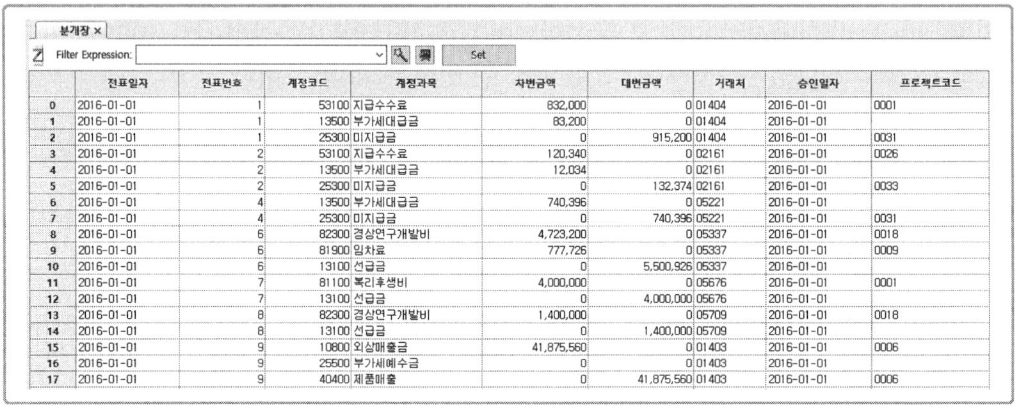
분개장 ×
Filter Expression: Set

	전표일자	전표번호	계정코드	계정과목	차변금액	대변금액	거래처	승인일자	프로젝트코드
0	2016-01-01	1	53100	지급수수료	832,000	0	01404	2016-01-01	0001
1	2016-01-01	1	13500	부가세대급금	83,200	0	01404	2016-01-01	
2	2016-01-01	1	25300	미지급금	0	915,200	01404	2016-01-01	0031
3	2016-01-01	2	53100	지급수수료	120,340	0	02161	2016-01-01	0026
4	2016-01-01	2	13500	부가세대급금	12,034	0	02161	2016-01-01	
5	2016-01-01	2	25300	미지급금	0	132,374	02161	2016-01-01	0033
6	2016-01-01	4	13500	부가세대급금	740,396	0	05221	2016-01-01	
7	2016-01-01	4	25300	미지급금	0	740,396	05221	2016-01-01	0031
8	2016-01-01	6	82300	경상연구개발비	4,723,200	0	05337	2016-01-01	0018
9	2016-01-01	6	81900	임차료	777,726	0	05337	2016-01-01	0009
10	2016-01-01	6	13100	선급금	0	5,500,926	05337	2016-01-01	
11	2016-01-01	7	81100	복리후생비	4,000,000	0	05676	2016-01-01	0001
12	2016-01-01	7	13100	선급금	0	4,000,000	05676	2016-01-01	
13	2016-01-01	8	82300	경상연구개발비	1,400,000	0	05709	2016-01-01	0018
14	2016-01-01	8	13100	선급금	0	1,400,000	05709	2016-01-01	
15	2016-01-01	9	10800	외상매출금	41,875,560	0	01403	2016-01-01	0006
16	2016-01-01	9	25500	부가세예수금	0	0	01403	2016-01-01	
17	2016-01-01	9	40400	제품매출	0	41,875,560	01403	2016-01-01	0006

기초 회계의 경우 분개를 아래와 같은 형식으로 배운다.

(차) 현금	100	(대) 매출	100

그러나 분개를 데이터베이스(테이블) 형식으로 구성하기 위해서는 상기 분개장.tbl과 같이 구성해야 할 필요가 있다. 그런데 회계프로그램마다 분개장의 테이블 칼럼은 약간씩 명칭이 다를 수 있기 때문에 Fraudit에서 미리 정한 칼럼명에 맞추어 매핑을 해주어야 한다. Fraudit에서 JET를 하기 위해서는 아래의 칼럼이 필수적으로 있어야 한다.

Fraudit 칼럼명	설명
Journal Date	• 전표(분개)를 입력한 일자
Journal Number	• 하나의 분개(전표)를 나타내는 번호로 동일한 Journal Date와 Journal Number를 가지는 경우 하나의 분개세트로 볼 수 있다. ☞ 고유한 인덱스를 나타내는 인덱스 번호가 아님에 유의하기 바란다.
Account Code	• 계정코드로 Integer 이어야 한다. 계정코드에 알파벳과 같은 문자가 포함되어 있는 경우에는 알파벳을 사전에 제외하여야 한다. ☞ 회계프로그래마다 계정코드 형식은 각기 다를 수 있다.
Account Name	• 계정과목
Debit Amount	• 차변금액으로 Integer 또는 Decimal Number 이어야 한다. ☞ 회계프로그램마다 (-)음수를 기입할 수 있게 하는 경우도 있다.

Credit Amount	• 대변금액으로 Integer 또는 Decimal Number 이어야 한다. ☞ 회계프로그램마다 (-)음수를 기입할 수 있게 하는 경우도 있다.
Client	• 거래처명 또는 거래처코드 ☞ 동일한 거래처명이 존재할 가능성이 있으므로 거래처코드를 넣는 것이 더 좋다.

상기 칼럼명 이외에도 필요한 칼럼이 있을 수 있으나 Fraudit의 JET 기능은 특정 회계프로그램에 종속되지 않게 분석할 수 있도록 가능한 공통적으로 나올 가능성이 높은 칼럼명만 최소 요구사항으로 제시하고 있다.

보충설명 SAP의 분개장 일자 종류

SAP의 경우 분개장에 표시되는 일자의 종류는 다음과 같이 구분된다.

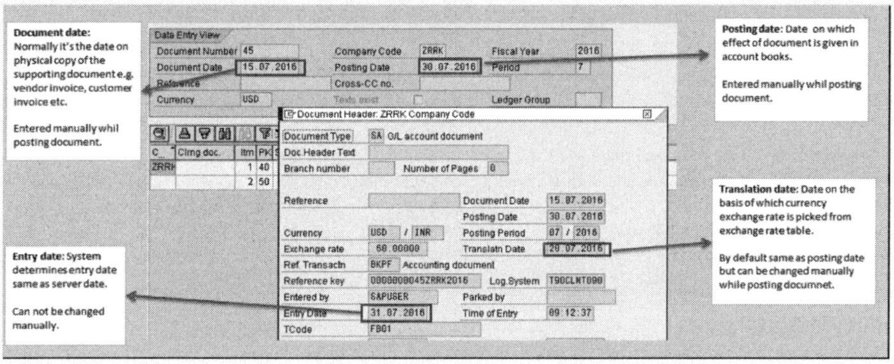

Document date vs Posting date vs Entry date vs Translation date

✓ Document date : 이는 송장과 같은 서류에 적혀 있는 날짜이다. ERP 시스템에 송장정보를 입력할 때 이 날짜를 입력한다.

✓ Posting date : 이는 회계장부에 해당 금액이 전기(posting)되는 날짜로 가장 중요한 날짜이다. 이 날짜를 기준으로 회계연도 귀속이 결정된다.

✓ Entry date : 이 날짜는 SAP 시스템에 의해 자동으로 저장되는 날짜로 수작업으로 변경할 수 없다. 이는 사용자가 POST 버튼을 클릭하는 시점이 속한 날짜이며 SAP 시스템은 데이터베이스에 저장되는 정확한 시점을 기록한다.

예를 들어, 송장에 적혀 있는 날짜는 2016-07-15인데 이를 2016-07-31에 SAP 시스템에 입력하면서 월차 결산을 위하여 2016-07-30으로 설정하였다면, Document date는 2016-07-15, Entry date는 2016-07-31, Posting date는 2016-07-30이 되는 것이다.

SAP는 이와 같이 일자를 명확하게 구분하고 있으므로 날짜 자체도 매우 중요한 분석 대상이 될 수 있으나, 그렇지 않은 회계프로그램도 많은데 이러한 회계프로그램에서는 거의 Posting date만 분개장에 나온다. Fraudit의 Journal Date는 여러 날짜 중 하나만 매핑하여야 하는데 범용성을 고려한다면 실질적으로는 Posting Date에 매핑할 수 밖에 없다.

- Initialize Journal Object 메뉴를 누르면 다음과 같은 화면이 나온다.

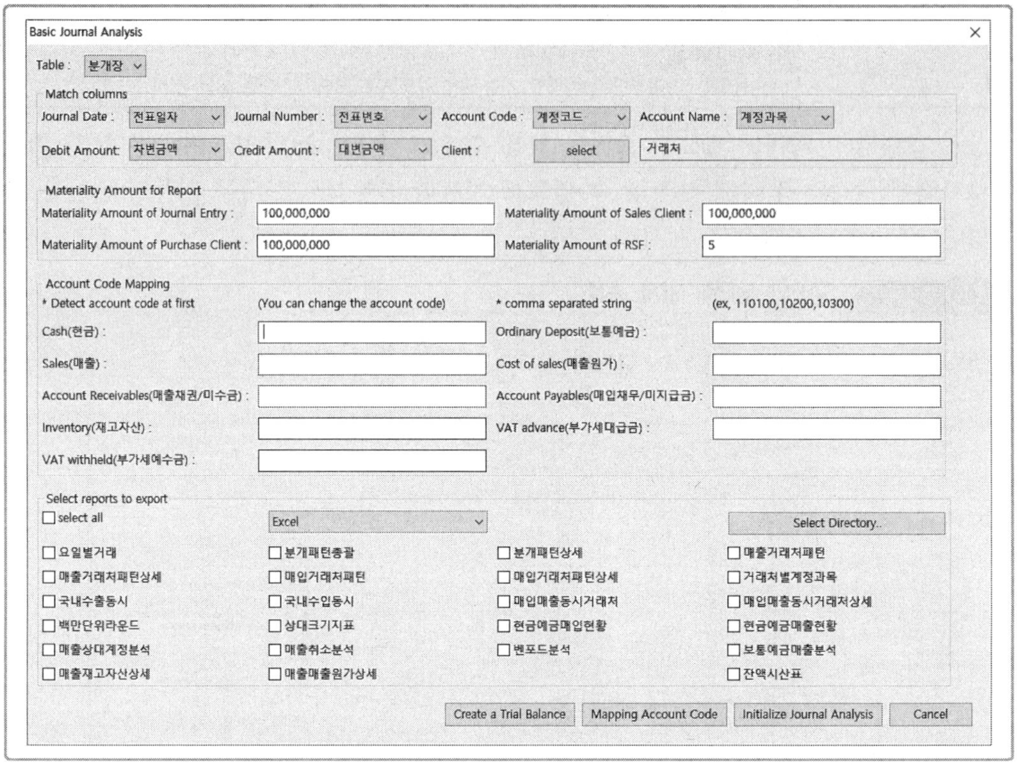

✓Table : 분개장 테이블을 선택한다.

✓Mach columns : 분개장 테이블의 칼럼명과 Fraudit이 사전에 정한 칼럼명을 매핑한다.

Fraudit 칼럼명	매핑될 분개장 테이블 칼럼명
Journal Date	전표일자(실질적으로는 Posting date)
Journal Number	전표번호
Account Code	계정코드
Account Name	계정과목
Debit Amount	차변금액
Credit Amount	대변금액
Client	거래처

✓Materiality Amount for Report : 별도의 엑셀 조서에 포함될 중요성 금액을 설정한다.

- Materiality Amount of Journal Entry : 분개장 패턴 관련 조서에 포함될 중요성 금액을 입력한다. 상기와 같이 100,000,000을 입력하면 100,000,000 이상 금액이 차변이나 대변에 포함된 분개 세트는 엑셀 조서에 포함된다.
- Materiality Amount of Sales Client : 매출거래처 관련 조서에 포함될 중요성 금액을

입력한다. 상기와 같이 100,000,000을 입력하면 매출 금액이 100,000,000 이상인 거래처는 엑셀 조서에 포함된다.

- Materiality Amount of Purchase Client : 매입거래처 관련 조서에 포함될 중요성 금액을 입력한다. 상기와 같이 100,000,000을 입력하면 매입 금액이 100,000,000 이상인 거래처는 엑셀 조서에 포함된다.
- Materiality Amount of RSF : RSF(Relative Size Factor : 상대크기지표) 관련 조서에 포함될 중요성 지표를 입력한다. 상기와 같이 5를 입력하면 RSF가 5 이상인 거래처는 엑셀 조서에 포함된다.

✓Select reports to export : 관련 분석 결과를 엑셀로 출력하기 위한 옵션으로 원하는 부분만 체크하여 출력할 수 있으며, 전체를 체크하여 출력할 수도 있다. 여기서는 체크하지 아니한다.

✓Create a Trial Balance 버튼을 누른다.

- Create a Trial Balance 버튼을 누르면 아래와 같은 화면이 나온다.

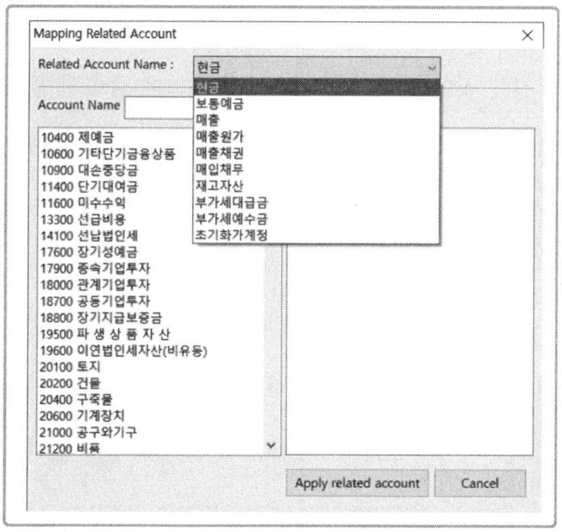

계정과목은 기업별로 조금씩 차이가 있으며 명칭만으로는 어떤 계정과목인지를 판단하기 어려운 계정과목이 있을 수 있다. Fraudit은 범용 분석을 할 수 밖에 없으므로 기업에서 사용하고 있는 계정과목을 Fraudit이 사전에 정한 계정과목으로 매핑을 해주어야 한다. Fraudit에서 JET를 하기 위해서는 아래의 계정과목을 매핑하여야 하며, 매핑할 계정과목이 없으면 공란으로 남겨두면 된다.

Fraudit 계정과목	기업별 계정과목 예
현금	• 직접 현금이 수반되는 거래는 내부통제목적상 특별한 관리가 필요하므로 현금관련 계정과목을 매핑한다. 따라서 단지, 현금이라는 용어가 들어갔다고 해서 매핑을 하는 것이 아니라 현금거래와 같은 내부통제상 부정 등의 위험이 내포될 수 있는 성격을 가지는 계정과목을 매핑하여야 한다. ☞ 예 : 현금, 외화현금 등
보통예금	• 매우 큰 매출 또는 매입거래에서 신용거래가 아닌 보통예금 거래가 이루어지면 이는 특수관계자 우회 거래 또는 대여금(종속기업투자) 우회 거래가 발생할 가능성이 있으므로 이러한 거래 패턴을 분석하기 위하여 매핑이 필요하다.
매출	• 매출 거래처 분석 등을 하기 위하여 매핑이 필요하다. • 계정과목에 매출이 포함되지 않아도 성격상 매출로 볼 수 있는 항목은 매핑이 필요하다.
매출원가	• 매입 거래처 분석 및 매출-매출원가 상관 분석 등을 하기 위하여 매핑이 필요하다. • 계정과목에 매출원가가 포함된 경우에는 거의 매핑이 필요하다. • 다만, 별도의 매출원가가 나오지 않고 제조관련 재료비, 노무비 등이 나오는 경우에는 매핑하지 않는다.
매출채권	• 매출 거래처 분석 등을 하기 위하여 매핑이 필요하다. • 거래처 패턴을 분석하기 위한 것이라 회계상 매출채권 개념에 종속될 필요는 없다. • 따라서, 외상매출금, 받을어음 뿐만 아니라 거래처 패턴 분석에 필요하다면 미수금 등도 매핑이 필요할 수 있다. • 선수금은 회계 개념상으로는 부채이나 향후 수익(매출)처리 될 가능성이 높으므로 매출채권에 매핑할 필요가 있다.
매입채무	• 매입 거래처 분석 등을 하기 위하여 매핑이 필요하다. • 거래처 패턴을 분석하기 위한 것이라 회계상 매입채무 개념에 종속될 필요는 없다. • 따라서, 외상매입금, 지급어음 뿐만 아니라 거래처 패턴 분석에 필요하다면 미지급금, 카드 미지급금 등도 매핑이 필요할 수 있다. • 선급금은 회계 개념상으로는 자산이나 향후 매입처리 될 가능성이 높으므로 매입채무에 매핑할 필요가 있다.
재고자산	• 매입 거래처 분석 등을 하기 위하여 매핑이 필요하다. 따라서 분개상 차변에 재고자산이 발생하고 대변에 매입채무 등이 발생하는 거래에 초점을 맞추기 위하여 매핑을 하는 것이다. • 상품관련 재고자산은 모두 매핑할 필요가 있다. • 내부 제조과정에서 내부 거래(원재료 ➡ 재공품 ➡ 제품) 대상은 매입 거래처 분석과 직접적인 관련이 적으므로 제품 관련 재고자산은 적절히 판단하여 매핑할 필요가 있다.
부가세대급금 부가세예수금	• 부가세는 과세, 영세율, 면세와 관련이 있으므로 동일한 거래처가 영세율과 과세 또는 면세와 과세가 동시에 발생하는지를 검토하기 위하여 매핑이 필요하다.
초기화 가계정	• SAP와 같은 ERP에서 사용하는 계정과목으로 선택사항으로 매핑하면 된다.

• 상기 Fraudit의 계정과목에 맞추어 분개장.tbl의 계정과목을 다음과 같이 매핑한다. 이 매핑이 절대적으로 옳다는 것을 의미하는 것이 아니며 최종적인 매핑은 사용자가 결정하여야 하며 그 매핑결과에 따라 분석결과도 차이가 날 수 밖에 없다는 것에 유의하기 바란다.

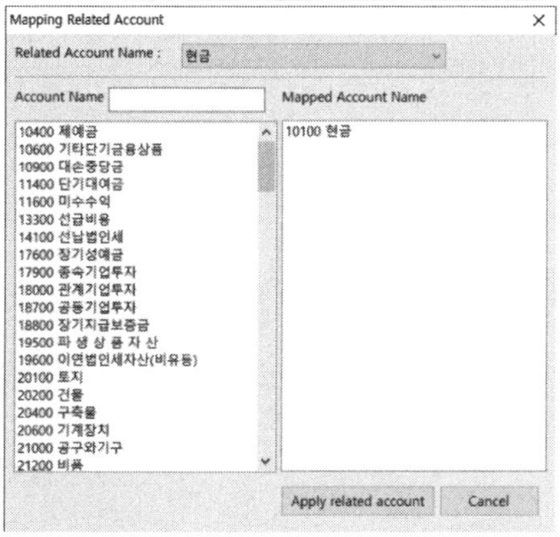

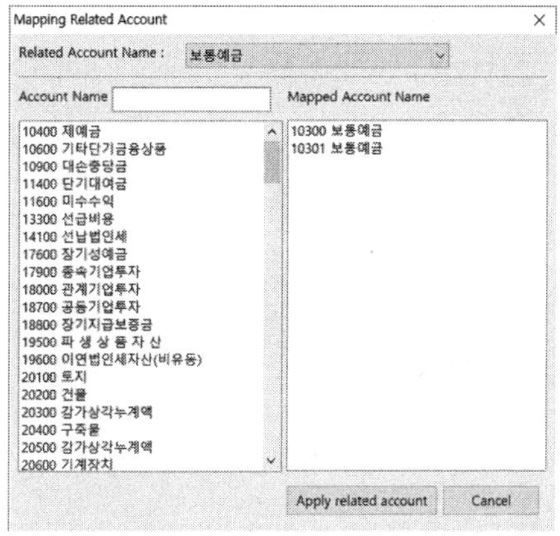

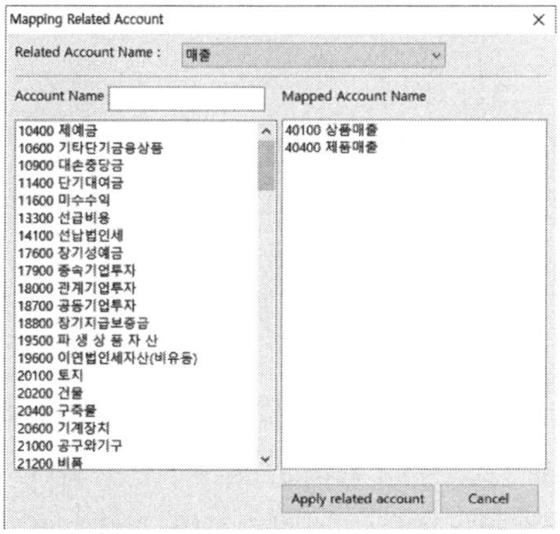

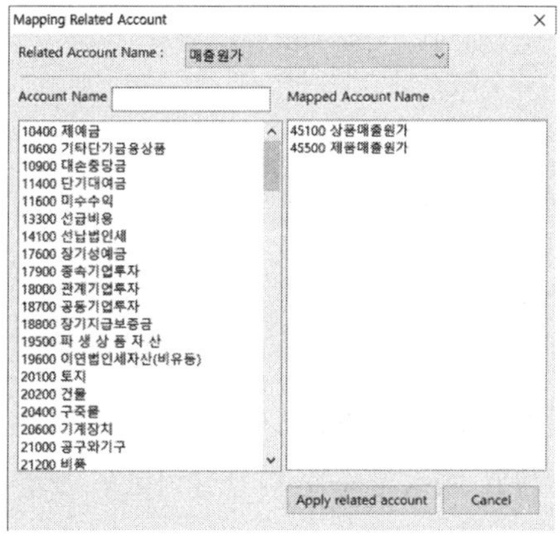

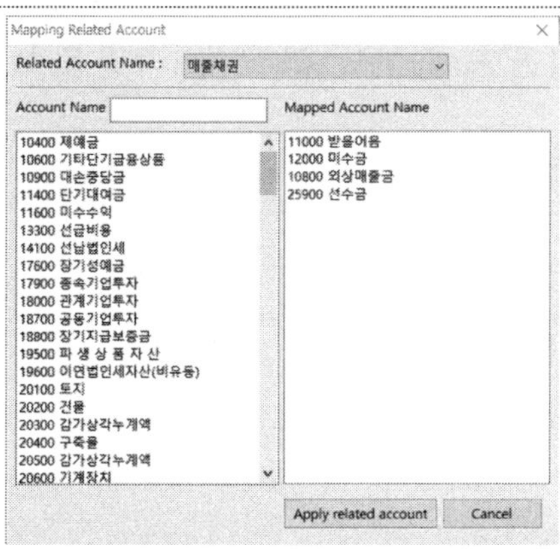

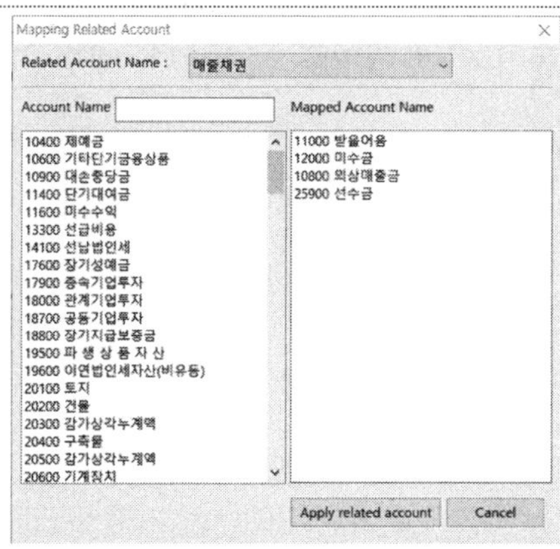

상기 Account Name 박스에 한글 또는 계정코드를 입력하면 계정과목이 검색 가능하며, 검색된 계정과목을 더블클릭하면 오른쪽 Mapped Account Name으로 이동이 되어 매핑된다. 반대로 Mapped Account Name에 있는 계정과목을 더블클릭하면 왼쪽으로 다시 이동이 되어 매핑을 해제된다. 매핑이 다 완료되면 Apply related account 버튼을 누른다.

• Apply related account 버튼을 누르면 아래와 같은 화면이 나온다.

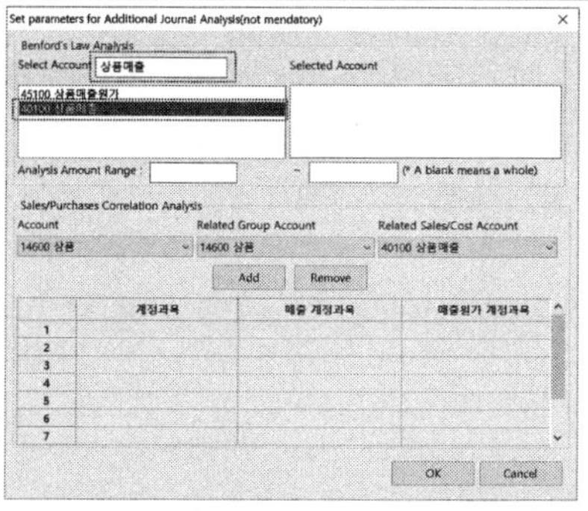

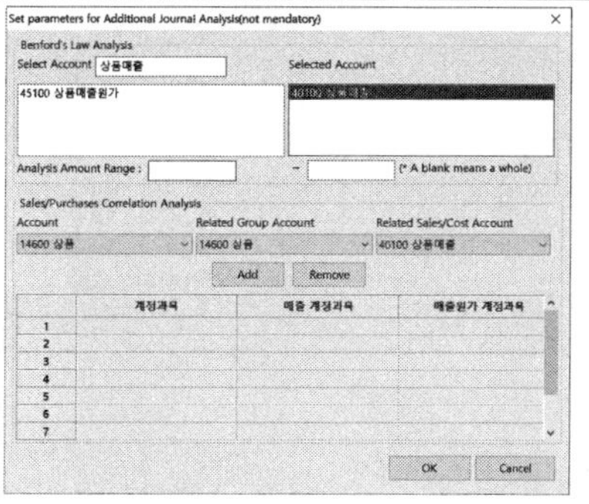

(1) Benford's law Analysis : 벤포드 분석을 하기 위한 칼럼을 선택한다.

- Select Account : ***상품매출*** 입력 후 엔터키를 누르면,
- 밑의 박스에 ***상품매출*** 문자가 포함된 항목이 모두 나열된다.
- 분석하고자 하는 칼럼을 더블클릭하면 오른쪽 Selected Account로 이동한다.
- Selected Account에서 더블클릭하면 다시 왼쪽으로 이동하여 해제된다.

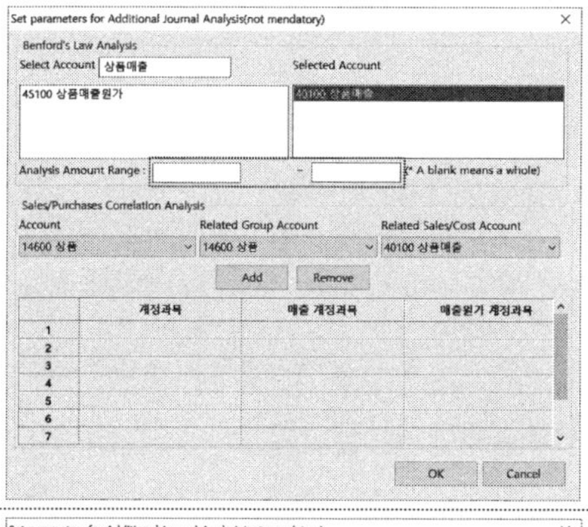

(2) Analysis Amount Range :

- 벤포드 분석시 일정금액 이상인 레코드만 분석대상에 포함시키고자 할 때 이상금액 ~ 이하금액을 설정할 수 있다. 첫 번째 박스는 이상금액이며, 두 번째 박스는 이하금액이다. 두 개를 모두 빈칸으로 남겨두는 경우는 모든 레코드를 대상으로 한다.

☞ Benford's law Analysis은 선택사항이므로 Account를 선택하지 않으면 분석결과가 별도로 나오지 않는다.

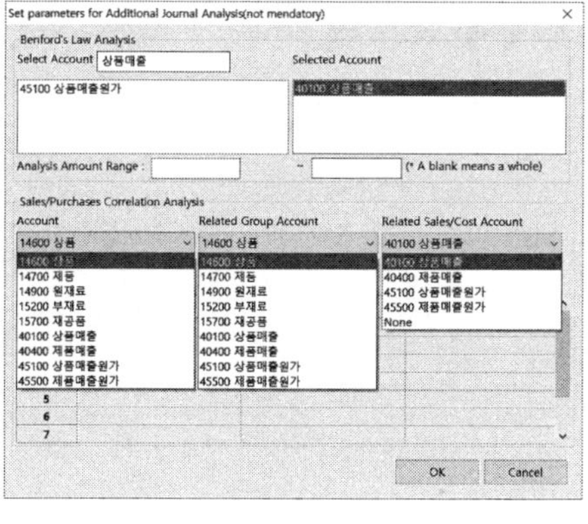

(3) Sales/Purchase Correlation Analysis

- Account와 Related Group Account
  - 앞에서 매출, 매출원가, 재고자산으로 매핑한 계정과목이 리스트에 나타난다.
  - 개념적으로는 하나의 매출에 하나의 매출원가를 연계하여 분석하는 것이 가장 이상적이나, 회사마다 매출은 여러개로 구분되면서(예: XX매출, OO매출 등) 매출원가는 하나의 매출원가로 관리하거나, 그 반대의 상황이 발생할 수 있다. 이 경우 분개장에 있는 계정과목으로는 적절한 매출/매출원가 상관분석을 할 수 없게 된다.
  - 따라서, Account의 계정과목을 Related Group Account에 통합 매핑하는 것이 필요하다(이것마저 하기 어렵다면 이 과정 자체를 생략할 수 있다)

- Related Sales/Cost Account
  - Related Group Account : 매출 관련항목 ➠ Related Sales/Cost Account : 매출원가 항목
  - Related Group Account : 매출원가 관련항목 ➠ Related Sales/Cost Account : 매출 항목
  - Related Group Account : 재고자산 관련항목 ➠ Related Sales/Cost Account : 매출원가 항목

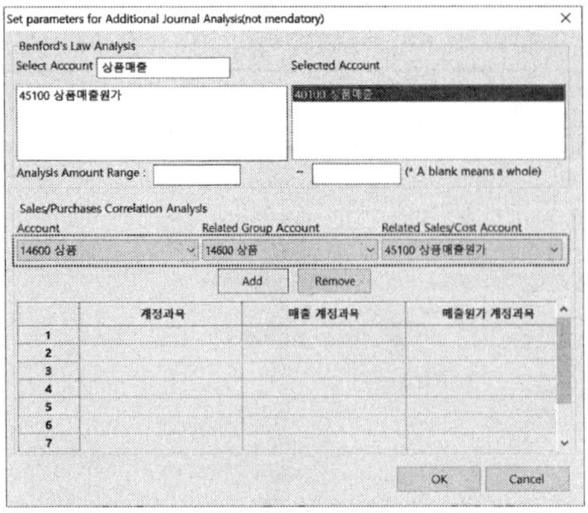

(4) 매핑을 수행한다.

- Account : ***14600 상품*** 선택
- Related Group Account : ***14600 상품*** 선택
- Related Sales/Cost Account : ***45100 상품매출원가*** 선택

(5) Add 버튼을 누른다.

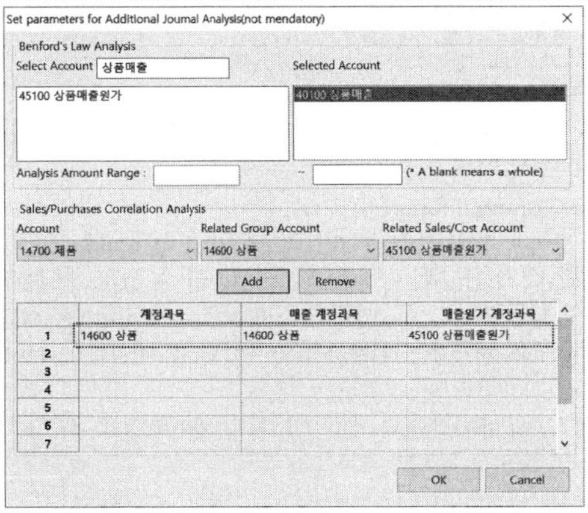

(6) 아래 리스트에 매핑된 항목이 들어가는 것을 확인할 수 있다.

(7) 나머지 항목도 같은 방식으로 매핑을 수행한다.

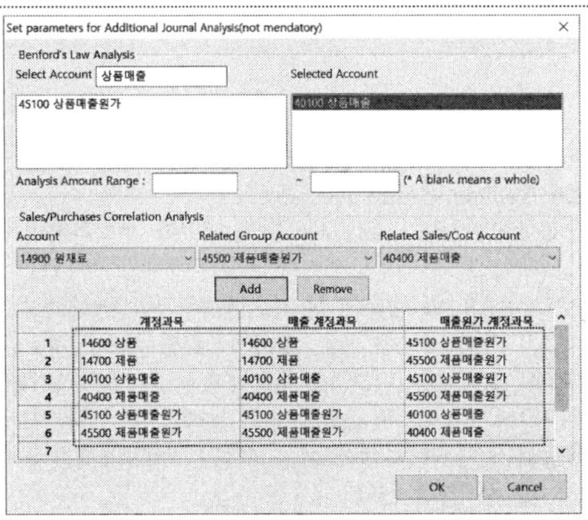

(8) 왼쪽과 같이 매핑을 수행한 후,

(9) OK 버튼을 누른다.

☞ Sales/Purchases Correlation Analysis 메뉴는 선택사항이므로 매핑하지 않으면 분석결과가 별도로 나오지 않는다.

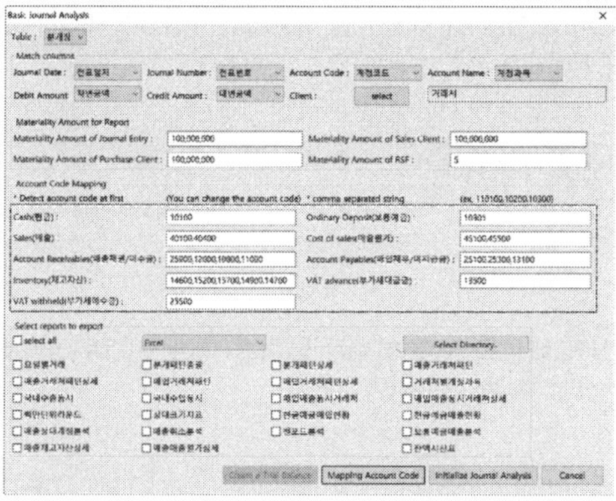

(10) 왼쪽 점선 안과 같이 매핑된 계정과목 코드가 자동으로 들어간다. 이를 수정하고 싶으면 Mapping Account Code 버튼을 눌러 다시 절차를 밟아야 한다.

(11) Initialize Journal Analysis 버튼을 누른다.

	전표일자	전표번호	차변금액	대변금액	차변대변차이
0	2016-01-01 00:00:00	1	915,200	915,200	0
1	2016-01-01 00:00:00	10	24,963,600	24,963,600	0
2	2016-01-01 00:00:00	100	110	110	0
3	2016-01-01 00:00:00	101	500	500	0
4	2016-01-01 00:00:00	102	660	660	0
5	2016-01-01 00:00:00	11	5,625,600	5,625,600	0
6	2016-01-01 00:00:00	12	582,544,710	582,544,710	0
7	2016-01-01 00:00:00	13	2,000,000	2,000,000	0
8	2016-01-01 00:00:00	14	7,554,460	7,554,460	0
9	2016-01-01 00:00:00	15	59,242,438	59,242,438	0
10	2016-01-01 00:00:00	16	12,657,286	12,657,286	0
11	2016-01-01 00:00:00	17	0	0	0
12	2016-01-01 00:00:00	18	-35,765,164	-35,765,164	0
13	2016-01-01 00:00:00	2	132,374	132,374	0
14	2016-01-01 00:00:00	4	740,396	740,396	0
15	2016-01-01 00:00:00	6	5,500,926	5,500,926	0
16	2016-01-01 00:00:00	7	4,000,000	4,000,000	0

(12) 분개장_차대변대조표에서는 분개세트에서 차변대변이 일치하지 않는 경우를 Sorting 또는 필터링을 통하여 쉽게 찾을 수 있다.

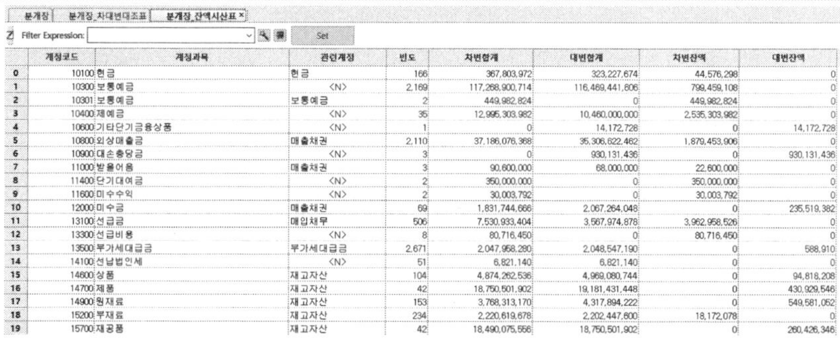

	계정코드	계정과목	관련계정	빈도	차변합계	대변합계	차변잔액	대변잔액
0	10100	현금	현금	166	367,803,972	323,227,674	44,576,298	0
1	10300	보통예금	<N>	2,169	117,268,900,714	116,469,441,606	799,459,108	0
2	10301	보통예금	보통예금	2	449,982,824	0	449,982,824	0
3	10400	제예금	<N>	35	12,995,303,982	10,460,000,000	2,535,303,982	0
4	10600	기타단기금융상품	<N>	1	0	14,172,728	0	14,172,728
5	10800	외상매출금	매출채권	2,110	37,186,076,368	35,306,622,462	1,879,453,906	0
6	10900	대손충당금	<N>	3	0	930,131,436	0	930,131,436
7	11000	받을어음	매출채권	3	90,600,000	68,000,000	22,600,000	0
8	11400	단기대여금	<N>	2	350,000,000	0	350,000,000	0
9	11600	미수수익	<N>	2	30,003,792	0	30,003,792	0
10	12000	미수금	매출채권	69	1,831,744,666	2,067,264,048	0	235,519,382
11	13100	선급금	매입채무	506	7,530,933,404	3,567,974,878	3,962,958,526	0
12	13300	선급비용	<N>	8	80,716,450	0	80,716,450	0
13	13500	부가세대급금	부가세대급금	2,671	2,047,958,280	2,048,547,190	0	588,910
14	14100	선납법인세	<N>	51	6,821,140	6,821,140	0	0
15	14600	상품	재고자산	104	4,874,262,536	4,969,080,744	0	94,818,208
16	14700	제품	재고자산	42	18,750,501,902	19,181,431,448	0	430,929,546
17	14900	원재료	재고자산	153	3,768,313,170	4,317,894,222	0	549,581,052
18	15200	부재료	재고자산	234	2,220,619,678	2,202,447,600	18,172,078	0
19	15700	재공품	재고자산	42	18,490,075,556	18,750,501,902	0	260,426,346

(13) 분개장_잔액시산표는 재무상태표 항목은 전기이월금액이 별도로 없기 때문에 불완전한 잔액시산표이다.

(14) 관련계정 칼럼에 Fraudit이 사전에 정한 계정과목으로 매핑된 것이 보이며 <N> 부분은 매핑되지 않은 것이다.

(15) 빈도 칼럼은 계정과목이 나타난 레코드(행) 수를 보여준다.

(16) 차변합계와 대변합계 금액이 나타나며, 차변잔액과 대변잔액은 잔액을 나타낸다.

☞ 회사가 어떤 계정과목을 가장 많이 사용하는지 빈도 칼럼을 sorting 하여 파악할 수 있다.

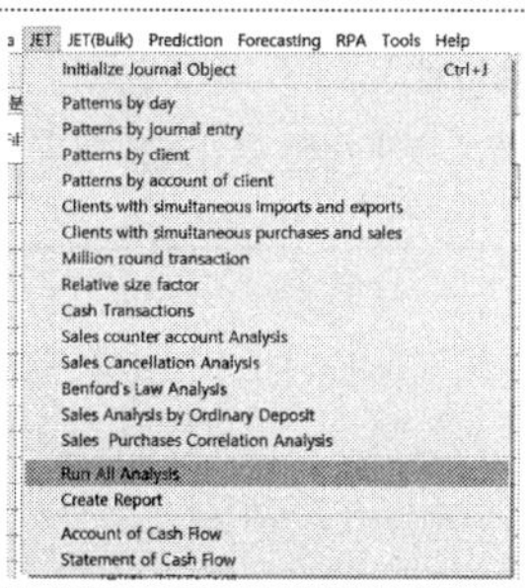

(17) JET 메뉴에 돌아와서, 개별 분석 메뉴를 눌러 개별적인 분석을 할수도 있고, Run All Analysis 메뉴를 눌러 모든 분석을 일괄처리할 수 있다. 여기서는 Run All Analysis 메뉴를 누른다.

(18) ***분개장*** 테이블에 대해서 분석을 할 것인지를 물어보는 메시지 박스가 뜨며, ***예***를 누른다.

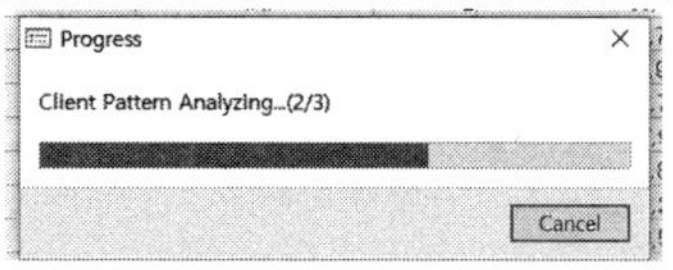

(19) 모든 분석이 일괄적으로 수행된다.

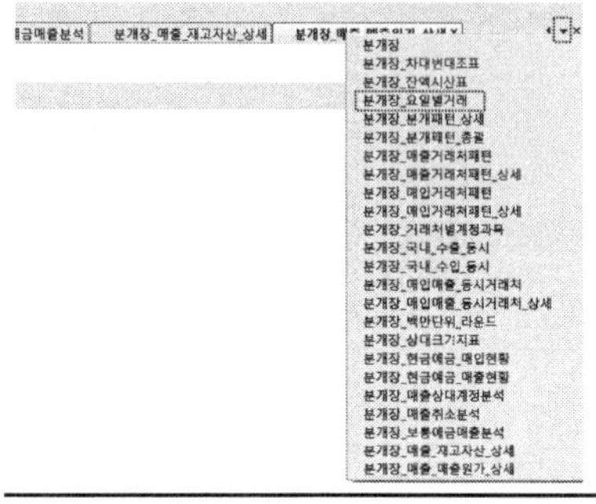

(20) 상단의 아래 화살표 버튼을 누르면 모든 테이블 탭이 보이며 여기서 확인하고자 하는 테이블을 선택하면 된다.

- 이하에서는 상기 결과 분석 테이블에 대해서 자세하게 설명하도록 하겠다.

2 Patterns by day

- Patterns by day 메뉴 실행 결과 생성되는 **분개장_요일별거래** 테이블은 요일별 거래건수와 거래금액에 대한 분석결과를 보여주는 것이다. 특히, 토요일 및 일요일에 회계처리한 건수와 매월별 거래의 특성을 분석하고자 한다.

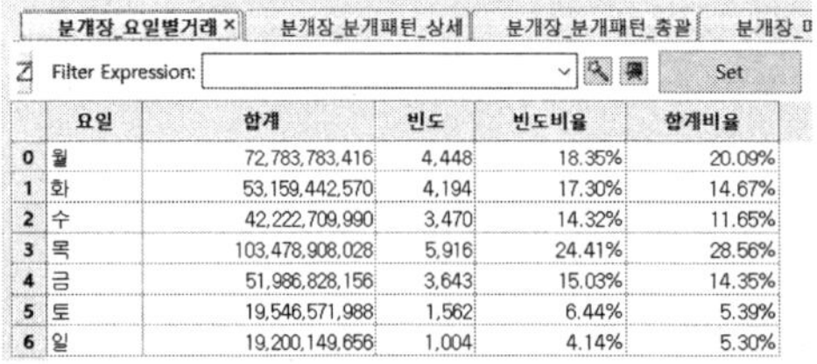

	요일	합계	빈도	빈도비율	합계비율
0	월	72,783,783,416	4,448	18.35%	20.09%
1	화	53,159,442,570	4,194	17.30%	14.67%
2	수	42,222,709,990	3,470	14.32%	11.65%
3	목	103,478,908,028	5,916	24.41%	28.56%
4	금	51,986,828,156	3,643	15.03%	14.35%
5	토	19,546,571,988	1,562	6.44%	5.39%
6	일	19,200,149,656	1,004	4.14%	5.30%

(1) 분개장_요일별거래 테이블을 선택한다.

(2) 각 칼럼의 의미는 다음과 같다.

- 요일 : 전표일자가 속한 요일
- 합계 : 해당 요일의 전표 차변(또는 대변) 합계금액
- 빈도 : 해당 요일의 레코드수 합계
- 빈도비율 : 요일별 빈도/전체 빈도 합계
- 합계비율 : 요일별 합계/전체합계

☞ 토요일과 일요일에 빈도비율이나 합계비율이 비정상적으로 높은 경우 해당 기업의 거래패턴에 대한 추가적인 검토가 필요할 수 있다.

3 Patterns by journal entry

- Patterns by journal entry 메뉴 실행 결과 생성되는 **분개장_분개패턴_총괄** 테이블과 **분개장_분개패턴_상세** 테이블을 이해하기 위해서는 먼저 컴퓨터는 어떻게 분개패턴을 구분하는지에 대한 이해가 필요하다.

	A	B	C	D	E	F	G	H	I
1									
2	1번 분개	전표일지	전표번호	계정코드	계정코드_1	계정과목	차변금액	대변금액	거래처
3		2016-01-01	1	53100	53100	지급수수료	832,000		01404
4		2016-01-01	1	13500	13500	부가세대급금	83,200		01404
5		2016-01-01	1	25300	-25300	미지급금		915,200	01404
6			차변대변합계				915,200	915,200	
7			계정코드합계	91900					
8			계정코드_1합계		41300				
9									
10									
11									
12									
13	2번 분개	전표일자	전표번호	계정코드	계정코드_1	계정과목	차변금액	대변금액	거래처
14		2016-01-01	2	53100	-53100	지급수수료		832,000	01404
15		2016-01-01	2	13500	-13500	부가세대급금		83,200	01404
16		2016-01-01	2	25300	25300	미지급금	915,200		01404
17			차변대변합계				915,200	915,200	
18			계정코드합계	91900					
19			계정코드_1합계		-41300				

- 상기 그림에서 1번 분개와 2번 분개는 계정코드와 계정과목이 동일하다. 그러나 차변금액과 대변금액이 서로 반대로 위치하고 있다는 것을 알 수 있다. 회계를 조금이라도 아는 사람이라면 이 두 분개가 다른 분개라는 것을 쉽게 이해할 수 있다. 그러나 컴퓨터가 상기 두 분개가 다르다는 것을 구분하기 위해서는 약간의 알고리즘이 필요하다. 즉, **차변금액이 0보다 크거나 같으면 계정코드는 그대로 계정코드_1이 되고 대변금액이 0보다 크면 계정코드는 −1을 곱한 것이 계정코드_1이 된다**. 이와 같이 한 후 계정코드_1을 합산하면 1번 분개는 41300이 되고, 2번 분개는 −41300이 되므로 이를 통하여 일차적으로 구분할 수 있다.
- 하지만 계정코드_1의 합계가 같아도 동일한 분개 패턴이 아닐 수 있다. 아래 그림과 같이 계정코드_1의 합계가 41300으로 동일하여도 1번 분개와 2번 분개는 전혀 다른 분개이다. 이 경우 1번 분개와 2번 분개가 다른 분개라는 것은 계정코드_1의 표준편차로 구분할 수 있다.

	A	B	C	D	E	F	G	H	I
1									
2	1번 분개	전표일자	전표번호	계정코드	계정코드_1	계정과목	차변금액	대변금액	거래처
3		2016-01-01	1	53100	53100	지급수수료	832,000		01404
4		2016-01-01	1	13500	13500	부가세대급금	83,200		01404
5		2016-01-01	1	25300	-25300	미지급금		915,200	01404
6			차변대변합계				915,200	915,200	
7			계정코드합계	91900					
8			계정코드_1합계		41300				
9			계정코드_1 표준편차		39200.68027				
10									
11									
12	2번 분개	전표일자	전표번호	계정코드	계정코드_1	계정과목	차변금액	대변금액	거래처
13		2016-01-01	3	14600	14600	상품	832,000		01404
14		2016-01-01	3	14700	14700	제품	832,000		01404
15		2016-01-01	3	14900	14900	원재료	832,000		01404
16		2016-01-01	3	15200	15200	부재료	832,000		01404
17		2016-01-01	3	13500	13500	부가세대급금	332,800		01404
18		2016-01-01	3	31600	-31600	파생상품부채		3,660,800	01404
19			차변대변합계				3,660,800	3,660,800	
20			계정코드합계	104500					
21			계정코드_1합계		41300				
22			계정코드_1 표준편차		18861.75142				

• 결론적으로, 어떤 분개가 독특(unique)하다는 것을 계정코드_1의 합계와 계정코드_1의 표준편차의 조합으로 구분할 수 있다. Patterns by journal entry 메뉴는 계정코드_1의 합계와 표준편차의 조합으로 분개 패턴을 구분하고 이 분개의 빈도, 레코드수, 차변합계, 차변 최대값을 나타냄으로써 금액이 중요성 금액을 넘으면서 빈도가 적은 유니크한 분개를 쉽게 찾을 수 있도록 **분개장_분개패턴_총괄** 테이블과 **분개장_분개패턴_상세** 테이블을 동시에 제공한다. **분개장_분개패턴_총괄** 테이블의 S_index 칼럼의 인덱스를 **분개장_분개패턴_상세** 테이블의 스핀 버튼에 기입하면 그 상세 분개를 쉽게 볼 수 있다.

	S_index	계정코드1합계	계정코드1표준편차	계정코드1빈도	계정코드1레코드수	차변합계	차변Max
0	300	0.0	36,769.55	1.0	2.0	3,400,000,0000	3,400,000,0000
1	262	-3300.0	39,103.00	1.0	2.0	2,400,000,0000	2,400,000,0000
2	283	-100.0	14,637.11	1.0	2.0	2,000,000,0000	2,000,000,0000
3	307	1500.0	40,517.22	1.0	2.0	660,000,0000	660,000,0000
4	368	16200.0	26,021.53	1.0	2.0	427,159,2000	427,159,2000
5	327	4400.0	51,335.95	1.0	2.0	394,684,4260	394,684,4260
6	292	0.0	15,273.51	1.0	2.0	302,481,4800	302,481,4800
7	219	-15100.0	25,950.82	1.0	2.0	188,953,3740	188,953,3740
8	550	71300.0	85,064.95	1.0	2.0	117,333,3340	117,333,3340
9	254	-7200.0	19,798.99	1.0	2.0	79,996,1200	79,996,1200
10	281	-300.0	36,416.00	1.0	2.0	77,000,0000	77,000,0000
11	277	-700.0	15,061.37	1.0	2.0	68,000,0000	68,000,0000
12	255	-5800.0	41,719.30	1.0	2.0	55,556,4160	55,556,4160
13	229	-12500.0	27,365.03	1.0	2.0	48,000,0000	48,000,0000
14	348	12000.0	27,011.48	1.0	2.0	47,912,0000	47,912,0000
15	477	56800.0	75,943.27	1.0	2.0	34,533,2000	34,533,2000
16	504	66900.0	84,357.84	1.0	2.0	33,596,9660	33,596,9660
17	510	68800.0	67,175.14	1.0	2.0	33,177,5000	33,177,5000

(1) ***분개장_분개패턴_총괄*** 결과는 위와 같이 나타난다. 예를 들어, ***맨 위줄의 S_index 300***은 계정코드1합계와 계정코드1표준편차의 조합으로 구분된 분개패턴이며, ***계정코드1 빈도***가 ***1.0***이라는 것은 해당 분개 패턴이 1번 발생하였다는 것이며, ***계정코드1 레코드수***가 ***2.0***이라는 것은 아무리 적어도 보통은 차변, 대변 한줄씩은 나와야 하므로 차변, 대변 1줄씩 총 2개의 레코드로 구성된 분개 패턴이라는 것을 나타낸다. 한편, 차변합계는 내림차순으로 정렬되어 있다. 만약 ***S_index 300*** 분개패턴에 대해서 상세 내용을 알고 싶다면, 아래와 같이 ***분개장_분개패턴_상세*** 테이블의 스핀 버튼에서 300을 입력하여 상세 내용을 확인하면 된다.

Filter Expression: Set 300 of 1164

	전표일자	전표번호	계정코드	계정과목	차변금액	대변금액	거래처	계정코드1	S_index	계정코드1합계	계정코드1표준편차	계정코드1빈도	차변합계	차변Max
0	2016-05-20 00:00:00	6	26000	단기차입금	3400000000	0	98003	26000	4765	0	36,769.55	2	3,400,000,000	3,400,000,000
1	2016-05-20 00:00:00	6	26000	단기차입금	0	3400000000	98003	-26000	4765	0	36,769.55	2	3,400,000,000	3,400,000,000

4 Patterns by client

• Patterns by client 메뉴 실행 결과 생성되는 **분개장_매출거래처패턴** 테이블은 매출 거래처가 경상거래처인지 비경상거래처인지를 분석하기 위한 것이다.

	거래처_index	거래처	계정코드빈도	전표일자번호빈도	차변합계	대변합계
0	292	05154	1	1	1,500,000	0
1	189	03874	1	1	91,200	0
2	254	04814	1	1	60,000	0
3	0		1	1	0	68,000,000
4	54	01081	1	1	0	3,750,400
5	142	02606	1	1	0	5,390,000
6	145	02628	1	1	0	3,119,600
7	190	03879	1	1	0	3,485,058
8	198	03981	1	1	0	6,875,186
9	221	04393	1	1	0	3,318,500
10	222	04443	1	1	0	73,373,694
11	239	04718	1	1	0	195,000
12	252	04812	1	1	0	520,000
13	277	05014	1	1	0	1,946,000
14	308	05286	1	1	0	8,910,000
15	317	05363	1	1	0	20,000,000
16	440	05916	1	1	0	2,178,084
17	394	05779	2	2	77,000,000	77,000,000
18	75	01420	2	1	25,741,908	27,166,882
19	20	00368	2	2	14,593,706	14,593,706

(1) ***분개장_매출거래처패턴*** 결과는 왼쪽과 같이 나타난다. 예를 들어, ***맨 위줄의 거래처 05154***는 매출 계정코드가 해당기간 중 1번만 발생하였으며 전표일자도 1일만 존재한다. 이런 거래처는 비경상 매출거래처이므로 금액이 큰 경우 보다 면밀한 검토할 필요가 있다. 다만 차변합계와 대변합계 금액이 중요성 금액이 미치지 못한다면 분석자가 분석의 효율성을 고려하여 추가적인 검토를 생략할 수도 있다.

(2) 18번 행의 ***거래처 01420***은 매출 계정코드가 해당기간중 2번 발생하였으나 전표일자가 1일만 존재하므로 이러한 매출거래도 결국은 한번만 발생하였다고 볼 수 있다. 게다가 금액도 2천만원 이상이므로 이러한 거래처는 추가적인 분석이 필요할 수 있다.

Filter Expression: Set 75 of 442

	전표일자	전표번호	계정코드	계정과목	차변금액	대변금액	거래처	계정코드1	거래처_index	전표일자_번호
0	2016-06-16	19	25900	선수금	25,741,908	0	01420	25900	75	2220
1	2016-06-16	19	40100	상품매출	0	27,166,882	01420	-40100	75	2220

(3) ***분개장_매출거래처패턴***의 ***거래처_index***를 ***분개장_매출거래처패턴_상세*** 테이블의 스핀버튼에 기입하면 그 상세내역이 나온다. 여기서는 ***거래처_index 칼럼 중 75***를 ***분개장_매출거래처패턴_상세*** 테이블의 스핀버튼에 기입해서 결과를 확인해본다.

• Patterns by client 메뉴 실행 결과 생성되는 **분개장_매입거래처패턴** 테이블은 매입 거래처가 경상거래처인지 비경상거래처인지를 분석하기 위한 것이다. **분개장_매입거래처패턴**과 **분개장_매입거래처패턴_상세** 테이블도 유사한 방법으로 결과를 해석하면 된다.

5 Patterns by account of client

• Patterns by account of client 메뉴 실행 결과 생성되는 **분개장_거래처별계정과목** 테이블은 거래처에 사용된 계정과목을 보여주어 그 계정과목들의 연관성이 높지 않은 계정과목이 포함되어 있는지를 파악하기 위한 것이다.

• 예를 들어, 어떤 거래처에 대해서 매출, 외상매출금, 보통예금의 계정과목이 있다면 이 거래처는 매출거래처라고 합리적으로 해석할 수 있지만 만약 계정과목간의 상관관계가 상대적으로 낮은 대여금이 포함되어 있다면 해당 거래처에 대해서는 보다 면밀한 검토가 필요할 것이다.

	거래처_인덱스	거래처_계정과목_인덱스	거래처	계정코드	계정과목	계정과목_중복제외빈도	계정과목_빈도	차변금액	대변금액
0	1	129	00107	13500	부가세대급금	1	7	571,580	0
1	1	130	00107	15200	부재료	1	7	5,715,800	0
2	1	131	00107	25100	외상매입금	1	8	4,371,180	4,371,180
3	1	132	00107	25300	미지급금	1	1	0	1,916,200

(1) ***분개장_거래처별계정과목*** 의 첫 번째 테이블에서는 거래처 00107에 대해서는 부가세대금금, 부재료, 외상매입금, 미지급금의 계정과목이 사용되어 계정과목간 상관관계가 상대적으로 낮은 계정과목은 보이지 않는다.

6 Clients with simultaneous imports and exports

- Clients with simultaneous imports and exports 메뉴 실행 결과 생성되는 **분개장_국내_수출_동시** 테이블은 동일한 거래처에 대해서 국내매출과 수출이 동시에 발생하는지를 분석하기 위한 것이다. 동일한 거래처에 대해서 국내매출과 수출이 동시에 발생한다면 예외적인 경우에 해당한다. 이 분석을 위해서 부가세예수금을 매핑한 것이며 부가세예수금이 0이 발생한 분개와 0이 아닌 분개가 모두 포함된 거래처를 파악하는 것이다. 물론 경우에 따라서는 면세의 경우도 부가세예수금이 0으로 발생할 수 있으나 과세매출과 면세매출이 동시에 발생한 경우로 해석이 가능하다.

	거래처	부가세예수금빈도	부가세예수금_0아님	부가세예수금_0	분류
0	01403	14	1	13	국내매출수출동시
1	04315	28	14	14	국내매출수출동시
2	05725	6	5	1	국내매출수출동시
3	05779	2	1	1	국내매출수출동시
4	00127	2	0	2	-
5	00131	3	0	3	-
6	00133	1	0	1	-
7	00136	1	0	1	-
8	00150	1	0	1	-

(1) ***분개장_국내_수출_동시*** 테이블을 보면 분류 칼럼에 ***국내매출수출동시***라고 되어 있는 거래처는 부가세예수금_0아님과 부가세예수금_0 칼럼에 동시에 1이상이 나오는 것을 확인할 수 있다.

- Clients with simultaneous imports and exports 메뉴 실행 결과 생성되는 **분개장_국내_수입_동시** 테이블은 동일한 거래처에 대해서 국내매입과 수입이 동시에 발생하는지를 분석하기 위한 것이다. 동일한 거래처에 대해서 국내매입과 수입이 동시에 발생한다면 예외적인 경우에 해당한다. 이 분석을 위해서 부가세대급금을 매핑한 것이며 부가세대급금이 0이 발생한 분개와 0이 아닌 분개가 모두 포함된 거래처를 파악하는 것이다.

	거래처	부가세대급금빈도	부가세대급금_0아님	부가세대급금_0	분류
0	00109	27	13	14	국내매입수입동시
1	00245	11	10	1	국내매입수입동시
2	00317	28	18	10	국내매입수입동시
3	00632	14	7	7	국내매입수입동시
4	00682	11	2	9	국내매입수입동시
5	00686	8	4	4	국내매입수입동시
6	00690	8	1	7	국내매입수입동시
7	00770	21	20	1	국내매입수입동시
8	00829	2	1	1	국내매입수입동시
9	01109	4	2	2	국내매입수입동시
10	01403	2	1	1	국내매입수입동시
11	01596	6	3	3	국내매입수입동시
12	01686	3	2	1	국내매입수입동시
13	01755	8	4	4	국내매입수입동시

(1) ***분개장_국내_수입_동시*** 테이블을 보면 분류 칼럼에 ***국내매입수입동시***라고 되어 있는 거래처는 부가세대급금_0아님과 부가세대급금_0 칼럼에 동시에 1이상이 나오는 것을 확인할 수 있다.

7 Clients with simultaneous purchases and sales

- Clients with simultaneous purchases and sales 메뉴 실행 결과 생성되는 **분개장_매입매출_동시거래처** 테이블은 동일한 거래처에 대해서 매출과 매입이 동시에 발생하는지를 분석하기 위한 것이다.
- 동일한 거래처에 대해서 매출과 매입이 동시에 발생하는 것 자체가 부정을 의미하는 것은 아니다. 그러나 해당거래처에 대한 매출채권과 매입채무 상계 등 부정한 거래가 발생할 가능성이 높으며, 특히 전체 거래처 중 매출과 매입이 동시에 발생하는 거래처의 비중이 상당히 높다면 거래상 부정 등의 위험이 높을 수 있다.

	S_index	거래처	매출매입_동시
0	0	00107	0
1	1	00109	0
2	2	00114	0
3	3	00115	31
4	4	00119	0
5	5	00120	0
6	6	00121	0
7	7	00123	0
8	8	00125	0
9	9	00127	0
10	10	00128	0
11	11	00131	0

(1) ***분개장_매입매출_동시거래처*** 테이블 연다.
(2) ***매출매입_동시*** 칼럼을 내림차순으로 정렬한다.

	S_index	거래처	매출매입_동시
0	41	00304	176
1	454	03909	120
2	433	03777	63
3	155	01267	60
4	369	03097	33
5	3	00115	31
6	742	05337	25
7	201	01664	24
8	517	04341	24
9	671	05027	14
10	309	02606	11

(3) 매출매입_동시 칼럼에서 1이상 나온 거래처의 수는 21개이며, 전체 거래처수는 1026개(거래처 코드나 거래처 명이 있는 것으로 만약 거래처 코드나 거래처 명이 없는 거래처와 매출 매입이 동시에 발생하였다면 전체 거래처수에 포함되지 않을 가능성이 있다) 이므로 비중은 대략 2% 정도 수준이다.
(4) S_index 칼럼에서 309 인덱스에 있는 거래처 02606에 대한 상세내용을 알고 싶다면 ***분개장_매입매출_동시거래처_상세*** 테이블에서 스핀버튼 박스에 309를 입력한다.

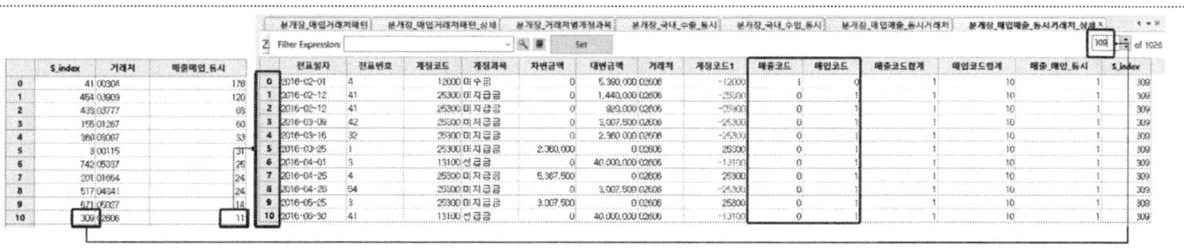

(5) ***분개장_매입매출_동시거래처*** 테이블과 ***분개장_매입매출_동시거래처_상세*** 테이블의 관계는 상기 그림과 같다. 미수금은 매출채권 계정과목으로 매핑되었고, 미지급금·선급금은 매입채무 계정과목으로 매핑되었기 때문에 매출매입 동시거래처로 나온 것이다. 다만 11이라는 숫자는 레코드수를 의미한다.

8 Million round transaction

- 어떤 거래가 백만단위 이하가 0으로 구성되어 있는 것이 포함되어 있다면 해당 거래는 공모의 가능성이 상대적으로 높을 수 있다. Million round transaction 메뉴 실행 결과 생성되는 **분개장_백만단위_라운드** 테이블은 거래처별로 백만단위 이하가 0으로 구성되어 있는 것이 포함되어 있는지를 보여준다.

Filter Expression: Set

	S_index	거래처	차변_백만_빈도	대변_백만_빈도	차변Max	대변Max
0	0		76	10	660,000,000	660,000,000
1	1	00107	0	0	0	0
2	2	00109	0	0	0	0
3	3	00110	0	0	0	0
4	4	00113	0	0	0	0
5	5	00114	0	0	0	0
6	6	00115	0	0	0	0
7	7	00117	0	0	0	0
8	8	00119	0	0	0	0
9	9	00120	1	0	16,000,000	0
10	10	00121	0	0	0	0
11	11	00123	0	0	0	0
12	12	00125	0	0	0	0
13	13	00127	0	0	0	0
14	14	00128	0	0	0	0
15	15	00131	0	0	0	0
16	16	00132	0	0	0	0
17	17	00133	0	0	0	0

(1) *분개장_백만단위_라운드* 테이블 연다.

(2) ***차변Max*** 칼럼을 내림차순으로 정렬한다.

	S_index	거래처	차변_백만_빈도	대변_백만_빈도	차변Max	대변Max
0	1137	98003	36	23	[illegible]	5,600,000,000
1	1142	98011	26	39	[illegible]	6,000,000,000
2	1140	98009	30	48	2,000,000,000	2,000,000,000
3	1149	98028	1	2	2,000,000,000	1,000,000,000
4	973	05761	1	0	[illegible]	0
5	576	04352	5	0	[illegible]	0
6	1135	98001	17	22	[illegible]	800,000,000
7	0		76	10	660,000,000	660,000,000
8	46	00280	1	0	[illegible]	0
9	484	03777	21	1	[illegible]	18,000,000
10	508	03909	1	2	100,000,000	14,000,000
11	549	04181	4	0	100,000,000	0

(3) 내림차순 정렬 결과 가장 큰 금액이 있는 거래처 98303은 어떤 거래처인지를 추가 분석할 필요가 있다.

☞ 은행 등과 같은 금융기관의 경우 큰 금액이면서 백만단위 이하가 0인 경우는 흔히 발생 할 수 있으므로 거래처의 성격에 따라 추가 분석 대상에 포함할 지 여부를 판단한다.

9 Million round transaction

- 동일한 거래처에 대한 거래금액 중 가장 큰 금액과 두 번째로 큰 금액과의 비율을 검토하게 되면 가장 큰 금액이 어느 정도 예외적으로 큰 금액인지를 직관적으로 가늠할 수 있다. 예를 들어, 어떤 거래처에 대한 매출채권의 두 번째 큰 금액이 1,000,000인데 가장 큰 금액이 100,000,000이라고 가정하자. 통상적으로 매출 거래처에 대한 거래금액의 급격한 변화는 매우 특이한 상황(경우에 따라서는 부정 등의 가능성이 있을 수 있음)이라고 볼 수 있다. 이러한 테스트를 Relative Size Factor 테스트라고 하며 약자로 RSF라고 한다.
- Relative size factor 메뉴는 거래처에 대해 계정과목별로 **[가장 큰 금액/두번째로 큰 금액]**인 RSF를 구하여 임계치를 넘는 거래처를 파악하는 기능을 제공한다.

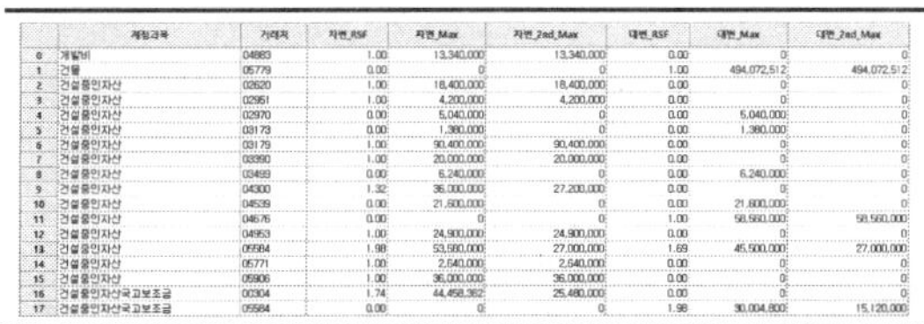

(1) *분개장_상대크기지표* 테이블을 연다.

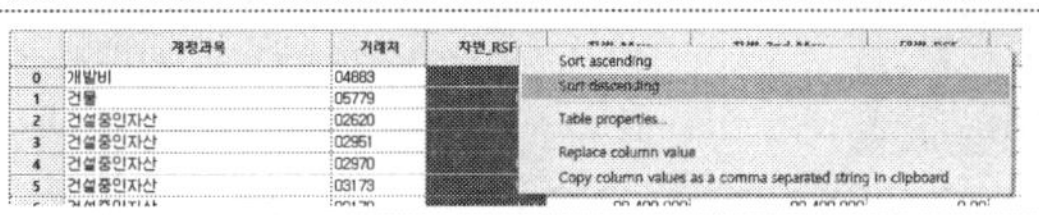

(2) ***차변_RSF*** 칼럼에서 내림차순으로 정렬한다.

(3) ***차변_RSF***의 값이 5(사전 매핑과정에서 설정한) 이상인 것 중 계정과목 외상매출금, 거래처 01602인 경우 17.92(가장 큰 금액/두번째 큰 금액)으로 이 거래처에 대해서는 추가적인 검토가 필요할 수 있다.

(4) ***대변_RSF***에 대해서도 유사한 방법으로 분석할 필요가 있다.

10 Cash Transactions

- 일반적으로 매출/매입 거래를 현금으로 거래한다면 횡령 등의 가능성이 있으므로 내부통제가 어느 정도 이루어지는 경우라면 발생하기 매우 힘든 거래이다. 만약 이러한 거래가 존재한다면 그 이유에 대해서 추가적인 검토가 필요할 것이다.
- Cash Transactions 메뉴는 매출/매입을 현금으로 거래하는 거래처를 파악하는 기능을 제공한다.

	S_index	전표일자	전표번호	현금거래
0	0	2016-01-18	42	1
1	1	2016-01-19	48	1
2	2	2016-02-03	13	1
3	3	2016-02-16	18	1
4	4	2016-02-18	22	1
5	5	2016-02-23	18	1
6	6	2016-03-16	23	1
7	7	2016-03-21	24	1
8	8	2016-03-30	7	1
9	9	2016-04-15	17	1
10	10	2016-04-19	21	1
11	11	2016-05-02	22	1
12	12	2016-05-12	11	1
13	13	2016-05-17	27	1
14	14	2016-06-15	25	1
15	15	2016-06-20	14	1
16	16	2016-06-24	7	1
17	17	2016-06-30	208	1

(1) ***분개장_현금매입_매입현황*** 테이블을 연다.
(2) 현금거래 칼럼에 1이상이 나오면 현금으로 매입거래가 이루어진 분개세트를 의미한다.
(3) 전표일자 ***2016-01-18*** 전표번호 ***42***의 분개세트를 ***분개장*** 테이블에서 확인해본다.

	전표일자	전표번호	계정코드	계정과목	차변금액	대변금액	거래처	승인일자	프로젝트코드
1377	2016-01-18	41	10300	보통예금	0	2,000,000	98009	2016-01-18	
1378	[illegible]	[illegible]	[illegible]	[illegible]	[illegible]	[illegible]	[illegible]	[illegible]	[illegible]
1379	[illegible]	[illegible]	[illegible]	[illegible]	[illegible]	[illegible]	[illegible]	[illegible]	[illegible]
1380	[illegible]	[illegible]	25300	미지급금	[illegible]	[illegible]	[illegible]	[illegible]	[illegible]
1381	[illegible]	[illegible]	[illegible]	[illegible]	[illegible]	[illegible]	[illegible]	[illegible]	[illegible]
1382	[illegible]	[illegible]	[illegible]	[illegible]	[illegible]	[illegible]	[illegible]	[illegible]	[illegible]
1383	[illegible]	[illegible]	[illegible]	[illegible]	[illegible]	[illegible]	[illegible]	[illegible]	[illegible]
1384	[illegible]	[illegible]	[illegible]	[illegible]	[illegible]	[illegible]	[illegible]	[illegible]	[illegible]
1385	[illegible]	[illegible]	[illegible]	[illegible]	[illegible]	[illegible]	[illegible]	[illegible]	[illegible]
1386	[illegible]	[illegible]	[illegible]	[illegible]	[illegible]	[illegible]	[illegible]	[illegible]	[illegible]
1387	2016-01-19	1	25300	미지급금	2,000,000	0	00304	2016-01-19	

(4) 대변이 현금인데 금액이 그리 크지 않은 소액에 해당한다. 소액현금은 거래가 이루어지는 경우도 있으니 상세내용은 반드시 확인할 필요가 있다.

	S_index	전표일자	전표번호	현금거래
0	0	2016-01-01	101	1
1	1	2016-01-01	99	1

(5) ***분개장_현금매입_매출현황*** 테이블을 연다.
(6) 현금거래 칼럼에 1이상이 나오면 현금으로 매출거래가 이루어진 분개세트를 의미한다.
(7) 전표일자 ***2016-01-01*** 전표번호 ***101***의 분개세트를 ***분개장*** 테이블에서 확인해본다.

	전표일자	전표번호	계정코드	계정과목	차변금액	대변금액	거래처	승인일자	프로젝트코드
45	2016-01-01	100	13500	부가세대급금	10	0	01403	2016-01-01	
46	2016-01-01	100	14600	상품	100	0	01403	2016-01-01	0006
47	2016-01-01	101	10100	현금	[illegible]	0	01403	2016-01-01	0006
48	2016-01-01	101	[illegible]	부가세예수금	0	[illegible]	01403	2016-01-01	
49	2016-01-01	101	40400	제품매출	0	500	01403	2016-01-01	0006
50	2016-01-01	102	10100	현금	0	660	01403	2016-01-01	0006

(8) 차변이 현금인데 대변이 제품매출이다. 매출거래는 아무리 금액이 작아도 현금으로 이루어지는 경우는 내부통제의 취약점으로 볼 수 있으므로 현금 매출의 이유를 반드시 확인할 필요가 있다.

11 Sales counter account Analysis

- 대변이 매출관련 계정과목인데 차변이 보통예금, 외상매출금, 받을어음, 미수금 등의 계정과목이 전혀 없다면 해당 거래는 매우 이상한 거래이며 경우에 따라서는 매출을 의도적으로 늘리려는 거래에 해당할 수도 있다.
- Sales counter account Analysis 메뉴는 대변이 매출관련 계정과목인데 차변이 보통예금, 외상매출금, 받을어음, 미수금 등의 계정과목이 전혀 없는 거래를 나타내주는 기능을 제공한다.

	전표_인덱스	전표일자	전표번호	매출상대_차변빈도	매출_대변빈도
0	4684	2016-06-08 00:00:00	25	0	1
1	4912	2016-06-18 00:00:00	11	0	1

(1) ***분개장_매출상대계정분석*** 테이블을 연다.
(2) 전표일자 ***2016-06-08***과 전표번호 ***25***의 분개세트의 상세 내용을 분개장 테이블에서 확인한다.

	전표일자	전표번호	계정코드	계정과목	차변금액	대변금액	거래처	승인일자	프로젝트코드
20419	2016-06-08	24	13500	부가세대급금	10,800	0	01701	2016-06-08	
20420	2016-06-08	24	25300	미지급금	0	118,800	01701	2016-06-08	0032
20421	[illegible]	[illegible]	[illegible]	[illegible]	[illegible]	[illegible]	[illegible]	[illegible]	[illegible]
20422	[illegible]	[illegible]	[illegible]	[illegible]	[illegible]	[illegible]	[illegible]	[illegible]	[illegible]
20423	[illegible]	[illegible]	[illegible]	[illegible]	[illegible]	[illegible]	[illegible]	[illegible]	[illegible]

(3) 차변은 외화차손, 대변은 제품매출 계정과목이라 해당 거래처 ***02290***에 대해서는 추가적인 조사가 필요할 것이다.

12 Sales Cancellation Analysis

- Sales Cancellation Analysis 메뉴는 월별 매출취소 빈도와 금액 합계를 요약하여 나타내주는 기능을 제공한다.

	계정과목	전표월	빈도	차변금액	대변금액
0	상품매출	3	4	0	-32,509,922
1	상품매출	4	1	0	-3,280,000
2	상품매출	5	1	0	-254,546
3	상품매출	6	3	0	-32,394,546
4	제품매출	1	2	0	-41,192,728
5	제품매출	3	3	0	-19,800,000
6	제품매출	5	1	0	-401,600,000
7	제품매출	6	2	0	-1,852,728

(1) ***분개장_매출취소*** 테이블을 연다.
(2) 상품매출과 제품매출의 월별 매출 취소 빈도와 금액을 요약하여 보여준다.

13 Benford's Law Analysis

- 이는 Initialize Journal Object 메뉴에서 Benford's Law Analysis에서 선택한 계정과목(상품매출)에 대해서 Benford's Law Analysis 결과를 보여주는 기능이다.

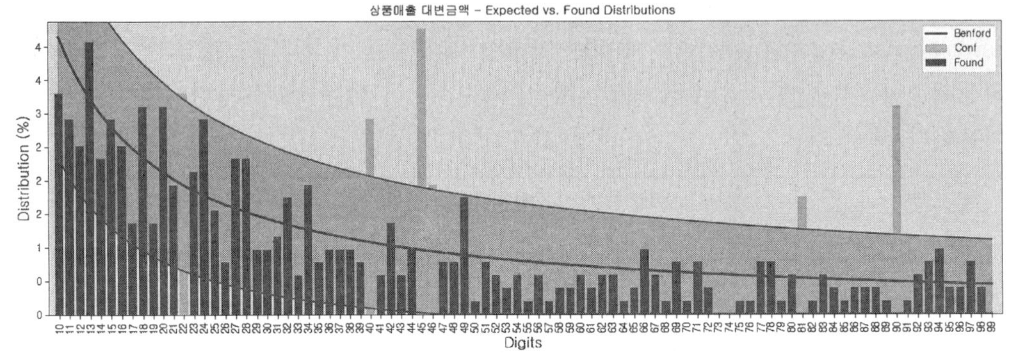

(1) ***분개장_벤포드분포_상품매출_대변금액*** 이미지 결과를 연다.

(2) 가장 상단의 선이 신뢰도 95% 상위 수준을 나타내는 선이다. 주황색 막대는 이 신뢰도 95% 수준을 벗어난 2 Digits을 보여준다. 여기서는 가장 많이 초과하는 첫 2단위인 45에 대해서 상세한 내용을 확인한다.

Filter Expression: [ ] Set 35 of 87

	대변_2단위	전표일자	전표번호	계정코드	계정과목	차변금액	대변금액	거래처	계정코드1	특정과목_빈도
0	45	2016-01-13 00:00:00	34	40100	상품매출	0	454546	02789	-40100	1
1	45	2016-01-13 00:00:00	35	40100	상품매출	0	454546	05741	-40100	1
2	45	2016-02-15 00:00:00	53	40100	상품매출	0	454546	05741	-40100	1
3	45	2016-02-15 00:00:00	54	40100	상품매출	0	454546	02789	-40100	1
4	45	2016-02-16 00:00:00	28	40100	상품매출	0	4545456	04716	-40100	1
5	45	2016-02-17 00:00:00	23	40100	상품매출	0	454546	05668	-40100	1
6	45	2016-03-07 00:00:00	19	40100	상품매출	0	454546	05050	-40100	1
7	45	2016-03-09 00:00:00	27	40100	상품매출	0	454546	05741	-40100	1
8	45	2016-03-09 00:00:00	28	40100	상품매출	0	454546	02789	-40100	1
9	45	2016-03-17 00:00:00	36	40100	상품매출	0	454546	05073	-40100	1
10	45	2016-03-30 00:00:00	29	40100	상품매출	0	4549656	00727	-40100	1
11	45	2016-04-04 00:00:00	27	40100	상품매출	0	4545456	04716	-40100	1
12	45	2016-04-05 00:00:00	21	40100	상품매출	0	454546	02789	-40100	1
13	45	2016-04-05 00:00:00	22	40100	상품매출	0	454546	05741	-40100	1
14	45	2016-04-26 00:00:00	39	40100	상품매출	0	4506824	05510	-40100	1
15	45	2016-05-09 00:00:00	32	40100	상품매출	0	4545456	04716	-40100	1
16	45	2016-05-10 00:00:00	29	40100	상품매출	0	454546	05073	-40100	1
17	45	2016-05-23 00:00:00	32	40100	상품매출	0	454546	04903	-40100	1
18	45	2016-05-23 00:00:00	35	40100	상품매출	0	454546	02789	-40100	1
19	45	2016-06-08 00:00:00	14	40100	상품매출	0	454546	05668	-40100	1
20	45	2016-06-10 00:00:00	29	40100	상품매출	0	454546	05073	-40100	1
21	45	2016-06-23 00:00:00	30	40100	상품매출	0	452790	02530	-40100	1

(3) 대변금액의 첫 2단위가 45이며, 거의 동일한 금액으로 구성되어있다. 이러한 금액이 발생하는 이유에 대해서는 추가적인 조사가 필요할 수 있다.

14 Sales Analysis by Ordinary Deposit

- Sales Analysis by Ordinary Deposit 메뉴는 차변에 보통예금, 대변에 매출 계정과목이 나오는 분개세트를 보여주는 기능이다. 이 기능이 왜 필요한지를 설명하기 위하여 금융감독원에서 발표한 보도자료상의 분식회계 사례[1]를 들어보기로 하겠다.
- 상장회사 A사는 아직 신규사업을 시작하지도 않았는데 판매대리점에 가짜 매출세금계산서를 발행하여 허위매출을 계상하고 A사의 종속회사 B사로 하여금 거래처 C사 및 D사를 통해 우회적으로 판매대리점에 자금을 지원하여 매출대금이 정상적으로 회수되는 것처럼 회계장부 및 증빙을 조작하였다.

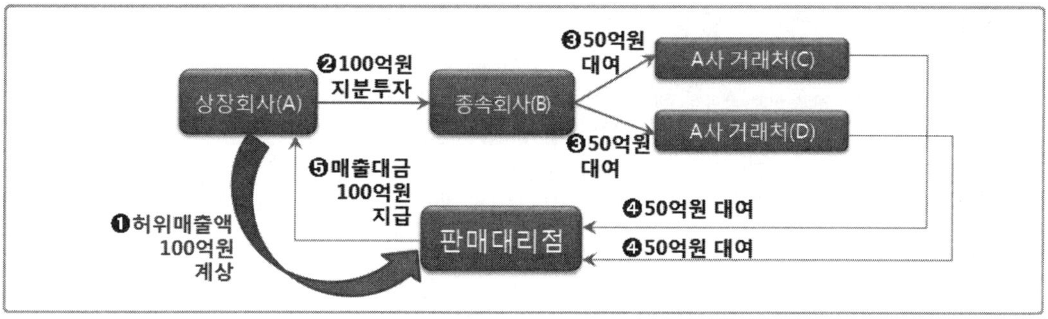

- 상기 거래에서 판매대리점으로 우회적으로 들어간 자금을 토대로 한 허위 매출을 굳이 신용거래로 차변에 매출채권으로 인식하고 향후에 보통예금 등으로 회수하는 것보다 직접 보통예금으로 회수하는 것이 자금대여의 효과를 좀 더 빨리 볼 수 있으므로, 특정 거래처에 대한 매출거래가 직접 보통예금으로 상당히 큰 금액으로 이루어진다면 해당 거래 및 거래처에 대한 추가적인 조사가 필요할 수 있다.

	전표_인덱스	전표일자	전표번호	보통예금_차변빈도	매출액_대변빈도
0	5427	2016-06-30 00:00:00	274	1	1

(1) ***분개장_보통예금매출분석*** 테이블을 연다.
(2) 전표일자 ***2016-06-30***과 전표번호 ***274***의 분개세트의 상세 내용을 분개장 테이블에서 확인한다.

	전표일자	전표번호	계정코드	계정과목	차변금액	대변금액	거래처	승인일자	프로젝트코드
15895	2016-04-30	80	25300	미지급금	0	92,728	01267	2016-04-30	0031
15896	2016-04-30	80	81100	복리후생비	-16	0	01267	2016-04-30	0001
15897	2016-04-30	81	11400	단기대여금	250,000,000	0		2016-04-30	FSS5
15898	2016-04-30	81	10300	보통예금	0	250,000,000		2016-04-30	FSS5
15899	2016-05-01	1	82300	경상연구개발비	1,400,000	0	05709	2016-05-01	0018

	전표일자	전표번호	계정코드	계정과목	차변금액	대변금액	거래처	승인일자	프로젝트코드
19809	2016-05-31	103	83400	전시회비	10,000,000	0	05824	2016-05-31	0017
19810	2016-05-31	103	13100	선급금	0	10,000,000	05824	2016-05-31	
19811	2016-05-31	104	11400	단기대여금	100,000,000	0		2016-05-31	FSS5
19812	2016-05-31	104	10300	보통예금	0	100,000,000		2016-05-31	FSS5
19813	2016-06-01	1	82300	경상연구개발비	1,400,000	0	05709	2016-06-01	0018

1) 금융감독원 2018.5.3. 보도자료

(3) 2016-04-30과 2016-05-31에 단기대여금이 350,000,000 발생하였다. 이러한 단기대여금이 우회적으로 가공 매출 대금으로 들어올 수 있으므로 2016-04-30과 2016-05-31이후에 보통예금으로 직접 수령한 큰 금액의 매출거래가 있는지를 확인해볼 필요가 있다.

	전표일자	전표번호	계정코드	계정과목	차변금액	대변금액	거래처	승인일자	프로젝트코드
24212	2016-06-30	270	53100	지급수수료	0	206,854,628		2016-06-30	
24213	2016-06-30	270	53300	외주가공비	0	4,752,135,268		2016-06-30	
24214	2016-06-30	270	53700	소모공구비	0	840,000		2016-06-30	
24215	2016-06-30	270	15700	재공품	18,490,075,556	0		2016-06-30	
24216	2016-06-30	271	15700	재공품	0	18,750,501,902		2016-06-30	
24217	2016-06-30	271	14700	제품	18,750,501,902	0		2016-06-30	
24218	2016-06-30	272	14700	제품	0	19,181,431,448		2016-06-30	
24219	2016-06-30	272	45500	제품매출원가	19,181,431,448	0		2016-06-30	
24220	2016-06-30	273	81800	감가상각비	170,446,736	0		2016-06-30	0001
24221	2016-06-30	273	20300	감가상각누계액	0	170,446,736		2016-06-30	
24222	2016-06-30	273	81800	감가상각비	4,884,060	0		2016-06-30	0001
24223	2016-06-30	273	20900	감가상각누계액	0	4,884,060		2016-06-30	
24224	2016-06-30	273	81800	감가상각비	105,887,068	0		2016-06-30	0001
24225	2016-06-30	273	21300	감가상각누계액	0	105,887,068		2016-06-30	
24226	2016-06-30	273	84000	무형자산상각비	6,633,170	0		2016-06-30	0001
24227	2016-06-30	273	23800	상각누계액(특허권)	0	6,633,170		2016-06-30	
24228	2016-06-30	273	84000	무형자산상각비	366,450	0		2016-06-30	0001
24229	2016-06-30	273	24200	상각누계액(디자인권)	0	366,450		2016-06-30	
24230	2016-06-30	273	84000	무형자산상각비	82,160	0		2016-06-30	0001
24231	2016-06-30	273	24300	상각누계액(실용신안권)	0	82,160		2016-06-30	
24232	2016-06-30	273	84000	무형자산상각비	536,903,920	0		2016-06-30	0001
24233	2016-06-30	273	24400	상각누계액(개발비)	0	536,903,920		2016-06-30	
24234	2016-06-30	274	10300	보통예금	350,000,000	0	00280	2016-06-30	FSS5
24235	2016-06-30	274	25500	부가세예수금	0	31,818,182	00280	2016-06-30	FSS5
24236	2016-06-30	274	40100	상품매출	0	318,181,818	00280	2016-06-30	FSS5

(4) 전표일자 ***2016-06-30***과 전표번호 ***274***의 분개세트를 보면 보통예금 350,000,000으로 매출거래가 발생하였으므로, 이 거래가 2016-04-30과 2016-05-31의 단기대여금 350,000,000과 관계가 있는지 여부에 대하여 추가적인 조사를 할 필요가 있다.

15 Sales Purchases Correlation Analysis

- 매출의 실재성을 데이터 차원으로 검증하는 방법 중 신뢰성이 높은 방법은 재고수불부의 출고 데이터와 매출 데이터를 Join하여 분석하는 것이다. 그러나 분개장 데이터는 회계감사과정에서 회사로부터 잘 받을 수 있으나, 재고수불부 데이터는 잘 받기 어려운 것이 현실이다(데이터화된 재고수불부가 없다거나 미흡하다는 것 자체는 내부통제가 취약하다는 증거라고 볼 수 있다).
- Sales Purchase Correlation Analysis 메뉴는 재고수불부와 매출의 조인 테스트가 어려울 때 분개장 안에서 매출과 매출원가, 또는 매출과 매입 관련 분개를 토대로 다음의 2가지 대체적인 방법을 제공한다.
  - ✓ 월별(또는 분반기, 연) 매출 대비 매출원가율
  - ✓ 월별(또는 분반기, 연) 매출 대비 재고자산 매입률 및 누적매입률
- 가장 이상적인 매출원가 분석은 계속기록법을 이용하여 매출이 발생할 때마다 해당 매출과 관련된 매출원가를 즉시 분석하는 것이다. 그러나 실무적으로 대부분의 기업은 계속기록법보다는 실지재고조사법을 사용하여 회사의 회계정책에 따라 매출원가를 월별,

분/반기, 연차로 구한다. 매출원가의 시계열 패턴을 분석하기 위해서는 월별 매출원가를 회계정책으로 채택하는 것이 그나마 바람직한 방법이기는 하지만 분/반기 또는 연차로 매출원가를 산정하는 경우에는 재고관리 기간이 큰 주기별로 이루어져 철저하고 즉각적인 관리가 이루어지지 않을 가능성이 높으므로 해당 주기별 매출원가율의 변동 폭도 클 수 있다. 이러한 경우에는 매출원가율의 주기적인 안정성 분석 뿐만 아니라 매출/매출원가의 상관관계를 통하여 매출의 실재성을 테스트하는 것도 어려워질 수 있다.

- Fraudit에서는 상기 매출/매출원가 분석의 한계를 극복하기 위하여 매출/매입 분석을 추가로 제공하고 있다. 재고자산 매입과 관련된 거래는 해당 거래가 발생한 시점에 분개장에 기록된다. 재고자산을 미리 상당히 비축하지 않는다면 매출액이 증가할 때 매입액도 거의 비례적으로 증가할 것이므로 매출 대비 매입 비율을 월별로 분석하는 것은 매출/매출원가 분석을 어느 정도는 대체할 수 있을 것이다. 다만, 기업마다 매입을 회계처리하는 방식이 조금씩 다를 수 있기 때문에 매입시의 회계처리를 사전에 파악하는 것이 필요하다.

	전표일자	전표번호	계정코드	계정과목	차변금액	대변금액	거래처	승인일자	프로젝트코드
0	2016-02-18	45	14600	상품	4,480,000	0	05811	2016-02-18	0006
1	2016-02-18	45	13500	부가세대급금	448,000	0	05811	2016-02-18	
2	2016-02-18	45	25100	외상매입금	0	4,928,000	05811	2016-02-18	0032

	전표일자	전표번호	계정코드	계정과목	차변금액	대변금액	거래처	승인일자	프로젝트코드
0	2016-02-29	47	14600	상품	51,976,080	0	03909	2016-02-29	0006
1	2016-02-29	47	13500	부가세대급금	5,197,608	0	03909	2016-02-29	
2	2016-02-29	47	25300	미지급금	0	57,173,688	03909	2016-02-29	0032

	전표일자	전표번호	계정코드	계정과목	차변금액	대변금액	거래처	승인일자	프로젝트코드
0	2016-04-11	18	13500	부가세대급금	2,738,980	0	00553	2016-04-11	
1	2016-04-11	18	10300	보통예금	0	2,738,980	98003	2016-04-11	
2	2016-04-11	18	14600	상품	38,513,222	0		2016-04-11	0006
3	2016-04-11	18	13100	선급금	0	38,513,222	00304	2016-04-11	

(1) ***분개장*** 테이블에서 계정과목이 상품이면서 차변금액이 0을 초과하는 분개를 일부 select로 발췌한다.
(2) 상품의 상대계정이 외상매입금, 미지급금, 선급금, 보통예금으로 구성되어 있어 이러한 경우에는 매출/매출원가 분석을 어느 정도 대체하는 것이 가능하다고 볼 수 있다.

	전표일자	전표번호	계정코드	계정과목	차변금액	대변금액	거래처	승인일자	프로젝트코드
0	2016-03-31	162	14600	상품	0	-673,429,250		2016-03-31	
1	2016-03-31	162	14600	상품	0	-862,277,066		2016-03-31	
2	2016-03-31	162	14700	제품	-2,879,343,538	0		2016-03-31	
3	2016-03-31	162	14700	제품	-2,741,201,960	0		2016-03-31	
4	2016-03-31	162	14700	제품	0	-3,257,497,016		2016-03-31	
5	2016-03-31	162	14700	제품	0	-2,612,953,642		2016-03-31	
6	2016-03-31	162	14900	원재료	0	-830,529,092		2016-03-31	
7	2016-03-31	162	14900	원재료	0	-736,833,130		2016-03-31	
8	2016-03-31	162	15200	부재료	0	-264,101,036		2016-03-31	
9	2016-03-31	162	15200	부재료	0	-396,605,474		2016-03-31	
10	2016-03-31	162	15700	재공품	-3,060,810,920	0		2016-03-31	
11	2016-03-31	162	15700	재공품	-3,292,392,106	0		2016-03-31	
12	2016-03-31	162	15700	재공품	0	-2,879,343,538		2016-03-31	
13	2016-03-31	162	15700	재공품	0	-2,741,201,960		2016-03-31	
14	2016-03-31	162	20300	감가상각누계액	0	-18,752,706		2016-03-31	
15	2016-03-31	162	20300	감가상각누계액	0	-21,368,802		2016-03-31	
16	2016-03-31	162	20300	감가상각누계액	0	-18,752,706		2016-03-31	
17	2016-03-31	162	20300	감가상각누계액	0	-21,368,804		2016-03-31	
18	2016-03-31	162	20500	감가상각누계액	0	-7,081,862		2016-03-31	
19	2016-03-31	162	20500	감가상각누계액	0	-5,728,528		2016-03-31	

	전표일자	전표번호	계정코드	계정과목	차변금액	대변금액	거래처	승인일자	프로젝트코드
0	2016-01-31	77	15700	재공품	0	2,879,343,538		2016-01-31	
1	2016-01-31	77	14700	제품	2,879,343,538	0		2016-01-31	

(3) ***분개장*** 테이블에서 계정과목이 제품이면서 차변금액이 0을 초과하는 분개를 일부 select로 발췌한다.
(4) 제품의 상대계정이 제조원가 과정에서 원재료, 노무비, 제조간접비 또는 재공품이므로 제품의 경우 매입 분석보다는 매출/매출원가 분석이 더 유용할 수 있다고 볼 수 있다.

Filter Expression: Set 0 of 2

	매핑	전표월	빈도	차변금액	대변금액	매출_매출원가_매핑	매핑_매출원가	빈도_매출원가	차변금액_매출원가	대변금액_매출원가	매출_매출원가_매핑_매출원가	월간_매출원가율
0	상품매출	1	83	0	1,516,017,726	상품매출원가	상품매출원가	1	673,429,250	0	상품매출	44.42%
1	상품매출	2	67	0	1,338,139,660	상품매출원가	상품매출원가	2	862,277,066	0	상품매출	64.44%
2	상품매출	3	103	0	932,213,582	상품매출원가	상품매출원가	3	911,435,360	0	상품매출	97.77%
3	상품매출	4	90	0	1,200,733,400	상품매출원가	상품매출원가	4	570,951,240	0	상품매출	47.55%
4	상품매출	5	95	0	845,861,470	상품매출원가	상품매출원가	5	669,971,534	0	상품매출	79.21%
5	상품매출	6	87	0	1,493,981,388	상품매출원가	상품매출원가	6	1,278,816,294	0	상품매출	85.60%

Filter Expression: Set 1 of 2

	매핑	전표월	빈도	차변금액	대변금액	매출_매출원가_매핑	매핑_매출원가	빈도_매출원가	차변금액_매출원가	대변금액_매출원가	매출_매출원가_매핑_매출원가	월간_매출원가율
0	제품매출	1	199	0	4,859,436,382	제품매출원가	제품매출원가	1	3,257,497,018	0	제품매출	67.03%
1	제품매출	2	201	0	5,179,666,976	제품매출원가	제품매출원가	2	2,612,953,642	0	제품매출	50.45%
2	제품매출	3	255	0	6,961,823,870	제품매출원가	제품매출원가	3	3,536,024,616	0	제품매출	50.79%
3	제품매출	4	217	0	5,148,938,834	제품매출원가	제품매출원가	4	2,885,321,186	0	제품매출	56.04%
4	제품매출	5	210	0	4,789,382,516	제품매출원가	제품매출원가	5	3,198,914,240	0	제품매출	66.79%
5	제품매출	6	221	0	6,580,333,762	제품매출원가	제품매출원가	6	3,690,720,746	0	제품매출	56.09%

(1) ***분개장_매출_매출원가_상세*** 테이블을 연다.

(2) 첫 번째 스핀버튼을 누르면 월간 상품 매출원가율이 보이며, 두 번째 스핀버튼을 누르면 월간 제품 매출원가율이 보인다. 양자를 비교해보면 상품 매출원가율의 월간 변동폭이 제품 매출원가율의 월간 변동폭보다 큰 것을 알 수 있다. 그러므로 상품매출에 대해서는 ***분개장_매출_재고자산_상세*** 테이블의 결과를 추가로 확인해 볼 필요가 있다.

Filter Expression: Set 0 of 2

	대변금액	매출_재고자산_매핑	매핑_재고자산	빈도_재고자산	차변금액_재고자산	대변금액_재고자산	차변금액_재고자산_누적	대변금액_재고자산_누적	차변금액_누적	대변금액_누적	월간_매입률	누적_매입률
0	516,017,726	상품매출원가	상품	17	854,518,246	0	854,518,246	0	0	1,516,017,726	56.37%	56.37%
1	338,139,660	상품매출원가	상품	11	887,530,066	0	1,742,048,312	0	0	2,854,157,386	66.33%	61.04%
2	932,213,582	상품매출원가	상품	13	717,360,124	0	2,459,408,436	0	0	3,786,370,968	76.95%	64.95%
3	200,733,400	상품매출원가	상품	15	837,256,298	0	3,296,664,734	0	0	4,987,104,368	69.73%	66.10%
4	345,861,470	상품매출원가	상품	12	629,433,338	0	3,926,098,072	0	0	5,832,965,838	74.41%	67.31%
5	493,981,388	상품매출원가	상품	14	948,164,464	0	4,874,262,536	0	0	7,326,947,226	63.47%	66.53%

Filter Expression: Set of 2

	대변금액	매출_재고자산_매핑	매핑_재고자산	빈도_재고자산	차변금액_재고자산	대변금액_재고자산	차변금액_재고자산_누적	대변금액_재고자산_누적	차변금액_누적	대변금액_누적	월간_매입률	누적_매입률
0	859,436,382	제품매출원가	제품	1	2,879,343,538	0	2,879,343,538	0	0	4,859,436,382	59.25%	59.25%
1	179,666,976	제품매출원가	제품	1	5,620,545,498	0	8,499,889,036	0	0	10,039,103,358	108.51%	84.67%
2	961,823,870	제품매출원가	제품	1	9,347,139,920	0	17,847,028,956	0	0	17,000,927,228	134.26%	104.98%
3	148,938,834	제품매출원가	제품	1	11,239,732,484	0	29,086,761,440	0	0	22,149,866,062	218.29%	131.32%
4	789,382,516	제품매출원가	제품	1	14,342,505,104	0	43,429,266,544	0	0	26,939,248,578	299.46%	161.21%
5	580,333,762	제품매출원가	제품	1	18,750,501,902	0	62,179,768,446	0	0	33,519,582,340	284.95%	185.50%

(3) ***분개장_매출_재고자산_상세*** 테이블을 연다.

(4) 첫 번째 스핀버튼을 누르면 상품 월간 매입율(매출액 대비)과 누적 매입율(누적 매출액 대비)이 보이며, 두 번째 스핀버튼을 누르면 제품 월간 매입율(매출액 대비)과 누적 매입율(누적 매출액 대비)이 보인다. 양자를 비교해보면 상품 월간 매입율(매출액 대비)과 누적 매입율(누적 매출액 대비)의 변동폭이 제품의 그것보다 작은 것을 알 수 있다.

☞ 제품에 대해서는 매입율이라는 표현 자체가 어울리지는 않지만 범용 메뉴상 용어로 사용한 것으로 이해가 된다.

(5) ***분개장_매출_매출원가_상세*** 테이블과 ***분개장_매출_재고자산_상세*** 테이블의 결과는 기업의 회계정책에 따라 결과가 달라질 수 있으며, 특히 앞의 매핑과정에서 어떤 계정과목끼리 매핑을 하였는지에 따라서도 결과가 달라질 수 있기 때문에 해석에 유의하여야 한다. 따라서, 이는 매출과 재고수불부의 출고 조인 테스트를 하지 못하는 경우 보완적인 방법으로 사용할 것을 권장한다.

16 Create Report

- Create Report는 Journal Entry Test 결과를 엑셀로 출력해주는 기능이다. 감사인들이 Journal Entry Test 결과를 엑셀로 출력하여 감사조서화 할 때 매우 편리한 기능이다.

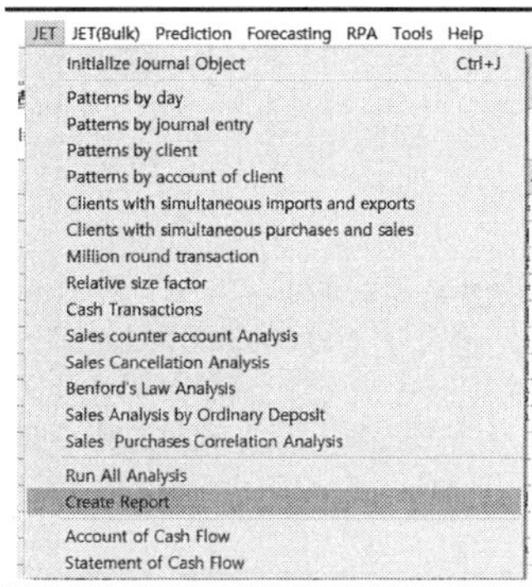

(1) JET >> Create Report 메뉴를 누른다.

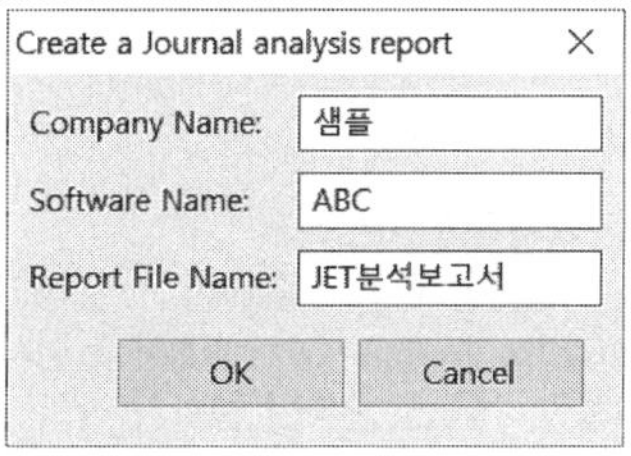

(2) Company Name : 적절한 기업명을 입력한다. 여기서는 ***샘플***이라고 입력한다.

(3) Software Name : 해당 기업이 사용하고 있는 회계프로그램 또는 ERP 명을 입력한다. 여기서는 ***ABC***라고 입력한다.

(4) Report File Name : 보고서 명을 입력한다. 여기서는 ***JET분석보고서***라고 입력한다.

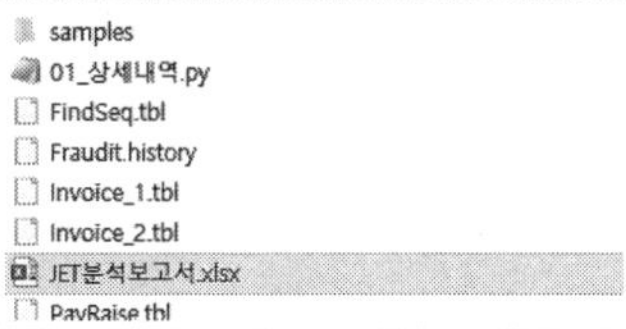

(5) Project Folder 내에 ***JET분석보고서.xlsx*** 파일이 생성된 것을 확인할 수 있다. 이를 더블 클릭한다.

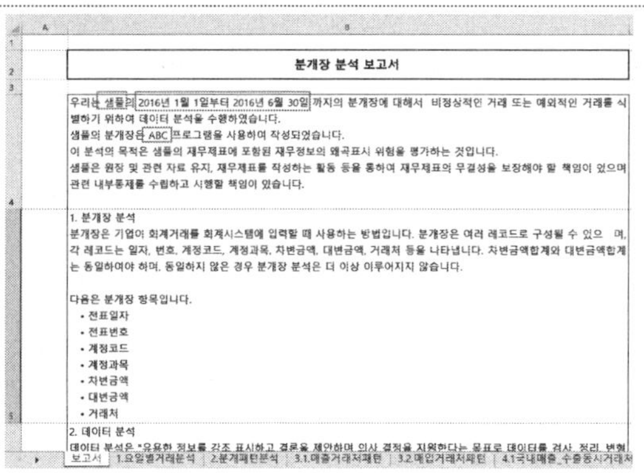

(6) 첫 번째 ***보고서*** 시트를 보면 Company Name이 ***샘플***로, 분개장의 시작일자인 ***2016년 1월 1일***과 종료일자인 ***2016년 6월 30일***, 그리고 Software Name인 ***ABC***가 자동으로 입력되어 있는 것을 확인할 수 있다.

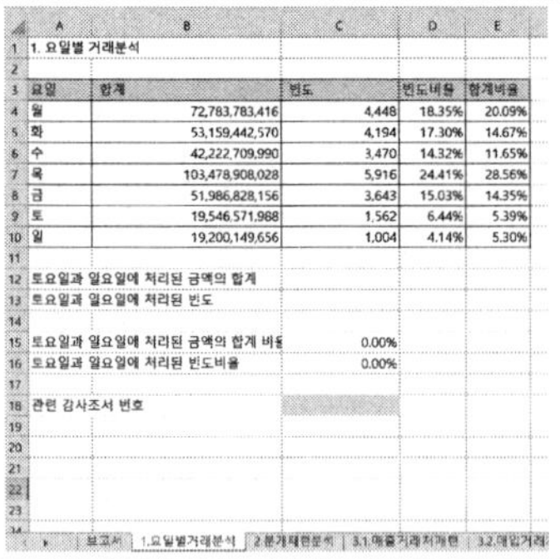

(7) 두 번째 ***1.요일별거래분석*** 시트에서,

토요일과 일요일에 처리된 금액의 합계비율과 빈도비율을 직접 손으로 입력하고, 노란색으로 관련 감사조서 번호에 refer 할 수 있는 셀이 포함되어있다.

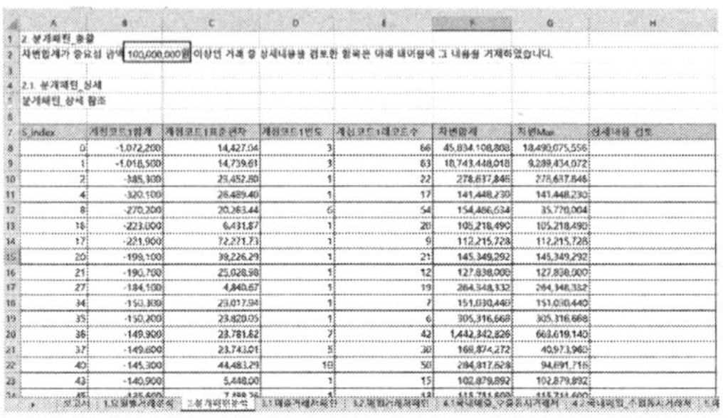

(8) 세 번째 ***2.분개패턴분석*** 시트에서,

차변합계가 중요성 금액인 100,000,000원(Initialize Journal Object에서 매핑시 임계치 설정액) 이상인 거래만 발췌한 결과가 나타나며, 관련 감사조서 등에 refer 할 수 있게 상세내용 검토 칼럼이 포함되어 있다.

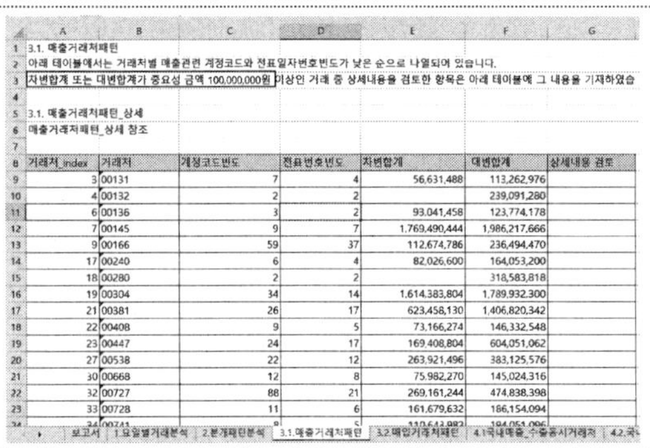

(9) 네 번째 ***3.1.매출거래처패턴*** 시트에서

차변합계 또는 대변합계가 중요성 금액인 100,000,000원(Initialize Journal Object에서 매핑시 임계치 설정액) 이상인 거래만 발췌한 결과가 나타나며, 관련 감사조서 등에 refer 할 수 있게 상세내용 검토 칼럼이 포함되어 있다.

☞ 그 이후의 시트는 확인해보기 바란다.

17 현금흐름표 분석

- 현금흐름표는 기업의 재무제표 작성자들이 제일 작성하기 까다로운 재무제표이다. 현금흐름표상 영업활동현금흐름과 손익계산서의 영업이익과의 차이가 매우 큰 경우에는 '이익의 질'이 좋지 않은 경우이며 이러한 기업은 면밀한 검토가 필요하다. 국제회계기준에서는 현금흐름표를 직접법으로 작성하는 것을 권고함에도 실무적으로는 여전히 간접법으로 작성하는 경우가 많다.
- Fraudit에서는 현금흐름표를 직접법으로 작성하여, 현금흐름의 원천을 용이하게 파악하고 분석자가 기업의 현금흐름 패턴을 보다 심도 있게 분석하게 하는 기능을 제공한다. **다만, 현금흐름표 관련 메뉴를 실행하기 전에 반드시 Initialize Journal Object 메뉴를 실행하여 Initialize Journal Analysis 버튼을 눌러서 준비작업을 해 놓은 상태이어야 한다.**

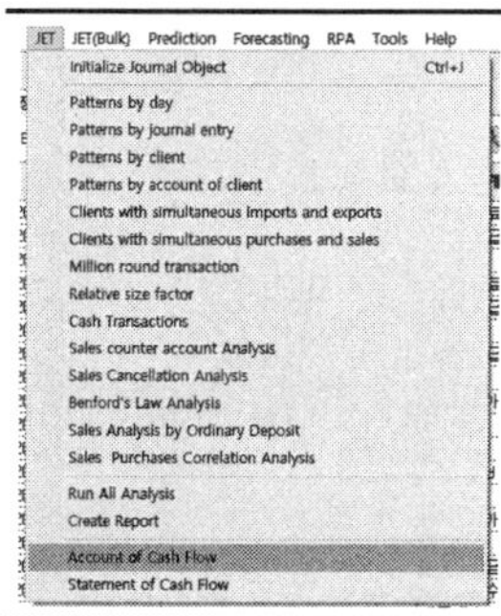

(1) JET >> Account of Cash Flow 메뉴를 선택한다.

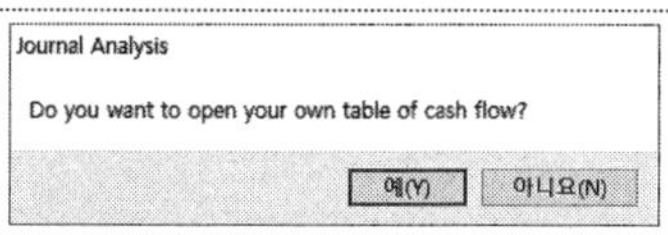

(2) 자신의 cash flow 테이블을 열것인지를 물어본다. 이 메뉴를 처음 실행하는 경우에는 자신의 cash flow 테이블이 없을 것이므로 *아니오*를 선택한다.

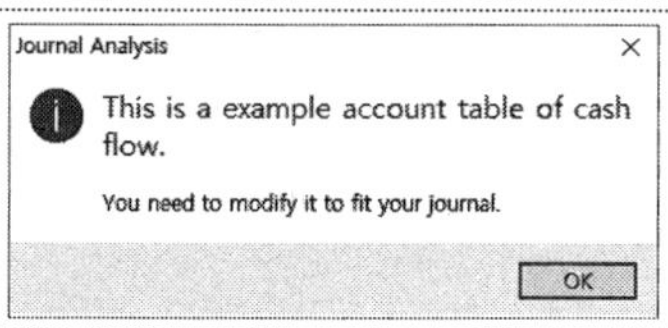

(3) 이 테이블은 example 이며 상황에 따라 수정할 필요가 있다는 메시지가 뜬다. OK 버튼을 누른다.

	계정코드1	계정과목	활동구분	현금흐름표계정	순번	ERP
0	10100	현금	현금			더존
1	-10100	현금	현금			더존
2	10200	당좌예금	현금			더존
3	-10200	당좌예금	현금			더존
4	10300	보통예금	현금			더존
5	-10300	보통예금	현금			더존
6	10301	외환예금	현금			더존
7	-10301	외환예금	현금			더존
8	10302	보통예금_관리	현금			더존
9	-10302	보통예금_관리	현금			더존
10	10400	기타예금	투자_유출	기타금융자산의 취득	2_122	더존
11	-10400	기타예금	투자_유입	기타금융자산의 처분	2_64	더존
12	10400	기타제예금	투자_유출	기타금융자산의 취득	2_122	더존
13	-10400	기타제예금	투자_유입	기타금융자산의 처분	2_64	더존
14	10400	제예금	투자_유출	기타금융자산의 취득	2_122	더존
15	-10400	제예금	투자_유입	기타금융자산의 처분	2_64	더존
16	10500	정기예.적금	투자_유출	기타금융자산의 취득	2_122	더존
17	-10500	정기예.적금	투자_유입	기타금융자산의 처분	2_64	더존
18	10600	기타단기금융상품	투자_유출	단기금융상품의 취득	2_121	더존
19	-10600	기타단기금융상품	투자_유입	단기금융상품의 처분	2_63	더존
20	10700	유가증권	투자_유출	기타금융자산의 취득	2_122	더존
21	-10700	유가증권	투자_유입	기타금융자산의 처분	2_64	더존
22	10700	단기매매증권	투자_유출	단기매매목적으로 보유하는 계약으로 인한 현금유출	1_2_3	더존
23	-10700	단기매매증권	투자_유입	단기매매목적으로 보유하는 계약으로 인한 현금유입	1_1_5	더존
24	10800	외상매출금	영업_유출	재화판매와 용역제공의 취소	1_1_2	더존
25	-10800	외상매출금	영업_유입	재화판매와 용역제공	1_1_1	더존
26	10900	대손충당금	영업_유출	재화판매와 용역제공의 취소	1_1_2	더존
27	-10900	대손충당금	영업_유입	재화판매와 용역제공	1_1_1	더존
28	11000	받을어음	영업_유출	재화판매와 용역제공의 취소	1_1_2	더존
29	-11000	받을어음	영업_유입	재화판매와 용역제공	1_1_1	더존
30	11100	대손충당금	영업_유출	재화판매와 용역제공의 취소	1_1_2	더존
31	-11100	대손충당금	영업_유입	재화판매와 용역제공	1_1_1	더존

(4) OK 버튼을 누르면 ***현금흐름표계정*** 테이블이 생긴다. 이 테이블은 더존 회계프로그램의 표준계정코드에 대해서 사전에 현금흐름과 매핑한 것이다.

- 계정코드1이 양수면 해당 계정과목이 차변에 발생 → 대변에 현금이 발생 → 현금유출을 의미함.
- 계정코드1이 음수면 해당 계정과목이 대변에 발생 → 차변에 현금이 발생 → 현금유입을 의미함
- 계정과목과 계정코드1 양수를 보면서 회사의 계정과목이 이미 이 테이블에 있으면 새롭게 추가할 필요가 없지만, 계정과목과 계정코드 중 하나라도 차이가 나거나 아예 없는 계정과목이 있다면 새롭게 추가하여야 한다.

☞ 여기서는 추가 매핑을 하지 않고 example 테이블을 그대로 사용하기로 한다.

※ 예를 들어 회사는 계정코드 10700 계정과목 매도가능증권을 사용한다면 다음과 같이 매핑을 추가하여야 한다.

	계정코드1	계정과목	활동구분	현금흐름표계정	순번	ERP
17	-10500	정기예.적금	투자_유입	기타금융자산의 처분	2_64	더존
18	10600	기타단기금융상품	투자_유출	단기금융상품의 취득	2_121	더존
19	-10600	기타단기금융상품	투자_유입	단기금융상품의 처분	2_63	더존
20	10700	유가증권	투자_유출	기타금융자산의 취득	2_122	더존
21	-10700	유가증권	투자_유입	기타금융자산의 처분	2_64	더존
22	10700	단기매매증권	투자_유출	단기매매목적으로 보유하는 계약으로 인한 현금유출	1_2_3	더존
23	-10700	단기매매증권	투자_유입	단기매매목적으로 보유하는 계약으로 인한 현금유입	1_1_5	더존
24	10800	외상매출금	영업_유출	재화판매와 용역제공의 취소	1_1_2	더존
25	[illegible]	[illegible]금	영업_유입	재화판매와 용역제공	1_1_1	더존
26	[illegible]	[illegible]당금	영업_유출	재화판매와 용역제공의 취소	1_1_2	더존
27	[illegible]	[illegible]당금	영업_유입	재화판매와 용역제공	1_1_1	더존
28	[illegible]	[illegible]음	영업_유출	재화판매와 용역제공의 취소	1_1_2	더존

① Index 24(10800 외상매출금) 행을 선택한 후 오른쪽 클릭을 하여 Insert row above를 선택한다.

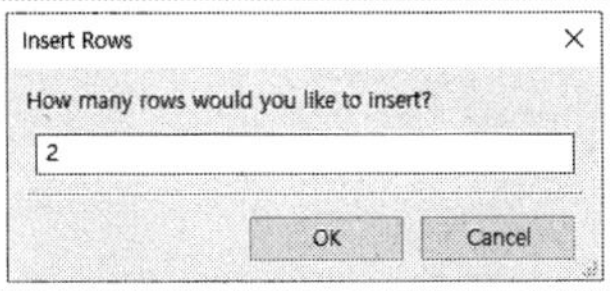

② 2개의 행을 삽입하기 위하여 2를 입력한 후 OK 버튼을 누른다. I

	계정코드1	계정과목	활동구분	현금흐름표계정	순번	ERP
57	-12200	기 타 미 수 금	영업_유입	영업활동으로 인한 기타현금유입	1_1_7	더존
58	12300	매도가능증권	투자_유출	매도가능금융자산의 취득	2_123	더존
59	-12300	매도가능증권	투자_유입	매도가능금융자산의 처분	2_65	더존
60	12400	만기보유증권	투자_유출	만기보유금융자산의 취득	2_124	더존

	계정코드1	계정과목	활동구분	현금흐름표계정	순번	ERP
21	-10700	유가증권	투자_유입	기타금융자산의 처분	2_64	더존
22	10700	단기매매증권	투자_유출	단기매매목적으로 보유하는 계약으로 인한 현금유출	1_2_3	더존
23	-10700	단기매매증권	투자_유입	단기매매목적으로 보유하는 계약으로 인한 현금유입	1_1_5	더존
24	10700	매도가능증권	투자_유출	매도가능금융자산의 취득	2_123	더존
25	-10700	매도가능증권	투자_유입	매도가능금융자산의 처분	2_65	더존

③ 아래 계정코드 12300 계정과목 매도가능증권 부분의 활동구분, 현금흐름표계정, 순번, ERP 부분을 복사하여 삽입한 2개의 행에 붙여넣기를 한다. 활동구분의 영업, 투자, 재무를 상황에 따라 적절하게 분류하며 유출과 유입 구분을 잘 하여야 한다. 순번은 이 순서대로 결과 테이블에 나오기 때문에 가능한 기존에 있었던 순번을 복사하기 바라며 없으면 새로운 순번도 만들어야 한다.

④ ***분개장*** 테이블에서 ***현금흐름표계정***에 없는 계정코드가 존재한다면 ***현금흐름표계정***에 새롭게 추가 매핑하여야 한다.

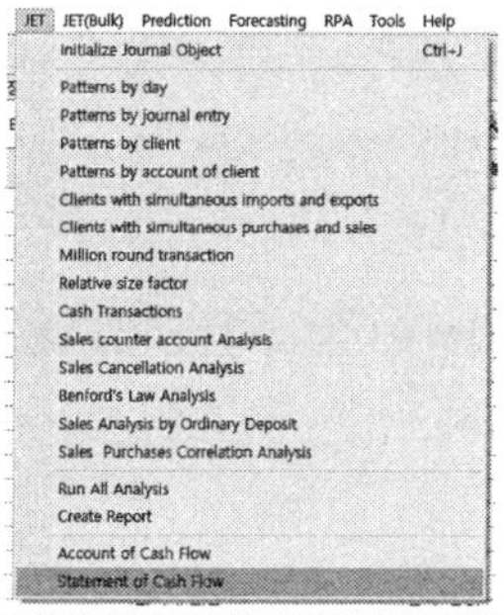

(5) JET >> Statement of Cash Flow 메뉴를 선택한다.

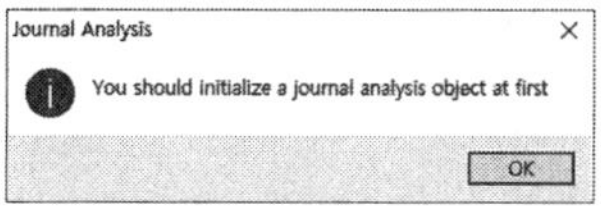

※ 왼쪽과 같은 메시지가 뜬다면 Initialize Journal Object 메뉴에서 매핑을 하여야 한다.

☞ 여기서는 왼쪽과 같은 메시지가 뜨지 않고 미리 Initialize Journal Object 메뉴를 실행하여 Initialize Journal Analysis 버튼을 눌러서 준비작업을 해 놓은 상태라고 가정한다.

(6) ***분개장*** 테이블에 대해서 분석할 것인지를 물어보는 메시지가 뜨며 ***예***를 누른다.

Filter Expression: [Count : 8, Sum : 1,294,018,230]

	활동구분	현금유입	현금유출	현금순증감
0	영업_유입	42,261,768,750	0	[illegible]
1	영업_유출	0	42,351,521,534	[illegible]
2	재무_유입	12,237,924,714	0	[illegible]
3	재무_유출	0	2,793,934,506	[illegible]
4	투자_유입	10,097,553,076	0	10,097,553,076
5	투자_유출	0	18,157,631,298	[illegible]
6	환산_유입	1,405,786	0	[illegible]
7	환산_유출	0	1,546,758	[illegible]

(7) ***분개장_활동별현금흐름*** 테이블 결과가 왼쪽과 같이 나타난다. ***현금순증감*** 칼럼을 영역 설정하면 상단에 합계액 ***1,294,018,230***이 나오는 것을 확인할 수 있다.

Filter Expression: [Count : 3, Sum : 1,294,018,230]

	계정코드	계정과목	관련계정	빈도	차변합계	대변합계	차변잔액	대변잔액
0	10100	현금	현금	166	367,803,972	323,227,674	44,576,298	0
1	10300	보통예금	보통예금	2,169	117,268,900,714	116,469,441,606	799,459,108	0
2	10301	보통예금	보통예금	2	449,982,824	0	449,982,824	0
3	10400	제예금	<N>	35	12,995,303,982	10,460,000,000	2,535,303,982	0
4	10600	기타단기금융상품	<N>	1	0	14,172,728	0	14,172,728

(8) 분개장_잔액시산표 테이블에서 관련계정 칼럼이 현금, 보통예금으로 매핑되어 있는 10100,10300,10301의 차변잔액 합계액이 1,294,018,230이므로 ***분개장_활동별현금흐름*** 테이블과 동일하다.

18 I Fraudit JET(Bulk) 메뉴

- JET(Bulk) 메뉴는 대용량 분개장에 대한 JET 분석을 보다 빠르게 해주는 기능이다. 세부적인 분석 결과는 JET 메뉴와 거의 동일하나 출력결과가 엑셀로만 나온다는 것이 차이나는 점이다.
- 실무적으로 JET(Bulk) 메뉴를 실행하기 전에 Tools 메뉴의 하위 메뉴인 Excel to Text와 Merge Text files를 이용해야 할 가능성이 매우 높다. 이 2개 메뉴에 대해서는 Tools 메뉴와 관련된 장에서 별도로 설명하도록 하겠다.

(1) ***분개장*** 테이블을 연다.

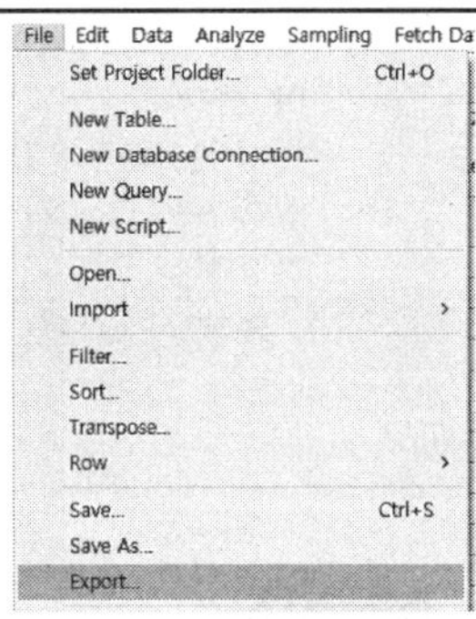

(2) File >> Export 메뉴를 선택한다.

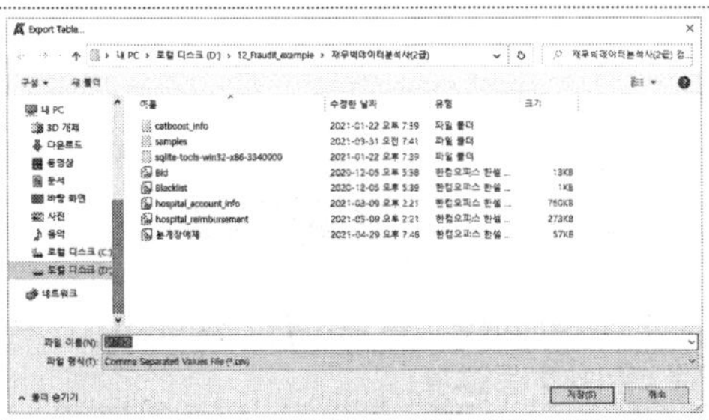

(3) Project Folder 안에 ***분개장.csv***로 저장한다.

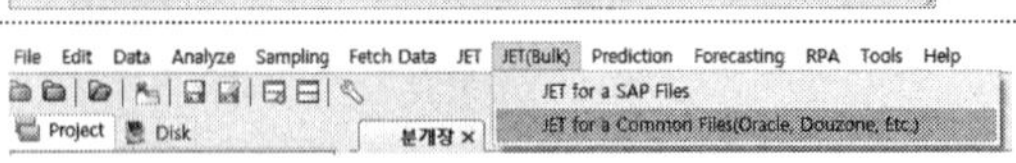

(4) JET(Bulk) >> JET for a Common Files(Oracle, Douzone, Etc) 메뉴를 선택한다.

☞ 분개장.csv가 더존 회계프로그램에서 생성한 분개장이므로 JET for Common Files(Oracle, Douzone, Etc) 메뉴를 선택하였음. SAP에서 생성한 분개장의 특징은 차변과 대변을 구분해주는 칼럼(S:차변, H:대변)이 있으므로 이 경우에는 ***JET for a SAP Files*** 메뉴를 선택한다.

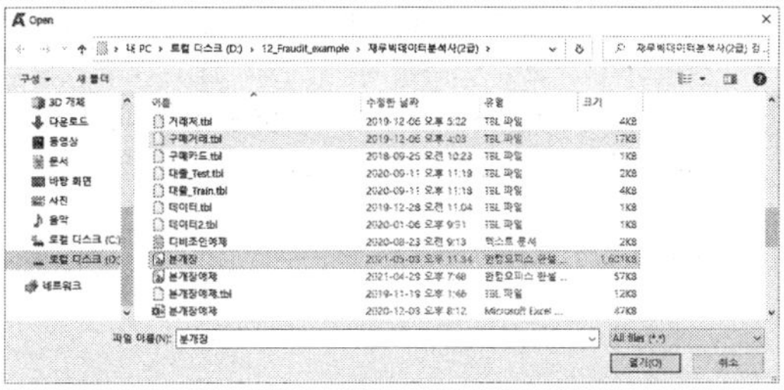

(5) Project Folder 안에 ***분개장.csv***을 선택해서 연다.

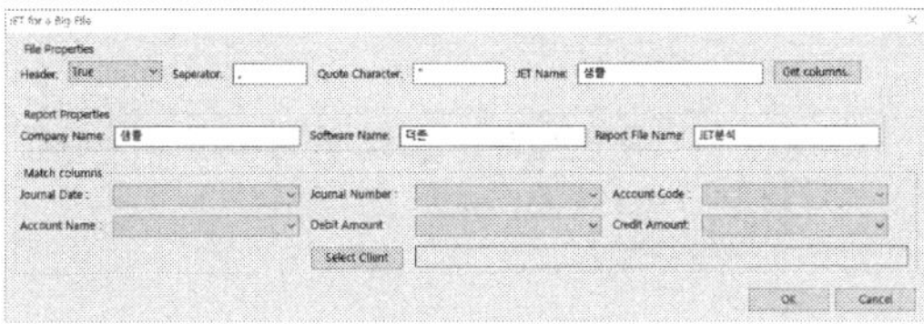

(6) 옵션 선택은 아래와 같이 한다.

- Header : ***True*** 선택
- Seperator : **,** 선택
- Quote Character : " 선택
- JET Name : ***샘플*** 입력
- Company Name : ***샘플*** 입력
- Software Name : ***더존*** 입력
- Report File Name : ***JET분석*** 입력

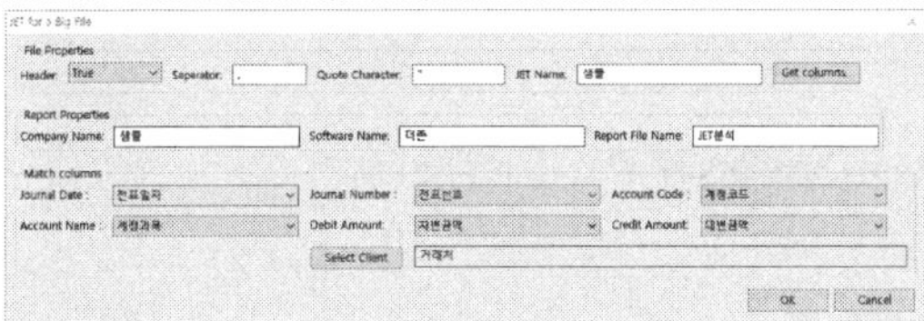

(7) Get columns 메뉴를 누른다.

(8) Match columns에서 각 갈럼명을 매핑한다. 여기서는 자동으로 매핑 결과가 나타나며 이 결과를 그대로 이용한다.

☞ Select Client는 복수의 칼럼을 선택할 수 있다. 회계프로그램마다 매출거래처, 매입거래처와 같이 거래처 칼럼이 각각 구분되어 있는 경우가 있으므로 그 경우 해당 거래처를 모두 선택하도록 한다. 한편, 거래처코드가 달라도 거래처명이 동일한 경우가 있을 수 있으므로 거래처코드로 선택할지, 거래처명으로 선택할지 여부는 분석자가 신중하게 선택할 필요가 있다.

(9) OK 버튼을 누른다.

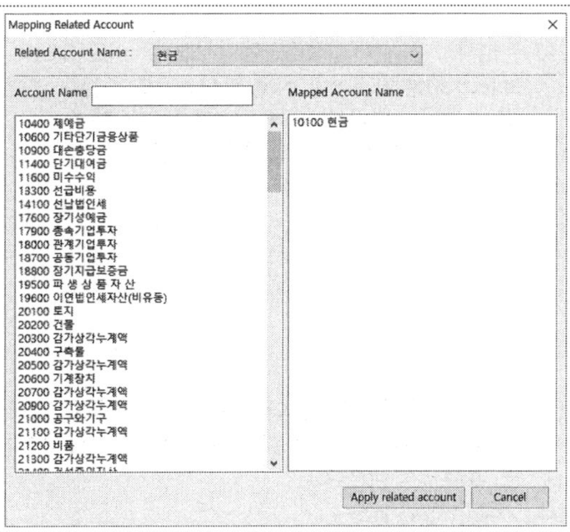

(10) 이하 절차는 JET 메뉴의 Initialize Journal Object의 Mapping Related Account부터 절차와 동일하다.

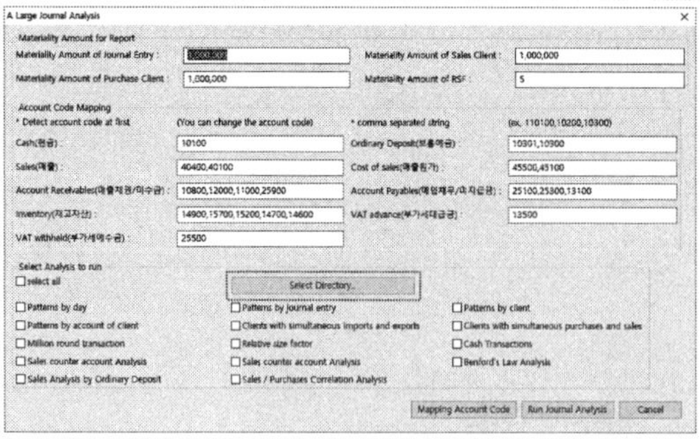

(11) JET 메뉴의 실행 결과는 Fraudit 테이블과 엑셀 중 선택하거나 모두 출력할 수 있으나, JET(Bulk) 메뉴의 실행 결과는 모두 엑셀로 출력된다. 따라서 출력 결과에서 어떤 것을 선택할 것인지를 체크를 해주어야 한다.

(12) Select Directory 버튼을 누른다.

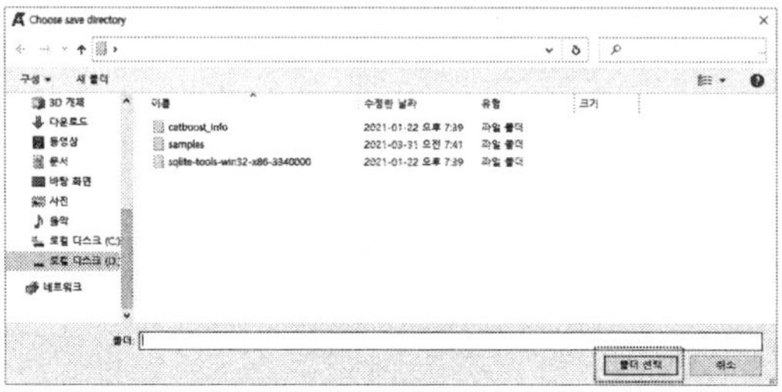

(13) 적절한 폴더를 선택하고 ***폴더 선택*** 버튼을 누른다. 여기서는 Project Folder를 선택한다.

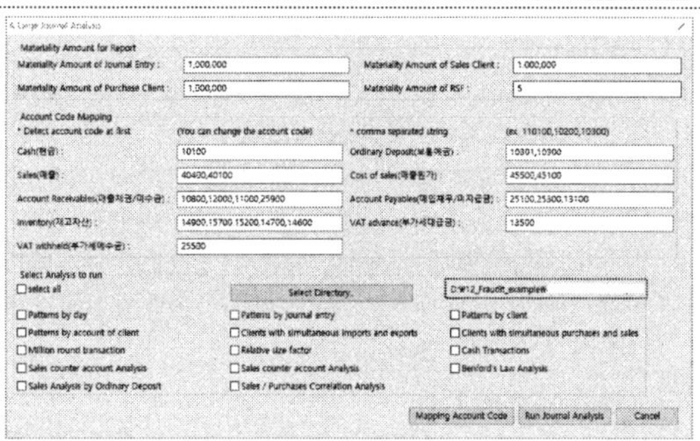

(14) Directory의 경로가 나타난다.

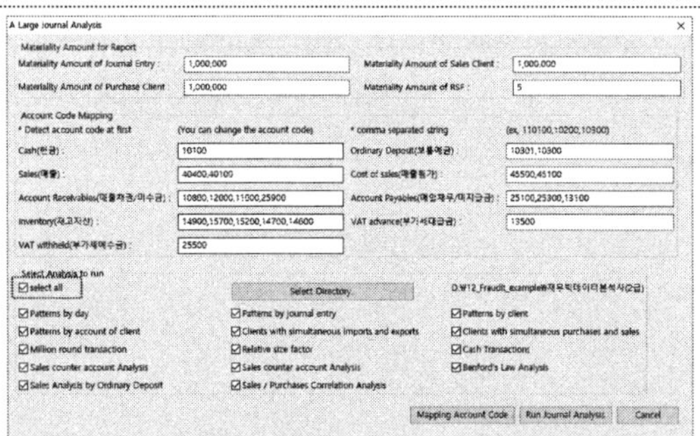

(15) 분석자가 원하는 분석결과에만 체크할 수도 있으며, Select all을 체크하여 전체 분석결과를 엑셀로 출력할 수 있다. 여기서는 Select all을 체크한다.

(16) Run Journal Analysis 버튼을 누른다.

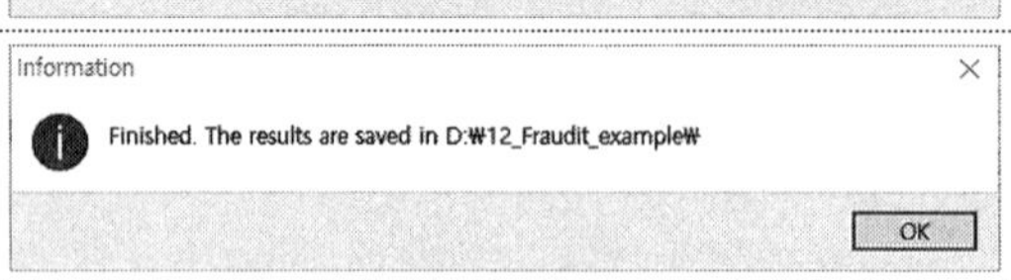

(17) 분석이 모두 끝나면 왼쪽과 같이 분석이 종료되었으며 해당 파일이 미리 설정한 Directory에 저장되었다는 메시지가 나온다.

(18) OK 버튼을 누른다.

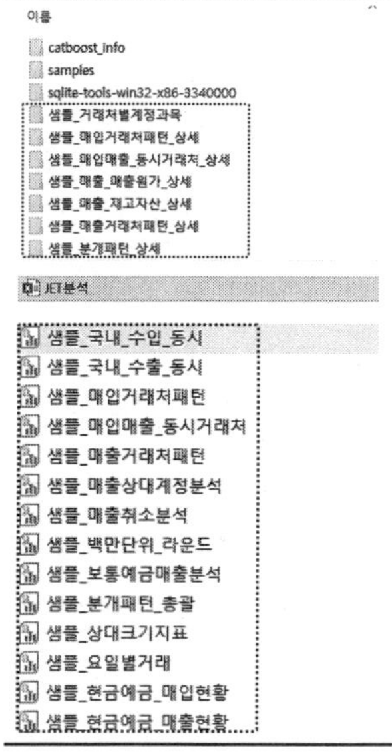

(19) 미리 설정한 Directory(폴더)안에 상세 테이블이 나오는 경우에는 별도의 폴더로 생성되고 총괄 테이블이 나오는 경우에는 폴더안에 csv 파일로 저장이 된다. 한편, JET분석 엑셀 파일은 총괄 보고서의 형태로 작성된다.

19 | Fraudit Prediction 메뉴

• Prediction 메뉴는 머신러닝, 딥러닝을 이용하여 예측을 하는 기능을 제공해준다. Boosting 메뉴는 catboosing 기법을 이용한 예측을 제공하고, Deep Neural Network는 인공신경망에서 발전한 형태의 인공지능으로 뇌의 뉴런과 유사한 정보 입출력 계층을 활용해 데이터를 학습시키고 이 결과를 활용하여 예측을 한다. 머신러닝과 딥러닝에 대한 자세한 설명은 본서에서 다루지 않을 것이다. 여기서는 Fraudit의 메뉴 중심으로 실무적인 이용 방법에 대해서 집중할 것이다.

1 Confusion Matrix

• 어떤 미지의 값을 예측할 때 예측에 대한 성능을 다양한 척도(Metrics)로 평가한다. 이러한 척도(Metrics)를 이해하기 위해서는 먼저 Confusion Matrix에 대한 이해가 필요하다. 다음의 그림을 살펴보자.

		Predict	
		Positive	Negative
Actual	Positive	TP(True Positive)	FN(False Negative)
	Negative	FP(False Postive)	TN(True Negative)

• 상기 도표가 Confusion Matrix라고 불리는 행렬이다. 상기 행렬 내부에 있는 단어들을 부도와 관련하여 설명하면 다음과 같다.

✓ Actual Positive : 실제 부도

✓ Actual Negative : 실제 부도가 아님

✓ Predict Positive : 부도로 예측

✓ Predict Positive : 부도로 아닌 것으로 예측

✓ TP(True Positive) : 부도라고 예측해서 실제 부도임을 맞춤

✓ FP(False Postive) : 부도라고 예측했지만 실제는 부도가 아님

✓ TN(True Negative) : 부도가 아니라고 예측해서 실제 부도가 아님을 맞춤

✓ FN(False Negative) : 부도가 아니라고 예측했지만 실제는 부도임

가. Accuracy(정확도)

- Accuracy는 전체 예측 중 올바른 예측을 얼마나 했는지를 지표로 구하는 것이다. 이를 수식으로 나타내면 다음과 같다.

$$\frac{TP+TN}{TP+TN+FP+FN}$$

- Accuracy가 높으면 높을수록 예측 정확도가 높다고 할 수 있다. 그러나 Accuracy는 편향의 함정에 빠질 수 있다. 즉, 부도가 아닌 것만 예측을 잘하고, 부도인 것은 예측을 잘하지 못한다면 이는 좋은 모델이라고 볼 수 없을 것이다. 이러한 경우는 데이터가 불균형(imbalaced)할 때 발생할 수 있다. 예를 들어, 부도 데이터는 부도가 아닌 정상 데이터보다 상대적으로 매우 작을 수 밖에 없기 때문에 이러한 결과가 나올 수 있다. 이렇게 데이터가 불균형한 경우에 평가척도를 달리 적용할 수는 없을까? 이 경우 사용하는 것이 F1 척도이다.

나. Precision(정밀도)

- Precision은 정밀도로 부도로 예측한 것 중 실제로 맞춘 것과 부도가 아닌 것을 예측한 것을 실제로 맞춘 것의 가중 평균으로 보여준다. 수식으로 나타내면 다음과 같다.

$$\frac{TP}{TP+FP}\times\frac{TP+FN}{TP+FN+FP+TN}+\frac{TN}{FN+TN}\times\frac{FP+TN}{TP+FN+FP+TN}$$

다. Recall(민감도)

- 이는 TP와 TN을 각기 행의 합계의 비중으로 가중평균하여 보여주는 지표이다. 정확도와 마찬가지로 실제 부도를 부도로 예측하고, 부도가 아닌 것을 부도가 아닌 것으로 예측하는 비율로 민감도가 높을수록 좋은 척도라고 볼 수 있다.

$$\frac{TP}{TP+FN}\times\frac{TP+FN}{TP+FN+FP+TN}+\frac{TN}{FN+TN}\times\frac{FP+TN}{TP+FN+FP+TN}$$

라. f1

- f1 Score는 보통 불균형 분류문제에서 평가척도로 주로 사용된다. 데이터가 불균형한 상태에서 Accuracy로 성능을 평가하기엔 데이터 편향성이 너무 크게 나타나 올바르게 성능을 측정하기 힘들게 된다. 그렇기 때문에 f1 Score를 평가척도로 사용한다.

마. ROC_AUC

- ROC 곡선은 아래와 같다.

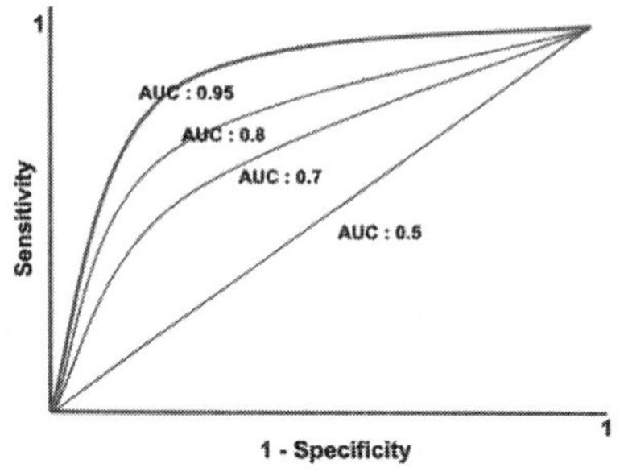

- AUC는 0부터 1까지의 범위를 갖는데, 일반적으로 AUC가 높을수록 좋은 성능의 척도로써 사용된다.

2 Boosting

- Boosting이란 머신러닝 앙상블 기법 중 하나로 여러 개의 알고리즘이 순차적으로 학습-예측을 하면서 이전에 학습한 알고리즘의 예측이 틀린 데이터를 올바르게 예측할 수 있도록, 다음 알고리즘에 가중치를 부여하여 학습과 예측을 진행하는 방식이다.
- Boosting 알고리즘에는 AdaBoost, Gradient Boosting Machine 등이 있는데, 기존 Boosting 알고리즘은 느린 학습 속도와 오버피팅이라는 문제를 지니고 있다. 그래서 새롭게 나오는 Boosting 알고리즘은 대부분 이 오버피팅을 해결하기 위한 기법들을 알고리즘에 포함시키고 있다.
- Fraudit의 Boosting 알고리즘은 비교적 최신 Boosting 알고리즘은 CatBoost 알고리즘을 사용한다. CatBoosting 알고리즘은 Level-wise Tree, Ordered Boosting, Random Permutation, Ordered Target Encoding, Categorical Feature Combinations, Optimized Parameter turning 등을 사용함으로써 기존 Boosting 알고리즘의 약점을 극복하고 있다(자세한 설명은 생략하기로 한다).
- 여기서는 Fraudit의 Prediction 메뉴 중 하나인 Boost 메뉴를 사용하여 부도예측을 해보도록 하겠다. 부도예측은 기존의 학계, 실무계에서 많이 다루어져왔던 이슈이다. 그럼에도 불구하고 부도예측 사례를 다시 하는 이유는 기존의 분석방법에 비하여 Boosting 기법을 활용하면 실무적으로 굉장히 편리하게 분석할 수 있기 때문이다.

(1) 사례파일

- **TrainData** 테이블과 **prediction** 테이블을 연다. **TrainData** 칼럼명(변수)의 정의는 다음과 같다.

변수	설명
Attr5	[(cash + short-term securities + receivables - short-term liabilities) / (operating expenses - depreciation)] * 365
Attr9	sales / total assets
Attr13	(gross profit + depreciation) / sales
Attr15	(total liabilities * 365) / (gross profit + depreciation)
Attr22	profit on operating activities / total assets
Attr25	(equity - share capital) / total assets
Attr27	profit on operating activities / financial expenses
Attr31	(gross profit + interest) / sales
Attr36	total sales / total assets
Attr40	(current assets - inventory - receivables) / short-term liabilities
Attr42	profit on operating activities / sales
Attr48	EBITDA (profit on operating activities - depreciation) / total assets
Attr52	(short-term liabilities * 365) / cost of products sold)
Attr58	total costs /total sales
Class	0은 정상, 1은 부도(단, 이는 명목변수로 string 처리하여야 한다)

- **TrainData** 테이블에 있는 내용 중 70%는 train용 데이터로 자동 분리하고, 30%는 test용 데이터로 자동 분리한다.
- **prediction** 테이블은 예측하고자 하는 데이터로 실제 결과는 모르는 데이터이다. 그러나 여기서는 교육목적상 과거에 이미 판명된 데이터를 예측 데이터로 넣은 것이다.

(2) Boosting 메뉴 사용

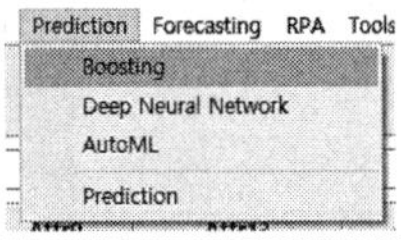

(1) ***TrainData*** 테이블을 연다.
(2) Prediction >> Boosting 메뉴를 선택한다.

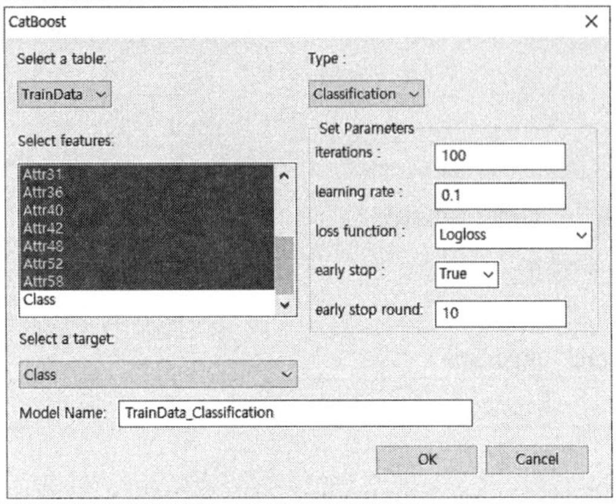

(3) Select a table : ***TrainData*** 선택
- Select features : Class를 제외한 모든 변수를 선택
- Select a target : Class 선택
- Type : Classification 선택
- Set Parameters : 기본설정을 그대로 선택한다.
- Model Name : TrainData_Classification 입력

(4) OK 버튼을 누른다.

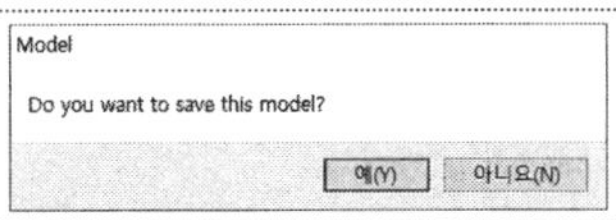

(5) 트레이닝 모델을 저장할 것이냐는 메시지가 뜨면 ***예***를 누른다.

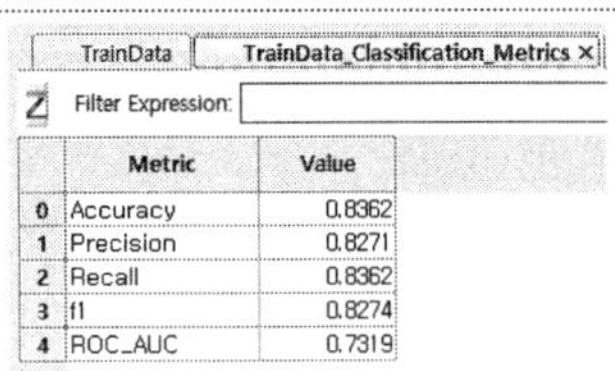

	Metric	Value
0	Accuracy	0.8362
1	Precision	0.8271
2	Recall	0.8362
3	f1	0.8274
4	ROC_AUC	0.7319

(6) TrainData_Classification_Metrics 테이블의 결과는 왼쪽과 같다.
- 어떤 미지의 값을 예측할 때 예측한 대한 성능을 다양한 척도(Metrics)로 평가한다. 특히 분류(Categorization) 문제에서 주로 사용하고 있는 평가척도는 왼쪽 테이블과 같이 Accuracy(정확도), Precision(정밀도), Recall(민감도), f1, ROC_AUC이다.
- 여기서는 평가척도들이 대략 82%이상이므로 모델의 성능이 어느정도는 양호하다고 볼 수 있다. 따라서 이와 같이 학습된 모델을 베이스로 예측을 해도 큰 무리는 없을 것이라고 판단할 수 있다.

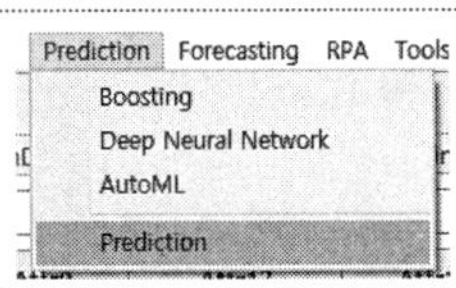

(7) ***prediction*** 테이블을 연다.
(8) Prediction >> Prediction 메뉴를 선택한다.

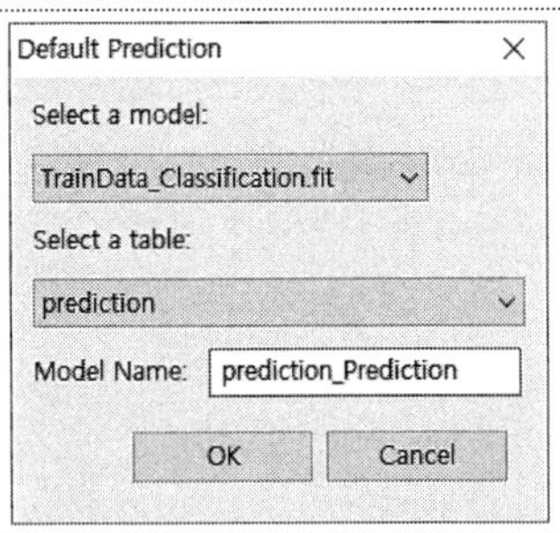

(9) Select a model : ***TrainData_Classification.fit*** 선택
- Select a table : ***prediction*** 테이블 선택
- Model Name : ***prediction_Prediction*** 입력

(10)OK 버튼을 누른다.

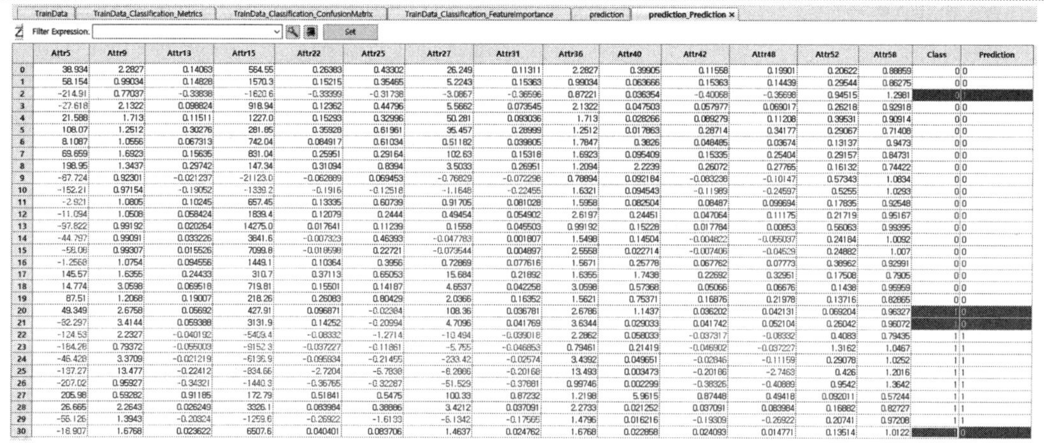

TrainData | TrainData_Classification_Metrics | TrainData_Classification_ConfusionMatrix | TrainData_Classification_FeatureImportance | prediction | prediction_Prediction ×

Filter Expression: Set

	Attr5	Attr9	Attr13	Attr15	Attr22	Attr25	Attr27	Attr31	Attr36	Attr40	Attr42	Attr48	Attr52	Attr58	Class	Prediction
0	38.934	2.2827	0.14063	564.55	0.26383	0.43302	26.249	0.11311	2.2827	0.39905	0.11558	0.19901	0.20622	0.88859	0	0
1	58.154	0.99034	0.14828	1570.3	0.15215	0.35465	5.2243	0.15363	0.99034	0.063666	0.15363	0.14439	0.29544	0.86275	0	0
2	-214.91	0.77037	-0.33838	-1620.6	-0.33399	-0.31738	-3.0867	-0.36596	0.87221	0.036354	-0.40068	-0.35698	0.94515	1.2981	0	1
3	-27.618	2.1322	0.098824	918.94	0.12362	0.44796	5.5662	0.073545	2.1322	0.047503	0.057977	0.069017	0.26218	0.92918	0	0
4	21.588	1.713	0.11511	1227.0	0.15293	0.32996	50.281	0.093036	1.713	0.028266	0.089279	0.11208	0.39531	0.90914	0	0
5	108.07	1.2512	0.30276	281.85	0.35928	0.61961	35.457	0.28999	1.2512	0.017863	0.28714	0.34177	0.29067	0.71408	0	0
6	8.1087	1.0556	0.067313	742.04	0.084917	0.61034	0.51182	0.039805	1.7847	0.3826	0.048485	0.03674	0.13137	0.9473	0	0
7	69.659	1.6923	0.15635	831.04	0.25951	0.29164	102.63	0.15318	1.6923	0.095409	0.15335	0.25404	0.29157	0.84731	0	0
8	198.95	1.3437	0.29742	147.34	0.31094	0.8394	3.5033	0.26951	1.2094	2.2239	0.26072	0.27765	0.16132	0.74422	0	0
9	-67.724	0.92301	-0.021237	-21123.0	-0.062889	0.069453	-0.76829	-0.072298	0.78894	0.092184	-0.083236	-0.10147	0.57343	1.0834	0	0
10	-152.21	0.97154	-0.19052	-1339.2	-0.1916	-0.12518	-1.1648	-0.22455	1.6321	0.094543	-0.11989	-0.24597	0.5255	1.0293	0	0
11	-2.921	1.0805	0.10245	657.45	0.13335	0.60739	0.91705	0.081028	1.5958	0.082504	0.08487	0.099694	0.17835	0.92548	0	0
12	-11.094	1.0508	0.058424	1839.4	0.12079	0.2444	0.49454	0.054902	2.6197	0.24451	0.047064	0.11175	0.21719	0.95167	0	0
13	-97.822	0.99192	0.020264	14275.0	0.017641	0.11239	0.1558	0.045503	0.99192	0.15228	0.017784	0.00853	0.56063	0.99395	0	0
14	-44.797	0.99091	0.033226	3841.6	-0.007323	0.46393	-0.047783	0.001807	1.5498	0.14504	-0.004822	-0.055037	0.24184	1.0092	0	0
15	-58.08	0.99307	0.015526	7099.8	-0.018598	0.22721	-0.073544	0.004897	2.5558	0.022714	-0.007406	-0.04529	0.24882	1.007	0	0
16	-1.2568	1.0754	0.094556	1449.1	0.10364	0.3956	0.72869	0.077616	1.5671	0.25778	0.067762	0.07773	0.38962	0.92991	0	0
17	145.57	1.6355	0.24433	310.7	0.37113	0.65053	15.684	0.21892	1.6355	1.7438	0.22692	0.32951	0.17508	0.7905	0	0
18	14.774	3.0598	0.069518	719.81	0.15501	0.14187	4.6537	0.042258	3.0598	0.57368	0.05066	0.06676	0.1438	0.95959	0	0
19	87.51	1.2068	0.19007	218.26	0.26083	0.80429	2.0366	0.16352	1.5621	0.75371	0.16876	0.21978	0.13716	0.82865	0	0
20	49.349	2.6758	0.05692	427.91	0.096871	-0.02384	108.36	0.036781	2.6786	1.1437	0.036202	0.042131	0.069204	0.96327	1	0
21	-82.297	3.4144	0.059388	3131.9	0.14252	-0.20994	4.7096	0.041769	3.6344	0.029033	0.041742	0.052104	0.26042	0.96072	1	0
22	-124.53	2.2327	-0.040192	-5409.4	-0.08332	-1.2714	-10.494	-0.039018	2.2862	0.058033	-0.037317	-0.08332	0.4083	0.79435	1	1
23	-184.28	0.79372	-0.055003	-9152.3	-0.037227	-0.11861	-5.755	-0.046853	0.79461	0.21419	-0.046902	-0.037227	1.3162	1.0467	1	1
24	-46.428	3.3709	-0.021219	-6136.9	-0.095934	-0.21455	-233.42	-0.02574	3.4392	0.049651	-0.02846	-0.11159	0.29078	1.0252	1	1
25	-137.27	13.477	-0.22412	-834.66	-2.7204	-6.7838	-8.2866	-0.20168	13.493	0.003473	-0.20186	-2.7463	0.426	1.2016	1	1
26	-207.02	0.95927	-0.34321	-1440.3	-0.36765	-0.32287	-51.529	-0.37881	0.99746	0.002299	-0.38326	-0.40889	0.9542	1.3642	1	1
27	205.98	0.59282	0.91185	172.79	0.51841	0.5475	100.33	0.87232	1.2198	5.9615	0.87448	0.49418	0.092011	0.57244	1	1
28	26.665	2.2643	0.026249	3326.1	0.083984	0.38886	3.4212	0.037091	2.2733	0.021252	0.037091	0.083984	0.16882	0.82727	1	1
29	-56.126	1.3943	-0.20324	-1259.6	-0.26922	-1.6133	-6.1342	-0.17565	1.4796	0.016216	-0.19309	-0.26922	0.20741	0.97208	1	1
30	-16.907	1.6768	0.023622	6507.6	0.040401	0.083706	1.4637	0.024762	1.6768	0.022858	0.024093	0.014771	0.13514	1.0122	1	0

(11) Class와 Prediction의 결과가 다른 경우가 총 4개 나온다. 즉, 31개의 예측 데이터 결과 27/31(약 87%)의 예측 정확도를 보이고 있다.

※ TrainData의 학습결과 예측 정확도인 83%와 실제 예측 결과인 90.3%는 당연히 다르게 나올 수 있는 것이며 더 좋게 나올 수도 있고 안 좋게 나올 수도 있다. 중요한 것은 사후적인 예측 정확도 보다는 학습결과 나오는 초기 예측정확도인 83%가 어느 정도 높은 편이기 때문에 이 학습된 모델로 예측을 하겠다는 것이 중요한 것이다.

3 Deep Neural Network

- 여기서는 Fraudit의 Prediction 메뉴 중 하나인 Deep Neural Network 메뉴를 사용하여 분식회계 예측을 해보도록 하겠다. 분식회계 모형은 Beneish 모형을 사용하였으므로 먼저 Beneish 모형에 대해서 살펴보자.

(1) Beneish 모형

- Beneish(1994)는 SEC로부터 지적받은 기업과 미디어에서 이익조작기업으로 확인된 기업에 대해 이익조작과 재무제표 변수간 관계를 검증한 결과 아래의 8가지 변수가 이익조작기업의 특성으로 나타난 것을 발견하였다.

변수	설명
채권회수기간지수 (DSRI)	$\dfrac{매출채권_t \,/\, 매출액_t}{매출채권_{t-1} \,/\, 매출액_{t-1}}$ 매출채권의 급격한 증가는 경쟁심화에 따른 신용매출 기준의 완화의 결과일 수도 있고 가공매출을 통한 이익조작의 결과일수도 있다. 2개 년도에 걸쳐 매출채권과 매출액의 비율을 비교하는 이 지수의 급격한 증가는 매출액과 이익이 과대계상될 가능성과 정(+)의 관계가 있는 것으로 추정한다.

매출총이익지수 (GMI)	$$\frac{\text{매출총이익}_{t-1} / \text{매출액}_{t-1}}{\text{매출총이익}_{t} / \text{매출액}_{t}}$$ 채권회수기간지수와는 달리 매출총이익지수는 전년도 매출총이익률을 당년도 매출총이익률로 나누어 계산한다. 따라서 이 지수가 1보다 크면 전기 대비 당기 수익성이 악화되었음을 의미한다. 영업악화가 예상되는 기업이 이익조작을 할 가능성이 더 높다면 이 지수와 이익조작확률사이에 정의 관계가 있을 것으로 추정한다.
자산품질지수 (AQI)	$$\frac{1-(\text{유동자산}_{t}+\text{유형자산}_{t}) / \text{총자산}_{t}}{1-(\text{유동자산}_{t-1}+\text{유형자산}_{t-1}) / \text{총자산}_{t-1}}$$ 자산품질은 총자산 중 유형자산을 제외한 고정자산의 비율로서 측정한다. 이 지수는 미래효익의 불확실성이 상대적으로 높은, 달리 말해 실현가능성 위험 (realization risk) 이 높은 자산의 변화를 총체적으로 반영하고자 한다. 이 지수가 1보다 크다는 것은 기업이 보다 많은 지출을 자본화한데 기인할 수 있다. 따라서 이익조작확률과 이지수 간에 정의 관계가 있을 것으로 추정한다.
매출성장성지수 (SGI)	$$\frac{\text{매출액}_{t}}{\text{매출액}_{t-1}}$$ 이 지수는 고성장 기업일수록 원활한 자본조달을 위해 이익목표치를 달성하기 위하여 회계분식을 할 가능성이 높다는 점에서 출발한다. 또한 고성장 시기에는 내부통제와 보고기능이 제조, 판매기능에 비해 상대적으로 덜 중시됨으로써 이익조작이 내부에서 견제되지 않을 가능성이 있다(Loebbecke et al. 1989). 또한 고성장 기업의 성장률이 둔화되기 시작하면서 주가가 하락할 때 경영자가 성장세 둔화 우려를 불식시키기 위해 이익을 조작할 우려가 높다(Fridson 1993). 따라서 이 지수와 이익조작확률사이에 정의 관계가 있을 것으로 추정한다.
감가상각지수 (DEPI)	$$\frac{\text{감가상각비}_{t-1}/(\text{감가상각비}_{t-1}+\text{유형자산}_{t-1})}{\text{감가상각비}_{t}/(\text{감가상각비}_{t}+\text{유형자산}_{t})}$$ 이 지수가 1보다 크면 자산 감가상각 속도가 완화되었음을 의미한다. 이는 예상 내용년수를 증가시키거나 보고이익을 증가시키는 회계처리방법을 채택했을 가능성이 높다고 해석할 수 있다. 따라서 이 지수와 이익조작확률 간에 정의 관계가 존재할 것으로 추정한다.
판매관리비지수 (SGAI)	$$\frac{\text{판매관리비}_{t} / \text{매출액}_{t}}{\text{판매관리비}_{t-1} / \text{매출액}_{t-1}}$$ 대부분의 관리비가 고정비인 점을 감안하면 매출액 대비 판매관리비의 급격한 증가는 비경상적 판매노력의 투입이나 원가통제능력의 상실과 같은 부정적 상황의 결과일 수 있다. 따라서 이 지수와 이익조작확률 사이에 정의 관계를 발견할 것으로 추정한다.

레버리지지수 (LVGI)	$\frac{총부채_t / 총자산_t}{총부채_{t-1} / 총자산_{t-1}}$ 부채계약의 위반을 피하기 위한 이익조작 유인을 반영하고자 총부채비율을 통해 레버리지의 변화를 측정한다. 이 지수와 이익조작확률 간에 정의 관계가 존재할 것으로 추정한다.
총발생액비율 (TATA)	$\frac{(순이익_t - 순이익_{t-1}) - (영업활동현금흐름_t - 영업활동현금흐름_{t-1})}{총자산_t}$ 총발생액은 순이익의 변화에서 영업활동현금흐름의 변화를 차감하여 계산하며 이를 총자산으로 나눈 총발생액비율을 통해 현금과 보고이익과의 괴리를 측정한다. 총발생액비율이 높을 수록 이익조작확률이 높을 것으로 기대한다.

- 위 8가지 변수를 가지고 아래와 같이 M-Score를 계산한다.
  M = -4.84 + 0.92*DSRI + 0.528*GMI + 0.404*AQI + 0.892*SGI + 0.115*DEPI - 0.172*SGAI + 4.679*TATA - 0.327*LVGI
- 만약, 계산된 M값이 −2.22보다 크다면, 그 회사의 회계부정 확률이 높다고 본 것이며, -1.78보다 크다면 그 확률이 매우 높다고 본 것이다. 그러나, M-Score는 확률적인 모형이므로 모든 이익조작기업을 100% 정확하게 발견할 수는 없다.
- 이와 같이 스코어링이 나온다면 왜 굳이 train을 시킬 필요가 있는지 반문할 수 있다. 실제 분식회계 지적이 나온 회사들은 감리지적사례 등을 통하여 분식 여부를 확인할 수 있으나, 분식회계 지적이 나오지 않은 회사들은 단지 감리를 하지 않았다는 것이지 그 회사가 분식인지 아닌지는 감리를 하기 전까지는 알 수 없다(즉, 분식이 아니라고 보기 어렵다).
  따라서 Beneish M 값이 10년 동안 모두 −2.22(임계치)보다 낮은 회사를 정상회사라고 간주하여 그들의 10년간 M-Score를 정상 데이터에 포함시키고, 분식회계 지적을 받은 회사의 분식지적년도의 M-Score 중 −2.22를 넘은 것을 비정상(분식) 데이터에 포함시켜 (왜냐하면 분식회계 지적을 받은 회사라도 모든 년도의 M-Score가 −2.22를 넘지 않기 때문에 진정한 비정상 데이터를 구성할 필요가 있음) 정상 데이터와 비정상 데이터의 Balancing을 맞추어 학습을 시키는 것이 필요하다.
  한편 이와 같이 학습을 시키면 본질적으로 M-Score에 따른 분류와 거의 차이가 나지 않을 것이라는 주장도 있을 수 있다. 그러나 제로베이스에서 분식회계모형을 구성한다면 Feature(독립변수) 발굴에 많은 시간이 걸리고, 정상 데이터를 어떤 기준으로 뽑을 것인지 결정하는 것도 시간이 많이 걸리는 작업이다. 그러므로 여기에서는 Beneish M 모형의 Feature와 M-Score를 활용하여 train을 시킨 것이라고 이해하기 바란다.

(2) 사례파일

- **Beneish_Train** 테이블과 **Beneish_분식기업** 테이블을 연다. **BeneishTrain** 테이블은 금융감독원에서 감리지적한 기업과 한국공인회계사회에서 감리지적한 기업의 8가지 변수 및 정상적인 기업(10년 동안 모두 −2.22(임계치)보다 낮은 기업)의 8가지 변수를 계산하여 train용 데이터로 만든 것이다.
- **Beneish_Train**의 M 변수에서 0은 정상, 1은 분식의 위험이 높은 경우, 2는 분식의 위험이 매우 높은 경우로 명목변수이다.
- **Beneish_분식기업**은 회사가 연결재무제표 작성대상의 범위에 해당하는 해외종속기업 투자주식에 대하여 지분법을 적용하지 아니하여, 2014년과 2015년에 매도가능증권 및 지분법적용투자주식을 과대(과소)계상하고 자기자본을 과대계상 하였음에도 지분법적용투자주식에 대한 감사절차를 소홀히 한 기업이다. 감리대상년도가 2014년과 2015년이므로 그 이전과 이후에 구체적인 감리결과가 나오지는 않았다.

(3) Deep Neural Network 메뉴 사용

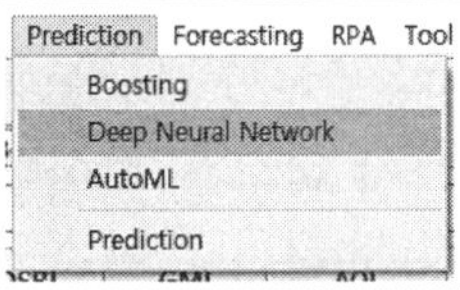

(1) Prediction >> Deep Neural Network 메뉴를 선택한다.

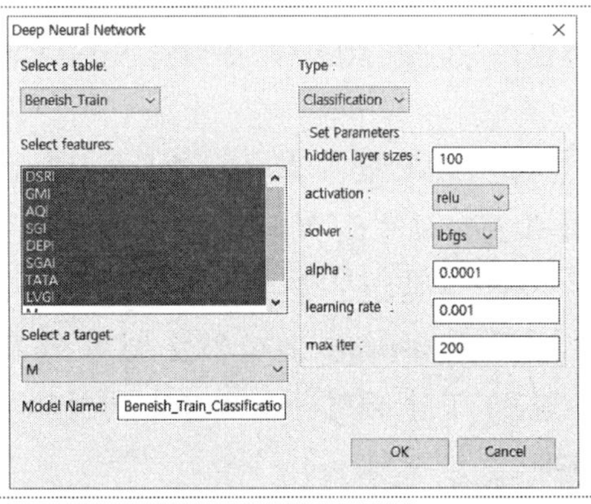

(2) Select a table : ***Beneish_Train*** 선택

- Select features : ***결산일***과 ***M***을 제외한 모든 변수를 선택
- Select a target : ***M*** 선택
- Type : Classification 선택
- Set Parameters : solver를 ***lbfgs***를 선택하고 나머지 기본설정을 그대로 선택한다.
- Model Name : ***Beneish_Train_Classification*** 입력

(3) OK 버튼을 누른다.

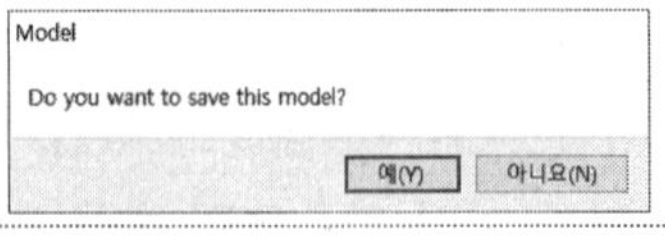

(4) 트레이닝 모델을 저장할 것이냐는 메시지가 뜨면 ***예***를 누른다.

	Metric	Value
0	Accuracy	0.9787
1	Precision	0.9789
2	Recall	0.9787
3	f1	0.9787
4	ROC_AUC	0.9983

(5) Beneish_Train_Classification_Metrics 테이블의 결과는 왼쪽과 같다.

- 어떤 미지의 값을 예측할 때 예측한 대한 성능을 다양한 척도(Metrics)로 평가한다. 특히 분류(Categorization) 문제에서 주로 사용하고 있는 평가척도는 왼쪽 테이블과 같이 Accuracy(정확도), Precision(정밀도), Recall(민감도), f1, ROC_AUC이다.
- 여기서는 평가척도들이 약 97.8%이상이므로 모델의 성능이 매우 양호하다고 볼 수 있다.

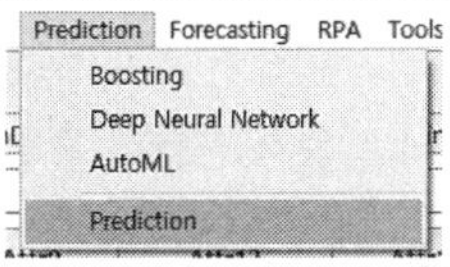

(6) Prediction >> Prediction 메뉴를 선택한다.

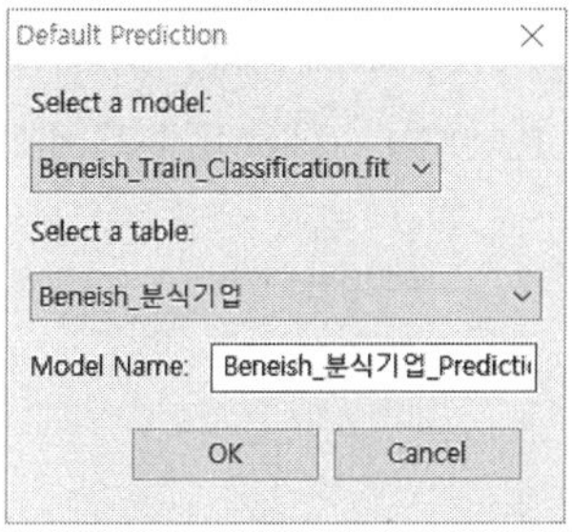

(7) Select a model : ***Beneish_Train_Classification.fit*** 선택

- Select a table : ***Beneish_분식기업*** 테이블 선택
- Model Name : ***Beneish_분식기업_Prediction*** 입력

(8) OK 버튼을 누른다.

	결산일	DSRI	GMI	AQI	SGI	DEPI	SGAI	TATA	LVGI	M	Prediction
0	20091231	1.06	2.6730	0.0060	1.5240	0.1530	1.0360	0.2500	1.0000	<N>	2
1	20101231	0.42	0.7910	1.5620	2.0570	7.0670	0.6100	-0.0470	0.9280	<N>	2
2	20111231	0.84	0.6330	0.3910	0.8880	2.8690	1.5740	0.1040	0.7930	<N>	0
3	20121231	1.58	1.0360	8.8790	0.8700	1.3560	1.0730	-0.0440	1.1880	<N>	2
4	20131231	1.00	0.9470	12.1970	1.3320	0.2680	1.0280	-0.1120	1.2780	<N>	2
5	20141231	1.47	0.9950	0.4360	1.3720	0.6170	0.9100	0.0160	1.0050	<N>	1
6	20151231	1.16	1.0890	2.0320	0.8760	1.1670	1.2650	0.0020	0.9210	<N>	1
7	20161231	0.77	1.0730	1.3000	0.9570	0.8750	1.0490	-0.0130	1.0000	<N>	0

(9) ***Beneish_분식기업_Prediction*** 테이블은 특정 기업의 시계열 변수이다. 예를 들어, 2009~2016년도의 8가지 변수를 나열한 것이다. 따라서 ***Beneish_분식기업_Prediction*** 테이블의 ***Prediction*** 칼럼은 각 년도의 분식 예측 결과를 보여준다. 어떤 년도에는 정상인 경우가 있으며 어떤 년도에는 분식인 경우가 있을 수 있다. 핵심은 전체 시계열에서 분식(1 또는 2) 예측의 빈도가 많다면, 이러한 기업은 분식일 가능성이 매우 높다고 볼 수 있다. 특히, 이 기업은 2014년도와 2015년도의 분식예측결과가 1로 감리지적결과와 일관성이 있음을 알 수 있다.

20 | Fraudit Forecasting 메뉴

• Forecasting 메뉴는 페이스북이 만든 시계열 예측 라이브러리인 Prophet을 GUI로 구현한 메뉴이다. Prophet은 통계적 지식이 없어도 직관적 파라미터를 통해 모형을 조정할 수 있으며 기본 파라미터 값만 사용해도 높은 성능을 보여준다. Prophet에 대한 보다 상세한 설명은 모든이들을 위한 FACEBOOK PROPHET PAPER 쉬운 요약정리 (https://gorakgarak.tistory.com/1255)를 참고하기 바란다.

1 Forecasts

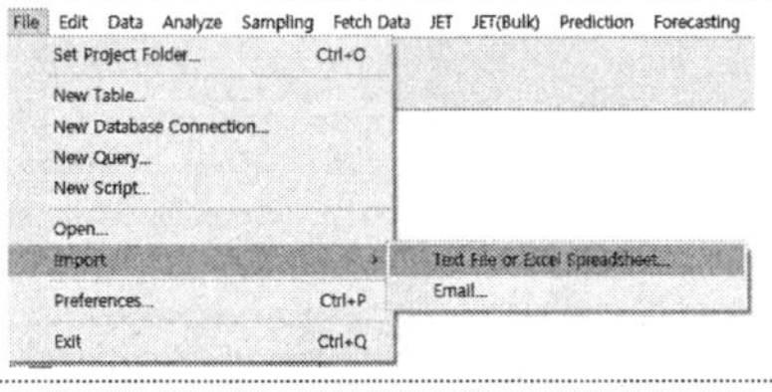

(1) File >> Import >> Text File or Excel Spreadsheet 메뉴를 선택한다.

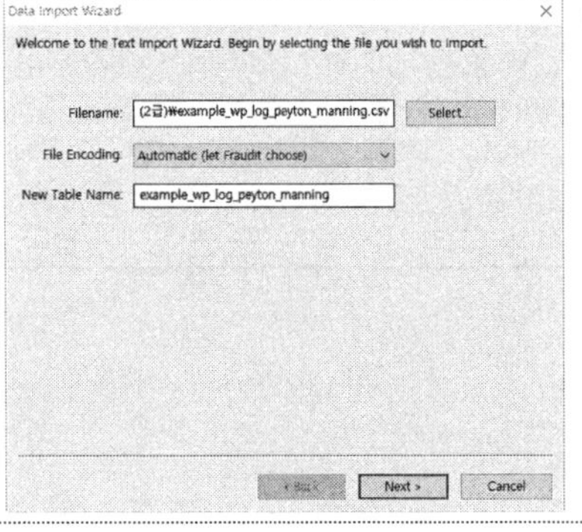

(2) Filename : ***example_wp_log_peyton_manning.csv*** 선택
- File Encoding : ***Automatic (let Fraudit choose)*** 선택
- New Table Name : ***example_wp_log_peyton_manning*** 입력
- Next 버튼을 누른다.

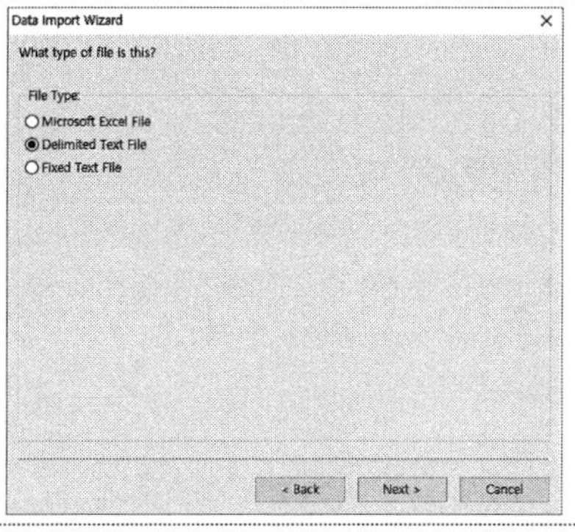

(3) File Type : ***Delimited Text File*** 선택

- Next 버튼을 누른다.

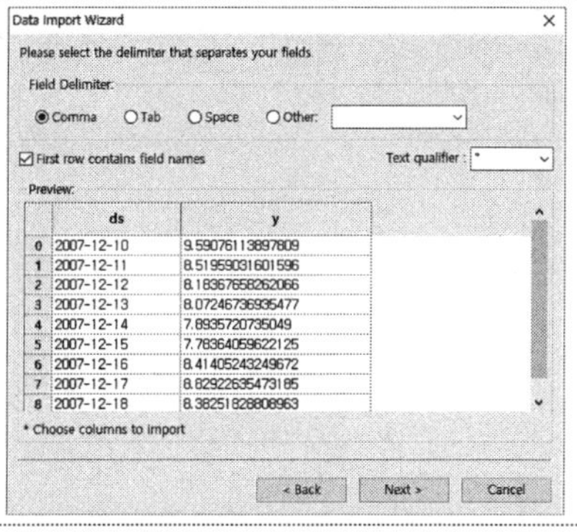

(4) Field Delimiter : ***Comma*** 체크

- First row contains field name : 체크
- Next 버튼을 누른다.

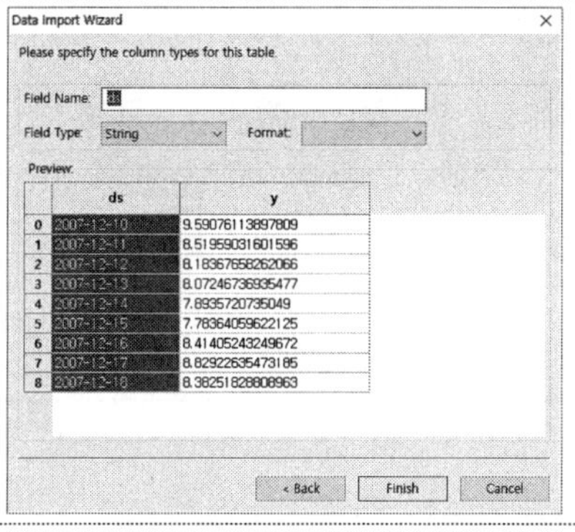

(5) Finish 버튼을 누른다.

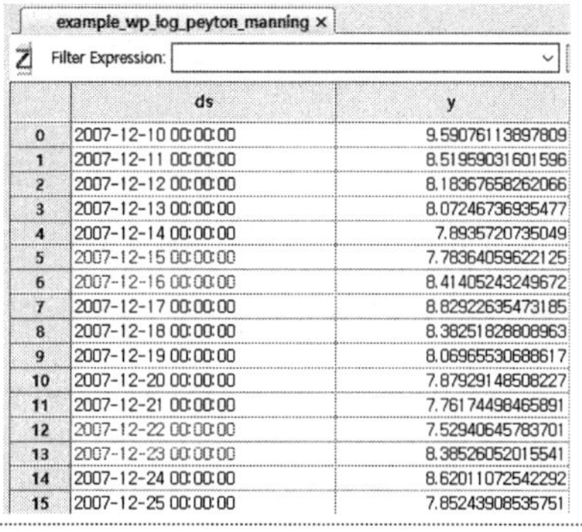

	ds	y
0	2007-12-10 00:00:00	9.59076113897809
1	2007-12-11 00:00:00	8.51959031601596
2	2007-12-12 00:00:00	8.18367658262066
3	2007-12-13 00:00:00	8.07246736935477
4	2007-12-14 00:00:00	7.8935720735049
5	2007-12-15 00:00:00	7.78364059622125
6	2007-12-16 00:00:00	8.41405243249672
7	2007-12-17 00:00:00	8.82922635473185
8	2007-12-18 00:00:00	8.38251828808963
9	2007-12-19 00:00:00	8.06965530688617
10	2007-12-20 00:00:00	7.87929148508227
11	2007-12-21 00:00:00	7.76174498465891
12	2007-12-22 00:00:00	7.52940645783701
13	2007-12-23 00:00:00	8.38526052015541
14	2007-12-24 00:00:00	8.62011072542292
15	2007-12-25 00:00:00	7.85243908535751

(6) ***example_wp_log_peyton_manning*** 테이블로 불러온다.

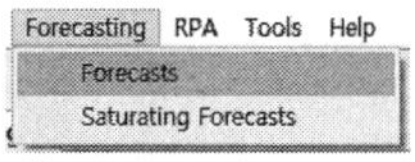

(7) Forecasting >> Forecasts 메뉴를 선택한다.

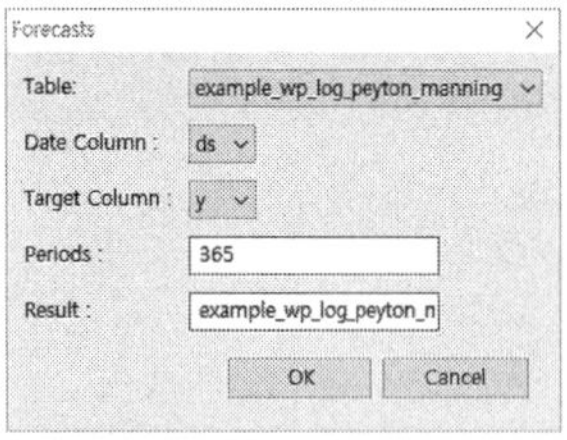

(8) Table : ***example_wp_log_peyton_manning*** 선택

- Date Column : ***ds*** 선택
- Target Column : ***y*** 선택
- Periods : ***365*** 입력(365일 후를 예측한다는 의미)
- Result : ***example_wp_log_peyton_manning_forecasting*** 입력
- OK 버튼을 누른다.

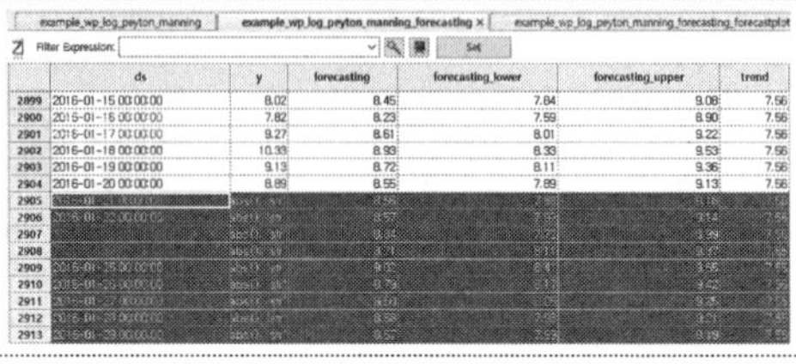

(9) 2016-01-21부터 365일 간의 예측 값이 출력된다.

- forecasting : 예측 값의 평균
- forecasting_lower : 예측 값의 하한
- forecasting_upper : 예측 값의 상한

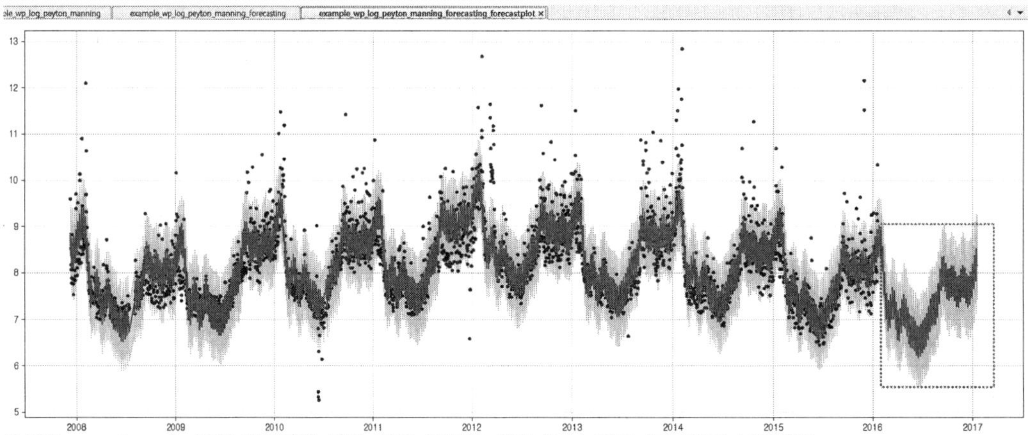

(10) Forecasting plot에서 365일에 대한 예측 결과를 상기 점선 네모 부분으로 보여준다.

2 Saturating Forecasts

- Prophet의 Logistic growth를 사용하여 트렌드를 예측할 때, 그 예측치의 최대 상한값과 하한값을 제어하고자 할 때 사용하는 기능이다. Prophet은 Linear한 모델을 사용하기 때문에 이를 제어하지 않는다면 해당 카테고리의 최대 사이즈를 넘을 수 있기 때문이다. 예를 들어 최대치가 10인 어떠한 카테고리에서 미래에 20이 된다고 예측한다면 잘못된 예측이며 인구 수를 예측할 때 -값을 예측한다면 이 역시 잘못된 예측이다.

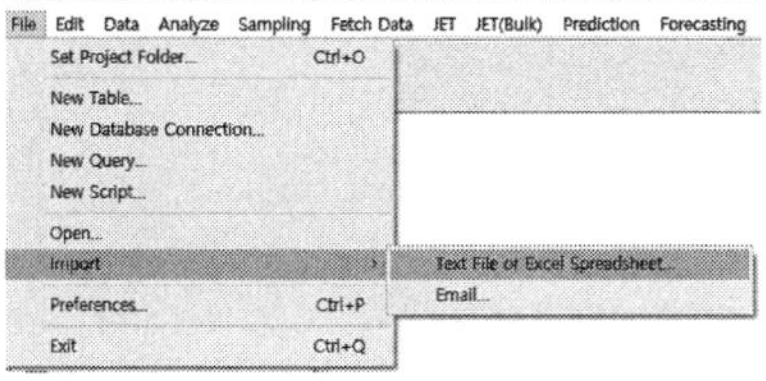

(1) File >> Import >> Text File or Excel Spreadsheet 메뉴를 선택한다.

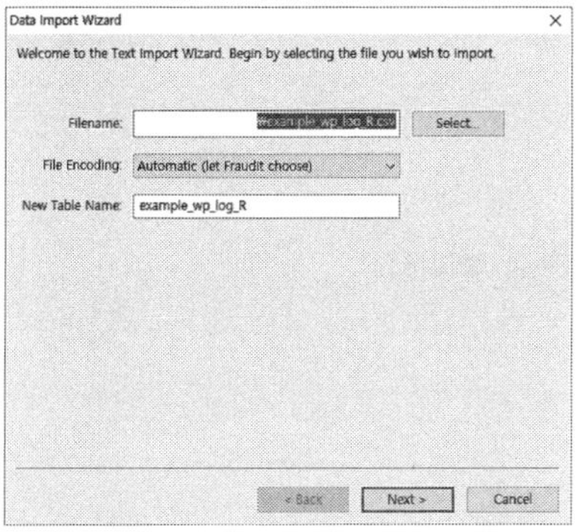

(2) Filename : ***example_wp_log_R.csv*** 선택

- File Encoding : ***Automatic (let Fraudit choose)*** 선택
- New Table Name : ***example_wp_log_R*** 입력
- Next 버튼을 누른다.

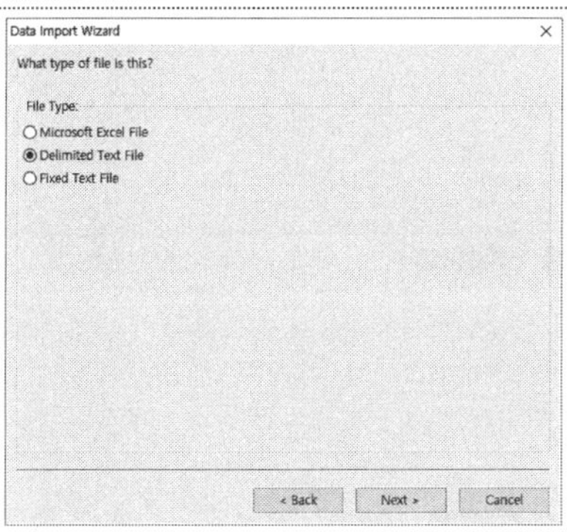

(3) File Type : ***Delimited Text File*** 선택

- Next 버튼을 누른다.

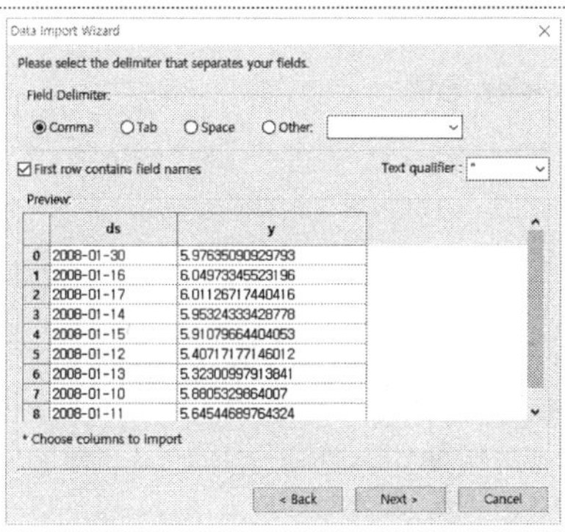

(4) Field Delimiter : ***Comma*** 체크

- First row contains field name : 체크
- Next 버튼을 누른다.

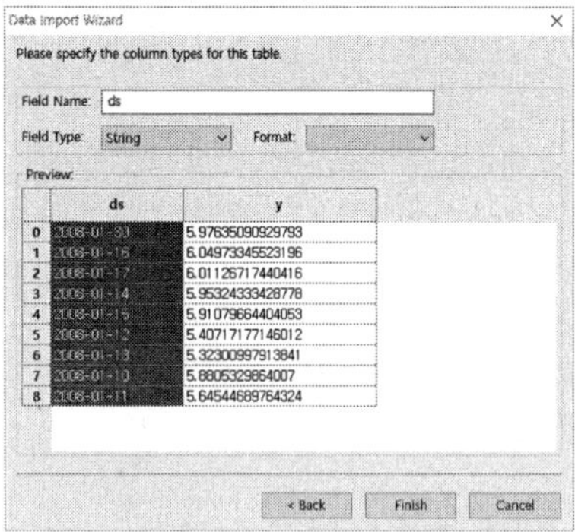

(5) Finish 버튼을 누른다.

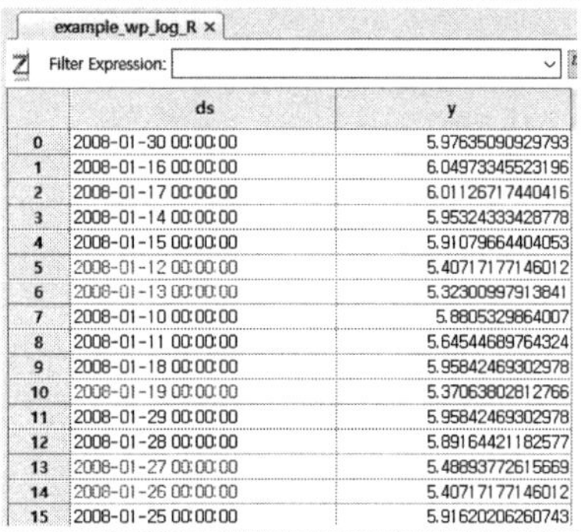

(6) ***example_wp_log_R*** 테이블로 불러온다.

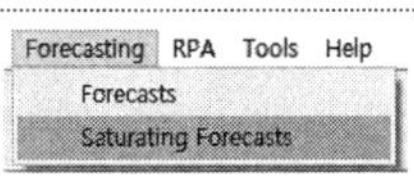

(7) Forecasting >> Saturating Forecasts 메뉴를 선택한다.

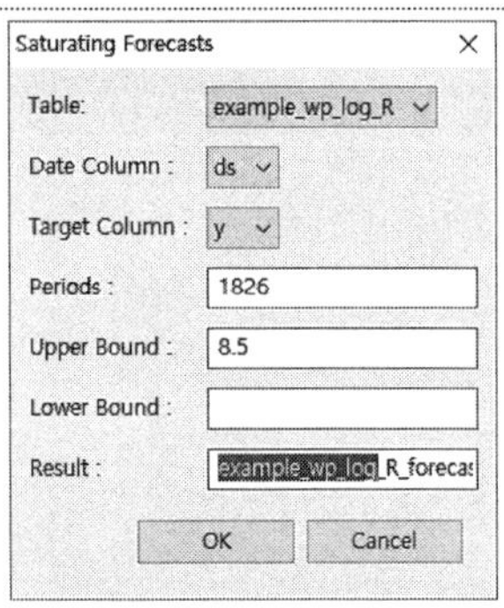

(8) Table : ***example_wp_log_R*** 선택

- Date Column : ***ds*** 선택
- Target Column : ***y*** 선택
- Periods : ***1826*** 입력(1826일 후를 예측한다는 의미)
- Upper Bound : ***8.5*** 입력(상한선)
- Result : ***example_wp_log_R_forecasting*** 입력
- OK 버튼을 누른다.

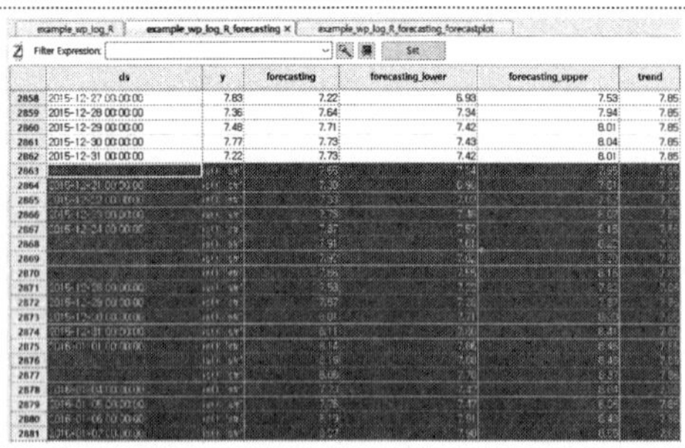

(9) 2015-12-31부터 1826일 간의 예측 값이 출력된다.

- forecasting : 예측 값의 평균
- forecasting_lower : 예측 값의 하한
- forecasting_upper : 예측 값의 상한

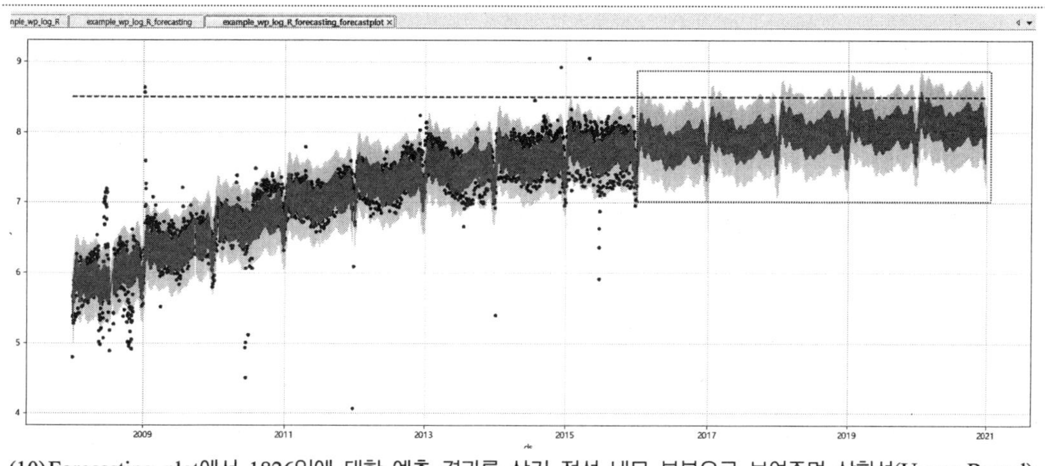

(10) Forecasting plot에서 1826일에 대한 예측 결과를 상기 점선 네모 부분으로 보여주며 상한선(Upper Bound) 8.5을 추가로 보여준다.

21 | Fraudit Tools 메뉴

1 Excel to Text

- Excel to Text 메뉴는 Excel 파일을 직접 열지 않고 바로 Text 파일로 전환하는 기능이다. Excel 파일을 Fraudit이나 파이썬 Pandas를 이용하여 불러오는 것보다 csv 파일을 Fraudit이나 파이썬 Pandas를 이용하여 불러오는 것이 시간이 훨씬 더 많이 걸린다. 그 이유는 csv 파일은 text(string)로만 구성되어 있으므로 불러들이는 시간이 훨씬 빠를 수 밖에 없다. 또한 Excel 파일을 열어서 Text 파일로 전환하는 경우 다음과 같이 통합 문서의 기능이 일부 손실될 수 있으므로 이 기능을 이용하는 것은 그리 바람직하지 않다.

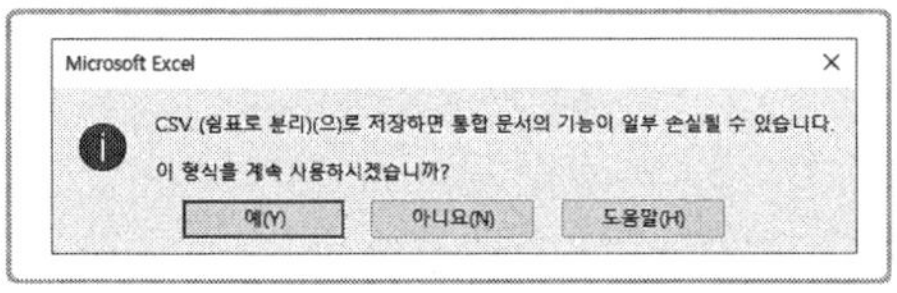

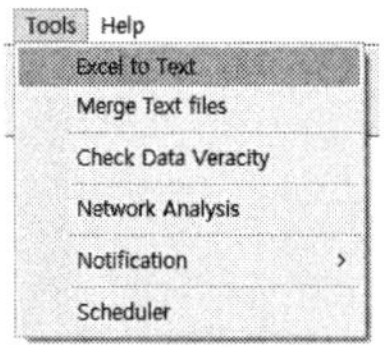

(1) Tools >> Excel to Text 메뉴를 선택한다.

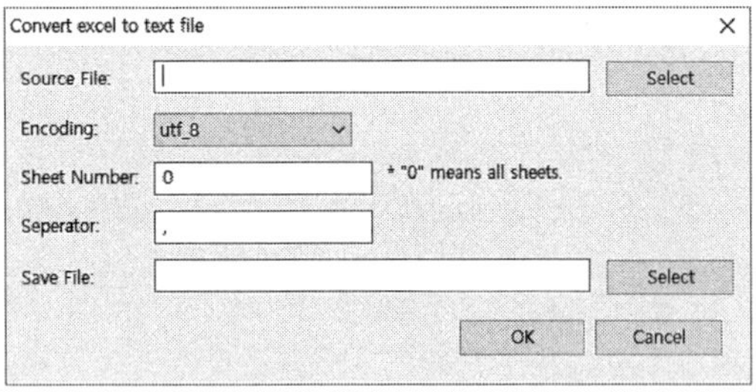

(2) Select 버튼을 누른다.

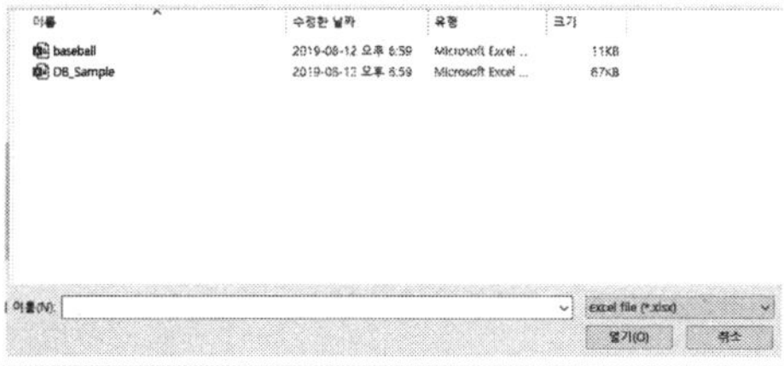

(3) samples 폴더에 있는 ***baseball.xlsx***를 선택한 후 ***열기*** 버튼을 누른다.

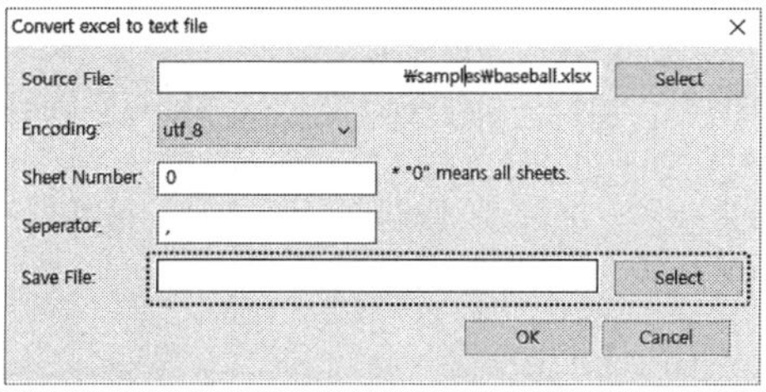

(4) Encoding : ***utf-8*** 선택

- Sheet Number : ***0***을 선택

☞ 1,2와 같이 시트 순서를 선택하면 해당 시트만 전환된다.

- Seperator : **,** 선택

(5) Save File : ***Select*** 버튼을 누른다.

(6) 저장될 폴더를 선택한 후 ***폴더 선택*** 버튼을 누른다.

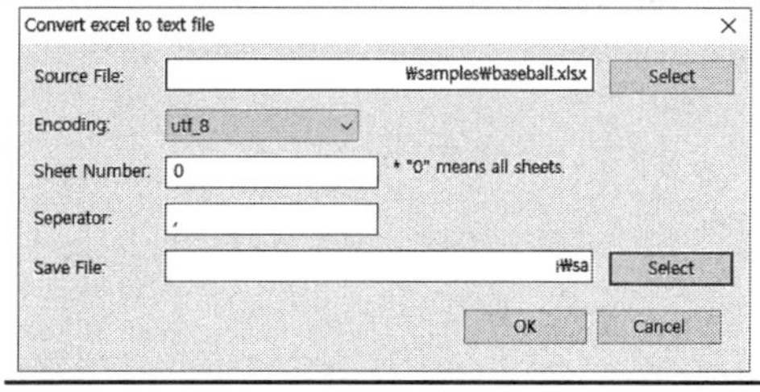

(7) OK 버튼을 누른다.

(8) 저장될 폴더에 ***baseball.csv***로 저장된다.

2 Merge Text files

- Merge Text files 메뉴는 여러 개의 Text 파일을 하나의 Text 파일로 합쳐주는 기능을 제공한다. 일반적으로 ERP에서 분개장 파일을 Text 파일로 내려받을 때, 하나의 파일로 내려받기 어려우므로 월별로 구분하여 여러개의 Text 파일로 내려받는 경우가 많다. 이 경우 하나의 Text 파일로 합쳐서 Fraudit이나 파이썬 Pandas를 이용하여 불러오는 것이 편하다.

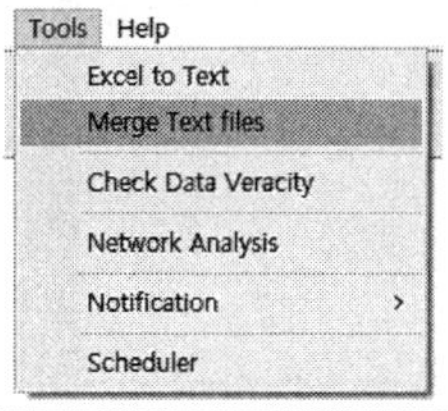

(1) Tools >> Merge Text files 메뉴를 선택한다.

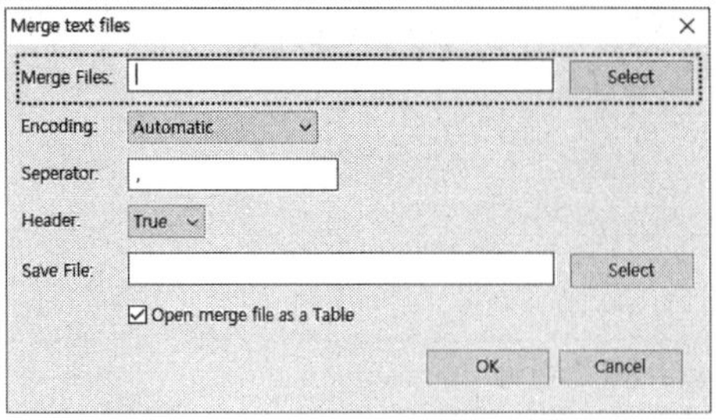

(2) Merge Files의 Select 버튼을 누른다.

(3) 폴더를 선택하고 합치고 싶은 Text 파일을 선택한다. 여기서는 Bid_1, Bid_2, Bid_3 csv 파일을 선택한다.
☞ Ctrl 버튼을 누르고 마우스로 클릭하면 상기 3개의 csv파일을 선택할 수 있다.

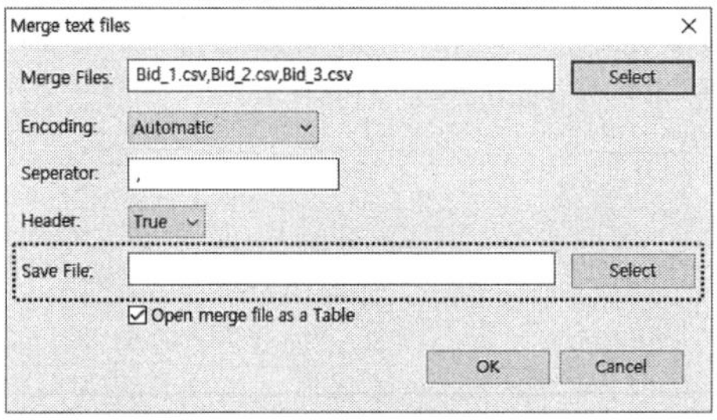

(4) Encoding : ***Automatic*** 선택
(5) Seperator : **,** 입력
(6) Header : ***True*** 선택
(7) Save File : Select 버튼을 누른다.

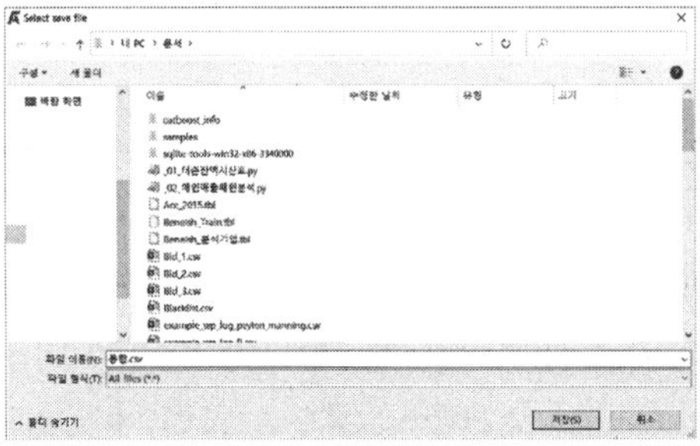

(8) 파일 이름에 ***원하는 파일명.csv***라고 입력한다.
☞ 반드시 확장자 csv를 붙여야 한다.

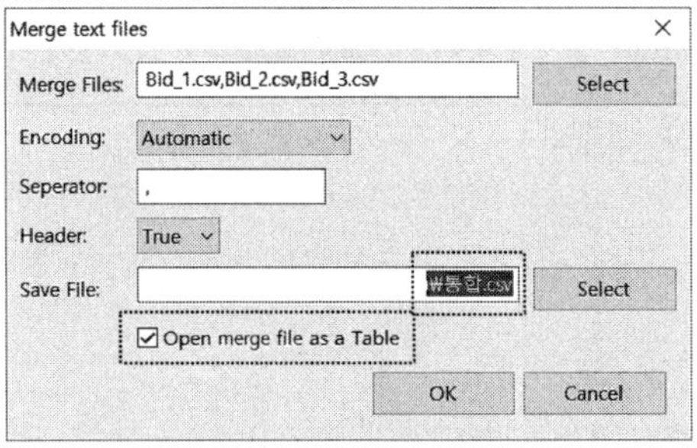

(9) Save File에 경로 및 파일명이 입력된다.
(10) Open merge file as a Table : 체크
☞ Open merge file as a Table을 체크하면 통합된 파일을 바로 Fraudit 테이블로 변환하여 열어준다.

	입찰번호	프로젝트번호	입찰자번호	입찰일자	입찰금액
0	5001	9001	8048	2009/03/07 0:00	188163.44
1	5002	9001	8063	2009/02/03 0:00	383786.19
2	5003	9001	8036	2009/02/03 0:00	593798.81
3	5004	9001	8059	2009/02/22 0:00	796503.19
4	5005	9002	8019	2009/02/11 0:00	772554.69
5	5006	9002	8057	2009/02/19 0:00	1559287.68
6	5007	9002	8097	2009/02/26 0:00	2410526.5
7	5008	9003	8087	2009/05/23 0:00	913968.59
8	5009	9003	8042	2009/05/13 0:00	1805452.11
9	5010	9003	8082	2009/06/14 0:00	2612140.31
10	5011	9003	8047	2009/05/19 0:00	3363111.86

(11) ***통합*** 테이블이 생성되어 보여진다.

(12) Save File의 경로 디렉토리에 ***통합.csv***가 저장된다.

3 Check Data Veracity

- ERP 프로그램에서 회계자료 등을 csv로 다운로드 받을 때 delimiter(구분자)가 명확하게 구분되지 않아 예기지 않게 에러가 종종 발생한다. 작은 용량의 csv인 경우에는 직접 열어 구조를 살펴볼 수 있지만, 대용량의 csv인 경우에는 파일을 여는 시간도 많이 걸릴 뿐만 아니라 어느 부분(레코드)에서 에러가 발생하였는지 발견하기 매우 어렵다. **실제 이런 에러가 발생한다면 회계자료를 회사로부터 다시 받을 수 밖에 없다.** 문제는 이런 에러가 있는지도 모르고 데이터를 불러들이다가 에러가 나면 일반적인 분석자는 그 원인 파악도 못하고 분석을 포기하는 경우가 많다. 즉, 에러의 원인을 알게 되면 회사로부터 자료를 다시 받던지 분석자가 수정가능한지를 판단할 수가 있는데 그 원인을 모르면 더 이상 어떻게 해야 할지를 모르게 되는 것이다.
- Check Data Veracity 메뉴는 csv가 delimiter(구분자)로 명확하게 칼럼이 구분되었는지를 빠르게 분석하고 이상한 칼럼에 대해서 경고를 해주는 기능을 제공한다. 분석자는 잠재적인 에러를 신속하게 파악하여 자료를 다시 받던지 분석자가 수정가능한지를 판단할 수 있다.

(1) *분개장_에러.csv* 를 연결 프로그램에서 메모장으로 연다.

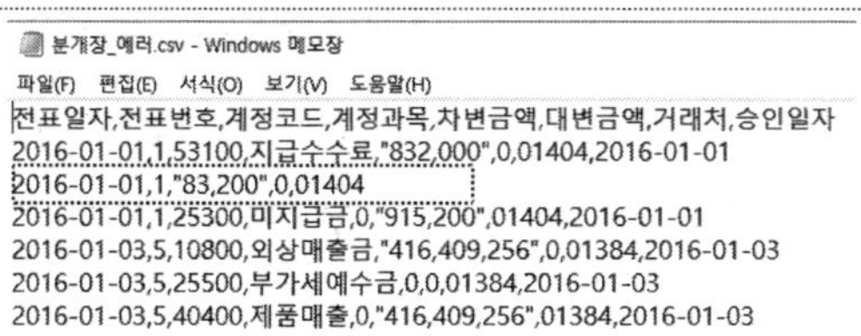

(2) 두 번째 레코드를 보면 계정코드, 계정과목, 승인일자 칼럼에 해당하는 정보가 비어 있는 것을 알 수 있다.
(3) *분개장_에러.csv* 를 닫는다.

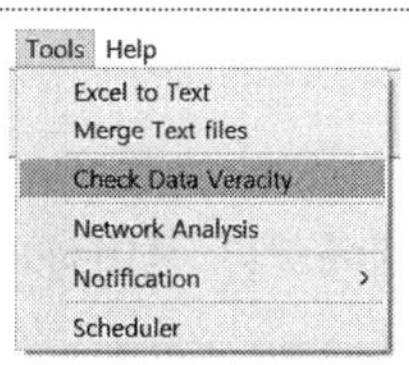

(4) Tools >> Check Data Veracity 메뉴를 선택한다.

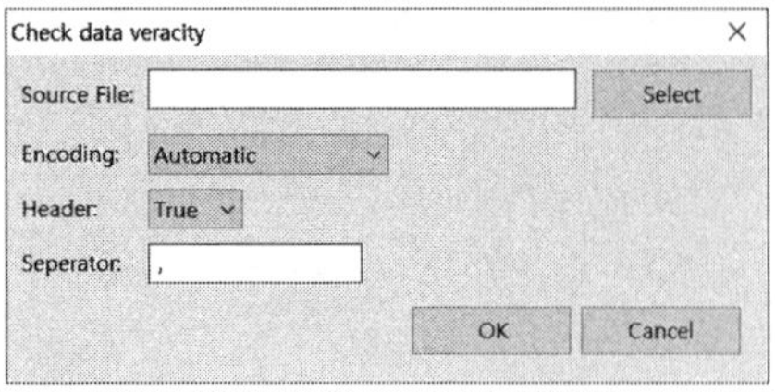

(5) Sourc File : Select 버튼을 누른다.

(6) ***분개장_에러.csv***를 클릭한다.

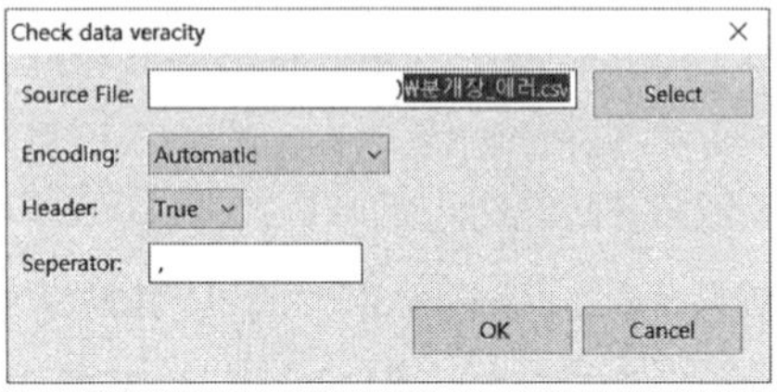

(7) Encoding : ***Automatic*** 선택
(8) Header : ***True*** 선택
(9) Seperator : **,** 입력
(10) OK 버튼을 누른다.

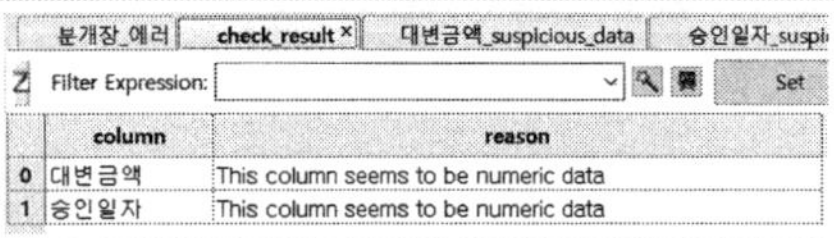

	column	reason
0	대변금액	This column seems to be numeric data
1	승인일자	This column seems to be numeric data

(11) Check_result 테이블에서 대변금액 칼럼과 승인일자 칼럼이 숫자 데이터처럼 보인다는 메시지가 나온다.

☞ 이 분석은 100% 정확한 분석은 아니며 그렇게 보인다는 사전적인 분석이라고 이해하여야 한다.

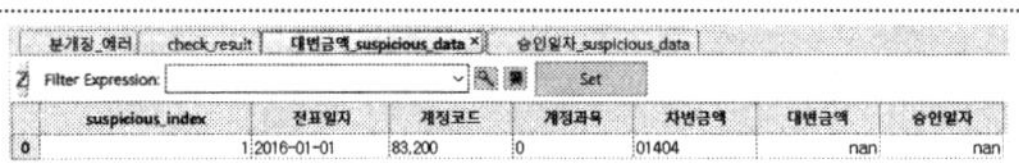

	suspicious_index	전표일자	계정코드	계정과목	차변금액	대변금액	승인일자
0	1	2016-01-01	83,200	0	01404	nan	nan

(12) Check_result 테이블에 나오는 칼럼 중 ***대변금액*** 칼럼이 이상해 보이는 데이터 상세 내용을 보여준다. 분석자는 뭔가 왼쪽으로 칼럼이 이동된 듯한 느낌을 받을 것이다.

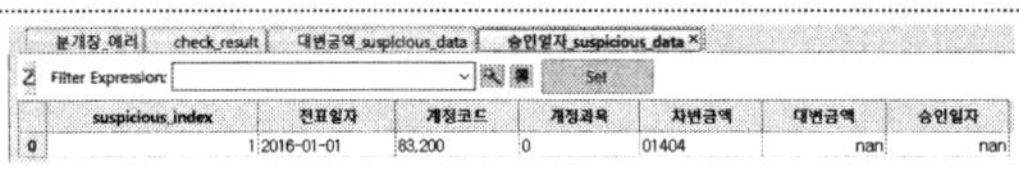

	suspicious_index	전표일자	계정코드	계정과목	차변금액	대변금액	승인일자
0	1	2016-01-01	83,200	0	01404	nan	nan

(13) Check_result 테이블에 나오는 칼럼 중 ***승인일자*** 칼럼이 이상해 보이는 데이터 상세 내용을 보여준다. 분석자는 뭔가 왼쪽으로 칼럼이 이동된 듯한 느낌을 받을 것이다.

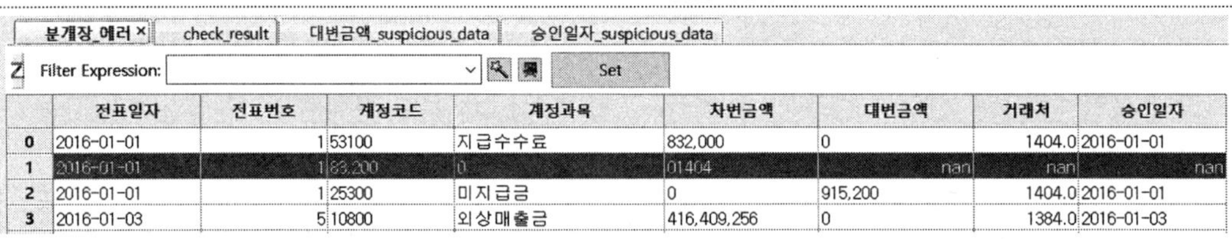

	전표일자	전표번호	계정코드	계정과목	차변금액	대변금액	거래처	승인일자
0	2016-01-01	1	53100	지급수수료	832,000	0	1404.0	2016-01-01
1	2016-01-01	1	83,200	0	01404		nan	nan
2	2016-01-01	1	25300	미지급금	0	915,200	1404.0	2016-01-01
3	2016-01-03	5	10800	외상매출금	416,409,256	0	1384.0	2016-01-03

(14) 분개장_에러 테이블에서 두 번째 행(인덱스로는 1)을 보면 칼럼이 계정코드, 계정과목 내용이 없이 왼쪽으로 붙어서 나온 것으로 보인다. 즉, Check_result와 상세 테이블을 보면서 데이터가 정확하게 들어왔는지는 파악할 수가 있다.

☞ 실제 이런 경우가 발생한다면 분석자는 이와 같이 에러가 발생한 이유에 대해서 회사에게 질문하고 올바른 데이터를 다시 받아야 할 것이다.

4 기타 기능

- Tools 메뉴의 Network Analysis, Notification, Schedular 메뉴는 본 교재에서는 설명하지 않을 것이며 RPA는 별도의 장에서 설명할 것이다.

| 제2장 |

Python 기초

01 | 파이썬 스크립트

1 Fraudit의 파이썬 스크립트

- 파이썬은 여러 가지 방법으로 설치하고 실행할 수 있으나 Fraudit을 설치하면 파이썬 3.8과 각종 라이브러리가 자동으로 설치된다. Fraudit에서는 Shell 또는 Script tab을 통하여 파이썬 스크립트를 작성하고 실행할 수 있다.
- 여기서 프로그래밍이란 표현을 사용하지 않고 스크립트라는 표현을 사용하는 이유는 파이썬을 가지고 하나의 완성된 application을 만드는 것 보다는 Fraudit을 보다 효율적이고 강력하게 활용하기 위한 수단으로 파이썬을 이용하는 데 초점을 맞추고 있기 때문이다.

02 | 변수의 설정

1 변수의 의미

• 파이썬의 변수 설정은 다른 프로그래밍 언어와 거의 유사하다. 파이썬에서 변수란 컴퓨터 메모리에 어떤 설명의 결과를 저장하는데 사용되는 것이다. 말이 좀 어렵게 느껴지는데 이를 도식화하여 보여주면 아래와 같다.

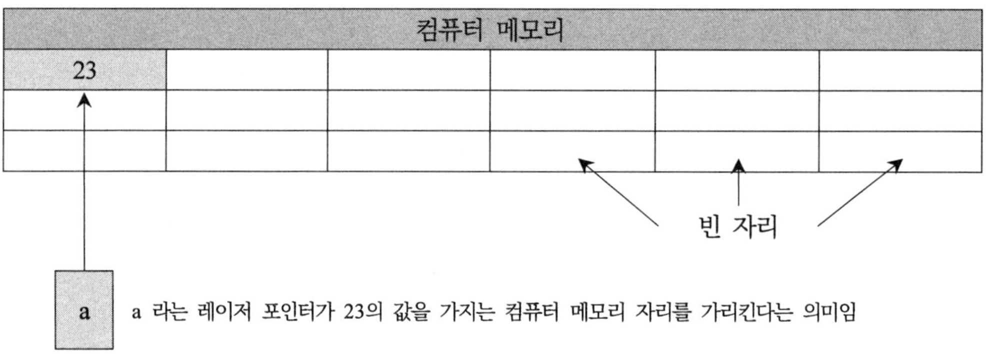

• 등호 식은 변수를 설정한다고 표현하며 이는 **값(value)을 할당(assign)한다**는 의미이다. **수학식의 '같다'와는 전혀 다른 의미**임에 유의하여야 한다.

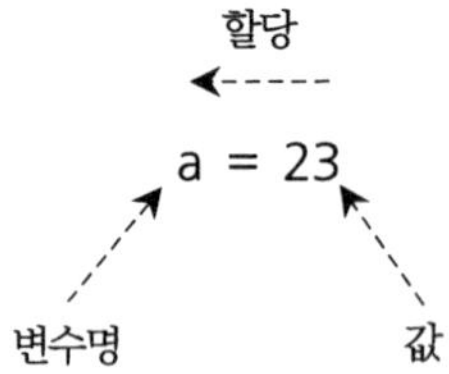

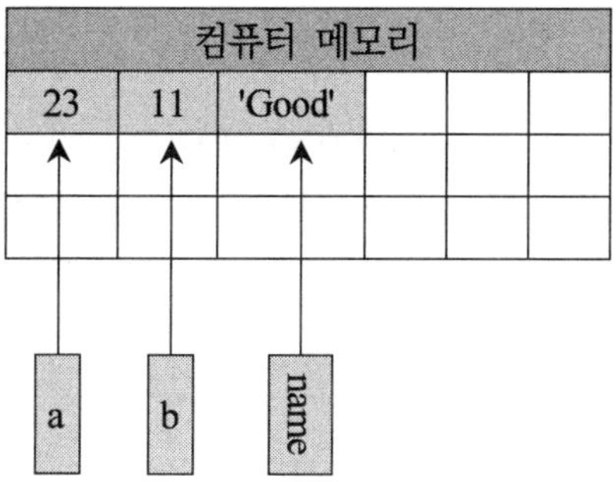

a = 23 b = 11 name = 'Good'

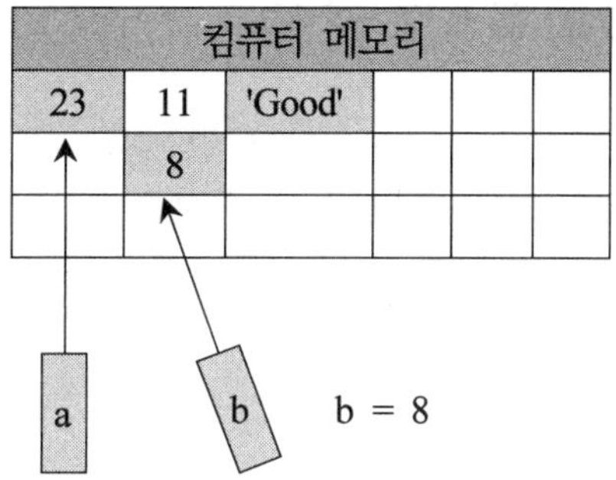

b는 새로운 value에 대해서 메모리 자리를 변경한다. 11은 메모리 자리에 대한 참조가 없으면 메모리에서 사라지고 그 자리는 다시 사용할 수 있게 된다.

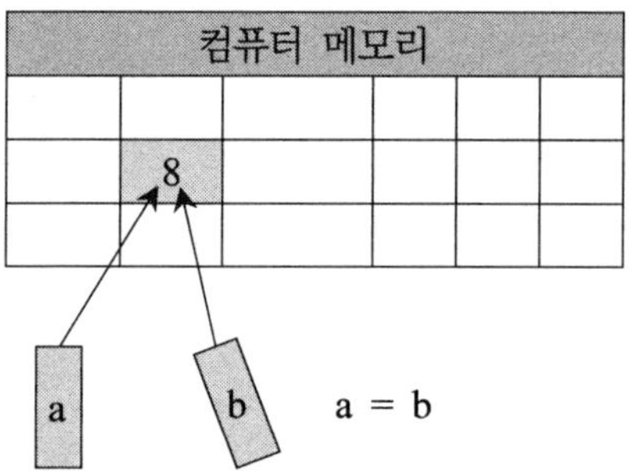

b에 대한 다른 메모리 자리를 찾는 것 대신에 동일한 자리를 지정함으로써 메모리 사용을 줄여준다.

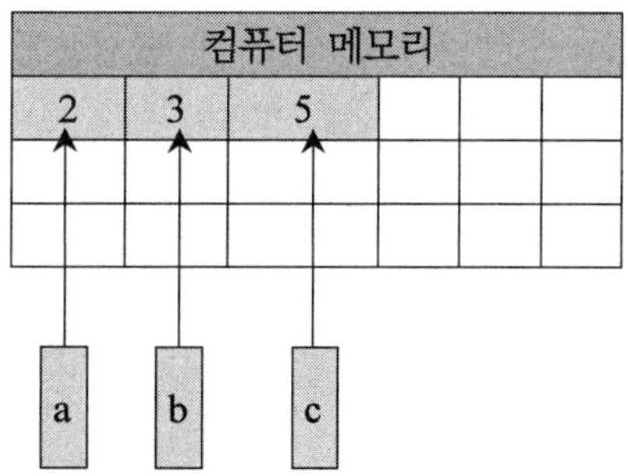

a = 2 b = 3 c = a + b

2 변수명 규칙

• 변수는 문자 또는 언더바(_)로 시작되어야 하며, 문자, 숫자, 언더바만 포함되어야 한다. 따라서 다음과 같이 변수를 사용하면 에러가 발생한다.

2var	var-bar	foo.loo	@var	$var

• 또한, 파이썬은 파이썬의 내장함수(일명 예약어)로 사용하는 다음과 같은 단어는 변수로 사용할 수 없다. 내장함수는 아래에서 열거한 것 이외에도 매우 많다.

and	assert	break	class	continue
def	del	elif	else	except
imort	in	is	lambda	not
or	pass	raise	return	try
while	yield			

• 다음은 에러 없이 변수를 설정하는 사례이다.

```
>>> a = 100
>>> b_1 = 200
>>> C15 = "hello"
>>> _20 = "가나다"
```

3 빈값을 가지는 변수 만들기

```
>>> a = None
>>> print(a)
None
```

• 파이썬에서 None은 아무 값도 없다는 것(빈 값을 갖는 것)을 의미한다. 이는 0과는 다른 의미이다. 왜냐하면 0은 값(value)이 있는 것이기 때문이다.

보충설명 None을 변수로 설정한다는 의미

빈 값을 가지는 변수도 변수를 설정하는 것이므로 메모리에 빈 값이 할당되는 것이다. 그렇다면 왜 빈 값을 변수로 설정할 필요가 있는 것인가? 예를 들어 어떤 변수가 설정되어 있지 않다면 그 변수가 빈 값으로 되어 있는지 값이 있는지를 판별하는 조건문을 원천적으로 사용할 수 없게 된다. 이러한 조건문을 사용하기 위하여 빈 값을 변수로 설정할 필요가 있다.

4 변수 여러개를 한꺼번에 만들기

• 파이썬에서는 변수 여러개를 한꺼번에 만들 수 있다.

```
>>> a, b, c = 2, 3, 4
>>> print(a)
2
>>> print(b)
3
>>> print(c)
4
```

• 그러나, 변수의 개수와 값의 개수가 동일하지 않으면 다음과 같이 에러가 발생한다.

```
>>> a, b, c = 2, 3
Traceback (most recent call last) :
  File "code.py", line 91, in runcode
  File "<input>", line 1, in <module>
ValueError : not enough values to unpack (expected 3, got 2)
```

• 한편, 다음과 같이 여러 변수를 동일한 값으로 설정(할당)할 수 있다.

```
>>> a = b = c = d = f = "Hello World"
>>> print(a)
Hello World
>>> print(b)
Hello World
>>> print(c)
Hello World
```

5 변수 삭제하기

• 파이썬에서는 변수를 삭제할 때 **del**을 사용한다.

```
>>> a = 10
>>> del a
>>> print(a)
NameError: name 'a' is not defined
```

보충설명 print() 함수를 사용하는 이유

파이썬은 명령어(커맨드)를 대화형 파이썬 Shell에서 입력하는 경우 해당 변수만 별도로 입력하여도 그 결과값이 나오게 된다. 하지만 대화형 파이썬 Shell이 아닌 코드 편집기에서는 그 결과값을 출력하라는 print()함수를 사용해야만 결과값이 출력된다. 본 교재에서는 가능한 print()함수를 이용하여 결과값을 나타내는 것으로 할 것이다. 왜냐하면 파이썬 Shell이 아닌 다른 코드 편집기를 사용하는 경우를 고려하기 위해서이다.

6 회계등식을 활용한 변수 설정 사례

- 다음과 같이 자산, 부채, 자본 변수를 설정한다.

```
>>> 자산 = 300000
>>> 부채 = 200000
>>> 자본 = 100000
```

보충설명 한글 변수

한글 변수는 파이썬 3.5 이상에서만 된다.

- 회계등식은 **자산은 부채와 자본의 합**으로 정의된다.

```
>>> 자산 == 부채 + 자본
True
```

파이썬에 회계등식의 판단을 물어보려면 **==** 연산자(operator)를 적용한다. 즉, 좌변과 우변이 일치하는가를 물어보려면 **자산 == 부채 + 자본**과 같이 표현한다. 그 결과는 **True** 또는 **False**로 나타난다.

- **자산 == 부채 + 자본**과 같이 표현한 스크립트 결과가 **True**인 경우 변수인 자산, 부채, 자본의 값이 회계등식에 따라 적합하게 입력되었다는 것을 의미한다. 만약 스크립트 결과가 **False**인 경우 변수인 자산, 부채, 자본의 값이 회계등식에 따라 적합하게 입력되지 않았다는 것을 의미한다.
- 다음과 같이 입력하면 결과가 거짓(False)이 나온다.

```
>>> 자산 = 320000
>>> 부채 = 200000
>>> 자본 = 100000
>>> 자산 == 부채 + 자본
False
```

보충설명 **금액의 세 자릿수 구분 입력 및 출력방법**

회계에서는 금액의 세 자릿수 구분을 하는 경우가 일반적이다. 그러나, 회계등식을 다음과 같이 파이썬으로 스크립트를 처리하면 결과가 False가 된다.

```
>>> 자산 = '300,000'
>>> 부채 = '200,000'
>>> 자본 = '100,000'
>>> 자산 == 부채 + 자본
False
```

변수의 값에 ' ', 또는 " "를 하면 데이터 타입이 string(문자)이 된다. 따라서 **부채 + 자본**은 '200,000100,000'이 되므로 **자산 == 부채 + 자본**의 결과는 **False**가 되는 것이다. 한편, 천단위 콤마(,)를 인위적으로 넣는 경우 기대했던 것과 달리 다음과 같은 결과가 나온다. 즉, 100,000은 콤마(,)로 구분된 정수 2개로 인식하여 출력한다(향후 설명할 튜플로 출력된다).

```
>>> 100,000
(100, 0)
```

한편, 파이썬의 print( ) 함수에서 100,000을 입력해서 출력하면 이 역시 100,000을 콤마(,)로 구분된 정수 2개로 인식하여 출력한다.

```
>>> print(100,000)
100  0
```

이는 100이라는 값과 0(00은 생략함)이라는 값을 구분하여 한 줄에 print하라는 것이므로 가운데 콤마도 안 나오게 된다. 파이썬 3.6부터는 숫자를 입력하는 경우 입력시부터 **세 자릿수 구분을 _(언더바)**로 하여 입력하여도 처리할 수 있도록 개선이 되었다.

```
>>> 1_000_000
>>> print(1_000_000)
1000000
```

한편, 숫자를 출력할 때 천단위 콤마를 붙여서 출력하기 위해서는 다음과 같은 방법을 적용할 수 있다. 이는 단순히 출력시에 콤마를 붙일 수 있게 한 것이지 변수를 이와 같이 설정한다는 의미는 아님에 유의하기 바란다.

```
>>> print("{ : ,}".format(1000000))
1,000,000
```

03 | 파이썬의 연산자와 복합연산자

• 파이썬은 내장 연산자를 가지고 있다. 다음의 표에서 보여주는 방식으로 계산을 할 수 있다.

연산자	의미	예	결과
+	더하기	3 + 4	7
-	빼기	4 - 3	1
*	곱하기	3 * 4	12
/	나누기	3 / 4	0.75
%	나머지	7 % 3	1
//	몫	7 // 3	2
**	제곱	3 ** 4	81

• 한편, 내장 연산자와 '='을 결합한 복합 대입 연산자를 사용할 수도 있다. 여기서는 **a = 3이며 다음의 식은 각각 독립적이라고 가정한다.**

복합 대입 연산자명	설명식	복합 대입 연산자 예	값
+=	a = a + 1	a += 1	4
-=	a = a - 1	a -= 1	2
*=	a = a * 2	a *= 2	6
/=	a = a / 2	a /= 2	1.5
%=	a = a % 2	a %= 2	1
//=	a = a // 2	a //= 2	1
**=	a = a ** 2	a **= 2	9

• 절대값에 대해서는 abs()를 활용한다. 즉, -3의 절대값은 abs(-3)이라고 입력하면 된다.

04 | 주석 처리하기

- 파이썬에서는 코드를 작성하다가 본인이 이 코드에 대한 설명을 작성하거나 다른 사람에게 설명을 넣고 싶을 때가 있다. 이 경우 주석처리를 하면 된다. 주석으로 처리하게 되면 코드 실행에 아무런 영향을 미치지 않는다. 주석은 가능한 달아주는 습관을 가지는 것이 좋다.
- Python에서는 한 라인에서 #로 시작하면 그 뒤는 모두 주석으로 처리한다.

```
>>> # 여기서부터 주석입니다.
>>> # 테스트 코딩입니다.
>>> a = 10      # a에 10을 대입합니다.
>>> b = 20      # b에 20을 대입합니다.
>>> print(a + b)  # a + b를 출력합니다.
30
```

- 여러 줄 및 특정 영역을 주석 처리하고자 하는 경우에는 해당 영역 앞에 **작은 따옴표(또는 큰 따옴표)**를 **세 개** 치고, 마지막에 **작은 따옴표(또는 큰 따옴표)**를 **세** 개 쳐서 처리한다.

```
>>> """ 첫번째는 a = 10이고
>>> 두 번째는 b = 20입니다. """
>>> a = 10      # a에 10을 대입합니다.
>>> b = 20      # b에 20을 대입합니다.
>>> print(a + b)  # a + b를 출력합니다.
30
```

상기 따옴표 세 개 안에 있는 표현은 코딩 실행에 영향을 미치지 않는다.

05 | 들여쓰기(indent)와 콜론(:)

- 파이썬은 if 문, for 문, 함수에서 **코드 블록의 첫째 줄의 끝**에 **콜론(:) 기호**를 넣음으로써 코드 블록의 시작을 나타낸다. 한편 코드 블록의 종료를 나타내는 기호는 별도로 존재하지 않는다.
- 파이썬은 다른 언어와 달리 코드 블록에서 **들여쓰기**를 사용한다. 코드 블록의 첫째 줄 다음으로 코드를 계속 이어가기 위해서는 그 다음 줄은 들여쓰기를 하여 코드 블록이 계속해서 이어진다는 것을 나타낸다. 코드 블록의 들여쓰기는 코드의 가독성을 높이는 효과가 있는 반면 그 원칙을 지키지 않는 경우 에러가 발생하는 민감함도 동시에 가지고 있다. 파이썬의 코드 블록 들여쓰기는 **스페이스바 4칸 또는 탭 1칸**으로 이루어진다(스페이스 2칸도 가능하나 권장하지 않는다).

```
>>> a = 120
>>> if a > 100 :              # 코드 블록의 시작으로 줄 끝에 콜론( : )을 기입함
··· ⊔⊔⊔⊔print("a는 100보다 크다")  # 들여쓰기(스페이스바 4칸)
··· else :                    # 코드 블록의 시작으로 줄 끝에 콜론( : )을 기입함
··· ⊔⊔⊔⊔print("a는 100보다 작거나 같다")  # 들여쓰기(스페이스바 4칸)
a는 100보다 크다
```

```
>>> a = 120
>>> if a > 100 :              # 코드 블록의 시작으로 줄 끝에 콜론( : )을 기입함
··· |——>print("a는 100보다 크다")  # 들여쓰기(탭 1칸)
··· else :                    # 코드 블록의 시작으로 줄 끝에 콜론( : )을 기입함
··· |——>print("a는 100보다 작거나 같다")  # 들여쓰기(탭 1칸)
a는 100보다 크다
```

- 한편, 코드를 시작할 때 바로 들여쓰기 또는 공백을 입력하는 경우에는 에러(unexpected indent)가 발생하므로 유의하여야 한다.

```
>>> ⊔a = 120
IndentationError : unexpected indent
```

06 | 자료형의 종류

- 파이썬에서는 자료형을 Data Type이라고 하여 다음과 같이 구분하고 있다. 앞에서 설명한 Fraudit의 Data Type도 기본은 파이썬의 자료형을 따르고 있다. Fraudit의 데이터 Type과 Python의 데이터 Type은 다만 표현상 차이가 있다고 이해하면 된다.

```
>>> a = 1                # 정수형 자료 → integer (Fraudit에서는 integer)
>>> b = 2.0              # 실수형 자료 → float (Fraudit에서는 Decimal Number)
>>> c = "안녕하세요"      # 문자형 자료 → string (Fraudit에서는 string)
>>> d = [1,2,3,4,5]      # 리스트 자료 → list
>>> e = (6,7,8)          # 튜플 자료 → tuple
>>> f = {9,10,11}        # 세트 자료 → set
>>> g = { 1 : "참" , 2 : "거짓"}  # 딕셔너리 자료 → dictionary
```

정수형 자료인 1과 실수형 자료인 1.0은 수학적 의미에서는 같을지라도 컴퓨터에 데이터를 저장하는 형태라는 의미에서는 서로 다른 자료형이다.

- 파이썬에는 문자열을 변수의 값으로 저장할 수 있다. 이때 큰따옴표를 사용하거나 작은 따옴표를 사용한다.

```
>>> a = "Hello World"
>>> print(a)
Hello World
>>> b = '가나다'
>>> print(b)
가나다
```

- 파이썬 스크립트를 잘 작성하기 위해서는 상기 자료형에 대한 이해가 필수적이며, 특히 **리스트, 튜플, 딕셔너리**와 같은 **시퀀스 자료형**에 대한 이해가 반드시 필요하다.

1 리스트

• 리스트는 여러 데이터를 묶어 하나의 목록으로 표현하는 개념이다. 다음 그림을 보자.

1	2	3	4	5

상기에서는 다섯 개의 정수가 묶여 있다. 왼쪽부터 오른쪽으로 1, 2, 3, 4, 5가 차례대로 보인다. 파이썬에서 리스트를 만드는 가장 기초적인 방법은 다음과 같다.

```
>>> a = [1,2,3,4,5]        # 리스트 자료
>>> print(a)
[1,2,3,4,5]
```

상기 결과가 대괄호인 **[ ]**로 묶여 있는 것이 보일 것이다. 이와 같이 대괄호로 묶여 있는 자료형이 리스트이다. 대괄호 안은 콤마(,)로 값이 구분된다. 리스트는 순서(order)가 있다. 한편 일반적인 순서는 1부터 시작되지만 파이썬에서는 **시퀀스 자료를 사용하는 경우 0부터 시작된다**는 점을 꼭 기억하자.

(1) 리스트의 인덱싱(indexing)

• 리스트의 인덱싱은 인덱스를 통하여 리스트 안에서 해당하는 값을 얻는 것이다.

```
>>> a = "Hello World"
>>> b = [1, 2, [5,6,7]]
```

a	H	e	l	l	o		W	o	r	l	d
인덱스	0	1	2	3	4	5	6	7	8	9	10
	-11	-10	-9	-8	-7	-6	-5	-4	-3	-2	-1

b	1	2	[5,6,7]
인덱스	0	1	2
	-3	-2	-1

b[2]	5	6	7
인덱스	0	1	2
	-3	-2	-1

• 리스트의 인덱스는 대괄호 안에 숫자를 기입하면 해당 인덱스의 값을 나타내준다.

```
>>>  print(a[0])
H
>>>  print(a[1])
e
>>>  print(a[-1])
d
>>>  print(a[-3])
```

```
r
>>> print(b[0])
1
>>> print(b[2])
[5, 6, 7]
>>> print(b[-1])
[5, 6, 7]
>>> print(b[-2])
2
>>> print(b[2][0])
5
>>> print(b[2][2])
7
>>> print(b[2][-2])
6
```

(2) 리스트의 슬라이싱(slicing)

- 리스트의 슬라이싱은 리스트의 일정 구간의 값을 잘라내어 얻는 것을 말한다. 리스트의 슬라이싱은 대괄호인 [] 안에서 **[시작 인덱스 : 끝 인덱스]** 형식을 취한다. 이 의미는 "**시작 인덱스부터 시작해서 끝 인덱스 직전까지**" 라는 의미이다.

[시작 인덱스 : 끝 인덱스] → 시작 인덱스부터 시작해서 끝 인덱스 직전까지 1씩

- 아래 a와 b를 가지고 슬라이싱 사례를 보여주면 아래와 같다.

```
>>> a = "Hello World"
>>> b = [1, 2, [5,6,7]]
```

a	H	e	l	l	o		W	o	r	l	d
인덱스	0	1	2	3	4	5	6	7	8	9	10
	-11	-10	-9	-8	-7	-6	-5	-4	-3	-2	-1
a[0:1]	H										
a[0:2]	H	e									
a[0:3]	H	e	l								
a[0:10]	H	e	l	l	o		W	o	r	l	
a[:10]	H	e	l	l	o		W	o	r	l	
a[0:11]	H	e	l	l	o		W	o	r	l	d
a[:]	H	e	l	l	o		W	o	r	l	d
a[1:3]		e	l								
a[1:5]		e	l	l	o						

a	H	e	l	l	o		W	o	r	l	d
인덱스	0	1	2	3	4	5	6	7	8	9	10
	-11	-10	-9	-8	-7	-6	-5	-4	-3	-2	-1
a[1:6]		e	l	l	o						
a[1:7]		e	l	l	o		W				
a[1:]		e	l	l	o		W	o	r	l	d
a[-2:-1]										l	
a[-3:-1]									r	l	
a[0:-1]	H	e	l	l	o		W	o	r	l	

b	1	2	[5,6,7]
인덱스	0	1	2
	-3	-2	-1
b[0:1]	1		
b[0:2]	1	2	
b[0:3]	1	2	[5,6,7]
b[0:-1]	1	2	
b[-3:-1]	1	2	
b[2]	5	6	7
b[2][0:2]	5	6	
b[2][:]	5	6	7
b[2][:-1]	5	6	

1) 스텝 슬라이싱

- 스텝 슬라이싱은 **[시작 인덱스 : 끝 인덱스 (: step)]** 형식을 취할 수 있다. 이는 "**시작 인덱스부터 시작해서 끝 인덱스 직전까지 (step)씩**" 슬라이싱하라는 의미이며, **(: step)**이 생략되어 있으면 **디폴트로 1씩** 슬라이싱 하라는 의미이다. 만약 step이 2라면 **2**씩 슬라이싱하라는 의미이다.

[시작 인덱스 : 끝 인덱스 (: step)] → 시작 인덱스부터 시작해서 끝 인덱스 직전까지 step씩

- 아래 a를 가지고 스텝 슬라이싱 사례를 보여주면 아래와 같다.

```
>>> a = "Hello World"
```

a	H	e	l	l	o		W	o	r	l	d
인덱스	0	1	2	3	4	5	6	7	8	9	10
	-11	-10	-9	-8	-7	-6	-5	-4	-3	-2	-1
a[0:1:2]	H										
a[0:2:2]	H										
a[0:3:2]	H		l								
a[0:10:2]	H		l		o		W		r		
a[:10:2]	H		l		o		W		r		
a[0:11:2]	H		l		o		W		r		d
a[::2]	H		l		o		W		r		d

a	H	e	l	l	o		W	o	r	l	d
인덱스	0	1	2	3	4	5	6	7	8	9	10
	-11	-10	-9	-8	-7	-6	-5	-4	-3	-2	-1
a[1:3:2]		e									
a[1:5:2]		e		l							
a[1:6:2]		e		l							
a[1:7:2]		e		l							
a[1::2]		e		l				o		l	
a[-2:-1:2]										l	
a[-3:-1:2]									r		
a[0:-1:2]	H		l		o		W		r		

2) 역 슬라이싱

• 슬라이싱을 역순으로 하는 경우의 문법 설명은 다음과 같다.

> [높은 인덱스 : 낮은 인덱스 : - step]
> → 높은 인덱스부터 시작해서 낮은 인덱스 직전까지 - step씩씩

• 아래 a를 가지고 역 슬라이싱 사례를 보여주면 아래와 같다.

```
>>> a = "Hello World"
```

a	H	e	l	l	o		W	o	r	l	d
인덱스	0	1	2	3	4	5	6	7	8	9	10
	-11	-10	-9	-8	-7	-6	-5	-4	-3	-2	-1
	H	e	l	l	o		W	o	r	l	d
a[::-1]	d	l	r	o	W		o	l	l	e	H
	H	e	l	l	o		W	o	r	l	d
a[10::-1]	d	l	r	o	W		o	l	l	e	H
		e	l	l	o		W	o	r	l	d
a[10:0:-1]	d	l	r	o	W		o	l	l	e	
		e	l	l	o						
a[5:0:-1]		0	l	l	e						
		e	l	l	o						
a[4:0:-1]	0	l	l	e							
	H	e	l	l	o						
a[4::-1]	o	l	l	e	H						
	H		l		o						
a[4::-2]	o	l	H								

(3) 리스트의 연산과 수정

1) 리스트의 연산

• 리스트의 연산은 다음의 표에서 보여주는 방식으로 할 수 있다.

a = [1,2,3,4,5]		
b = ['가','나','다']		
연산자	예	결과
+	a + b	[1, 2, 3, 4, 5, '가', '나', '다']
	a + 1	TypeError: can only concatenate list (not "int") to list
-	a - b	TypeError: unsupported operand type(s) for -: 'list' and 'list'
	a - 1	TypeError: unsupported operand type(s) for -: 'list' and 'list'
*	a * b	TypeError: can't multiply sequence by non-int of type 'list'
	a * 2	[1, 2, 3, 4, 5, 1, 2, 3, 4, 5]
%	a % 2	TypeError: unsupported operand type(s) for %: 'list' and 'int'
//	a // 2	TypeError: unsupported operand type(s) for //: 'list' and 'int'
**	a ** 2	TypeError: unsupported operand type(s) for ** or pow(): 'list' and 'int'

2) 리스트의 수정

• 리스트의 수정은 인덱싱이나 슬라이싱을 통해서 직접 수정이 가능하다.

```
>>> a = [1,2,3,4,5,6]
>>> a[2] = 8
>>> a
[1, 2, 8, 4, 5, 6]
```

```
>>> a = [1,2,3,4,5,6]
>>> a[1:3] = [9,10]
>>> a
[1, 9, 10, 4, 5, 6]
```

```
>>> a = [1,2,3,4,5,6]
>>> a[::2] = ['가', '나', '다']
>>> a
['가', 2, '나', 4, '다', 6]
```

```
>>> a = [1,2,3,4,5,6]
>>> a[::-2] = ['가', '나', '다']
>>> a
[1, '다', 3, '나', 5, '가']
```

(4) 리스트의 크기(len)

- len() 함수 괄호 안에 리스트를 넣으면 해당 리스트의 크기(원소의 개수)를 나타내준다.

```
>>> a = "Hello World"
>>> b = [1, 2, [5,6,7]]
>>> print(len(a))
11
>>> print(len(b))        # 1,2, [5,6,7] → [5,6,7]은 하나의 리스트이므로 1개로 친다
3
>>> print(len(b[2]))     # 5,6,7
3
```

(5) 리스트 내에서 어떤 값이 포함되어 있는지를 체크하기(in)

- 리스트(시퀀스형 자료 또는 string) 내에 어떤 값이 포함되어 있는지를 체크할 때는 다음과 같은 형식으로 찾는다.

값 in 리스트(시퀀스형 자료 또는 string)

```
>>> a = [1,2,3,4,5]
>>> 3 in a
True
>>> 6 in a
False
>>> b = "Hello World"
>>> "W" in b
True
>>> "Wo" in b
True
>>> "z" in b
False
```

- 만약 **리스트 in 리스트** 형식으로 되어 있으면 어떻게 될까? 리스트도 일종의 자료이므로 in 뒤의 리스트 내에 리스트 자료가 원소로 포함되어 있다면 가능하다.

```
>>> a = [1,2,3,4,5]
>>> b = [1,2]
>>> b in a
False
```

```
>>> a = [[1,2],3,4,5]
>>> b = [1,2]
>>> b in a
True
```

• in 과 관련해서는 **iterable하지 않다**는 에러 메시지를 받는 경우가 많은데, 다음 사례를 살펴보자.

```
>>> a = 1
>>> b = 1
>>> b in a
TypeError                                 Traceback (most recent call last)
<ipython-input-23-254032745043> in <module>()
      2 b = 1
      3
----> 4 b in a

TypeError : argument of type 'int' is not iterable
```

뭐가 잘못된 것인가? 직관적으로 1이 1이라는 것에 존재하는가? 라고 물어봤으니까 결과는 True일거 같다. 그러나 a = 1에서 변수 a의 Data Type이 integer라는 것을 간과한 것이다. 생각해보라. 1이라는 정수가 연속형 자료인가? 아니다. 그렇다면 134이라는 정수는 연속형 자료인가? 아니다. 정수는 그 자체가 값(value)이므로 시퀀스 자료가 아니다. 따라서 argument of type 'int' is not iterable이라는 에러 메시지가 나오는 것이다. 이제 string은 interable하다는 의미를 이해할 수 있을 것이다.

```
>>> a = "1"
>>> b = "1"
>>> b in a
True
```

(6) 리스트를 조작하기

• 리스트에 값을 넣거나 삭제하는 등 리스트를 조작하기 위해서 직접 리스트를 수정하는 방법 말고 파이썬의 내장함수를 사용할 수 있다. 리스트를 조작하기 위한 대표적인 내장함수는 다음과 같다. **a = [1,2,3,4,5]이며 연속되는 상황이라고 가정한다.**

내장함수명	의미	사용 예

append()	끝에 추가하라	>>> a.append(6)
		>>> a
		[1, 2, 3, 4, 5, 6]

count()	해당 원소가 들어간 개수를 세어라	>>> a.count(4) 1
extend()	리스트를 확장하라	>>> a.extend([6,7,8])

내장함수명	의미	사용 예
		>>> a [1, 2, 3, 4, 5, 6, 6, 7, 8]
index()	해당 원소의 첫 번째 위치를 나타내라	>>> a.index(6) 5

pop()	지정된 곳에서
	원소를 빼라
		>>> a.pop(2)
		3
		>>> a
		[1, 2, 4, 5, 6, 6, 7, 8]

reverse()	원소의 순서를
	거꾸로 하라
		>>> a.reverse()
		>>> a
		[8, 7, 6, 6, 5, 4, 2, 1]

sort()	오름차순으로
	정리하라
		>>> a.sort()
		>>> a
		[1, 2, 4, 5, 6, 6, 7, 8]

2 튜 플

- 리스트와 비슷한 자료형이 튜플(tuple)이다. 이것은 같은 형태의 값을 여러 개 묶어 하나로 취급할 때 사용한다. 다음 변수 a는 50과 2를 하나로 묶어서 할당하였다.

```
>>> a = (50, 2)
>>> print(a)
(50, 2)
```

- 그런데 하나의 값도 사실상 원소가 한 개인 튜플로 취급할 수 있다. 다음의 사례를 살펴보자.

```
>>> a = (50)
>>> a = a + 10
>>> print(a)
60
```

여기서 유의하여야 할 점은 a = (50)은 a = 50과 같다는 것이다.

```
>>> (50) == 50
True
```

이는 a의 데이터 타입이 튜플이 아니라 하나의 값(value)이라는 것이다. 따라서 원소가 한 개인 튜플을 만들기 위해서는 **괄호 안에서 하나의 원소 뒤에 콤마를 하나 더 찍어야 한다.**

```
>>> price = (50,)     # 괄호 안에서 콤마를 뒤에 찍어야 한다.
>>> print(price)
(50,)
```

이는 뒤에 값이 없음을 나타내고 괄호가 튜플을 표시한다는 점을 컴퓨터에게 알려주는 역할을 한다(매우 중요한 의미이며 향후 스크립트를 작성할 때 자주 등장하는 에러의 유형이 된다).

- **튜플과 숫자 자료는 서로 다른 자료형**이다. 다음과 같이 코딩을 하면 결과가 False가 나오는 것을 확인할 수 있다.

```
>>> (50,) == 50
False
```

- 튜플은 데이터 값이 초기에 결정된 후 바꿀 수 없지만, 리스트는 데이터 값을 바꿀 수 있다. 리스트는 튜플에 비하여 다양한 변화를 줄 수 있지만 처리속도는 상대적으로 느리다는 단점이 있다. 그러나 이 느리다는 것은 상대적으로 튜플에 비하여 느리다는 것이지 사람이 처리하는 것에 비하면 엄청 빠른 것이다.

(1) 튜플의 연산

- 튜플의 연산은 다음의 표에서 보여주는 방식으로 할 수 있다.

a = (1,2,3,4,5)		
b = ('가','나','다')		
연산자	예	결과
+	a + b	(1, 2, 3, 4, 5, '가', '나', '다')
	a + 1	TypeError: can only concatenate tuple (not "int") to tuple
-	a - b	TypeError: unsupported operand type(s) for -: 'tuple' and 'tuple'
	a - 1	TypeError: unsupported operand type(s) for -: 'tuple' and 'int'
*	a * b	TypeError: can't multiply sequence by non-int of type 'tuple'
	a * 2	(1, 2, 3, 4, 5, 1, 2, 3, 4, 5)
%	a % 2	TypeError: unsupported operand type(s) for %: 'tuple' and 'int'
//	a // 2	TypeError: unsupported operand type(s) for //: 'tuple' and 'int'
**	a ** 2	TypeError: unsupported operand type(s) for ** or pow(): 'tuple' and 'int'

3 딕셔너리

- 딕셔너리는 글자 그대로 사전이라는 의미로 키(key)와 값(value)으로 구성된 자료 구조이다. 일반적인 딕셔너리의 모양은 다음과 같이 중괄호로 되어 있고 키가 앞에 나오며 값은 뒤에 나오고 키와 값 사이에는 **콜론(:)**이 들어간다.

```
>>> {"a" : 1,  "b" : 2}
{'a' : 1, 'b' : 2}
>>> {1 : 11,  2 : 22}
{1 : 11, 2 : 22}
>>> {(1,1) : 11, (2,2) : 22}
{(1, 1) : 11, (2, 2) : 22}
>>> {1.1 : 1, "a" : 2}
{1.1 : 1, 'a' : 2}
```

- 키는 중복될 수 있지만 마지막 값으로 대체된다.

```
>>> {"b" : 1,  "b" : 2}
{'b' : 2}
```

- 딕셔너리는 순서가 없으므로 인덱스로는 찾을 수 없고 키로 찾을 수 밖에 없다.

```
>>> a = {"b" : 1,  "c" : 2}
>>> a[0]
Traceback (most recent call last) :
  File "code.py", line 90, in runcode
  File "<input>", line 1, in <module>
KeyError : 0
>>> a['b']
1
```

- 딕셔너리는 키로 접근하여 값을 바꿀 수 있다.

```
>>> a['b'] = 3
>>> a
{'b' : 3, 'c' : 2}
```

- 딕셔너리는 dict() 함수를 이용하여 선언할 수 있다.

```
>>> c = dict(d = 3, e = 4, f = 5)
>>> c
{'d' : 3, 'e' : 4, 'f' : 5}
```

- 딕셔너리에서 키 또는 값을 가져오는 함수는 keys()와 values()가 있다.

```
>>> a = {'a' : 1, 'b' : 2, 'c' : 3}
>>> a.keys()
dict_keys(['a', 'b', 'c'])
>>> a.values()
dict_values([1, 2, 3])
```

- 딕셔너리에서 키와 값을 튜플로 가져오는 함수는 items()가 있다.

```
>>> a = {'a' : 1, 'b' : 2, 'c' : 3}
>>> a.items()
dict_items([('a', 1), ('b', 2), ('c', 3)])
```

4 데이트타입(DateTime)

- 파이썬에서 다른 Data Type은 변수 설정시 자동으로 해당 타입을 설정해주지만(그래서 파이썬을 동적 타이핑 언어라고 부른다) DateTime은 자동으로 타입을 설정해주지 못한다. 따라서 **DateTime 객체로 전환하기 위해서는 전용 라이브러리를 불러와야 한다.**

보충설명 파이썬의 라이브러리

라이브러리란 무엇인가? 프로그래머가 모든 프로그램을 처음부터 끝까지 다 작성하는 것은 비효율적이다. 따라서 이미 만들어 놓은 프로그램을 이용하는 것이 효율적이다. 그런데 이미 만들어 놓은 프로그램을 단순히 코드의 나열로 제공하는 것보다 체계를 갖추어 배포하면 이를 활용할 때 매우 편리하다.
라이브러리란 쉽게 말해 먼저 만들어 놓은 프로그램으로 자주 사용하는 기능 또는 특별한 전문기능을 수행할 수 있게 만들어 놓은 모듈, 패키지이며 그 안에는 다양한 함수 또는 객체로 구성되어 있다.
파이썬에는 파이썬 자체의 내장 라이브러리가 있으며, 외부 전문가들이 만들어서 오픈 소스로 배포하는 외부 라이브러리도 매우 많다. 파이썬이 프로그래밍 언어로써 각광받는 이유는 외부 전문가들이 배포하는 강력한 외부 라이브러리가 매우 풍부하기 때문이다.

(1) datetime 라이브러리 불러오기

- datatime 라이브러리는 날짜와 시간에 특화된 라이브러리이다. 이 라이브러리에는 다음과 같은 주요 클래스(class)가 있다.

✓ 날짜와 시간을 함께 저장하는 datetime 클래스
✓ 날짜만 저장하는 date 클래스
✓ 시간만 저장하는 time 클래스
✓ 시간의 구간 정보를 저장하는 timedelta 클래스

보충설명 파이썬의 클래스

클래스를 설명하고 이해하기 위해서는 많은 시간이 필요하다. 여기서는 간단하게 라이브러리 안에 들어가 있는 틀이며 그 안에는 많은 함수(method)로 구성되어 있다고 이해하기 바란다.

• 라이브러리를 불러오는 구문은 다음과 같다.

```
import 라이브러리 (as 약자)
```

상기에서 뒤 괄호 안에 「**as 약자**」**는 생략할 수 있다**. 그러나 라이브러리 명이 긴 경우 이를 약자로 정의하면 편하게 스크립트를 작성할 수 있는 장점이 있다. 한편, 라이브러리 안에 있는 클래스를 별도로 불러오는 것도 가능한데 그 구문은 다음과 같다.

```
from 라이브러리 import 클래스
```

• 이제 datetime 라이브러리를 다음과 같이 불러와 보자.

```
>>> import datetime as dt     # dt를 약자로 하여 불러온다.
```

(2) datetime 클래스

• 이제 날짜와 시간을 변수로 설정하기 위해서 다음과 같이 해보자.

```
>>> a = dt.datetime(2019,10,31)
>>> a
datetime.datetime(2019, 10, 31, 0, 0)
>>> print(a)
2019-10-31 00 : 00 : 00
```

상기 a라는 변수는 datetime.datetime 클래스 객체(클래스를 적용한 결과로 변환되는 객체)이다. 따라서 파이썬 shell에서 a라는 변수만을 입력하는 경우 클래스 객체로 결과를 보여준다. 만약 print(a)이라고 하게 되면 「2019-10-31 00 : 00 : 00」로 결과를 출력해준다.

보충설명 datetime 클래스를 별도로 불러오는 경우

날짜와 시간을 함께 저장하는 datetime 클래스를 별도로 다음과 같이 추가로 불러올 수 있다.

```
>>> from datetime import datetime
```

이 경우 a 변수는 다음과 같이 라이브러리 명(약자)을 생략하고 설정할 수 있다.

```
>>> a = datetime(2019,10,31)
datetime.datetime(2019, 10, 31, 0, 0)
```

```
>>> print(a)
2019-10-31 00 : 00 : 00
```

• 이제 a 변수 뒤에 .year 나 .month 등을 붙이면 연도, 월 등만을 별도로 출력할 수 있다.

```
>>> a.year
2019
>>> a.month
10
>>> a.day
31
>>> a.hour
0
>>> a.minute
0
>>> a.second
0
>>> a.microsecond     # micro seconds, 백만분의 일초
0
```

(3) weekday(), date(), time() 메쏘드

• 메쏘드(method)란 클래스 내에서 사용하는 함수를 의미하는데 datetime.datetime 클래스에서 사용되는 메쏘드 중 요일, 날짜, 시간으로 변환해주는 메쏘드는 다음과 같다.

```
>>> a.weekday()    # 요일로 변환 (0 : 월, 1 : 화, 2 : 수, 3 : 목, 4 : 금, 5 : 토, 6 : 일)
3
```

```
>>> a.date()    # 날짜만 변환
datetime.date(2019, 10, 31)
>>> print(a.date())    # 문자열로 변환
2019-10-31
```

```
>>> a.time()   # 시간, 분, 초만 변환
datetime.time(0, 0)
>>> print(a.time())   # 문자열로 변환
00 : 00 : 00
```

(4) strftime() 메쏘드

- 날짜와 시간 정보를 문자열로 바꿔주는 메쏘드는 **strftime()**이다. 바꿔주는 문자열을 어떤 형식(format)으로 할지는 메쏘드의 인자인 지정 문자열로 결정한다. 다음은 **strftime()**에서 많이 사용되는 날짜 및 시간 지정 문자열이다.

날짜 및 시간 지정 문자열	의미	사용 예
%Y	4자리 연도 숫자	>>> a.strftime("%Y") '2019'
%m	2자리 월 숫자	>>> a.strftime("%m") '10'
%H	24시간 형식 2자리 시간 숫자	>>> a.strftime("%H") '00'
%M	2자리 분 숫자	>>> a.strftime("%M") '00'
%S	2자리 초 숫자	>>> a.strftime("%S") '00'
%A	영어로 된 요일 문자열	>>> a.strftime("%A") 'Thursday'
%B	영어로 된 월 문자열	>>> a.strftime("%B") 'October'
%Y-%m-%d	XXXX-XX-XX 형식의 복합 문자열	>>> a.strftime("%Y-%m-%d") '2019-10-31'
%m-%d-%Y	XX-XX-XXXX 형식의 복합 문자열	>>> a.strftime("%m-%d-%Y") '10-31-2019'

- 상기 「%Y-%m-%d」의 문자열은 사용자가 정의하는 방식에 따라 다양한 날짜 형식으로 변경이 가능하다.

(5) strptime() 메쏘드

- strftime() 메쏘드와는 반대로 문자열로부터 날짜와 시간 정보를 불러들여서 datetime.datetime 클래스 객체를 만들 수도 있다. 이때 사용하는 메쏘드가 **strptime()** 메쏘드이다.

```
>>> datetime.strptime("2019-01-02 12 : 44", "%Y-%m-%d %H : %M")
datetime.datetime(2019, 1, 2, 12, 44)
```

(6) timedelta 클래스와 날짜/시간 연산

- 두 개의 날짜나 시간의 간격을 구할 때는 두 개의 datetime.datetime 클래스 객체의 차이로 구한다. 차이 결과는 datetime.timedelta 클래스 객체로 변환된다.

```
>>> a = dt.datetime(2019, 2, 19, 14)
>>> b = dt.datetime(2019, 1, 2, 13)
>>> 차이 = a - b
>>> 차이
datetime.timedelta(days=48, seconds=3600)
```

- datetime.timedelta 클래스는 다음과 같은 속성과 메쏘드를 가진다.

속성	의미	사용 예

days	일수	>>> a = dt.datetime(2019, 2, 19, 14)
		>>> b = dt.datetime(2019, 1, 2, 13)
		>>> 차이 = a - b
		>>> 차이.days
		48

seconds	초
	(0 ~ 86399)
		>>> a = dt.datetime(2019, 2, 19, 14)
		>>> b = dt.datetime(2019, 1, 2, 13)
		>>> 차이 = a - b
		>>> 차이.seconds
		3600

microseconds	마이크로초
	(0 and 999999)
		>>> a = dt.datetime(2019, 2, 19, 14)
		>>> b = dt.datetime(2019, 1, 2, 13)
		>>> 차이 = a - b
		>>> 차이.microseconds
		0

- 한편, datetime.datetime 클래스 객체에 datetime.timedelta 클래스 객체를 더하거나 빼서 새로운 날짜나 시간을 구할 수도 있다.

```
>>> a = dt.datetime(2019, 2, 19, 14)
>>> d = dt.timedelta(days=90, seconds=3600)
>>> a + d
datetime.datetime(2019, 5, 20, 15, 0)
```

(7) now() : 현재 시간을 나타내는 메쏘드

- now() 메쏘드는 현재 시각을 datetime.datetime 클래스 객체로 변환해준다.

```
>>> 현재시간 = datetime.now()
>>> 현재시간
datetime.datetime(2019, 11, 20, 17, 41, 7, 686771)
```

- 따라서 현재 시간이라는 변수 뒤에 .year나 .month 등을 입력하면 연도, 월과 같은 자료를 별도로 변환해준다.

07 | if 문

1 if ~ else 구문

- 파이썬에서 if 문의 기본 구조는 다음과 같다.

```
if 조건문 :  # 끝에 콜론을 찍어야 한다.
    조건수행문 1     # 인덴트는 반드시 스페이스바 4칸 또는 탭바로 해야 한다.
    조건수행문 2     # 인덴트는 반드시 스페이스바 4칸 또는 탭바로 해야 한다.
    …
else :         # 끝에 콜론을 찍어야 하며 if와 인덴트를 반드시 맞추어야 한다.
    조건수행문 가    # 인덴트는 반드시 스페이스바 4칸 또는 탭바로 해야 한다.
    조건수행문 나    # 인덴트는 반드시 스페이스바 4칸 또는 탭바로 해야 한다.
```

- 조건문이 내용이 충족되면(if 조건문 :) 조건수행문 1, 2....가 수행되며, 조건문의 내용이 충족되지 않으면(else:) 조건수행문 가, 나....가 수행되는 것이다. 한편 **if 조건문과 else 조건문 뒤에 반드시 콜론을 찍는 것에 유의하기 바란다.**
- 또한 파이썬에서는 **들여쓰기**가 매우 중요하므로 **if와 else는 동일한 수준의 왼쪽 정렬**이 되어야 하고, **조건수행문은 if나 else 왼쪽 정렬 기준으로 스페이스바 4칸(또는 탭바 1칸)으로 들여쓰기**를 해야 한다. if나 else 밑에 추가로 if나 else로 이어지는 경우 역시 들여쓰기를 해야 하며 콜론도 찍어야 한다.
- 간단한 if ~ else 문의 예를 들어보자.

```
>>> a = 120
>>> if a > 100 :                          # 끝에 콜론
...     print('a가 100보다 크다')           # 들여쓰기
... else :                                # 끝에 콜론, if와 동일한 왼쪽 정렬
...     print('a가 100보다 같거나 작다')     # 들여쓰기
a가 100보다 크다
```

2 if ~ elif ~ else 구문

• 조금 더 복잡한 if 문의 기본구조를 살펴보자.

```
if 조건문 :
    조건수행문 1
    조건수행문 2
    ...
elif 조건문 :        # if 조건문을 충족하지 않고 조건수행문 가, 나를 충족하면 해당 결과
    조건수행문 가
    조건수행문 나
    ...
else :        # if 조건문을 충족하지 않고 elif 조건수행문 가, 나를 충족하지도 않으면 해당 결과
    조건수행문 a
    조건수행문 b
    ...
```

• 간단한 if ~ elif ~ else 문의 예를 들어보자.

```
>>> 자동차속도 = 80
>>> 차선 = "비전용"
>>> if 차선 == "전용" :             # 끝에 콜론
...     print('전용차선')           # 들여쓰기
... elif 자동차속도 > 100 :         # 끝에 콜론, if와 동일한 왼쪽 정렬
...     print("속도위반")           # 들여쓰기
... else :                          # 끝에 콜론, if와 동일한 왼쪽 정렬
...     print("제한속도미만")       # 들여쓰기
제한속도미만
```

if, elif, else는 동일한 수준의 왼쪽 정렬이 되어야 하고, **조건수행문은 if, elif, else 왼쪽 정렬 기준으로 스페이스바 4칸(또는 탭바 1칸)으로 들여쓰기**를 해야 한다. if, elif, else 밑에 추가로 if, elif, else로 이어지는 경우 역시 들여쓰기를 해야 하며 콜론도 찍어야 한다.

3 else를 사용하지 않는 경우

- if 문은 else나 elif 구문이 필수적인 것은 아니다. 즉, else 구문이나 elif 구문이 없이 if 문만 있어도 실행될 수 있다.

```
>>> 속도 = 120
>>> 차선 = "비전용"
>>> if 차선 == "전용" :            # 끝에 콜론
···     print('전용차선')          # 들여쓰기
···
>>>
```

- 상기에서 **차선 = "비전용"** 이므로 **if 차선 == "전용" :** 의 논리 값은 **False**가 된다. 그러나 False에 해당하는 추가 구문인 else 구문이 없으므로 상기 if 문의 결과는 아무것도 나오지 않게 되는 것이다. 그렇다면 else 구문 없이 if 문을 연속으로 하는 것도 가능한가? 다음의 사례는 Fraudit(파이썬) Shell이라고 가정한다.

```
>>> 속도 = 120
>>> 차선 = "비전용"
>>> if 차선 == "전용" :            # 끝에 콜론
···     print('전용차선')          # 들여쓰기
··· if 차선 == "비전용" :
SyntaxError: invalid syntax(<input> line 3)
```

Python Shell에서는 if 문을 연속으로 사용하는 경우 에러가 발생한다. 그러나 code editor 창에서는 다른 결과가 나온다.

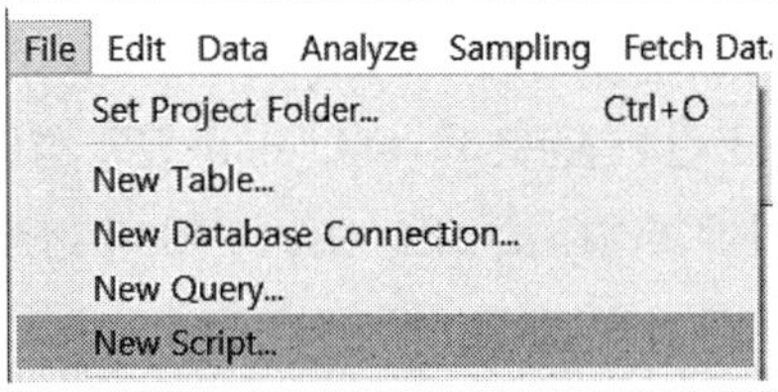

(1) File >> New Script 메뉴를 선택한다.

```
속도 = 120
차선 = "비전용"
if 차선 == "전용" :
    print('전용차선')
if 차선 == "비전용" :
    print('비전용차선')
```

(2) 코드 에디터 창에 왼쪽과 같이 입력한다.

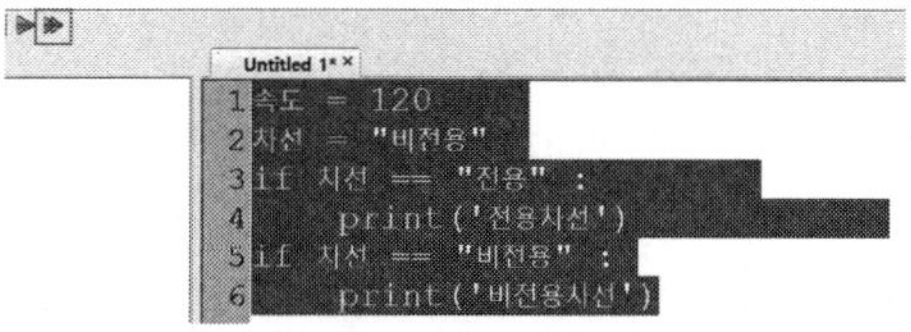

(3) 실행을 할 코드 영역을 선택한 후 왼쪽 상단의 ⏩ 아이콘을 누른다.

(4) Script Output 창에 결과가 *비전용차선*이 나오는 것을 확인할 수 있다.

code editor 창에서 위와 같은 결과가 나오는 것은 Python Shell에서 다음과 같이 실행할 때 나오는 결과와 같은 것이라고 이해하여야 한다.

```
>>> 속도 = 120
>>> 차선 = "비전용"
>>> if 차선 == "전용" :              # 끝에 콜론
...     print('전용차선')            # 들여쓰기
...
>>> if 차선 == "비전용" :            # 끝에 콜론
...     print('비전용차선')          # 들여쓰기
...
비전용차선
```

08 I for 문

1 for 문

- 파이썬에서 if 문과 for 문을 이해하면 파이썬 문법의 반을 이해한 것이나 마찬가지라는 말이 있다. 특히 Fraudit 스크립트에서 Python의 리스트 인덱싱, 리스트 슬라이싱, 그리고 if 문과 for 문을 잘 활용하면 거의 모든 분석이 가능할 정도이다. 따라서 for 문은 파이썬 및 Fraudit 입문자가 잘 이해하여야 한다.
- for 문은 특정 범위의 자료나 리스트에 대해서 처음부터 끝까지 하나씩 추출하여 특정 코드를 반복적으로 수행할 때 사용하는 일종의 제어문이다. 특정 범위나 리스트가 매우 크면 순서대로 값을 하나씩 추출하는 것도 매우 번거롭다. 이러한 경우 for 문을 사용하면 매우 편리하다. for 문의 기본 구조는 다음과 같다.

```
for 〈원소〉 in 〈범위〉 :  # 끝에 콜론을 잊지 말자!
    반복 수행문           # 들여쓰기
```

상기 for 문을 말로 표현하면 **범위에 있는 각각의 원소에 대해 수행문을 반복적으로 수행하라**라고 할 수 있다. for 구문 뒤에는 반드시 콜론(:)을 찍어야 한다. **반복수행문은 for 왼쪽 정렬 기준으로 스페이스바 4칸(또는 탭바 1칸)으로 들여쓰기**를 해야 한다. **for 밑에 추가로 for가 이어지는 경우 역시 들여쓰기를 해야 하며 콜론도 찍어야 한다.**

```
>>> for element in [1,2,3] :
...     print(element)
...
1
2
3
```

위의 코드를 말로 풀면 다음과 같다.

리스트 [1,2,3] 안(in)에서	각각의(for) element를 고르고	element를 출력하라
in [1,2,3] :	for element	print(element)

- for 문의 범위로 사용되는 것은 문자열, 리스트나 튜플, range() 등이 있을 수 있다. 실제 스크립트를 작성할 때는 range() 함수도 많이 사용한다. range(5)는 **0부터 4까지를 의미한다(1부터 5까지가 아님에 유의하기 바란다).**

```
>>> for k in range(5) :
...     print(k)
...
0
1
2
3
4
```

```
>>> a = [1,2,3,4,5]
>>> for k in range(len(a)) :   # len(a)는 리스트 a의 크기인 5를 나타낸다.
...     print(k)
...
0
1
2
3
4
```

2 중첩 for 문

- 중첩 for 문은 for 문 하위에 for 문을 더 넣어서 반복 수행을 보다 편리하게 하기 위한 것이다. Fraudit에서는 테이블을 하나의 변수로 보면서 칼럼과 레코드를 각각 리스트화하여 다루기 때문에 중첩 for 문을 많이 사용할 수 있으므로 이를 잘 이해하여야만 한다.

```
>>>  for j in range(1,5) :    # 끝에 콜론
...      for k in range(j) :  # 끝에 콜론, 들여쓰기
...          print(k)         # 들여쓰기
...      print()              # 내어쓰기
0

0
1
```

```
0
1
2

0
1
2
3
```

```
>>> a = [[1,2,3],[4,5,6],[7,8,9]]
>>> for j in range(len(a)) :
...     for k in range(len(a[j])) :
...         print(a[j][k])
...     print()
1
2
3

4
5
6

7
8
9
```

3 리스트 컴프리헨션

- Comprehension이란 반복적으로 생성 가능한 객체(object)를 생성하기 위한 방법이다. 파이썬은 다음과 같이 4가지의 Comprehension 기능을 제공한다.
  - ✓ List Comprehension
  - ✓ Set Comprehension
  - ✓ Dict Comprehension
  - ✓ Generator Expression

  여기서는 가장 많이 활용되는 List Comprehension에 대해서 알아보기로 한다.
- List Comprehension은 리스트 안에서 for 문과 if 문을 이용하여 보다 편리하게 리스트를 작성하고 처리할 수 있게 해줄 수 있다. List Comprehension의 기본 구조는 다음과 같다.

[식 for 원소 in 리스트 if 문]

```
>>> [i for i in range(5)]
[0, 1, 2, 3, 4]
```

위의 코드를 말로 풀면 다음과 같다.

range(5) 안(in)에서	각각의(for) 원소(i)를 고르고	그 i를 리스트 안에 나타내라
in range(5)	for i	i

보충설명 List Comprehension과 for 문을 사용한 리스트 생성 비교

상기 사례를 아래와 같이 변수와 for 문을 사용하여 리스트를 생성할 수 있다.

```
>>> a = []
>>> for i in range(5) :
...     a.append(i)
>>> a
[0, 1, 2, 3, 4]
```

for 문을 사용하면 3줄이나 작성해야 하지만 List Comprehension은 단 한 줄이면 해결이 되므로 매우 편리하다는 장점이 있다.

• 이제 여러 가지 변형을 만들어보자.

```
>>> [i+5 for i in range(5)]
[5, 6, 7, 8, 9]
>>> [i*2 for i in range(5)]
[0, 2, 4, 6, 8]
```

[i for i in range(5)]의 결과가 [0,1,2,3,4]이므로 i+5를 하면 [5, 6, 7, 8, 9]가 된다. 마찬가지로 i*2를 하면 [0, 2, 4, 6, 8]이 되는 것을 이해할 수 있다.

(1) if 문을 포함한 List Comprehension

1) 단일 if 문을 포함한 List Comprehension

• if 문은 for 문 뒤에 나오면 된다. 만약 range(5)에서 짝수만 리스트로 작성하려면 다음과 같이 하면 된다.

```
>>> [i for i in range(5) if i % 2 == 0]
[0, 2, 4]
>>> [i for i in range(5) if i % 2 == 1]
[1, 3]
```

[i for i in range(5)]의 결과가 [0,1,2,3,4]인데 이 중 **if i % 2 == 0** 조건이 추가된다면, 이는 2로 나눈 나머지가 0이면 해당 i를 리스트에 생성하라는 의미이므로 [0,2,4]만 리스트에 나타나게 되는 것이다.

마찬가지로, [i for i in range(5)]의 결과가 [0,1,2,3,4]인데 이 중 if i % 2 == 1 조건이 추가된다면, 이는 2로 나눈 나머지가 1이면 해당 i를 리스트에 생성하라는 의미이므로 [1,3]만 리스트에 나타나게 되는 것이다.

```
                    0, 1, 2, 3, 4
[ 0 for 0 in range(5) if 0 %2 == 0 ]  →  [0]
                    0, 1, 2, 3, 4
[ X for 1 in range(5) if 1 %2 == 0 ]  →  [0]
                    0, 1, 2, 3, 4
[ 2 for 2 in range(5) if 2 %2 == 0 ]  →  [0,2]
                    0, 1, 2, 3, 4
[ X for 2 in range(5) if 3 %2 == 0 ]  →  [0,2]
                    0, 1, 2, 3, 4
[ 4 for 4 in range(5) if 4 %2 == 0 ]  →  [0,2,4]

                    0, 1, 2, 3, 4
[ X for 0 in range(5) if 0 %2 == 1 ]  →  []
                    0, 1, 2, 3, 4
[ 1 for 1 in range(5) if 1 %2 == 1 ]  →  [1]
                    0, 1, 2, 3, 4
[ X for 2 in range(5) if 2 %2 == 1 ]  →  [1]
                    0, 1, 2, 3, 4
[ 3 for 2 in range(5) if 3 %2 == 1 ]  →  [1,3]
                    0, 1, 2, 3, 4
[ X for 4 in range(5) if 4 %2 == 1 ]  →  [1,3]
```

2) if와 else를 포함한 List Comprehension

- if 문에 else를 추가하여 리스트를 생성할 수 있다. 만약에 [0,1,2,3,4] 중 짝수는 모두 리스트에 포함시키고 홀수일 경우에는 None을 리스트에 포함시키려고 한다면 다음과 같이 하면 된다.

```
>>> [i if i % 2 == 0 else None for i in range(5) ]
[0, None, 2, None, 4]
```

else가 추가되는 경우에는 if ~ else 문을 **i와 for 사이**에 위치시켜야 한다는 점에 유의하기 바란다. 이를 도식적으로 설명하면 다음과 같다.

```
                                             0, 1, 2, 3, 4
[ 0 if 0 %2 == 0 else None for 0 in range(5) ]       → [0]
                                             0, 1, 2, 3, 4
[ None if 1 %2 == 0 else None for 1 in range(5) ]    → [0,None]
                                             0, 1, 2, 3, 4
[ 2 if 2 %2 == 0 else None for 2 in range(5) ]       → [0,None,2]
                                             0, 1, 2, 3, 4
[ None if 3 %2 == 0 else None for 3 in range(5) ]    → [0,None,2,None]
                                             0, 1, 2, 3, 4
[ 4 if 4 %2 == 0 else None for 4 in range(5) ]       → [0,None,2,None,4]
```

(2) 중첩 for 문을 포함한 List Comprehension

- for 문을 중첩하여 List Comprehension을 만들 수 있다. 1~5 사이의 숫자에 각각 7~9 숫자를 곱한 결과를 리스트에 나타내고 싶다면 다음과 같이 하면 된다.

```
>>>  [i*j for i in range(2,4) for j in range(7,10)]
[14, 16, 18, 21, 24, 27]
```

for 문 뒤에 for 문을 계속 쓰는 경우 앞의 for 문의 원소에 대해서 그 다음 for 문의 원소를 순차적으로 적용한 결과가 리스트에 나타나게 된다. 상기 사례를 도식화해서 나타내면 다음과 같다.

```
                 2, 3      →      7, 8, 9
[ 2*j for 2 in range(2,4) for j in range(7,10) ]
                 2, 3      →      7, 8, 9
[ 2*7 for 2 in range(2,4) for j in range(7,10) ]  →  [14]
                 2, 3      →      7, 8, 9
[ 2*8 for 2 in range(2,4) for j in range(7,10) ]  →  [14,16]
                 2, 3      →      7, 8, 9
[ 2*9 for 2 in range(2,4) for j in range(7,10) ]  →  [14,16,18]
                 2, 3      →      7, 8, 9
[ 3*j for 3 in range(2,4) for j in range(7,10) ]  →  [14,16,18]
                 2, 3      →      7, 8, 9
[ 3*7 for 3 in range(2,4) for j in range(7,10) ]  →  [14,16,18,21]
                 2, 3      →      7, 8, 9
[ 3*8 for 3 in range(2,4) for j in range(7,10) ]  →  [14,16,18,21,24]
                 2, 3      →      7, 8, 9
[ 3*9 for 3 in range(2,4) for j in range(7,10) ]  →  [14,16,18,21,24,27]
```

- 상기 사례를 아래와 같이 바꾸는 경우에는 **[i*j]**가 리스트 처리를 하는 것이므로 리스트 안에 개별 원소가 리스트로 들어가게 된다.

```
>>> [ [i*j] for i in range(2,4) for j in range(7,10)]
[[14], [16], [18], [21], [24], [27]]
```

- 한편, 아래와 같이 바꾸게 되면 전혀 다른 결과가 나오게 된다.

```
>>> [ [i*j for i in range(2,4)] for j in range(7,10)]
[[14, 21], [16, 24], [18, 27]]
```

이를 도식화해서 나타내면 아래와 같다.

```
                    2, 3      ←      7, 8, 9
[ [ i*7 for i in range(2,4) ] for j in range(7,10) ]
                    2, 3      ←      7, 8, 9
[ [ 2*7 for 2 in range(2,4) ] for j in range(7,10) ]  →  [[14]]
                    2, 3      ←      7, 8, 9
[ [ 3*7 for 2 in range(2,4) ] for j in range(7,10) ]  →  [[14,21]]
                    2, 3      ←      7, 8, 9
[ [ 2*8 for 2 in range(2,4) ] for j in range(7,10) ]  →  [[14,21], [16]]
                    2, 3      ←      7, 8, 9
[ [ 3*8 for 2 in range(2,4) ] for j in range(7,10) ]  →  [[14,21], [16,24]]
                    2, 3      ←      7, 8, 9
[ [ 2*9 for 2 in range(2,4) ] for j in range(7,10) ]  →  [[14,21], [16,24], [18]]
                    2, 3      ←      7, 8, 9
[ [ 3*9 for 2 in range(2,4) ] for j in range(7,10) ]  →  [[14,21], [16,24], [18,27]]
```

09 | 사용자 함수

1 사용자 함수

- 파이썬에서 함수는 내장함수 또는 각종 라이브러리들이 제공하는 함수, 그리고 사용자가 직접 만든 함수로 크게 구분할 수 있다. 여기서는 사용자가 직접 만든 사용자 함수에 대해서 설명하고자 한다. 사용자 함수 내에는 앞에서 설명한 if 문, for 문 등 모든 제어문을 중첩적으로 사용할 수 있다. 파이썬 활용능력(사실 모든 프로그래밍 언어의 활용능력)은 사용자 함수 작성 능력에 따라 결정된다고 하여도 과언이 아니다.
- 사용자 함수의 기본 구조는 다음과 같다.

```
def 〈함수명〉 (매개변수) :
    설명문
    설명문
    설명문
    ........
```

상기에서 def는 **define**의 약자이며 이것이 함수 정의의 시작이다. 괄호 안의 매개변수는 생략할 수 있다. 한편 함수 정의 후 뒤에는 반드시 콜론을 찍어야 한다. 한편, **콜론으로 마친 후에 다음 줄(블록)은 들여쓰기를 해야 한다.**

- 함수를 사용할 때 괄호 안에 여러 가지 자료를 넣을 수 있는데, 이러한 자료를 매개변수(또는 인자)라고 한다. 함수 안에서 최종적으로 나오는 결과 값을 'return 값'이라고 한다. 수학적인 의미에서 함수는 x값을 넣으면 y값이 나오는 것이므로 x를 '매개변수', y를 'return 값'이라고 보는 것이다. 그러므로 함수는 특별한 경우가 아니면 가능한 **'return 값'을 입력하는 것이 좋다.** 한편, 'return 값'이 아닌 **단순히 'return'만 입력하는 경우**도 있는데 이 경우는 **함수 실행을 여기서 끝내라**는 의미이다.

(1) 매개변수와 return 값이 있는 함수

```
def <함수명> (매개변수) :
    설명문
    ........
    return 결과값
```

```
>>> def func( a ) :
...     a = a + 1
...     return a
...
>>> func( 2 )
3
```

• 왼쪽 코드에서 func 함수를 정의할 때 매개변수(parameter)로 a를 넣고 func 함수를 호출할 때 인자(argument)를 2라고 전달하면 3 = 2 + 1이 되고 return 3은 그 3을 결과로 반환하는 것이다.

(2) 매개변수는 있고 return 값이 없는 함수

```
def <함수명> (매개변수) :
    설명문
    ........
```

```
>>> def func( a ) :
...     a = a + 1
...
>>> func( 2 )
>>>
```

• 왼쪽 함수 안에 return 값이 없으므로 func(2)를 실행하여도 return 값은 없게 된다. 따라서 아무것도 반환되지 않는 것이다.

(3) 매개변수는 없고 return 값이 있는 함수

```
def <함수명> ( ) :
    설명문
    ........
    return 결과값
```

```
>>> def func() :
...     print('나는')
...     print('왕이다')
...
>>> func()
나는
왕이다
```

⇨

```
>>> def func() :
...     print('나는')
...     return
...     print('왕이다')
...
>>> func()
나는
```

• 상기 왼쪽 코드에서 func() 안에서 print 함수가 실행되니까 func()의 실행 결과가 print('나는')과 print('왕이다')를 두 번 하게 되는 것이지만 return 값은 없다. 한편 상기 오른쪽 코드에서 func()를 실행하면 print('나는')까지 실행하고 return이 나오므로 '함수를 여기서 끝내라'는 의미가 되어 print('왕이다')는 실행이 되지 않는 것이다.

(4) 매개변수의 오류

• 매개변수는 함수 안에서 해당 매개변수가 사용된다는 의미이므로 매개변수의 개수를 잘 지키는 것이 중요하다. 다음의 예를 들어보자.

```
>>> def func(a, b) :
...     for i in range(a) :
...         print(b)
...
>>> func(3, '월드컵')
월드컵
월드컵
월드컵
```

• 상기 func() 함수의 매개변수가 2개인데 만약 아래와 같이 1개만 쓰면 에러가 발생한다.

```
>>> func(3)
TypeError : func() missing 1 required positional argument : 'b'
```

• 또한 아래와 같이 매개변수를 3개 사용하여도 에러가 발생한다.

```
>>> func(3, '월드컵', 1)
TypeError: func() takes 2 positional arguments but 3 were given
```

2 전역변수(글로벌 변수) 및 지역변수(로컬 변수)

• 사용자 정의 함수를 만들 때 함수 안에서 선언(정의)된 변수의 효력범위가 어디까지 유효한 것인지를 이해할 필요가 있다. 다음의 8가지 사례를 살펴보자.

```
# 사례 1
>>> a = 100
>>> def func() :
···     b = 1
···     return b
···
>>> func()
```

• 상기 경과가 1이 나오는 것은 쉽게 이해할 수 있다. 그런데 만약 함수 안에서 b = 1이 아니라 다음과 같이 a = 1이라고 변수를 설정하면 어떻게 될까?

```
# 사례 2
>>> a = 100
>>> def func() :
···     a = 1
···     return a
···
>>> func()
```

이 때 함수 안의 변수 a와 함수 밖의 변수 a 중 어떤 것을 return 해야 하는지가 궁금하다. 함수 안에서는 함수 안에서 정의한 변수를 우선적으로 적용하게 된다. 함수 안에서 별도로 정의한 변수를 지역(local)변수라고 한다. 이에 반하여 함수 밖에서 정의한 변수를 전역(global)변수라고 한다. 지역(local)변수는 함수가 실행되는 동안에만 존재하는 변수이다. 함수가 호출되어 실행될 때 만들어지고 함수의 실행이 끝나면 모두 삭제된다. 따라서 지역(local)변수는 그 지역(local)변수가 속한 함수의 밖이나 다른 함수에서는 부를 수 없다. 그러므로 **func()의 결과는 1이 나오게 된다.**

• 이제 다음 사례를 살펴보자.

```
# 사례 3
>>> a = 100
>>> def func() :
···     b = a + 20
···     return b
···
>>> func()
```

상기 함수의 결과는 120이 나온다. 왜냐하면 함수 밖에서 a = 100으로 선언하였고(전역변수) 이것이 함수 안의 a로 이동하여 여기에다 20을 더해서 b(지역변수)가 설정되었으므로 지역변수 b는 에러 없이 설정이 되었기 때문이다.

- 이제 다음과 같이 바꿔보자.

```
# 사례 4
>>> a = 100
>>> def func() :
...     a = a + 20
...     return a
...
Traceback (most recent call last) :
  File "code.py", line 90, in runcode
  File "<input>", line 1, in <module>
  File "<input>", line 2, in func
UnboundLocalError : local variable 'a' referenced before assignment
```

언뜻 보면 func() 함수가 정상적으로 작동하여 a = 100이고 거기에 20을 더해서 120이 나와야 할 것 같다. 하지만 이 함수를 실행하면 상기와 같은 에러 메시지가 뜬다. 에러 메시지를 그대로 번역하면 **지역(local)변수인 a가 설정(지정)되기 전에 참조되었다**는 의미이다. 즉, a = **a** + 20에서 지역변수인 **a**가 함수 안에서 먼저 별도로 설정(지정)되지 않았다는 의미이다. 사례 4의 에러 이유는 다음의 **사례 4-1**의 코드가 에러나는 이유와 동일하다.

```
# 사례 4-1
>>> a = 100
>>> def func() :
...     b = b + 20
...     return b
...
>>> func()
Traceback (most recent call last) :
  File "code.py", line 90, in runcode
  File "<input>", line 1, in <module>
  File "<input>", line 2, in func
UnboundLocalError : local variable 'b' referenced before assignment
```

상기 코드에서 함수 안의 지역변수인 b는 함수 안에서 변수 설정도 되기 전에 b = b + 20으로 참조되었기 때문에 에러가 나는 것이다.

• 다음 사례 5를 살펴보자.

```
# 사례 5
>>> a = 100
>>> def func() :
...     a = 1
...     a = a + 20
...     return a
...
>>> func()
21
```

func() 함수 안에서 지역(local)변수인 a는 1로 설정되었기 때문에 함수 안의 실행문이 진행될 때 a = 1이 적용되어 a = a + 20이 21이 되는 것이다(지역변수는 **함수 안에서 별도로 선언된 변수이고 함수가 호출되어 실행될 때 만들어지고 함수의 실행이 끝나면 모두 삭제**되므로 **그 명칭이 우연히 함수 밖의 변수와 동일한지 아닌지는 문제가 되지 않는다**).

• 그렇다면 상기 결과를 120으로 나타내고 싶다면 어떻게 해야 하는가? 사례 6을 살펴보자.

```
# 사례 6
>>> a = 100
>>> def func() :
...     global a
...     a = a + 20
...     return a
...
>>> func()
120
```

func() 함수의 결과는 120이 된다. 즉, 함수 밖의 a = 100을 함수 안으로 가져오기 위해서는 함수 안에서 함수 밖의 변수라는 것을 별도로 언급해주어야 한다. 전역(global)변수는 함수 밖의 변수를 함수 안에서 그대로 사용하는 경우 그러한 변수를 의미한다. 한편, return a를 함으로써 전역변수 a의 값이 100에서 120으로 변경된다. 즉, 함수 안에서 함수 밖의 변수를 변경하고자 할 때는 전역(global)변수를 활용하면 된다.

• 만약, 상기 func()함수 안에서 global 변수 앞의 global을 빼면 어떻게 될까? 다음 사례 7에서 func()의 결과가 에러가 나는 이유는 **사례 4**와 같다.

```
# 사례 7
>>> a = 100
>>> def func() :
...     a
...     a = a + 20
...     return a
...
>>> func()
```

- 다음 사례 8을 살펴보자.

```
# 사례 8
>>> a = 100
>>> def func(a) :
...     a = a + 20
...     return a
...
>>> func(a)
```

func(a)의 결과는 120이 된다. 언뜻 보면 잘 이해가 안될 것이다. 앞의 사례 4에서는 에러가 발생하였는데 사례 8은 왜 결과값이 나오는 것일까? 그 이유는 func 함수의 매개변수의 유무가 영향을 미쳤기 때문이다. 사례 4에서는 func 함수의 매개변수가 없었다. 따라서 함수 안의 a 변수는 매개변수가 없는 상태에서 별도로 선언이 되어야 하는 변수이다. 그런데 a = a + 20으로 정의되었기 때문에 'Unbound Local Error : local variable 'a' referenced before assignment'라는 에러가 발생한 것이다.

이에 비하여 사례 8은 func 함수의 매개변수가 a이며 이는 함수 밖에서 설정된 a = 100을 매개변수로 반영하였기 때문에 이 매개변수도 함수 안의 지역변수와 같은 역할을 수행한다. 따라서 함수가 에러 없이 실행되는 것이다.

- 함수 내에서 if 문을 작성하는 경우 전역(global)변수와 지역(local)변수에 따라 결과가 어떻게 달라지는지 살펴보자. 다음 왼쪽 코딩과 오른쪽 코딩의 결과값이 동일하게 나온다는 것을 이해하면 왜 왼쪽에서 지역변수가 업데이트(순환처리)되지 않는지를 이해할 수 있을 것이다.

함수 안에서 지역변수를 사용하는 경우	함수 안에서 지역변수를 사용하는 경우

def func(b):
  a = 100
  if b == 3:
    a = a + 5
    return a
  else :
    a = a * 2
    return a
 	
print(func(2))
print(func(3))
print(func(4))
>>>
200
105
200
	def func(b):
	  a = 100
	  if b == 3:
	    x = a + 5
	    return x
	  else :
	    x = a * 2
	    return x
	
	print(func(2))
	print(func(3))
	print(func(4))
	>>>
	200
	105
	200

• 이제 함수 내에서 if 문을 작성하는 경우 global 변수가 어떻게 변화되는지 살펴보자.

함수 밖의 전역변수를 사용하는 경우

a = 100
def func(x):
  global a
  if x == 3:
    a = a + 5
    return a
  else :
    a = a * 2
    return a
print(func(2))
print(func(3))
print(func(4))
>>>
200
205
410

• 상기와 같이 함수내에서 전역변수(global 변수)를 잘 사용하면 전역변수의 업데이트(순환처리)가 가능하다.

3 람다 함수

• lambda 함수는 사용자 정의 함수를 문법에 맞추어 작성하는 것보다 훨씬 간단하게 한줄로 해결할 수 있는 함수이다. lambda 함수의 기본구조는 다음과 같다.

```
lambda <매개변수 1>, <매개변수 2>... : 매개변수를 이용한 식(if 문이 나올 수 있음)
예) f = lambda x, y : x + y
    f(5,6)
    11
```

• lambda 함수와 사용자 정의함수를 비교하면 다음과 같다.

```
# 사용자 정의 함수
>>> def plus(a,b) :
...     return a + b
...
>>> plus(2,3)
5
```

```
# 람다 함수
>>> plus = lambda a, b : a + b
>>> plus(2,3)
5
```

lambda 함수는 사용자 정의 함수에 비하여 굉장히 간단하고 return 값도 없다. lambda 함수에서 유의하여야 할 점은 콜론 뒤에 나오는 식에서 새로운 변수를 정할 수 없다는 것이다. 다만, lambda 함수 밖에 있는 변수를 사용할 수는 있다. 이는 앞서 설명한 전역(global)변수의 논리와 유사하다고 보면 된다.

```
# 람다 함수
>>> b = 10
>>> plus = lambda a : a + b
>>> plus(2)
12
```

• lambda 함수는 map 함수와 연결하여 자주 사용된다. map 함수는 map(함수, 반복 가능한 자료형)과 같은 형태로 어떤 함수와 반복 가능한 자료형(주로 리스트와 같은)을 입력변수로 받는다. **함수와 반복 가능한 자료형의 입력변수 순서는 지켜야 한다.** 다음의 예를 들어보자.

```
# 람다 함수
>>> a = map(lambda x : x * 2 , [1,2,3,4])
>>> list(a)
[2,4,6,8]
```

보충설명 map 함수 안에서 사용자 정의 함수를 사용하기

다음과 같이 사용자 정의 함수를 사용하여 상기 사례와 동일한 결과를 얻을 수 있다.

```
>>> def func(x) :
...     return x * 2
>>> a = map(func, [1,2,3,4])
>>> list(a)
[2,4,6,8]
```

4 함수 인자(arguments)

- 앞에서 사용자 함수에 매개변수가 들어갈 수 있다고 설명하였는데, 여기서는 매개변수와 인자의 차이점에 대해서 알아보자.
- 매개변수란 **함수를 정의할 때** 함수에 나열되는 **변수(variable)**를 말한다. 예를 들어 다음과 같은 사용자 함수를 정의한다고 가정하자.

```
def <함수명> (매개변수) :
    설명문
    ........
    return 결과값
```

상기 사용자 함수를 정의할 때 괄호 안에 들어가는 변수를 매개변수라고 하는 것이다.

- 인자(argument)란 이미 만들어진 (사용자) **함수를 호출할 때** 전달되는 **실제 값(value)**을 말한다. 예를 들어 상기 사용자 함수를 호출한다고 가정하자.

```
함수명(인자)
```

상기 함수를 불러올 때 괄호 안에 들어가는 값을 인자라고 하는 것이다.

(1) 기본 값(default value)

- 파이썬에서는 함수를 정의할 때 매개변수의 값을 기본 값(default value)으로 설정할 수 있다. 즉, 인자를 디폴트로 사전에 정할 수 있다는 것이다. 물론 사전에 정하지 않은 인자를 넣을 수 있다. 다음과 같이 사용자 함수를 정의한다고 가정하자.

```
>>> def func(a, b = 'BTS'):
...     print(a, b)
```

매개변수가 a, b 두 개이지만 b의 기본 값이 'BTS'로 설정되어 있기 때문에 b는 생략하면 기본으로 'BTS'가 된다. 즉, 다음과 같이 출력된다.

```
>>> func('아이돌')
아이돌 BTS
```

```
>>> func('아이돌', 'NCT',)
아이돌 NCT
```

물론 아래와 같이 하여도 결과는 나온다.

```
>>> func('아이돌', 'BTS',)
아이돌 BTS
```

보충설명 기본 값으로 설정하는 매개변수의 순서

다음과 같이 기본 값으로 설정하는 매개변수가 그렇지 않은 매개변수보다 순서가 앞에 올때는 함수 설정시 에러가 나온다. 따라서 기본 값으로 설정하는 매개변수는 그렇지 않은 매개변수보다 순서가 뒤에 있어야 한다.

```
>>> def func(b = 'BTS',a):
...     print(a, b)
SyntaxError: non-default argument follows default argument
```

(2) 위치 인자(positional argument)

- 가장 일반적인 인자로 함수에서 정의한 위치대로 들어가는 것이다. 다음과 같이 사용자 함수를 정의한다고 가정하자.

```
>>> def func(a, b):
...     print(a, b)
```

```
>>> func('아이돌', 'BTS')
아이돌 BTS
```

(3) 키워드 인자(keyword argument)

- 파이썬은 키워드 인자를 지원한다. 다음과 같이 사용자 함수를 정의한다고 가정하자.

```
>>> def func(a, b):
...     print(a, b)
```

```
>>> func(1, 2)
1 2
```

```
>>> func(1, b = 3)
1 3
```

보충설명 위치 인자와 키워드 인자의 순서

위치 인자와 키워드 인자를 혼합해서 사용하는 경우에는 위치 인자 뒤에 키워드 인자가 들어가야 한다. 만약 키워드 인자가 위치 인자보다 앞에 들어가면 다음과 같은 에러가 발생한다.

```
>>> func(b = 1, 4)
SyntaxError: positional argument follows keyword argument
```

(4) 위치 인자 언패킹

- 리스트나 튜플과 같이 인덱스가 있는 자료형에 * 표시를 붙여서 인자를 만들면 그 인자에 위치에 맞게 입력이 된다. 다음과 같이 사용자 함수를 정의한다고 가정하자.

```
>>> def func(a, b, c):
...     print(a, b, c)
```

```
>>> 리스트 = [1, 2, 3]
>>> func(*리스트)
1 2 3
```

- 리스트 변수 대신 다음과 같이 직접 입력할 수도 있다.

```
>>> func(*[1,2,3])
1 2 3
```

```
>>> func(*(1,2,3))
1 2 3
```

다만, 함수의 인자 수와 리스트(또는 튜플)의 원소의 수가 다르면 에러가 발생한다.

- 위치 인자 언패킹은 함수를 호출할 때 뿐만 아니라 사용자 함수를 정의할 때 매개변수로도 사용할 수 있다.

```
>>> def func(*리스트):
...     return 리스트[0], 리스트[2], 리스트[1]
```

```
>>> a = ['가', '나', '다']
>>> func(*a)
('가', '다', '나')
```

사용자 함수를 정의할 때 위치인자 언패킹을 사용하면 인자를 받는 수에 제한이 없어진다.

```
>>> a = ['가', '나', '다', '라']
>>> func(*a)
('가', '다', '나')
```

사용자 함수를 정의할 때 위치인자 언패킹과 고정인자를 함께 사용할 수 있다. 다만, 위치인자 언패킹이 고정인지 뒤에 위치해야 한다.

(4) 키워드 인자 언패킹

- 키워드 인자 언패킹은 key와 value(값)가 있는 딕셔너리 타입의 변수에 ** 표시를 해서 넣는 방식이다. 다음과 같이 사용자 함수를 정의한다고 가정하자.

```
>>> def func(a, b, c):
...     print(a, b, c)
```

```
>>> 딕셔너리 = {'a' : 'bts', 'b' : 'nct', 'c' : '블랙핑크'}
>>> func(**딕셔너리)
bts nct 블랙핑크
```

- 딕셔너리 변수 대신 다음과 같이 직접 입력할 수도 있다.

```
>>> func(**{'a' : 'bts', 'b' : 'nct', 'c' : '블랙핑크'})
bts nct 블랙핑크
```

- 키워드 인자 언패킹은 함수를 호출할 때 뿐만 아니라 사용자 함수를 정의할 때 매개변수로도 사용할 수 있다.

```
>>> def func(**키워드):
...     return 키워드['a'], 키워드['b'], 키워드['c']
```

```
>>> 딕셔너리 = {'a' : 'bts', 'b' : 'nct', 'c' : '블랙핑크'}
>>> func(**딕셔너리)
('bts', 'nct', '블랙핑크')
```

10 | 문자열(string) 처리 함수

1 대·소문자 변환

함수명	의미	사용 예

upper()	대문자로 바꾸어라	>>> a = 'hello'
		>>> a.upper()
		'HELLO'

lower()	소문자로 바꾸어라	>>> a = 'HELLO'
		>>> a.lower()
		'hello'

2 문자열 검색

함수명	의미	사용 예

count()	괄호 안의 문자열이 몇 번 발생하나?	>>> a = '가나다라마마마사'
		>>> a.count('마')
		3

	해당 문자열이 없으면 0을 반환함	>>> a = '가나다라마마마사'
		>>> a.count('아')
		0

find()	괄호 안의 문자열의 인덱스를 구함
	* 문자열이 중복되는 경우 첫 번째 인덱스를 구함
		>>> a = '가나다라마마마사'
		>>> a.find('마')
		4

	해당 문자열이 없으면 -1을 반환함	>>> a = '가나다라마마마사'
		>>> a.find('아')
		−1

함수명	의미	사용 예

rfind()	괄호 안의 문자열을 오른쪽부터 찾아 인덱스를 구함
	* 문자열이 중복하는 경우 마지막 오른쪽 인덱스를 구함
		>>> a = '가나다라마마마사'
		>>> a.rfind('마')
		6

rfind()	해당 문자열이 없으면 -1을 반환함	>>> a = '가나다라마마마사'
		>>> a.rfind('아')
		–1

index()	괄호 안의 문자열의 인덱스를 구함
	* 문자열이 중복하는 경우 첫 번째 인덱스를 구함
		>>> a = '가나다라마마마사'
		>>> a.index('마')
		4

	해당 문자열이 없으면 에러 메시지 반환함
	* ValueError : substring not found
		>>> a = '가나다라마마마사'
		>>> a.index('아')
		ValueError : substring not found

rindex()	괄호 안의 문자열의 인덱스를 오른쪽으로부터 구함
	* 문자열이 중복하는 경우 오른쪽 첫 번째 인덱스를 구함
		>>> a = '가나다라마마마사'
		>>> a.rindex('마')
		6

	해당 문자열이 없으면 에러 메시지 반환함
	* ValueError : substring not found
		>>> a = '가나다라마마마사'
		>>> a.rindex('아')
		ValueError : substring not found

startswith()	괄호 안의 문자열로 시작하면 True, 아니면 False 반환함	>>> a = '가나다라마마마사'
		>>> a.startswith('가나')
		True

		>>> a = '가나다라마마마사'
		>>> a.startswith('나')
		False

endswith()	괄호 안의 문자열로 끝나면 True, 아니면 False 반환함	>>> a = '가나다라마마마사'
		>>> a.endswith('마사')
		True

		>>> a = '가나다라마마마사'
		>>> a.startswith('마')
		False

isalnum()	문자열이 알파벳(al)과 숫자(num)로 이루어져 있으면 True, 아니면 False 반환함	>>> a = '가나다라마마마사123'
		>>> a.isalnum()
		True

		>>> a = '*#123'
		>>> a.isalnum()
		False

함수명	의미	사용 예

isalpha()	문자열이 알파벳(영어, 한글)으로만 이루어져 있으면 True, 아니면 False 반환함	>>> a = 'abc가나다라마마마사'
		>>> a.isalpha()
		True

		>>> a = '가나다라마마마사123'
		>>> a.isalpha()
		False

isdigit()	문자열이 숫자로만 이루어져 있으면 True, 아니면 False 반환함
	* isnumeric()과 동일함
		>>> a = '123'
		>>> a.isdigit()
		True

		>>> a = '가나다라마마마사123'
		>>> a.isdigit()
		False

3 문자열에 공백 존재 여부 및 처리하기

함수명	의미	사용 예

lstrip()	문자열의 왼쪽에 있는 공백 제거	>>> a = ' 가나다라마마마사'
		>>> a.lstrip()
		'가나다라마마마사'

rstrip()	문자열의 오른쪽에 있는 공백 제거	>>> a = '가나다라마마마사 '
		>>> a.rstrip()
		'가나다라마마마사'

strip()	문자열의 양쪽에 있는 공백 제거	>>> a = ' 가나다라마마마사 '
		>>> a.strip()
		'가나다라마마마사'

isspace()	문자열이 공백(whitespace)으로만 구성되어 있는 경우 True, 아니면 False 반환함	>>> a = ' '
		>>> a.isspace()
		True

		>>> a = ''
		>>> a.isspace()
		False

4 문자열의 구분, 연결, 교체 등과 관련된 함수

<table>
<tr><th>함수명</th><th>의미</th><th>사용 예</th></tr>
<tr><td>split()</td><td>문자열을 구분자(separator)로 구분한 결과를 리스트 처리</td><td>>>> a = '보통예금, 매출채권, 매입채무'
>>> a.split(sep = ',')
['보통예금', ' 매출채권', ' 매입채무']</td></tr>
<tr><td rowspan="2">replace()</td><td rowspan="2">replace('구 문자열', '신 문자열', max)
* max가 있으면 그 개수만큼 교체하고 그 이후는 무시함</td><td>>>> a = '보통예금'
>>> a.replace('보통', '특정')
'특정예금'</td></tr>
<tr><td>>>> a = '보통 보통 보통 예금'
>>> a.replace('보통', '특정', 2)
'특정 특정 보통 예금'</td></tr>
<tr><td>join()</td><td>'(연결하고자 하는 문자)'.join(리스트)</td><td>>>> a = ['보통', '예금', '2019년']
>>> b = '_'.join(a)
>>> b
'보통_예금_2019년'</td></tr>
<tr><td rowspan="10">join을 활용한 심화사례</td><td colspan="2">lists = [1,2,3,4,5]를 '12345'으로 변환하고자 함</td></tr>
<tr><td colspan="2">>>> lists = [1,2,3,4,5]</td></tr>
<tr><td colspan="2">lists 안의 원소가 숫자이므로 이를 먼저 문자화시킬 필요가 있음. 즉,</td></tr>
<tr><td colspan="2">['1', '2', '3', '4', '5'] 처리를 할 필요가 있음</td></tr>
<tr><td colspan="2">>>> map(str, lists) # map object이므로 이를 아래와 같이 join시켜야 함</td></tr>
<tr><td colspan="2">>>> ''.join(map(str, lists))</td></tr>
<tr><td colspan="2">'12345'</td></tr>
<tr><td colspan="2">만약 상기 결과를 integer로 변환하고 싶다면 아래와 같이 한다.</td></tr>
<tr><td colspan="2">>>> int(''.join(map(str, lists)))</td></tr>
<tr><td colspan="2">12345</td></tr>
<tr><td>zfill()</td><td>문자열을 괄호 안의 숫자만큼의 길이로 만들어서, 필요한 자릿수만큼 앞에 '0'을 채움
* 예) 5자리 코드 체계를 만들기 위해서 '123'을 '00123'처럼 바꾸기</td><td>>>> a = '123'
>>> a.zfill(5)
'00123'</td></tr>
</table>

5 문자열에서의 최대값(알파벳 순서상), 최소값(알파벳 순서상) 구하기

함수명	의미	사용 예

max()	해당 문자열의 최대값
	(알파벳 순서상)
	* 숫자열에서는 가장 큰 값을 반환해 줌
		>>> a = '가나다라마마마사'
		>>> max(a)
		'사'

min()	해당 문자열의 최소값
	(알파벳 순서상)
	* 숫자열에서는 가장 작은 값을 반환해 줌
		>>> a = '가나다라마마마사'
		>>> min(a)
		'가'

6 숫자를 문자열로 바꾸기

함수명	의미	사용 예

str()	괄호 안의 숫자를 문자열로 변경함	>>> a = 123
		>>> str(a)
		'123'

7 문자를 숫자로 바꾸기

함수명	의미	사용 예

int()	괄호 안의 문자를 정수(integer)로 변경함	>>> a = '123'
		>>> int(a)
		123

float()	괄호 안의 문자를 부동소수(float)로 변경함	>>> a = '123'
		>>> float(a)
		123.0

11 | range(), enumerate(), zip() 함수

• for 문과 함께 많이 사용하는 함수로 range(), enumerate(), zip()이 있는데 각 함수의 특징을 이해하는 것이 필요하다. 데이터 분석에서 상기 3개의 함수는 활용도가 매우 높다.

1 range() 함수

• range() 함수는 순차적으로 정수를 생성하는 함수로 for 문과 같은 순환문과 함께 매우 많이 사용된다. range() 함수의 사용 방법은 다음과 같다.

✓range(앞숫자, 뒤숫자) : [앞숫자] 부터 [뒤숫자 - 1] 까지 1씩 증가하는 순차적인 정수
예 range(0, 5) : 0, 1, 2, 3, 4

✓range(앞숫자, 뒤숫자, step) : [앞숫자] 부터 [뒤숫자 - 1] 까지 step 숫자만큼 증가하는 순차적인 정수
예 range(1, 5, 2) : 1, 3을 생성한다(step이 2이므로 1~4 중 1과 3만 선택된다).

✓range(뒤숫자) : 뒤숫자만 있으면 앞숫자는 0과 step 1이 생략되어 있는 것이다.
예 range(4) : 0, 1, 2, 3

2 enumerate() 함수

• enumerate() 함수는 괄호 안의 시퀀스 자료의 인덱스와 원소를 함께 추출하는 함수로 for 문과 같은 순환문에서 많이 사용된다. enumerate() 함수의 사용 방법은 다음과 같다.

```
>>> a = ['보통예금', '매출채권', '미수금', '매입채무', '매입채무']
>>> enumerate(a)
<enumerate object at 0x0000017A09EACDC8>
>>> list(enumerate(a))
[(0, '보통예금'), (1, '매출채권'), (2, '미수금'), (3, '매입채무'), (4, '매입채무')]
```

- for 문에서 enumerate() 함수는 다음과 같이 인덱스와 원소를 함께 나타낸다.

```
>>> for idx, data in enumerate(a) :
...     print(idx, data)
0 보통예금
1 매출채권
2 미수금
3 매입채무
4 매입채무
```

- 만약 a에서 매입채무인 원소의 인덱스를 구하기 위해서 a.index('매입채무')를 하면 매입채무의 첫 번째 인덱스인 3만 나오게 된다. 이 경우 enumerate() 함수를 사용하면 3과 4 모두 출력할 수 있다.

```
>>> for idx, data in enumerate(a) :
...     if data == '매입채무' :
...         print(idx)
...
3
4
```

- enumerate() 함수는 리스트 컴프리헨션에서도 사용될 수 있다. 다음은 상기 for 문을 리스트 컴프리헨션을 이용하여 생성하는 코드이다.

```
>>> [idx for idx, data in enumerate(a) if data == '매입채무']
[3, 4]
```

3 zip() 함수

- zip() 함수는 2개 이상의 시퀀스형 자료를 한데 묶어서 튜플을 원소로 구성하는 시퀀스로 만들어 주는 함수이다. zip() 함수 역시 for 문과 같은 순환문에서 많이 사용된다. zip() 함수의 사용 방법은 다음과 같다.

```
>>> a = ['보통예금', '매출채권', '미수금', '매입채무']
>>> b = [100, 200, 300, 400]
>>> c = ['차변', '차변', '차변', '대변']
>>> zip(a,b,c)
<zip object at 0x0000017A09EB45C8>
>>> list(zip(a,b,c))
[('보통예금', 100, '차변'), ('매출채권', 200, '차변'), ('미수금', 300, '차변'), ('매입채무', 400, '대변')]
```

- for 문에서 zip() 함수는 다음과 같이 사용할 수 있다.

```
>>>   for data in zip(a,b,c) :
...        print(data)
('보통예금', 100, '차변')
('매출채권', 200, '차변')
('미수금', 300, '차변')
('매입채무', 400, '대변')
```

```
>>>   for i,j,k in zip(a,b,c) :
...        print(i,j,k)
보통예금 100 차변
매출채권 200 차변
미수금 300 차변
매입채무 400 대변
```

- 만약 zip(a,b,c)에서 c가 '대변'인 a의 항목과 b의 금액을 c의 항목과 함께 출력하고 싶다면 다음과 같이 코드를 작성하면 된다.

```
>>>   for data in zip(a,b,c) :
...        if data[2] == '대변' : # data가 (원소0, 원소1, 원소2)로 구성되므로 [2]를 한 것이다.
...            print(data)
...
('매입채무', 400, '대변')
```

```
>>>   for i,j,k in zip(a,b,c) :
...        if k == '대변' :
...            print(i,j,k)
...
'매입채무', 400, '대변'
```

• 한편, zip(a,b,c)에서 c가 '대변'인 a의 항목만을 출력하고 싶다면 다음과 같이 코드를 작성하면 된다.

```
>>>  for data in zip(a,b,c) :
...      if data[2] == '대변' :  # data가 (원소0, 원소1, 원소2)로 구성되므로 [2]를 한 것이다.
...          print(data[0])
...
매입채무
```

```
>>>  for i,j,k in zip(a,b,c) :
...      if k == '대변' :
...          print(i)
...
매입채무
```

• zip() 함수는 리스트 컴프리헨션에서도 사용될 수 있다. 다음은 상기 for 문을 리스트 컴프리헨션을 이용하여 생성하는 코드이다.

```
>>>  [data[0] for data in zip(a,b,c) if data[2] == '대변']
['매입채무']
```

```
>>>  [x for x,y,z in zip(a,b,c) if z == '대변']
['매입채무']
```

보충설명 zip() 함수 안의 시퀀스 자료 형의 원소 개수가 차이가 나는 경우

만약 다음과 같이 a, b, c의 개수가 일치하지 않아도 zip() 함수로 a,b,c를 묶을 수 있을까?

```
>>> a = ['보통예금', '매출채권', '미수금', '매입채무', '미지급금']
>>> b = [100, 200, 300, 400]
>>> c = ['차변', '차변', '차변', '대변']
```

결론적으로 묶을 수 있다. 다음과 같이 코드를 작성하여도 결과는 상기와 동일하게 나온다.

```
>>> for data in zip(a,b,c) :
...      if data[2] == '대변' :  # data가 (원소0, 원소1, 원소2)이므로 [2]를 한 것이다.
...          print(data[0])
...
매입채무
```

결국 zip() 함수는 묶여지는 시퀀스 자료 중 가장 최소의 개수를 기준으로 zip() 함수를 적용한다고 이해하면 된다.

4 enumerate()함수와 zip() 함수의 조합

- 만약 zip(a,b,c)에서 c가 '대변'인 a의 항목과 b의 금액을 c의 항목과 함께 출력할 때 해당 인덱스까지 출력하고 싶다면 다음과 같이 코드를 작성하면 된다.

```
>>> for idx, data in enumerate(zip(a,b,c)) :
...     if data[2] == '대변' :  # data가 (원소0, 원소1, 원소2)로 구성되므로 [2]를 한 것이다.
...         print(idx, data)
...
3 ('매입채무', 400, '대변')
```

12 | 연산 결과를 나타내는 함수

- 재무·회계데이터를 분석하게 되면 합계, 평균, 표준편차 등 기본적인 연산 또는 통계 결과를 구할 필요가 생긴다. 다음은 기본적인 연산 결과를 나타내는 함수들이다.

함수명	의미	사용 예

max()	숫자로 구성된 시퀀스 자료형의 최대값	>>> a = [100, 200, 300, 400]
		>>> max(a)
		400

min()	숫자로 구성된 시퀀스 자료형의 최소값	>>> a = [100, 200, 300, 400]
		>>> min(a)
		100

sum()	숫자로 구성된 시퀀스 자료형의 합계	>>> a = [100, 200, 300, 400]
		>>> sum(a)
		1000

count()	숫자로 구성된 시퀀스 자료형 개수의 합
	* len()과 동일한 결과를 나타냄
		>>> a = [100, 200, 300, 400]
		>>> count(a)
		4

stdev()	숫자로 구성된 시퀀스 자료형의 표준편차	>>> a = [100, 200, 300, 400]
		>>> stdev(a)
		129.09944487358058

variance()	숫자로 구성된 시퀀스 자료형의 분산	>>> a = [100, 200, 300, 400]
		>>> variance(a)
		16666.666666666668

13 | 중복 값을 제외한 결과를 보여주는 함수

<table>
<tr><th>함수명</th><th>의미</th><th>사용 예</th></tr>
<tr><td>set()</td><td>시퀀스 자료형에서 중복되는 값을 제외하여 세트로 보여줌</td><td>>>> a = [100, 200, 200, 400]
>>> set(a)
{200, 100, 400}</td></tr>
<tr><td rowspan="6">심화사례</td><td colspan="2">a = [100, 200, 200, 400]에서 중복을 제외한 원소의 개수를 구하려 함</td></tr>
<tr><td colspan="2">>>> a = [100, 200, 200, 400]</td></tr>
<tr><td colspan="2">>>> count(set(a))</td></tr>
<tr><td colspan="2">3</td></tr>
<tr><td colspan="2">>>> len(set(a))</td></tr>
<tr><td colspan="2">3</td></tr>
</table>

14 | all(), any() 함수

- in과 함께 활용할 때 편리한 함수는 all()과 any()가 있다. 다음의 예를 살펴보자.

```
>>> a = ['현금', '현금과 예금', '보통예금', '외상매출금', '외상매입금', '미수금']
>>> b = ['현금', '예금']
```

이제 b에 있는 계정과목이 a에 존재하는지를 다양한 시나리오로 알고 싶다면 어떻게 하는 것이 좋을까?

1 all() 함수

- 먼저 '현금'이라는 용어와 '예금'이라는 용어가 모두 포함된 계정과목이 a에 있다면 해당 항목을 출력하고자 한다. 이 경우 다음과 같이 코드를 작성해보자.

```
>>>  for i in range(len(a)) :
...      for j in range(len(b)) :
...          if b[j] in a[i] :
...              print(a[i])
현금
현금과 예금
현금과 예금
보통예금
```

결과는 나왔으나 이는 '현금'과 '예금'이 모두 들어간 것이 아니라 '현금' 또는 '예금'이 들어간 항목을 출력한 것이다. 이 경우 다음과 같이 all을 사용하면 된다.

```
>>> for i in a :
...     if all(j in i for j in b) :
...         print(i)
현금과 예금
```

all() 함수는 괄호 안의 경우가 모두 참이면 True를 반환하고 그렇지 않으면 False를 반환하는 함수이다. 따라서 all() 함수는 괄호 안의 경우가 단일의 경우만을 의미하는 경우에는 error가 나오므로, **괄호 안의 경우를 복수의 경우(일반적으로는 순환)로 만들어주어야 한다.** all() 함수 안에서는 리스트 컴프리헨션처럼 for 문을 이용하여 괄호 안의 경우를 순환시킬 수 있다. 이를 도식화하여 설명하면 다음과 같다.

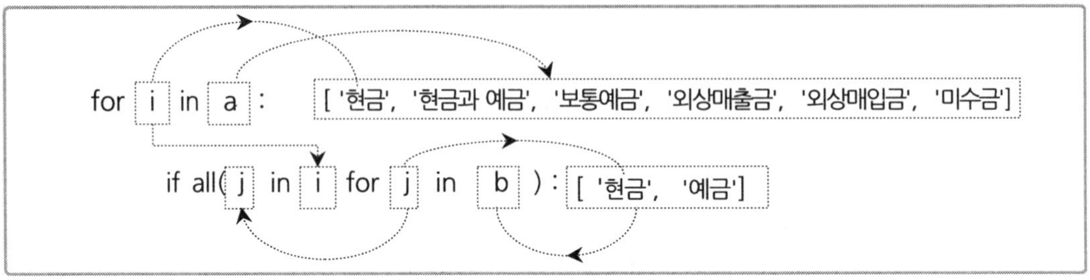

- 한편, not all()이면 all()의 여집합이라고 이해하면 된다.

```
>>> for i in a :
...     if not all(j in i for j in b) :
...         print(i)
현금
보통예금
외상매출금
외상매입금
미수금
```

2 any() 함수

- any() 함수는 괄호 안의 경우가 어느 하나라도 참이면 True를 반환하고 그렇지 않으면 False를 반환하는 함수이다. any() 함수도 괄호 안의 경우가 단일의 경우만을 의미하는 경우에는 error가 나오므로 괄호 안의 경우를 복수의 경우(일반적으로는 순환)로 만들어주어야 한다. any() 함수도 리스트 컴프리헨션처럼 for 문을 이용하여 괄호 안의 경우를 순환시킬 수 있다.
- 먼저 '현금'이라는 용어와 '예금'이라는 용어가 어느 하나라도 포함된 계정과목이 a에 있다면 해당 항목을 출력하고자 한다.

```
>>> for i in a :
...     if any(j in i for j in b) :
...         print(i)
현금
현금과 예금
보통예금
```

• 한편, not any()이면 any()의 여집합이라고 이해하면 된다.

```
>>> for i in a :
...     if not any(j in i for j in b) :
...         print(i)
외상매출금
외상매입금
미수금
```

15 | filter() 함수

- filter() 함수는 시퀀스형 자료에서 특정 조건을 충족하는 값만 추출할 때 사용하는 함수이다. 기본 구조는 다음과 같다.

filter(함수, 시퀀스형 자료)

filter()함수 결과 자체는 객체로 나오기 때문에 이를 리스트 처리해야만 결과를 리스트로 볼 수 있다. filter()에서 인자로 포함되는 함수는 사용자 정의 함수도 사용 가능하지만 간단하게 lambda 함수를 사용하는 경우가 많다. 다음의 사례를 살펴보자.

```
>>> a = [0,1,2,3,4,5]
>>> filter(lambda x : x > 0, a)
<filter object at 0x0000022010ED65F8>
>>> list(filter(lambda x : x > 0, a)
[1, 2, 3, 4, 5]
```

상기에서 0보다 큰 수의 개수를 구한다면 다음과 같이 코드를 작성하면 된다.

```
>>> count(list(filter(lambda x : x > 0, a)))
5
```

16 | 문자열 포맷팅

- 문자열은 문자열 양 끝에 쌍따옴표 또는 홑따옴표를 사용한다. 만약 문자열 안에 어떤 값을 동적으로 변경시키고 싶은데 일일이 해당 값을 수작업으로 변경하는 방법밖에 없다면 매우 불편할 것이다. 문자열 포맷팅이란 문자열 내에 어떤 값을 동적으로 변경하여 삽입하는 것을 말한다.
- 문자열 포맷팅이 왜 필요한지 다음의 사례를 통해서 설명하겠다.

```
>>> '철수의 100m 달리기 기록은 15초다'
```

상기에서 철수의 100m 달리기 기록이 16초이면 수작업으로 다음과 같이 수정할 수 있으나 계속해서 수작업으로 고치는 것은 매우 불편하다.

```
>>> '철수의 100m 달리기 기록은 16초다'
```

- 이 경우 다음과 같이 작성할 수 있다.

```
>>> '철수의 100m 달리기 기록은 %d초다' %16
'철수의 100m 달리기 기록은 16초다'
```

상기와 같이 문자열 내에 **변경하고자 하는 위치**에 **%d**를 넣고, **문자열 밖에 %해당 숫자**를 넣으면 문자열 내의 %d가 문자열 밖의 % 뒤에 나오는 숫자로 바뀌어서 문자열이 나오게 된다. 한편, 문자열 내의 %d 이외에도 다음과 같은 여러 가지 설정방법이 있다.

함수명	의미	사용 예
%s	문자열(string)	>>> '내 이름은 %s이다.' %'홍길동' '내 이름은 홍길동이다.'
%d	정수(integer)	>>> '나는 %s 살이다.' %16 '나는 16 살이다.'

%f	부동소수(float)
	* 디폴트는 소수점 6자리
	소수점 2자리면 %0.2f, 3자리면 %0.3f와 같이 설정한다.
		>>> '나의 평균 점수는 %f 점이다.' %75.3
		'나의 평균 점수는 75.300000 점이다.'
		>>> '나의 평균 점수는 %0.1f 점이다.' %75.3
		'나의 평균 점수는 75.3 점이다.'

1 변수를 사용하여 대입

• 문자열 포맷팅은 변수를 사용하여 보다 편리하게 설정할 수 있다. 다음의 사례를 살펴보자.

```
>>> 나이 = 15
>>> 이름 = '홍길동'
>>> '내 이름은 %s이다' %이름
'내 이름은 홍길동이다'
>>> '나는 %d살이다' %나이
'나는 15살이다'
>>> '내 이름은 %s이며, 나이는 %d살이다' %(이름, 나이)
'내 이름은 홍길동이며, 나이는 15살이다'
```

상기에서 문자열 안에 2개 이상을 변경시킬 때는 문자열 밖의 % 다음에 괄호 안에 순서대로 변수를 넣으면 된다.

2 format() 함수

• format() 함수를 사용하면 문자열 포맷팅을 더 수월하게 할 수 있다. 다음의 사례를 살펴보자.

```
>>> '내 이름은 {}이다'.format('홍길동')
'내 이름은 홍길동이다'
```

• {} 안에 인덱스를 넣을 수 있다. format() 함수 안의 매개변수가 1개이므로 인덱스를 0으로 넣는다.

```
>>> '내 이름은 {0}이다'.format('홍길동')
'내 이름은 홍길동이다'
```

• format() 함수 안의 매개변수가 2개 이상인 경우 다음과 같이 문자열 안의 {} 안에 인덱스를 차례대로 넣는다.

```
>>> 나이 = 15
>>> 이름 = '홍길동'
>>> '내 이름은 {0}이며, 나이는 {1}살이다'.format(이름, 나이)
'내 이름은 홍길동이며, 나이는 15살이다'
```

- 문자열의 {} 안에 인덱스가 없으면 format() 함수 안의 매개변수 순서에 따른다.

```
>>> '내 이름은 {}이며, 나이는 {}살이다'.format(이름, 나이)
'내 이름은 홍길동이며, 나이는 15살이다'
```

- 한편, 숫자에 천단위 콤마를 넣으려면 다음과 같이 간단하게 할 수 있다.

```
>>> format(100000000, ',')
'100,000,000'
```

17 | 예외 처리

• 파이썬으로 프로그래밍을 하다보면 예상하지 못한 에러가 자주 발생할 수 있다. 파이썬은 이러한 에러가 발생하는 예외상황에 대해서 적절히 반영할 수 있도록 해준다.

1 try, except 문

• 다음과 같이 a를 빈 리스트로 선언한 후 a[0] 인덱스를 찾게 되면 당연히 에러가 나오게 된다.

```
>>> a = []
>>> a[0]
IndexError : list index out of range
```

에러의 유형은 IndexError이다. 이와 같이 에러가 나오는 경우에 try, except 문을 사용하여 처리할 수 있다. try, except 문의 기본구조는 다음과 같다.

```
>>> try :
...       정상적일 때 처리할 코드
... except :   # 어떤 에러인지 아는 경우에는 에러의 유형을 직접 넣는다.
...       에러가 발생할 때 처리할 코드
```

```
>>> a = []
>>> try :
...       a[0]
... except IndexError : # 어떤 에러인지 잘 모르는 경우에는 except만 입력한다.
...       print('a는 빈 리스트입니다')
a는 빈 리스트입니다
```

2 break 문

(1) 단일 for 문에서의 break

• break 문은 가장 가까이서 둘러싸는 for 문으로부터 빠져나가게 만든다. break 문의 플로우 차트는 다음과 같다.

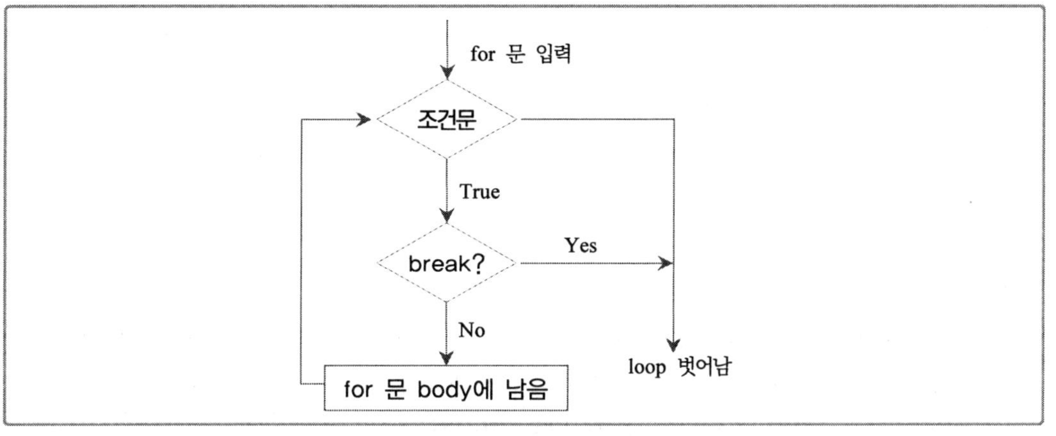

• 다음과 같이 작성한 코드의 결과를 살펴보자.

```
>>> for i in range(4) :
...       print(i)
... else :
...       print('끝')
0
1
2
3
끝
```

for 문에서도 if 문과 유사하게 else를 사용할 수 있다. 상기 **0,1,2,3**은 for 문의 결과로 출력된 것이며, **끝**은 for 문 안에 있는 else 블록(즉, for 문에 따른 순환이 이미 끝나서 더 이상 이루어지지 않는다는 의미에서 else이다)의 결과로 출력된 것이다. 즉, for와 else는 하나의 for 문 안에서 순차적으로 이루어진다.

• 만약 for 문 안에서 어떤 조건을 충족하면 해당 for 문을 빠져나가게 하려면 어떻게 하여야 할까?

• 이제 다음과 같이 코드를 작성하면 그 결과는 다음과 같이 **끝**이 **출력되지 않는다**.

```
>>> for i in range(10) :
...     if i == 5 :
...         break
...     else :
...         print(i)
... else :
...     print('끝')
0
1
2
3
4
```

먼저, range(10)에서 0,1,2,3,4까지는 첫 번째 else 블록에 따라 print(i)의 결과로 출력이 된 것이다. range(10)에 따라 5가 되는 순간 if 조건문이 True가 되므로 break가 실행되며 이때 가장 가까운 for 문을 빠져나오게 된다. 따라서, for 문 안에 있는 else 블록으로 이동하지 않기 때문에 **끝**이 출력되지 않는 것이다.

• 만약, 코드가 다음과 같다면 **끝**이 출력된다.

```
>>> for i in range(5) :
...     if i == 5 :
...         break
...     else :
...         print(i)
... else :
...     print('끝')
0
1
2
3
4
끝
```

range(5)에서 0,1,2,3,4까지는 첫 번째 else 블록에 따라 print(i)의 결과로 출력이 된 것이다. 그런데 0,1,2,3,4까지만 순환하므로 if 조건문은 False가 되며 이에 따라 break가 실행되지 않는다. 따라서 for 문에서 나온 것이 아니므로 else 블록으로 이동해서 **끝을 출력하게** 되는 것이다.

(2) 중첩 for 문에서의 break

- 다음은 중첩 for 문에서 break를 사용하는 사례이다. 만약 코드를 작성하게 되면 결과는 다음과 같다.

```
>>> for i in range(4) :
...     for j in range(4) :
...         print(i, j)
...         if i == 2 and j == 2 :
...             break
0 0
0 1
0 2
0 3
1 0
1 1
1 2
1 3
2 0
2 1
2 2  ➡ 여기까지만 출력하고 싶은데 아래와 같이 더 나온다.
3 0
3 1
3 2
3 3
```

원래 코드의 취지는 i == 2 and j == 2까지인 2 2까지만 출력하고 싶은데, 3 0~ 3 3까지 출력하게 되었다. 그 이유는 break는 가장 가까운 for 문으로부터 빠져나가므로 if 조건문이 True가 되면 두 번째 for 문인 "for j in range(4) :"에서만 빠져나가므로 j는 2까지만 출력하고 첫 번째 for 문인 "for i in range(4) :"는 다시 돌게 되므로 i는 3까지 출력이 되면서 j는 0~3까지 다 출력이 되는 것이다.

- 원래 코드의 취지처럼 i == 2 and j == 2까지인 2 2까지만 출력하고 싶다면 다음과 같이 코드를 변경할 필요가 있다.

```
>>> 중단점 = False
>>> for i in range(4) :                  # ③
...     for j in range(4) :              # ②
...         print(i, j)
...         if i == 2 and j == 2 :
...             중단점 = True            # ①
...             break
...     if 중단점 == True :              # ④
...         break                        # ⑤
0 0
0 1
0 2
0 3
1 0
1 1
1 2
1 3
2 0
2 1
2 2
```

코드 설명은 다음과 같다.

✓ **중단점 = False**라는 변수를 미리 설정한 후

✓ 첫 번째 if 조건문이 True가 되면 **중단점 = True**로 변환되면서 #① break가 실행이 된다.

✓ 그러면 #② 두 번째 for 문인 **for j in range(4) :** 에서만 빠져나가는데,

✓ 빠져나간 상태에서 #③ 첫 번째 for 문인 **for i in range(4) :** 는 다시 돌게 되지만,

✓ #③ 첫 번째 for 문인 **for i in range(4) :** 에 걸리는 #④ **if 중단점 == True :** 가 충족되어 #⑤ break가 실행되므로,

✓ #③ 첫 번째 for 문인 **for i in range(4) :** 에서도 빠져나오게 되는 것이다.

3 continue 문

- for 문에서 특정 조건에서만 코드를 실행하지 않고 다음으로 이동하고 싶을 때가 있는데 이 때 continue를 사용할 수 있다.

```
>>> for i in '가나다라' :
...     if i == '다' :
...         continue
...     else :
...         print(i)
가
나
라
```

제3장

Fraudit 테이블과 파이썬의 관계

01 Fraudit 테이블의 구조

01 | Fraudit 테이블의 구조

1 Fraudit의 단일 테이블

- Fraudit의 테이블은 그 자체가 일종의 파이썬 변수이다. 즉, 가로 세로 2차원 그리드인 변수이다. 또한 테이블은 가로인 행(record 또는 row)과 세로인 칼럼(column 또는 필드)으로 다시 구분될 수 있으며 행과 칼럼 자체도 변수로 변환 할 수 있다. 이러한 Fraudit 테이블 특성으로 인하여 Fraudit 테이블에 대해서 파이썬 문법을 그대로 적용할 수 있으며 보다 유연하고 편리하게 코드를 작성할 수 있다.
- Fraudit의 테이블을 활용하여 파이썬의 문법과 for문과의 관계를 살펴보자. 먼저 sample 폴더에 있는 『test.tbl』을 열어보자.

× test

Filter Expression: Set

	A	B	C	D	E	date
0	1	1	A	매도가능증권	3.50	2018-01-01
1	2	2	A	가	4.50	2018-01-01
2	2	2	A	나	5.50	2018-01-01
3	4	4	C	라	6.50	2018-01-02
4	5	4	C	마	7.50	2018-01-02
5	6	6	C	바	8.50	2018-01-03
6	6	6	B	사	9.50	2018-01-03
7	13	9	B	아	10.50	2018-01-04
8	14	11	B	자	11.50	2018-01-05
9	15	13	D	차	12.50	2018-01-06
10	17	14	D	카	13.50	2018-01-07

- Fraudit Shell에 다음과 같이 테이블명을 입력하면 결과는 아래와 같다.

```
>>> test  # 테이블 변수임
<Table : 11 rows x 6 cols>
```

상기 <Table : 11 rows x 6 cols>은 row가 11개이며 column이 6개인 2차원 테이블이라는 것을 의미한다. 즉, test 테이블은 테이블 형태의 변수라는 것이다(이는 Fraudit에서만 사용되는 변수 형태이다).

	A	B	C	D	E	date
0	1	1	A	매도가능증권	3.50	2018-01-01
1	2	2	A	가	4.50	2018-01-01
2	2	2	A	나	5.50	2018-01-01
3	4	4	C	라	6.50	2018-01-02
4	5	4	C	마	7.50	2018-01-02
5	6	6	C	바	8.50	2018-01-03
6	6	6	B	사	9.50	2018-01-03
7	13	9	B	아	10.50	2018-01-04
8	14	11	B	자	11.50	2018-01-05
9	15	13	D	차	12.50	2018-01-06
10	17	14	D	카	13.50	2018-01-07

- 그렇다면 Fraudit의 테이블은 가로, 세로로 구분될 수 있을까? 구분될 수 있다. Fraudit Shell에 다음과 같이 입력하면 결과는 아래와 같다.

```
>>> test[0]    # 테이블의 첫 번째 record(row) 객체임
<Record instance: [1, 1, 'A', '가', 3.5, DateTime(2018, 1, 1, 0, 0)]>
```

상기 test[0]은 Record instance 이며, 이 Record instance라는 것은 Fraudit 테이블의 가로(행)을 나타내는 instance이다. 그런데 [0]은 인덱스(첫번째 행)의 역할을 수행한다. 다시 말해, Fraudit의 테이블명 바로 뒤에 []가 붙으면서 대괄호 안에 숫자가 들어가면 이는 해당 인덱스의 행을 의미하며 해당 행의 값들로 구성된 리스트가 되는 것이다. 결국 Record instance라는 것은 행의 값들로 구성된 리스트를 의미한다.

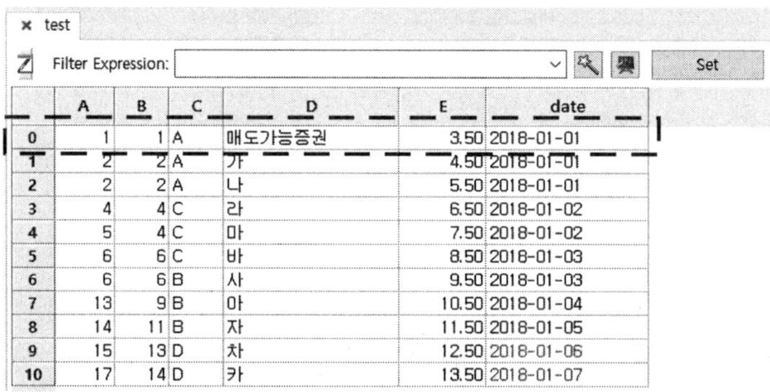

	A	B	C	D	E	date
0	1	1	A	매도가능증권	3.50	2018-01-01
1	2	2	A	가	4.50	2018-01-01
2	2	2	A	나	5.50	2018-01-01
3	4	4	C	라	6.50	2018-01-02
4	5	4	C	마	7.50	2018-01-02
5	6	6	C	바	8.50	2018-01-03
6	6	6	B	사	9.50	2018-01-03
7	13	9	B	아	10.50	2018-01-04
8	14	11	B	자	11.50	2018-01-05
9	15	13	D	차	12.50	2018-01-06
10	17	14	D	카	13.50	2018-01-07

- 그렇다면 test[0][3]과 같은 문법을 적용할 수 있을까? 적용할 수 있다. test[0]이 [1, 1, 'A', '매도가능증권', 3.5, DateTime(2018, 1, 1, 0, 0)]의 리스트이므로 여기서 다시 [3]이 붙으면 네번째 인덱스이므로 '매도가능증권'이 나오게 된다.

```
>>> test[0][3]    # 테이블의 첫 번째 record(row)의 네 번째 인덱스의 값
'매도가능증권'
```

× test

Filter Expression: Set

	A	B	C	D	E	date
0	1	1	A	매도가능증권	3.50	2018-01-01
1	2	2	A	가	4.50	2018-01-01
2	2	2	A	나	5.50	2018-01-01
3	4	4	C	라	6.50	2018-01-02
4	5	4	C	마	7.50	2018-01-02
5	6	6	C	바	8.50	2018-01-03
6	6	6	B	사	9.50	2018-01-03
7	13	9	B	아	10.50	2018-01-04
8	14	11	B	자	11.50	2018-01-05
9	15	13	D	차	12.50	2018-01-06
10	17	14	D	카	13.50	2018-01-07

- 한편, 상기 test[0][3]은 test[0]['D']와 같이 사용하여도 결과는 동일하게 나온다.

```
>>> test[0]['D']    # 테이블의 첫 번째 record(row)의 D칼럼(네 번째)의 값
'매도가능증권'
```

- 또한, test['D'][0]과 같이 사용하여도 결과는 동일하게 나온다.

```
>>> test['D'][0]    # 테이블의 D칼럼(네 번째)의 첫 번째 record(row)의 값
'매도가능증권'
```

- 한편, test['D']의 결과는 어떠한가?

```
>>> test['D']
〈Column instance : D〉
```

상기 test['D']은 Column instance이다. 리스트 형태의 Record instance와는 달리 Column instance은 하나의 객체 단위로 본다. 이는 대용량 데이터에서 칼럼의 레코드를 하나하나의 객체로 보게 되면 메모리를 많이 사용하게 되고 수식 처리가 늦어질 수 있기 때문에 벡터 연산을 할 수 있도록 만든 instance라고 이해하면 된다. Ms Excel과 같은 경우 하나하나의 셀을 모두 처리하는 방식이므로 메모리를 많이 사용하고 수식처리가 늦어질 수 있는 데 이러한 방식과 대비되는 효율적인 방식이다.

× test

Filter Expression: Set

	A	B	C	D	E	date
0	1	1	A	매도가능증권	3.50	2018-01-01
1	2	2	A	가	4.50	2018-01-01
2	2	2	A	나	5.50	2018-01-01
3	4	4	C	라	6.50	2018-01-02
4	5	4	C	마	7.50	2018-01-02
5	6	6	C	바	8.50	2018-01-03
6	6	6	B	사	9.50	2018-01-03
7	13	9	B	아	10.50	2018-01-04
8	14	11	B	자	11.50	2018-01-05
9	15	13	D	차	12.50	2018-01-06
10	17	14	D	카	13.50	2018-01-07

• 한편 테이블 중 특정 셀의 값을 변경하는 방법은 리스트의 특정 원소의 값을 변경하는 방법과 거의 동일하다. 예를 들어, 상기 test[0][0]은 1인데 이를 100으로 변경하고 싶으면 다음과 같이 코드를 작성하고 엔터를 치면 test[0][0]이 100으로 변하는 것을 확인할 수 있다. test[0][0]을 test[0]['A'] 또는 test['A'][0]로 할 수 있다.

```
>>> test[0][0] = 100
>>> test[0]['A'] = 100
>>> test['A'][0] = 100
```

2 Fraudit의 테이블 그룹 : Group으로 구분된 테이블

• **test** 테이블을 아래와 같이 Grouping을 해보자.

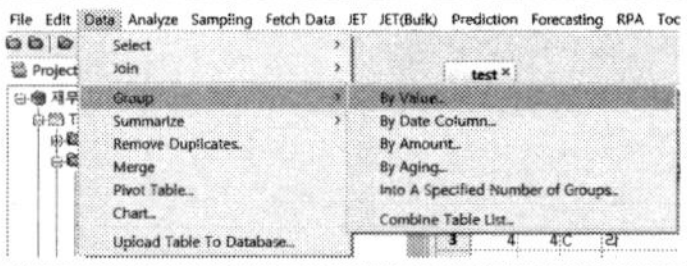

(1) Data >> Group >> By Value 메뉴를 선택한다.

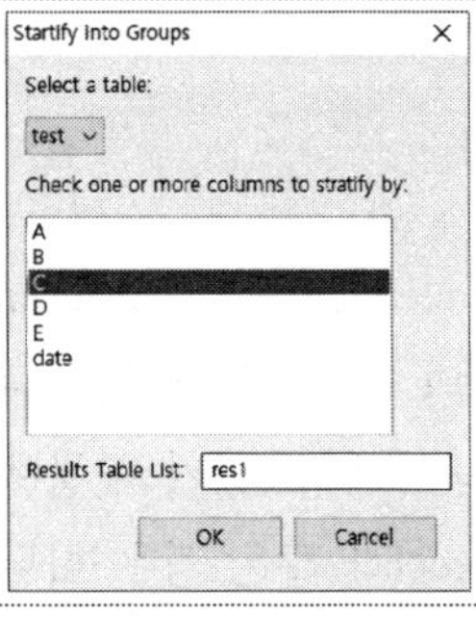

(2) Select a table : ***test*** 선택
- Check one or more columns to stratify by : ***C*** 체크
- Results Table List : ***res1*** 입력

(3) OK 버튼을 누른다.

Filter Expression: Set 0 of 4

	A	B	C	D	E	date
0	1	1	A	매도가능증권	3.50	2018-01-01
1	2	2	A	가	4.50	2018-01-01
2	2	2	A	나	5.50	2018-01-01

(4) 상기와 같이 grouping 된 res1 테이블이 나타난다.

• 이제 아래와 같이 Fraudit Shell에 res1를 입력하면 다음과 같은 결과가 나온다.

```
>>> res1    # 4개의 sub table로 구성된 리스트
[<Table : 3 rows x 6 cols>, <Table : 3 rows x 6 cols>, <Table : 3 rows x 6 cols>, <Table : 2 rows x 6 cols>]
```

즉, res1은 4개의 sub table로 구성된 TableArray(Fraudit에서 별도로 정의하는 형태)이며

sub table의 행과 칼럼의 개수가 나오면서 sub table이 원소인 리스트로 출력이 된다. 그러므로 res1의 4개 sub table 중 첫 번째 sub table을 선택하기 위해서는 [0]을 추가하면 된다.

```
>>> res1[0]
<Table : 3 rows x 6 cols>
```

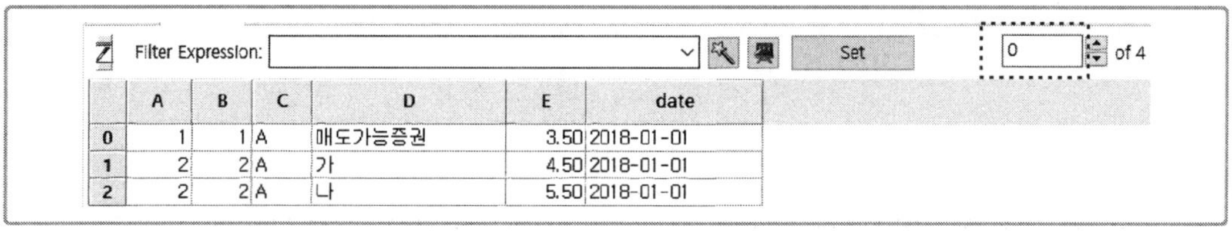

	A	B	C	D	E	date
0	1	1	A	매도가능증권	3.50	2018-01-01
1	2	2	A	가	4.50	2018-01-01
2	2	2	A	나	5.50	2018-01-01

- res1의 4개 sub table 중 두 번째 sub table을 선택하기 위해서는 [1]을 추가하면 된다.

```
>>> res1[1]
<Table : 3 rows x 6 cols>
```

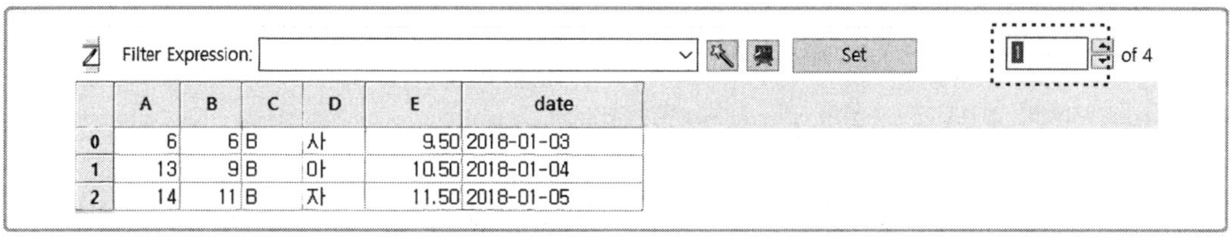

	A	B	C	D	E	date
0	6	6	B	사	9.50	2018-01-03
1	13	9	B	아	10.50	2018-01-04
2	14	11	B	자	11.50	2018-01-05

- res1의 4개 sub table 중 세 번째 sub table과 네 번째 sub table 을 선택하기 위해서는 res1[3]과 res1[4]를 입력하면 된다.
- 이제 아래 그림과 같이 네 번째 sub table의 'D' 칼럼의 두 번째 행의 교차 cell을 선택하려면 어떻게 해야 할까?

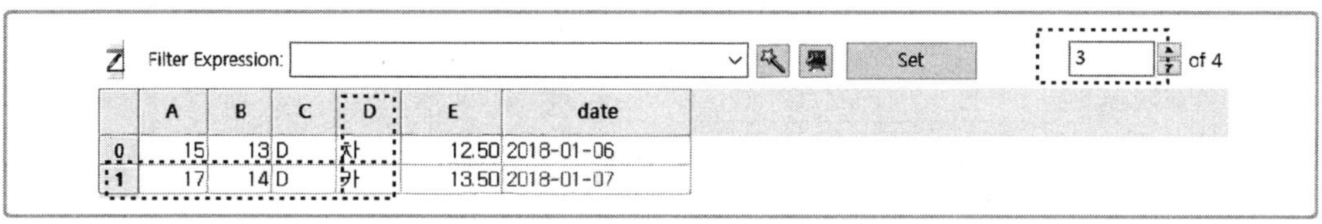

	A	B	C	D	E	date
0	15	13	D	차	12.50	2018-01-06
1	17	14	D	카	13.50	2018-01-07

다음과 같이 res1[3]뒤에 Fraudit 단일 테이블에서 cell을 선택하는 것과 동일하게 ['D'][1] 또는 [1]['D'] 또는 [1][3]을 붙이면 된다.

```
>>> res1[3]['D'][1]
'카'
>>> res1[3][1]['D']
'카'
```

3 Fraudit 테이블과 중첩 for 문의 관계

- 이제 res1 테이블에 산식을 포함하는 칼럼을 추가해보자. 이 칼럼에서는 각 sub 테이블의 E열의 레코드 값 중 최대값을 보여주고자 한다.

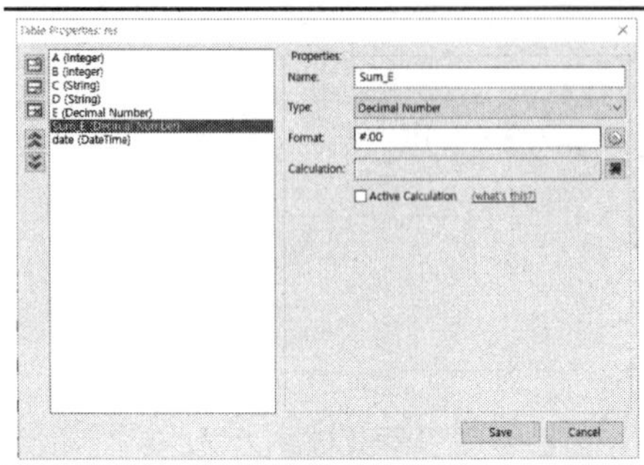

(1) res1의 sub table 아무거나 선택한 후 ***Sum_E*** 칼럼을 삽입한다.
- Type : Decimal Number 선택
- Format : #.00

(2) Save 버튼을 누른다.

	A	B	C	D	E	Sum_E	date
0	1	1	A	매도가능증권	3.50	<N>	2018-01-01
1	2	2	A	가	4.50	<N>	2018-01-01
2	2	2	A	나	5.50	<N>	2018-01-01

(3) ***Sum_E*** 칼럼이 추가되고 각 셀의 값이 None으로 된다.

- 다음과 같이 스크립트를 작성하면 아래와 같이 Sum_E 칼럼의 값이 E열의 값 중 최대값을 나타낸다.

```
>>> for i in range(len(res)) :                        # ①
...     for j in range(len(res[i])) :                  # ②
...         res[i]['Sum_E'][j] = max(res[i]['E'])      # ③
```

	A	B	C	D	E	Sum_E	date
0	1	1	A	매도가능증권	3.50	5.50	2018-01-01
1	2	2	A	가	4.50	5.50	2018-01-01
2	2	2	A	나	5.50	5.50	2018-01-01

①에서 res는 **[<Table : 3 rows x 6 cols>, <Table : 3 rows x 6 cols>, <Table : 3 rows x 6 cols>, <Table : 2 rows x 6 cols>]**이므로 4개의 sub table(원소)로 구성된 리스트이다. 따라서 len(res)는 4가 되며 range(4)는 0,1,2,3을 의미한다.

②에서 len(res[i])는 res[i](i번째 sub table)의 행의 개수를 의미한다. 따라서 res[i]의 행에 대해서 순환을 하라는 것이다.

③에서 cell의 값을 변경할 수 있다. cell의 값을 변경하는 경우에는 해당 테이블이 단일 테이블인 인지 sub table로 구성된 Table Array인지에 따라 아래와 같이 설정한다.

✓ 단일 테이블의 경우 : 단일테이블명[행 인덱스][칼럼 인덱스]
단일테이블명[행 인덱스]['칼럼명']
단일테이블명['칼럼명'][행 인덱스]

✓ TableArray의 경우 : TableArray명[sub table 인덱스][행 인덱스][칼럼 인덱스]
TableArray명[sub table 인덱스][행 인덱스]['칼럼명']

- Fraudit에서는 Group 기능을 빈번하게 사용하며 그 경우 sub table이 생성되므로 중첩 for 문을 활용하면(게다가 if 문을 더 추가하면) 매우 편리하게 값을 변경하거나 넣을 수 있다. 따라서 메뉴에 기능이 없다고 실망할 필요 없이 사용자가 직접 스크립트를 작성하여 메뉴에 없는 훨씬 다양하고 강력한 분석을 할 수 있다.
- 다음 그림은 Fraudit의 테이블과 중첩 for 문과의 관계를 종합적으로 도식화한 것이다.

【Fraudit 테이블과 중첩 for 구문과의 관계】

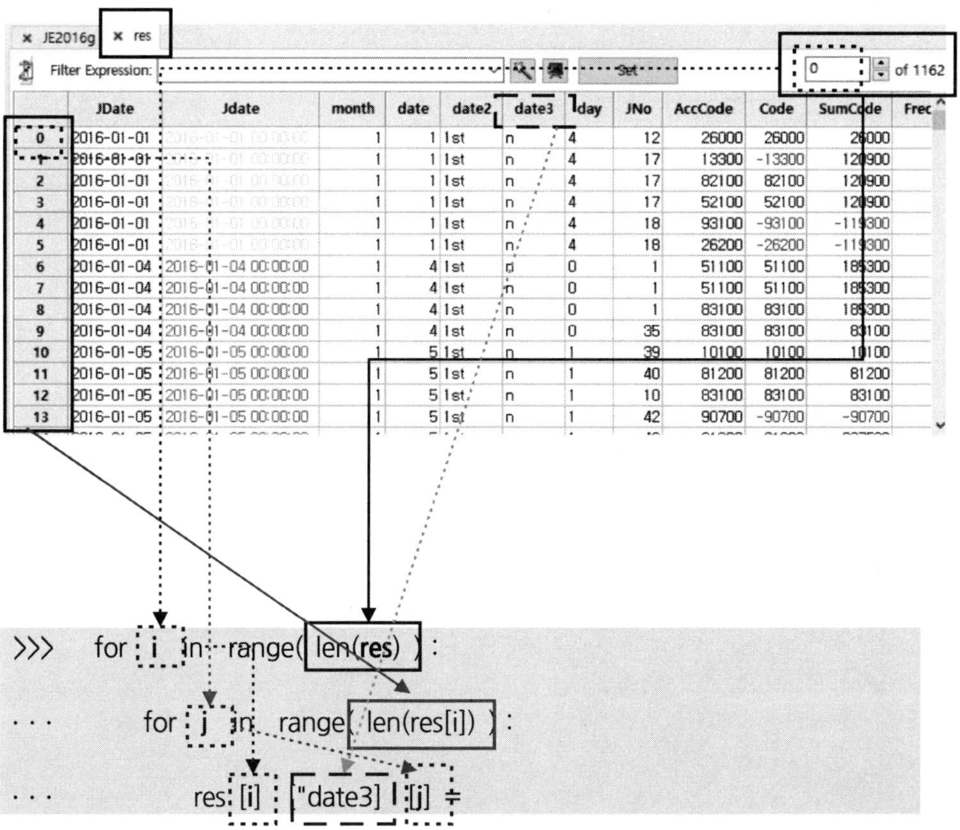

I 제4장 I

Pandas

01 | 판다스(Pandas)의 개요

1 판다스(Pandas)란 무엇인가?

- 테이블형 구조의 데이터를 분석하기 위해서는 Pandas에 대한 이해가 필수적이다. Pandas는 이것 때문에 파이썬을 배운다고 할 정도로 매우 강력한 파이썬 라이브러리이며 파이썬이 다른 언어보다 데이터분석용 툴로 각광받는 직접적인 원인이 되었다.
- Pandas는 효과적인 데이터 분석을 위한 높은 수준의 자료구조와 데이터 분석기능을 제공한다. Pandas의 Series는 1차원 데이터를 다루는 데 효과적인 자료구조이며, DataFrame은 행과 열로 구성된 2차원 데이터를 다루는 데 효과적인 자료구조이다.
- Pandas는 다양한 함수와 메쏘드를 제공한다. 대량의 데이터를 처리하기 위해 for와 같은 순환문 없이 처리하는 기준을 수용한 것이 특징이다. Pandas에서는 다양한 파일을 읽어와 DataFrame을 만들 수도 있지만 한글 등 문자열 데이터에 대한 변환 인코딩도 필요하다.
- Pandas는 데이터분석에 활용도가 매우 높은 파이썬 라이브러리이지만 RPA에서도 활용도가 높은 편이다. 그 이유는 RPA를 하기 위해서는 엑셀과 같은 스프레드시트를 함께 활용할 수 밖에 없는데 엑셀로부터 직접 파일을 불러오는 방식보다는 DataFrame으로 한꺼번에 불러오고 DataFrame을 가지고 수행한 결과물을 다시 엑셀 파일로 내보내는 것이 편리하기 때문이다.

2 판다스 라이브러리 불러오기

- 파이썬에서 Pandas를 불러오는 방법은 다음과 같다.

```
import pandas as 약자
```

상기 약자는 사용자가 얼마든지 정의할 수 있으나 본 교재에서는 약자를 pd로 사용할 것이다(대부분 암묵적으로 pd를 많이 사용한다).

- 또한 Pandas 라이브러리로부터 Series나 DataFrame을 불러오는 방법은 다음과 같다.

```
from pandas import Series, DataFrame
```

- 따라서 앞으로는 Pandas 라이브러리를 사용하기 위해서 관용적으로 다음과 같이 먼저 불러온다고 가정한다.

02 | Series(시리즈)

1 Series란 무엇인가?

- Series는 말 그대로 일련의 하나의 연속체이다. Series는 파이썬의 리스트와 유사하며 Numpy의 array(배열)과 유사하지만 Numpy의 array와는 달리 **인덱스를 가지고 있어** 어떤 항목을 검색하는 데 훨씬 편리하다.
- Series의 특징은 다음과 같다.

> ✓ 리스트를 가지고 생성할 수 있는데 기본적으로는 리스트처럼 정수 인덱스를 이용해서 순서대로 저장한다.
> ✓ values 속성을 호출하면 데이터의 배열이 return된다.
> ✓ index 속성을 호출하면 인덱스의 배열이 return된다.
> ✓ 각각의 데이터는 [인덱스]를 이용해서 접근이 가능하다.

- 다음은 4000, 3000, 3500, 2000으로 구성된 리스트를 Pandas의 Series로 생성하는 방법이다.

```
금액 = Series([4000, 3000, 3500, 2000])
print(금액)
0   4000
1   3000
2   3500
3   2000
dtype: int64
```

상기 결과를 보면 '금액'이라는 Series는 두 개의 칼럼으로 구성되어 있다. 첫 번째 칼럼은 인덱스이고 두 번째 칼럼은 일련의 값(values)이다.

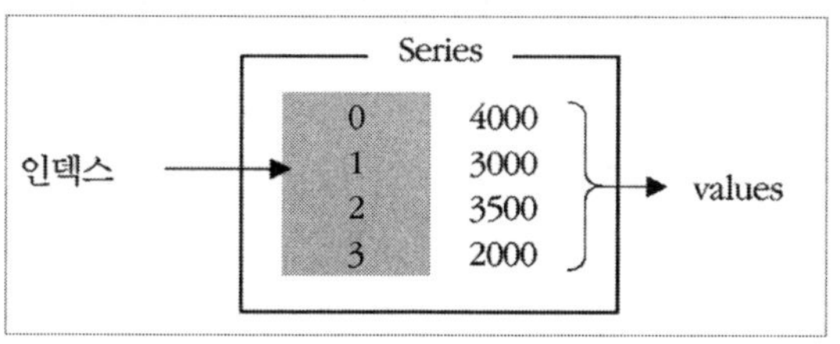

2 Series의 index와 value 확인

- Series의 인덱스를 확인하기 위해서는 Series명 뒤에 점(.)을 찍고 index를 입력한다. 따라서 앞의 사례에서 금액이라는 Series의 인덱스를 확인하기 위해서는 다음과 같이 입력한다.

```
금액.index
RangeIndex(start=0, stop=4, step=1)
```

- Series의 값(values)을 확인하기 위해서는 Series명 뒤에 점(.)을 찍고 values를 입력한다.

```
금액.values
array([4000, 3000, 3500, 2000], dtype=int64)
```

3 Series의 index 변경

- Series의 인덱스는 아무 조건을 주지 않는 경우 0부터 시작하는 정수로 매겨진다. 따라서 인덱스를 사용자의 목적에 따라 별도로 정하고 싶으면 다음과 같이 옵션을 설정한다.

```
계정금액 = Series([4000, 3000, 3500, 2000], index=['현금', '매출채권','토지', '건물'])
계정금액
현금        4000
매출채권    3000
토지        3500
건물        2000
dtype: int64
```

상기에서 유의하여야 할 것은 index는 그 순서대로 설정이 되므로 순서를 사용자가 미리 정하여야 한다는 것이다.

4 Series의 값(values) 접근

- Series의 특정 값을 불러오는 방법은 파이썬의 리스트에서 인덱스로 원소를 찾는 방법과 동일하다.

```
계정금액[0]    #순번을 이용해서 데이터 접근
4000
```

5 Series의 속성 확인

Series의 속성은 Series의 차원 정보나 생긴 모양, 또는 값의 개수 등을 말한다. 계정금액 Series의 data type은 다음과 같이 확인할 수 있다.

```
계정금액.dtype
dtype('int64')
```

- 계정금액 Series의 원소 개수는 다음과 같이 확인한다.

```
계정금액.size
4
```

- 계정금액 Series의 차원은 다음과 같이 확인한다.

```
계정금액.ndim
1
```

6 Series의 연산

(1) Series 내에서의 연산

- 다음의 사례를 살펴보자.

```
금액 = Series([4000, 3000, 3500, 2000],index=['현금', '현금', '매출채권','토지'])
금액
현금        4000
현금        3000
매출채권  3500
토지        2000
dtype: int64
```

상기 Series에서 모든 값에 100을 더하고 싶다면 다음과 같이 입력한다.

```
금액 + 100
현금        4100
현금        3100
매출채권  3600
토지        2100
dtype: int64
```

상기 Series에서 모든 값의 합을 구하고 싶다면 다음과 같이 입력한다.

```
sum(금액)
12500
```

(2) Series간 연산

- 다음의 사례를 살펴보자.

```
금액1 = Series([4000, 3000, None, 2000],index=['현금', '매출채권', '미수금','토지'])
금액2 = Series([3000, 3000, 3500, 2000],index=['현금', '미수수익', '매출채권','토지'])
print(금액1)
현금       4000.0
매출채권   3000.0
미수금      NaN
토지       2000.0
dtype: float64
print(금액2)
현금        3000
미수수익    3000
매출채권    3500
토지        2000
dtype: int64
```

금액1과 금액2를 더하려면 다음과 같이 입력한다.

```
금액1 + 금액2
매출채권    6500.0
미수금       NaN
미수수익     NaN
토지        4000.0
현금        7000.0
dtype: float64
```

Series간 연산은 인덱스가 동일한 데이터끼리 연산한다. 한쪽에만 존재하거나 None 데이터와의 연산은 NaN으로 나온다는 점에 유의하기 바란다.

금액1		금액2		금액1 + 금액2	
현금	4000	현금	3000	현금	7000
매출채권	3000	미수수익	3000	매출채권	6500
미수금	NaN	매출채권	3500	미수금	NaN
토지	2000	토지	2000	미수수익	NaN
				토지	4000

7 Series의 조건식

- Series는 인덱스를 리스트의 형태로 대입하면 인덱스에 해당하는 값(values)을 불러온다. 인덱스로 조건을 입력하면 조건에 맞는 데이터만 불러올 수도 있다. 다음의 사례를 살펴보자.

```
금액 = Series([4000, 3000, 3500, 2000],index=['현금', '현금', '매출채권','토지'])
금액
현금        4000
현금        3000
매출채권    3500
토지        2000
dtype: int64
```

- 상기 Series에서 금액이 3000보다 큰 값만 불러오고 싶다면 다음과 같이 입력한다.

```
금액[금액>3000]
현금        4000
매출채권    3500
dtype: int64
```

- 한편 Series 내에서 데이터가 없는 경우를 찾기 위해서는 isnull() 함수를 이용하면 된다.

```
금액1 = Series([4000, 3000, None, 2000],index=['현금', '매출채권', '미수금','토지'])
금액1.isnull() # null인가? 라고 물어보는 것이다.
현금        False
매출채권    False
미수금      True
토지        False
dtype: bool
```

03 | DataFrame(데이터프레임)

1 DataFrame이란 무엇인가?

- DataFrame이란 인덱스(행)와 칼럼(열)으로 구분된 2차원 테이블을 말한다. Series는 일종의 하나의 칼럼으로 구성된 것에 반하여, DataFrame은 여러 개의 칼럼으로 구성될 수 있다.
- 이해를 돕기 위해 엑셀과의 비교를 통하여 DataFrame을 설명하도록 하겠다. 먼저 엑셀에서 다음과 같은 표를 만들었다고 가정하자.

	A	B	C	D
1	code	계정과목	금액	재무제표
2	1	매출채권	1500	재무상태표
3	2	매출원가	15000	손익계산서
4	3	현금	1000	현금흐름표
5	4	자본	500	자본변동표

상기 표는 5개의 행과 4개의 열로 구성된 테이블이라는 것을 쉽게 알 수 있다. 엑셀은 이와 같은 표를 만들기 위해서 sheet를 열고 직접 칼럼명과 값을 입력하는 방식으로 작성할 수 있다.

- DataFrame을 만들려면 약간의 절차가 필요하다. 즉, Pandas 라이브러리의 자체 함수를 이용하여 만들든지, 아니면 이미 엑셀 또는 CSV로 만들어진 파일을 DataFrame으로 전환하는 방법을 써야 한다.
- 많은 이들이 이 부분에서 다음과 같은 질문을 하게 된다. 이미 편하게 사용할 수 있는 엑셀을 안쓰고 굳이 DataFrame으로 전환해서 써야 하는 이유가 무엇인가? 엑셀은 매우 훌륭한 어플리케이션이기는 하지만 셀 단위의 연산을 하므로 메모리를 많이 사용하고 100만 행이 넘으면 하나의 sheet에 불러올 수가 없다. 이는 빅데이터 시대에 가장 치명적인 약점이 되고 있다. 그래서 파이썬 특히 Pandas를 배워야 하는 것이다. 세상의 모든 데이터가 100만 개 미만이기를 바랄 수는 없지 않은가?

2 DataFrame 만들기

(1) DataFrame 직접 만들기

- DataFrame을 직접 만드는 방법은 다음과 같다.

```
import pandas as pd
from pandas import Series, DataFrame
DataFrame({'칼럼명1' : [원소1, 원소2... 원소n], '칼럼명2' : [원소1, 원소2... 원소n],...
          '칼럼명N' : [원소1, 원소2... 원소n]})
```

- 이제 다음과 같이 DataFame을 만들어 보자.

```
import pandas as pd
from pandas import Series, DataFrame
items = {'code' : [1,2,3,4], '계정과목': ['매출채권', '매출원가', '현금',  '자본'],
         '금액' : [1500, 15000, 1000, 500],
         '재무제표': ['재무상태표','손익계산서','현금흐름표', '자본변동표']}
data = DataFrame(items)
print(data)
   code  계정과목    금액   재무제표
0   1   매출채권   1500  재무상태표
1   2   매출원가   5000  손익계산서
2   3    현금     1000  현금흐름표
3   4    자본      500  자본변동표
```

상기 print의 결과로 나타난 테이블이 바로 DataFrame이다. 그런데 엑셀과 비교해서 약간 다른 것이 보인다. 즉, 인덱스가 0부터 시작된다는 것이다. 이는 리스트의 인덱스에서 설명한 것처럼 파이썬 언어의 특성이라는 것을 이미 설명하였다.

(2) CSV나 엑셀로부터 DataFrame으로 불러오기

- Pandas는 외부파일을 불러와서 DataFrame으로 변환하는 함수를 가지고 있다. 불러들일 수 있는 외부파일이 여러 가지가 있으나 여기에서는 Excel 파일과 텍스트 파일(주로 CSV)을 불러오는 방법을 설명하겠다.

1) read_csv()

- CSV는 필드를 쉼표(,)로 구분한 텍스트 파일을 말한다. CSV는 Comma Separated Value의 약자이다. 예를 들어 다음과 같은 테이블이 있다고 가정하자.

	A	B	C	D
1	code	계정과목	금액	재무제표
2	1	매출채권	1500	재무상태표, BS
3	2	매출원가	15000	손익계산서, IS
4	3	현금	1000	현금흐름표, CF
5	4	자본	500	자본변동표, EC

상기 테이블을 CSV 파일로 만들어서 나타내면 다음과 같이 나온다.

```
code,계정과목,금액,재무제표
1,매출채권,1500,"재무상태표, BS"
2,매출원가,15000,"손익계산서, IS"
3,현금,1000,"현금흐름표, CF"
4,자본,500,"자본변동표, EC"
```

CSV에서 콤마는 각 칼럼을 구분하는 기준이 되는데 재무제표 칼럼에서 **재무상태표, BS**는 하나의 칼럼 안에서 콤마를 포함하고 있다. 이 경우에는 Text Qualifier로 "를 설정하여 그 안에서 콤마는 하나의 그룹으로 인식하게 한다.

- CSV 파일은 Excel에서도 잘 열리나 문제는 CSV 파일 용량이 매우 큰(레코드가 100만개 이상) 경우에는 Excel에서 열 때 매우 시간이 많이 걸리고 하나의 sheet 안에 다 불러올 수도 없다. 이러한 대용량의 CSV 파일을 Pandas의 read_csv()를 이용하면 매우 쉽게 불러올 수 있다.
- read_csv()를 이용하여 CSV 파일을 불러올 때 여러 가지 파라미터를 설정할 수 있다. 이러한 옵션 전체를 알고 싶으면 https://pandas.pydata.org/pandas-docs/stable/reference/api/pandas.read_csv.html에서 확인하기 바란다. 여기서는 이 중 몇 가지 중요한 옵션에 대해서만 설명하도록 하겠다.

파라미터	설명
filepath	• 경로는 full path 또는 working folder에 CSV 파일이 존재하는 경우 파일명만 입력해도 된다.
sep	• 구분자를 의미하며, 이것이 설정되지 않으면 자동으로 구분자 ',' 를 찾아준다. 일반적으로 ','를 사용하지만 raw CSV 파일 저장시 사용한 구분자가 별도로 존재한다면 해당 구분자를 입력해야 한다. 이를 미리 알 수 없다면 CSV 파일을 사전에 editor(메모장 등)를 이용하여 확인할 필요가 있다. • 실무적으로 raw CSV 파일 저장시 '|' 을 이용하는 경우가 많다.
encoding	• 인코딩을 설정한다. 보통 한글은 'utf-8', 'cp949'로 설정한다.
engine	• 상기 encoding으로도 파일이 깨져서 나오는 경우 engine = 'python'을 이용하기도 한다.
nrows	• 읽을 파일의 행 수. 대용량 파일을 읽을 때 먼저 nrows를 이용하여 몇 줄

파라미터	설명
	만 빨리 읽은 후 전체 구조를 파악할 때 활용된다.
header	• 칼럼 이름으로 사용한 행 번호와 데이터의 시작을 의미한다. 디폴트는 header = 0과 같고 이는 칼럼 이름을 파일의 첫 번째 행으로 설정한다는 것이다.
usecols	• 불러올 칼럼을 설정한다. 예를 들어, usecols = [0,1,2]는 첫 번째, 두 번째, 세 번째 칼럼만 불러오라는 의미이며, usecols = ['foo', 'bar', 'baz']는 칼럼명이 'foo', 'bar', 'baz'인 칼럼만 불러오라는 의미이다.
low_memory	• 내부적으로 파일을 청크로 구분하여 메모리 사용량은 낮게 할 수 있는 옵션이다. 디폴트는 True인데 False로 설정하면 된다.

• 다음은 예제로 제공된 「재무제표.csv」 파일을 read_csv()를 이용하여 불러오는 것을 보여준다.

```
import pandas as pd
df = pd.read_csv('재무제표.csv', encoding = 'cp949')
df
   code  계정과목      금액   재무제표
0    1   매출채권     1500   재무상태표, BS
1    2   매출원가    15000   손익계산서, IS
2    3     현금      1000   현금흐름표, CF
3    4     자본       500   자본변동표, EC
```

2) read_excel()

• read_excel()은 xls, xlsx, xlsm, xlsb, odf, ods, odt 확장자를 불러올 수 있다.
• read_excel()은 이용하여 관련 파일을 불러올 때 여러 가지 파라미터를 설정할 수 있다. 이러한 옵션 전체를 알고 싶으면 https://pandas.pydata.org/pandas-docs/stable/reference/api/pandas.read_excel.html에서 확인하기 바란다. 여기서는 이 중 몇 가지 중요한 옵션에 대해서만 설명하도록 하겠다.

파라미터	설명
filepath	• 경로는 full path 또는 working folder에 관련 excel 파일이 존재하는 경우 파일명만 입력해도 된다.
sheet_name	• string은 시트명을 의미하며 integer는 시트의 인덱스를 의미한다. None은 모든 시트를 의미한다. 디폴트는 0(첫 번째 시트)이다. • [0, 1, "Sheet5"]는 첫 번째, 두 번째, 그리고 "Sheet5"를 DataFrame의 딕셔너리로 불러온다.
header	• 칼럼 이름으로 사용한 행 번호와 데이터의 시작을 의미한다. 디폴트는

파라미터	설명
	header = 0과 같고 이는 칼럼 이름을 파일의 첫 번째 행으로 설정한다는 것이다.
usecols	• 불러올 칼럼을 설정한다. 디폴트는 전체 칼럼을 갖고 온다. • usecols = "A:E" or "A,C,E:F"와 같이 사용할 수 있다. • usecols = [0,1,2]는 첫 번째, 두 번째, 세 번째 칼럼만 불러오라는 의미이며, usecols = ['foo', 'bar', 'baz']는 칼럼명이 'foo', 'bar', 'baz'인 칼럼만 불러오라는 의미이다.
nrows	• 읽을 파일의 행 수. 대용량 파일을 읽을 때 먼저 nrows를 이용하여 몇 줄만 빨리 읽은 후 전체 구조를 파악할 때 활용된다.
na_values	• NA/NaN을 다른 문자열로 변경해주는 것이다. 예 : na_values = ['NA']

3) from_records()

- DataFrame.from_records() 메쏘드는 다음과 같은 자료형을 입력으로 받는다.

✓튜플의 리스트, 리스트의 리스트, 딕셔너리의 리스트, DataFrame의 리스트

- from_records()을 이용하여 관련 파일을 불러올 때 여러 가지 파라미터를 설정할 수 있다. 이러한 옵션 전체를 알고 싶으면 https://pandas.pydata.org/pandas-docs/stable/reference/api/pandas.DataFrame.from_records.html에서 확인하기 바란다. 여기서는 이 중 몇 가지 중요한 옵션에 대해서만 설명하도록 하겠다.

파라미터	설명
data	• 튜플의 리스트, 리스트의 리스트, 딕셔너리의 리스트, DataFrame의 리스트
columns	• 리스트이며 기본 값은 None이다.

- 다음은 from_records()의 예이다.

```
data = [{'col_1': 3, 'col_2': 'a'},
        {'col_1': 2, 'col_2': 'b'},
        {'col_1': 1, 'col_2': 'c'},
        {'col_1': 0, 'col_2': 'd'}]
pd.DataFrame.from_records(data)
   col_1 col_2
0    3     a
1    2     b
2    1     c
3    0     d
```

```
data = [(3, 'a'), (2, 'b'), (1, 'c'), (0, 'd')]
pd.DataFrame.from_records(data, columns=['col_1', 'col_2'])
   col_1 col_2
0      3     a
1      2     b
2      1     c
3      0     d
```

3 DataFrame의 칼럼

(1) DataFrame의 칼럼 순서 변경

• DataFrame의 컬럼의 순서를 지정하면 그 순서대로 출력되며, 특정 컬럼의 특정 인덱스의 데이터를 지정하여 가져올 수도 있다. 먼저 다음과 같이 df를 불러온다.

```
import pandas as pd
df = pd.read_csv('재무제표.csv', encoding = 'cp949')
df
   code  계정과목     금액        재무제표
0     1  매출채권     1500  재무상태표, BS
1     2  매출원가    15000  손익계산서, IS
2     3    현금       1000  현금흐름표, CF
3     4    자본        500  자본변동표, EC
```

• 상기 df의 칼럼을 다음과 같이 바꿔서 나타내보자.

```
df[['code','금액','계정과목','재무제표']]
   code     금액  계정과목        재무제표
0     1   1500  매출채권   재무상태표, BS
1     2  15000  매출원가   손익계산서, IS
2     3   1000    현금     현금흐름표, CF
3     4    500    자본     자본변동표, EC
```

• 그런데 다시 print(df)를 하면 다음과 같이 결과가 바뀌지 않고 원래와 같으므로 의아하게 생각할 수 있다.

```
print(df)
   code  계정과목     금액        재무제표
0     1  매출채권     1500  재무상태표, BS
1     2  매출원가    15000  손익계산서, IS
2     3    현금       1000  현금흐름표, CF
3     4    자본        500  자본변동표, EC
```

• 왜 그럴까? 이는 df라는 DataFrame의 컬럼 순서를 바꾸어서 보여줄 뿐이지 df 변수가 그렇게 변환되어 설정(선언)되지는 않았기 때문이다. 따라서 완전히 컬럼 순서를 바꾸어서 변수를 다시 설정하려면 다음과 같이 해주어야 한다.

```
df = df[['code','금액','계정과목','재무제표']]  # 새로운 변수명은 적절하게 변형 가능하다.
   code    금액  계정과목        재무제표
0     1    1500  매출채권     재무상태표, BS
1     2   15000  매출원가     손익계산서, IS
2     3    1000    현금       현금흐름표, CF
3     4     500    자본       자본변동표, EC
```

(2) DataFrame의 특정 칼럼 가져오기

• DataFrame의 특정 칼럼을 데이터를 갖고 오려면 특정 컬럼명을 다음과 같이 지정하여 가져올 수 있다.

```
df['금액']
0      1500
1     15000
2      1000
3       500
Name: 금액, dtype: int64
```

(3) DataFrame의 특정 인덱스의 값 가져오기

• DataFrame의 특정 인덱스의 데이터를 갖고 오려면 다음과 같이 지정하여 가져올 수 있다.

```
df.iloc[0]  #0번째 데이터를 가져오기
code              1
금액           1500
계정과목          매출채권
재무제표     재무상태표, BS
Name: 0, dtype: object
```

(4) DataFrame의 특정 칼럼과 특정 인덱스의 값 가져오기

- DataFrame의 특정 칼럼과 특정 인덱스의 값을 갖고 오려면 iloc과 loc을 이용할 수 있다.

1) iloc을 이용하는 방법

- iloc은 인덱스를 통해 찾는 방법이다. 먼저 iloc을 이용하여 다음과 같이 지정하여 가져올 수 있다.

```
df.iloc[0]['재무제표']      #0번째 인덱스와 재무제표 칼럼 데이터를 가져오기
'재무상태표, BS'
```

```
df.iloc[0][3]              #0번째 인덱스와 재무제표 칼럼 데이터를 가져오기
'재무상태표, BS'
```

```
df['재무제표'][0]           #0번째 인덱스와 재무제표 칼럼 데이터를 가져오기
'재무상태표, BS'
```

- 여러 개의 행을 갖고 오는 방법은 다음과 같다.

```
df.iloc[0:2]  #0부터 1번째 행을 갖고 온다.
   code     금액  계정과목        재무제표
0  1       1500  매출채권  재무상태표, BS
1  2      15000  매출원가  손익계산서, IS
```

- 여러 개의 행과 여러 개의 칼럼을 갖고 오는 방법은 다음과 같다.

```
df.iloc[0:2, 1:3]  #0부터 1번째 행 및 1부터 2번째 칼럼을 갖고 온다.
     계정과목     금액
0    매출채권     1500
1    매출원가    15000
```

```
df.iloc[0:2, [1,2]]  #0부터 1번째 행 및 1과 2번째 칼럼을 갖고 온다.
     계정과목     금액
0    매출채권     1500
1    매출원가    15000
```

2) loc을 이용하는 방법

- loc은 label을 통해서 값을 찾는다.

```
df.loc[0]['재무제표']  #0번째 인덱스와 재무제표 칼럼 데이터를 가져오기
'재무상태표, BS'
```

```
df.loc[0][3]  #0번째 인덱스와 재무제표 칼럼 데이터를 가져오기
'재무상태표, BS'
```

- 여러 개의 행을 갖고 오는 방법은 다음과 같다.

```
df.loc[0:2]  #0부터 2번째 행을 갖고 온다.
   code    금액    계정과목      재무제표
0     1    1500    매출채권    재무상태표, BS
1     2   15000    매출원가    손익계산서, IS
2     3    1000    현금        현금흐름표, CF
```

df.iloc[0:2]은 0부터 1번째 행을 갖고 오지만, df.loc[0:2]은 0,1,2번째 행을 갖고 온다. 그 이유는 loc은 인덱스가 아니라 label로 갖고 오기 때문이다.

- 여러 개의 행과 여러 개의 칼럼을 갖고 오는 방법은 다음과 같다. iloc과의 차이점은 칼럼명은 string 리스트로 입력해야 한다는 것이다.

```
df.loc[0:2, ['금액', '계정과목']]
      금액     계정과목
0     1500     매출채권
1    15000     매출원가
2     1000     현금
```

4 DataFrame 둘러보기

- Pandas의 DataFrame으로 전환하여 불러온 후에는 데이터의 완전성 또는 구조를 먼저 파악하는 것이 필요하다. 완전성이 확보되지 않은 상태에서 분석하면 분석의 의미가 상실되기 때문이다.

(1) DataFrame의 구조 파악하기

- DataFrame의 구조를 파악하는 것은 다음과 같다.

```
DataFrame명.shape
```

• 예제 파일인 '분개장.csv'을 DataFrame으로 불러온 후 DataFrame의 모양을 파악해보자.

```
import pandas as pd
from pandas import Series, DataFrame
df = pd.read_csv('분개장.csv', encoding = 'utf-8')
df.shape
(24237, 9)
```

상기 (24237, 9)은 24237개의 행(row)에 9개의 열(칼럼)을 가지고 있다는 것을 의미한다.

(2) DataFrame의 셀 수 파악하기

• 셀이란 표현은 DataFrame의 공식적인 표현이 아니라 엑셀에서 사용하는 표현이다. 셀은 테이블을 구성하는 하나의 단위(네모)를 의미한다.

```
df.size
218133
```

(3) DataFrame의 칼럼 data type 파악하기

• DataFrame의 전체 칼럼의 data type은 다음과 같이 파악한다.

```
df.dtypes
전표일자        object
전표번호         int64
계정코드         int64
계정과목        object
차변금액        object
대변금액        object
거래처          float64
승인일자        object
프로젝트코드    object
dtype: object
```

• DataFrame의 특정 칼럼의 data type은 다음과 같이 파악한다.

```
df['차변금액'].dtypes
dtype('O')  → 'O'는 object, 쉽게 말해 string을 의미한다.
```

(4) DataFrame의 칼럼 data type 변경하기

- 상기 **df['차변금액'].dtypes**의 결과가 object 즉, string이므로 이를 integer로 변경할 필요가 있다. 이와 같이 특정 칼럼의 data type을 변경하는 Pandas의 함수로 대표적인 것은 다음과 같다.

함수	설명
astype()	• 변경하고자 하는 data type을 입력한다. 예 : astype('int64'), astype('str'), astype('float64'), astype('datetime64[ns, US/Eastern]')
to_numeric()	• numeric type으로 변경한다. 예 : df['차변금액'] = pd.to_numeric(df['차변금액'])
to_datetime()	• datetime type으로 변경한다. 예 : pd.to_datetime('20201010', format='%Y%m%d') Timestamp('2020-10-10 00:00:00')

- 그런데 **df['차변금액'].astype('int64')**를 하면 다음과 같이 에러 메시지가 뜰 것이다.

```
df['차변금액'] = df['차변금액'].astype('int64')
ValueError: invalid literal for int() with base 10: '832,000'
```

분개장과 같이 숫자에 천단위 콤마가 들어간 경우에는 이러한 에러가 발생할 수 있다. 이 경우에는 먼저 숫자에 들어간 콤마를 먼저 없애주어야 하는데 여기서는 str과 replace() 함수를 이용하여 없앤 후 data type을 변경하기로 한다.

```
df['차변금액'] = df['차변금액'].str.replace(',','').astype('int64')
df['차변금액']
0         832000
1          83200
2              0
3         120340
4          12034
          ...
24232  536903920
24233          0
24234  350000000
24235          0
24236          0
Name: 차변금액, Length: 24237, dtype: int64
```

- 대변금액 칼럼도 다음과 같이 data type을 integer로 변경한다.

```
df['대변금액'] = df['대변금액'].str.replace(',','').astype('int64')
```

(5) DataFrame의 기술 통계량 파악하기

- 기술통계량이란 데이터의 정보를 한눈에 파악하기 쉽게 평균, 표준편차, 분산, 최대값, 최소값 등을 일목요연하게 보여주는 것을 말한다. DataFrame에서는 기술통계량을 보여주는 함수로 describe()를 적용한다.

```
df.describe()
```

	전표번호	계정코드	차변금액	대변금액	거래처
count	24237.000000	24237.000000	2.423700e+04	2.423700e+04	20426.000000
mean	37.176094	35896.629203	1.495145e+07	1.495145e+07	16026.504014
std	46.799656	26980.717131	3.750127e+08	3.250059e+08	32424.442300
min	1.000000	10100.000000	-3.726594e+09	-3.726594e+09	107.000000
25%	8.000000	13500.000000	0.000000e+00	0.000000e+00	1873.000000
50%	23.000000	25300.000000	4.000000e+04	0.000000e+00	3909.000000
75%	42.000000	51500.000000	1.539180e+06	5.400000e+05	5502.250000
max	274.000000	99800.000000	1.918143e+10	1.918143e+10	99620.000000

보충설명 describe와 describe()의 차이

describe()는 method로 클래스 내의 함수를 의미한다. 하지만 describe라고만 하면 이는 함수가 아닌 attributes(속성)을 의미한다.

attributes(속성)은 점(.) 뒤에 나오면서 다른 오브젝트(객체)를 참조하는 변수이다. 이는 파이썬이 설계된 방식으로 attributes(속성)은 다양한 것을 참조할 수 있게 한다. 다만 이러한 다양한 참조 가능성 때문에 정확하게 이해하지 못하면 종종 에러를 일으킬 수도 있다. 때문에 괄호를 붙여야 할지 빼야 할지가 모호한 경우에는 괄호를 붙인 것과 그렇지 않은 것을 테스트한 후 사용하기 바란다.

(6) DataFrame의 모습 파악하기

1) 전체 모습 파악하기

- DataFrame의 전체 모습을 파악하기 위해서는 다음과 같이 DataFrame명만 입력해도 된다.

```
df
           전표일자   전표번호   계정코드   ...   거래처     승인일자   프로젝트코드
0        2016-01-01       1      53100   ...  1404.0  2016-01-01      0001
1        2016-01-01       1      13500   ...  1404.0  2016-01-01       NaN
2        2016-01-01       1      25300   ...  1404.0  2016-01-01      0031
3        2016-01-01       2      53100   ...  2161.0  2016-01-01      0026
4        2016-01-01       2      13500   ...  2161.0  2016-01-01       NaN
                ...     ...        ...   ...     ...         ...       ...
24232    2016-06-30     273      84000   ...     NaN  2016-06-30      0001
24233    2016-06-30     273      24400   ...     NaN  2016-06-30       NaN
24234    2016-06-30     274      10300   ...   280.0  2016-06-30      FSS5
24235    2016-06-30     274      25500   ...   280.0  2016-06-30      FSS5
24236    2016-06-30     274      40100   ...   280.0  2016-06-30      FSS5
```

- 행(row)과 열(칼럼)이 화면에 다 보여주기 어려울 정도로 많은 경우에는 ... 으로 보여주기 때문에 추가적인 방법을 통해서 전체 구조를 파악할 수 있다.

2) 일부 모습 파악하기

- DataFrame의 일부 모습만 빨리 파악하기 위해서는 다음과 같이 DataFrame명.head()를 입력한다. head() 함수 안에 숫자를 기입하면 해당 인덱스만큼 위에서 순서대로 보여주며, 숫자를 기입하지 않으면 디폴트로 5개를 보여준다.

```
df.head()
   전표일자      전표번호  계정코드      계정과목     차변금액      대변금액  거래처      승인
일자  프로젝트코드
0 2016-01-01    1     53100    지급수수료   832,000         0  1404.0 2016-01-01  0001
1 2016-01-01    1     13500  부가세대급금    83,200         0  1404.0 2016-01-01   NaN
2 2016-01-01    1     25300       미지급금         0   915,200  1404.0 2016-01-01  0031
3 2016-01-01    2     53100    지급수수료   120,340         0  2161.0 2016-01-01  0026
4 2016-01-01    2     13500  부가세대급금    12,034         0  2161.0 2016-01-01   NaN
```

- DataFrame을 인덱스 마지막부터 보기 위해서는 다음과 같이 DataFrame명.tail()을 입력한다. tail() 함수 안에 숫자를 기입하면 해당 인덱스만큼 위에서 순서대로 보여주며, 숫자를 기입하지 않으면 디폴트로 5개를 보여준다.

```
df.tail()
          전표일자   전표번호  계정코드  ...   거래처       승인일자   프로젝트코드
24232   2016-06-30   273    84000   ...    NaN    2016-06-30     0001
24233   2016-06-30   273    24400   ...    NaN    2016-06-30      NaN
24234   2016-06-30   274    10300   ...   280.0   2016-06-30     FSS5
24235   2016-06-30   274    25500   ...   280.0   2016-06-30     FSS5
24236   2016-06-30   274    40100   ...   280.0   2016-06-30     FSS5
```

5 DataFrame 필터링

- 데이터분석에서 가장 많이 사용하는 기능 중 하나가 바로 필터링이다.

(1) 단일조건 필터링

- DataFrame에서 단일조건을 충족하는 행을 갖고 오려면 다음과 같이 입력한다.

```
DataFrame명[DataFrame명['칼럼명'] == 값]
```

상기에서 조건식은 ==, >, <, != 등의 기호나 산식을 넣을 수 있다.

- 이제 df의 ['차변금액'] 칼럼에서 100000000을 초과하는 행만 가지고 오려면 다음과 같이 작성한다.

```
df[df['차변금액'] > 100000000].head() # 위에서 5개만 결과를 보여준다.
        전표일자  전표번호 계정코드    계정과목 ... 대변금액  거래처    승인일자  프로젝트
코드
27    2016-01-01   12    26000   단기차입금 ...   0       NaN  2016-01-01   NaN
66    2016-01-03    4    10800   외상매출금 ...   0    2134.0  2016-01-03  0006
69    2016-01-03    5    10800   외상매출금 ...   0    1384.0  2016-01-03  0006
177   2016-01-05    1    10300     보통예금 ...   0   98003.0  2016-01-05   NaN
184   2016-01-05    2    25100   외상매입금 ...   0    3777.0  2016-01-05   NaN
```

(2) 복합조건 필터링

- DataFrame에서 복합조건을 충족하는 행을 갖고 오려면 다음과 같이 입력한다.

```
DataFrame명[(DataFrame명['칼럼명1'] == 값) & (DataFrame명['칼럼명2'] == 값)]
```

상기에서 조건식은 ==, >, <, != 등의 기호나 산식을 넣을 수 있으며 복합조건은 하나의

조건이 끝날 때마다 **괄호**로 구분하여 주어야 하며, and, or를 쓰지 않고 **&, |** 를 사용해야 하는 점에 유의하기 바란다.

- 이제 df의 **['차변금액']** 칼럼에서 100000000을 초과하거나 **['대변금액']** 칼럼에서 100000000을 초과하는 행을 가지고 오려면 다음과 같이 작성한다.

```
df[(df['차변금액'] > 100000000) | (df['대변금액'] > 100000000)].head()
        전표일자    전표번호 계정코드    계정과목      ...  대변금액      거래처      승인일자
프로젝트코드
24  2016-01-01   12     10800   외상매출금  ... 582544710    304.0  2016-01-01     NaN
27  2016-01-01   12     26000   단기차입금  ...         0      NaN  2016-01-01     NaN
66  2016-01-03    4     10800   외상매출금  ...         0   2134.0  2016-01-03    0006
68  2016-01-03    4     40400     제품매출  ... 170733444   2134.0  2016-01-03    0006
69  2016-01-03    5     10800   외상매출금  ...         0   1384.0  2016-01-03    0006
```

6 DataFrame 정렬

(1) 칼럼 내 행 정렬

- DataFrame에서 특정 칼럼을 기준으로 행을 오름차순 정렬하는 방법은 다음과 같다.

```
DataFrame명.sort_values(by = ['칼럼명'], axis = 0)
```

상기에서 **by =** 와 **axis = 0**을 생략하고 다음과 같이 해도 된다.

```
DataFrame명.sort_values(['칼럼명'])
```

- 다음과 같이 DataFrame을 만들어보자.

```
import pandas as pd
from pandas import Series, DataFrame
items = {'code' : [1,2,3,4], '계정과목': ['매출채권', '매출원가', '현금', '자본'],
         '금액' : [1500, 15000,1000,500],
         '재무제표': ['재무상태표','손익계산서','현금흐름표', '자본변동표']}
data = DataFrame(items)
print(data)
   code  계정과목    금액       재무제표
0    1   매출채권    1500      재무상태표
1    2   매출원가   15000      손익계산서
```

```
2   3     현금     1000     현금흐름표
3   4     자본      500     자본변동표
```

• 상기 DataFrame의 **계정과목** 칼럼에서 오름차순으로 정렬해보자.

```
data.sort_values(by=['계정과목']) # (['계정과목'])으로 하여도 된다.
   code  계정과목    금액     재무제표
1   2    매출원가   15000    손익계산서
0   1    매출채권    1500    재무상태표
3   4     자본       500    자본변동표
2   3     현금      1000    현금흐름표
```

• 상기 DataFrame의 **계정과목** 칼럼에서 내림차순으로 정렬해보자. 내림차순의 경우 ascending = False로 파라미터를 설정하면 된다.

```
data.sort_values(by=['계정과목'], ascending = False)
   code  계정과목    금액     재무제표
2   3     현금      1000    현금흐름표
3   4     자본       500    자본변동표
0   1    매출채권    1500    재무상태표
1   2    매출원가   15000    손익계산서
```

(2) 칼럼간 열 정렬

• DataFrame에서 칼럼간 열을 오름차순 정렬하는 방법은 다음과 같다.

```
DataFrame명.sort_index(axis = 1)
```

DataFrame에서 칼럼간 열을 내림차순 정렬하는 방법은 다음과 같다.

```
DataFrame명.sort_index(axis = 1, ascending = False)
```

• 상기 DataFrame의 칼럼을 오름차순으로 정렬해보자.

```
data.sort_index(axis=1)
   code  계정과목    금액     재무제표
0   1    매출채권    1500    재무상태표
1   2    매출원가   15000    손익계산서
2   3     현금      1000    현금흐름표
3   4     자본       500    자본변동표
```

• 상기 DataFrame의 칼럼을 오름차순으로 정렬해보자. 내림차순의 경우 ascending = False로 파라미터를 설정하면 된다.

```
data.sort_index(axis=1, ascending = False)
        재무제표      금액      계정과목   code
0   재무상태표     1500     매출채권     1
1   손익계산서    15000     매출원가     2
2   현금흐름표     1000     현금         3
3   자본변동표      500     자본         4
```

7 DataFrame 칼럼 편집

(1) 칼럼 삽입

• DataFrame에 새로운 칼럼을 넣고 싶은 경우에는 다음과 같이 입력한다.

```
DataFrame명['새로운 칼럼명'] = 값
```

• DataFrame에 새로운 칼럼을 기존 칼럼간 연산을 통하여 넣고 싶은 경우에는 다음과 같이 입력한다.

```
DataFrame명['새로운 칼럼명'] = DataFrame명['기존 칼럼명1'] + DataFrame명['기존 칼럼명2']
```

상기에서 조건식은 **==**, **〉**, **〈**, **!=** 등의 기호나 산식을 넣을 수 있다.

(2) 칼럼 삭제

1) 단일 칼럼 삭제

• DataFrame에서 기존의 단일 칼럼을 삭제하고 싶은 경우에는 다음과 같이 입력한다.

```
DataFrame명 = DataFrame명.drop(columns = '삭제하고자 하는 칼럼명')      # 방법 1
DataFrame명 = DataFrame명.drop('삭제하고자 하는 칼럼명', axis =1)      # 방법 2
```

또는 다음과 같이 **del** 명령어를 사용해서 단일 칼럼을 삭제할 수 있다.

```
del DataFrame명['삭제하고자 하는 칼럼명']
```

2) 복수 칼럼 삭제

• DataFrame에서 기존의 복수 칼럼을 삭제하고 싶은 경우에는 다음과 같이 입력한다.

```
DataFrame명 = DataFrame명.drop(['칼럼명1','칼럼명2'], axis = 1)
```

또는 다음과 같이 **del** 명령어를 사용해서 복수 칼럼을 삭제할 수 있다.

```
del DataFrame명['삭제하고자 하는 칼럼명1'] , DataFrame명['삭제하고자 하는 칼럼명2'],...
```

(3) 칼럼명 변경

1) 단일 칼럼명 변경

• DataFrame에서 기존의 단일 칼럼명을 변경하고 싶은 경우에는 다음과 같이 입력한다.

```
DataFrame명.columns = ['변경명']
```

또는 다음과 같이 입력한다.

```
DataFrame명 = DataFrame명.rename(columns = {'칼럼명' :' 변경명'})
```

2) 복수 칼럼명 변경

• DataFrame에서 기존의 복수 칼럼명을 변경하고 싶은 경우에는 다음과 같이 입력한다.

```
DataFrame명.columns = ['변경명1','변경명2']
```

또는 다음과 같이 입력한다.

```
DataFrame명 = DataFrame명.rename(columns = {'칼럼명1':'변경명1', '칼럼명1':'변경명2'})
```

(4) 칼럼 안의 NaN을 0으로 변경

• 특정칼럼에 NaN이 있는 경우 그대로 놓아두면 연산을 할 수 없게 된다. 따라서 이를 특정한 값으로 변환해 줄 필요가 있는데 fillna() 함수를 이용하면 된다. fillna()에서 괄호 안에 넣는 숫자로 바뀌게 된다.

```
DataFrame명['해당칼럼'] = DataFrame명['해당칼럼'].fillna(0) # NaN을 0으로 바꾼다.
```

04 | 판다스를 이용하여 시산표 만들기

• Excel 또는 csv 파일을 DataFrame으로 전환하여 불러온 후 대략적인 모습을 파악한 후에는 바로 여러분들이 분석하고자 하는 업무를 수행할 필요가 있다. 여기서는 회계인이라면 모두 개념을 알고 있는 시산표를 작성해보고자 한다. 이를 위해서는 다음과 같은 절차를 머릿속에 정리할 필요가 있다.

✓시산표를 작성하기 위해서 필요한 칼럼이 무엇인지 결정한다.

✓필요한 칼럼을 정한 후 해당 칼럼의 데이터 타입(dtypes)이 무엇인지 확인한다.

✓필요한 칼럼이 정렬(sorting)이 되었는지 확인한다.

✓행(row)중에 값이 없는 행이 있다면 그 이유는 무엇이고 그 행을 삭제할 것인지 여부를 결정한다.

✓계정코드, 계정과목별로 구분하고 해당 그룹별로 차변합계, 대변합계를 구한다.

✓필요한 경우 계정과목의 사용 빈도 등을 추가할 수 있다.

1 시산표의 개요

• 분개장만을 가지고 시산표를 만드는 경우 재무상태표 계정은 전기 이월 금액이 별도로 표시되지 않기 때문에 완전한 합계잔액시산표를 만들기는 어렵다. 여기서는 완전한 합계잔액시산표이 아니라 해당 기간에 발생한 거래를 토대로 모든 계정과목에 대하여 빈도와 차변 대변 잔액만을 집계한 시산표라고 가정한다.

• 시산표의 표준 형태는 회계원리 교과서에서 설명하고 있지만 여기서는 아래와 같은 형태로 작성한다고 가정하자.

계정코드	계정과목	빈도	차변합계	대변합계	차변잔액	대변잔액
XXX	XXX	XXX	XXX	XXX	XXX	XXX

상기와 같은 표를 작성하기 위한 방법은 Pandas에서는 여러 가지가 있다. 아래에서는 각각의 방법의 특징에 대해서 알아보기로 한다.

2 DataFrame 불러오기

• 예제파일인 '분개장.csv'을 DataFrame으로 불러오자.

```
import pandas as pd
from pandas import Series, DataFrame
df = pd.read_csv('분개장.csv', encoding = 'utf-8')
```

차변금액 칼럼과 대변금액 칼럼에 대해서 str과 replace() 함수를 이용하여 콤마(,)를 없앤 후 data type을 변경한다.

```
df['차변금액'] = df['차변금액'].str.replace(',','').astype('int64')
df['대변금액'] = df['대변금액'].str.replace(',','').astype('int64')
```

3 피봇 테이블(pivot table)을 이용하여 시산표 만들기

• 대부분의 경우 엑셀에서 pivot table 기능을 써본 적이 있을 것이다. Pandas에서도 이와 유사한 함수인 pivot_table을 제공하고 있다. pivot_table은 매우 유용하고 강력한 기능을 제공하고 있지만 그 문법이 조금 까다롭다(까다로운 이유는 여러 가지 기능을 활용할 수 있기 때문이다).

• 예제파일인 '분개장.csv'을 DataFrame으로 불러오자.

```
import pandas as pd
from pandas import Series, DataFrame
df = pd.read_csv('분개장.csv', encoding = 'utf-8')
```

• 상기 df를 엑셀과 같은 테이블로 나타내면 아래와 같다.

	전표일자	전표번호	계정코드	계정과목	차변금액	대변금액	거래처	승인일자	프로젝트코드
0	2016-01-01	1	53100	지급수수료	832,000	0	01404	2016-01-01	0001
1	2016-01-01	1	13500	부가세대급금	83,200	0	01404	2016-01-01	
2	2016-01-01	1	25300	미지급금	0	915,200	01404	2016-01-01	0031
3	2016-01-01	2	53100	지급수수료	120,340	0	02161	2016-01-01	0026
4	2016-01-01	2	13500	부가세대급금	12,034	0	02161	2016-01-01	
5	2016-01-01	2	25300	미지급금	0	132,374	02161	2016-01-01	0033
6	2016-01-01	4	13500	부가세대급금	740,396	0	05221	2016-01-01	
7	2016-01-01	4	25300	미지급금	0	740,396	05221	2016-01-01	0031
8	2016-01-01	6	82300	경상연구개발비	4,723,200	0	05337	2016-01-01	0018

• 시산표를 만들기 위해서는 계정코드와 계정과목으로 먼저 그룹핑을 해줄 필요가 있다. 그 후 차변금액과 대변금액의 각각의 합계를 그룹핑한 행에 보여주어야 할 것이다.

(1) 그룹핑(grouping)

• 그룹핑을 하기 위해서는 pivot_table() 함수에서 필수적으로 다음의 파라미터가 들어가야 한다.

✓DataFrame명
✓index = ['그룹핑하고 싶은 칼럼명1', '그룹핑하고 싶은 칼럼명2', ...]

• 이제 계정코드와 계정과목 칼럼을 인덱스로 하여 그룹핑을 하기 위해서 다음과 같이 입력한다.

```
pd.pivot_table(df, index = ['계정코드','계정과목'])
                       거래처          대변금액          전표번호        차변금액
계정코드   계정과목
10100     현금        17169.000000    1.947155e+06    32.096386     2.215687e+06
10300     보통예금    97960.549699    5.369730e+07    17.928077     5.406588e+07
10301     보통예금    98027.500000    0.000000e+00    7.500000      2.249914e+08
...
[159 rows x 4 columns]
```

index는 **하나**일 경우에는 **index = '계정코드'**와 같이 넣을 수 있으며, 두 개 이상일 경우에는 상기와 같이 **리스트**의 형태로 넣으면 된다. 상기와 같이 DataFrame명, index만을 넣으면 데이터 타입이 숫자인 칼럼에 대해서 **디폴트**로 **평균(averge)** 값을 보여준다.

(2) 산식

• 이제 평균값이 아닌 합계, 개수, 표준편차, 분산 등의 산식 결과를 보여주려면 다음과 같이 하여야 한다.

```
pd.pivot_table(df, index = ['계정코드','계정과목'], aggfunc = 'sum')
                       거래처          대변금액          전표번호        차변금액
계정코드   계정과목
10100     현금        223197.0        323227674       5328          367803972
10300     보통예금    211888669.0     116469441606    38886         117268900714
10301     보통예금    196055.0        0               15            449982824
...
[159 rows x 4 columns]
```

- 상기에서 하나의 산식을 넣는 경우는 다음과 같이 4가지 방법 중 하나를 선택할 수 있다. aggfunc을 **리스트로 설정하는 경우 산식명이 상단에 나오고**, 그렇지 **않은 경우 산식명이 상단에 나오지 않는** 차이가 있다.
  - ✓ aggfunc = 'sum'
  - ✓ aggfunc = sum
  - ✓ aggfunc = [sum]
  - ✓ aggfunc = ['sum']
- 두 개 이상의 산식을 넣는 경우에는 다음과 같이 3가지 방법 중 하나를 선택할 수 있다.
  - ✓ aggfunc = ['sum', 'count'...] 와 같이 리스트로 처리하면 된다.
  - ✓ aggfunc = [sum, count...] 와 같이 리스트로 처리하면 된다.
  - ✓ aggfunc = [np.sum,...]와 같이 numpy를 불러와서 처리할 수 있다.

(3) 특정 칼럼에 대한 산식

- 만약 특정 칼럼(데이터 타입이 integer 또는 float인 경우의 칼럼)에 대한 산식만 구하고 싶다면 다음과 같이 하면 된다

```
pd.pivot_table(df, index = ['계정코드','계정과목'], values = '차변금액', aggfunc = 'sum')
                            거래처
계정코드    계정과목
10100       현금            37992648
10300       보통예금        6434956300
10800       외상매출금      2129424316
...
[159 rows x 1 columns]
```

- 여기서 복수의 칼럼에 대해서 산식을 구하고 싶으면 values = ['칼럼명1', '칼럼명2', ...] 형태로 넣으면 된다.

```
pd.pivot_table(df, index = ['계정코드','계정과목'], values = ['차변금액','대변금액'], aggfunc =
'sum')
                            대변금액        차변금액
계정코드    계정과목
10100       현금            323227674       367803972
10300       보통예금        116469441606    117268900714
10301       보통예금        0               449982824
...
[159 rows x 2 columns]
```

상기 결과에서 칼럼명 대변금액이 먼저 나오는 것은 디폴트로 오름차순으로 정리되기 때문이다. 이를 변경하는 방법에 대해서는 아래에서 설명하기로 한다.

(4) values와 columns의 차이

- pivot_table을 설명할 때 가장 혼돈스러운 것이 columns와 values의 사용방법이다. 여기서 columns는 어디까지나 선택적으로 적용하는 것이다. 이는 관심을 가지는 values를 추가로 구분하기 위하여 선택하는 옵션이다.

```
pd.pivot_table(df, index = ['계정코드','계정과목'], values = ['차변금액'], columns = '거래처',
aggfunc = ['sum'])
                        sum                  ...
                        차변금액              ...
거래처                   107.0   109.0  110.0  ...  98057.0  98058.0      99620.0
계정코드   계정과목
10100     현금          NaN     NaN    NaN        NaN      NaN          NaN
10300     보통예금       NaN     NaN    NaN        NaN      240462204.0  NaN
10301     보통예금       NaN     NaN    NaN        NaN      NaN          NaN
...
[101 rows x 1161 columns]
```

(5) NaN의 처리

- pivot_table에서 NaN을 처리하기 위해서는 fill_value 옵션을 이용한다. 아래에서는 NaN을 0으로 처리한다고 가정한다.

```
pd.pivot_table(df, index = ['계정코드','계정과목'], values = ['차변금액'], columns = ['거래처'],
aggfunc = [sum], fill_value = 0)
                        sum                  ...
                        차변금액              ...
거래처                   107.0   109.0  110.0  ...  98057.0  98058.0      99620.0
계정코드   계정과목
10100     현금          0       0      0          0        0            0
10300     보통예금       0       0      0          0        240462204.0  0
10301     보통예금       0       0      0          0        0            0
...
[101 rows x 1161 columns]
```

(6) margins 처리

- pivot_table의 오른쪽 끝과 아래 끝에 총계와 같은 산식을 넣고 싶은 경우에는 margins 옵션을 True로 설정하여 추가하면 된다.

```
pd.pivot_table(df, index = ['계정코드','계정과목'], values = ['차변금액'], columns = ['거래처'],
aggfunc = ['sum'], fill_value = 0, margins = True)
                        sum                      ...
                        차변금액                  ...
거래처                   107.0       109.0       ... 99620.0   All
계정코드   계정과목
10100     현금           0           0           ... 0         23652320
10300     보통예금        0           0           ... 0         117267494928
10301     보통예금        0           0           ... 0         449982824
...
93300     기부금          0           0           ... 0         94952800
94500     파생 상품 평가손실 0         0           ... 0         46481482
95600     지분법  평가  손실 0         0           ... 0         2656269950
96000     잡손실          0           0           ... 0         1478950
All                     10658560    374653946       4000000   268631585252
[102 rows x 1162 columns]
```

(7) 필터링

- pivot_table을 실행한 후에 인덱스에 대하여 필터링을 하고 싶은 경우에는 다음과 같이 인덱스 헤더와 인덱스 값을 조건식으로 설정한다.

```
pivot_table명.query("계정과목 == ['제품매출', '상품매출']")
```

query()함수는 전체를 쌍따옴표로 묶고, 필터링 하고 싶은 인덱스 값을 리스트 처리한다.

```
df1 = pd.pivot_table(df, index = ['계정코드','계정과목'], values = ['차변금액'],
                     columns = ['거래처'], aggfunc = ['sum'], fill_value = 0)
df1.query("계정과목 == ['제품매출', '상품매출']")
                    sum
                    차변금액
거래처               107.0   109.0   110.0   ...   98057.0  98058.0    99620.0
계정코드   계정과목
40100     상품매출    0       0       0       ...   0        0          0
40400     제품매출    0       0       0       ...   0        0          0
[2 rows x 1161 columns]
```

(8) 피봇 테이블 헤더 순서 변경

- 다음과 같이 피봇 테이블을 생성해보자.

```
df1 = pd.pivot_table(df, index = ['계정코드','계정과목'], values = ['차변금액', '대변금액'],
                     aggfunc = ['count','sum'], fill_value = 0)
                          count                 sum
                          대변금액      차변금액      대변금액        차변금액
계정코드    계정과목
10100      현금            166         166         323227674     367803972
10300      보통예금         2169        2169        116469441606  117268900714
10301      보통예금         2           2           0             449982824
10400      제예금           35          35          10460000000   12995303982
...
[159 rows x 4 columns]
```

- 상기 결과를 보면 values 순서가 **한글 오름차순**으로 **대변금액**이 먼저 나온다. 차변금액이 먼저 나오고 대변금액이 나중에 나오게 순서를 변경해보자. 이를 위해서는 다음과 같이 칼럼 인덱스의 구조를 파악할 필요가 있다.

```
df1.columns
MultiIndex([('count','대변금액'), ('count','차변금액'), ('sum','대변금액'), ('sum','차변금액')],)
```

상기 인덱스 구조를 도식적으로 나타내면 다음과 같다.

```
          axix = 1 ──────────────────────────────────────►
axix = 0   count                      sum                     level = 0
   ↓       대변금액      차변금액      대변금액    차변금액       level = 1
```

이제 대변금액과 차변금액의 level이 1이라는 것을 알았으니 칼럼의 인덱스를 다음과 같이 수정한다.

```
df1.reindex(['차변금액', '대변금액'], level = 1, axis = 1)
                             count                 sum
                             차변금액      대변금액      차변금액        대변금액
계정코드    계정과목
10100      현금              166         166         367803972      323227674
10300      보통예금           2169        2169        117268900714   116469441606
10301      보통예금           2           2           449982824      0
10400      제예금             35          35          12995303982    10460000000
10600      기타단기금융상품    1           1           0              14172728
...                          ...         ...         ...            ...
[159 rows x 4 columns]
```

(9) 피봇 테이블에서 칼럼 삽입

- 피봇 테이블에서 칼럼을 삽입하는 것은 일반적인 DataFrame에서 칼럼을 삽입하는 방법과 차이가 없다. 이제 차변잔액 칼럼과 대변잔액 칼럼을 넣어보자.

```
df2['차변잔액'] = [(i[0] - i[1]) if i[0] >= i[1] else 0
                   for i in zip(df2['sum']['차변금액'], df2['sum']['대변금액'])]
df2['대변잔액'] = [(i[1] - i[0]) if i[1] >= i[0] else 0
                   for i in zip(df2['sum']['차변금액'], df2['sum']['대변금액'])]
                     count              sum                              차변잔액      대변잔액
                     차변금액  대변금액  차변금액      대변금액
계정코드  계정과목
10100    현금         166     166     367803972     323227674      44576298     0
10300    보통예금      2169    2169    117268900714  116469441606   799459108
10301    보통예금      2       2       449982824     0              449982824
10400    제예금        35      35      12995303982   10460000000    2535303982
10600    기타단기금융상품 1     1       0             14172728                     14172728
...                  ...     ...     ...           ...            ...          ...
[159 rows x 6 columns]
```

(10) 피봇 테이블을 Fraudit 테이블로 전환하기

- 판다스의 피봇 테이블의 헤더(칼럼)의 레벨이 1 이상인 경우(칼럼 헤더의 레벨수가 2개 이상인 경우)에는 이를 레벨 0으로 먼저 전환해주어야 Fraudit 테이블로 전환할 수 있다. 여기서는 Python의 join() 함수를 이용하여 판다스의 피봇 테이블의 헤더를 하나로 합쳐주어 레벨 0으로 전환하는 것을 설명하겠다.

```
헤더 = map(list, list(df2.columns.values))  # ①
헤더리스트 = list(헤더)                      # ②
df2.columns = ['_'.join(col) if col[1] != '' else col[0] for col in 헤더리스트]    # ③
df3 = df2.reset_index()                     # ④
테이블 = Table(data = df3)                   # ⑤
테이블.view()                                # ⑥
                     count              sum                      차변잔액     대변잔액
[159 rows x 6 columns]
```

✓ **# ①** 에서 list(df2.columns.values)는 결과가 다음과 같이 나온다.

```
[('count', '차변금액'), ('count', '대변금액'), ('sum', '차변금액'),
 ('sum', '대변금액'), ('차변잔액', ''), ('대변잔액', '')]
```

✓ **# ② 헤더= map(list, list(df2.columns.values))**와 **헤더리스트 = list(헤더)** 는 다음과 같이

리스트의 원소를 리스트로 만들려고 하는 것이다.

```
[['count', '차변금액'], ['count', '대변금액'], ['sum', '차변금액'], ['sum', '대변금액'], ['차변잔액', ''], ['대변잔액', '']]
```

✓ **# ③ df2.columns = ['_'.join(col) if col[1] != '' else col[0] for col in 헤더리스트]** 는 헤더를 **['count_차변금액', 'count_대변금액', 'sum_차변금액', 'sum_대변금액', '차변잔액', '대변잔액']**와 같이 만들기 위해서 한 것이다.

✓ **# ④** 는 인덱스를 헤더로 나타내기 위하여 하는 것이다.

✓ **# ⑤** 는 DataFrame을 Fraudit의 테이블로 전환하는 Table() 함수를 사용한 것이다. Table() 함수는 Fraudit에서만 제공하는 함수로 data = DataFrame명으로 옵션을 설정하여 전환한다.

✓ **# ⑥** 은 Fraudit 테이블을 탭에 나타내는 view() 함수를 이용한 것이다. view() 함수 역시 Fraudit에서만 제공하는 함수이다.

4 groupby와 apply() 함수를 이용하여 시산표 만들기

- DataFrame에 특정 범주형 데이터들이 있을 경우 이 범주형 데이터를 기준으로 하여 특정 연산을 처리하고 싶을 때, 특정 범주로 데이터를 쪼개서 grouping하는 것이 groupby이다. Pandas에서는 이런 기능을 하나로 묶어서 처리할 수 있도록 하는 groupby 메쏘드를 제공한다. groupby 메쏘드가 실행되면 새로운 객체인 DataFrameGroupBy가 만들어진다.

(1) 단일 칼럼으로 그룹핑하기

- 예제파일인 '분개장.csv'을 DataFrame으로 불러오자.

```
import pandas as pd
from pandas import Series, DataFrame
df = pd.read_csv('분개장.csv', encoding = 'utf-8')
```

차변금액 칼럼과 대변금액 칼럼에 대해서 str과 replace() 함수를 이용하여 콤마(,)를 없앤 후 data type을 변경한다.

```
df['차변금액'] = df['차변금액'].str.replace(',','').astype('int64')
df['대변금액'] = df['대변금액'].str.replace(',','').astype('int64')
```

- 상기 df를 '계정과목' 칼럼으로 grouping을 해보자.

```
gb_1 = df.groupby(['계정과목'])
gb_1
<pandas.core.groupby.generic.DataFrameGroupBy object at 0x0000020D78B9BE48>
```

상기 결과는 df라는 DataFrame이 계정과목으로 그룹핑되었다는 것을 나타내는 object 결과이다. 그러므로 이는 아직까지는 DataFrame이 아니다(그룹핑만 된 상태라고 이해하면 된다). 이를 도식화하여 나타내면 다음과 같다.

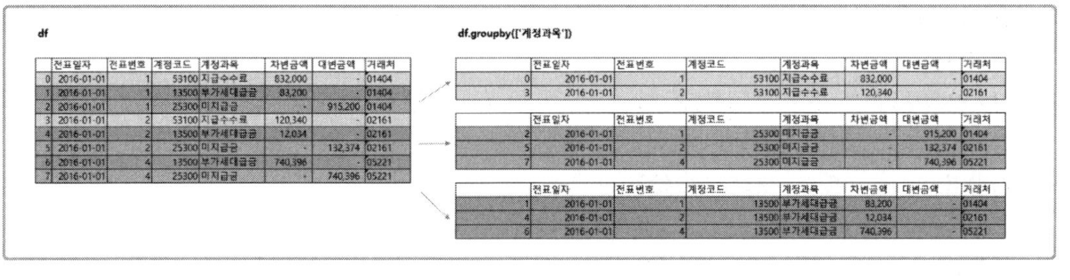

- 이제 다음과 같이 뒤에 연산을 하고 싶은 칼럼과 산식을 넣는다. 여기서는 **['차변금액'].sum()**을 추가하여 **계정과목**으로 grouping한 후 **['차변금액']의 합계**를 구한다.

```
gb_1['차변금액'].sum()
계정과목
감가상각누계액          12725274
감가상각비            2119835040
개발비              2242456492
건물                        0
건설중인자산            331380000
                  ...
파생상품  평가이익                0
파생상품부채            957287818
현금                367803972
회비                 86297500
회원권                       0
Name: 차변금액, Length: 136, dtype: int64
```

상기 결과 역시 DataFrame화된 것이 아님에 유의하기 바란다. 상기 결과를 도식화하여 나타내면 다음과 같다.

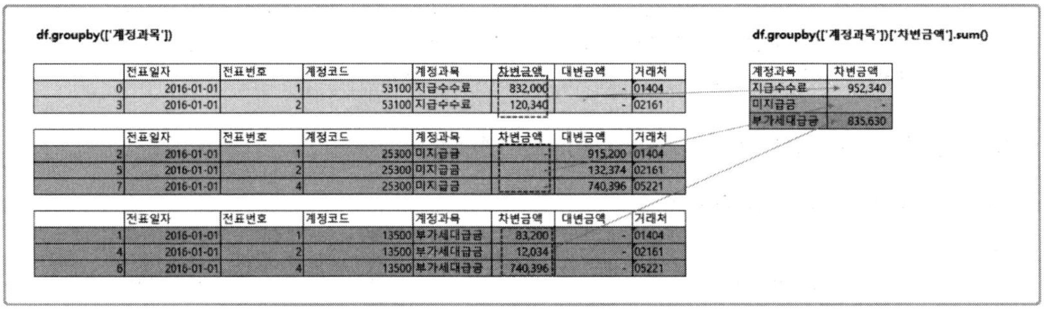

만약에 상기 결과를 DataFrame으로 변환하고 싶으면 다음과 같이 별도의 변수로 선언해 주어야 한다.

```
df_차변합계 = gb_1['차변금액'].sum()
df_차변합계
계정과목
감가상각누계액          12725274
감가상각비            2119835040
개발비              2242456492
건물                        0
건설중인자산            331380000
                  ...
파생상품  평가이익                0
```

```
파생상품부채           957287818
현금                 367803972
회비                  86297500
회원권                       0
Name: 차변금액, Length: 136, dtype: int64
```

(2) 복수 칼럼으로 그룹핑하기

- DataFrame을 복수 칼럼으로 groupby하기 위해서는 칼럼을 리스트 처리하면 된다.

```
gb_2 = df.groupby(['계정코드','계정과목'])
gb_2
<pandas.core.groupby.generic.DataFrameGroupBy object at 0x00000195613271C8>
```

```
df_차변합계 = gb_2['차변금액'].sum()
df_차변합계
계정코드   계정과목
10100    현금                  367803972
10300    보통예금              117268900714
10301    보통예금                449982824
10400    제예금                12995303982
10600    기타단기금융상품                  0
                      ...
95000    유형자산처분손실              2000
95600    지분법 평가 손실         2625267178
95800    무형자산손상차손          117333334
96000    잡손실                    1492672
99800    법인세비용              163954200
Name: 차변금액, Length: 159, dtype: int64
```

상기 결과를 도식화하여 나타내면 다음과 같다.

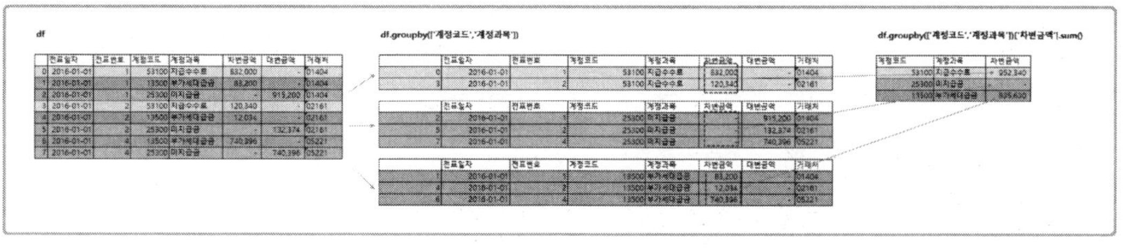

(3) groupby한 결과를 하나의 DataFrame으로 만들기

- groupby한 여러 개의 결과를 하나의 DataFrame으로 만드는 경우에는 일반적인 DataFrame 생성 방법을 이용하면 된다.

```
df_잔액시산표 = DataFrame(
                    {'빈도' : df.groupby(['계정코드','계정과목'])['차변금액'].count(),
                     '차변합계' : df.groupby(['계정코드','계정과목'])['차변금액'].sum(),
                     '대변합계' : df.groupby(['계정코드','계정과목'])['대변금액'].sum()}
                    )
df_잔액시산표.head()
                         빈도      차변합계          대변합계
계정코드  계정과목
10100     현금            166     367803972       323227674
10300     보통예금        2169  117268900714    116469441606
10301     보통예금           2     449982824               0
10400     제예금            35   12995303982     10460000000
10600     기타단기금융상품   1             0        14172728
```

- 그런데 상기 결과에서 인덱스는 다중 인덱스(계정코드와 계정과목)로 처리되어 있다. 따라서 이 인덱스를 풀어주려면 다음과 같이 reset_index() 함수를 뒤에 붙인다.

```
df_잔액시산표.reset_index().head()
   계정코드    계정과목       빈도        차변합계          대변합계
0  10100        현금           166       367803972       323227674
1  10300      보통예금        2169    117268900714    116469441606
2  10301      보통예금           2       449982824               0
3  10400       제예금           35     12995303982     10460000000
4  10600  기타단기금융상품       1               0        14172728
```

- 상기 결과를 도식화하여 나타내면 다음과 같다.

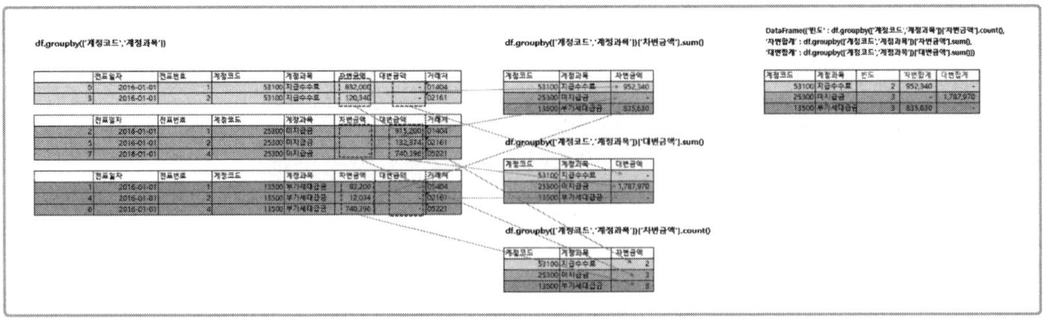

(4) apply() 함수를 이용하여 칼럼 추가하기

- Python의 리스트에 map() 함수를 적용하는 방법에 대해서 앞에서 설명하였는데, DataFrame에서는 map()대신에 apply()함수를 적용할 수 있다.
- apply() 함수는 DataFrame의 칼럼에 복잡한 연산을 쉽게 해줄 수 있으므로 매우 많이 활용된다. 다만 큰 용량의 DataFrame에서는 속도가 좀 느리다는 단점이 있다. 이를 보완하기 위한 방법은 추가로 설명하겠다.
- apply() 함수 안에서는 간단한 경우 lambda() 함수를 많이 적용하며, 복잡한 경우 사용자 정의 함수를 적용할 수 있다.
- lambda 함수는 사용자 정의 함수를 문법에 맞추어 작성하는 것보다 훨씬 간단하게 한줄 정도로 해결할 수 있는 함수이다. lambda() 함수와 apply() 함수는 다음과 같이 연결하여 사용된다.

```
DataFrame명.apply(lambda x : x['칼럼명']들의 조건식
                    if x['칼럼명']들의 조건식
                    else (x['칼럼명']들의 조건식 또는 값), axis = 1)
```

- 앞에서 df_잔액시산표를 생성하였다. 여기서 **차변합계** 칼럼과 **대변합계** 칼럼이 있으므로 이 두 칼럼을 이용하여 **차변잔액** 칼럼과 **대변잔액** 칼럼을 생성하고자 한다. 이 때 apply() 함수를 다음과 같이 적용할 수 있다.

```
df_잔액시산표['차변잔액'] = df_잔액시산표.apply(lambda x: x['차변합계']-x['대변합계']
                    if (x['차변합계'] >= x['대변합계'])
                    else 0, axis = 1) # ①
df_잔액시산표['대변잔액'] = df_잔액시산표.apply(lambda x: x['대변합계']-x['차변합계']
                    if (x['대변합계'] >= x['차변합계'])
                    else 0, axis = 1)  # ②
df_잔액시산표.head()
```

	계정코드	계정과목	빈도	차변합계	대변합계	차변잔액	대변잔액
0	10100	현금	166	367803972	323227674	44576298	0
1	10300	보통예금	2169	117268900714	116469441606	799459108	0
2	10301	보통예금	2	449982824	0	449982824	0
3	10400	제예금	35	12995303982	10460000000	2535303982	0
4	10600	기타단기금융상품	1	0	14172728	0	14172728

- # ①을 설명하면 다음과 같다.
  ✓ x는 **df_잔액시산표**를 입력변수(매개변수)로 받는 것이다.

  - ✓ **if (x['차변합계'] >= x['대변합계'])**이면 **df_잔액시산표['차변잔액']**은 **x['차변합계']-x['대변합계']**를 적용하고,
  - ✓ else(즉, x['차변합계'] < x['대변합계'])이면 df_잔액시산표['차변잔액']은 **0**을 적용한다.
  - ✓ axis = 1은 열 방향으로 칼럼의 연산을 적용하라는 의미이다(axis = 0으로 하면 안된다).
- # ②를 설명하면 다음과 같다.
  - ✓ x는 **df_잔액시산표**를 입력변수(매개변수)로 받는 것이다.
  - ✓ **if (x['대변합계'] >= x['차변합계'])**이면 **df_잔액시산표['대변잔액']**은 **x['대변합계']-x['차변합계']**를 적용하고,
  - ✓ else(즉, x['대변합계'] < x['차변합계'])이면 df_잔액시산표['대변잔액']은 **0**을 적용한다.
  - ✓ axis = 1은 열 방향으로 칼럼의 연산을 적용하라는 의미이다(axis = 0으로 하면 안된다).

보충설명 **apply() 함수 대신 리스트 컴프리헨션을 이용하기**

apply() 함수는 매우 유용한 함수이기는 하지만 아주 큰 DataFrame에서는 속도의 약점이 있다. 이를 보완하기 위해서 리스트 컴프리헨션을 사용하는 것도 가능하다. apply() 함수를 이용하여 아래와 같이 작성하였다고 가정하자.

```
df_잔액시산표['차변잔액'] = df_잔액시산표.apply(lambda x: x['차변합계']-x['대변합계']
                        if (x['차변합계'] >= x['대변합계'])
                        else 0, axis = 1)
```

리스트 컴프리헨션을 이용하면 동일한 결과를 생성하면서 속도는 10배 이상 빠르다.

```
df_잔액시산표['차변잔액'] = [i[0] - i[1] if i[0] >= i[1] else 0
                        for i in zip(df_잔액시산표['차변합계'],df_잔액시산표['대변합계'])]
```

5 transform() 함수를 이용하여 분개패턴 분석하기

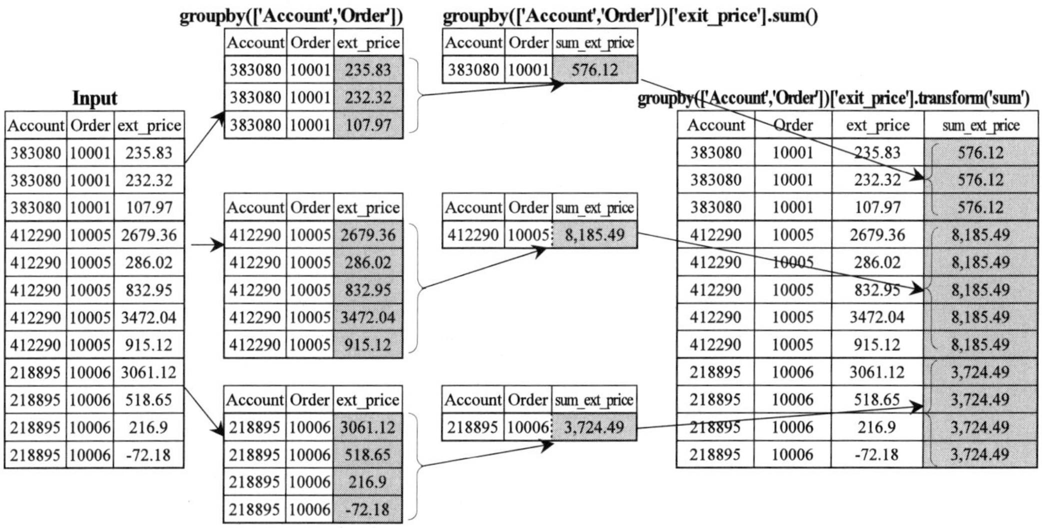

- transform() 함수는 상기 그림에서 보듯이 groupby로 세분화된 DataFrame의 특정 칼럼에 대한 함수 값(요약)을 groupby로 세분화된 DataFrame별로 추가 칼럼으로 개별 레코드에 넣는 기능을 제공한다.
- 예제파일인 '분개장.csv'을 DataFrame으로 불러오자.

```
import pandas as pd
from pandas import Series, DataFrame
df = pd.read_csv('분개장.csv', encoding = 'utf-8')
```

차변금액 칼럼과 대변금액 칼럼에 대해서 str과 replace() 함수를 이용하여 콤마(,)를 없앤 후 data type을 변경한다.

```
df['차변금액'] = df['차변금액'].str.replace(',','').astype('int64')
df['대변금액'] = df['대변금액'].str.replace(',','').astype('int64')
```

- 앞서 Fraudit의 Patterns by journal entry 메뉴 실행 결과 생성되는 **분개장_분개패턴_총괄** 테이블과 **분개장_분개패턴_상세** 테이블을 이해하기 위해서 컴퓨터가 어떻게 분개패턴을 구분하는지를 설명하였다. 즉, 어떤 분개가 독특(unique)하다는 것을 아래 그림의 계정코드_1의 합계와 계정코드_1의 표준편차의 조합으로 구분할 수 있다는 것을 설명하였다.

	A	B	C	D	E	F	G	H	I
1									
2	1번 분개	전표일자	전표번호	계정코드	계정코드_1	계정과목	차변금액	대변금액	거래처
3		2016-01-01	1	53100	53100	지급수수료	832,000		01404
4		2016-01-01	1	13500	13500	부가세대급금	83,200		01404
5		2016-01-01	1	25300	-25300	미지급금		915,200	01404
6			차변대변합계				915,200	915,200	
7			계정코드합계	91900					
8			계정코드_1합계		41300				
9									
10									
11									
12									
13	2번 분개	전표일자	전표번호	계정코드	계정코드_1	계정과목	차변금액	대변금액	거래처
14		2016-01-01	2	53100	-53100	지급수수료		832,000	01404
15		2016-01-01	2	13500	-13500	부가세대급금		83,200	01404
16		2016-01-01	2	25300	25300	미지급금	915,200		01404
17			차변대변합계				915,200	915,200	
18			계정코드합계	91900					
19			계정코드_1합계		-41300				

	A	B	C	D	E	F	G	H	I
1									
2	1번 분개	전표일자	전표번호	계정코드	계정코드_1	계정과목	차변금액	대변금액	거래처
3		2016-01-01	1	53100	53100	지급수수료	832,000		01404
4		2016-01-01	1	13500	13500	부가세대급금	83,200		01404
5		2016-01-01	1	25300	-25300	미지급금		915,200	01404
6			차변대변합계				915,200	915,200	
7			계정코드합계	91900					
8			계정코드_1합계		41300				
9			계정코드_1 표준편차		39200.68027				
10									
11									
12	2번 분개	전표일자	전표번호	계정코드	계정코드_1	계정과목	차변금액	대변금액	거래처
13		2016-01-01	3	14600	14600	상품	832,000		01404
14		2016-01-01	3	14700	14700	제품	832,000		01404
15		2016-01-01	3	14900	14900	원재료	832,000		01404
16		2016-01-01	3	15200	15200	부재료	832,000		01404
17		2016-01-01	3	13500	13500	부가세대급금	332,800		01404
18		2016-01-01	3	31600	-31600	파생상품부채		3,660,800	01404
19			차변대변합계				3,660,800	3,660,800	
20			계정코드합계	104500					
21			계정코드_1합계		41300				
22			계정코드_1 표준편차		18861.75142				

- 따라서 df['계정코드1'] 칼럼을 다음과 같이 df에 추가한다.

```
df['계정코드1'] = [ i[2] if i[0] > 0 and i[1] == 0
                    else (-i[2] if i[0] < 0 and i[1] == 0
                    else (-i[2] if i[0] == 0 and i[1] > 0
                    else (i[2] if i[0] == 0 and i[1] < 0
                    else 0)))
                    for i in zip(df['차변금액'], df['대변금액'], df['계정코드']) ]
```

- 이제, df을 전표일자와 전표번호로 groupby 한다.

```
gb_전표번호_일자 = df.sort_values(['전표일자','전표번호']).groupby(['전표일자','전표번호'])
```

- 이제, df에 transform() 함수를 이용하여 아래와 같이 칼럼을 추가한다.

```
df['계정코드1합계'] = gb_전표번호_일자['계정코드1'].transform("sum")
df['계정코드1표준편차'] = gb_전표번호_일자['계정코드1'].transform("std")
df['계정코드1개수'] = gb_전표번호_일자['계정코드1'].transform("count")
df['차변합계'] = gb_전표번호_일자['차변금액'].transform("sum")
df['차변Max'] = gb_전표번호_일자['차변금액'].transform("max")
```

• df의 중간 결과를 확인하기 위하여 df를 Fraudit 테이블로 변환해보자.

```
테이블 = Table(data = df)
테이블.view()
```

	전표일자	전표번호	계정코드	계정과목	차변금액	대변금액	거래처	승인일자	프로젝트코드	계정코드1	계정코드1합계	계정코드1표준편차	계정코드1개수	차변합계	차변Max
0	2016-01-01	1	53100	지급수수료	832000	0	1404.0	2016-01-01	0001	53100	41300	39200.68026620627	3	915200	832000
1	2016-01-01	1	13500	부가세대급금	83200	0	1404.0	2016-01-01	nan	13500	41300	39200.68026620627	3	915200	832000
2	2016-01-01	1	25300	미지급금	0	915200	1404.0	2016-01-01	0031	-25300	41300	39200.68026620627	3	915200	832000
3	2016-01-01	2	53100	지급수수료	120340	0	2161.0	2016-01-01	0026	53100	41300	39200.68026620627	3	132374	120340
4	2016-01-01	2	13500	부가세대급금	12034	0	2161.0	2016-01-01	nan	13500	41300	39200.68026620627	3	132374	120340
5	2016-01-01	2	25300	미지급금	0	132374	2161.0	2016-01-01	0033	-25300	41300	39200.68026620627	3	132374	120340
6	2016-01-01	4	13500	부가세대급금	740396	0	5221.0	2016-01-01	nan	13500	-11800	27435.743110038045	2	740396	740396
7	2016-01-01	4	25300	미지급금	0	740396	5221.0	2016-01-01	0031	-25300	-11800	27435.743110038045	2	740396	740396
8	2016-01-01	6	82300	경상연구개발비	4723200	0	5337.0	2016-01-01	0018	82300	151100	54964.10950186798	3	5500926	4723200
9	2016-01-01	6	81900	임차료	777726	0	5337.0	2016-01-01	0009	81900	151100	54964.10950186798	3	5500926	4723200
10	2016-01-01	6	13100	선급금	0	5500926	5337.0	2016-01-01	nan	-13100	151100	54964.10950186798	3	5500926	4723200
11	2016-01-01	7	81100	복리후생비	4000000	0	5676.0	2016-01-01	0001	81100	68000	66609.45878777278	2	4000000	4000000
12	2016-01-01	7	13100	선급금	0	4000000	5676.0	2016-01-01	nan	-13100	68000	66609.45878777278	2	4000000	4000000
13	2016-01-01	8	82300	경상연구개발비	1400000	0	5709.0	2016-01-01	0018	82300	69200	67457.98692519663	2	1400000	1400000
14	2016-01-01	8	13100	선급금	0	1400000	5709.0	2016-01-01	nan	-13100	69200	67457.98692519663	2	1400000	1400000
15	2016-01-01	9	10800	외상매출금	41875560	0	1403.0	2016-01-01	0006	10800	-29600	26988.39256668195	3	41875560	41875560
16	2016-01-01	9	25500	부가세예수금	0	0	1403.0	2016-01-01	nan	0	-29600	26988.39256668195	3	41875560	41875560
17	2016-01-01	9	40400	제품매출	0	41875560	1403.0	2016-01-01	0006	-40400	-29600	26988.39256668195	3	41875560	41875560
18	2016-01-01	10	10800	외상매출금	24963600	0	1791.0	2016-01-01	0006	10800	-29600	26988.39256668195	3	24963600	24963600
19	2016-01-01	10	25500	부가세예수금	0	0	1791.0	2016-01-01	nan	0	-29600	26988.39256668195	3	24963600	24963600
20	2016-01-01	10	40400	제품매출	0	24963600	1791.0	2016-01-01	0006	-40400	-29600	26988.39256668195	3	24963600	24963600
21	2016-01-01	11	10800	외상매출금	5625600	0	3286.0	2016-01-01	0006	10800	-29600	26988.39256668195	3	5625600	5625600
22	2016-01-01	11	25500	부가세예수금	0	0	3286.0	2016-01-01	nan	0	-29600	26988.39256668195	3	5625600	5625600
23	2016-01-01	11	40400	제품매출	0	5625600	3286.0	2016-01-01	0006	-40400	-29600	26988.39256668195	3	5625600	5625600

상기와 같이 transform() 함수를 사용한 칼럼이 각각 추가된 것을 확인할 수 있다.

• 다음은 groupby로 세분화된 DataFrame의 특정 칼럼에 대한 함수 값을 요약한 테이블을 만드는 코드이다. 이는 Fraudit의 summarize 메뉴 실행 결과와 유사하다고 볼 수 있다.

```
df_일자번호 = DataFrame(
        {'계정코드1합계' : gb_전표번호_일자['계정코드1'].sum(),
        '계정코드1표준편차' : gb_전표번호_일자['계정코드1'].std(),
        '계정코드1개수' : gb_전표번호_일자['계정코드1'].count(),
        '차변합계' : gb_전표번호_일자['차변금액'].sum(),
        '차변Max' : gb_전표번호_일자['차변금액'].max()
        }).reset_index()
```

	전표일자	전표번호	계정코드1합계	계정코드1표준편차	계정코드1개수	차변합계	차변Max
0	2016-01-01	1	41300	39200.68026620627	3	915200	832000
1	2016-01-01	2	41300	39200.68026620627	3	132374	120340
2	2016-01-01	4	-11800	27435.743110038045	2	740396	740396
3	2016-01-01	6	151100	54964.10950186798	3	5500926	4723200
4	2016-01-01	7	68000	66609.45878777278	2	4000000	4000000
5	2016-01-01	8	69200	67457.98692519663	2	1400000	1400000
6	2016-01-01	9	-29600	26988.39256668195	3	41875560	41875560
7	2016-01-01	10	-29600	26988.39256668195	3	24963600	24963600
8	2016-01-01	11	-29600	26988.39256668195	3	5625600	5625600
9	2016-01-01	12	95000	49601.37766903926	4	582544710	582544710
10	2016-01-01	13	-5700	22556.706319850866	2	2000000	2000000

• 이제 어떤 칼럼을 기준으로 groupby한 계정코드1합계와 계정코드1표준편차 칼럼을 기준으로 groupby 한다.

```
gb_계정코드 = df.groupby(['계정코드1합계','계정코드1표준편차'])
```

다음은 아래 그림과 같이 groupby한 테이블 그룹의 인덱스를 transform() 함수 기능처럼 DataFrame별로 추가 칼럼으로 개별 레코드에 넣는 기능을 제공하기 위하여 ngroup() 함수를 사용해보자.

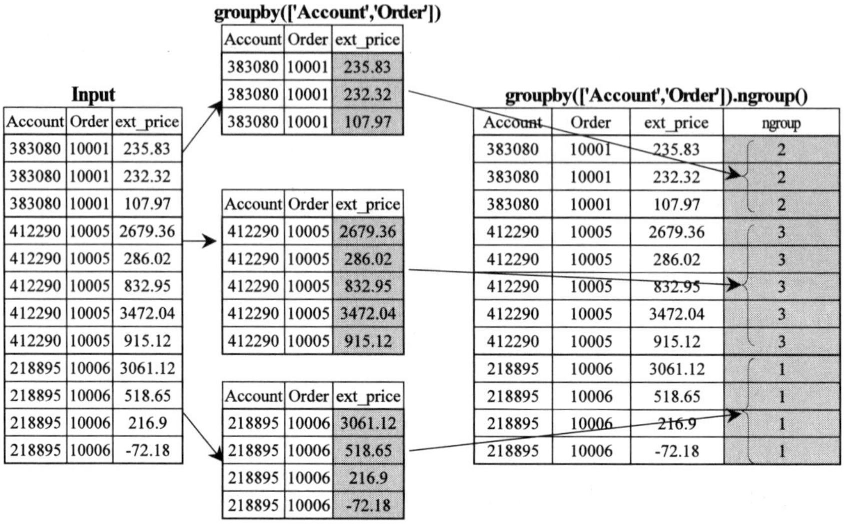


```
df['S_index'] = gb_계정코드.ngroup()
```

상기와 같이 코드를 작성하면 아래 테이블의 S_index 칼럼처럼 groupby된(계정코드1합계와 계정코드1표준편차로) 테이블의 인덱스를 추가 칼럼으로 개별 레코드에 넣는다.

	전표일자	전표번호	계정코드	계정과목	차변금액	대변금액	거래처	승인일자	프로젝트코드	계정코드1	계정코드1합계	계정코드1표준편차	계정코드1개수	차변합계	차변Max	S_index
0	2016-01-01	1	53100	지급수수료	832000	0	1404.0	2016-01-01	0001	53100	41300	39200.68026620627	3	915200	832000	443
1	2016-01-01	1	13500	부가세대급금	83200	0	1404.0	2016-01-01	nan	13500	41300	39200.68026620627	3	915200	832000	443
2	2016-01-01	1	25300	미지급금	0	915200	1404.0	2016-01-01	0031	-25300	41300	39200.68026620627	3	915200	832000	443
3	2016-01-01	2	53100	지급수수료	120340	0	2161.0	2016-01-01	0026	53100	41300	39200.68026620627	3	132374	120340	443
4	2016-01-01	2	13500	부가세대급금	12034	0	2161.0	2016-01-01	nan	13500	41300	39200.68026620627	3	132374	120340	443
5	2016-01-01	2	25300	미지급금	0	132374	2161.0	2016-01-01	0033	-25300	41300	39200.68026620627	3	132374	120340	443
6	2016-01-01	4	13500	부가세대급금	740396	0	5221.0	2016-01-01	nan	13500	-11800	27435.743110038045	2	740396	740396	237
7	2016-01-01	4	25300	미지급금	0	740396	5221.0	2016-01-01	0031	-25300	-11800	27435.743110038045	2	740396	740396	237
8	2016-01-01	6	82300	경상연구개발비	4723200	0	5337.0	2016-01-01	0018	82300	151100	54964.10950186798	3	5500926	4723200	749
9	2016-01-01	6	81900	임차료	777726	0	5337.0	2016-01-01	0009	81900	151100	54964.10950186798	3	5500926	4723200	749
10	2016-01-01	6	13100	선급금	0	5500926	5337.0	2016-01-01	nan	-13100	151100	54964.10950186798	3	5500926	4723200	749
11	2016-01-01	7	81100	복리후생비	4000000	0	5676.0	2016-01-01	0001	81100	68000	66609.45878777278	2	4000000	4000000	508
12	2016-01-01	7	13100	선급금	0	4000000	5676.0	2016-01-01	nan	-13100	68000	66609.45878777278	2	4000000	4000000	508
13	2016-01-01	8	82300	경상연구개발비	1400000	0	5709.0	2016-01-01	0018	82300	69200	67457.98692519663	2	1400000	1400000	513
14	2016-01-01	8	13100	선급금	0	1400000	5709.0	2016-01-01	nan	-13100	69200	67457.98692519663	2	1400000	1400000	513

- 다음은 groupby로(계정코드1합계와 계정코드1표준편차 칼럼을 기준으로) 세분화된 DataFrame의 특정 칼럼에 대한 함수 값을 요약한 테이블을 만드는 코드이다. 이는 Fraudit의 summarize 메뉴 실행 결과와 유사하다고 볼 수 있다.

```
gb_일자번호계정 = df_일자번호.groupby(['계정코드1합계','계정코드1표준편차'])
df_분개패턴 =  DataFrame(
                {'계정코드1빈도' : gb_일자번호계정['계정코드1개수'].count(),
                '계정코드1레코드수' : gb_일자번호계정['계정코드1개수'].sum(),
```

```
'차변합계' : gb_일자번호계정['차변합계'].sum(),
'차변Max' : gb_일자번호계정['차변합계'].max()
}).reset_index()
```

	계정코드1합계	계정코드1표준편차	계정코드1빈도	계정코드1레코드수	차변합계	차변Max
0	-1072200.0	14427.042909049902	3.0	66.0	45834108808.0	18490075556.0
1	-1018500.0	14739.606507637845	3.0	63.0	18743448018.0	9289434072.0
2	-385300.0	23452.795456376083	1.0	22.0	278637846.0	278637846.0
3	-350700.0	18590.525446141546	1.0	11.0	31997846.0	31997846.0
4	-320100.0	26489.402709052407	1.0	17.0	141448230.0	141448230.0
5	-319100.0	53779.017212177576	5.0	65.0	0.0	0.0
6	-290300.0	49478.658699146916	1.0	6.0	45145700.0	45145700.0
7	-281500.0	54865.51740392138	2.0	20.0	0.0	0.0
8	-270200.0	20263.4386135336	6.0	54.0	154486634.0	35770004.0
9	-265600.0	34108.18921356822	1.0	8.0	8171690.0	8171690.0
10	-265300.0	34099.30613035151	1.0	8.0	18393216.0	18393216.0
11	-259000.0	31072.567393835427	1.0	10.0	67437000.0	67437000.0
12	-253000.0	55593.83958677436	1.0	5.0	29660000.0	29660000.0

| 제5장 |

사례분석 -카드/입찰부정

01 | 지출이 허용되지 않는 업종에 대한 지출적발

1 사례의 개요 및 목적

- 업종코드 테이블에는 종업원이 구입카드를 가지고 사용할 수 있는 업종코드가 있다(즉, 해당 코드에 있는 업종만 구입하게 한다는 의미이다).
- 본 사례는 지출이 허용되지 않는 업종 코드를 사용한 거래가 있는지를 발견하기 위한 것이다.

2 사례 파일

- **구매거래.tbl** 와 『**업종코드.tbl**

3 사례 파일의 테이블 구조

(1) 구매거래.tbl

칼럼명	데이터 타입	설명
거래번호	string	거래번호를 나타내는 시퀀스
계정코드	string	계정코드
거래일자	string	거래일자를 나타내는 string
금액	integer	거래금액
지급거래처	string	구매거래가 발생한 거래처
업종코드	string	지급거래처의 업종코드

(2) 업종코드.tbl

칼럼명	데이터 타입	설명
업종코드	string	지급이 허용되는 업종코드

4 Fraudit과 Python 활용 절차

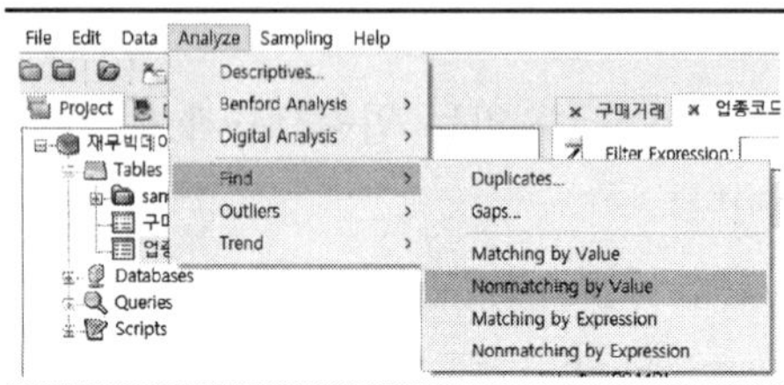

(1) Analyze >> Find >> Nonmatching by Value 를 선택한다.

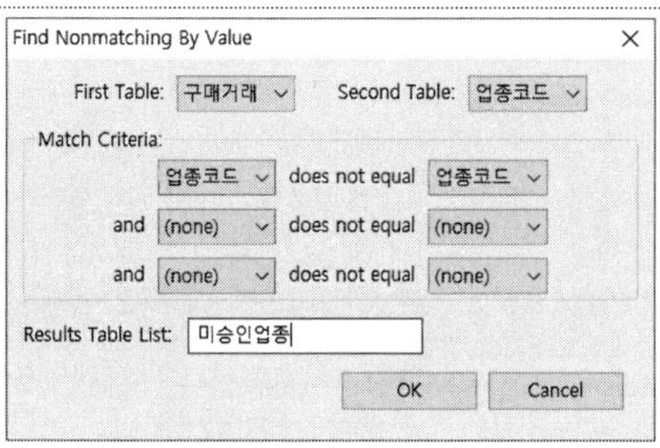

(2) First Table : ***구매거래*** 선택
Second Table : ***업종코드*** 선택
(3) Match Criteria :
- 첫 번째 테이블 : ***업종코드*** 선택
- 두 번째 테이블 : ***업종코드*** 선택

(4) Resutls Table List : ***미승인업종*** 입력
(5) OK 버튼을 누른다.

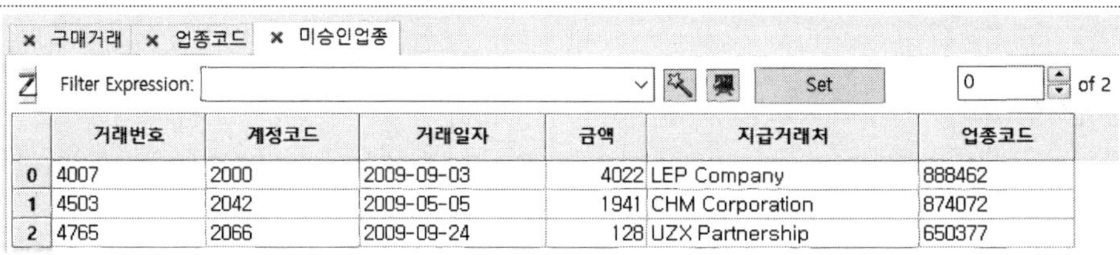

	거래번호	계정코드	거래일자	금액	지급거래처	업종코드
0	4007	2000	2009-09-03	4022	LEP Company	888462
1	4503	2042	2009-05-05	1941	CHM Corporation	874072
2	4765	2066	2009-09-24	128	UZX Partnership	650377

(6) 첫 번째 sub table에서 ***업종코드*** 칼럼의 값은 ***업종코드*** 테이블의 ***업종코드*** 칼럼에 없는(Nonmatching된 즉 승인받지 아니한) 경우를 보여준다.
(7) 두 번째 sub table에 내용이 하나도 없다는 것은 ***업종코드*** 테이블의 ***업종코드*** 값이 ***구매거래*** 테이블의 ***업종코드***에 Nonmatching되는 것이 없다는 것이다(즉, 모두 matching이 된다는 것이다)

02 | 비정상적인 카드 거래

1 사례의 개요 및 목적

- 종업원의 카드 거래건수와 거래금액을 검토하여 비정상적으로 거래건수가 많거나 거래금액이 높은 경우를 발견한다. 이 때 통계적인 접근방법인 Z-score를 활용할 수 있다.

2 사례 파일

- **구매거래.tbl** 와 **구매카드.tbl**

3 사례 파일의 테이블 구조

(1) 구매거래.tbl

- **사례 01의 구매거래.tbl** 참조

(2) 구매카드.tbl

칼럼명	데이터 타입	설명
계정코드	string	계정코드
종업원번호	string	종업원번호
카드총한도	integer	카드 지출의 총한도 금액
단일거래한도	integer	1회 카드 사용시 지출한도 금액

4 Fraudit과 Python 활용 절차

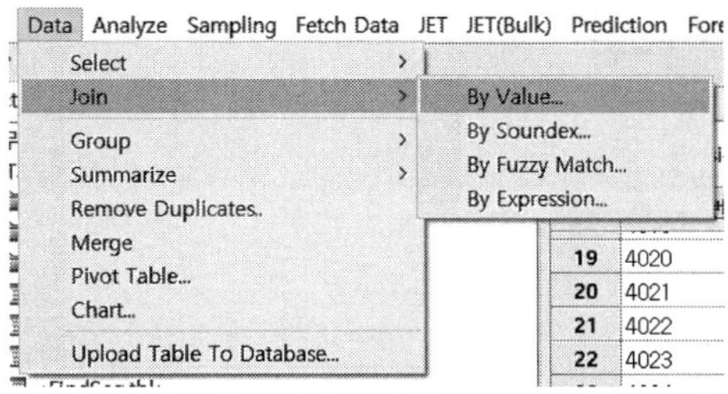

(1) Data >> Join >> By Value 메뉴를 선택한다.

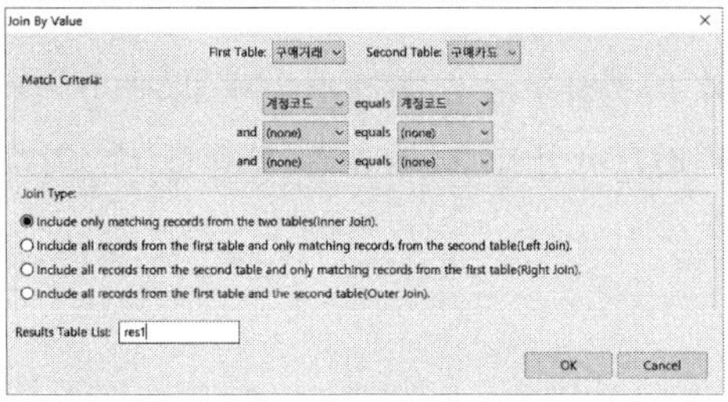

(2) First Table : ***구매거래*** 선택
Second Table : ***구매카드*** 선택
(3) Match Criteria :
첫 번째 조건 : ***계정코드*** , ***계정코드*** 선택
(4) Join Type : ***Inner Join*** 선택
(5) Results Table : ***res1*** 입력
(6) OK 버튼을 누른다.

	거래번호	계정코드_L	계정코드_R	거래일자	금액	지급거래처	업종코드	종업원번호	카드총한도	단일거래한도
0	4001	2000	2000	2009-08-14	9318	UQD Incorporated	211144	1001	50000	10000
1	4001	2000	2000	2009-08-14	9318	UQD Incorporated	211144	1001	50000	10000
2	4002	2000	2000	2009-08-16	2991	TSR Company	678888	1001	50000	10000
3	4004	2000	2000	2009-08-26	6329	XHA Consulting	439472	1001	50000	10000
4	4005	2000	2000	2009-08-28	6522	NDX Systems	504967	1001	50000	10000
5	4006	2000	2000	2009-09-02	4440	INM Incorporated	899538	1001	50000	10000
6	4007	2000	2000	2009-09-03	4022	LEP Company	888462	1001	50000	10000
7	4008	2000	2000	2009-09-09	5007	CEI Consulting	211144	1001	50000	10000
8	4009	2000	2000	2009-09-12	5747	REF Corporation	866160	1001	50000	10000
9	4010	2000	2000	2009-09-16	1366	JVM Company	485094	1001	50000	10000
10	4011	2000	2000	2009-09-17	4646	ADC Consulting	318277	1001	50000	10000
11	4012	2000	2000	2009-09-22	8078	BXZ Consulting	211144	1001	50000	10000

(7) Join 결과가 상기와 같이 나타난다.

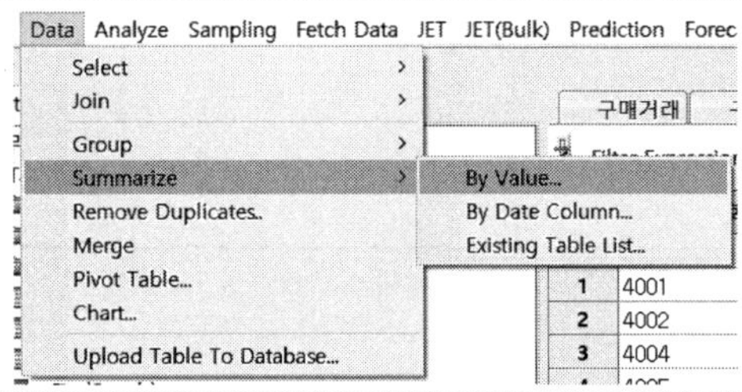

(8) Data >> Summarize >> By Value 메뉴를 선택한다.

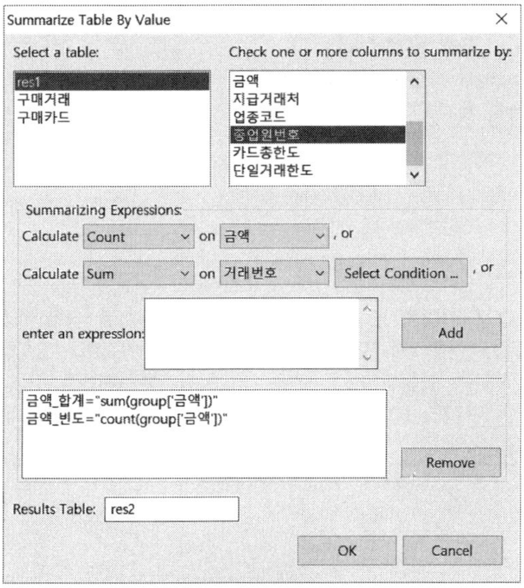

(9) Select a table : ***res1*** 선택

(10) Check one or more columns to summarize by : ***종업원번호*** 체크

(11) Summarizing Expressions :

- Calculate Sum on 금액
  Add 버튼 누르고 ***금액_합계*** 입력
- Calculate Count on 금액
  Add 버튼 누르고 ***금액_빈도*** 입력

(12) Results Table : ***res2*** 입력

(13) OK 버튼을 누른다.

	종업원번호	금액_합계	금액_빈도
0	1004	217258	71
1	1021	217104	48
2	1010	170468	40
3	1014	138836	69
4	1072	118499	19
5	1003	118289	81
6	1002	114318	49
7	1017	107505	69
8	1030	85428	19
9	1011	84051	23
10	1001	81005	22

(14) res2 테이블에서 ***금액_합계*** 칼럼을 내림차순으로 정렬하면 ***종업원번호 1004***가 거래금액이 가장 크다.

	종업원번호	금액_합계	금액_빈도
0	1003	118289	81
1	1005	58289	73
2	1004	217258	71
3	1014	138836	69
4	1017	107505	69
5	1002	114318	49
6	1021	217104	48
7	1010	170468	40
8	1038	51646	31
9	1019	77515	24

(15) res2 테이블에서 ***금액_빈도*** 칼럼을 내림차순으로 정렬하면 ***종업원번호 1003***이 거래건수가 가장 많다.

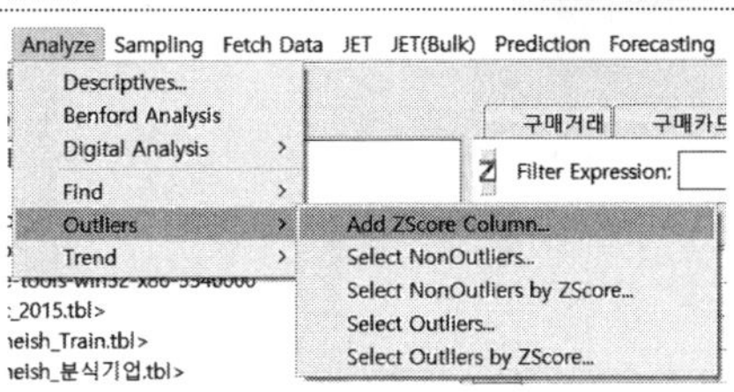

(16) Analyze >> Outliers >> Add ZScore Column 메뉴를 선택한다.

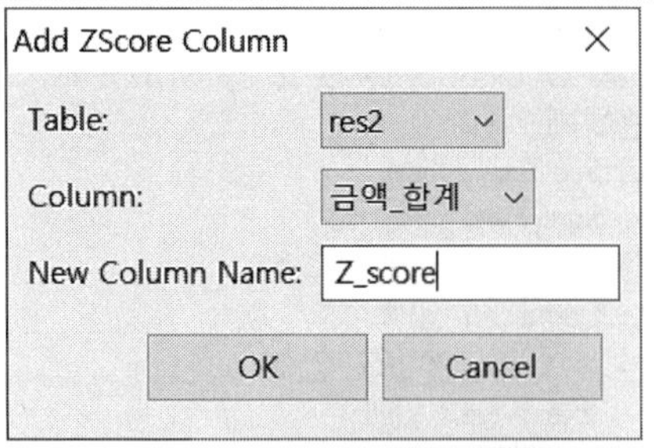

(17)Table : ***res2*** 선택
(18)Column : ***금액_합계*** 선택
(19)New Column Name : ***Z_score*** 입력
(20)OK 버튼을 누른다.

	종업원번호	금액_합계	Z_score	금액_빈도
0	1004	217258	[illegible]	71
1	1021	217104	[illegible]	48
2	1010	170468	[illegible]	40
3	1014	138836	[illegible]	69
4	1072	118499	[illegible]	19

(21)res2 테이블의 Z_score 칼럼을 내림차순으로 정렬한다. ***종업원번호 1004***의 경우 Z_Score값이 2.97이다. 2.5를 초과하면 확률이 매우 낮은 경우이다. 종업원번호 1004 뿐만 아니라 1021, 1010에 대해서도 추가적인 검토가 필요할 것이다.

03 | 최저입찰이 아닌 낙찰자

1 사례의 개요 및 목적

- 경쟁입찰에서 가장 낮은 금액이 아닌 입찰자가 낙찰되는 경우가 있을 수 있다. 본 사례는 이러한 경우를 발견하기 위한 것이다.

2 사례 파일

- Bid.tbl과 Project.tbl

3 사례 파일의 테이블 구조

(1) Bid.tbl

칼럼명	데이터 타입	설명
입찰번호	string	입찰번호(시퀀스)
프로젝트번호	string	프로젝트 번호
입찰자번호	string	입찰자를 나타내는 번호
입찰일자	DateTime	입찰일자
입찰금액	Decimal Number	입찰금액

(2) Project.tbl

칼럼명	데이터 타입	설명
프로젝트번호	string	프로젝트 번호
성명	string	입찰자의 담당자 성명(같은 입찰자번호라도 해당 입찰자의 담당자 성명은 다를 수 있음)
총예산	Decimal Number	프로젝트의 총예산
입찰시작일자	DateTime	입찰이 시작되는 일자
입찰종료일자	DateTime	입찰이 종료되는 일자

칼럼명	데이터 타입	설명
낙찰입찰번호	string	낙찰이 된 입찰번호(Bid 테이블 참조)
입찰금액	Decimal Number	입찰금액(낙찰자의 입찰금액)
프로젝트시작일자	string	프로젝트가 시작되는 일자
프로젝트종료일자	string	프로젝트가 종료되는 일자

4 Fraudit과 Python 활용 절차

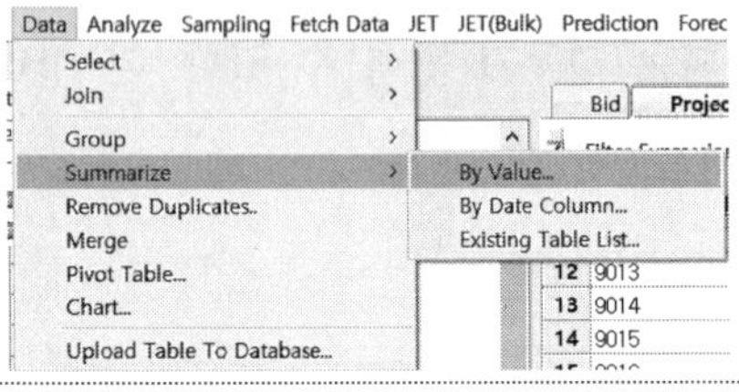

(1) Data >> Summarize >> By Value 메뉴를 선택한다.

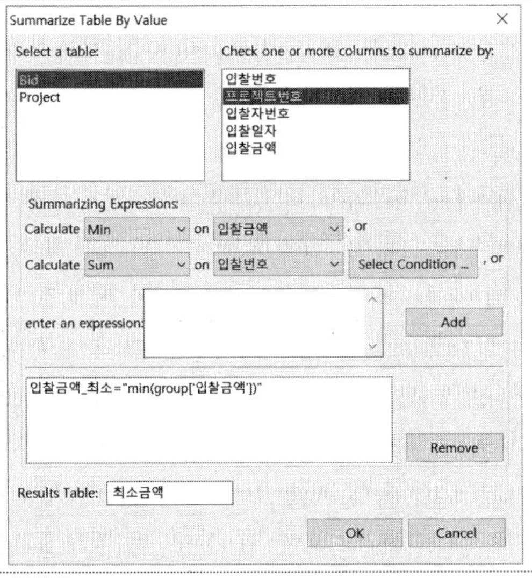

(2) Select a table : ***Bid*** 선택

(3) Check one or more columns to summarized by : ***프로젝트번호*** 선택

(4) Summarizing Expressions :

- Calculate Min on 입찰금액
  Add 버튼 누르고 ***입찰금액_최소*** 입력

(5) Results Table : ***최소금액*** 입력

(6) OK 버튼을 누른다.

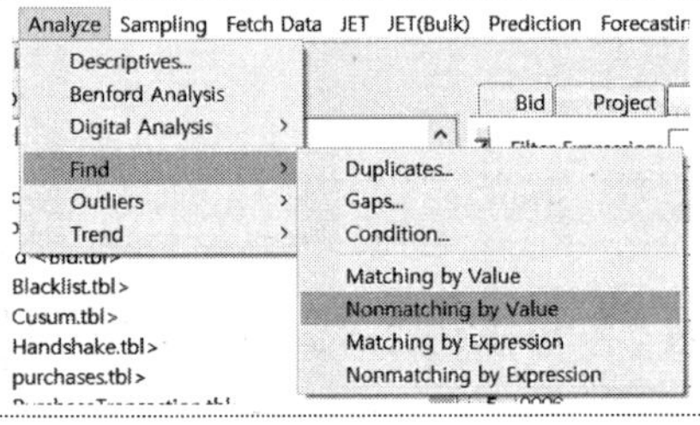

(7) Analyze >> Find >> Nonmatching by Value 메뉴를 선택한다.

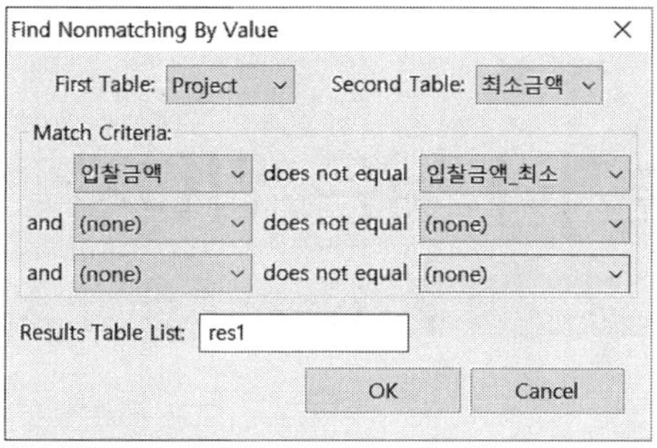

(8) First Table : ***Project*** 선택
Second Table : ***최소금액*** 선택

(9) Match Criteria:

- 입찰금액 does not equal 입찰금액_최소

(10) Results Table List : ***res1*** 입력

(11) OK 버튼을 누른다.

Filter Expression: Set   0 of 2

	프로젝트번호	성명	총예산	입찰시작일자	입찰종료일자	낙찰입찰번호	입찰금액	프로젝트시작일자	프로젝트종료일자
0	9019	Gloomy Nitrogen	475,070.00	2009-10-02	2009-11-05 00:00:00	5076	994550.56	2009-12-13	2010-09-24

(12) 첫 번째 sub table은 ***Project*** 테이블에서 ***최소금액*** 테이블과 ***Nonmatch***되는(즉, 입찰금액_최소와 입찰금액이 다른) ***프로젝트번호가 9019***임을 보여준다.

Filter Expression: Set   1 of 2

	프로젝트번호	입찰금액_최소
0	9019	460945.15

(13) 두 번째 sub table은 ***최소금액*** 테이블에서 ***Project*** 테이블과 ***Nonmatch***되는(즉, 입찰금액_최소와 입찰금액 다른) ***프로젝트번호가 9019***임을 보여준다.

04 | 입찰금액이 너무 높거나 낮은 입찰자

1 사례의 개요 및 목적

- 경쟁입찰 금액에 대해서 Z-score 테스트를 수행하는 경우 해당 입찰금액이 비정상적으로 큰지 작은지에 대한 분석을 할 수 있다. 이 경우 입찰 프로젝트 별로 이러한 Z-score 테스트를 수행하는 것이 필요하다.

2 사례 파일

- Bid.tbl

3 Fraudit과 Python 활용 절차

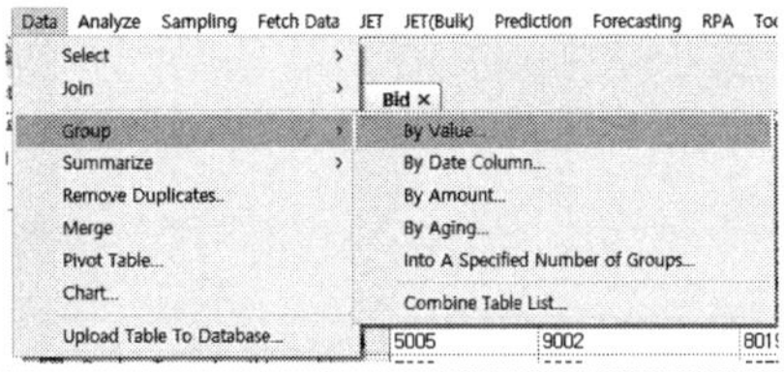

(1) Data >> Group >> By Value 메뉴를 선택한다.

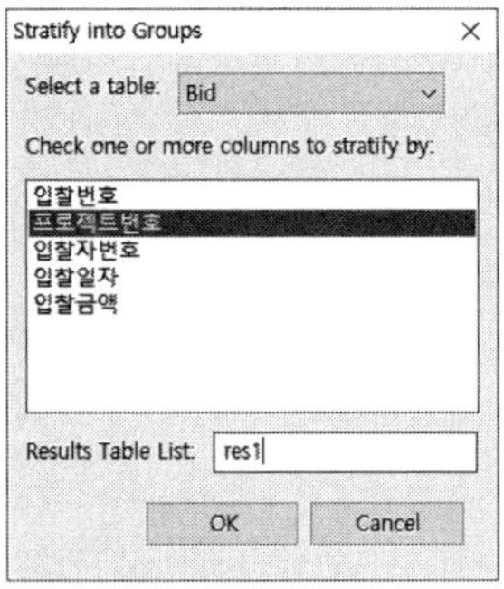

(2) Select a table : ***Bid*** 선택
(3) Check one or more columns to stratify by : ***프로젝트번호*** 선택
(4) Results Table : ***res1*** 입력
(5) OK 버튼을 누른다.

Filter Expression: [ ] Set 0 of 64

	입찰번호	프로젝트번호	입찰자번호	입찰일자	입찰금액
0	5001	9001	8048	2009-03-07 00:00:00	188163.44
1	5002	9001	8063	2009-02-03 00:00:00	383786.19
2	5003	9001	8036	2009-02-03 00:00:00	593798.81
3	5004	9001	8059	2009-02-22 00:00:00	796503.19

(6) ***프로젝트번호***로 그룹핑한 결과가 나타난다.

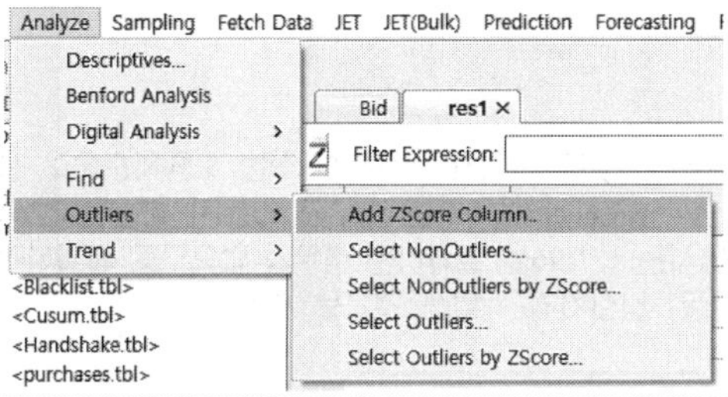

(7) Analyze >> Outliers >> Add ZScore Column 메뉴를 선택한다.

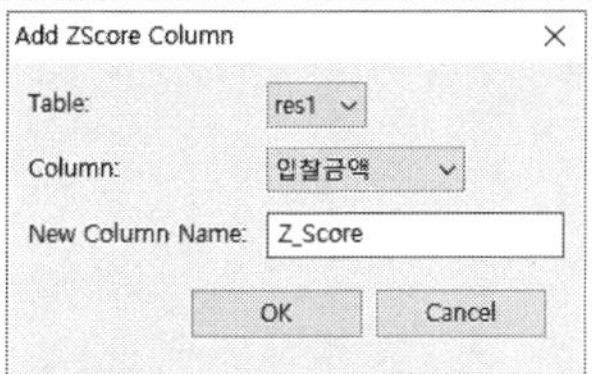

(8) Table : ***res1*** 선택
(9) Column : ***입찰금액*** 선택
(10) New Column Name : ***Z_Score*** 입력
(11) OK 버튼을 누른다.

Filter Expression: [ ] Set 0 of 64

	입찰번호	프로젝트번호	입찰자번호	입찰일자	입찰금액	Z_Score
0	5001	9001	8048	2009-03-07 00:00:00	188163.44	-1.3289754855355118
1	5002	9001	8063	2009-02-03 00:00:00	383786.19	-0.4692588950522895
2	5003	9001	8036	2009-02-03 00:00:00	593798.81	0.4536978348006986
3	5004	9001	8059	2009-02-22 00:00:00	796503.19	1.3445365457871024

(12) ***프로젝트번호*** 별 ***입찰금액*** 의 ZScore값이 표시된다.

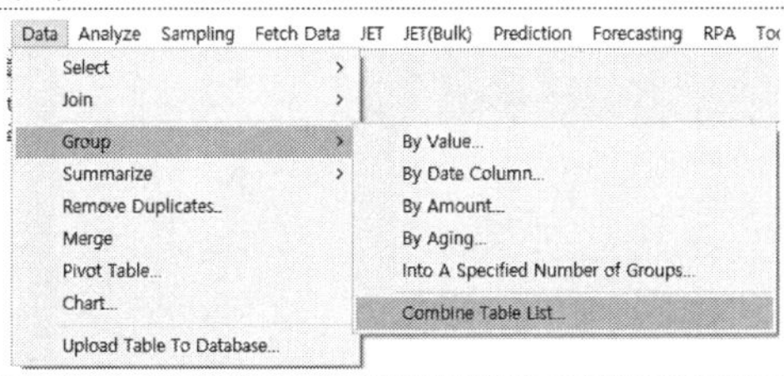

(13) Data >> Stratify >> Combine Table List 메뉴를 선택한다.

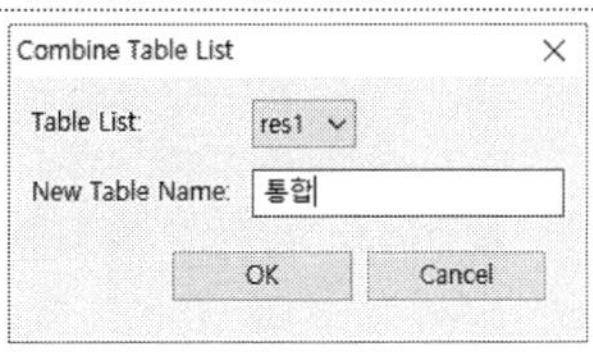

(14) Table List : ***res1*** 선택
(15) New Table Name : ***통합*** 입력
(16) OK 버튼을 누른다.

Filter Expression: Set

	입찰번호	프로젝트번호	입찰자번호	입찰일자	입찰금액	Z_Score
0	5001	9001	8048	2009-03-07 00:00:00	188163.44	-1.3289754855355118
1	5002	9001	8063	2009-02-03 00:00:00	383786.19	-0.4692588950522895
2	5003	9001	8036	2009-02-03 00:00:00	593798.81	0.4536978348006986
3	5004	9001	8059	2009-02-22 00:00:00	796503.19	1.3445365457871024
4	5005	9002	8019	2009-02-11 00:00:00	772554.69	-1.2083551303475308
5	5006	9002	8057	2009-02-19 00:00:00	1559287.68	-0.0321465733 1392497
6	5007	9002	8097	2009-02-26 00:00:00	2410526.50	1.2405017036614556
7	5008	9003	8087	2009-05-23 00:00:00	913968.59	-1.3807341999822276
8	5009	9003	8042	2009-05-13 00:00:00	1805452.11	-0.4035950805340557

(17) Combined된 ***통합*** 테이블 결과가 나타난다.

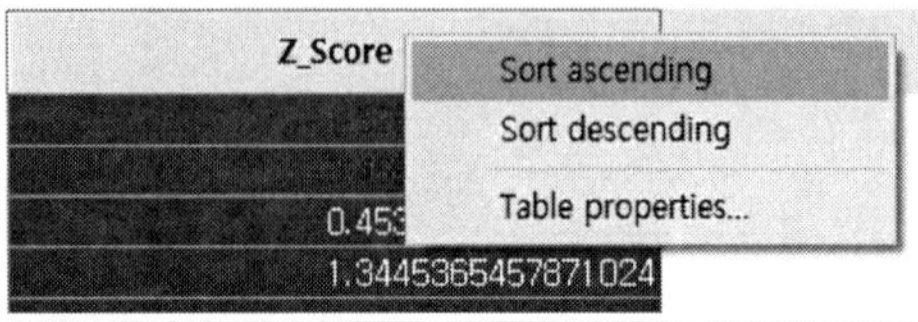

(18) ***Z_Score*** 칼럼에 대해서 내림차순 또는 오름차순으로 정렬한 후 임계값을 초과하는 경우가 있는지 확인한다. 이 사례에서는 ± 1.96을 초과하는 경우가 없으므로 특별하게 비정상인 입찰가격은 없는 것으로 추정된다.

05 | 마지막 입찰자인 낙찰자

1 사례의 개요 및 목적

• 경쟁입찰에서 마지막 입찰자가 낙찰이 되는 경우는 내부 정보의 유출 가능성이 높은 경우이다. 본 사례는 마지막 입찰자가 가장 낮은 금액으로 입찰이 되는 경우를 발견하기 위한 것이다.

2 사례 파일

• Bid.tbl과 Project.tbl

3 Fraudit과 Python 활용 절차

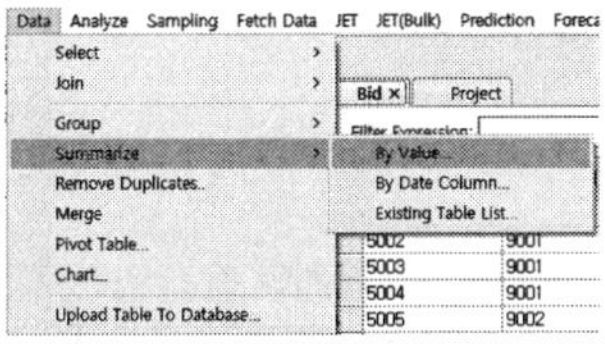

(1) Bid 테이블을 연다.
(2) Data >> Summarize >> By Value 메뉴를 선택한다.

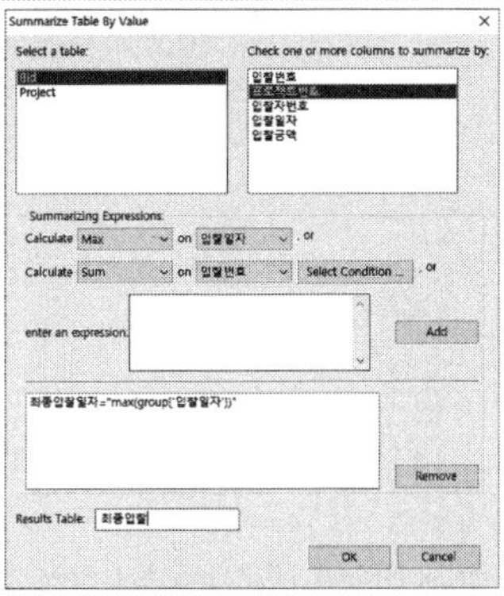

(3) Select a table : ***Bid*** 선택
(4) Check one or more columns to summarize by : ***프로젝트번호*** 체크
(5) Summarizing Expressions :
• Calculate Max on 입찰일자
Add 버튼 누르고 ***최종입찰일자*** 입력
(6) Results Table : ***최종입찰*** 입력
(7) OK 버튼을 누른다.

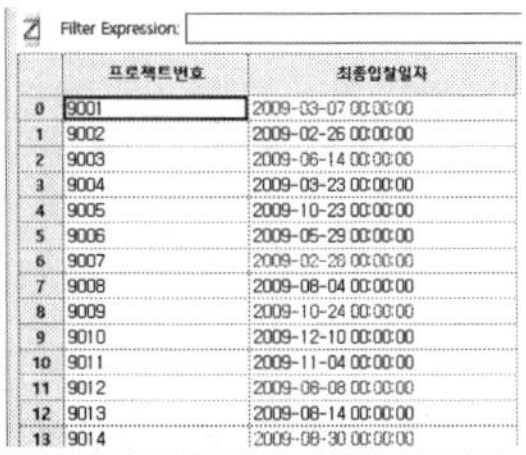

(8) ***최종입찰*** 테이블이 나타난다.

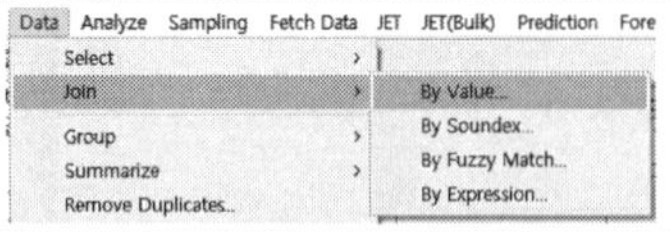

※ 이제 **Bid, Project,** 최종입찰 테이블을 차례대로 조인을 건다.

(9) Data >> Join >> By Value 메뉴를 선택한다.

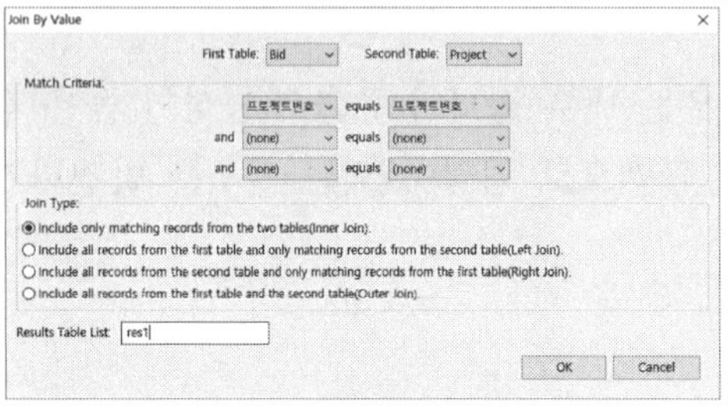

(10) First Table : ***Bid*** 선택

Second Table : ***Project*** 선택

(11) Match Criteria :

프로젝트번호 equals 프로젝트번호

(12) Join Type : ***Inner Join*** 선택

(13) Results Table List : ***res1*** 입력

(14) OK 버튼을 누른다.

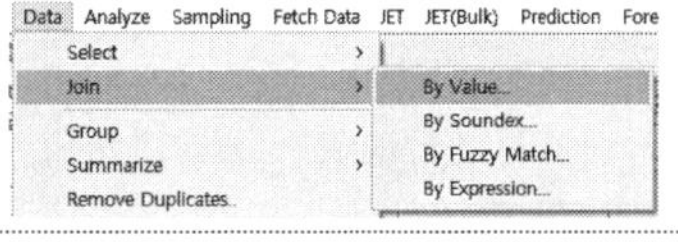

(15) Data >> Join >> By Value 메뉴를 선택한다.

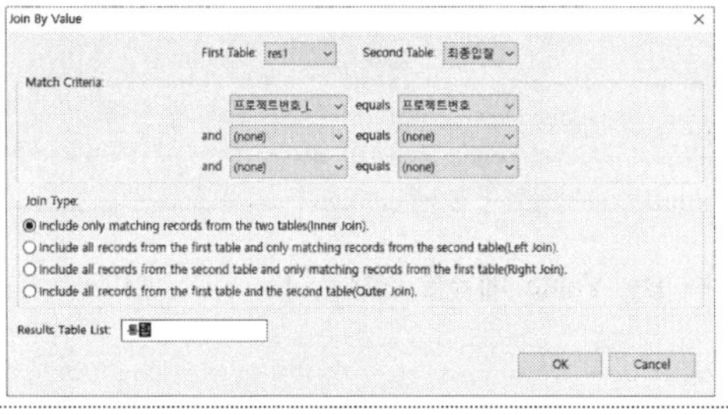

(16) First Table : ***res1*** 선택

Second Table : ***최종입찰*** 선택

(17) Match Criteria :

프로젝트번호_L equals 프로젝트번호

(18) Join Type : ***Inner Join*** 선택

(19) Results Table List : ***통합*** 입력

(20) OK 버튼을 누른다.

(21) 통합 테이블에서 Filter Expression에 아래와 같이 입력한다.

입찰번호== 낙찰입찰번호 and 최종입찰일자 == 입찰일자

(22) Set 버튼을 누른다.

(23) ***프로젝트번호_최종입찰일자***(마지막일자)의 ***낙찰자번호***의 결과가 나온다. 이 20개 항목에 대해서는 추가적인 조사가 필요하다.

06 | 동일한 일자의 입찰

1 사례의 개요 및 목적

- 모든 입찰이 동일한 날짜인 입찰 프로젝트는 일반적이지 않은 사례이며 담합의 가능성이 있을 수 있다. 본 사례는 모든 입찰이 동일한 날짜에 이루어진 입찰 프로젝트를 발견하기 위한 것이다.

2 사례 파일

- Bid.tbl

3 Fraudit과 Python 활용 절차

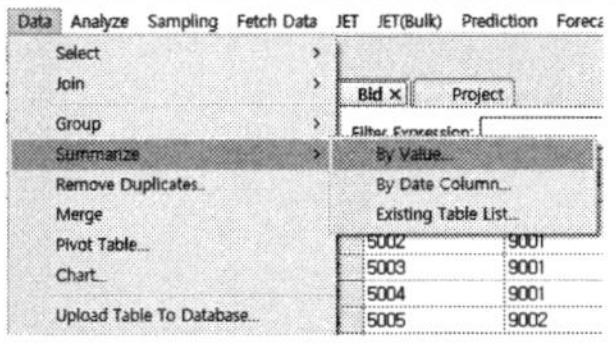

(1) Bid 테이블을 연다.
(2) Data >> Summarize >> By Value 메뉴를 선택한다.

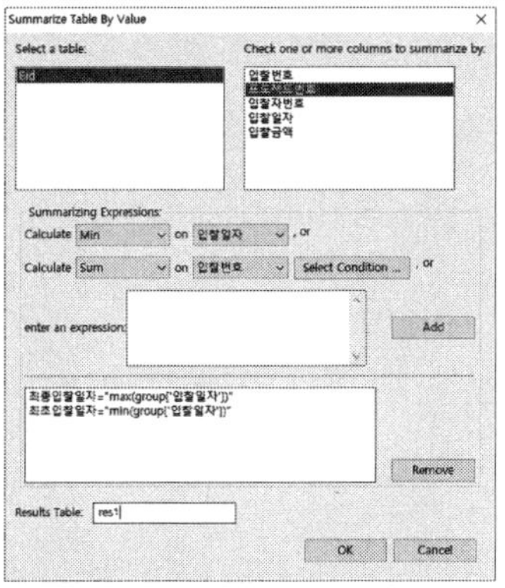

(3) Select a table : ***Bid*** 선택
(4) Check one or more columns to summarize by : ***프로젝트번호*** 체크
(5) Summarizing Expressions :
- Calculate Max on 입찰일자
  Add 버튼 누르고 ***최종입찰일자*** 입력
- Calculate Min on 입찰일자
  Add 버튼 누르고 ***최초입찰일자*** 입력

(6) Results Table : ***res1*** 입력
(7) OK 버튼을 누른다.

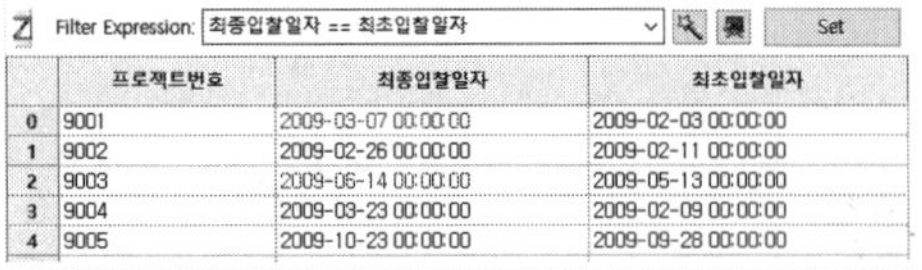
Filter Expression: 최종입찰일자 == 최초입찰일자 Set

	프로젝트번호	최종입찰일자	최초입찰일자
0	9001	2009-03-07 00:00:00	2009-02-03 00:00:00
1	9002	2009-02-26 00:00:00	2009-02-11 00:00:00
2	9003	2009-06-14 00:00:00	2009-05-13 00:00:00
3	9004	2009-03-23 00:00:00	2009-02-09 00:00:00
4	9005	2009-10-23 00:00:00	2009-09-28 00:00:00

(8) ***res1*** 테이블에서 Filter Expression에 아래와 같이 입력한다.

최종입찰일자 == 최초입찰일자

(9) Set 버튼을 누른다.

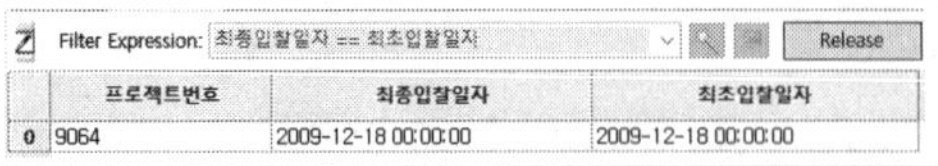
Filter Expression: 최종입찰일자 == 최초입찰일자 Release

	프로젝트번호	최종입찰일자	최초입찰일자
0	9064	2009-12-18 00:00:00	2009-12-18 00:00:00

(10) ***프로젝트번호 9064***가 모든 입찰일자가 동일한 경우이다. 이 입찰 프로젝트에 대해서는 추가적인 조사가 필요하다.

07 | 마감일을 초과하는 입찰(1)

1 사례의 개요 및 목적

- 구매 담당 직원은 특정 공급 업체에 과다 지급을 통하여 뇌물을 받거나 그 결과로 이익을 얻을 수 있다. 입찰 과정에서 입찰을 하는 대부분의 회사는 입찰 마감일을 정하게 된다. 뇌물을 받는 구매 담당 직원들은 입찰 마감일 이후에 특정 공급 업체에 입찰 내역을 알려 줄 수 있다. 그러면 해당 업체는 이미 받은 입찰 가격보다 낮은 입찰 가격을 제출할 수 있다.
- 이 사례에서는 입찰 마감일 이후에 공급 업체에 낙찰된 계약을 검색한다. 마감일 이후에 입찰을 한 업체에 대해서는 추가 조사가 필요하다.

2 사례 파일

- Bid.tbl과 Project.tbl

3 Fraudit과 Python 활용 절차

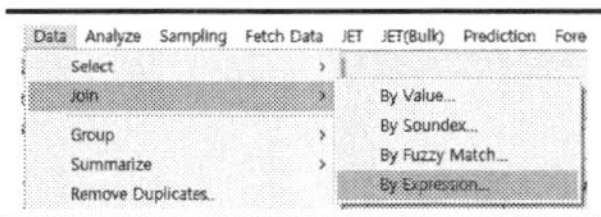

(1) Data >> Join >> By Expression 메뉴를 선택한다.

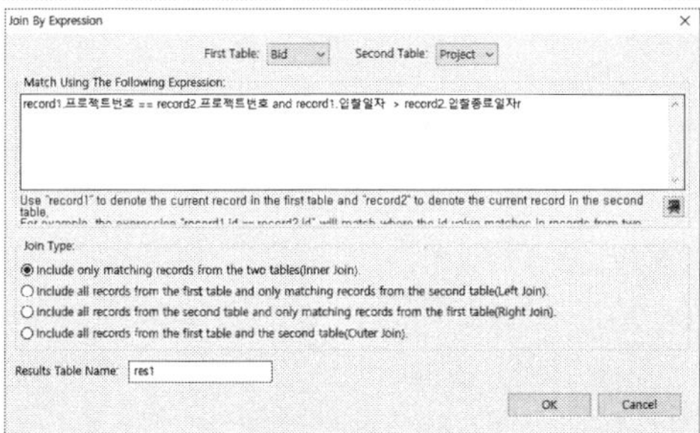

(2) First Table : 『Bid』
Second Table : 『Project』
(3) Match Using The Following Expression:

record1.프로젝트번호 == record2.프로젝트번호 and record1.입찰일자 > record2.입찰종료일자

(4) Join Type : ***Inner Join*** 선택
(5) Results Table Name : ***res1*** 입력
(6) OK 버튼을 누른다.

Filter Expression: Set

	입찰번호	프로젝트번호_L	프로젝트번호_R	입찰자번호	입찰일자	입찰금액_L	입찰금액_R	성명	총예산	입찰시작일자	입찰종료일자	낙찰자번호	프로젝트시작일자	프로젝트종료일
0	5001	9001	9001	8048	2009-03-07 00:00:00	188163.44	188163.44	Haystack Ninth	196397.00999999998	2009-01-26 00:00:00	2009-02-28 00:00:00	5001	2009-04-27	2010-03-14
1	5056	9015	9015	8043	2009-05-17 00:00:00	247829.80000000002	247829.80000000002	Dangerous Vegetable	263868.02	2009-04-09 00:00:00	2009-05-11 00:00:00	5056	2009-06-28	2010-03-11

(7) ***입찰번호 5001***과 ***5056***이 입찰종료일자 보다 더 큰(늦은) 날짜에 입찰을 한 경우이다. 이 입찰에 대해서는 추가적인 조사가 필요하다.

08 | 마감일을 초과하는 입찰(2)

1 사례의 개요 및 목적

- 구매 담당 직원은 특정 공급 업체에 과다 지급을 통하여 뇌물을 받거나 그 결과로 이익을 얻을 수 있다. 입찰 과정에서 입찰을 하는 대부분의 회사는 입찰 마감일을 정하게 된다. 뇌물을 받는 구매 담당 직원들은 입찰 마감일 이후에 특정 공급 업체에 입찰 내역을 알려 줄 수 있다. 그러면 해당 업체는 이미 받은 입찰 가격보다 낮은 입찰 가격을 제출할 수 있다.
- 이 사례에서는 입찰 마감일 이후에 공급 업체에 낙찰된 계약을 검색한다. 마감일 이후에 입찰을 한 업체에 대해서는 추가 조사가 필요하다.

2 사례 파일

- BidDeadline_1.tbl과 BidDeadline_2.tbl

3 Fraudit과 Python 활용 절차

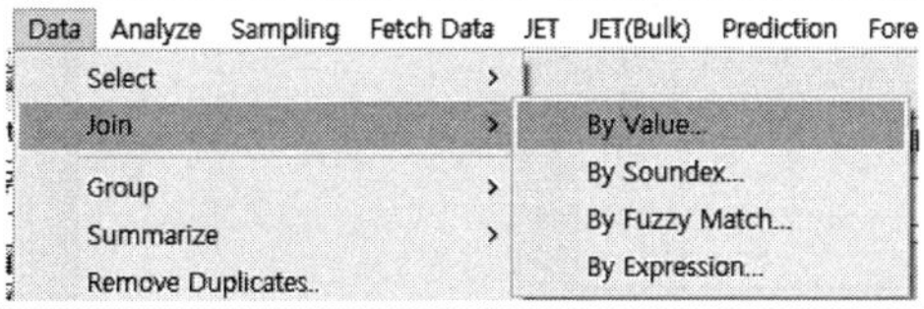

(1) Data >> Join >> By Value 메뉴를 선택한다.

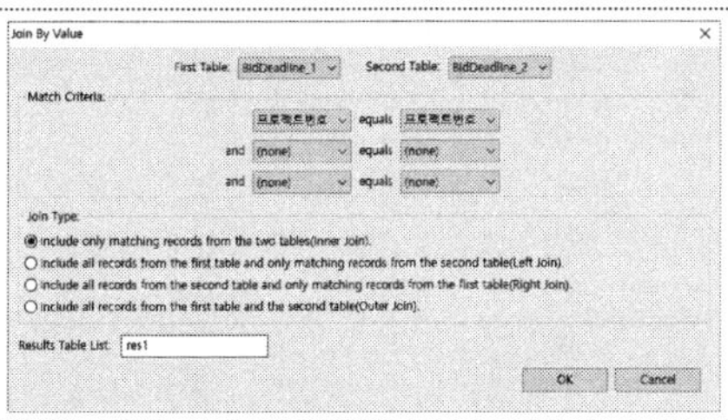

(2) First Table : ***BidDeadline_1*** 선택
Second Table : ***BidDeadline_2*** 선택
(3) Match Criteria :
프로젝트번호 equals 프로젝트번호
(4) Join Type : ***Inner Join*** 선택
(5) Results Table List : ***res1*** 입력
(6) OK 버튼을 누른다.

Filter Expression: 입찰일자 > 입찰마감일자 [Set]

	입찰번호	프로젝트번호_L	프로젝트번호_R	입찰자번호	입찰일자	입찰금액	낙찰자	입찰마감일자
0	1	1	1	2	2008-01-02 00:00:00	81710.7	<N>	2008-01-13 00:00:00
1	2	1	1	3	2008-01-06 00:00:00	73616.2	True	2008-01-13 00:00:00
2	3	1	1	8	2008-01-12 00:00:00	78459.6	<N>	2008-01-13 00:00:00

(7) res1 테이블의 Filter Expression에 다음과 같이 입력한다.

입찰일자 > 입찰마감일자

(8) Set 버튼을 누른다.

Filter Expression: 입찰일자 > 입찰마감일자 [Release]

	입찰번호	프로젝트번호_L	프로젝트번호_R	입찰자번호	입찰일자	입찰금액	낙찰자	입찰마감일자
0	15	5	5	1	2008-01-21 00:00:00	88636.9	True	2008-01-19 00:00:00
1	42	14	14	9	2008-02-14 00:00:00	83470.3	True	2008-02-11 00:00:00
2	69	23	23	1	2008-02-26 00:00:00	93742.7	True	2008-02-25 00:00:00
3	92	31	31	3	2008-03-15 00:00:00	83213.9	True	2008-03-12 00:00:00

(9) ***입찰일자 > 입찰마감일자*** 인 경우가 추출된다.

09 | 기술심사에 통과되지 못한 입찰

1 사례의 개요 및 목적

- 대부분의 기업은 공급업체 간의 경쟁을 유도하기 위해 여러개의 입찰을 요구하며 이렇게 함으로써 가격을 낮게 유지하고 품질을 향상시킬 수 있다. 일반적으로 입찰은 기술 및 재무 심사로 평가한다. 재무심사는 객관적이고 최저 입찰자를 찾는데 초점을 맞춘다. 반면에 기술 심사는 해당 입찰이 프로젝트의 품질 기준에 부합하는지를 보는 것으로 재무심사에 비하여 상대적으로 주관적이다. 모든 입찰자는 기술 요구 사항을 알고 있으며 대부분의 입찰자는 기술기준에 맞는 입찰을 설계한다.
- 기술심사 중에 입찰을 부정하게 탈락시켜 오직 하나 또는 몇 개의 입찰만이 재무 심사를 통과하는 경우가 있을 수 있다. 이를 통해 기업이나 개인은 입찰 과정에서 어느 회사를 이길지 쉽게 선택할 수 있게 되는 문제점이 발생할 수 있다.
- 이 사례는 기술심사 제거율이 비정상적으로 높은 프로젝트를 검색하는 것이 목적이다.

2 사례 파일

- TechBid.tbl

3 Fraudit과 Python 활용 절차

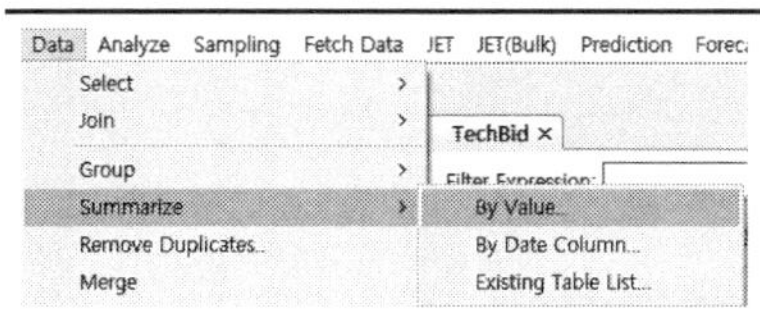

(1) Data >> Summarize >> By Value 메뉴를 선택한다.

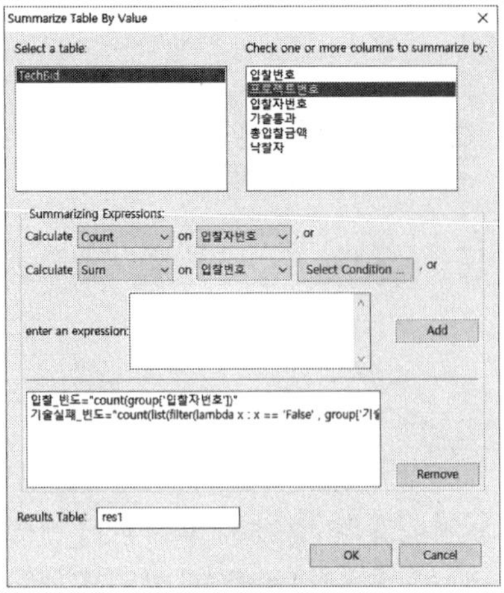

(2) Select a table : ***TechBid*** 선택

(3) Check one or more columns to summarize by : ***프로젝트번호*** 체크

(4) Summarizing Expressions:

- Calulate Count on 입찰자번호

  Add 버튼 누르고 ***입찰_빈도*** 입력

- eneter an expression에 아래와 같이 입력

count(list(filter(lambda x : x == 'False' , group['기술통과'])))

Add 버튼 누르고 ***기술실패_빈도*** 입력

(5) Results Table : ***res1*** 입력

(6) OK 버튼을 누른다.

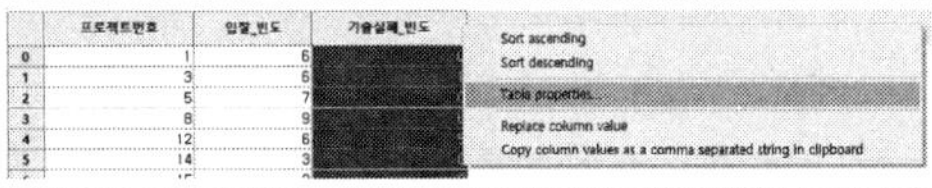

(7) res1에 칼럼을 삽입한다.

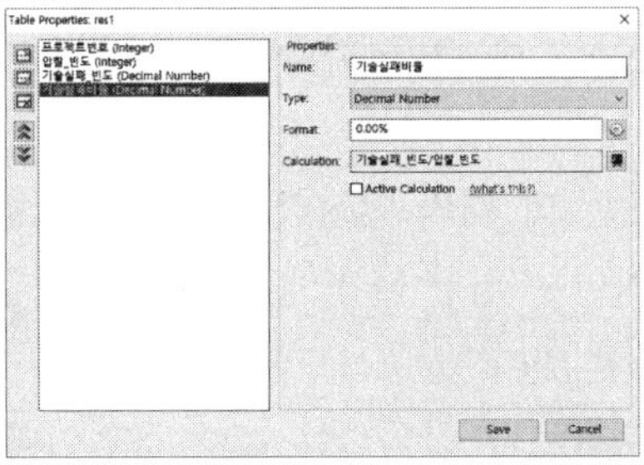

(8) ***기술실패비율*** 칼럼을 삽입한다.

- Type : ***Decimal Number*** 선택
- Format : ***0.00%***
- Calculation : ***기술실패_빈도/입찰_빈도*** 입력

(9) Save 버튼을 누른다.

	프로젝트번호	입찰_빈도	기술실패_빈도	기술실패비율
0	12	6	5	83.33%
1	8	9	6	66.67%
2	19	3	2	66.67%
3	25	3	2	66.67%
4	3	6	1	16.67%
5	28	12	2	16.67%
6	1	6	0	0.00%

(10) ***res1*** 테이블의 ***기술실패비율*** 칼럼을 ***내림차순***으로 정렬한다. 기술실패비율이 50%를 초과하는 넘는 ***프로젝트번호***에 대해서는 추가적인 검토가 필요하다.

10 | 업체별 입찰 요약

1 사례의 개요 및 목적

- 대부분의 기업은 공급업체 간의 경쟁을 증가시키기 위해 여러 입찰을 요구한다. 구매 담당자들은 특정 공급업체로부터 뇌물을 받거나, 해당 업체에 일하고 있는 지인(또는 가족)이 있을 수 있으므로 여러가지 통제를 피하고 싶어 한다.
- 일반적으로 특정 공급업체가 모든 입찰에서 이길 수는 없다. 그러나 특정 공급업체가 상당히 많은 입찰에서 성공한 경우는 부정일 가능성이 매우 높다.
- 이 사례는 각 공급업체별 입찰내용을 분석하고 요약하는 것을 목적으로 한다. 즉, 공급업체별로 총 입찰 중 낙찰 비율을 구하는 것이다.

2 사례 파일

- Bid.tbl과 Project.tbl

3 Fraudit과 Python 활용 절차

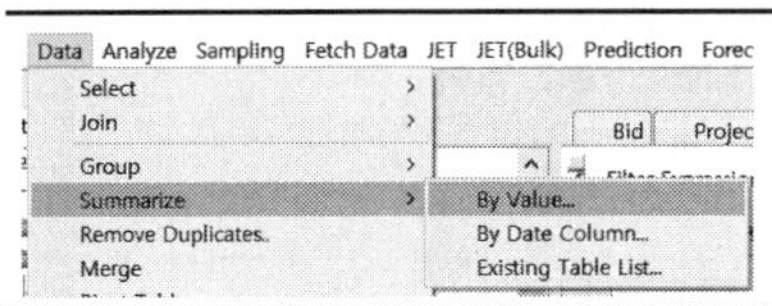

(1) Data >> Summarize >> By Value 메뉴를 선택한다.

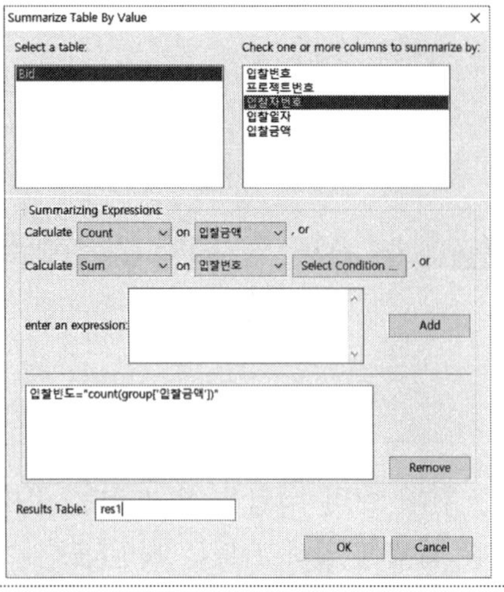

(2) Select a table : ***Bid*** 선택

(3) Check one or more columns to summarize by : ***입찰자번호*** 선택

(4) Summarizing Expression :

- Calculate Count on 입찰금액
  Add 버튼 누르고 ***입찰빈도*** 입력

(5) Results Table : ***res1*** 입력

(6) OK 버튼을 누른다.

	입찰자번호	입찰빈도
0	8001	2
1	8002	3
2	8003	1
3	8004	1
4	8005	3
5	8006	2
6	8007	4
7	8008	1
8	8009	3
9	8010	3
10	8012	4

(7) ***res1*** 테이블의 결과가 왼쪽과 같이 나온다.

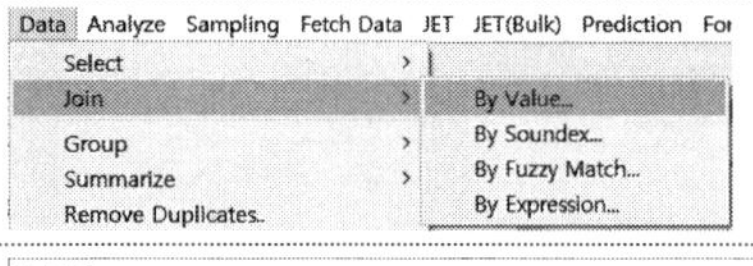

(8) Data >> Join >> By Value 메뉴를 선택한다.

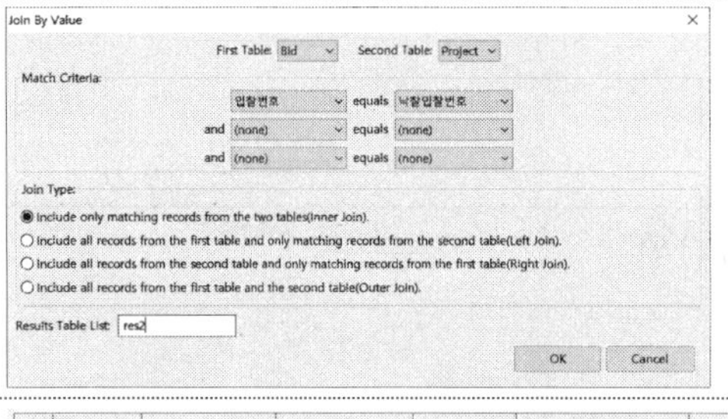

(9) First Table : ***Bid*** 선택
Second Table : ***Project*** 선택

(10) Match Criteria :
입찰번호 equals 낙찰입찰번호

(11) Join Type : ***Inner Join*** 선택

(12) Results Table List : ***res2*** 입력

(13) OK 버튼을 누른다.

	입찰번호	프로젝트번호_L	프로젝트번호_R	입찰자번호	입찰일자	입찰금액_L	입찰금액_R	성명	총예산	입찰시작일자
0	5001	9001	9001	8048	2009-03-07 00:00:00	188163.44	188163.44	Haystack Ninth	196397.00999999998	2009-01-26 00:00:00
1	5005	9002	9002	8019	2009-02-11 00:00:00	772554.6899999998	772554.6899999998	Furious Drill	779265.03	2009-01-28 00:00:00
2	5009	9003	9003	8042	2009-05-13 00:00:00	1805452.11	913968.59	Frozen Mountain	842860.9800000002	2009-05-08 00:00:00
3	5012	9004	9004	8098	2009-02-25 00:00:00	222018.76	222018.76	Tainted Monkey	242920.0	2009-02-09 00:00:00
4	5018	9005	9005	8094	2009-10-23 00:00:00	961019.8899999999	961019.8899999999	Rough Kangaroo	958997.0	2009-09-12 00:00:00

(14) ***res2*** 테이블의 결과가 상기와 같이 나온다.

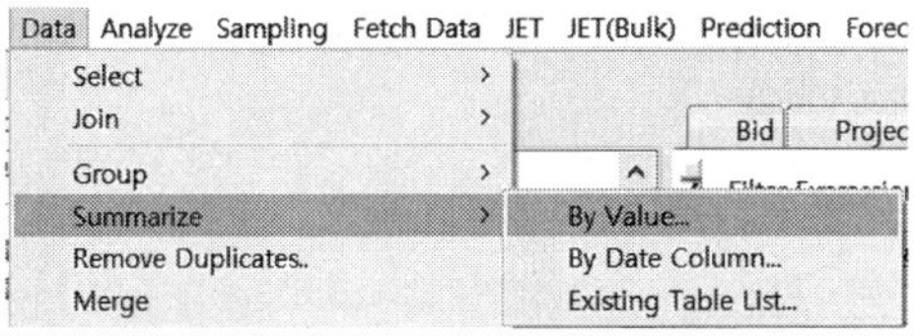

(15) Data >> Summarize >> By Value 메뉴를 선택한다.

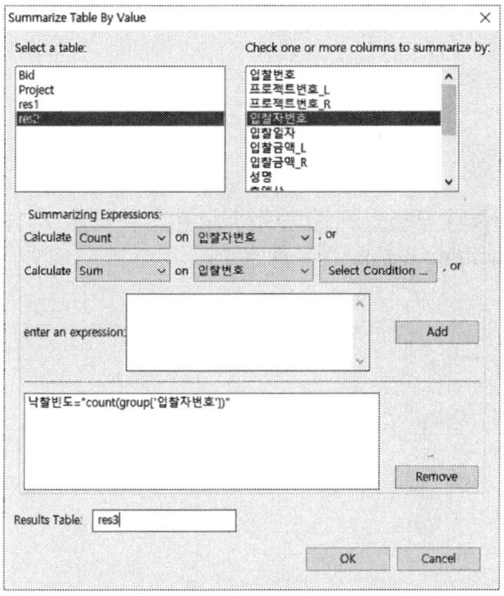

(16) Select a table : ***res2*** 선택

(17) Check one or more columns to stratify by : ***입찰자번호*** 체크

(18) Summarizing Expression :

- Calculate Count on 입찰자번호
  Add 버튼 누르고 ***낙찰빈도*** 입력

(19) OK 버튼을 누른다.

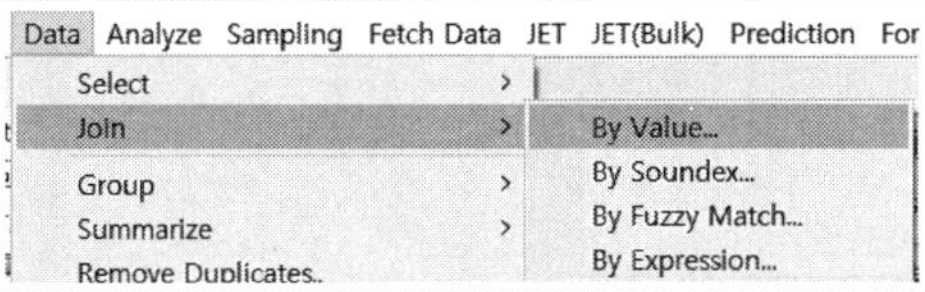

(20) Data >> Join >> By Value 메뉴를 선택한다.

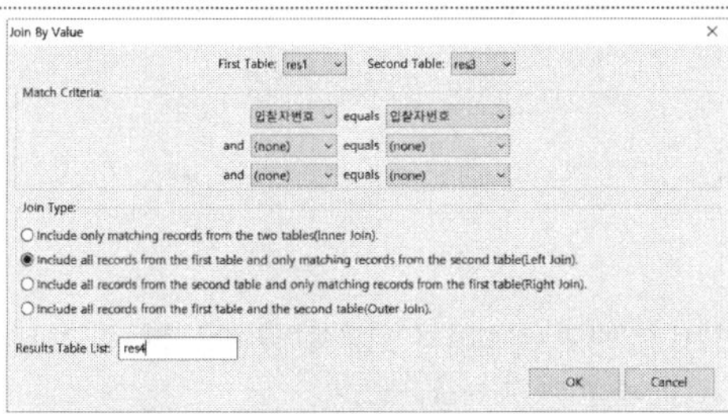

(21) First Table : res1 선택
Second Table : res3 선택

(22) Match Criteria :
입찰자번호 equals 입찰자번호

	입찰자번호_L	입찰자번호_R	입찰빈도	낙찰빈도
0	8001	<N>	2	<N>
1	8002	8002	3	1
2	8003	8003	1	1
3	8004	8004	1	1
4	8005	<N>	3	<N>
5	8006	8006	2	1
6	8007	<N>	4	<N>
7	8008	<N>	1	<N>
8	8009	8009	3	2
9	8010	8010	3	1
10	8012	8012	4	1
11	8013	<N>	2	<N>
12	8014	8014	5	2

(23) res4의 결과가 왼쪽과 같이 나타난다.

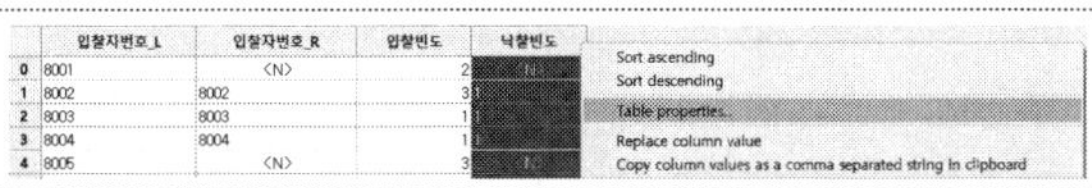

(24) res4 테이블의 낙찰빈도 칼럼에서 오른쪽 클릭을 한 후 Table properties 메뉴를 누른다.

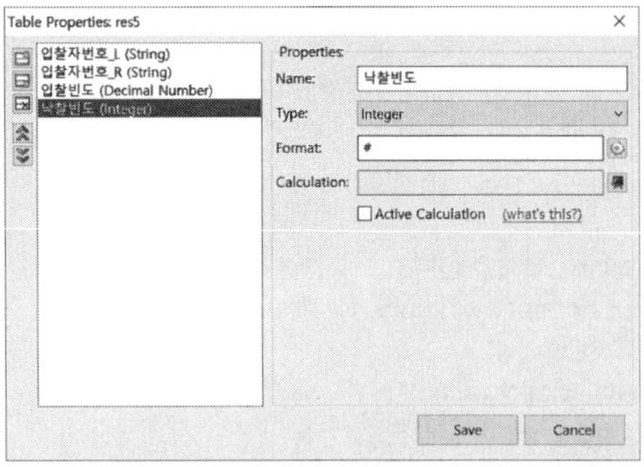

(25) 낙찰빈도 칼럼을 아래와 같이 수정한다.

- Type : Integer
- Format : #

(26) Save 버튼을 누른다.

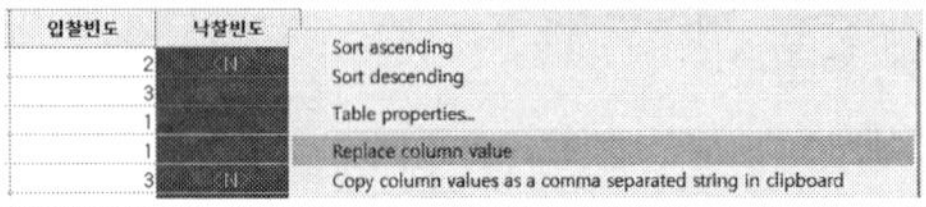

(27) res4 테이블의 낙찰빈도 칼럼에서 오른쪽 클릭을 한 후 Replace column value 메뉴를 누른다.

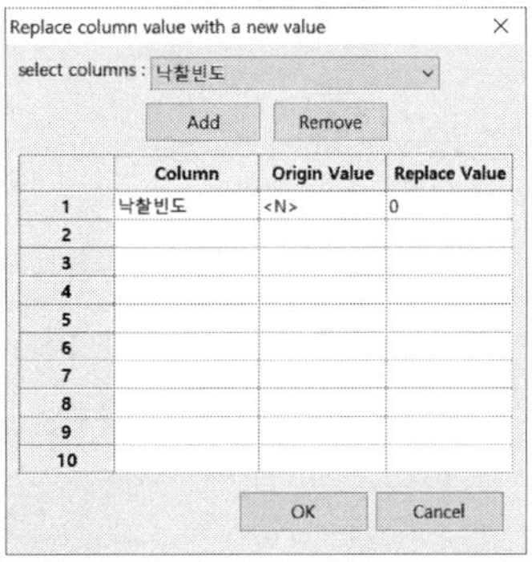

(28) Select columns : ***낙찰빈도*** 선택
Add 버튼을 누른다.

(29) Original Value : *<N>*을 입력
Replace Value : ***0*** 입력

(30) OK 버튼을 누른다.

	입찰자번호_L	입찰자번호_R	입찰빈도	낙찰빈도
0	8001	<N>	2	0
1	8002	8002	3	1
2	8003	8003	1	1
3	8004	8004	1	1
4	8005	<N>	3	0
5	8006	8006	2	1
6	8007	<N>	4	0
7	8008	<N>	1	0
8	8009	8009	3	2
9	8010	8010	3	1

(31) 낙찰빈도의 <N>이 모두 0으로 바뀌게 된다.

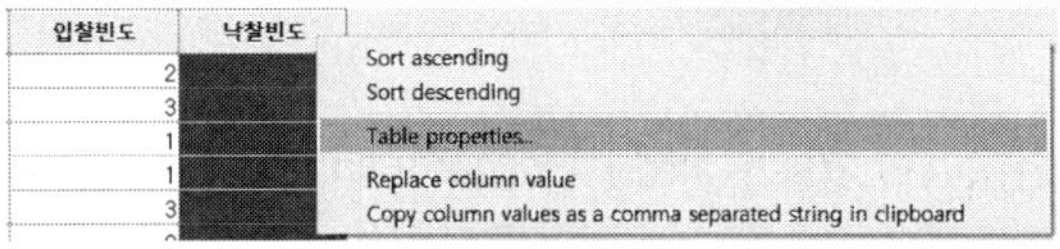

(32) 낙찰빈도 칼럼에서 오른쪽 클릭을 한 후 Table properties 메뉴를 누른다.

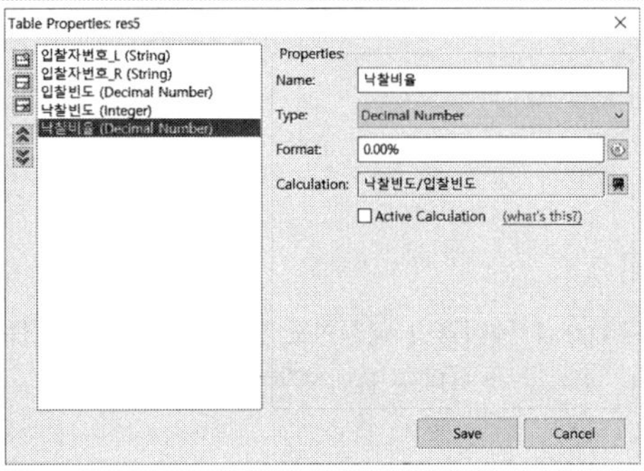

(33) ***낙찰비율*** 칼럼을 삽입한다.

- Type : ***Decimal Number*** 선택
- Format : ***0.00%*** 입력
- Calculation : 아래와 같이 입력

낙찰빈도/입찰빈도

(34) Save 버튼을 누른다.

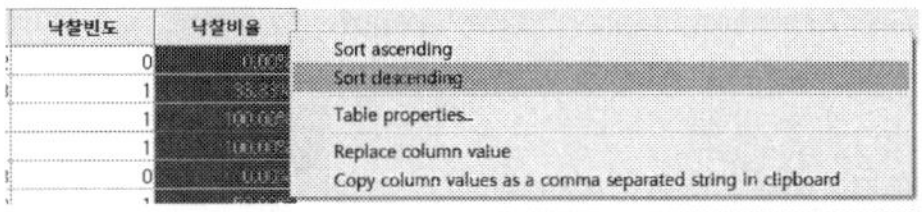

(35) 낙찰비율 칼럼에 대해서 내림차순 정렬을 한다.

Filter Expression: 입찰빈도 >= 3 and 낙찰비율 >=0.5 [Set]

	입찰자번호_L	입찰자번호_R	입찰빈도	낙찰빈도	낙찰비율
0	8003	8003	1	1	100.00%
1	8004	8004	1	1	100.00%
2	8022	8022	2	2	100.00%
3	8080	8080	1	1	100.00%
4	8009	8009	3	2	66.67%
5	8017	8017	3	2	66.67%
6	8053	8053	9	6	66.67%
7	8085	8085	3	2	66.67%
8	8094	8094	3	2	66.67%
9	8006	8006	2	1	50.00%
10	8020	8020	2	1	50.00%
11	8039	8039	4	2	50.00%
12	8042	8042	4	2	50.00%
13	8045	8045	4	2	50.00%
14	8047	8047	2	1	50.00%
15	8066	8066	4	2	50.00%
16	8068	8068	2	1	50.00%
17	8079	8079	4	2	50.00%
18	8086	8086	2	1	50.00%
19	8089	8089	2	1	50.00%
20	8090	8090	2	1	50.00%
21	8061	8061	7	3	42.86%

(36) 낙찰비율이 50%를 초과하면서 입찰빈도가 3번 이상인 경우를 필터링 해보자.

(37) Filter Expression에 아래와 같이 입력한다.

입찰빈도 >= 3 and 낙찰비율 >= 0.5

(38) Set 버튼을 누른다.

Filter Expression: 입찰빈도 >= 3 and 낙찰비율 >=0.5 [Release]

	입찰자번호_L	입찰자번호_R	입찰빈도	낙찰빈도	낙찰비율
0	8009	8009	3	2	66.67%
1	8017	8017	3	2	66.67%
2	8053	8053	9	6	66.67%
3	8085	8085	3	2	66.67%
4	8094	8094	3	2	66.67%
5	8039	8039	4	2	50.00%
6	8042	8042	4	2	50.00%
7	8045	8045	4	2	50.00%
8	8066	8066	4	2	50.00%
9	8079	8079	4	2	50.00%

(39) 왼쪽과 같은 입찰자번호 10개에 대해서는 추가적인 조사가 필요하다.

11 | 입찰자간의 상호관계

1 사례의 개요 및 목적

- 입찰자를 가상으로 정하는 경우 무의식적으로 일부 입찰자 정보를 다른 입찰자의 정보를 사용하여 작성할 가능성이 있다.
- 이 사례는 입찰자의 정보를 비교하여 일부 일치하는 경우가 있는지를 파악하려는 것이다.

2 사례 파일

- BidderConnection.tbl

3 Fraudit과 Python 활용 절차

(1) ***BidderConnection*** 테이블을 연다.

(2) File >> New Script 메뉴를 선택한다.

```
results = Table([
        ('입찰번호1', str),
        ('입찰번호2', str),
        ('칼럼명', str),
        ('일치정보', str),
        ])

for bid1 in BidderConnection:  #①
    for bid2 in BidderConnection: #②
        for i in range(0, BidderConnection.column_count()): #③
            if bid1[0] < bid2[0] and bid1 != bid2 : #④
                if bid1[i] == bid2[i]:  #⑤
                    rec = results.append() #⑥
                    rec["입찰번호1"] = bid1[0] #⑦
                    rec["입찰번호2"] = bid2[0] #⑧
                    rec["칼럼명"] = BidderConnection.get_column_names()[i] #⑨
                    rec["일치정보"] = bid1[i] #⑩
```

(3) 상기와 같이 코드를 입력한다.

• 아래에서는 상기 코드의 의미를 보다 자세히 설명하기로 한다.

✓#① for bid1 in BidderConnection:

아래와 같이 BidderConnection 테이블의 레코드를 인덱스 0~17까지 순차적으로 돈다.

bid1

	입찰번호	입찰자	입찰자주소	입찰자전화번호	입찰자담당자
0	1	ABC corp	123 Easy St	(555) 123-4567	John Doe
1	2	ABC Electronics	234 Beverly Drive	(801) 375-9468	Armand Hammer
2	3	ABC Kiddy World Pre School & Child Care Center	1026 E 460 S	(801) 373-7070	Christine Daae
3	4	ABC Great Beginnings	5890 Tree St	(801) 969-9236	Hapoel Tel Aviv
4	5	ABC Towing	490 Jones Dr	(801) 783-1587	Harley Quinn Smith
5	6	ABC Bartending Schools	943 Beer Way	(888) 262-5824	Keldorn Firecam
6	7	ABC Vacuum Warehouse	780 Access Road	(800) 285-8145	Minty Clinch
7	8	ABC Auto Paint Supply	1437 W Center St	(801) 225-7442	Oleude Jose Ribeiro
8	9	ABC Dental Michael van Leeuwen	6936 S 2475 E Apt 201	(801) 943-1612	Optimus Prime
9	10	ABC Fundrasing	9803 N 4680 W	(801) 756-0590	Urhines Kendall
10	11	ABC Realty	907 Mover's Way	(435) 648-2729	Wrigley Fields
11	12	ABC Refinishing	393 E 500 N	(801) 768-2112	Zeppelin Wai Wong
12	13	ABC Spanish Translation	75 E 1750 N	(801) 802-0633	Vista Avalon
13	14	ABC Towing	2894 Broken Street	(801) 484-8537	Brent Sienna
14	15	ABC Waste Inc	1423 Jaguar Way	(801) 746-3355	American McGee
15	16	XYZ Learning	1437 W Center St	(801) 422-4738	Jack Hammer
16	17	XYZ Dentist	417 Edens Dawn Drive	(801) 713-4327	Keldorn Firecam
17	18	XYZ Faker	438 Dell Drive	(801) 783-1587	Canaan Banana

✓#② for bid2 in BidderConnection:

#①에서 레코드 하나씩 돌 때마다 아래와 같이 BidderConnection 테이블의 레코드를 인덱스 0~17까지 순차적으로 돈다.

bid2

	입찰번호	입찰자	입찰자주소	입찰자전화번호	입찰자담당자
0	1	ABC corp	123 Easy St	(555) 123-4567	John Doe
1	2	ABC Electronics	234 Beverly Drive	(801) 375-9468	Armand Hammer
2	3	ABC Kiddy World Pre School & Child Care Center	1026 E 460 S	(801) 373-7070	Christine Daae
3	4	ABC Great Beginnings	5890 Tree St	(801) 969-9236	Hapoel Tel Aviv
4	5	ABC Towing	490 Jones Dr	(801) 783-1587	Harley Quinn Smith
5	6	ABC Bartending Schools	943 Beer Way	(888) 262-5824	Keldorn Firecam
6	7	ABC Vacuum Warehouse	780 Access Road	(800) 285-8145	Minty Clinch
7	8	ABC Auto Paint Supply	1437 W Center St	(801) 225-7442	Oleude Jose Ribeiro
8	9	ABC Dental Michael van Leeuwen	6936 S 2475 E Apt 201	(801) 943-1612	Optimus Prime
9	10	ABC Fundrasing	9803 N 4680 W	(801) 756-0590	Urhines Kendall
10	11	ABC Realty	907 Mover's Way	(435) 648-2729	Wrigley Fields
11	12	ABC Refinishing	393 E 500 N	(801) 768-2112	Zeppelin Wai Wong
12	13	ABC Spanish Translation	75 E 1750 N	(801) 802-0633	Vista Avalon
13	14	ABC Towing	2894 Broken Street	(801) 484-8537	Brent Sienna
14	15	ABC Waste Inc	1423 Jaguar Way	(801) 746-3355	American McGee
15	16	XYZ Learning	1437 W Center St	(801) 422-4738	Jack Hammer
16	17	XYZ Dentist	417 Edens Dawn Drive	(801) 713-4327	Keldorn Firecam
17	18	XYZ Faker	438 Dell Drive	(801) 783-1587	Canaan Banana

✓#③ for i in range(0, BidderConnection.column_count()):

칼럼이 5개이므로 range(0,5)를 의미한다.

	0	1	2	3	4
	입찰번호	입찰자	입찰자주소	입찰자전화번호	입찰자당당자
0	1	ABC corp	123 Easy St	(555) 123-4567	John Doe
1	2	ABC Electronics	234 Beverly Drive	(801) 375-9468	Armand Hammer
2	3	ABC Kiddy World Pre School & Child Care Center	1026 E 460 S	(801) 373-7070	Christine Daae
3	4	ABC Great Beginnings	5890 Tree St	(801) 969-9236	Hapoel Tel Aviv
4	5	ABC Towing	490 Jones Dr	(801) 783-1587	Harley Quinn Smith
5	6	ABC Bartending Schools	943 Beer Way	(888) 262-5824	Keldorn Firecam
6	7	ABC Vacuum Warehouse	780 Access Road	(800) 285-8145	Minty Clinch
7	8	ABC Auto Paint Supply	1437 W Center St	(801) 225-7442	Oleude Jose Ribeiro
8	9	ABC Dental Michael van Leeuwen	6936 S 2475 E Apt 201	(801) 943-1612	Optimus Prime
9	10	ABC Fundrasing	9803 N 4680 W	(801) 756-0590	Urhines Kendall
10	11	ABC Realty	907 Mover's Way	(435) 648-2729	Wrigley Fields
11	12	ABC Refinishing	393 E 500 N	(801) 768-2112	Zeppelin Wai Wong
12	13	ABC Spanish Translation	75 E 1750 N	(801) 802-0633	Vista Avalon
13	14	ABC Towing	2894 Broken Street	(801) 484-8537	Brent Sienna
14	15	ABC Waste Inc	1423 Jaguar Way	(801) 746-3355	American McGee
15	16	XYZ Learning	1437 W Center St	(801) 422-4738	Jack Hammer
16	17	XYZ Dentist	417 Edens Dawn Drive	(801) 713-4327	Keldorn Firecam
17	18	XYZ Faker	438 Dell Drive	(801) 783-1587	Canaan Banana

✓#④ if bid1[0] 〈 bid2[0] and bid1 != bid2 :

- bid1[0](즉, bid1의 입찰번호)이 bid2[0](즉, bid2의 입찰번호)보다 작고(같으면 자기 자신을 의미하므로)
- bid1과 bid2의 레코드(한 행 전체)가 같지 않고(같으면 레코드 전체가 중복 데이터를 의미하므로)

✓#⑤ if bid1[i] == bid2[i]:

bid1의 i번째 칼럼의 셀 값과 bid2의 i번째 칼럼의 셀 값을 비교하면서 동일한 것이 있으면(예를 들어, 아래와 같다면)

	입찰번호	입찰자	입찰자주소	입찰자전화번호	입찰자당당자
0	1	ABC corp	123 Easy St	(555) 123-4567	John Doe
1	2	ABC Electronics	234 Beverly Drive	(801) 375-9468	Armand Hammer
2	3	ABC Kiddy World Pre School & Child Care Center	1026 E 460 S	(801) 373-7070	Christine Daae
3	4	ABC Great Beginnings	5890 Tree St	(801) 969-9236	Hapoel Tel Aviv
4	5	ABC Towing	490 Jones Dr	(801) 783-1587	Harley Quinn Smith
5	6	ABC Bartending Schools	943 Beer Way	(888) 262-5824	Keldorn Firecam
6	7	ABC Vacuum Warehouse	780 Access Road	(800) 285-8145	Minty Clinch
7	8	ABC Auto Paint Supply	1437 W Center St	(801) 225-7442	Oleude Jose Ribeiro
8	9	ABC Dental Michael van Leeuwen	6936 S 2475 E Apt 201	(801) 943-1612	Optimus Prime
9	10	ABC Fundrasing	9803 N 4680 W	(801) 756-0590	Urhines Kendall
10	11	ABC Realty	907 Mover's Way	(435) 648-2729	Wrigley Fields
11	12	ABC Refinishing	393 E 500 N	(801) 768-2112	Zeppelin Wai Wong
12	13	ABC Spanish Translation	75 E 1750 N	(801) 802-0633	Vista Avalon
13	14	ABC Towing	2894 Broken Street	(801) 484-8537	Brent Sienna
14	15	ABC Waste Inc	1423 Jaguar Way	(801) 746-3355	American McGee
15	16	XYZ Learning	1437 W Center St	(801) 422-4738	Jack Hammer
16	17	XYZ Dentist	417 Edens Dawn Drive	(801) 713-4327	Keldorn Firecam
17	18	XYZ Faker	438 Dell Drive	(801) 783-1587	Canaan Banana

✓#⑥ rec = results.append()

results 테이블에 row를 아래에 더하는데

✓#⑦ rec["입찰번호1"] = bid1[0]

더해지는 row의 입찰번호1 칼럼은 bid1[0] ➠ 즉, bid1의 입찰번호

✓#⑧ rec["입찰번호2"] = bid2[0]

더해지는 row의 입찰번호2 칼럼은 bid2[0] ➠ 즉, bid2의 입찰번호

✓#⑨ rec["칼럼명"] = BidderConnection.get_column_names()[i]

더해지는 row의 칼럼명 칼럼은 i번째 칼럼명을 넣음

✓#⑩ rec["일치정보"] = bid1[i]

더해지는 row의 일치정보 칼럼은 bid1[i](즉, 동일한 정보)

(4) 상기와 같이 코드를 입력하고 실행하게 되면 아래와 같이 정보가 하나라도 동일한 입찰번호에 대한 정보가 나타난다.

Filter Expression: Set

	입찰번호1	입찰번호2	칼럼명	일치정보
0	5	14	입찰자	ABC Towing
1	5	18	입찰자전화번호	(801) 783-1587
2	6	17	입찰자담당자	Keldorn Firecam
3	8	16	입찰자주소	1437 W Center St

I 제6장 I

사례분석-구매부정

01 | 소모품 가격 비교

1 사례의 개요 및 목적

- 소모품과 같은 성격이 유사한 품목의 재고자산은 여러 공급업체와 거래하는 경우가 발생할 수 있는데 이 때 특정 공급업체의 가격이 해당 품목의 평균가격을 상당히 초과하는 경우에는 구매담당자와 공급업체의 공모가 개입될 가능성이 존재한다.
- 이 사례는 유사한 품목의 재고자산의 평균가격과 특정업체의 가격을 비교하여 평균가격보다 매우 높은 경우를 발견하기 위한 것이다.

2 사례 파일

- SimProduct.tbl 파일을 연다.

3 Fraudit과 Python 활용 절차

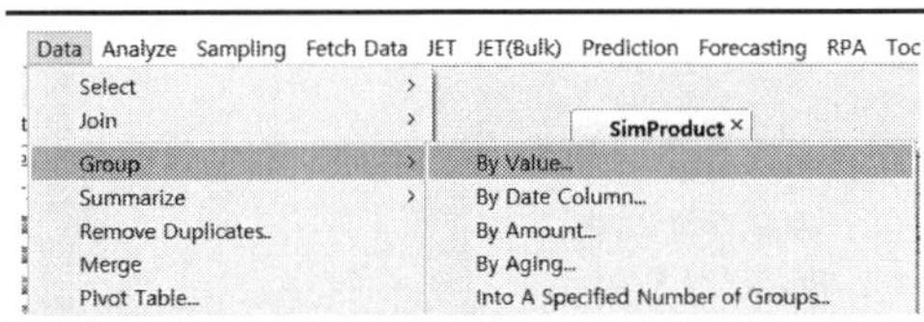

(1) Data >> Group >> By Value 메뉴를 선택한다.

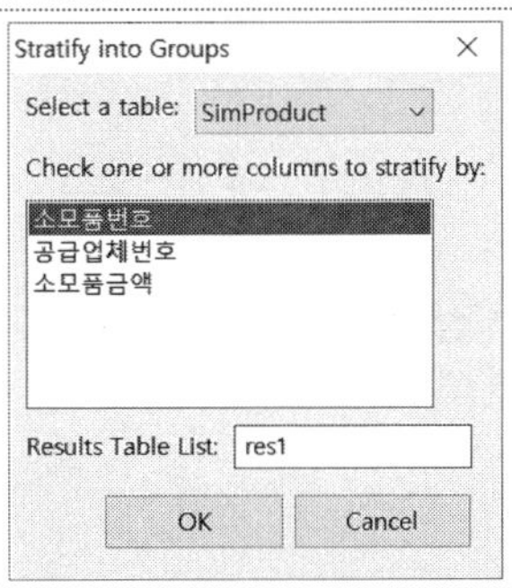

(2) Select a table : ***SimProduct*** 선택
(3) Check one or more columns to stratify by: ***소모품번호*** 체크
(4) Results Table List : ***res1*** 입력
(5) OK 버튼을 누른다.

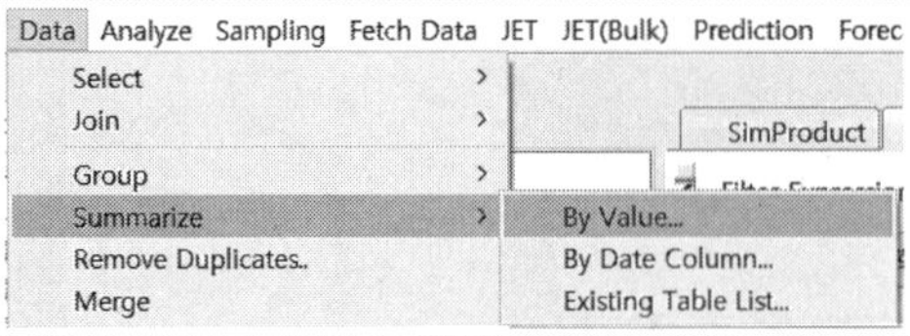

(6) Data >> Summarize >> By Value 메뉴를 선택한다.

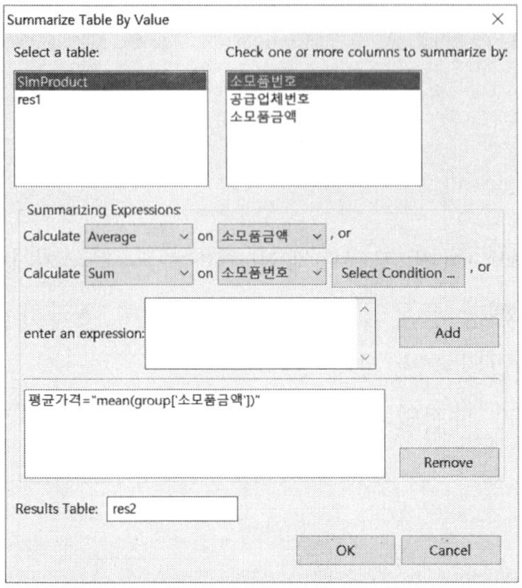

(7) Select a table : ***SimProduct*** 선택

(8) Check one or more columns to summarize by : ***소모품번호*** 체크

(9) Summarizing Expressions :

- Calculate Average on 소모품금액

  Add 버튼 누르고 ***평균가격*** 입력

(10) Results Table : ***res2*** 입력

(11) OK 버튼을 누른다.

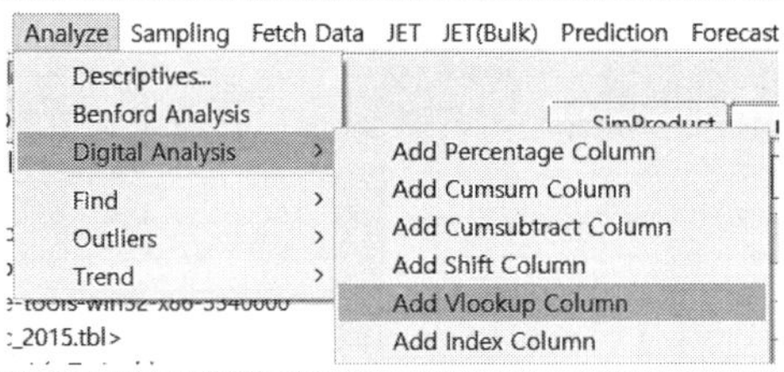

(12) ***res1*** 테이블을 선택한 후, Analyze>> Digital Analysis >> Add Vlookup Column 메뉴를 선택한다.

(13) Table : ***res1*** 선택

- Column : ***소포품번호*** 선택
- Refer Table : ***res2*** 선택
- Refer Column : ***소포품번호*** 선택
- Refer Value Column : ***평균가격*** 선택
- New Column Name : ***평균가격*** 입력

(14) OK 버튼을 누른다.

	소모품번호	평균가격	공급업체번호	소모품금액
0	1	27.457600000000006	1	29.39
1	1	27.457600000000006	5	28.79
2	1	27.457600000000006	2	29.17
3	1	27.457600000000006	1	22.70
4	1	27.457600000000006	3	25.20
5	1	27.457600000000006	5	62.18
6	1	27.457600000000006	3	30.24
7	1	27.457600000000006	4	28.83
8	1	27.457600000000006	3	20.99
9	1	27.457600000000006	3	26.20
10	1	27.457600000000006	4	24.95
11	1	27.457600000000006	4	20.38
12	1	27.457600000000006	5	45.34

(15) res1 테이블에서 평균가격 칼럼이 소포품번호 칼럼 오른쪽에 생긴 것을 확인할 수 있다.

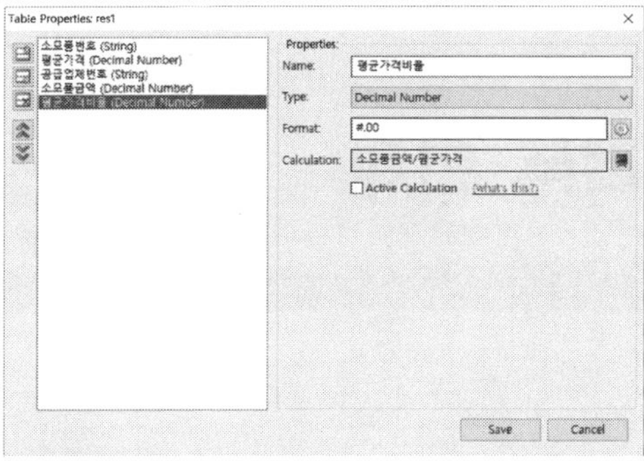

(16)***res1***에서 ***평균가격비율*** 칼럼을 삽입한다.

- Type : ***Decimal Number*** 선택
- Format : ***#.00*** 선택
- Calculation : ***소모품금액/평균가격*** 입력

(17)Save 버튼을 누른다.

(18)res1 테이블의 ***평균가격비율*** 칼럼을 ***내림차순***으로 정렬한다.

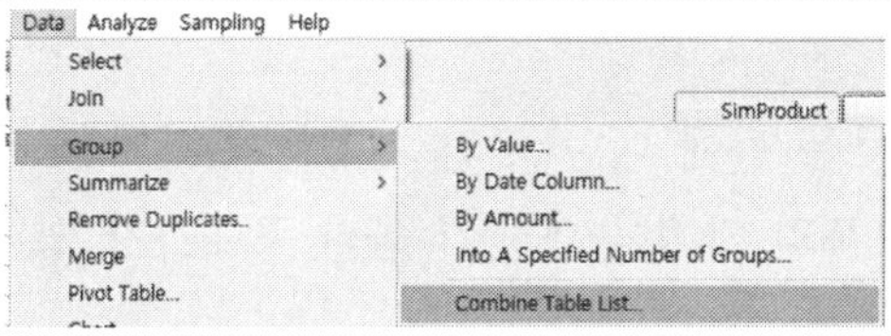

(19)Data >> Group >> Combine Table List 메뉴를 선택한다.

(20)Table List : ***res1*** 선택

(21)New Table Name : ***res3*** 입력

(22)OK 버튼을 누른다.

(23)res3 테이블의 ***평균가격비율*** 칼럼을 내림차순으로 정렬한다.

	소모품번호	평균가격	공급업체번호	소모품금액	평균가격비율
0	5	29.388095238095236	5	93.18	3.17
1	5	29.388095238095236	5	75.22	2.56
2	1	27.457600000000006	5	62.18	2.26
3	1	27.457600000000006	5	45.34	1.65
4	5	29.388095238095236	5	42.27	1.44
5	3	1282.5795238095238	5	1815.40	1.42
6	2	152.21846153846153	5	208.12	1.37
7	2	152.21846153846153	5	198.12	1.30
8	3	1282.5795238095238	5	1562.31	1.22
9	3	1282.5795238095238	5	1556.94	1.21
10	3	1282.5795238095238	3	1476.54	1.15

(24)분석자가 설정한 임계점(예: 평균 대비 15% 이상)을 넘는 ***소포품번호***와 ***공급업체번호***에 대해서는 추가적인 검토가 필요하다. 이 사례에서는 ***공급업처번호 5***에 대해서 추가적인 검토가 필요할 것이다.

02 | 가격을 조금씩 올리는 업체

1 사례의 개요 및 목적

- 일반적으로 기업은 공급업체와 정기적으로 소모품 등에 대한 구입 계약을 갱신하는 경우가 있다. 이 경우 어떤 공급업체는 해당 소모품의 가격을 조금씩 올려 구매자가 쉽게 파악하기 어렵게 할 수 있다.
- 이 사례는 해당 소모품에 대한 일련의 송장상 단가를 계약단가와 비교하여 송장상 단가가 조금씩 상승하는 공급업체와 가격의 변동추이를 파악하기 위한 것이다.

2 사례 파일

- VendorHike_1.tbl과 VendorHike_2.tbl을 연다.

3 Fraudit과 Python 활용 절차

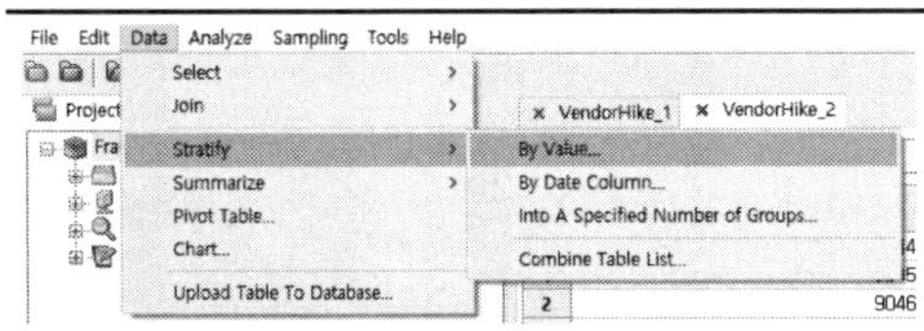

(1) Data >> Group >> By Value 메뉴를 선택한다.

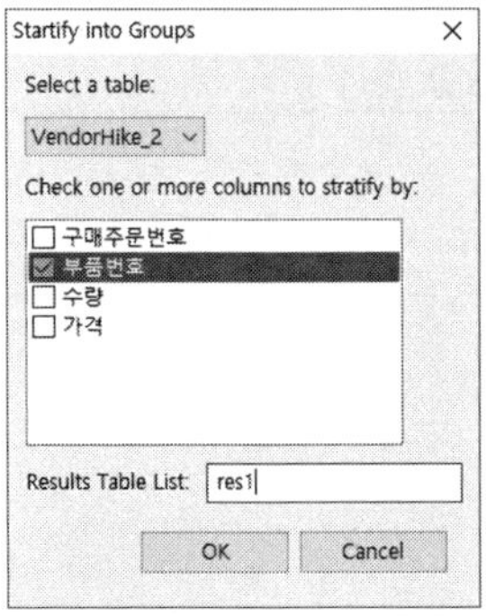

(2) Select a table : ***VendorHike_2*** 선택
- Check one or more columns to stratify by : ***부품번호*** 체크
- Results Table List : ***res1*** 입력

(3) OK 버튼을 누른다.

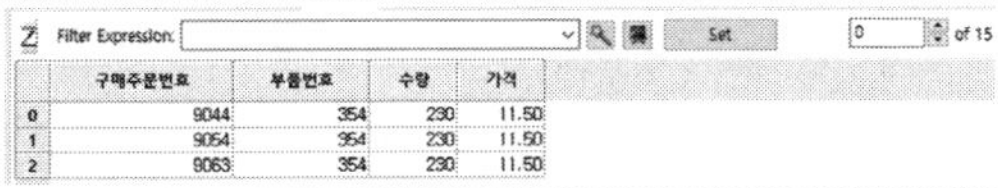

(4) res1 테이블 결과가 나타난다.

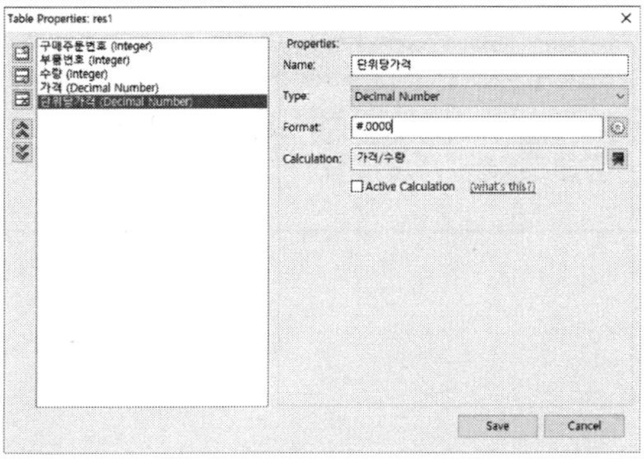

(5) *단위당가격* 칼럼을 삽입한다.
- Type : ***Decimal Number***
- Format : ***#.0000***
- Calculation : *가격/수량* 입력

(6) Save 버튼을 누른다.

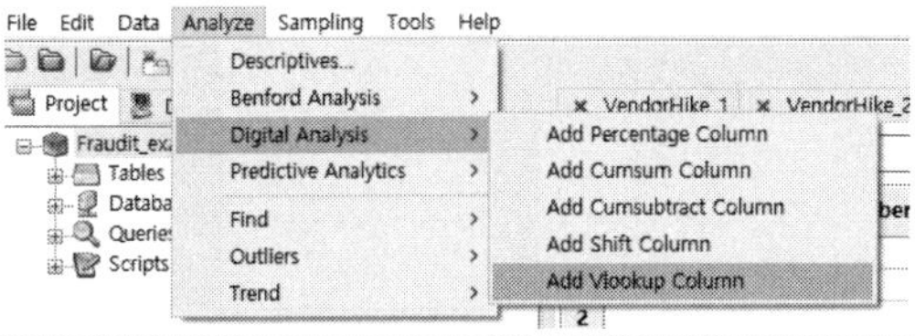

(7) Analyze >> Digital Analysis >> Add Vlookup Column 메뉴를 선택한다.

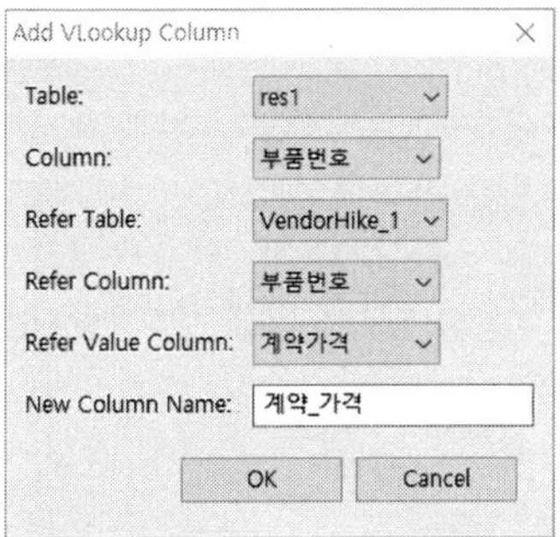

(8) Table : ***res1*** 선택
- Column : *부품번호* 선택
- Refer Table : ***VendorHike_1*** 선택
- Refer Column : *부품번호* 선택
- Refer Value Column : *계약가격* 선택
- New Column Name : *계약_가격* 입력

(9) OK 버튼을 누른다.

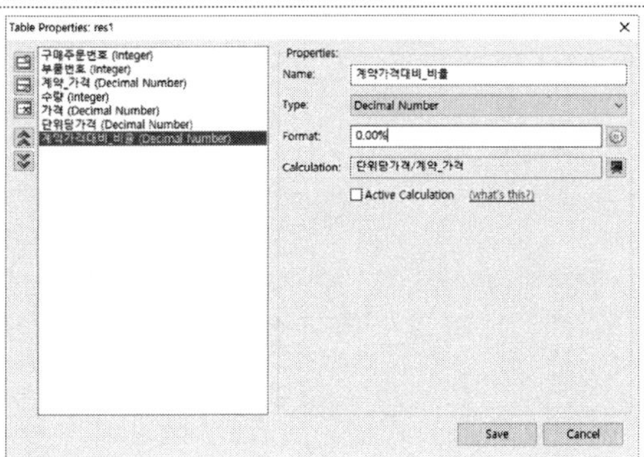

(10) res1에서 *계약가격대비_비율* 칼럼을 삽입한다.
- Type : ***Decimal Number*** 선택
- Format : ***0.00%*** 선택
- Calculation : *단위당가격/계약_가격* 입력

(11) Save 버튼을 누른다.

Filter Expression: Set 6 of 15

	구매주문번호	부품번호	계약_가격	수량	가격	단위당가격	계약가격대비_비율
0	9050	415	0.07	210	15.67	0.07461904761904761904761904762	106.60%
1	9058	415	0.07	210	16.70	0.07952380952380952380952380952	113.61%
2	9067	415	0.07	210	18.00	0.08571428571428571428571428571	122.45%

(12)상단의 스핀버튼을 계속 누르다 6번째를 보면 ***계약가격대비_비율*** 이 계속 상승하는 ***부품번호 415***번이 나온다. ***VendorHike_1*** 테이블에서 ***부품번호 415***번에 해당하는 ***공급처번호***는 ***16167***이다. 해당 공급업체에 대해서는 추가적인 조사가 필요하다.

03 | 분할 구입

1 사례의 개요 및 목적

- 구입한도를 넘는 구입을 위해서 분할 구입을 하는 경우가 있다. 이 사례는 구입한도를 초과하는 분할구입 거래를 어떻게 발견할 것인가에 대한 것이다.

2 사례 파일

- 구매카드 테이블과 구매거래 테이블을 연다.

3 Fraudit 사용 절차

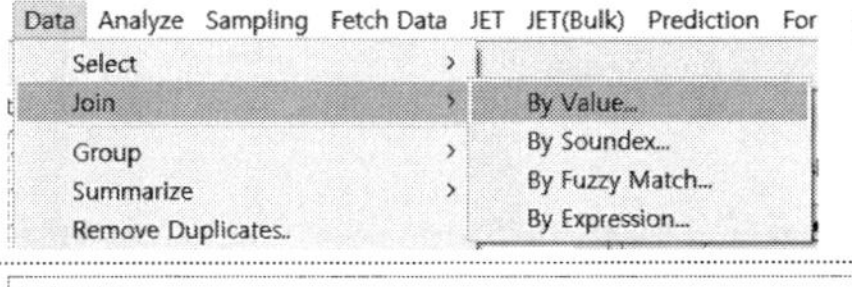

(1) Data >> Join >> By Value 메뉴를 선택한다.

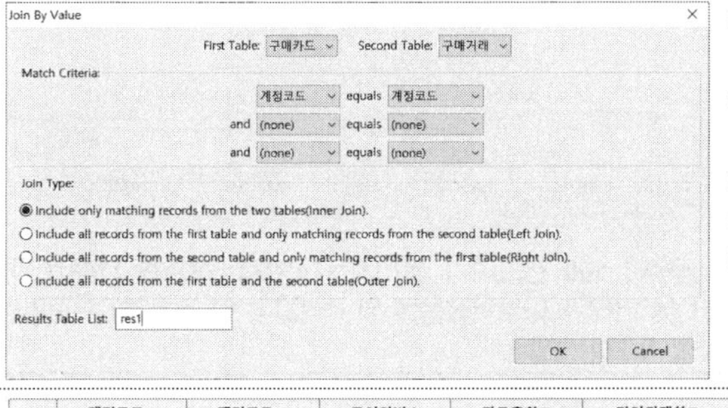

(2) First Table : ***구매카드*** 선택
Second Table : ***구매거래*** 선택
(3) Match Criteria :
계정코드 equals 계정코드
(4) Join Type : Inner Join 체크
(5) Rsults Table Lis : res1 을 기입
(6) OK 버튼을 누른다.

	계정코드_L	계정코드_R	종업원번호	카드총한도	단일거래한도	거래번호	거래일자	금액	지급거래처	업종코드
0	2000	2000	1001	50000	10000	4001	2009-08-14	9318	UQD Incorporated	211144
1	2000	2000	1001	50000	10000	4001	2009-08-14	9318	UQD Incorporated	211144
2	2000	2000	1001	50000	10000	4002	2009-08-16	2991	TSR Company	678888
3	2000	2000	1001	50000	10000	4004	2009-08-26	6329	XHA Consulting	439472
4	2000	2000	1001	50000	10000	4005	2009-08-28	6522	NDX Systems	504967
5	2000	2000	1001	50000	10000	4006	2009-09-02	4440	INM Incorporated	899538
6	2000	2000	1001	50000	10000	4007	2009-09-03	4022	LEP Company	888462
7	2000	2000	1001	50000	10000	4008	2009-09-09	5007	CEI Consulting	211144
8	2000	2000	1001	50000	10000	4009	2009-09-12	5747	REF Corporation	866160

(7) ***계정코드***로 조인된 테이블인 res1이 상기와 같이 생성된다.

(8) 어떤 거래가 구입한도에 바로 못미치는 금액인지(대부분 이런 거래가 분할의 징후일 수 있기 때문에)를 확인하기 위하여 filter를 적용한다.

	계정코드_L	계정코드_R	종업원번호	카드총한도	단일거래한도	거래번호	거래일자	금액	지급거래처	업종코드
0	2000	2000	1001	50000	10000	4001	2009-08-14	9318	UQD Incorporated	211144
1	2000	2000	1001	50000	10000	4001	2009-08-14	9318	UQD Incorporated	211144
2	2000	2000	1001	50000	10000	4002	2009-08-16	2991	TSR Company	678888
3	2000	2000	1001	50000	10000	4004	2009-08-26	6329	XHA Consulting	439472
4	2000	2000	1001	50000	10000	4005	2009-08-28	6522	NDX Systems	504967

(9) Filter expression box : ***금액 > 단일거래한도 - 10*** 입력

(10) Set 버튼을 누른다.

	계정코드_L	계정코드_R	종업원번호	카드총한도	단일거래한도	거래번호	거래일자	금액	지급거래처	업종코드
0	2006	2006	1005	2000	500	4085	2009-01-31	499	DXP Systems	724645
1	2006	2006	1005	2000	500	4086	2009-02-01	499	DXP Systems	724645
2	2019	2019	1020	2000	500	4233	2009-07-21	492	NLJ Partnership	570244
3	2020	2020	1004	2000	500	4249	2009-07-18	499	BGB Consulting	485094
4	2043	2043	1038	2000	500	4507	2009-10-16	494	QWL Corporation	604320
5	2046	2046	1019	2000	500	4558	2009-02-21	497	BNR Manufacturing	155668
6	2049	2049	1050	10000	3000	4603	2009-08-29	2994	LWN Company	774740
7	2057	2057	1003	2000	500	4687	2009-01-07	495	BOD Consulting	476942
8	2069	2069	1062	2000	500	4821	2009-09-04	499	ILX Systems	439472
9	2070	2070	1047	2000	500	4826	2009-12-25	493	VHF Consulting	899538
10	2070	2070	1047	2000	500	4829	2009-12-30	499	ENR Manufacturing	697706
11	2075	2075	1003	2000	500	4902	2009-06-15	491	DHM Manufacturing	211144

(11) 상기와 같이 12개의 record가 나타난다.

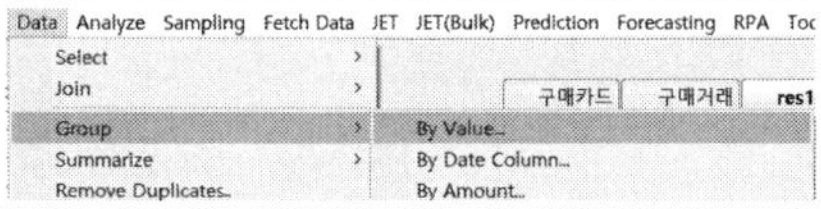

※ 개별 종업원당 거래를 보기 위하여 Filter가 된 이 테이블을 다시 그룹핑한다.

(12) Data >> Group >> By Value 메뉴를 선택한다.

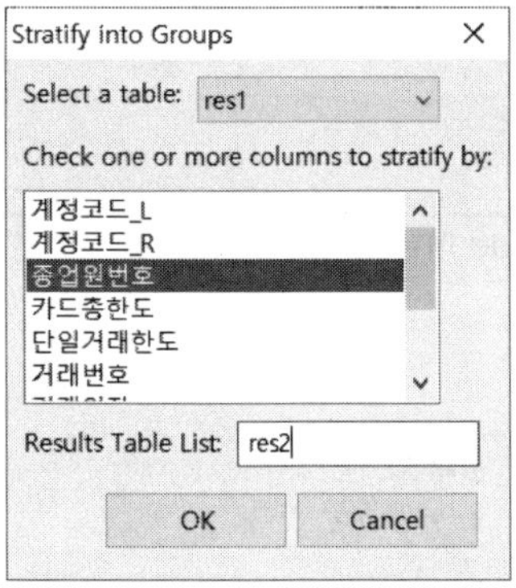

(13) Select a table : ***res1*** 선택

(14) Check one or more columns to stratify by : ***종업원번호*** 체크

(15) Result Table List : ***res2*** 라고 입력한다.

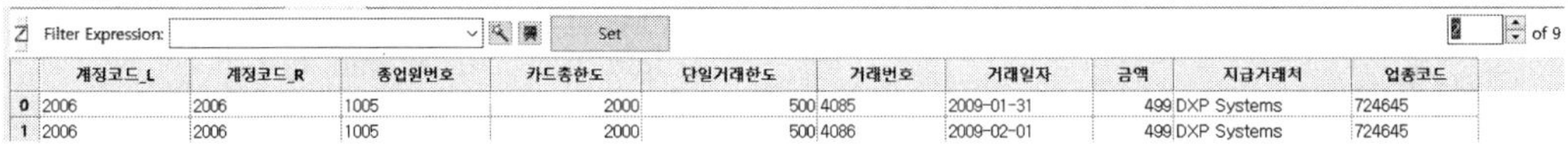

	계정코드_L	계정코드_R	종업원번호	카드총한도	단일거래한도	거래번호	거래일자	금액	지급거래처	업종코드
0	2006	2006	1005	2000	500	4085	2009-01-31	499	DXP Systems	724645
1	2006	2006	1005	2000	500	4086	2009-02-01	499	DXP Systems	724645

(16) Spin Box에서 2를 선택하면 ***종업원번호 1005***의 ***금액***이 500 한도에 1 못미치는 499로, ***동일한 업종코드***에 ***거래일자***도 연속되는 양일(2009-01-31, 2009-02-01)에 거래가 이루어졌음을 알 수 있다. 이 경우 해당 종업원이 왜 이러한 거래를 하였는지를 추가적으로 조사할 필요가 있다.

04 | 카드 사용 한도 초과

1 사례의 개요 및 목적

- 특정 월에 카드 사용 한도를 넘는 종업원 지출이 있었는지를 파악하기 위하여 DateTime을 년과 월로 구분하는 것을 고려해 볼 필요가 있다.

2 사례 파일

- PurchaseCard 테이블과 PurchaseTransaction 테이블을 연다.

3 Fraudit과 Python 활용 절차

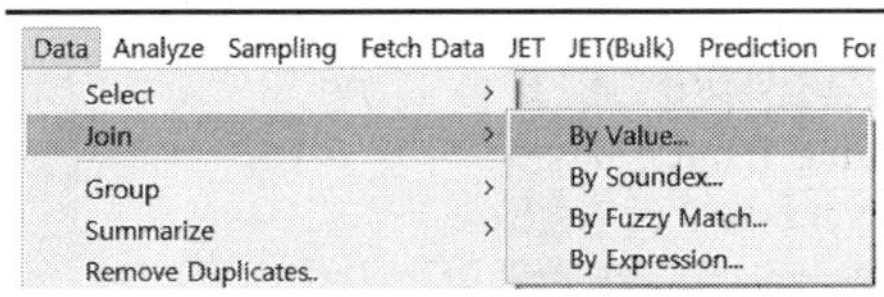

(1) Data >> Join >> By Value 메뉴를 선택한다.

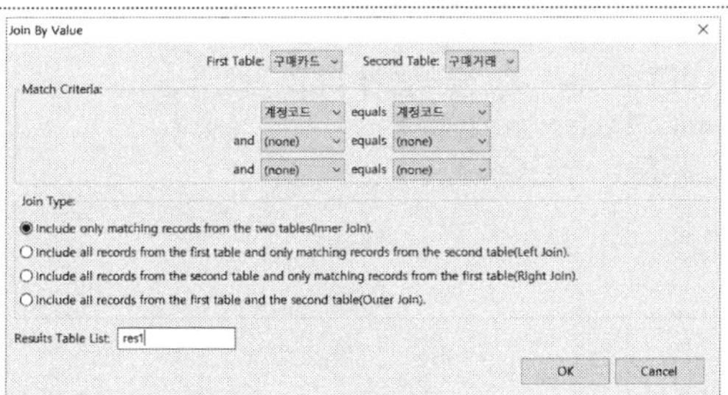

(2) First Table : ***구매카드*** 선택
Second Table : ***구매거래*** 선택
(3) Match Criteria :
계정코드 equals 계정코드
(4) Join Type : Inner Join 체크
(5) Rsults Table Lis : res1 을 기입
(6) OK 버튼을 누른다.

	계정코드_L	계정코드_R	종업원번호	카드총한도	단일거래한도	거래번호	거래일자	금액	지급거래처	업종코드
0	2000	2000	1001	50000	10000	4001	2009-08-14	9318	UQD Incorporated	211144
1	2000	2000	1001	50000	10000	4001	2009-08-14	9318	UQD Incorporated	211144
2	2000	2000	1001	50000	10000	4002	2009-08-16	2991	TSR Company	678888
3	2000	2000	1001	50000	10000	4004	2009-08-26	6329	XHA Consulting	439472
4	2000	2000	1001	50000	10000	4005	2009-08-28	6522	NDX Systems	504967
5	2000	2000	1001	50000	10000	4006	2009-09-02	4440	INM Incorporated	899538
6	2000	2000	1001	50000	10000	4007	2009-09-03	4022	LEP Company	888462

(7) 계정코드로 조인된 테이블인 res1이 상기와 같이 생성된다.
(8) ***거래일자*** 칼럼의 Type을 DateTime으로 하고 Format은 %Y-%m-%d로 한다.

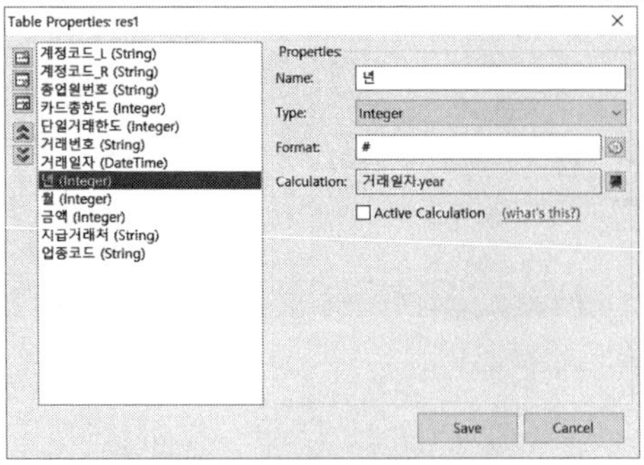

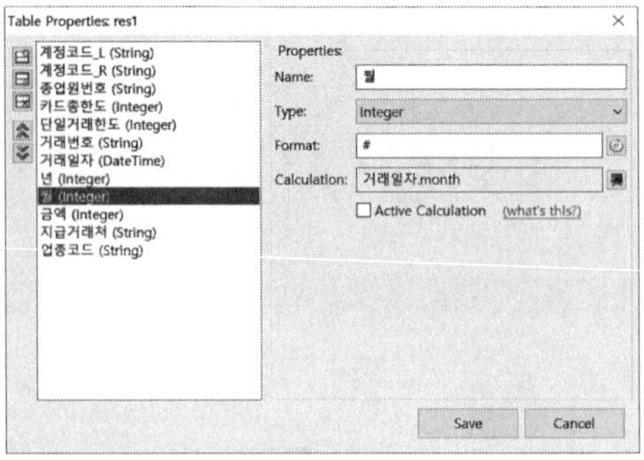

(9) 상기와 같이 ***년*** 칼럼, ***월*** 칼럼을 추가한다. 이때 Calculation는 Expression Builder 버튼을 누르고 상기와 같이 기입한 후 OK 버튼을 누른 후 Save 버튼을 누른다.

	계정코드_L	계정코드_R	종업원번호	카드총한도	단일거래한도	거래번호	거래일자	년	월	금액	지급거래처	업종코드
0	2000	2000	1001	50000	10000	4001	2009-08-14	2009	8	9318	UQD Incorporated	211144
1	2000	2000	1001	50000	10000	4001	2009-08-14	2009	8	9318	UQD Incorporated	211144
2	2000	2000	1001	50000	10000	4002	2009-08-16	2009	8	2991	TSR Company	678888
3	2000	2000	1001	50000	10000	4004	2009-08-26	2009	8	6329	XHA Consulting	439472
4	2000	2000	1001	50000	10000	4005	2009-08-28	2009	8	6522	NDX Systems	504967
5	2000	2000	1001	50000	10000	4006	2009-09-02	2009	9	4440	INM Incorporated	899538
6	2000	2000	1001	50000	10000	4007	2009-09-03	2009	9	4022	LEP Company	888462
7	2000	2000	1001	50000	10000	4008	2009-09-09	2009	9	5007	CEI Consulting	211144

(10)상기와 같이 ***년*** 칼럼, ***월*** 칼럼이 추가된 것을 확인할 수 있다.

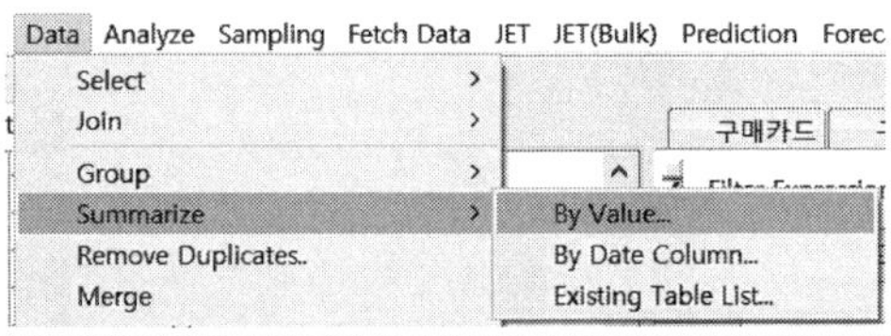

(11)Data >> Summarize >> By Value 메뉴를 선택한다.

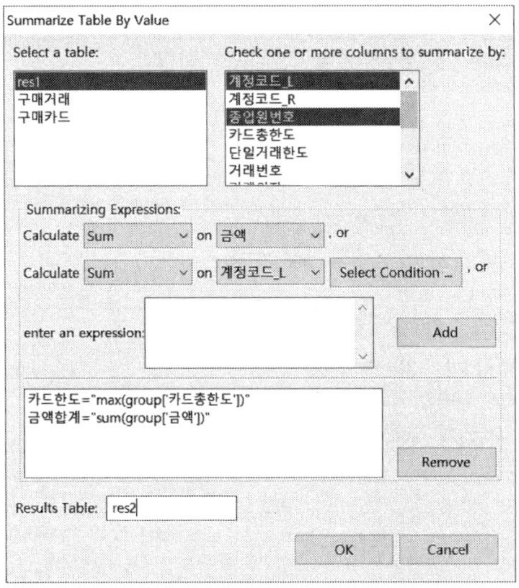

(12) Select a table : ***res1*** 선택
(13)Check one or more columns to summarize by : ***계정코드***, ***종업원번호***, 년, ***월*** 을 체크한
(14)Summarizing Expressions :
- Calculate Sum on 카드총한도
  Add 버튼을 누른 후 ***카드한도*** 라고 기입
- Calculate Sum on 금액
  Add 버튼을 누른 후 ***금액합계*** 라고 기입

(15)Results Table : res2 입력
(16)OK 버튼을 누른다.

Filter Expression: 금액합계 > 카드한도 Set

	계정코드_L	종업원번호	년	월	카드한도	금액합계
0	2000	1001	2009	8	50000	34478
1	2000	1001	2009	9	50000	44103
2	2001	1001	2009	1	2000	525
3	2001	1001	2009	2	2000	412
4	2001	1001	2009	3	2000	373
5	2001	1001	2009	4	2000	293
6	2001	1001	2009	5	2000	821

(17) ***금액합계***가 ***카드한도***보다 큰(한도 초과하여 지출한) 거래를 찾기 위하여 Filter Expression에 다음과 같이 입력한다.

금액합계 > 카드한도

(18) Set 버튼을 누른다.

Filter Expression: 금액합계 > 카드한도 Release

	계정코드_L	종업원번호	년	월	카드한도	금액합계
0	2002	1002	2009	12	10000	15788
1	2005	1004	2009	11	50000	75340
2	2015	1003	2009	9	2000	2636
3	2019	1020	2009	7	2000	2064
4	2019	1020	2009	8	2000	2769
5	2020	1004	2009	8	2000	3899
6	2026	1014	2009	12	50000	77738
7	2027	1014	2009	5	10000	10778
8	2030	1003	2009	11	10000	17231
9	2035	1013	2009	10	2000	2751

(19) 총 28개의 항목이 검색된다. 이러한 종업원의 거래에 대해서는 추가적인 조사가 필요하다.

| 제 7 장 |

사례분석–종업원 부정

01 종업원 총지급액이 비정상적으로 상승한 경우

02 급격한 임률 증가

03 급여 이중 지급

04 순차적인 송장번호

05 송장 부정

01 | 종업원 총지급액이 비정상적으로 상승한 경우

1 사례의 개요 및 목적

- 종업원 급여 부정은 종종 작은 금액에서 발생된다. 종업원 급여는 승인된 금액이 결정된 후에 변경될 수 있다. 또는 시간당 급여가 변경되어 Total payment가 상승될 수 있다.
- 이 사례는 Total payment(시간당 임률 또는 주당 임률이 아닌)가 비정상적으로 급격하게 상승한 경우를 발견하기 위한 것이다. 이는 임률의 변동이 아닌 business와 관계가 있는 경우 발생할 수 있으므로 임률 정보만 분석하는 경우 이러한 변경을 놓칠 수 있다.

2 사례 파일

- PayRaise 테이블을 연다.

3 Fraudit과 Python 활용 절차

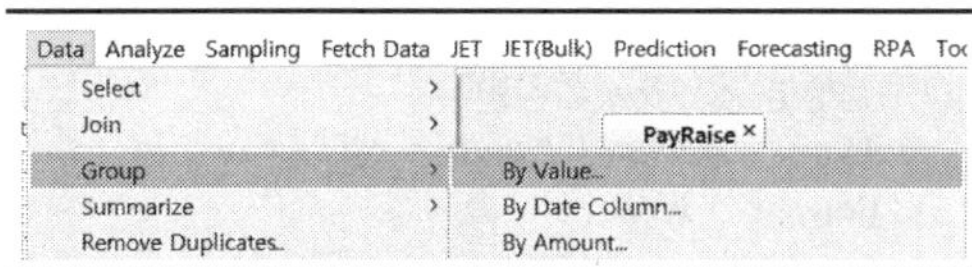

(1) Data >> Group >> By Value 메뉴를 선택한다.

(2) Select a table : ***PayRaise*** 선택
(3) Check one or more columns to stratify by : ***종업원번호*** 체크
(4) Results Table List : ***res1*** 입력

Filter Expression: | Set | 0 of 10

	급여ID	종업원번호	총시간	시작일자	종료일자	총지급액
0	0	236	15	2003-09-01	2003-09-15	1,000
1	1	236	15	2003-09-15	2003-09-29	1,100
2	2	236	40	2003-09-29	2003-10-13	1,200
3	3	236	55	2003-10-13	2003-10-27	2,300
4	4	236	40	2003-10-27	2003-11-10	1,400
5	5	236	70	2003-11-10	2003-11-24	1,500
6	6	236	45	2003-11-24	2003-12-08	1,600
7	7	236	10	2003-12-08	2003-12-22	1,700
8	8	236	35	2003-12-22	2004-01-05	1,800
9	9	236	20	2004-01-05	2004-01-19	1,900

(5) ***res1*** 테이블 결과가 상기와 같이 나타난다.

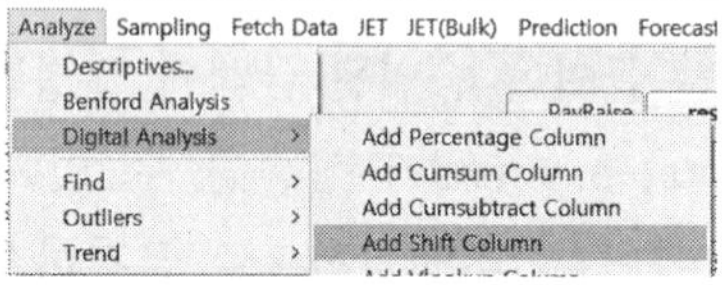

(6) Analyze >> Digital Analysis >> Add Shift Column 메뉴를 선택한다.

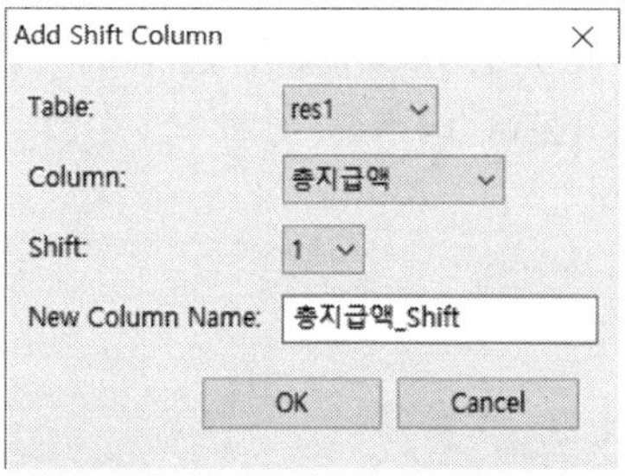

(7) Table : ***res1*** 선택
(8) Column : ***총지급액*** 선택
(9) Shift : ***1*** 선택
(10) New Column Name : ***총지급액_Shift*** 입력
(11) OK 버튼을 누른다.

Filter Expression: | Set | 0 of 10

	급여ID	종업원번호	총시간	시작일자	종료일자	총지급액	총지급액_Shift
0	0	236	15	2003-09-01	2003-09-15	1,000	0
1	1	236	15	2003-09-15	2003-09-29	1,100	1000
2	2	236	40	2003-09-29	2003-10-13	1,200	1100
3	3	236	55	2003-10-13	2003-10-27	2,300	1200
4	4	236	40	2003-10-27	2003-11-10	1,400	2300
5	5	236	70	2003-11-10	2003-11-24	1,500	1400
6	6	236	45	2003-11-24	2003-12-08	1,600	1500
7	7	236	10	2003-12-08	2003-12-22	1,700	1600
8	8	236	35	2003-12-22	2004-01-05	1,800	1700
9	9	236	20	2004-01-05	2004-01-19	1,900	1800

(12) ***총지급액_Shift*** 칼럼이 삽입된다.

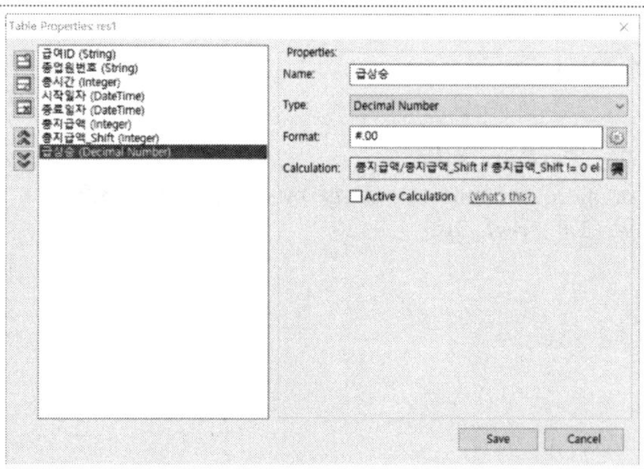

(13) ***급상승*** 칼럼을 삽입한다.

- Type : ***Decimal Number*** 선택
- Format : ***#.00***
- Calculation : 아래와 같이 입력

총지급액/총지급액_Shift if 총지급액_Shift != 0 else 0

(14) Save 버튼을 누른다.

Filter Expression: [ ] Set 0 of 10

	급여ID	종업원번호	총시간	시작일자	종료일자	총지급액	총지급액_Shift	급상승
0	0	236	15	2003-09-01	2003-09-15	1,000	0	0.00
1	1	236	15	2003-09-15	2003-09-29	1,100	1000	1.10
2	2	236	40	2003-09-29	2003-10-13	1,200	1100	1.09
3	3	236	55	2003-10-13	2003-10-27	2,300	1200	1.92
4	4	236	40	2003-10-27	2003-11-10	1,400	2300	0.61
5	5	236	70	2003-11-10	2003-11-24	1,500	1400	1.07
6	6	236	45	2003-11-24	2003-12-08	1,600	1500	1.07
7	7	236	10	2003-12-08	2003-12-22	1,700	1600	1.06
8	8	236	35	2003-12-22	2004-01-05	1,800	1700	1.06
9	9	236	20	2004-01-05	2004-01-19	1,900	1800	1.06

(15) ***급상승*** 칼럼에 총지급액의 변동률이 상기와 같이 나타난다.

Filter Expression: 급상승 > 1.2 Set 0 of 10

	급여ID	종업원번호	총시간	시작일자	종료일자	총지급액	총지급액_Shift	급상승
0	0	236	15	2003-09-01	2003-09-15	1,000	0	0.00
1	1	236	15	2003-09-15	2003-09-29	1,100	1000	1.10
2	2	236	40	2003-09-29	2003-10-13	1,200	1100	1.09
3	3	236	55	2003-10-13	2003-10-27	2,300	1200	1.92
4	4	236	40	2003-10-27	2003-11-10	1,400	2300	0.61
5	5	236	70	2003-11-10	2003-11-24	1,500	1400	1.07
6	6	236	45	2003-11-24	2003-12-08	1,600	1500	1.07
7	7	236	10	2003-12-08	2003-12-22	1,700	1600	1.06
8	8	236	35	2003-12-22	2004-01-05	1,800	1700	1.06
9	9	236	20	2004-01-05	2004-01-19	1,900	1800	1.06

(16) 총지급액이 20%를 초과하여 상승한 경우를 필터링 하기 위하여 Filter Expression에서 ***급상승 > 1.20를*** 기입한 후 Set 버튼을 누른다.

Filter Expression: 급상승 > 1.2 Release 0 of 10

	급여ID	종업원번호	총시간	시작일자	종료일자	총지급액	총지급액_Shift	급상승
0	3	236	55	2003-10-13	2003-10-27	2,300	1200	1.92

(17) ***종업원번호 236***의 2003-10-13~2003-10-27 사이의 [총지급액]이 92% 상승하였다는 것을 알 수 있다.

02 | 급격한 임률 증가

1 사례의 개요 및 목적

- Payroll과 같은 시스템은 정기적으로(예 지급기일 등) 운용되므로 직관적이고 신뢰성이 높게 간주되어 쉽게 승인되는 경향이 높다. 이러한 이유로 Contractor는 회사의 종업원 급여 시스템을 공략할 수 있다.
- 주어진 프로젝트 또는 계약에 대하여 수백 개의 Contractor가 있는 회사를 가정해 보자. 전기수리공 또는 이와 유사한 그룹은 회사에서 별로 신경 안쓸 것이라고 기대하고 자신의 임률을 증가시킴으로써 Payroll 시스템에서 fraud가 적발 안되도록 노력할 것이다. 따라서 감사인은 이러한 Payroll Fraud의 징후를 잘 포착해야 한다.

2 사례 파일

- PayRaise2 테이블을 연다.

3 Fraudit과 Python 활용 절차

- Analyze >> Outliers >> Add ZScore Column 을 눌러 ZScore 칼럼을 생성한 후 임계점(예 2.0 ⇒ 전체의 2.275%, 또는 3.0 ⇒ 0.135%)보다 큰 것을 필터링한다.

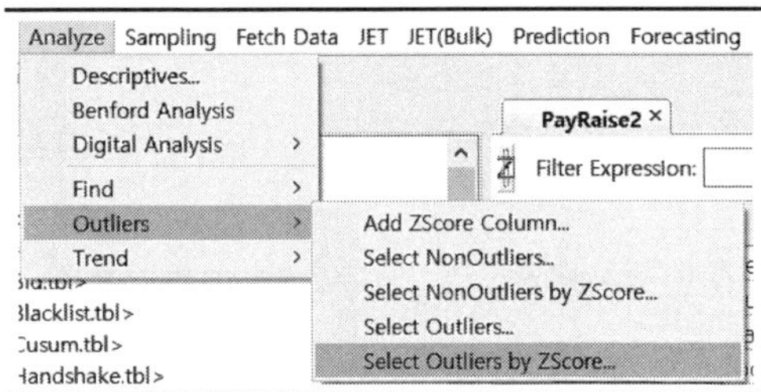

(1) Analyze >> Outliers >> Select Outliers by ZScore 메뉴를 선택한다.

(2) Table : ***PayRaise2*** 선택
(3) Column : ***임률_USD*** 선택
(4) Z-Score Value : ***2.0*** 입력(전체의 2.275%)
(5) Results Name : ***임률_outliers*** 로 입력
(6) OK 버튼을 누른다.

Filter Expression:

	송장번호	기능유형	업체번호	임률_USD
0	68000	snow removal	1145	68.00
1	455000	excavation	1125	81.00
2	834000	auto repair	1023	125.00
3	978000	plumber	1798	79.00

(7) ***임률_USD***의 Z-Score 값이 ***2.0*** 이상인 레코드만 나타난다. 상기 업체번호에 대해서는 추가적인 조사가 필요하다.

03 | 급여 이중 지급

1 사례의 개요 및 목적

- 직원에 대한 지출의 일반적인 부정형태는 동일한 직원에 대해서 한번 이상 지출하는 것이다. 대부분의 회사는 이러한 지출을 대량으로 처리하기 때문에 그 지출이 오랜 기간 동안 차이가 나는 경우 이중 지출이 간과될 수 있다.
- 물론 정확하게 동일한 금액의 지출이 가능할 수 있다(예 시간 경과에 따른 정기적인 유사 구매). 하지만, 그러한 가능성은 상대적으로 낮을 것이다. 따라서 이러한 지출이 부정이라고 확신하지는 않는다 하더라도 추가적인 조사가 필요할 수 있다.

2 사례 파일

- DubExpense.tbl을 연다.

3 Fraudit과 Python 활용 절차

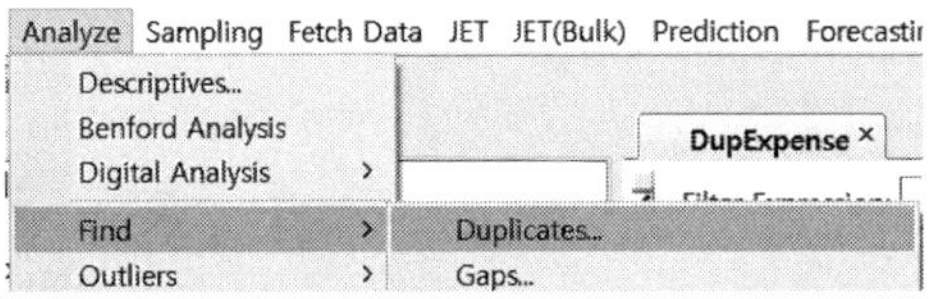

(1) Analyze >> Find >> Duplicates 메뉴를 선택한다.

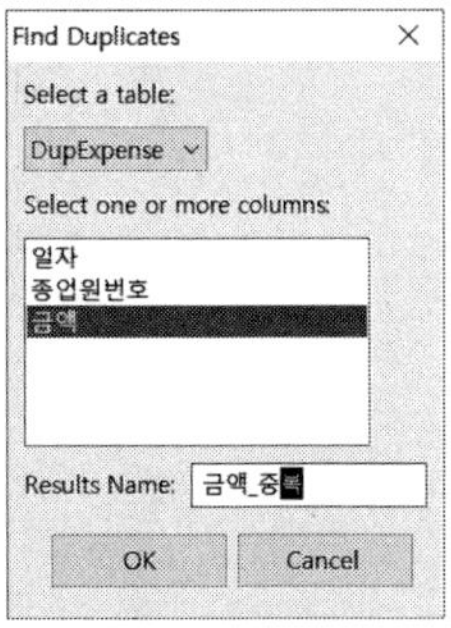

(2) Select a table : ***DupExpense*** 선택
(3) Select one or more columns : ***금액*** 선택
(4) Results Name : ***금액_중복*** 입력
(5) OK 버튼을 누른다.

× DupExpense × 금액_중복

Filter Expression:

	Row	금액	일자	종업원번호
0	18	588.83	2008-07-15	284
1	19	588.83	2008-12-12	284

(6) 종업원번호 ***284***가 금액이 동일한 항목이 2개 있으므로 이에 대해서는 추가적인 검토가 필요하다.

04 | 순차적인 송장번호

1 사례의 개요 및 목적

- 직원이 가상의 회사를 만들어 송장이나 기타 청구서를 보내는 부정이 발생할 수 있다. 이러한 회사는 직원이 속해 있는 회사가 유일한 고객일 가능성이 높기 때문에, 이런 종류의 송장번호는 순차적일 가능성이 높다. 즉, 이러한 송장은 1000, 1001, 1002와 같이 순차적이 된다는 것이다.
- 이 사례에서는 송장이 포함되어 있는 데이터 파일을 사용하여 순차적으로 되어 있는 송장의 비율을 거래처별로 계산하고 이 비율을 결과 테이블에 추가한다. 결과 테이블에서 송장번호가 순차적으로 되어 있는 비율이 높은 공급업체일수록 가상의 회사일 가능성이 높아진다.

2 사례 파일

- FindSeq.tbl을 연다.

3 Fraudit과 Python 활용 절차

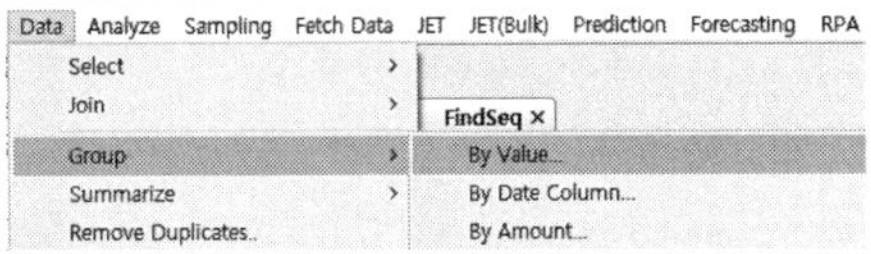

(1) Data >> Group >> By Value 메뉴를 선택한다.

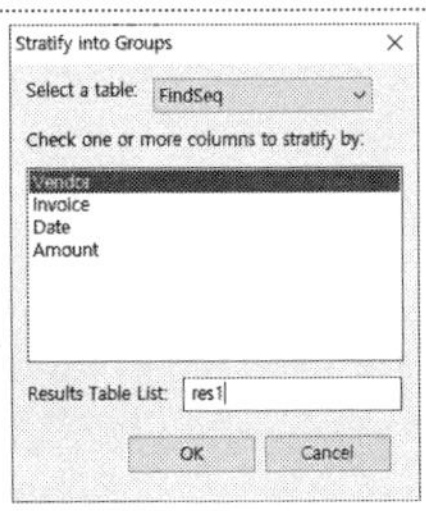

(2) Select a table : ***FindSeq*** 선택
(3) Check one or more columns to stratify by : ***Vendor*** 체크
(4) Results Table List : ***res1*** 입력
(5) OK 버튼을 누른다.

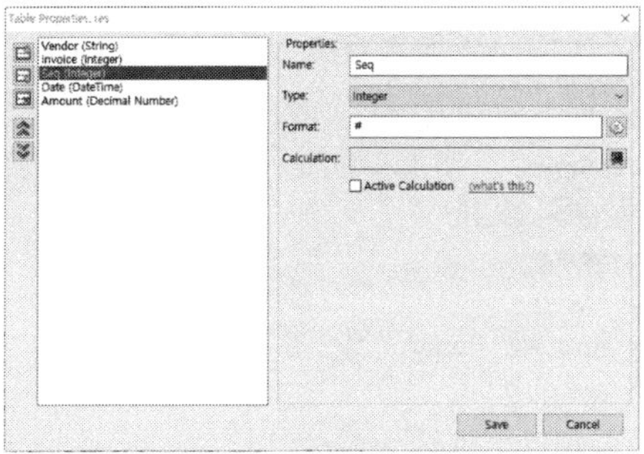

(6) Seq 칼럼을 삽입한다.
- Type : Integer 선택
- Format : #
- Save 버튼을 누른다.

```
for i in range(len(res1)):
    for j in range(len(res1[i])):
        if res1[i]['Invoice'][j] == res1[i]['Invoice'][j-1]+1 :
            res1[i]['Seq'][j] = 1
        else:
            res1[i]['Seq'][j] = 0
```

(7) 상기와 같이 쉘에 입력하고 Enter를 친다.

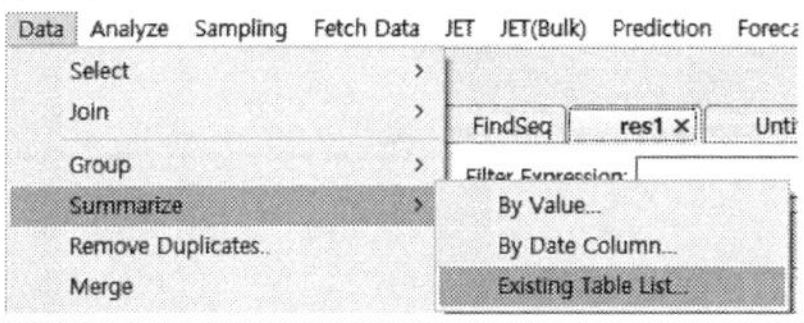

(8) Data >> Summarize >> Existing Table List 메뉴를 선택한다.

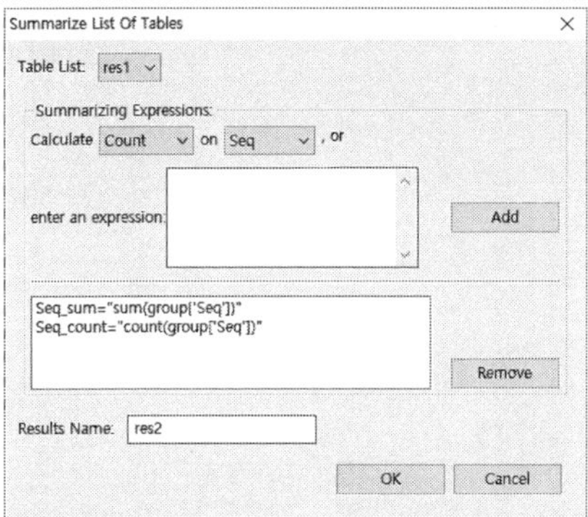

(9) Table List : ***res1*** 선택
- Summarizing Expressions :
- Calculate Sum on Seq
  Add 버튼을 누르고 ***Seq_sum***을 입력한다.
- Calculate Count on Seq
  Add 버튼을 누르고 ***Seq_count***를 입력한다.
- Results Name : ***res2*** 를 입력한다.
- OK 버튼을 누른다.

Filter Expression: Set

	StartValue	EndValue	Seq_sum	Seq_count
0	Black Knight Co.	Black Knight Co.	25.0	820.0
1	Burkman Builders	Burkman Builders	29.0	973.0
2	DunderMifflin	DunderMifflin	39.0	843.0
3	Limozeen	Limozeen	33.0	871.0
4	McKenzie Supplies	McKenzie Supplies	832.0	922.0
5	NNP Inc	NNP Inc	28.0	702.0
6	Pens R Us	Pens R Us	28.0	728.0
7	Printer Mart	Printer Mart	36.0	877.0
8	Vandeley Ind	Vandeley Ind	28.0	649.0
9	Videoeletrix	Videoeletrix	26.0	693.0

(10)***Seq_sum*** 은 송장번호가 연속적인 경우의 수이며, ***Seq_count*** 는 전체 송장 개수이다.

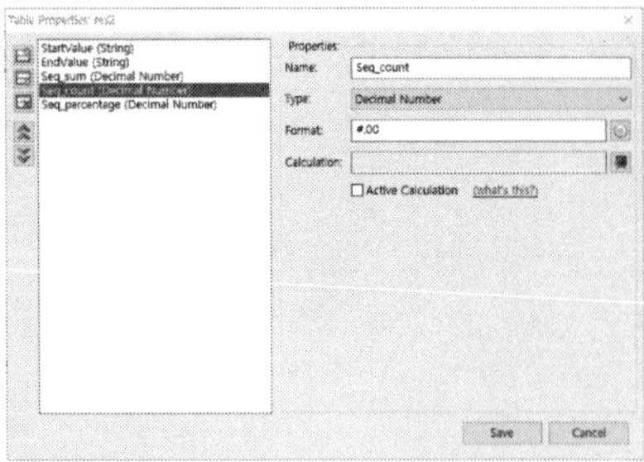

(11) Seq_sum 칼럼의 Type을 변경한다.

- Type : ***Decimal Number***

(12) Seq_count 칼럼의 Type을 변경한다.

- Type : ***Decimal Number***

(13) Seq_percentage 칼럼을 삽입한다.

- Type : ***Decimal Number***
- Format : ***0.00%***
- Calculation : ***Seq_sum/Seq_count*** 입력

(14) Save 버튼을 누른다.

Filter Expression: Set

	StartValue	EndValue	Seq_sum	Seq_count	Seq_percentage
0	Black Knight Co.	Black Knight Co.	25.00	820.00	3.05%
1	Burkman Builders	Burkman Builders	29.00	973.00	2.98%
2	DunderMifflin	DunderMifflin	39.00	843.00	4.63%
3	Limozeen	Limozeen	33.00	871.00	3.79%
4	McKenzie Supplies	McKenzie Supplies	832.00	922.00	90.24%
5	NNP Inc	NNP Inc	28.00	702.00	3.99%
6	Pens R Us	Pens R Us	28.00	728.00	3.85%
7	Printer Mart	Printer Mart	36.00	877.00	4.10%
8	Vandeley Ind	Vandeley Ind	28.00	649.00	4.31%
9	Videoeletrix	Videoeletrix	26.00	693.00	3.75%

(15) McKenzie Supplies 거래처에 대해서는 추가적인 검토가 필요할 것이다.

05 | 송장 부정

1 사례의 개요 및 목적

- 회사에서 발생할 수 있는 부정은 직원이 판매업체에 지불하는 데 필요한 금액보다 많은 금액의 수표를 작성하는 것이다. 예를 들어, 구매 부서의 송장은 특정 공급 업체에게 ₩5,000,000을 보낸다는 것을 보여줄 수 있다. 수표 작성을 담당하는 직원은 ₩1,000,000을 더 추가하여 작성할 수 있다. 그리고 나서 그는 해당 공급업체로부터 그 금액을 다시 받을 수 있다. 이러한 부정은 구매 테이블과 지급 테이블의 총계를 비교하여 발견할 수 있다.
- 이 사례에서는 구매 테이블과 지급 테이블의 금액을 비교한다. 두 테이블 사이에 불일치가 있는 경우, 두 테이블을 비교하고 서로 다른 레코드를 찾아 결과로 표시한다. 두 테이블은 해당 송장 번호 또는 이와 유사한 번호를 기준으로 Join하여 비교된다.
- 구매 테이블에는 다음의 칼럼이 필요하다.
  - ✓ 송장 번호 또는 이와 유사한 내용
  - ✓ 계산서 금액
- 지급 테이블에는 다음의 칼럼이 필요하다.
  - ✓ 식별을 위한 Check 번호
  - ✓ 구매 테이블과 동일한 송장 번호에 해당하는 송장 번호
  - ✓ 금액

2 사례 파일

- Invoice_1.tbl과 Invoice_2.tbl을 연다.

3 Fraudit과 Python 활용 절차

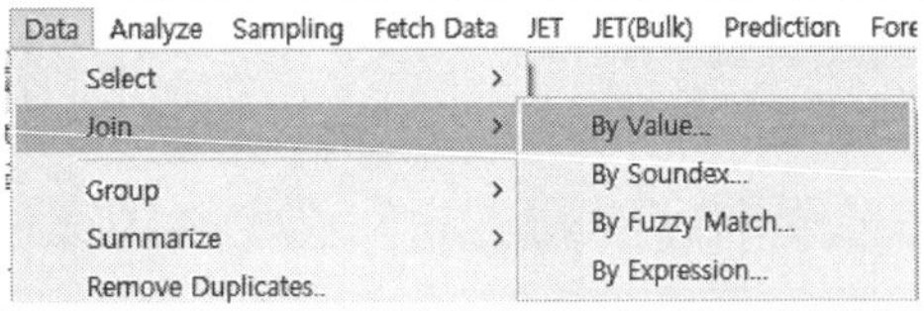

(1) Data >> Join >> By Value 메뉴를 선택한다.

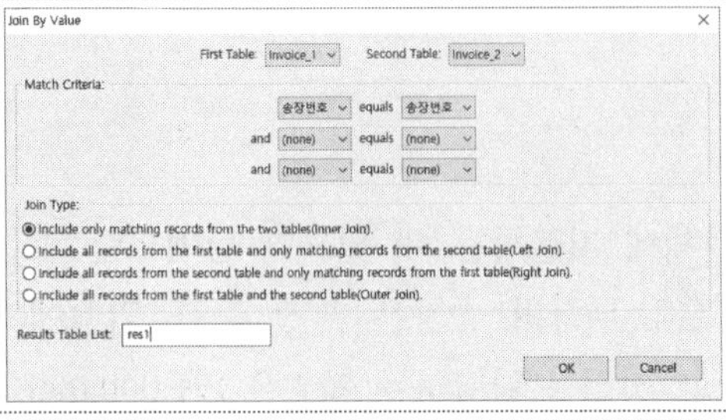

(2) First Table : ***Invoice_1*** 선택
Second Table : ***Invoice_2*** 선택
(3) Match Criteria :
송장번호 equals 송장번호
(4) Join Type : ***Inner Join*** 체크
(5) Results Table List : ***res1*** 입력
(6) OK 버튼을 누른다.

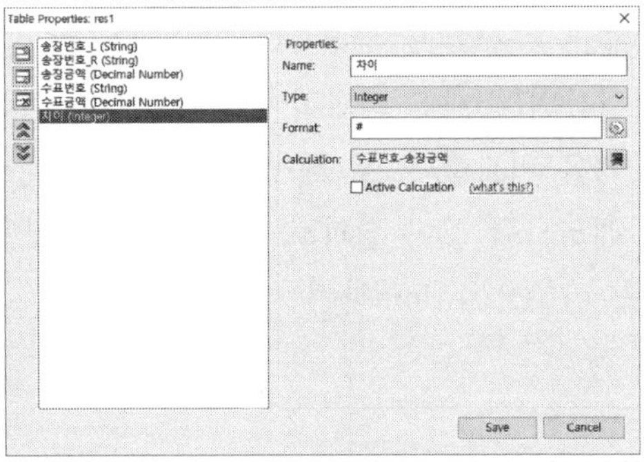

(7) ***차이*** 칼럼을 삽입한다.
- Type : ***Integer*** 선택
- Format : #
- Calculation : ***수표금액 - 송장금액*** 입력

(8) Save 버튼을 누른다.

Filter Expression: 차이 > 0   Set

	송장번호	송장금액	수표번호	송장번호_1	수표금액	차이
0	2335	2258	5230	2335	2258	0
1	2336	4793	5231	2336	4793	0
2	2337	5385	5232	2337	5385	0
3	2338	10000	5233	2338	10000	0
4	2339	9412	5234	2339	9412	0
5	2340	6680	5235	2340	6680	0
6	2341	1623	5236	2341	1623	0
7	2342	8430	5237	2342	8430	0
8	2343	862	5238	2343	862	0
9	2344	6574	5239	2344	6574	0
10	2345	5728	5240	2345	5728	0
11	2346	995	5241	2346	995	0

(9) Filter Expression에 ***차이 > 0*** 을 입력하고 Set 버튼을 누른다.

Filter Expression: 차이 > 0   Release

	송장번호	송장금액	수표번호	송장번호_1	수표금액	차이
0	2483	2365	5378	2483	5365	3000
1	2747	3542	5642	2747	9542	6000

(10) ***송장금액***과 ***수표금액***이 차이가 나는 ***송장번호***와 ***수표번호***를 확인할 수 있다. 이에 대해서는 추가적인 검토가 필요하다.

I 제8장 I

사례분석-연령분석

01 | 연령분석 (1)

1 사례의 개요 및 목적

- 연령분석은 매출채권 등의 연체일수를 기초로 대손을 추정하는데 많이 사용된다.
- Fraudit에서는 DateTime 칼럼으로 Summarize기능이 지원되므로 매출채권의 최초 발생일이 데이터에서 주어진다면 보다 손쉽게 연령분석을 할 수 있다.

2 사례 파일

- Acc_rec2015 테이블을 연다.

3 Fraudit과 Python 활용 절차

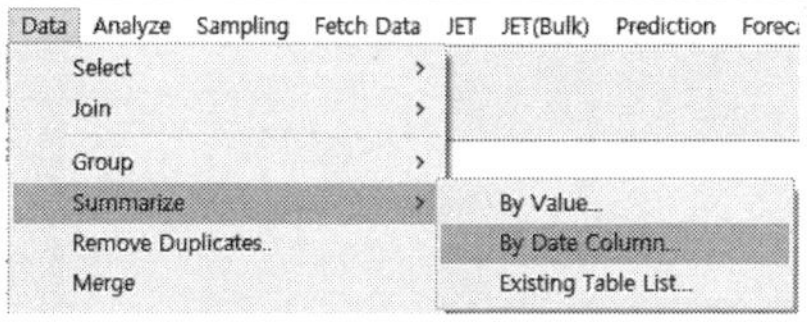

(1) Data >> Summarize >> By Date Column 메뉴를 누른다.

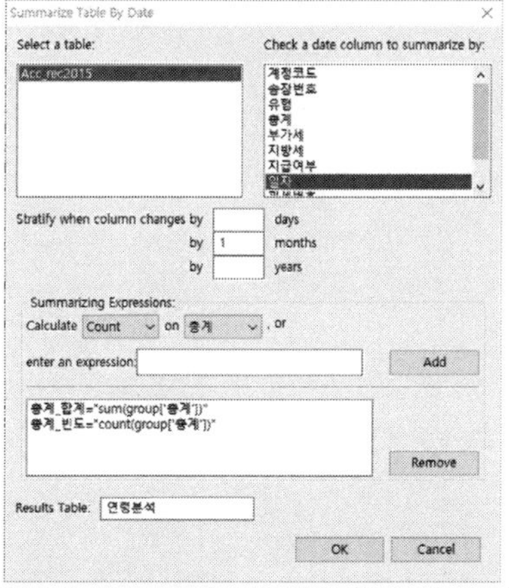

(2) Select a table : ***Acc_rec2015*** 선택
(3) Check a date column to summarize by: ***일자*** 선택
(4) Stratify when column changes by *1* months
(5) Summarizing Expressions :
- Calculate Sum on 총계
  Add 버튼 누른 후 ***총계_합계*** 입력
- Calculate Count on 총계
  Add 버튼 누른 후 ***총계_빈도*** 입력

(6) Results Table : ***연령분석*** 입력
(7) OK 버튼을 누른다.

Filter Expression: Set

	StartValue	EndValue	총계_합계	총계_빈도
0	2014-11-04 00:00:00	2014-11-30 23:59:59	2345.54	1.0
1	2014-12-01 00:00:00	2014-12-31 23:59:59	3119.75	2.0
2	2015-01-01 00:00:00	2015-01-31 23:59:59	74303.08	37.0
3	2015-02-01 00:00:00	2015-02-28 23:59:59	121494.98	92.0
4	2015-03-01 00:00:00	2015-03-31 23:59:59	233356.07	167.0
5	2015-04-01 00:00:00	2015-04-30 23:59:59	1245.43	1.0

(8) ***연령분석*** 테이블 결과가 나온다. 각 월별 ***총계_합계***와 ***총계_빈도***(거래건수)가 나오는 것을 확인할 수 있다.

02 | 연령분석 (2)

1 사례의 개요 및 목적

- 예를 들어 매출채권 100원이 2018-12-01에 발생하였고 2018-12-31 현재 미회수 되었다면 2018-12-31 현재 연체일수는 30일이 될 것이다. 그렇다면 이러한 연체일수를 일단 먼저 계산하여야 한다.
- Fraudit에서는 DateTime과 DateTime의 차감(즉, 특정일자간의 차이)을 계산하는 것은 매우 쉽다. 즉, (DateTime – DateTime).days 라고 기입하고 타입을 integer로 하면 된다.

2 사례 파일

- **외상매출금_예제.tbl**과 **외상매출금잔액_예제.tbl**을 연다. 외상매출금_예제.tbl은 외상매출금 분개만 필터링한 것이며, 외상매출금잔액_예제.tbl은 전기이월된 거래처별 외상매출금 잔액을 나타내는 테이블이다.

3 Fraudit과 Python 활용 절차

- 여기서는 코드 에디터 창을 열어 아래의 코드를 입력 한 후 일괄 실행해보자.

```
# 칼럼 삽입
외상매출금_예제.insert_column(4, "전기이월", str)
외상매출금_예제.set_type(4, int, "#,###")

외상매출금_예제.insert_column(7, "외상매출금_잔액", int)
외상매출금_예제.set_format(7, "#,###")

외상매출금_예제.insert_column(8, "매출채권_Back", int)
외상매출금_예제.set_format(8, "#,###")
```

```
외상매출금_예제.insert_column(9, "연체금액", int)
외상매출금_예제.set_format(9, "#,###")

외상매출금_예제.insert_column(10, "연체금액2", int)
외상매출금_예제.set_format(10, "#,###")

외상매출금_예제.insert_column(11, "연체금액3", int)
외상매출금_예제.set_format(11, "#,###")

외상매출금_예제.insert_column(12, "LDate", DateTime)
외상매출금_예제.set_format(12, "%Y-%m-%d")

외상매출금_예제.insert_column(12, "diff", int)
외상매출금_예제.set_format(12, "#,###")

외상매출금_예제.insert_column(13, "Base_Date", str)

# 이월 금액을 vlookup처럼 삽입하기
for i in range(len(외상매출금_예제)):
    for j in range(len(외상매출금잔액_예제)):
        if 외상매출금_예제['거래처'][i] == 외상매출금잔액_예제['거래처'][j] :
            외상매출금_예제['전기이월'][i] = 외상매출금잔액_예제['전기이월'][j]

# 거래처코드로 그룹핑
res1 = Grouping.stratify_by_value(외상매출금_예제, 0, "거래처")
res1.view()

# 외상매출금_잔액 칼럼 계산
for i in range(len(res1)):
    for j in range(len(res1[i])):
        if j == 0:
            res1[i]['외상매출금_잔액'][j] = res1[i]['전기이월'][j] + res1[i]['차변금액'][j] - res1[i]['대변
                                          금액'][j]
        else:
            res1[i]['외상매출금_잔액'][j] = res1[i]['외상매출금_잔액'][j-1] + res1[i]['차변금액'][j] -
                                          res1[i]['대변금액'][j]

# 매출채권_Back 칼럼 계산 : 역으로 올라가면서 외상매출금을 차감
for i in range(len(res1)):
    for j in range(len(res1[i]))[::-1]:
        if j == len(res1[i])-1:
```

```
            if res1[i]['차변금액'][j] >=0 :
                if res1[i]['외상매출금_잔액'][j] >= res1[i]['차변금액'][j]:
                    res1[i]['매출채권_Back'][j] = res1[i]['외상매출금_잔액'][j] - res1[i]['차변금액'][j]
                else :
                    res1[i]['매출채권_Back'][j] = 0
            else :
                res1[i]['매출채권_Back'][j] = res1[i]['외상매출금_잔액'][j]
        else:
            if res1[i]['차변금액'][j] >=0 :
                res1[i]['매출채권_Back'][j] = res1[i]['매출채권_Back'][j+1] - res1[i]['차변금액'][j]
            else :
                res1[i]['매출채권_Back'][j] = res1[i]['매출채권_Back'][j+1]

# 연체금액 칼럼 계산
for i in range(len(res1)):
    for j in range(len(res1[i]))[::-1]:
        if j == len(res1[i])-1:
            if res1[i]['외상매출금_잔액'][j] == 0 :
                res1[i]['연체금액'][j] = 0
            elif res1[i]['외상매출금_잔액'][j] > 0 :
                if res1[i]['매출채권_Back'][j] > 0 :
                    if res1[i]['차변금액'][j] > 0 :
                        if res1[i]['차변금액'][j] >= res1[i]['외상매출금_잔액'][j] :
                            res1[i]['연체금액'][j] = res1[i]['외상매출금_잔액'][j]
                        elif res1[i]['차변금액'][j] < res1[i]['외상매출금_잔액'][j] :
                            res1[i]['연체금액'][j] = res1[i]['차변금액'][j]
                    else :
                        res1[i]['연체금액'][j] = 0

                elif res1[i]['매출채권_Back'][j] == 0 :
                    if res1[i]['차변금액'][j] > 0 :
                        res1[i]['연체금액'][j] = res1[i]['외상매출금_잔액'][j]
                    elif res1[i]['차변금액'][j] <= 0 :
                        res1[i]['연체금액'][j] = 0

                elif res1[i]['매출채권_Back'][j] < 0 :
                    res1[i]['연체금액'][j] = 0

            elif res1[i]['외상매출금_잔액'][j] < 0 :
                res1[i]['연체금액'][j] = 0
```

```
        else :
            if res1[i]['외상매출금_잔액'][j] == 0 :
                res1[i]['연체금액'][j] = 0

            elif res1[i]['외상매출금_잔액'][j] > 0 :
                if res1[i]['매출채권_Back'][j] > 0 :
                    if res1[i]['차변금액'][j] > 0 :
                        res1[i]['연체금액'][j] = res1[i]['차변금액'][j]
                    else :
                        res1[i]['연체금액'][j] = 0

                elif res1[i]['매출채권_Back'][j] == 0 :
                    if res1[i]['차변금액'][j] > 0 :
                        res1[i]['연체금액'][j] = res1[i]['차변금액'][j]
                    elif res1[i]['차변금액'][j] <= 0 :
                        res1[i]['연체금액'][j] = 0

                elif res1[i]['매출채권_Back'][j] < 0 :
                    res1[i]['연체금액'][j] = 0

            elif res1[i]['외상매출금_잔액'][j] < 0 :
                res1[i]['연체금액'][j] = 0

# 연체금액2 칼럼 계산
for i in range(len(res1)):
    for j in range(len(res1[i])):
        if j < len(res1[i])-1:
            if res1[i]['매출채권_Back'][j] < 0 and res1[i]['매출채권_Back'][j+1] <= 0:
                res1[i]['연체금액2'][j] = 0
            elif res1[i]['매출채권_Back'][j] < 0 and res1[i]['매출채권_Back'][j+1] > 0:
                res1[i]['연체금액2'][j] = res1[i]['매출채권_Back'][j+1]
            else:
                res1[i]['연체금액2'][j] = 0
        else:
            res1[i]['연체금액2'][j] = 0

# 연체금액3 칼럼 계산
for i in range(len(res1)):
    for j in range(len(res1[i])):
        res1[i]['연체금액3'][j] = res1[i]['연체금액'][j] + res1[i]['연체금액2'][j]
```

```
# LDate 칼럼 계산 : 연체가 발생할 날짜 삽입
for i in range(len(res1)):
    for j in range(len(res1[i])):
        if res1[i]['연체금액3'][j] >0 :
            res1[i]['LDate'][j] = res1[i]['전표일자'][j]
        else:
            res1[i]['LDate'][j] = None

# Base_Date 칼럼에 기준일자 입력
for i in range(len(res1)):
    for j in range(len(res1[i])):
        res1[i]['Base_Date'][j] = "2018-12-31"

# LDate 칼럼과 Base_Date 칼럼의 타입을 DateTime으로 변경
res1.set_type(13, DateTime, "%Y-%m-%d")
res1.set_format(13, "%Y-%m-%d")
res1.set_type(14, DateTime, "%Y-%m-%d")
res1.set_format(14, "%Y-%m-%d")

# diff 칼럼 계산 : Base_Date와 LDate의 차이(연체일) 입력
for i in range(len(res1)):
    for j in range(len(res1[i])):
        if res1[i]['LDate'][j] != None:
            res1[i]['diff'][j] = (res1[i]['Base_Date'][j] - res1[i]['LDate'][j]).days
        else:
            res1[i]['diff'][j] = 0

# res1 통합
res2 = res1.combine()

# 연체금액3이 0보다 큰 항목만 발췌
연체상세 = Simple.select(res2, 'record.연체금액3 > 0')

# 연체총괄 테이블(요약) 생성
연체총괄 = Grouping.summarize_by_value(연체상세, "거래처",연체금액합계="sum(group['연체금액
3'])", 최대연체일="max(group['diff'])", 최소연체일="min(group['diff'])")

# 연체총괄의 칼럼의 타입 세팅
연체총괄.set_type(1, int, "#,###")
연체총괄.set_format(1, "#,###")
연체총괄.set_type(2, int, "#,###")
```

```
연체총괄.set_format(2, "#,###")
연체총괄.set_type(3, int, "#,###")
연체총괄.set_format(3, "#,###")

# 테이블을 탭에 보이게 함
연체상세.view()
연체총괄.view()
```

	거래처	연체금액합계	최대연체일	최소연체일
0	00115	3,288,780	94	94
1	00118	5,445,000	94	94
2	00119	13,117,005	94	94
3	00120	30,250,000	94	94
4	00121	30,881,620	94	94
5	00122	4,652,780	94	94
6	00124	1,224,902	245	245
7	00128	3,163,000	153	94
8	00129	7,436,000	94	94
9	00132	1,232,000	153	94
10	00141	19,569,000	185	94
11	00227	3,267,000	94	94
12	00344	38,879,478	94	94
13	00469	11,110,000	122	94
14	00565	4,070,440	94	94
15	00639	2,970,000	94	94

왼쪽과 같이 연체총괄 테이블이 생성된다. 이 테이블에서 연체가 발생한 거래처에 대해서는 추가적인 조사가 필요하다.

제9장

사례분석-영업부정

01 | GEL 분석

1 사례의 개요 및 목적

- GEL 테스트(GEL-1과 GEL-2 테스트)는 테이터 파일간의 관계를 분석함으로써 잠재적 부정의 지표를 찾고자 하는 것이다.
- 원래 GEL은 Gestalt의 약자이며, Gestalt는 영어의 구성(Configuration)에 해당한다. 20세기 초 베르트하이머, 퀼러, 코프카 등이 주축을 이룬 심리학의 한 학파가 주요개념으로 사용하면서 일반화 되었다. 핵심적인 내용은 인간 경험의 궁극적인 요소가 '원자적'성분으로 분해될 수 없는 일종의 구조 내지 구성이라는 것을 기본 원리로 하고 있는데, 모든 지각 경험은 배경으로부터 구별해 낸 하나의 패턴임을 주장하는 상(figure)/배경(ground)의 원리라는 것이다. 설명이 매우 장황한데 부정의 패턴 발견도 일종의 경험에서 나올 수 있다는 원리를 이용하자는 것이다.
- GEL 테스트의 대표적인 사례는 뇌물 또는 부적절한 관계를 발견하는 것이다. 대부분의 회사는 상대 거래처의 기록에 대한 접근이 쉽지 않기 때문에 자기가 갖고 있는 자료를 활용하여 이러한 뇌물 또는 부적절한 관계의 패턴을 발견할 수 있다.
- 다음의 GEL 테스트는 영업부서와 그들의 거래처와의 잠재적 관계를 분석하는 것이다. GEL-1 factor와 GEL-2 factor가 높다는 것은 부적절한 관계를 의미할 수도 있고, 아니면 단순히 특정 영업부서와 그 영업부서가 담당하는 거래처가 많다는 것을 의미할 수도 있다. 따라서 GEL-1 테스트와 GEL-2 테스트의 결과에 대해서는 해당 사업에 대한 이해와 적절한 해석이 필요할 수 있다.

2 사례 파일

- SalesTran 테이블을 연다.

3 Fraudit과 Python 활용 절차

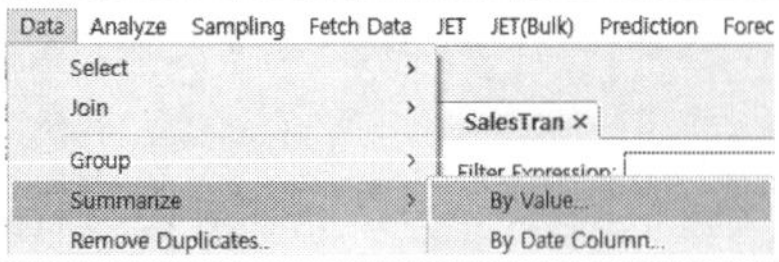

(1) Data >> Summarize >> By Value 메뉴를 선택한다.

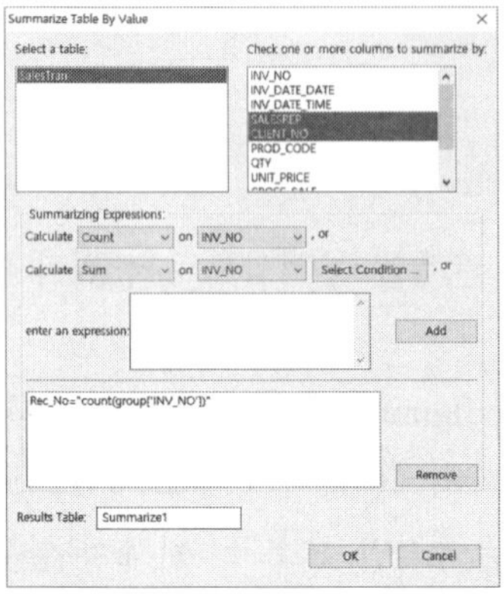

(2) Select a table : ***SalesTran*** 선택

(3) Check one or more columns to summarize by : ***SALESREP***, ***CLIENT_NO*** 체크

(4) Summarizing Expressions :

- Calculate Count on INV_NO
  Add 버튼 누르고 ***Rec_No*** 입력

(5) Results Table : ***Summarize1*** 입력

(6) OK 버튼을 누른다.

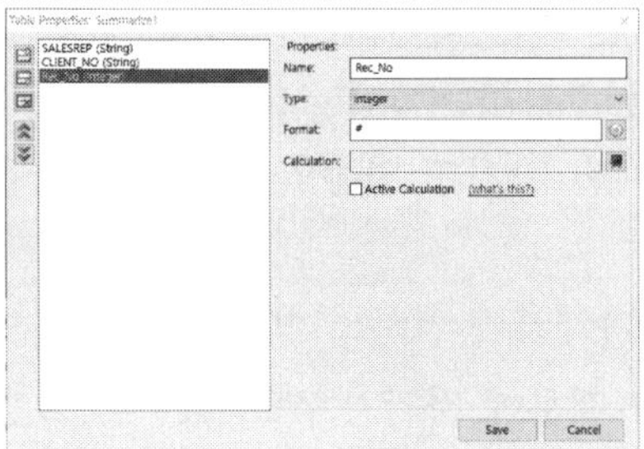

(7) ***Rec_No*** 칼럼을 아래와 같이 변경한다.

- Type : ***Integer***로 변경
- Format : #로 수정

(8) Save 버튼을 누른다.

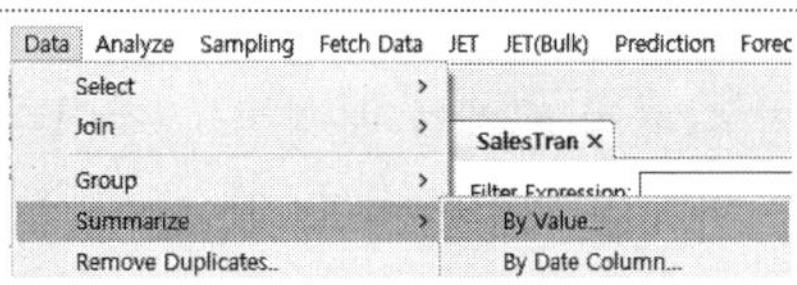

(9) 다시 SalesTran 테이블로 이동한다.

(10) Data >> Summarize >> By Value 메뉴를 선택한다.

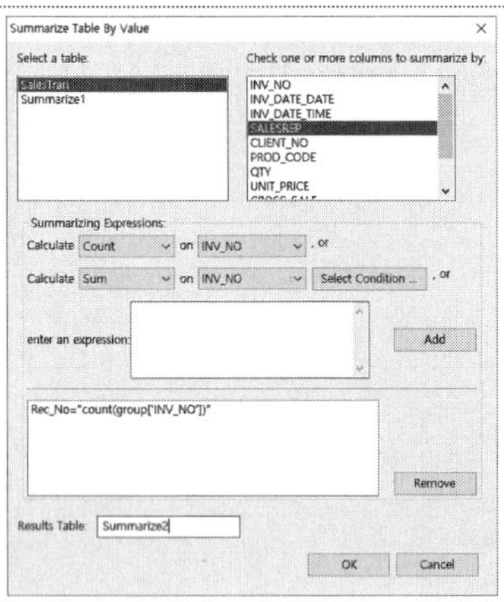

(11) Select a table : ***SalesTran*** 선택

(12) Check one or more columns to summarize by : ***SALESREP*** 선택

(13) Summarizing Expressions :

- Calculate Count on INV_NO
  Add 버튼 누르고 ***Rec_No_1*** 입력

(14) Results Table : ***Summarize2*** 입력

(15) OK 버튼을 누른다.

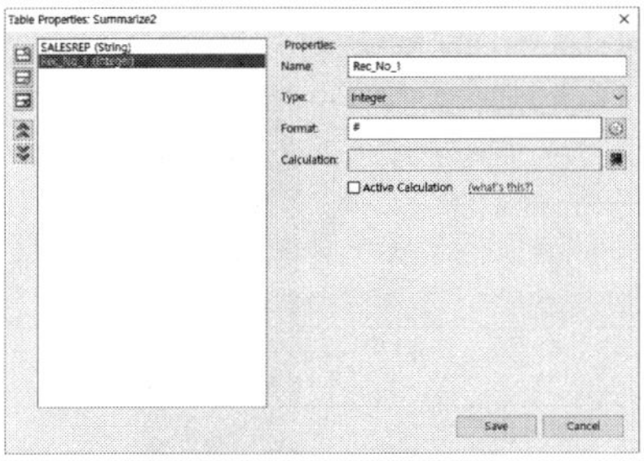

(16)***Rec_No_1*** 칼럼을 아래와 같이 변경한다.

- Type : ***Integer***로 변경
- Format : #로 수정

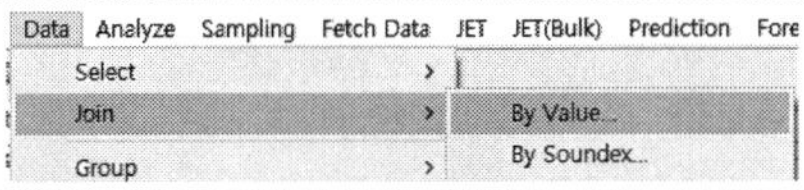

(17)Data >> Join >> By Value 메뉴를 누른다.

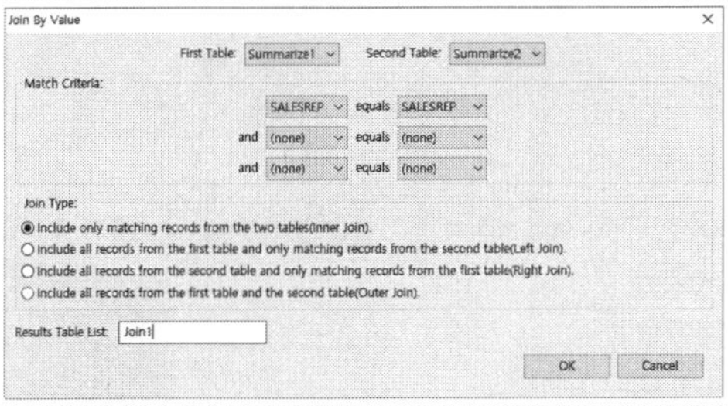

(18)First Table : ***Summarize1*** 선택
Second Table : ***Summarzie2*** 선택

(19)Match Criteria :
SALESREP equals SALESREP

(20)Join Type : ***Inner Join*** 체크

(21)Results Table List : ***Join1*** 입력

(22)OK 버튼을 누른다.

	SALESREP_L	SALESREP_R	CLIENT_NO	Rec_No	Rec_No_1
0	101	101	21254	1	57
1	101	101	21256	4	57
2	101	101	21257	4	57
3	101	101	21274	4	57
4	101	101	21285	4	57
5	101	101	21304	4	57
6	101	101	21330	4	57
7	101	101	21339	4	57
8	101	101	21340	4	57
9	101	101	21341	4	57

(23)상기와 같이 Join1의 결과가 나타난다.

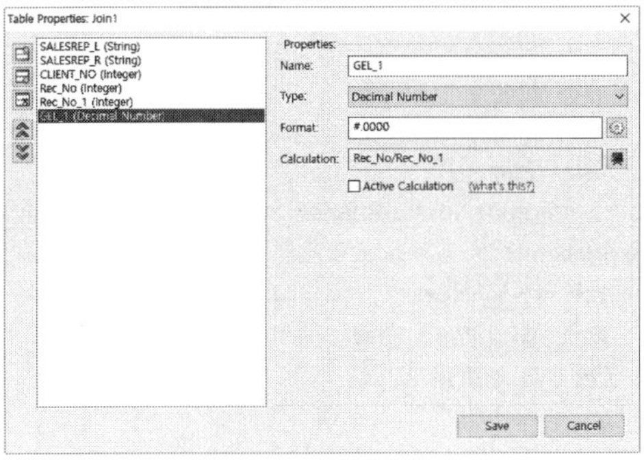

(24)***Join1*** 테이블에서 ***GEL_1*** 칼럼을 삽입한다.

- Type : ***Decimal Number*** 선택
- Format : ***#.0000***
- Calculation : ***Rec_No/Rec_No_1*** 입력

(25)***CLIENT_NO*** 칼럼의 Type을 ***Integer***로 변경한다.

(26)Save 버튼을 누른다.

	SALESREP_L	SALESREP_R	CLIENT_NO	Rec_No	Rec_No_1	GEL_1
0	101	101	21254	1	57	0.0175
1	101	101	21256	4	57	0.0702
2	101	101	21257	4	57	0.0702
3	101	101	21274	4	57	0.0702
4	101	101	21285	4	57	0.0702
5	101	101	21304	4	57	0.0702
6	101	101	21330	4	57	0.0702
7	101	101	21339	4	57	0.0702
8	101	101	21340	4	57	0.0702
9	101	101	21341	4	57	0.0702
10	101	101	21342	4	57	0.0702

(27)상기와 같이 ***GEL_1*** 칼럼이 삽입된 결과가 나타난다.

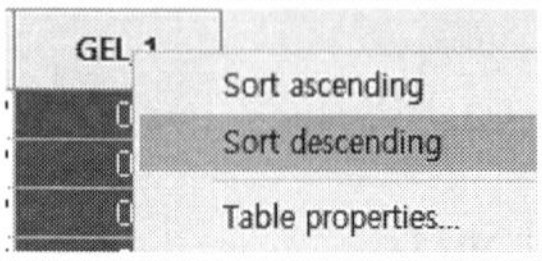

(28) ***GEL_1*** 칼럼을 ***내림차순***으로 정렬한다.

	SALESREP_L	SALESREP_R	CLIENT_NO	Rec_No	Rec_No_1	GEL_1
0	111	111	41500	121	121	1.0000
1	116	116	92324	99	99	1.0000
2	119	119	92241	93	96	0.9688
3	117	117	92326	93	99	0.9394
4	110	110	92431	143	167	0.8563
5	108	108	40730	132	164	0.8049
6	105	105	30608	120	160	0.7500
7	115	115	92323	57	96	0.5938

(29) ***GEL_1*** 값이 주관적인 임계점(여기서는 ***0.7500***라고 가정한다)이 넘는 ***SALESREP_L CLIENT_NO***에 대해서는 추가적인 조사가 필요할 것이다.

☞ ***GEL_1*** 값이 ***0.7500***이상이라면 어떤 ***SALESREP_L*** 이 전체 거래에서 특정 ***CLIENT_NO***에 대한 거래가 75% 이상이라는 것을 의미한다.

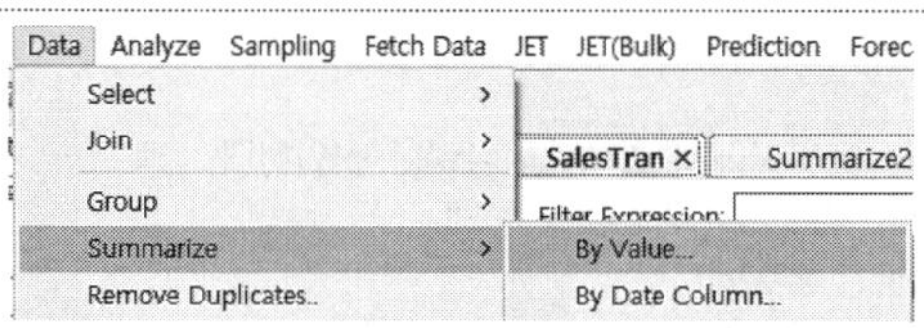

(30) 다시 『SalesTran』 테이블로 이동한다.

(31) Data >> Summarize >> By Value 메뉴를 선택한다.

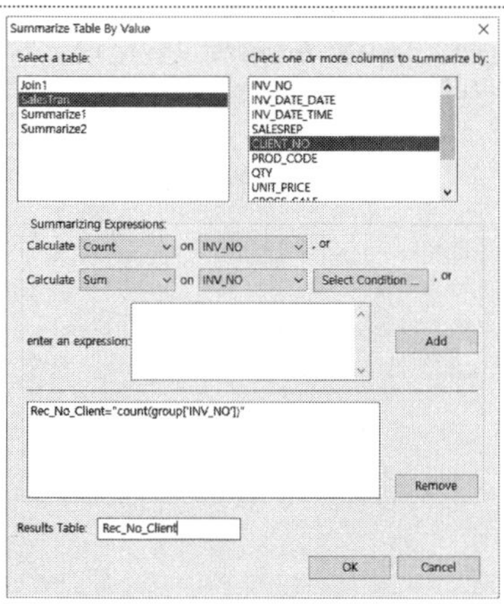

(32) Select a table : ***SalesTran*** 선택

(33) Check one or more columns to summarize by : ***CLIENT_NO*** 체크

(34) Summarizing Expressions :

- Calculate Count on INV_NO

  Add 버튼 누르고 ***Rec_No_Client*** 입력

(35) Results Table : ***Rec_No_Client*** 입력

(36) OK 버튼을 누른다.

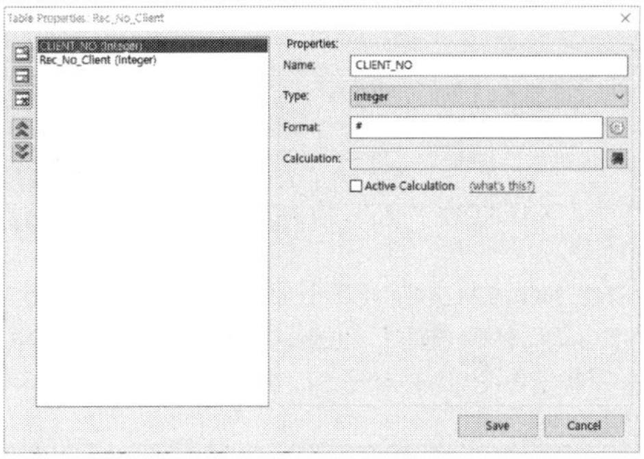

(37) ***Rec_No_Client*** 테이블의 ***CLIENT_NO*** 칼럼과 ***Rec_No_Client*** 칼럼을 다음과 같이 변경한다.

- Type : ***Integer*** 선택
- Format : # 입력

(38) Save 버튼을 누른다.

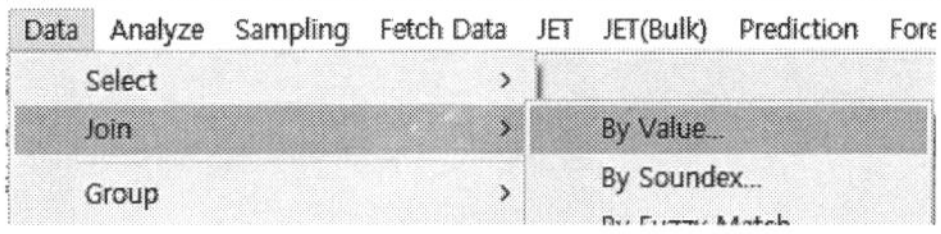

(39) Data >> Join >> By Value 메뉴를 누른다.

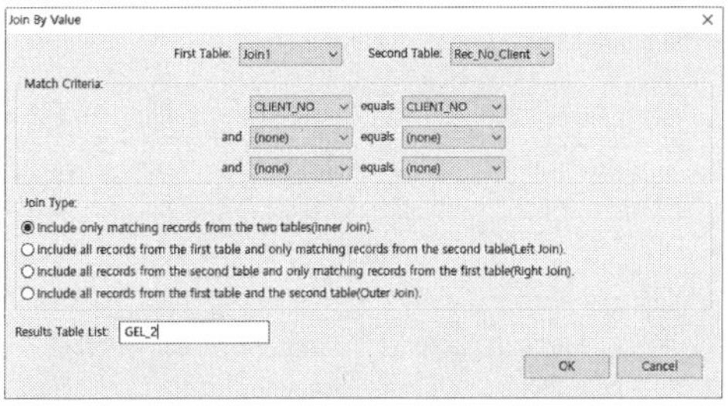

(40) First Table : ***Join1*** 선택

Second Table : ***Rec_No_Client*** 선택

(41) Match Criteria :

CLIENT_NO equals CLIENT_NO

(42) Join Type : ***Inner Join*** 체크

(43) Results Table List : ***GEL_2*** 입력

(44) OK 버튼을 누른다.

	SALESREP_L	SALESREP_R	CLIENT_NO_L	CLIENT_NO_R	Rec_No	Rec_No_1	GEL_1	Rec_No_Client
0	104	104	10000	10000	4	164	0.024390243902439025	4
1	104	104	10003	10003	4	164	0.024390243902439025	4
2	104	104	10004	10004	4	164	0.024390243902439025	4
3	104	104	10005	10005	4	164	0.024390243902439025	4
4	104	104	10006	10006	4	164	0.024390243902439025	4
5	104	104	10007	10007	4	164	0.024390243902439025	4
6	104	104	10101	10101	4	164	0.024390243902439025	4
7	104	104	10102	10102	8	164	0.04878048780487805	8

(45) 상기와 같이 GEL_2 결과가 나타난다.

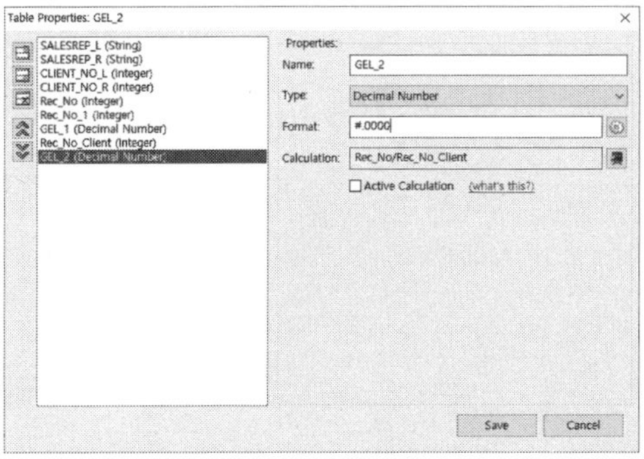

(46) GEL_2 테이블에 ***GEL_2*** 칼럼을 아래와 같이 삽입한다.

- Type : ***Decimal Number*** 선택
- Format : ***#.0000*** 입력
- Calculation : Rec_No/Rec_No_Client

(47) Save 버튼을 누른다.

	SALESREP_L	SALESREP_R	CLIENT_NO_L	CLIENT_NO_R	Rec_No	Rec_No_1	GEL_1	Rec_No_Client	GEL_2
0	104	104	10000	10000	4	164	0.024390243902439025	4	1.0000
1	104	104	10003	10003	4	164	0.024390243902439025	4	1.0000
2	104	104	10004	10004	4	164	0.024390243902439025	4	1.0000
3	104	104	10005	10005	4	164	0.024390243902439025	4	1.0000
4	104	104	10006	10006	4	164	0.024390243902439025	4	1.0000
5	104	104	10007	10007	4	164	0.024390243902439025	4	1.0000
6	104	104	10101	10101	4	164	0.024390243902439025	4	1.0000
7	104	104	10102	10102	8	164	0.04878048780487805	8	1.0000

(48) 상기와 같이 GEL_2 칼럼이 삽입된 결과가 나타난다.

	SALESREP_L	SALESREP_R	CLIENT_NO_L	CLIENT_NO_R	Rec_No	Rec_No_1	GEL_1	Rec_No_Client	GEL_2
0	116	116	92324	92324	99	99	1.0	99	1.0000
1	117	117	92326	92326	93	99	0.9393939393939394	93	1.0000
2	108	108	40730	40730	132	164	0.8048780487804879	132	1.0000
3	115	115	92323	92323	57	96	0.59375	57	1.0000
4	115	115	92322	92322	39	96	0.40625	39	1.0000
5	122	122	40712	40712	30	84	0.35714285714285715	30	1.0000
6	120	120	92100	92100	39	114	0.34210526315789475	39	1.0000

(49) ***GEL_1*** 칼럼과 ***GEL_2*** 칼럼을 내림차순으로 각각 정렬하면서 ***SALESREP_L***과 ***CLIENT_NO_L***간의 관계를 추가 조사할지 여부를 검토한다.

☞ 예를 들면, 첫 번째 레코드에서 SALESREP 116은 CLIENT_NO 92324에 대해서 99건 거래가 발생하였고 SALESREP 116의 전체 거래가 99건이며 CLIENT_NO 92324의 전체 거래가 99건이므로 이는 CLIENT_NO 92324의 모든 거래가 SALESREP 116에 집중되어 있다는 것을 의미한다. 따라서 이 경우 SALESREP 116과 CLIENT_NO 92324의 모든 거래를 추가 조사할 필요가 있다.

02 | 영업부서의 부정

1 사례의 개요 및 목적

- 영업부서의 과거 자료와 현재 자료를 비교해보면 해당 영업부서가 어떠한 패턴의 변화를 일으키고 있는지를 파악할 수 있다.
- 본 사례에서는 Z-Score와 Pivot 기능을 활용하여 영업부서의 잠재적 부정을 분석하고자 한다.

2 사례 파일

- Sales 테이블과 Sales_PY 테이블을 연다.

3 Fraudit과 Python 활용 절차

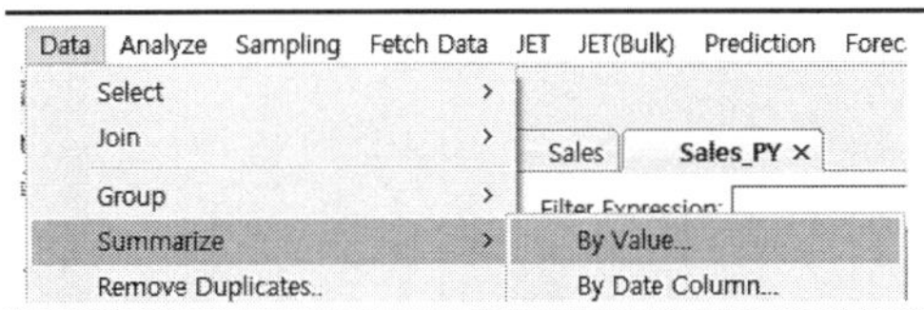

(1) Data >> Summarize >> By Value 메뉴를 선택한다.

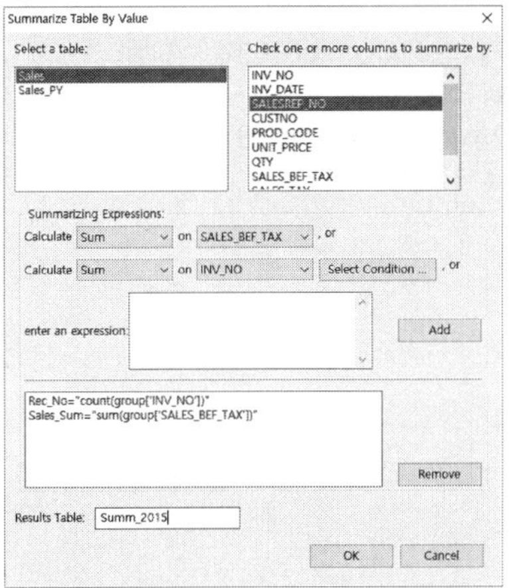

(2) Select a table : ***Sales*** 선택

(3) Check one or more columns to summarize by : ***SALESREP_NO*** 선택

(4) Summarizing Expressions :

- Calculate Count on INV_NO
  Add 버튼 누르고 ***Rec_No*** 입력
- Calculate Sum on SALES_BEF_TAX
  Add 버튼 누르고 ***Sales_Sum*** 입력

(5) Results Table : ***Summ_2015*** 입력

(6) OK 버튼을 누른다.

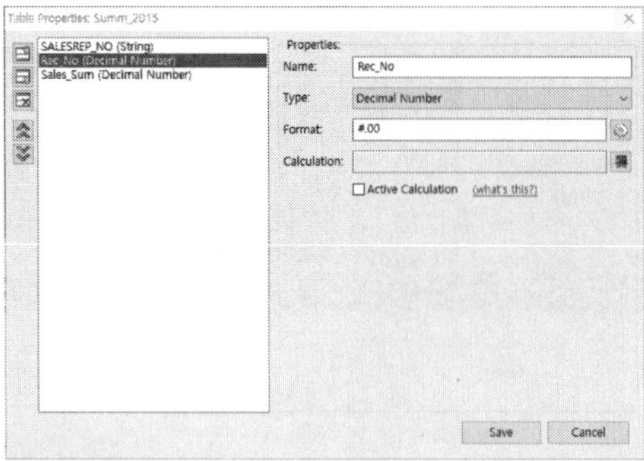

(7) Summ_2015 테이블에서 아래와 같이 수정한다.
- 변경 칼럼 : ***Rec_No, Sales_Sum***
- Type : 모두 ***Decimal Number***로 변경
- Format : ***#.00***으로 변경

(8) Save 버튼을 누른다.

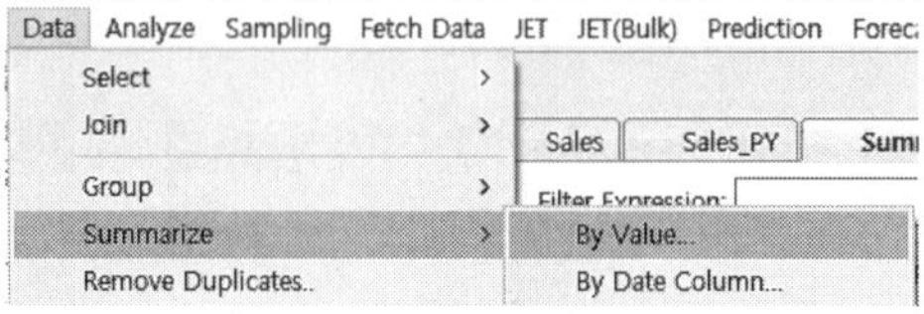

(9) Data >> Summarize >> By Value 메뉴를 선택한다.

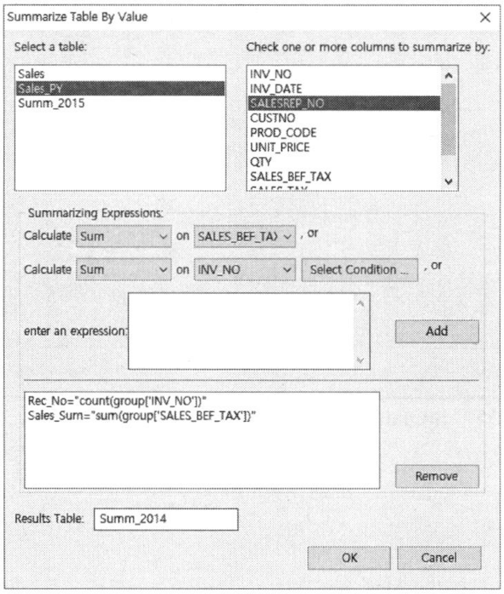

(10) Select a table : ***Sales_PY*** 선택

(11) Check one or more columns to summarize by : ***SALESREP_NO*** 체크

(12) Summarizing Expressions :
- Calculate Count on INV_NO
  Add 버튼 누르고 ***Rec_No*** 입력
- Calculate Sum on SALES_BEF_TAX
  Add 버튼 누르고 ***Sales_Sum*** 입력

(13) Results Table : ***Summ_2014*** 입력

(14) OK 버튼을 누른다.

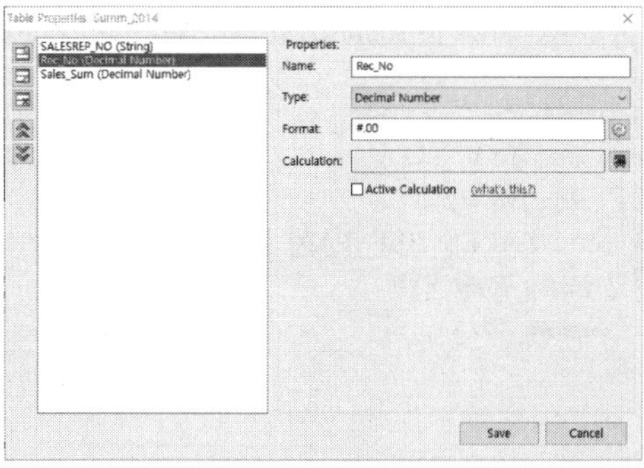

(15) ***Summ_2014*** 테이블에서 아래와 같이 수정한다.
- 변경 칼럼 : ***Rec_No, Sales_Sum***
- Type : 모두 ***Decimal Number***로 변경
- Format : ***#.00***으로 변경

(16) Save 버튼을 누른다.

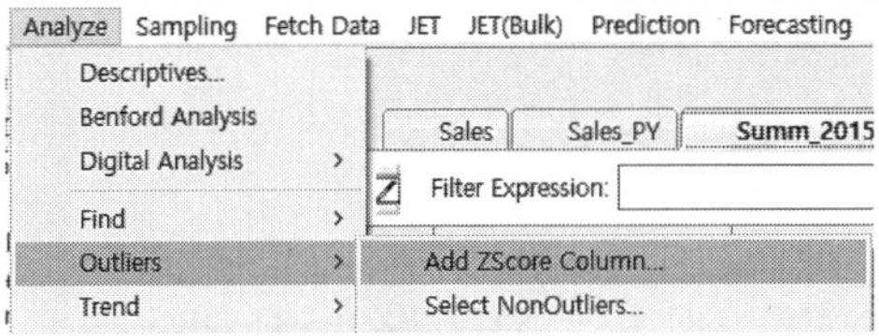

(17) ***Summ_2015*** 테이블을 선택한다.
(18) Analyze >> Outliers >> Add ZScore Column 메뉴를 선택한다.

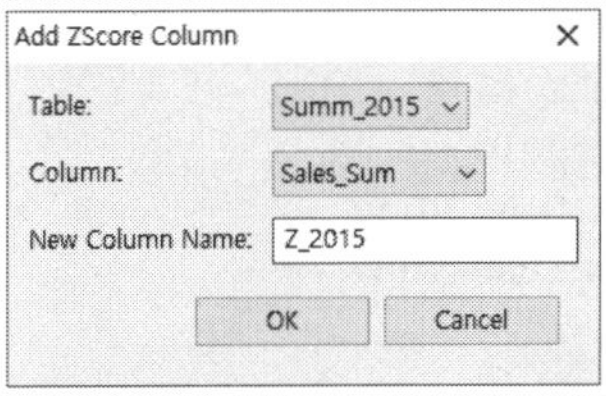

(19) Table : ***Summ_2015*** 선택
(20) Column : ***Sales_Sum*** 선택
(21) New Column Name : ***Z_2015*** 입력
(22) OK 버튼을 누른다.

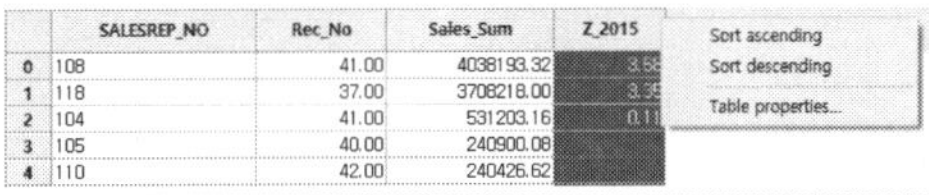

(23) ***Z_2015*** 칼럼의 Format을 ***#.00***으로 변경하고 ***내림차순***으로 정렬한다.

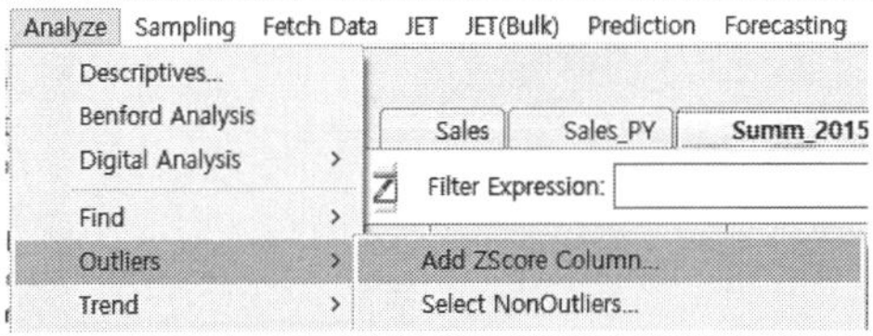

(24) ***Summ_2014*** 테이블을 선택한다.
(25) Analyze >> Outliers >> Add ZScore Column 메뉴를 선택한다.

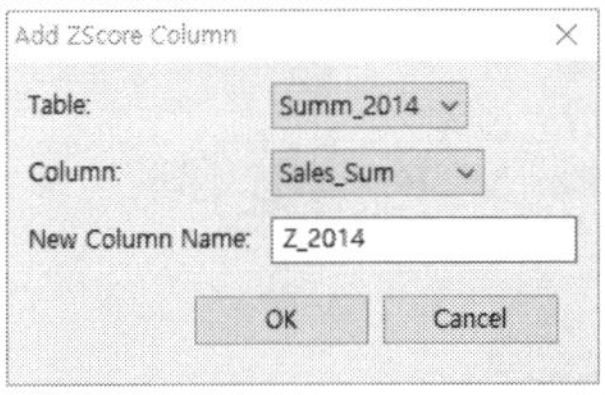

(26) Table : ***Summ_2014*** 선택
(27) Column : ***Sales_Sum*** 선택
(28) New Column Name : ***Z_2014*** 입력
(29) OK 버튼을 누른다.

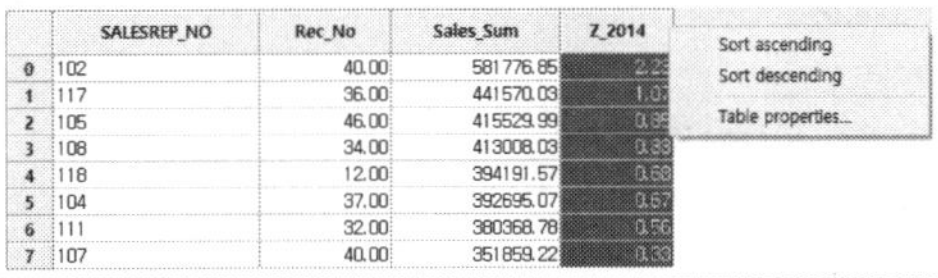

(30) ***Z_2014*** 칼럼의 Format을 ***#.00***으로 변경하고 내림차순으로 정렬한다.

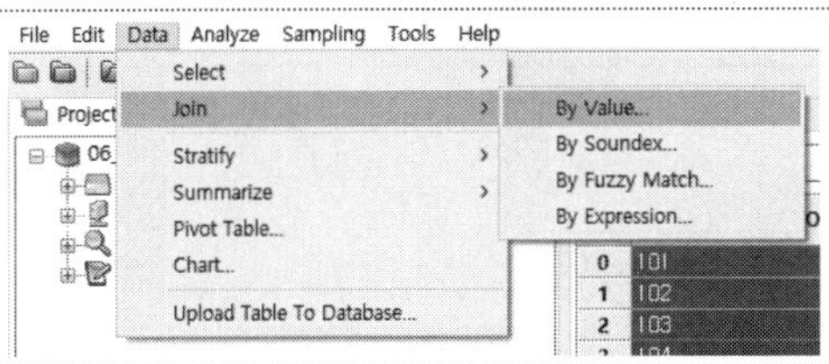

(31) Data >> Join >> By Value 메뉴를 선택한다.

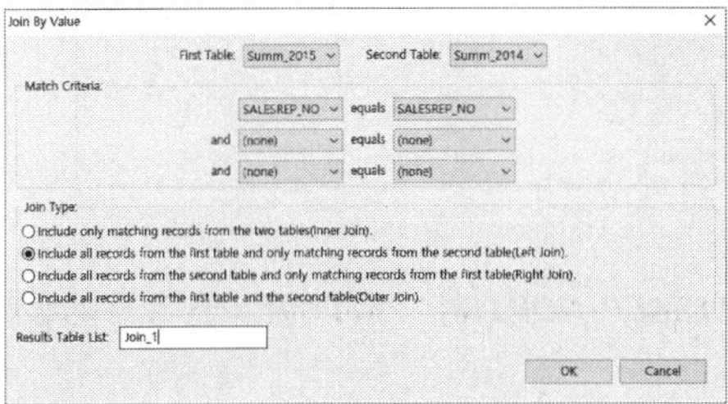

(32) First Table : ***Summ_2015*** 선택
Second Table : ***Summ_2014*** 선택
(33) Match Criteria :
SALESREP_NO equals SALESREP_NO
(34) Join Type : ***Left Join*** 체크
(35) Results Table List : ***Join_1*** 입력
(36) OK 버튼을 누른다.

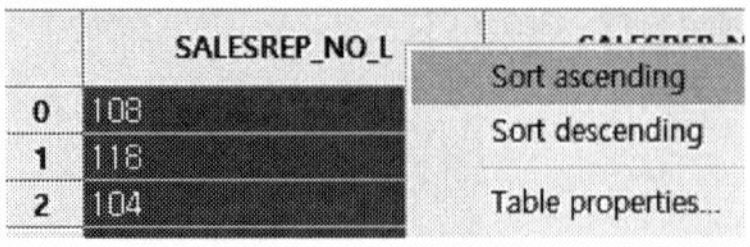

(37) ***Join_1*** 테이블에서 ***SALESREP_NO_L*** 칼럼을 오름차순으로 정렬한다.

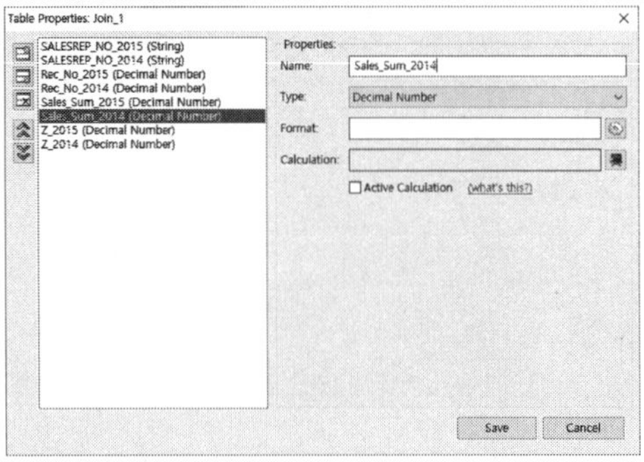

(38) ***Join_1*** 테이블의 칼럼명을 아래와 같이 변경한다.

- SALESREP_NO_L → SALESREP_NO_2015
- SALESREP_NO_R → SALESREP_NO_2014
- Rec_No_L → Rec_No_2015
- Rec_No_R → Rec_No_2014
- Sales_Sum_L → Sales_Sum_2015
- Sales_Sum_R → Sales_Sum_2014

(39) Save 버튼을 누른다.

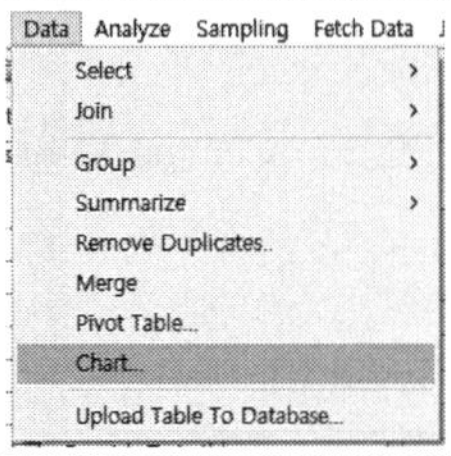

(40) Data >> Chart 메뉴를 선택한다.

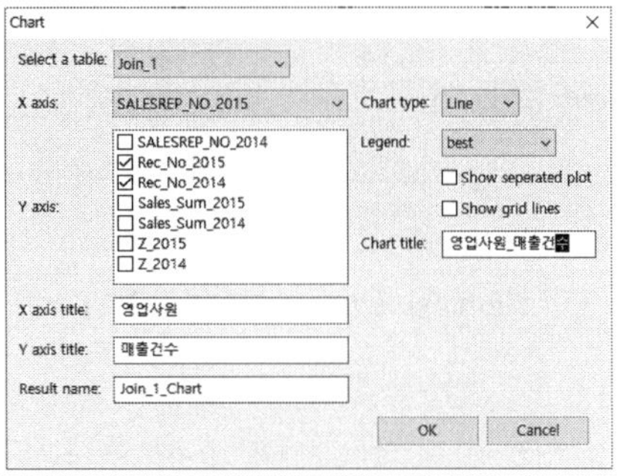

(41) Select a table : ***Join_1*** 선택

- X axis : ***SALESREP_NO_2015*** 선택
- Y axis : ***Rec_No_2015*** 와 ***Rec_No_2014*** 칼럼 선택
- X axis title : ***영업사원*** 입력
- Y axis title : ***매출건수*** 입력
- Result name : ***Join_1_Chart*** 입력
- Chart type : ***Line*** 선택
- Legend : ***best*** 선택
- Chart title : ***영업사원_매출건수*** 입력

(42) OK 버튼을 누른다.

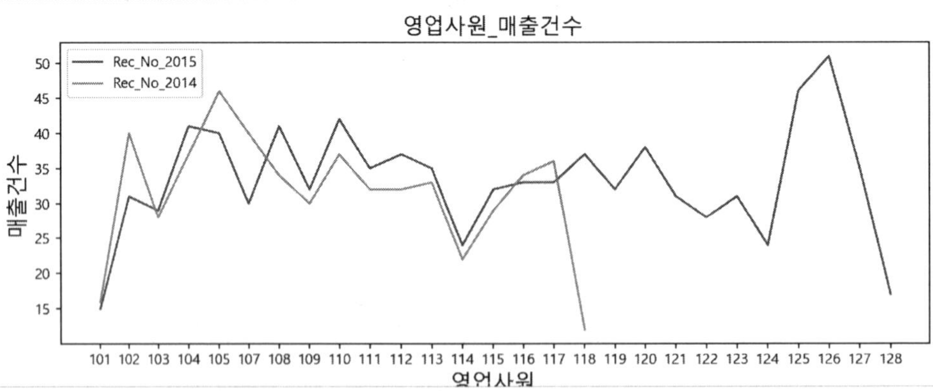

(43) 상기와 같이 Join_1_Chart의 결과가 나타난다. ***영업사원(SALESREP_NO) 118***은 2014년에 비해 2015년에 거래건수가 급격하게 증가됨을 알 수 있다.

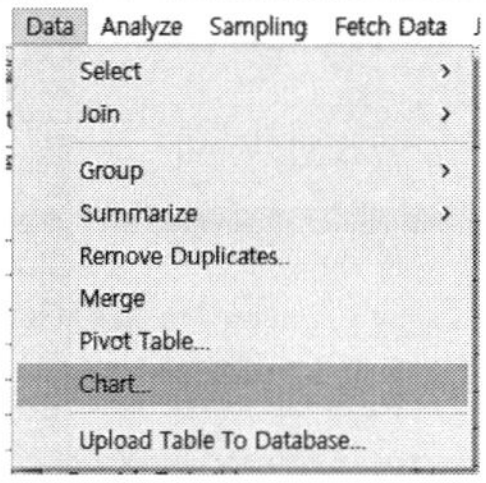

(44) ***Join_1*** 테이블을 선택하고 Data >> Chart 메뉴를 선택한다.

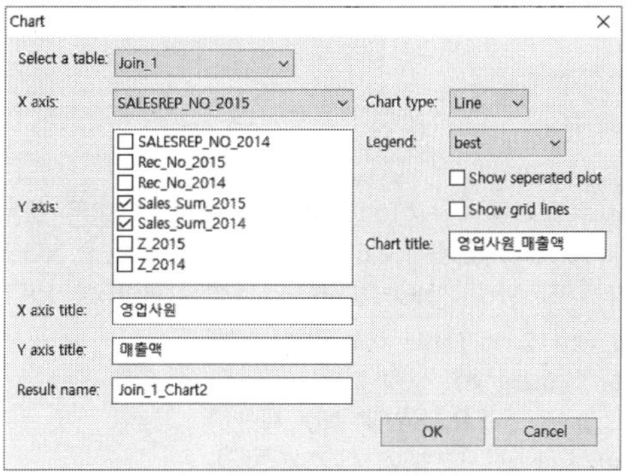

(45) Select a table : ***Join_1*** 선택

- X axis : ***SALESREP_NO_2015*** 선택
- Y axis : ***Sales_Sum_2015***와 ***Sales_Sum_2014*** 칼럼 선택
- X axis title : ***영업사원*** 입력
- Y axis title : ***매출액*** 입력
- Result name : ***Join_1_Chart2*** 입력
- Chart type : ***Line*** 선택
- Legend : ***best*** 선택
- Chart title : ***영업사원_매출액*** 입력

(46) OK 버튼을 누른다.

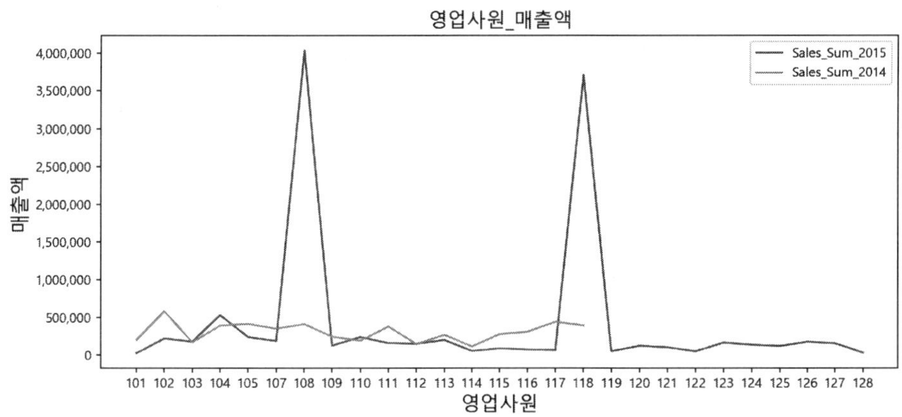

(47) 상기와 같이 Join_1_Chart2의 결과가 나타난다. ***영업사원(SALESREP_NO_2015) 108***과 ***118***은 2014년에 비해 2015년에 매출액이 급격하게 증가됨을 알 수 있다.

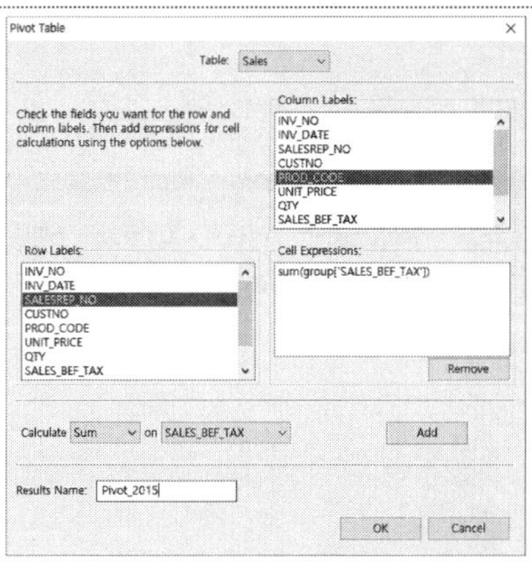

(48) Data >> Pivot Table 메뉴를 선택한다.

(49) Table : ***Sales*** 선택

- Row Labels : ***SALESREP_NO*** 체크
- Column Labels : ***PROD_CODE*** 체크
- Calculate Sum on SALES_BEF_TAX
- Add 버튼 누른다.

(50) Results Name : ***Pivot_2015*** 입력

(51) OK 버튼을 누른다.

	SALESREP_NO	SALES_BEF_TAX_1	SALES_BEF_TAX_2	SALES_BEF_TAX_3	SALES_BEF_TAX_4	SALES_BEF_TAX_5	SALES_BEF_TAX_6	total
0	101	0.0	0.0	0.0	0.0	24265.489999999998	0.0	24265.489999999998
1	102	0.0	337.35	3233.8	42276.0	176507.33000000002	0.0	222354.48
2	103	0.0	0.0	4288.3	0.0	176681.04000000004	0.0	180969.34000000003
3	104	0.0	0.0	2249.6	301322.19	93473.95000000001	134157.42	531203.16
4	105	0.0	0.0	10193.5	126828.0	103878.57999999999	0.0	240900.08
5	107	0.0	0.0	1335.7	23780.25	164353.62	0.0	189469.57
6	108	0.0	0.0	0.0	22829.04	115439.27999999997	3899925.0	4038193.32
7	109	0.0	0.0	0.0	47560.5	80355.85	0.0	127916.35
8	110	0.0	0.0	0.0	0.0	240426.62	0.0	240426.62
9	111	11231.36	1479.15	5272.5	62885.55	80793.12	0.0	161661.68
10	112	21119.84	0.0	0.0	0.0	131025.26000000002	0.0	152145.10000000003
11	113	0.0	0.0	5659.150000000001	52845.0	143909.75	0.0	202413.9
12	114	0.0	0.0	0.0	0.0	54395.189999999995	0.0	54395.189999999995
13	115	0.0	0.0	7908.75	3170.7	78049.70000000001	0.0	89129.15000000001
14	116	0.0	0.0	0.0	0.0	73922.59	0.0	73922.59
15	117	0.0	0.0	4499.2	0.0	62799.16	0.0	67298.36
16	118	0.0	0.0	1476.3	0.0	170239.70999999996	3536451.99	3708168.0
17	119	0.0	0.0	1827.8	0.0	47057.439999999995	0.0	48885.24
18	120	0.0	0.0	9103.85	12894.18	103028.0	0.0	125026.03
19	121	0.0	0.0	8014.2	0.0	95073.28000000001	0.0	103087.48000000001
20	122	0.0	0.0	2390.2	0.0	45260.43999999999	0.0	47650.639999999985
21	123	0.0	0.0	4569.5	15853.5	147659.49	0.0	168082.49
22	124	0.0	2387.4	773.3	0.0	134379.65999999997	0.0	137540.36
23	125	0.0	0.0	11142.55	0.0	109742.78999999998	0.0	120885.33999999998
24	126	0.0	0.0	14833.3	57178.28999999999	106586.06000000003	0.0	178597.65000000002
25	127	0.0	0.0	3515.0	7821.06	145856.5	0.0	157192.56
26	128	0.0	3062.1	246.05	0.0	26529.71	0.0	29837.86
27	total	32351.2	7266.0	102532.55	777244.2600000001	2931739.61	7570534.41	11421668.03

(52)상기와 같이 Pivot_2015 결과가 나타난다. 여기서 Pivot의 결과를 해석해보면 PROD_CODE 5번은 모든 SALESREP_NO가 어느 정도는 매출에 관여되어 있으나 PROD_CODE 1,2,6번은 특정 SALESREP_NO와 관련되어 있다. 특히, PROD_CODE 6번은 매우 큰 금액이 SALESREP_NO 108번과 118번에 관련되어 있다.

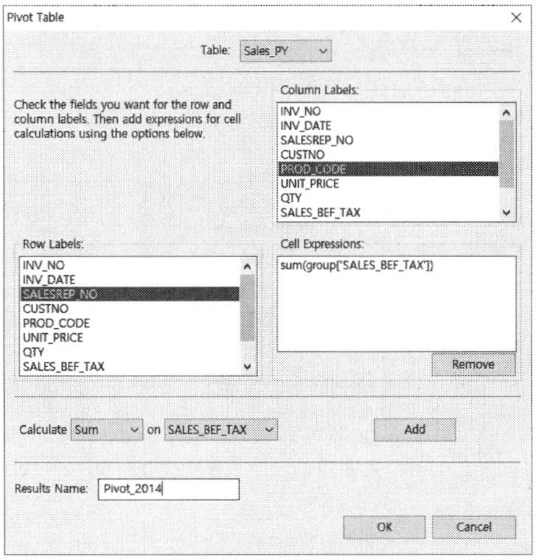

(53)Data >> Pivot Table 메뉴를 선택한다.

(54)Table : ***Sales_PY*** 선택

- Row Labels : ***SALESREP_NO*** 체크
- Column Labels : ***PROD_CODE*** 체크
- Calculate Sum on SALES_BEF_TAX
  Add 버튼 누른다.

(55)Results Name : ***Pivot_2014*** 입력

(56)OK 버튼을 누른다.

	SALESREP_NO	SALES_BEF_TAX_1	SALES_BEF_TAX_2	SALES_BEF_TAX_3	SALES_BEF_TAX_4	SALES_BEF_TAX_5	SALES_BEF_TAX_6	total
0	101	0.0	66996.1	80057.12	0.0	55352.17999999999	0.0	202405.4
1	102	155211.0	0.0	86040.41	195280.47	145244.97	0.0	581776.85
2	103	0.0	0.0	26837.33	0.0	144596.53	0.0	171433.86
3	104	15903.0	40049.5	153396.16	0.0	183346.41	0.0	392695.07
4	105	0.0	0.0	71869.46	107589.24	236071.28999999998	0.0	415529.99
5	107	0.0	0.0	15920.45	108789.12	227149.65	0.0	351859.22
6	108	0.0	0.0	0.0	138186.18	159498.85000000006	115423.0	413108.03
7	109	0.0	2754.85	27712.08	67693.23	147698.98000000004	0.0	245859.14000000004
8	110	0.0	1018.6	0.0	0.0	191764.94999999998	0.0	192783.55
9	111	112033.5	43892.4	69980.0	0.0	154462.88	0.0	380368.78
10	112	2565.0	0.0	0.0	0.0	145479.75000000003	0.0	148044.75000000003
11	113	0.0	0.0	839.76	72692.73	197041.90999999997	0.0	270574.39999999997
12	114	0.0	0.0	0.0	0.0	115645.92	0.0	115645.92
13	115	0.0	0.0	102135.81	0.0	177862.62000000002	0.0	279998.43000000005
14	116	43035.0	39586.5	57453.58	0.0	169550.28999999998	0.0	309625.37
15	117	0.0	0.0	141254.63	131586.84	168728.55999999997	0.0	441570.0299999999
16	118	0.0	40975.5	49545.84	268973.10000000003	34597.130000000005	0.0	394091.57000000007
17	total	328747.5	235273.45	883042.63	1090790.9100000001	2654092.87	115423.0	5307370.36

(57)상기와 같이 Pivot_2014 결과가 나타난다. 여기서 Pivot의 결과를 해석해보면 PROD_CODE 6번은 SALESREP_NO 108은 2015년도 대비하여 작은 금액이며, SALESREP_NO 118은 금액이 없다.

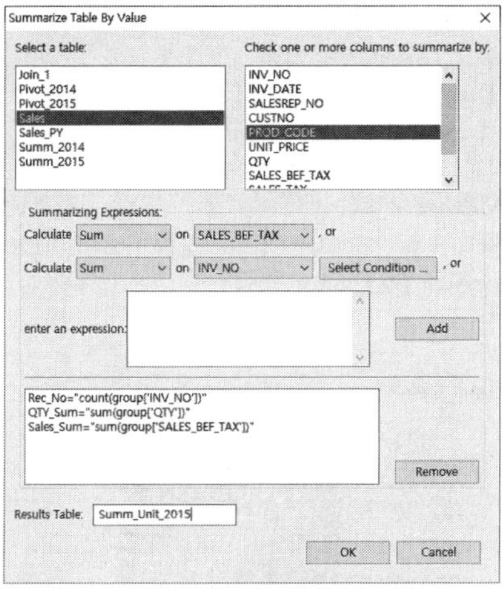

(58)Data >> Summarize >> By Value 메뉴를 선택한다.
(59)Select a table : ***Sales*** 선택
(60)Check one or more columns to summarize by : ***PROD_CODE*** 체크
(61)Summarizing Expressions :
- Calculate Count on INV_NO
  Add 버튼 누르고 ***Rec_No*** 입력
- Calculate Sum on QTY
  Add 버튼 누르고 ***QTY_Sum*** 입력
- Calculate Sum on SALES_BEF_TAX
  Add 버튼 누르고 ***Sales_Sum*** 입력
- Results Table : ***Summ_Unit_2015*** 입력

(62)OK 버튼을 누른다.

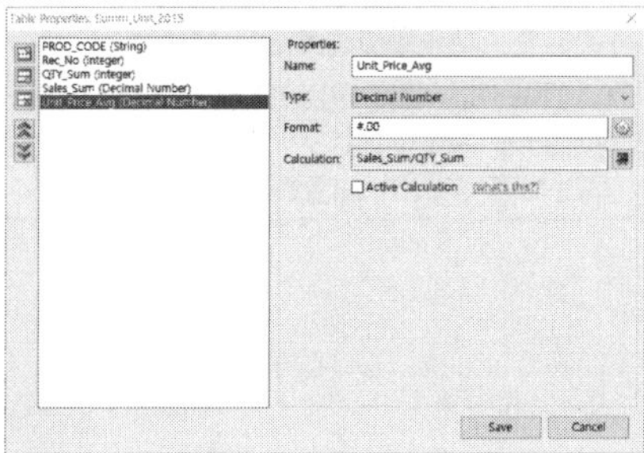

(63)***Summ_Unit_2015*** 테이블의 칼럼을 아래와 같이 변경한다.
- ***Rec_No*** 칼럼 ➠ Type : ***Integer***로 변경
- ***QTY_Sum*** 칼럼 ➠ Type : ***Integer***로 변경
- ***Sales_Sum*** 칼럼 ➠ Type : ***Decimal Number*** 로 변경
- ***Unit_Price_Avg*** 칼럼을 삽입한다
  - Type : ***Decimal Number*** 선택
  - Format : ***#.00*** 입력
  - Calculation : ***Sales_Sum/QTY_Sum*** 입력

(64)Save 버튼을 누른다.

	PROD_CODE	Rec_No	QTY_Sum	Sales_Sum	Unit_Price_Avg
0	1	3	1060	32351.20	30.52
1	2	4	280	7266.00	25.95
2	3	39	2917	102532.55	35.15
3	4	17	7386	777244.26	105.23
4	5	834	489401	2931739.61	5.99
5	6	3	4853	7570534.41	1559.97

(65)상기와 같이 2015년 단위당 평균가격(Unit_Price_Avg)의 결과가 나타난다.

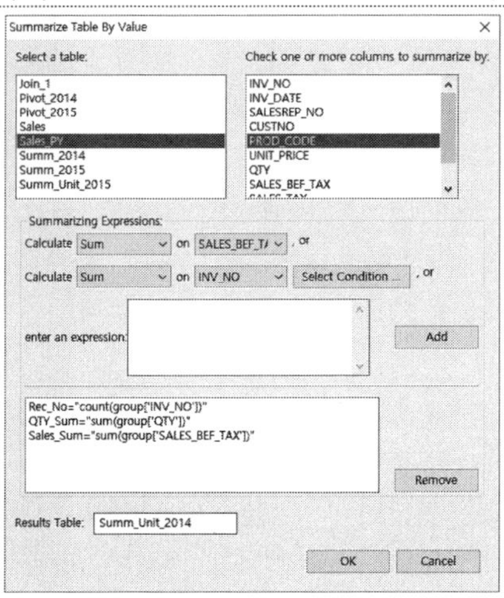

(66)Data >> Summarize >> By Value 메뉴를 선택한다.
(67)Select a table : ***Sales_PY*** 선택
(68)Check one or more columns to summarize by : ***PROD_CODE*** 체크
(69)Summarizing Expressions :
- Calculate Count on INV_NO
  Add 버튼 누르고 ***Rec_No*** 입력
- Calculate Sum on QTY
  Add 버튼 누르고 ***QTY_Sum*** 입력
- Calculate Sum on SALES_BEF_TAX
  Add 버튼 누르고 ***Sales_Sum*** 입력

(70)Results Table : ***Summ_Unit_2014*** 입력
(71)OK 버튼을 누른다.

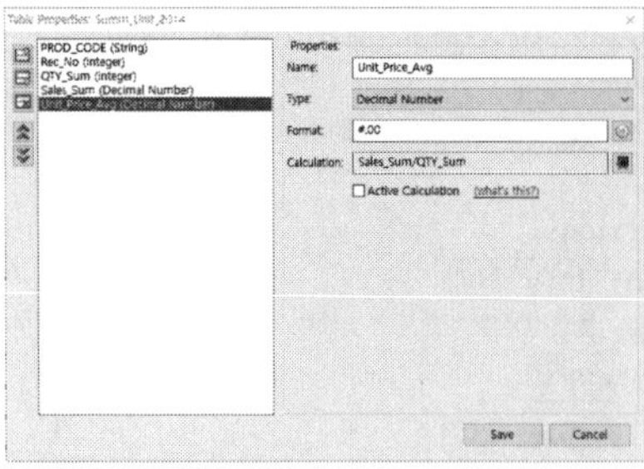

(72)***Summ_Unit_2014*** 테이블의 칼럼을 아래와 같이 변경한다.

- ***Rec_No*** 칼럼 ➠ Type : ***Integer***로 변경
- ***QTY_Sum*** 칼럼 ➠ Type : ***Integer***로 변경
- ***Sales_Sum*** 칼럼 ➠ Type : ***Decimal Number*** 로 변경
- ***Unit_Price_Avg*** 칼럼을 삽입한다
  - Type : ***Decimal Number*** 선택
  - Format : ***#.00*** 입력
  - Calculation : ***Sales_Sum/QTY_Sum*** 입력

(73)Save 버튼을 누른다.

	PROD_CODE	Rec_No	QTY_Sum	Sales_Sum	Unit_Price_Avg
0	1	10	11535	328747.50	28.50
1	2	9	10163	235273.45	23.15
2	3	24	25237	883042.63	34.99
3	4	12	10909	1090790.91	99.99
4	5	482	474793	2654092.87	5.59
5	6	1	77	115423.00	1499.00

(74)상기와 같이 2014년 단위당 평균가격(Unit_Price_Avg)의 결과가 나타난다. 모든 PROD_CODE에 대하여 2014년 단위당 평균가격보다 2015년 단위당 평균가격이 상승하였음에도 불구하고 2015년에 SALESREP_NO 108번과 118번의 매출건수와 매출액이 급증한 이유에 대해서는 추가적인 분석이 필요하다.

제10장

사례분석-재고자산

01 | 재고자산 분석 (1)

1 사례의 개요 및 목적

- 재고자산 명세서에서 수량, 단가 등이 마이너스인 특이한 경우를 발견한다.

2 사례 파일

- Inventory_2015 테이블을 연다.
- Inventory_2015 테이블 칼럼의 정의는 아래와 같다.

필드명	타입	소수점
제품코드	String	
창고명	String	
보유수량	Integer	
평균단가	Decimal Number	3
총원가	Decimal Number	3
진부화	String	
최대재고수준	Integer	
최소재고수준	Integer	
최종불출수량	Integer	
최종부출주문번호	String	
최종불출일자	DateTime	
현행판매가격	Decimal Number	2
판매가격유효일자	DateTime	
과거판매가격	Decimal Number	3
당기매출수량	Decimal Number	3
최종매입단가	Decimal Number	3

3 Fraudit과 Python 활용 절차

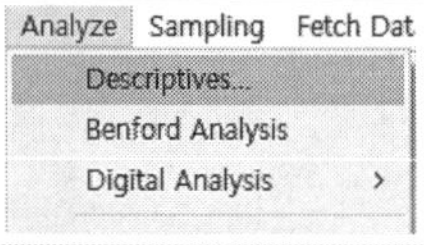

(1) Analyze >> Descriptives 메뉴를 선택한다.

Filter Expression: [Set]

	Descriptive	제품코드	창고명	보유수량	평균단가	총원가	진부화	최대재고수준	최소재고수준
0	NumRecords	767.0	767.0	767.0	767.0	767.0	767.0	767.0	767.0
1	NumEmpty	0.0	0.0	0.0	0.0	0.0	733.0	0.0	0.0
2	NumNone	0.0	0.0	0.0	0.0	0.0	0.0	0.0	0.0
3	NumZero	0.0	0.0	68.0	2.0	69.0	0.0	7.0	152.0
4	NumText	0.0	767.0	0.0	0.0	0.0	34.0	0.0	0.0
5	NumNumeric	767.0	0.0	767.0	767.0	767.0	0.0	767.0	767.0
6	Median	1312112000.0	<N>	102.0	2.0	232.4	<N>	217.0	63.0
7	Mean	1582887633.22	<N>	280.25	5.45	817.42	<N>	344.01	119.16
8	Max	4527504110.0	<N>	10800.0	128.44	70555.64	<N>	12000.0	3000.0
9	Min	110211059.0	<N>	-8.0	0.0	-67.0	<N>	0.0	0.0
10	Variance	1.6841023920277386e+18	<N>	427098.71	119.54	14923698.38	<N>	377601.52	46844.74
11	StdDev	1297729706.84	<N>	653.53	10.93	3863.12	<N>	614.49	216.44
12	Total	1214074814678.0	<N>	214954.0	4178.56	626963.92	<N>	263856.0	91399.0

	Descriptive	최종불출수량	최종불출주문번호	최종불출일자	현행판매가격	판매가격유효일자	과거판매가격	당기매출수량
0	NumRecords	767.0	767.0	767.0	767.0	767.0	767.0	767.0
1	NumEmpty	0.0	0.0	0.0	0.0	0.0	0.0	0.0
2	NumNone	0.0	0.0	0.0	0.0	0.0	0.0	0.0
3	NumZero	0.0	0.0	0.0	1.0	0.0	186.0	51.0
4	NumText	0.0	0.0	767.0	0.0	767.0	0.0	0.0
5	NumNumeric	767.0	767.0	0.0	767.0	0.0	767.0	767.0
6	Median	108.0	760689.0	<N>	4.79	<N>	2.69	658.0
7	Mean	266.55	758579.87	<N>	11.22	<N>	7.64	2244.83
8	Max	9000.0	860484.0	<N>	249.0	<N>	199.0	129306.0
9	Min	2.0	266.0	<N>	0.0	<N>	0.0	0.0
10	Variance	292562.93	915522953.86	<N>	402.44	<N>	237.06	44216605.78
11	StdDev	540.89	30257.61	<N>	20.06	<N>	15.4	6649.56
12	Total	204443.0	581830762.0	<N>	8603.78	<N>	5861.03	1721788.0

(2) ***보유수량***의 Min이 음수가 나오는 것을 확인할 수 있다. 이러한 항목을 검색할 필요가 있다.

Filter Expression: 보유수량 < 0 [Release]

	제품코드	창고명	보유수량	평균단가	총원가	진부화	최대재고수준	최소재고수준	최종불출수량	최종불출주문번호	최종불출일자	현행판매가격	판매가격유효일자	과거판매가격	당기매출수량	최종매입단가
0	4510125005	QUEBEC	-2	6.750	-13.500		40	0	72	761115	20151216	15.99	20150315	0.000	67	6.750
1	4527504110	TORONTO	-5	3.470	-17.350		200	20	66	761100	20151213	8.95	20151006	7.950	605	3.230
2	510503002	OTTAWA	-8	9.081	0.000		112	56	42	760812	20151202	23.95	20151227	21.950	62	8.750

(3) Inventory_2015 테이블에서 File Expression에 ***보유수량 < 0***을 입력한 후 Set 버튼을 누른다.
보유수량이 음수인 경우는 추가적으로 그 이유를 분석할 필요가 있다.

Filter Expression: float(총원가) < 0 [Release]

	제품코드	창고명	보유수량	평균단가	총원가	진부화	최대재고수준	최소재고수준	최종불출수량	최종불출주문번호	최종불출일자	현행판매가격	판매가격유효일자	과거판매가격	당기매출수량	최종매입단가
0	4510125005	QUEBEC	-2	6.750	-13.500		40	0	72	761115	20151216	15.99	20150315	0.000	67	6.750
1	4527504110	TORONTO	-5	3.470	-17.350		200	20	66	761100	20151213	8.95	20151006	7.950	605	3.230
2	313401400	QUEBEC	0	63.000	-67.000		207	79	12	760579	20151119	120.00	20150620	119.990	238	62.308

(4) File Expression에 ***총원가 < 0***을 입력한 후 Set 버튼을 누른다.
(5) 총원가가 음수인 경우는 추가적으로 그 이유를 분석할 필요가 있다.

	제품코드	창고명	보유수량	평균단가	총원가	진부화
0	421300405	OTTAWA	0	9.371	0.000	Y
1	430125102	QUEBEC	24	4.840	116.160	Y
2	3421004669	OTTAWA	170	6.087	1034.790	Y
3	421143307	TORONTO	1	24.102	24.102	Y
4	3421004766	OTTAWA	330	4.080	1346.400	Y
5	530754605	QUEBEC	6	16.550	99.300	Y
6	2260394007	OTTAWA	24	0.340	8.160	Y
7	531180001	QUEBEC	4	6.900	27.600	Y
8	313304003	QUEBEC	0	16.822	0.000	Y
9	220205305	QUEBEC	0	67.139	0.000	Y

(6) File Expression에 ***진부화 == 'Y'*** 을 입력한 후 Set 버튼을 누른다.

(7) ***진부화*** 칼럼이 ***Y***인 경우는 추가적으로 그 이유를 분석할 필요가 있다.

02 | 재고자산 분석 (2)

1 사례의 개요 및 목적

- 기준일자로부터 12개월이 지났음에도 불구하고 여전히 재고로 남아있는 항목을 발견한다.

2 사례 파일

- Inventory_2015 테이블을 연다.

3 Fraudit과 Python 활용 절차

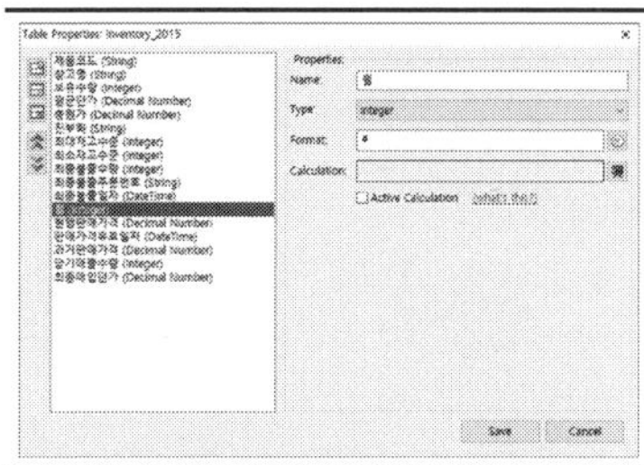

(1) Months 칼럼을 삽입한다.
- Type : Integer
- Format : #
- Save 버튼을 누른다.

```
import datetime
for i in range(len(Inventory_2015)):
    if Inventory_2015['보유수량'][i] == 0 :
        Inventory_2015['월'][i] = 0
    elif Inventory_2015['보유수량'][i] > 0 :
        if Inventory_2015['당기매출수량'][i] == 0 :
            Inventory_2015['월'][i] = (datetime.datetime(2015,12,31) - Inventory_2015['최종불출일자'][i]).days/30
        else :
            Inventory_2015['월'][i] = Inventory_2015['보유수량'][i]/(Inventory_2015['당기매출수량'][i]/12)
```

(2) 상기와 같이 쉘에 입력하고 Enter를 친다.

☞ 상기 코드의 의미는 다음과 같다.

(1) import datetime : datetime 라이브러리를 임포트 한다

(2) if Inventory_2015['보유수량'][i] == 0 : [보유수량] 칼럼의 레코드가 0가 같으면,
Inventory_2015['월'][i] = 0 : [월] 칼럼의 레코드는 0이고,

(3) elif Inventory_2015['보유수량'][i] > 0 : [보유수량] 칼럼의 레코드가 0보다 크고 ,

(3) - (1) if Inventory_2015['당기매출수량'][i] == 0 : [당기매출수량] 칼럼의 레코드가 0가 같으면,
Inventory_2015['월'][i]=(datetime.datetime(2015,12,31) - Inventory_2015['최종불출일자'][i]).days/30
[월] 칼럼의 레코드는 (2015.12.31. - 최종불출일자)를 30으로 나눈 값(→ 2015.12.31.기준 재고가 불출되지 않은 기간을 월할로 계산한 것)

(3) - (2) else : [당기매출수량] 칼럼의 레코드가 0이 아니면,
Inventory_2015['월'][i] = Inventory_2015['보유수량'][i] / (Inventory_2015['당기매출수량'][i]/12)
[월] 칼럼의 레코드는 [보유수량]을 당기매출수량/12(당해년도 불출한 양/12개월 → 월당 몇 개 불출되었는지)으로 나눈 값으로 향후 몇 개월 후에 불출이 될 것인지를 알 수 있음

	제품코드	창고명	보유수량	평균단가	총평가	진부화	최대재고수준	최소재고수준	최종불출수량	최종불출주문번호	최종불출일자	월	현행판매가격	판매가격유효일자	과거판매가격	당기매출수량	최종매입단가
0	1725406009	TORONTO	430	1.275	548.250		519	210	80	761051	20151205	737	3.50	20150918	0.000	7	1.364
1	3810145801	OTTAWA	918	12.127	11132.586		859	330	576	760473	20151106	550	19.99	20150627	0.000	20	11.290
2	4210405030	QUEBEC	30	12.900	387.000		99	0	20	761139	20151218	360	26.95	20101111	0.000	1	10.900
3	430110101	QUEBEC	201	3.807	765.207		236	68	216	760740	20151130	344	7.99	20101009	0.000	7	3.640
4	1635560001	OTTAWA	108	0.778	84.024		136	16	120	760628	20151121	324	1.75	20150401	1.550	4	0.760
5	3730135000	QUEBEC	1368	2.110	2886.480		1294	600	216	760410	20151025	288	4.99	20150912	5.490	57	2.138
6	1433212705	QUEBEC	28	13.310	372.680		197	49	8	760044	20150129	169	29.95	20151206	27.500	2	12.920
7	1730630001	QUEBEC	85	3.614	307.190		118	34	45	761071	20151205	113	7.79	20151008	7.250	9	3.572
8	830120501	OTTAWA	64	2.244	143.616		201	1	46	760699	20151128	109	6.95	20150908	5.950	7	2.058

(3) QTY가 음수인 항목 3개를 삭제한 후 내림차순으로 정렬하여 임계점을 초과하는(예 : 12개월 초과 등) 재고자산 항목에 대해서는 추가적인 검토가 필요할 수 있다.

03 | 재고자산 분석 (3)

1 사례의 개요 및 목적

- 전년도 판매단가와 당년도 판매단가를 비교하여 비정상적으로 증가하였거나 감소된 재고자산 항목을 발견한다.

2 사례 파일

- 재고자산 분석(2)의 결과가 반영된 Inventory_2015.tbl을 연다.

3 Fraudit과 Python 활용 절차

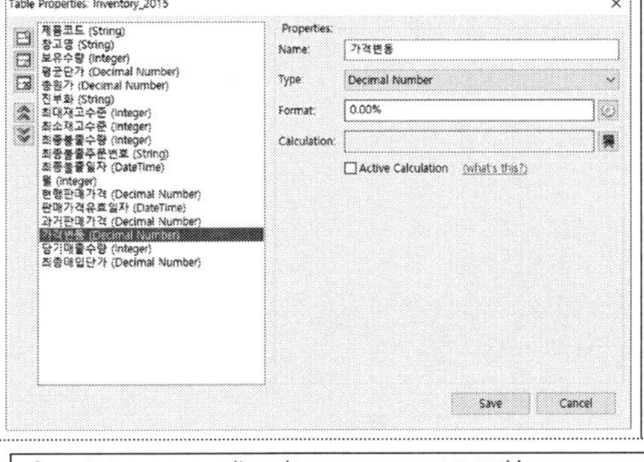

(1) *가격변동* 칼럼을 삽입한다.
- Type : ***Decimal Number*** 선택
- Format : 0.00%
- Save 버튼을 누른다.

```
for i in range(len(Inventory_2015)):
    if Inventory_2015['과거판매가격'][i] == 0 :
        Inventory_2015['가격변동'][i] = 1
    else:
        Inventory_2015['가격변동'][i]=(Inventory_2015['현행판매가격'][i] -
        Inventory_2015['과거판매가격'][i])/Inventory_2015['과거판매가격'][i]
```

(2) 상기와 같이 쉘에 입력하고 Enter를 친다.

	제품코드	창고명	보유수량	평균단가	총원가	진부화	최대재고수준	최소재고수준	최종불출수량	최종불출주문번호	최종불출일자	월	현행판매가격	판매가격유효일자	과거판매가격	가격변동	당기매출수량	최종매입단가
185	421621009	QUEBEC	0	22.930	0.000		175	5	8	760366	20151008	0	52.99	20151012	0.000	100.00%	25	22.930
186	1711401828	QUEBEC	0	0.556	0.000	Y	125	13	20	760704	20151128	0	1.49	20150204	0.000	100.00%	687	0.540
187	3020200302	QUEBEC	19	3.247	61.693		40	0	24	760996	20151204	0	8.95	20150421	4.500	98.89%	850	3.268
188	3020200704	QUEBEC	129	7.779	1003.491		178	64	89	760937	20151204	4	15.95	20101115	8.950	78.21%	372	7.358
189	1423112007	QUEBEC	684	0.337	230.506		547	199	216	760274	20150822	1	0.99	20150607	0.590	67.80%	4,257	0.259
190	530545309	QUEBEC	71	31.260	2219.460		107	0	48	660473	20150420	0	54.95	20101119	34.950	57.22%	870	28.420
191	4358000804	TORONTO	123	2.300	282.900		98	0	90	760758	20151130	1	5.99	20150203	3.990	50.13%	1,089	2.300

(3) 상기와 같이 ***가격변동*** 칼럼의 값이 나오는 것을 확인할 수 있다. 내림차순으로 정렬하여 임계점을 초과하는(예 : 50%초과) 재고자산 항목에 대해서는 추가적인 검토가 필요할 수 있다.

04 | 재고자산 단위원가 결정

1 사례의 개요 및 목적

- 회사가 제시하는 재고자산 단위원가 결정방법에 따라 제대로 단위원가가 계산되었는지를 검증한다.
- 회사의 재고자산 입고, 출고에 대한 현황이 아래와 같은 경우 3월의 (1) 선입선출법(계속기록법)에 의한 기말재고자산의 원가와 (2) 이동평균법(계속기록법)에 의한 기말재고자산의 원가를 계산해보자.

일자	적요	입고수량	입고단가	입고금액	출고수량	출고단가	출고금액
3.1.	전월이월	5	20,000	100,000			
3.9.	매입	15	18,000	270,000			
3.16.	매출				5	20,000	100,000
3.16.	매출				5	18,000	90,000
3.24.	매입	20	22,000	440,000			
3.29.	매출				10	18,000	180,000
3.29.	매출				2	22,000	44,000

(1) 선입선출법(계속기록법)에 의한 기말재고자산의 원가

일자	적요	입고 수량	입고 단가	입고 금액	출고 수량	출고 단가	출고 금액	재고 수량	재고 단가	재고 금액
3.1.	전월이월	5	20,000	100,000						
3.9.	매입	15	18,000	270,000						
3.16.	매출				5	20,000	100,000	5	20,000	100,000
3.16.	매출				5	18,000	90,000	5	18,000	90,000
3.24.	매입	20	22,000	440,000						
3.29.	매출				10	18,000	180,000	10	18,000	180,000
3.29.	매출				2	22,000	44,000	2	22,000	44,000
3.31.								18	22,000	396,000

매출원가 : ₩414,000 (₩100,000+₩90,000+₩180,000+₩44,000)

기말재고액 : ₩396,000

(2) 이동평균법(계속기록법)에 의한 기말재고자산의 원가

일자	적요	입고			출고			재고		
		수량	단가	금액	수량	단가	금액	수량	단가	금액
3.1.	전월이월	5	20,000	100,000				5	20,000	100,000
3.9.	매입	15	18,000	270,000				20	[주1)]18,500	370,000
3.16.	매출				10	18,500	185,000	10	18,500	185,000
3.24.	매입	20	22,000	440,000				30	[주2)]20,833	625,000
3.29.	매출				12	20,833	250,000	18	20,833	375,000
3.31.	차월이월				18	20,833	375,000			
	합계	40		810,000	40		810,000			
4.1.	전월이월	18	20,833	375,000				18	20,833	375,000

주1) (₩100,000+₩270,000) / (5+15) = ₩18,500
주2) (₩185,000 + ₩440,000) / (10+20) = 20,833

매출원가 : ₩435,000 (₩185,000 + ₩250,000)
기말재고자산 : ₩375,000

2 사례 파일

• Inventory.tbl을 연다.

3 Fraudit과 Python 활용 절차

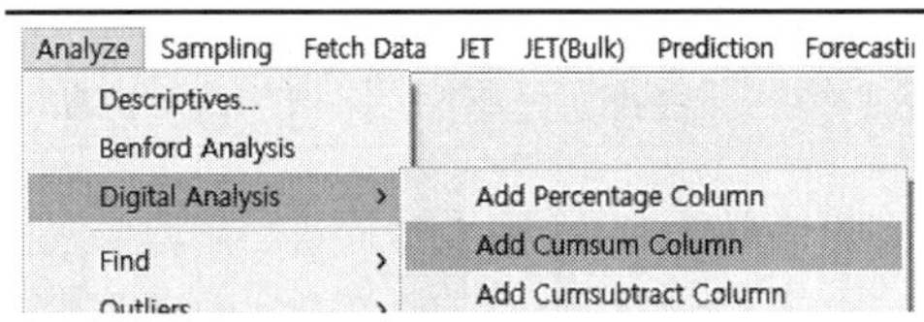

(1) Analyze >> Digital Analysis >> Add Cumsum Column 메뉴를 선택한다.

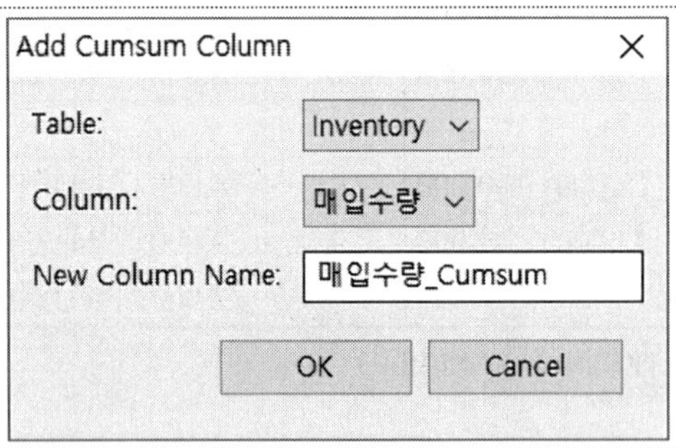

(2) Table : ***Inventory*** 선택
• Column : ***매입수량*** 선택
• New Column Name : ***매입수량_Cumsum*** 입력
• OK 버튼을 누른다.

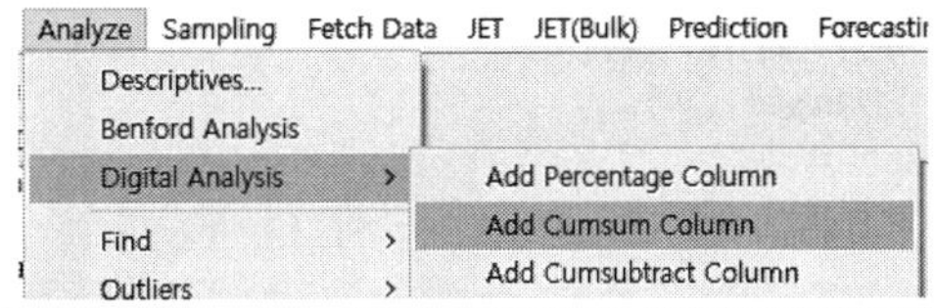

(3) Analyze >> Digital Analysis >> Add Cumsum Column 메뉴를 선택한다.

(4) Table : ***Inventory*** 선택

- Column : ***매출수량*** 선택
- New Column Name : ***매출수량_Cumsum*** 입력
- OK 버튼을 누른다.

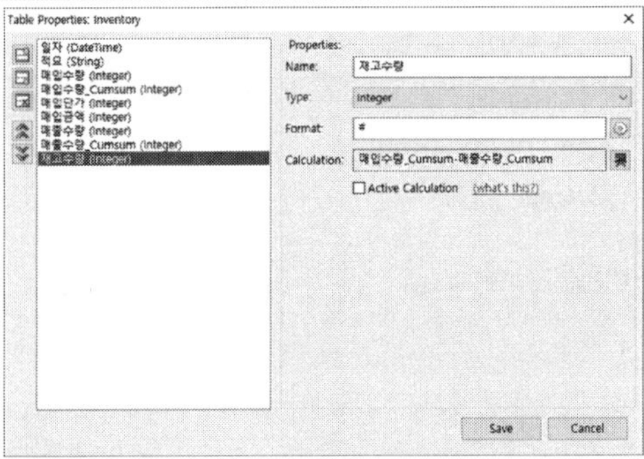

(5) ***재고수량*** 칼럼을 삽입한다.

- Type : ***Integer*** 선택
- Format : #
- Calculation : ***매입수량_Cumsum*** − ***매출수량_Cumsum*** 입력
- Save 버튼을 누른다.

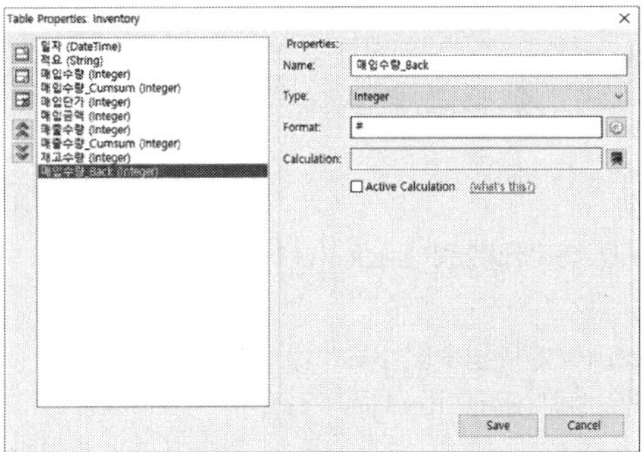

(6) 매입수량_Back 칼럼을 삽입한다.

- Type : ***Integer*** 선택
- Format : #
- Save 버튼을 누른다.

```
for i in range(len(Inventory))[::-1]:
    if i == len(Inventory)-1 :
        Inventory['매입수량_Back'][i] = Inventory['재고수량'][i] - Inventory['매입수량'][i]
    else :
        Inventory['매입수량_Back'][i] = Inventory['매입수량_Back'][i+1] - Inventory['매입수량'][i]
```

(7) 상기와 같이 쉘에 입력하고 Enter를 친다.

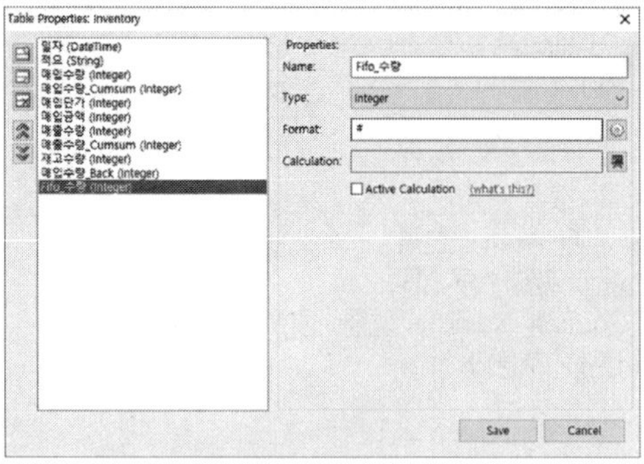

(8) ***Fifo_수량*** 칼럼을 삽입한다.

- Type : ***Integer*** 선택
- Format : #
- Save 버튼을 누른다.

```
for i in range(len(Inventory)):
    if Inventory['매입수량_Back'][i] >= 0 :
        Inventory['Fifo_수량'][i] = Inventory['매입수량'][i]
    else:
        Inventory['Fifo_수량'][i] = 0
```

(9) 상기와 같이 쉘에 입력하고 Enter를 친다.

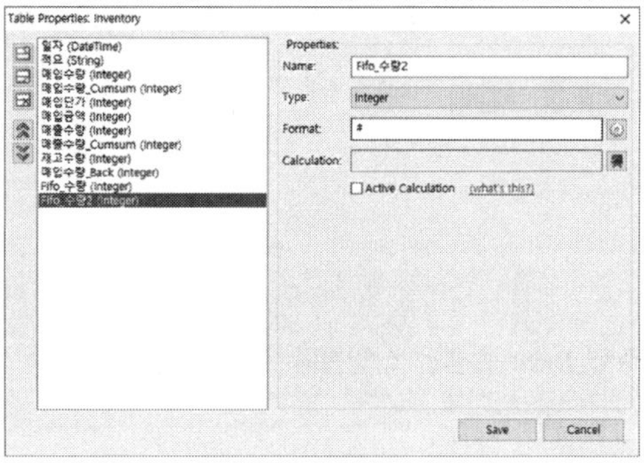

(10) ***Fifo_수량2*** 칼럼을 삽입한다.

- Type : ***Integer*** 선택
- Format : #
- Save 버튼을 누른다.

```
for i in range(len(Inventory)):
    if i < len(Inventory) - 1 :
        if Inventory['매입수량_Back'][i] <0 and Inventory['매입수량_Back'][i+1] <=0 :
            Inventory['Fifo_수량2'][i] = 0
        elif Inventory['매입수량_Back'][i] <0 and Inventory['매입수량_Back'][i+1] >0 :
            Inventory['Fifo_수량2'][i] = Inventory['매입수량_Back'][i+1]
        else:
            Inventory['Fifo_수량2'][i] = 0
    else:
        Inventory['Fifo_수량2'][i] = 0
```

(11)상기와 같이 쉘에 입력하고 Enter를 친다.

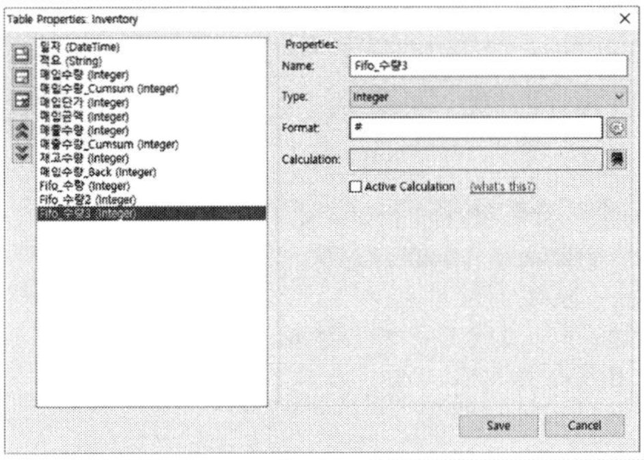

(12) ***Fifo_수량3*** 칼럼을 삽입한다.

- Type : ***Integer*** 선택
- Format : #
- Save 버튼을 누른다.

```
for i in range(len(Inventory)):
    Inventory['Fifo_수량3'][i] = Inventory['Fifo_수량'][i] + Inventory['Fifo_수량2'][i]
```

(13)상기와 같이 쉘에 입력하고 Enter를 친다.

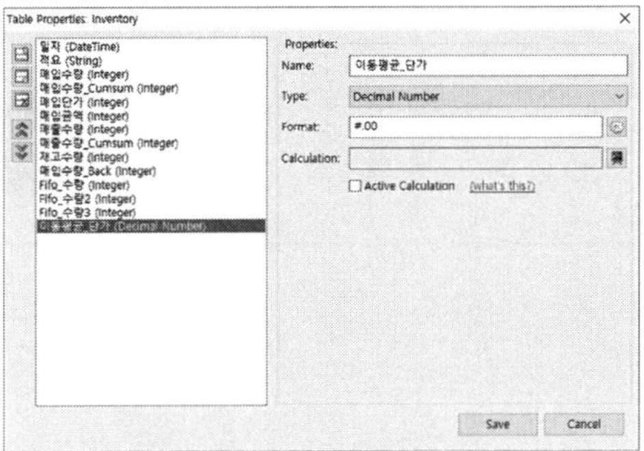

(14) ***이동평균_단가*** 칼럼을 삽입한다.

- Type : ***Decimal Number*** 선택
- Format : #.00
- Save 버튼을 누른다.

```
for i in range(len(Inventory)):
    if Inventory['매입수량'][i] == Inventory['재고수량'][i]:
        Inventory['이동평균_단가'][i] = Inventory['매입단가'][i]
    elif Inventory['매입수량'][i] > 0:
        Inventory['이동평균_단가'][i] = (Inventory['매입수량'][i]*Inventory['매입단가'][i]+
                    Inventory['재고수량'][i-1]*Inventory['이동평균_단가'][i-1])/Inventory['재고
                    수량'][i]
    else:
        Inventory['이동평균_단가'][i] = Inventory['이동평균_단가'][i-1]
```

(15)상기와 같이 쉘에 입력하고 Enter를 친다.

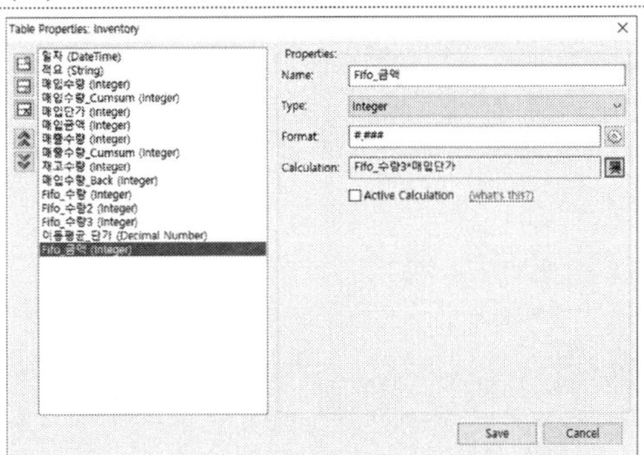

(16) ***Fifo_금액*** 칼럼을 삽입한다.

- Type : ***Integer*** 선택
- Format : ***#,###***
- Calculation : ***Fifo_수량3*매입단가*** 입력
- Save 버튼을 누른다.

	일자	적요	매입수량	매입수량_Cumsum	매입단가	매입금액	매출수량	매출수량_Cumsum	재고수량	매입수량_Back	Fifo_수량	Fifo_수량2	Fifo_수량3	이동평균_단가	Fifo_금액
0	2018-03-01 00:00:00	전월이월	5	5	20,000	100,000	0	0	5	-22	0	0	0	20000.00	0
1	2018-03-09 00:00:00	매입	15	20	18,000	270,000	0	0	20	-17	0	0	0	18500.00	0
2	2018-03-16 00:00:00	매출	0	20	0	0	10	10	10	-2	0	0	0	18500.00	0
3	2018-03-24 00:00:00	매입	20	40	22,000	440,000	0	10	30	-2	0	18	18	20833.33	396,000
4	2018-03-29 00:00:00	매출	0	40	0	0	12	22	18	18	0	0	0	20833.33	0

(17) ***Fifo_금액*** 칼럼의 합산이 ***396,000***임을 확인할 수 있다.

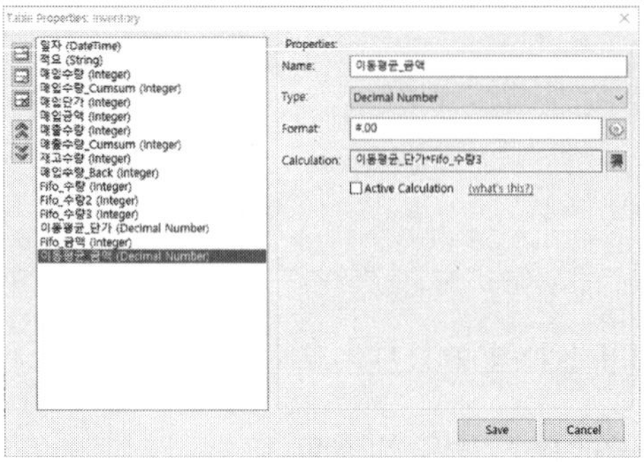

(18) *이동평균_금액* 칼럼을 삽입한다.

- Type : ***Decimal Number*** 선택
- Format : ***#.00***
- Calculation : *이동평균_단가**Fifo_수량3* 입력
- Save 버튼을 누른다.

Filter Expression: Set

	일자	적요	매입수량	매입수량_Cumsum	매입단가	매입금액	매출수량	매출수량_Cumsum	재고수량	매입수량_Back	Fifo_수량	Fifo_수량2	Fifo_수량3	이동평균_단가	Fifo_금액	이동평균_금액
0	2018-03-01 00:00:00	전월이월	5	5	20,000	100,000	0	0	5	-22	0	0	0	20000.00	0	0.00
1	2018-03-09 00:00:00	매입	15	20	18,000	270,000	0	0	20	-17	0	0	0	18500.00	0	0.00
2	2018-03-16 00:00:00	매출	0	20	0	0	10	10	10	-2	0	0	0	18500.00	0	0.00
3	2018-03-24 00:00:00	매입	20	40	22,000	440,000	0	10	30	-2	0	18	18	20833.33	396,000	375000.00
4	2018-03-29 00:00:00	매출	0	40	0	0	12	22	18	18	0	0	0	20833.33	0	0.00

(19) *이동평균_금액* 칼럼의 합산이 ***375000***임을 확인할 수 있다.

제11장

사례분석-JET

01 대차가 맞지 않는 분개 세트 발견
02 연속적인 전표번호 누락 발견
03 거래금액이 높은 분개세트 발견
04 거래금액이 높은 분개세트 발견
05 천단위 이하 0인 거래 찾기
06 주말에 전기한 분개 찾기
07 증빙일자보다 입력일자가 빠른 분개
08 야간에 입력한 분개
09 10회 이하 입력한 담당자의 분개 찾기
10 3회 이하로 입력된 계정과목 찾기

01 | 대차가 맞지 않는 분개 세트 발견

1 사례의 개요 및 목적

- 이 사례는 분개장에서 차변과 대변의 합계금액이 일치하지 않는 분개 세트를 발견하기 위한 것이다.

2 사례 파일

- GL_Detail.csv

3 Fraudit과 Python 활용 절차

(1) CSV 파일 불러오기

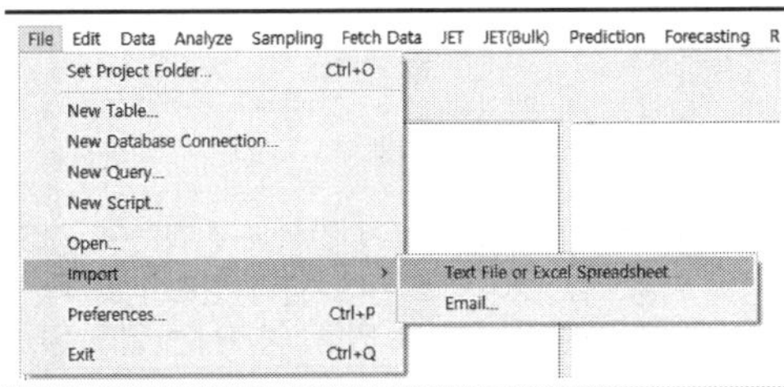

(1) Select File >> Import >> Text File or Excel Spreadsheet 메뉴를 선택한다.

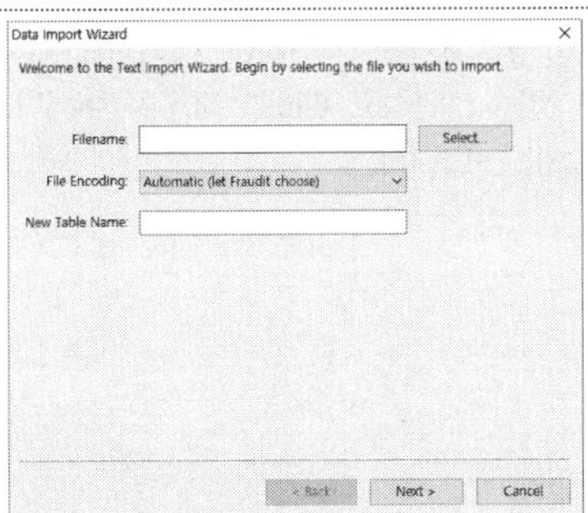

(2) Select 버튼을 누른다.

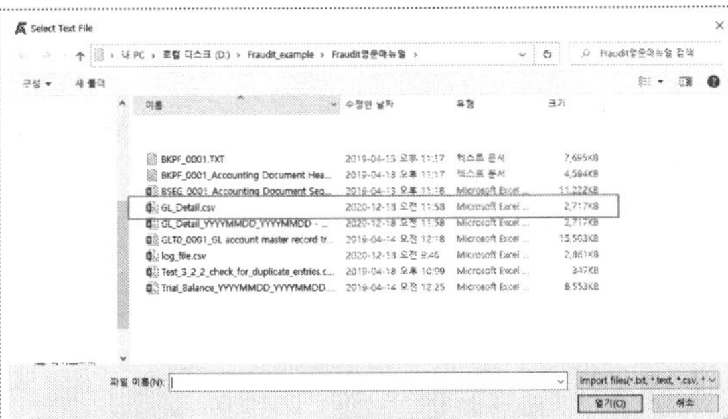

(3) 예제파일인 GL_Detail.csv를 연다.

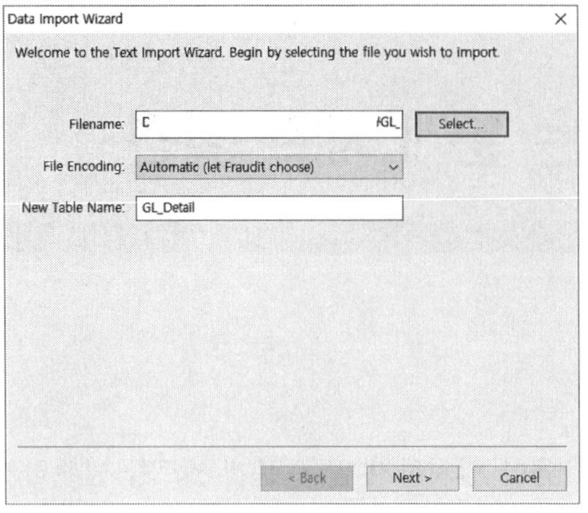

(4) 적절한 encoding을 선택한다. 여기서는 자동으로 선택한다.

(5) New Table Name은 ***GL_Detail***로 입력한다.

(6) Next 버튼을 누른다.

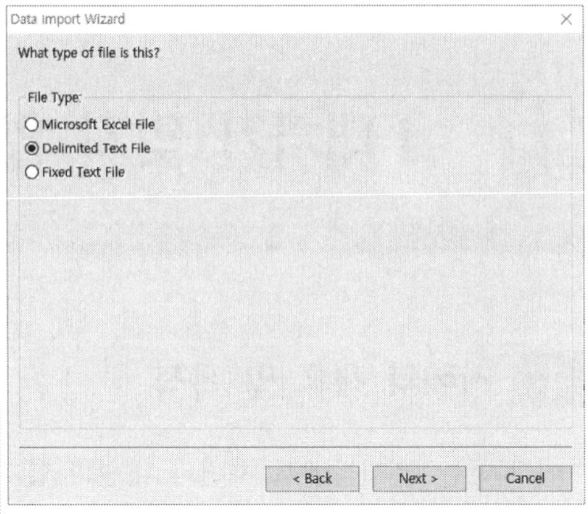

(7) Delimited Text File을 체크하고, Next 버튼을 누른다.

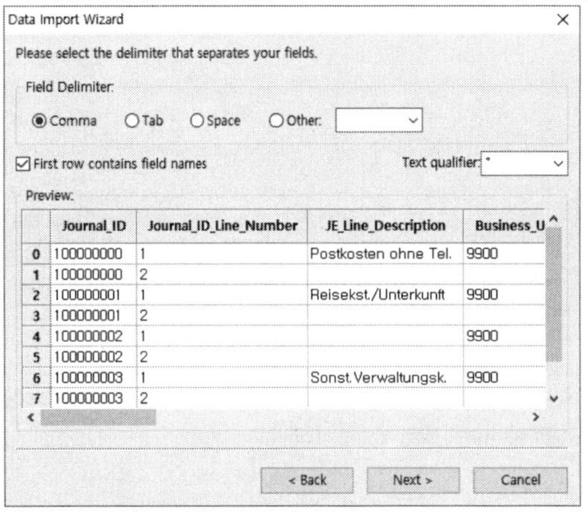

(8) Field Delimiter : Comma 체크

• First row contains filed names 체크

(9) Next button을 누른다.

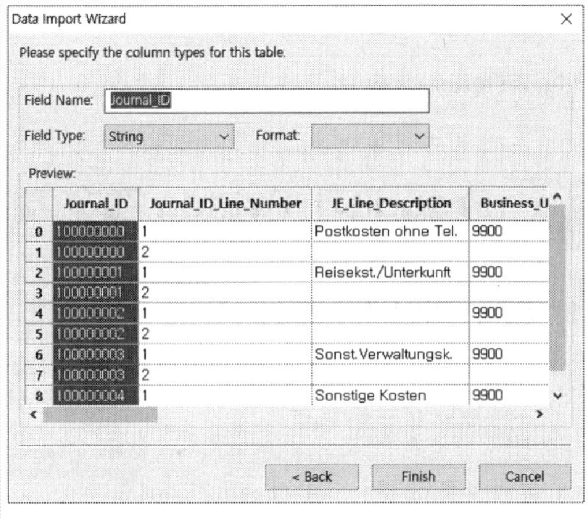

(10) Preview의 테이블에서 특정 칼럼을 선택하면, 필드명이 자동으로 보여지게 된다. 만약 필드 명을 바꾸고 싶으면 직접 수정할 수 있다. 여기서는 필드 명을 바꾸지 않는다.

(11) 필드 타입과 포맷을 적절히 선택한다. 여기서는 자동으로 설정된 것을 선택하고 Finish 버튼을 누른다.

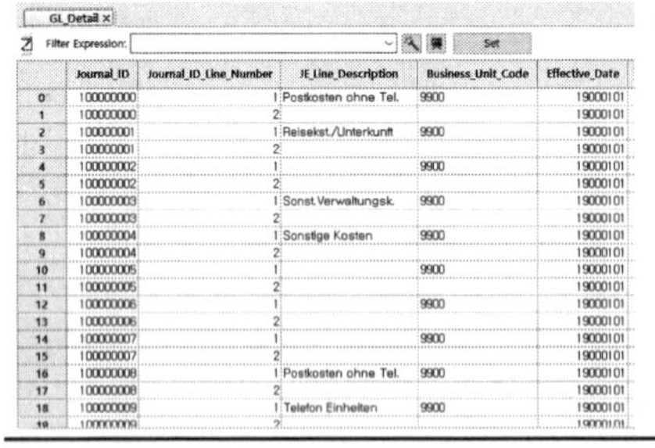

(12) 결과 테이블이 왼쪽과 같이 나타난다.

(2) 대변합계와 차변합계가 일치하지 않는 분개 세트 찾기

1) 새로운 칼럼 삽입

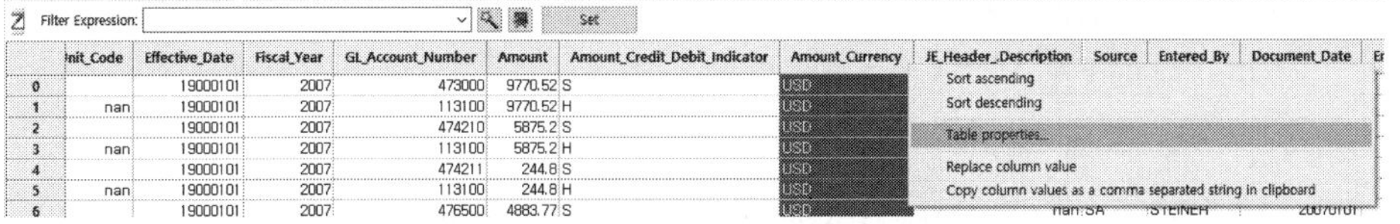

(1) GL_Detail 테이블의 ***Amount_Currency*** 칼럼에서 오른쪽 클릭을 하고 Table Properties 메뉴를 선택한다.

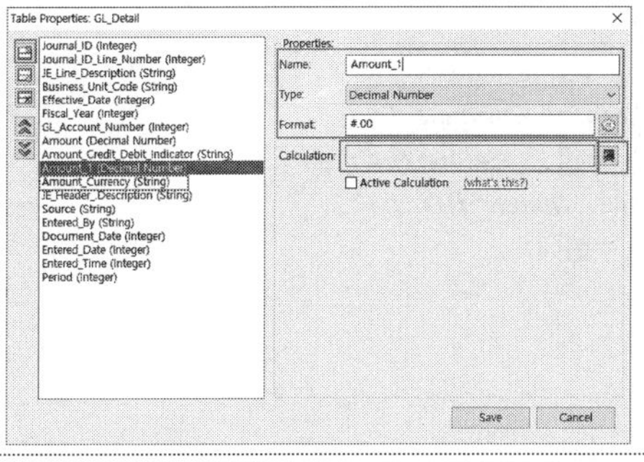

(2) Amount_Currency 칼럼을 선택하고 [아이콘] 아이콘을 눌러 새로운 칼럼인 ***Amount_1***을 삽입한다..

(3) 설정은 아래와 같이 한다.

- Type : ***Decimal Number*** 선택
- Format : ***#.00*** 선택

(4) Click calculation 박스를 누른다.

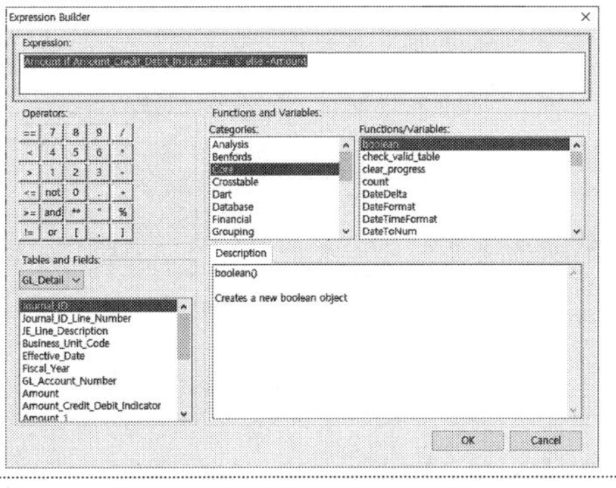

(5) Expressions 박스에 아래와 같이 입력한다.

Amount if Amount_Credit_Debit_Indicator == 'S' else -Amount

Expression 박스에서는 파이썬 문법을 사용할 수 있다. 상기 문법은 리스트 컴프리헨션의 if~else 문과 유사하다.

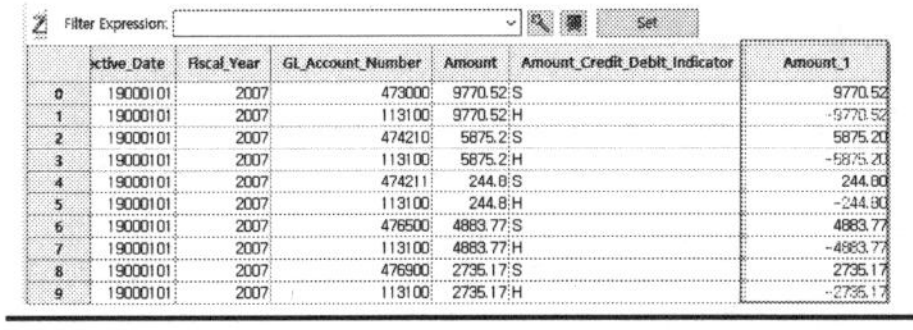

(6) ***Amount_1*** 칼럼이 왼쪽과 같이 삽입된다.
Amount_Credit_Debit_Indicator가 ***S(차변을 의미)***라면, ***Amount_1*** 은 ***양수***이며,
Amount_Credit_Debit_Indicator가 ***H(대변을 의미)***라면, ***Amount_1*** 은 ***음수***이다

2) Group과 Summarize 메뉴 사용

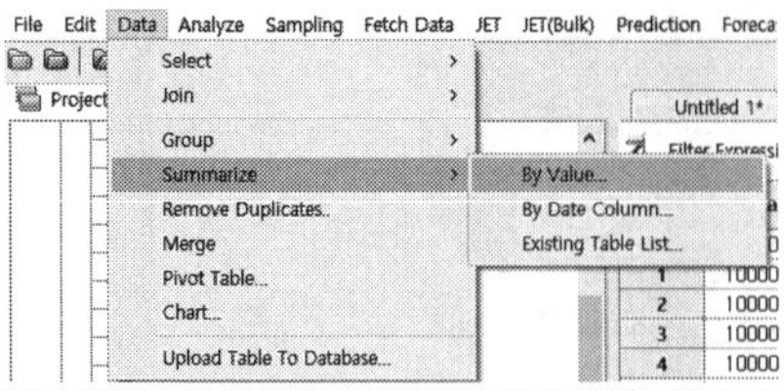

(1) Select Data >> Summarize >> By Value 메뉴를 선택한다.

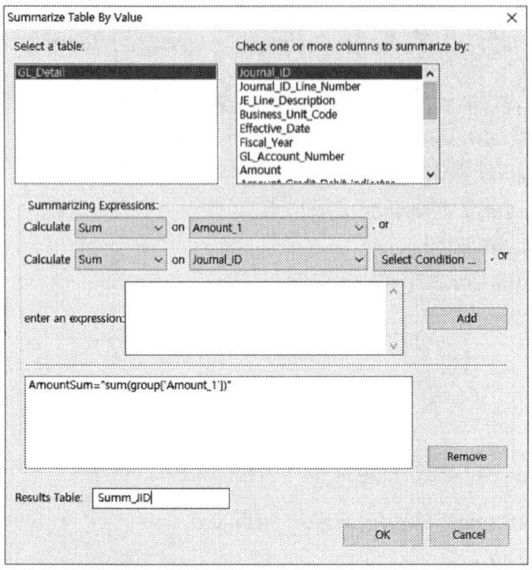

(2) Select a table : ***GL_Detail***

(3) Check one or more columns to summarize by : ***Journal_ID*** 선택

(4) Summarizing Expressions :

- Calculate ***Sum*** on ***Amount_1***

  Add 버튼을 누르고 ***AmountSum*** 을 입력

(5) Results Table : ***Summ_JID*** 입력

(6) OK 버튼을 누른다.

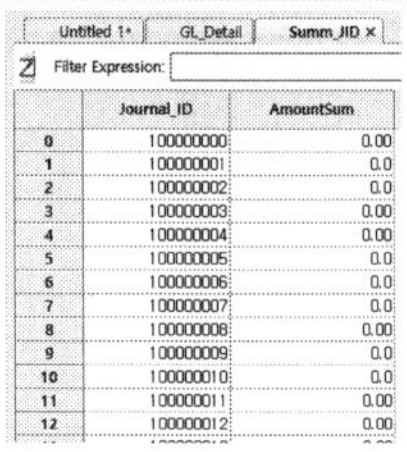

(7) ***Summ_JID*** 테이블이 생성된다.

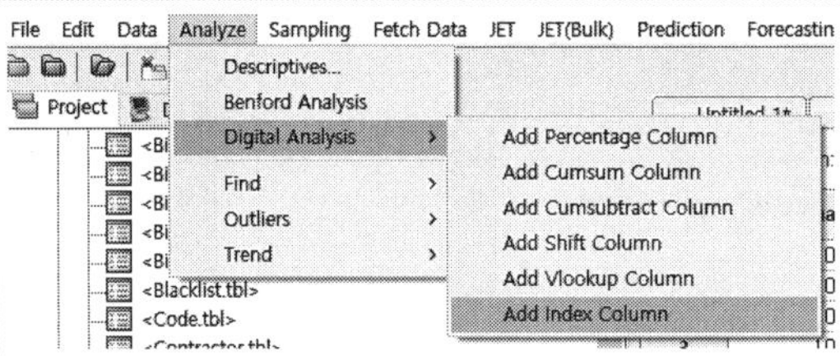

(8) Analyze >> Digital Analysis >> Add Index Column 메뉴를 선택한다.

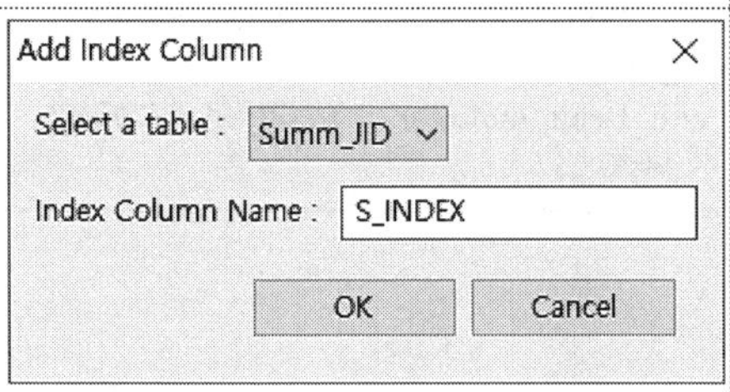

(9) Select a table : ***Summ_JID*** 선택

(10)Index Column Name : ***S_INDEX*** 입력

(11)OK 버튼을 누른다.

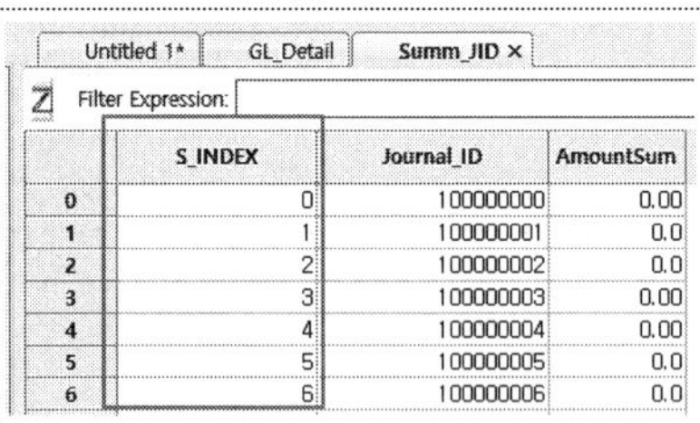

(12)***S_INDEX*** 칼럼이 삽입된다.

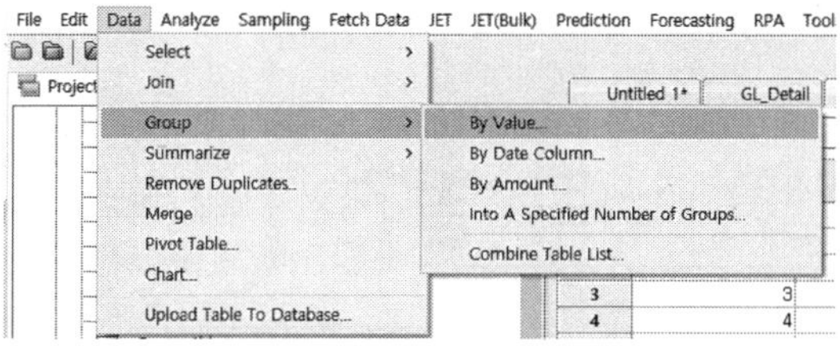

(13) Data >> Summarize >> By Value 메뉴를 선택한다.

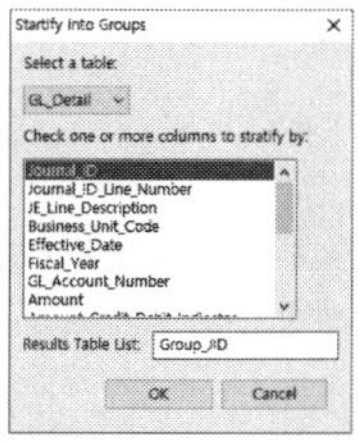

(14) Select a table : ***GL_Detail*** 선택
(15) Check one or more columns to stratify by : ***Journal_ID*** 체크
(16) Results Table List : ***Group_JID*** 입력
(17) OK 버튼을 누른다.

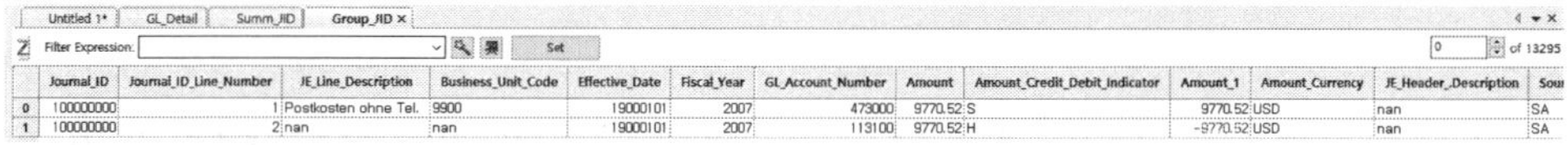

(18) Group_JID 테이블이 상기와 같이 나타난다.

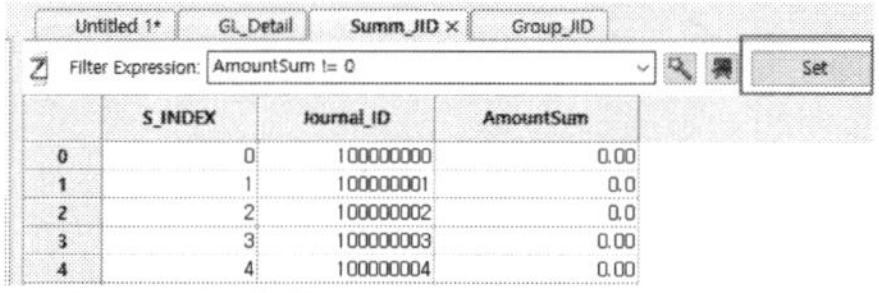

(19) ***Summ_JID*** 테이블을 선택한다.
(20) Filter Expression에 아래와 같이 입력한다.

AmountSum != 0

(21) Set 버튼을 누른다.

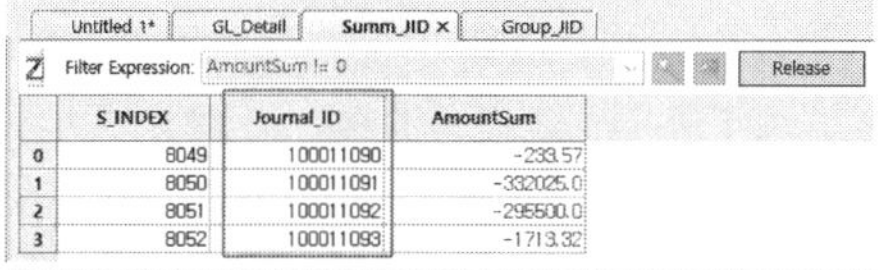

(22) 대차가 일치하지 않는 분개 세트의 수는 4개이다. 이에 대해서는 추가적인 분석이 필요하다.
만약 ***Journal_ID 100011090*** 의 상세내용을 보고 싶다면 ***S_INDEX 8049***를 이용한다.

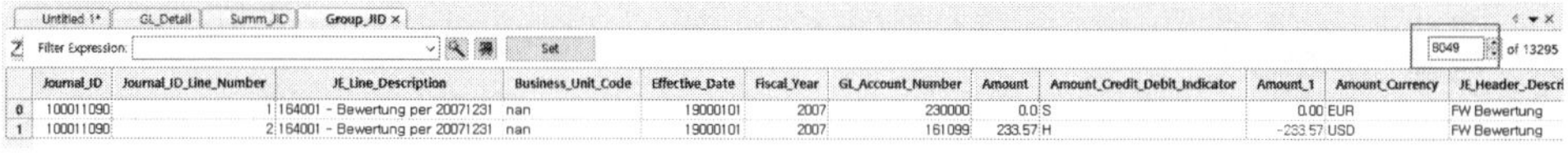

(23) ***Group_JID*** 테이블을 선택한다.
(24) ***Summ_JID*** 테이블의 S_INDEX 는 ***Group_JID*** table 리스트의 인덱스와 동일하다. 따라서 ***Group_JID*** 테이블의 스핀버튼 박스에 8049를 입력하면 ***Journal_ID 100011090*** in의 상세내용을 볼 수 있다.

02 | 연속적인 전표번호 누락 발견

1 사례의 개요 및 목적

- 연속적인 전표번호에서 어떤 번호가 누락되었다면 의도적인 삭제일 가능성이 있다. 이 사례는 연속적인 전표번호에서 어떤 번호가 누락되었는지를 발견하기 위한 것이다.

2 사례 파일

- GL_Detail.csv

3 Fraudit과 Python 활용 절차

(1) CSV 파일 불러오기

- 사례 1을 참조한다.

(2) 연속적인 전표번호에서 누락 발견하기

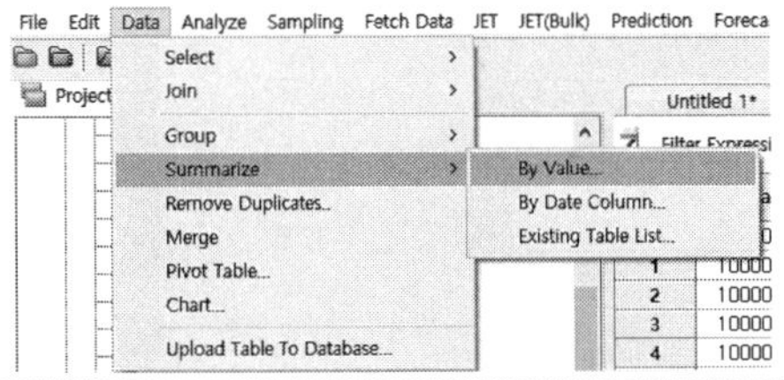

(1) Select Data >> Summarize >> By Value 메뉴를 선택한다.

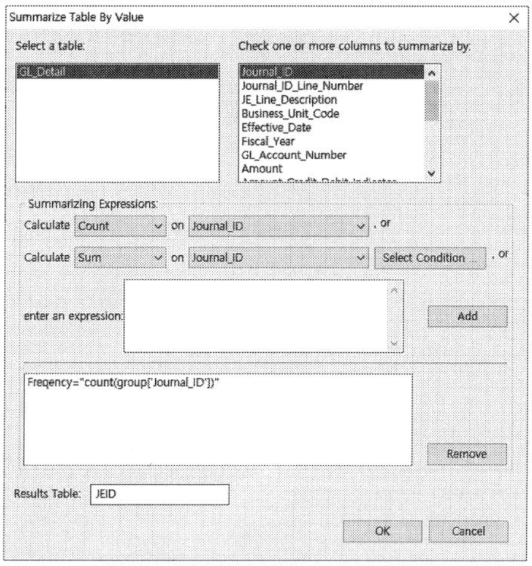

(2) Select a table : ***GL_Detail*** 선택

(3) Check one or more columns to summarize by : ***Journal_ID*** 선택

(4) Summarizing Expressions :

- Calculate ***Count*** on ***Journal_ID***
  Add 버튼을 누르고 ***Frequency*** 라고 입력

(5) Results Table : ***JEID*** 입력

(6) OK 버튼을 누른다.

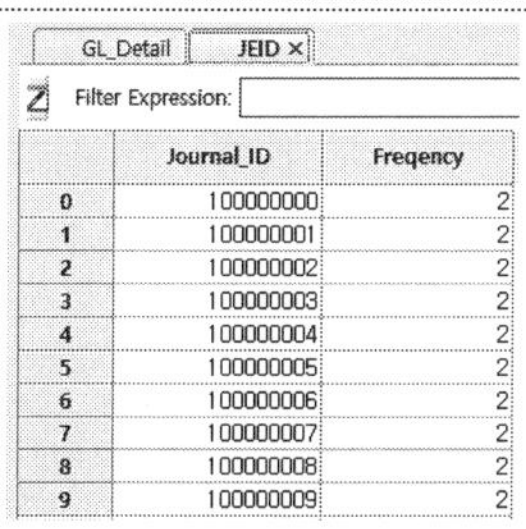

	Journal_ID	Freqency
0	100000000	2
1	100000001	2
2	100000002	2
3	100000003	2
4	100000004	2
5	100000005	2
6	100000006	2
7	100000007	2
8	100000008	2
9	100000009	2

(7) ***JEID*** 테이블이 상기와 같이 나타난다.

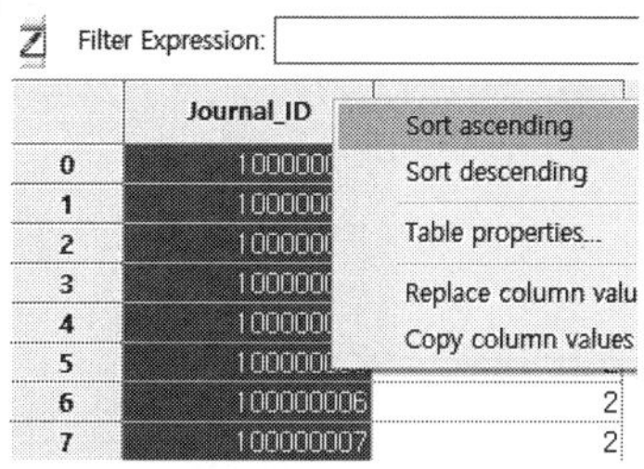

(8) ***Journal_ID*** 칼럼을 선택한다.

(9) 오른쪽 클릭을 하고 오름차순으로 정렬한다.

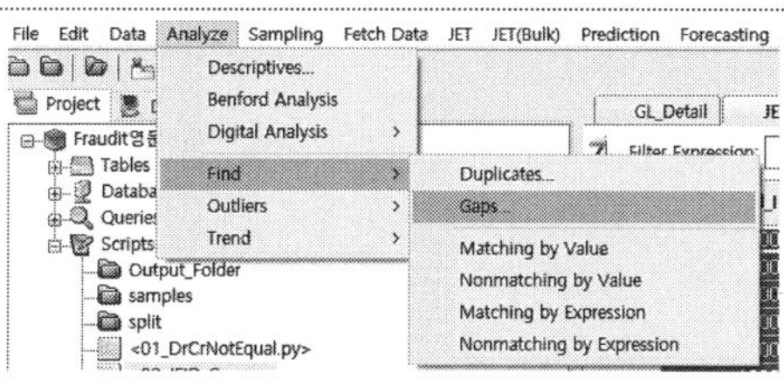

(10) Analyze >> Find >> Gaps 메뉴를 선택한다.

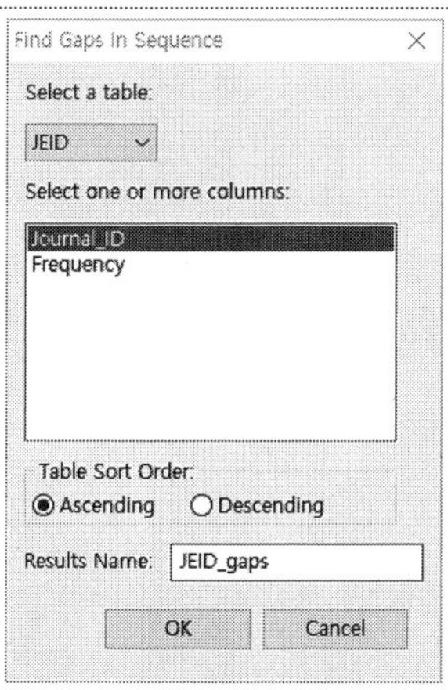

(11) Select a table : ***JEID*** 선택

(12) Select one or more columns: ***Journal_ID*** 선택

(13) Talbe Sort Order : ***Ascending*** 체크

(14) Results Name : ***JEID_gaps*** 입력

(15) OK 버튼을 누른다.

GL_Detail | JEID | JEID_gaps ×

Filter Expression: Set

	Row_Index	Gap_Start	Gap_End	Missing_No
0	8008	100008008	100011050	3041
1	8054	100011095	400000000	299988904
2	8066	400000011	1400000000	999999988
3	8082	1400000015	1500000000	99999984
4	8085	1500000002	1600000000	99999997
5	8088	1600000002	1800000000	199999997
6	8103	1800000014	1900000000	99999985
7	13196	1900005092	2000000000	99994907
8	13197	2000000000	4800000000	2799999999
9	13199	4800000001	4900000000	99999998
10	13283	4900000083	5000000000	99999916
11	13293	5000000009	5100000000	99999990

(16) ***JEID_gaps*** 테이블이 왼쪽과 같이 나타난다.

03 | 거래금액이 높은 분개세트 발견

1 사례의 개요 및 목적

- 이 사례는 차변 또는 대변의 최대금액이 $1,000,000를 초과하는 거래가 포함되어 있는 분개세트를 발견하기 위한 것이다.

2 사례 파일

- GL_Detail.csv

3 Fraudit과 Python 활용 절차

(1) CSV 파일 불러오기

- 사례 1을 참조한다.

(2) 거래금액이 높은 분개 세트 발견하기

1) Summarize By Value

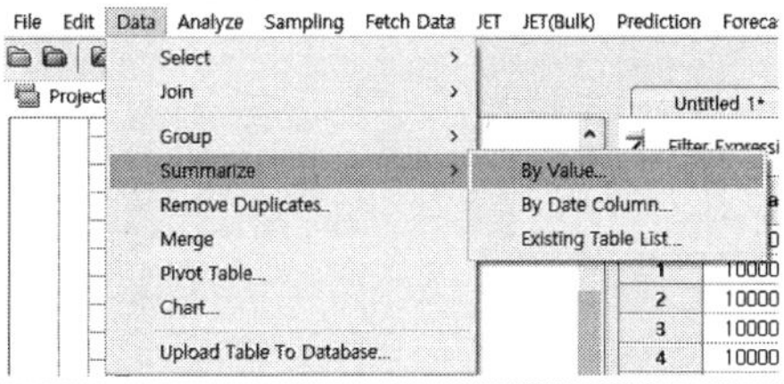

(1) Data >> Summarize >> By Value 메뉴를 선택한다.

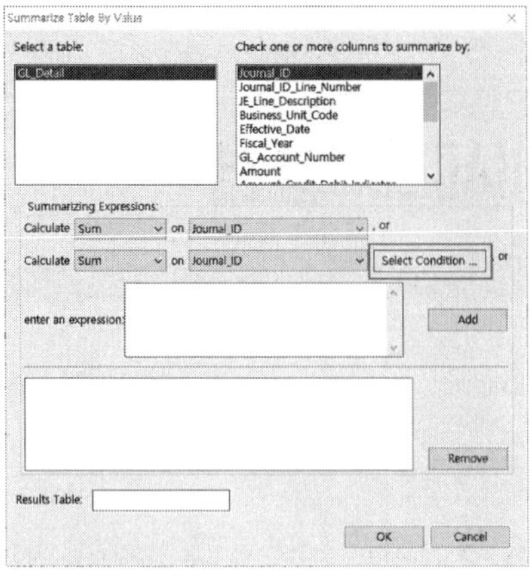

(2) Select a table : ***GL_Detail*** 선택

(3) Check one or more columns to summarize by : ***Journal_ID*** 선택

<방법 1>

(4) Summarizing Expressions :

- Select Condition 버튼을 누른다.

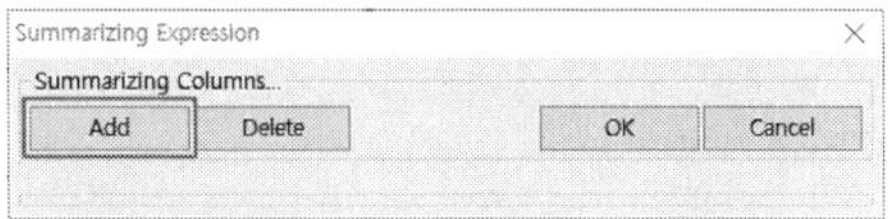

(5) Add 버튼을 누른다.

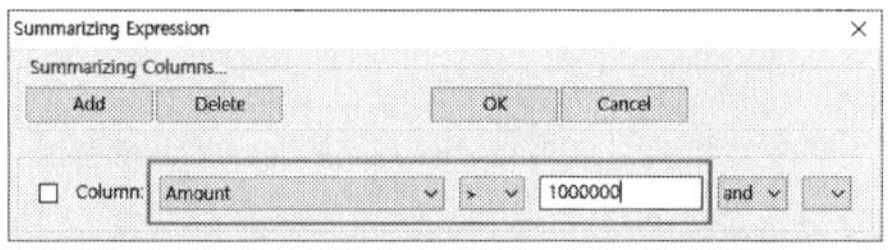

(6) Column : ***Amount*** 선택

- 연산식 : > 선택
- 박스 : ***1000000*** 입력.

(7) OK 버튼을 누른다.

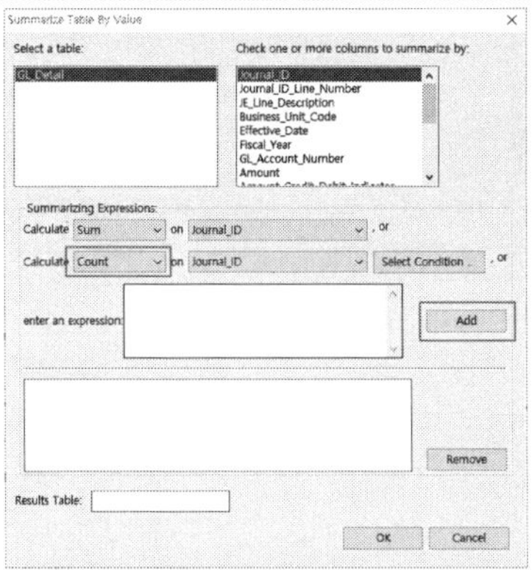

(8) Calculate : Count 선택

(9) Add 버튼을 누른다.

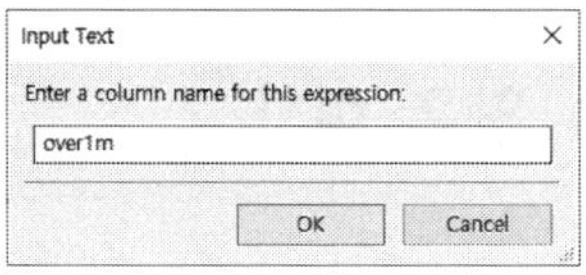

(10)expression 박스 안에 ***over1m*** 을 입력한다.

(11)OK 버튼을 누른다.

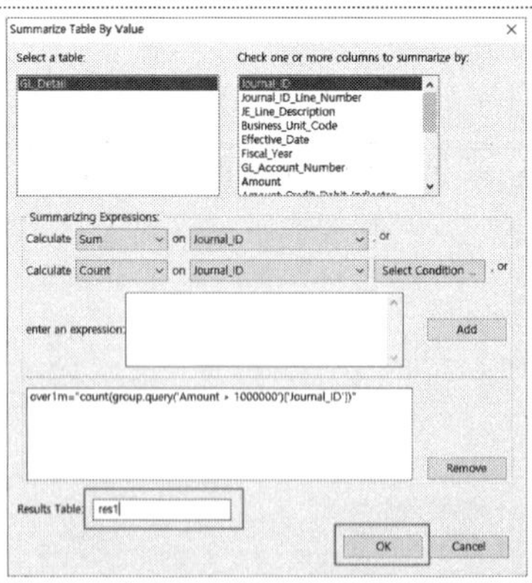

(12)Results Table : ***res1*** 입력

(13)OK 버튼을 누른다.

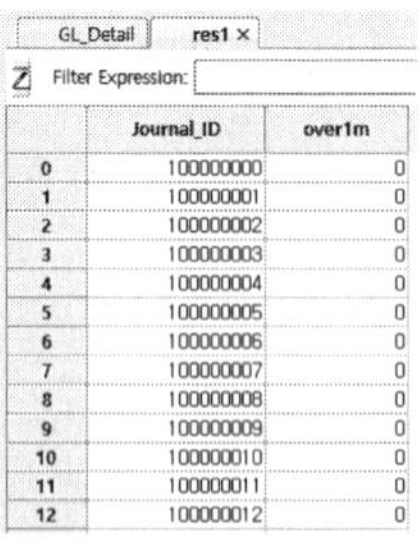

GL_Detail | res1

Filter Expression:

	Journal_ID	over1m
0	100000000	0
1	100000001	0
2	100000002	0
3	100000003	0
4	100000004	0
5	100000005	0
6	100000006	0
7	100000007	0
8	100000008	0
9	100000009	0
10	100000010	0
11	100000011	0
12	100000012	0

(14)***res1*** 테이블이 상기와 같이 나온다.

※ 상기 방법 1의 (4) ~ (14)는 아래 방법 2의 (4) ~ (10)으로 대체할 수 있다.

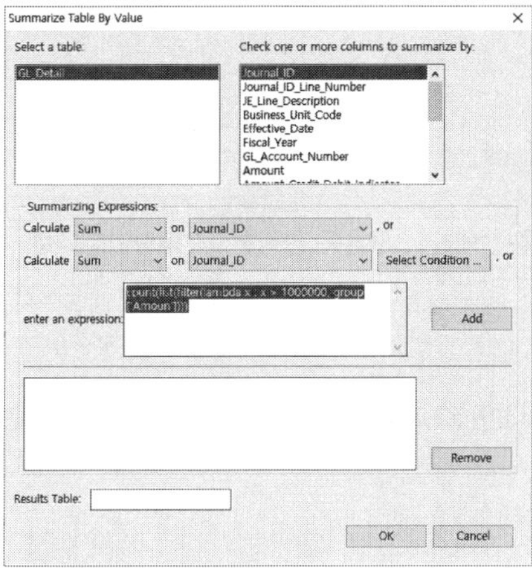

<방법 2>

(4) enter an expression : 아래와 같이 입력

count(list(filter(lambda x : x > 1000000, group['Amoun'])))

(5) Add 버튼을 누른다.

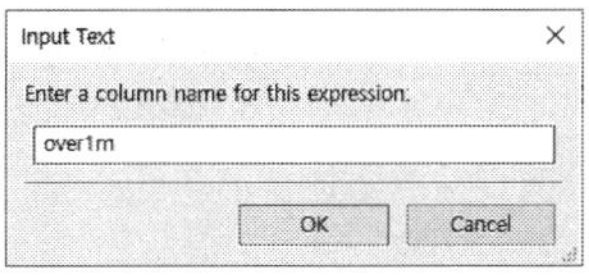

(6) expression 박스에 ***over1m*** 입력

(7) OK 버튼을 누른다.

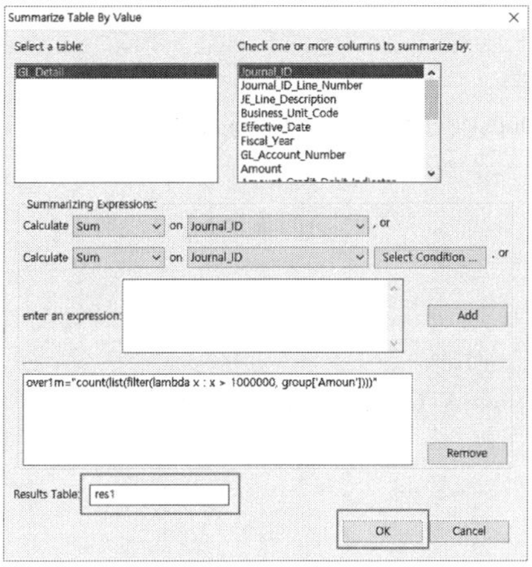

(8) Results Table : ***res1*** 입력

(9) OK 버튼을 누른다.

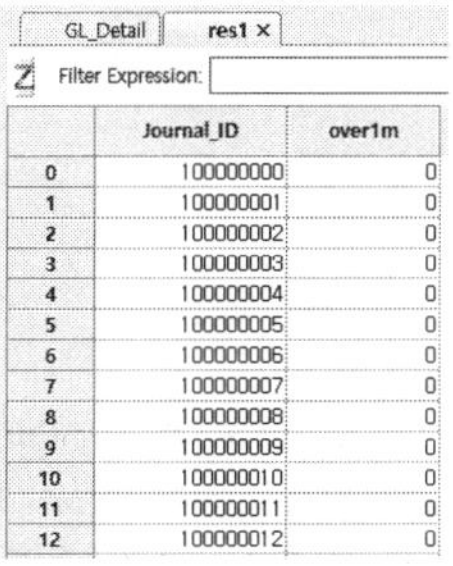

(10)***res1*** 테이블이 상기와 같이 나온다.

2) 인덱스 칼럼 삽입

• 상기 **1) Summarize By Value**에 이어서 아래와 같이 수행한다.

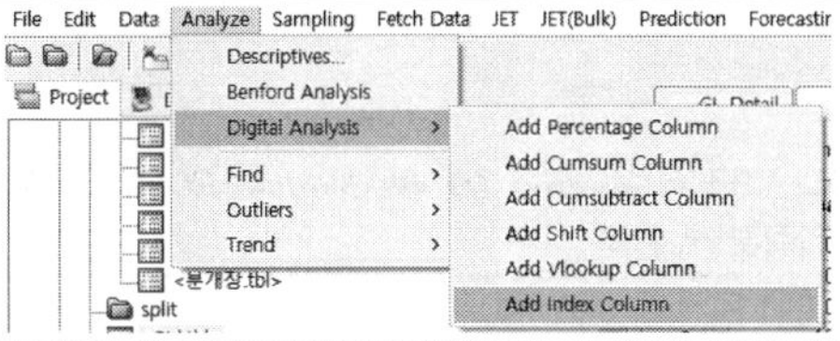

(1) Select Analyze >> Digital Analysis >> Add Index Column 메뉴를 선택한다.

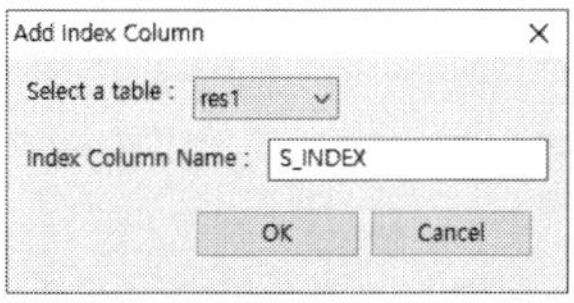

(2) Select a table : ***res1*** 선택

(3) Index Column Name : ***S_INDEX*** 입력

(4) OK 버튼을 누른다.

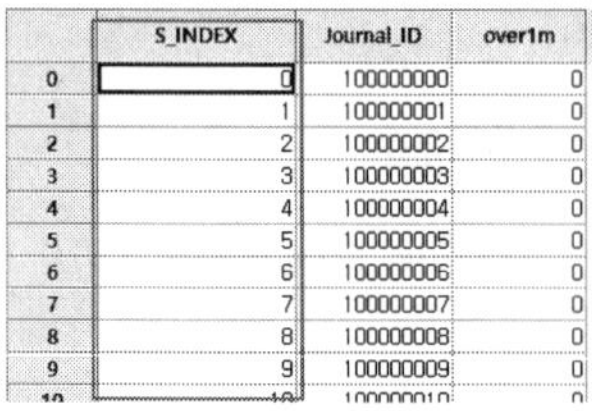

(5) ***S_INDEX*** 칼럼이 왼쪽과 같이 삽입된다.

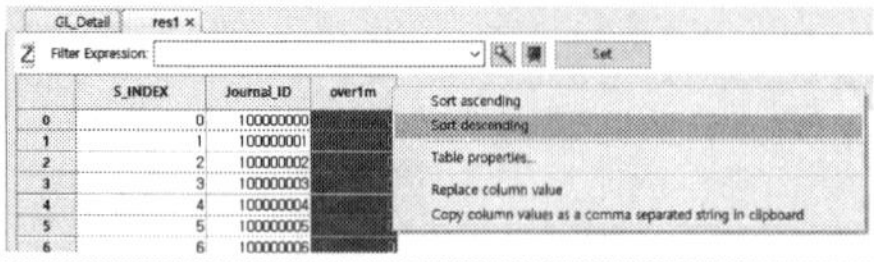

(6) ***over1m*** 칼럼을 선택하고 오른쪽 클릭한 후 내림차순으로 정렬한다.

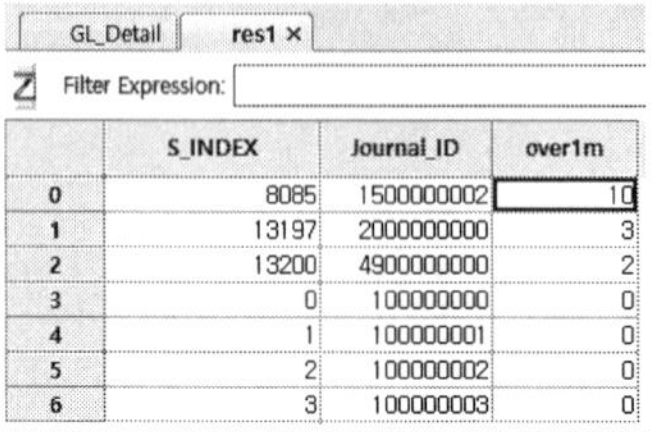

(7) 차변 또는 대변금액의 최대값이 $1,000,000를 초과하는 전표 세트의 수는 3개이다.

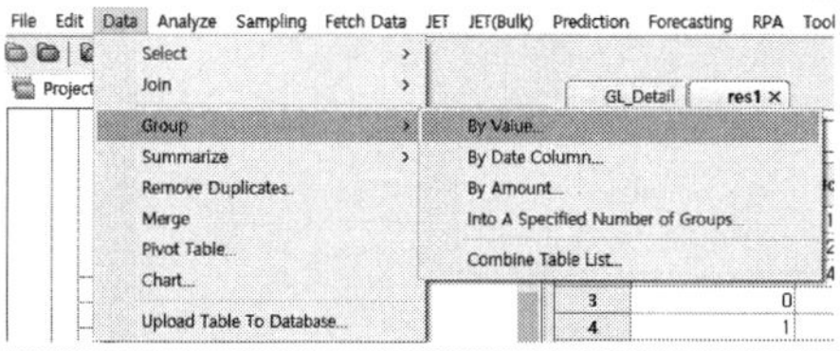

(8) Data >> Group >> By Value 메뉴를 선택한다.

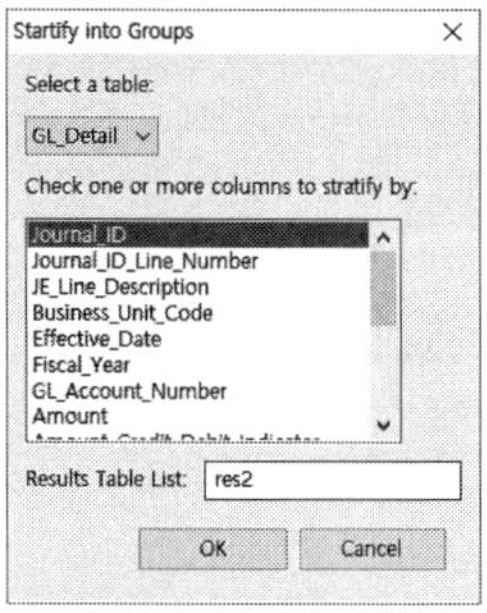

(9) Select a table : ***GL_Detail*** 선택
(10)Check one or more columns to stratify by: ***Journal_ID*** 선택
(11)Results Table List : ***res2*** 입력
(12)OK 버튼을 누른다.

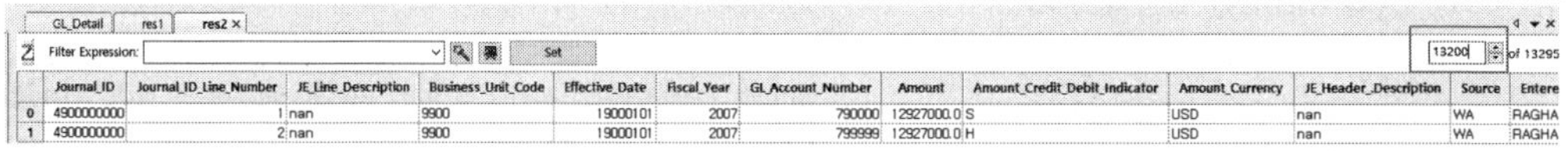

(13)***res2*** 테이블을 선택한다.
(14)***res1*** 의 S_INDEX는 res2 테이블 리스트의 인덱스와 동일하다. 따라서 ***Journal_ID 4900000000의*** 상세내용을 보기 위해서는 res2 테이블의 스핀 버튼 박스에 13200을 입력하면 된다.

04 | 중복된 계정과목 및 금액 분개 발견

1 사례의 개요 및 목적

- 이 사례는 계정과목, 금액, 차대변 구분, 기간(같은 월)이 동일한 항목을 찾기 위한 것이다.
- 계정과목은 ***GL_Account_Number***, 금액은 ***Amount***, 차대변 구분자는 ***Amount_Credit_Debit_Indicator***, 기간은 ***Period***라고 가정한다.

2 사례 파일

- GL_Detail.csv

3 Fraudit과 Python 활용 절차

(1) CSV 파일 불러오기

- 사례 1을 참조한다.

(2) 중복 항목 발견하기

1) Duplicates 메뉴 활용하기

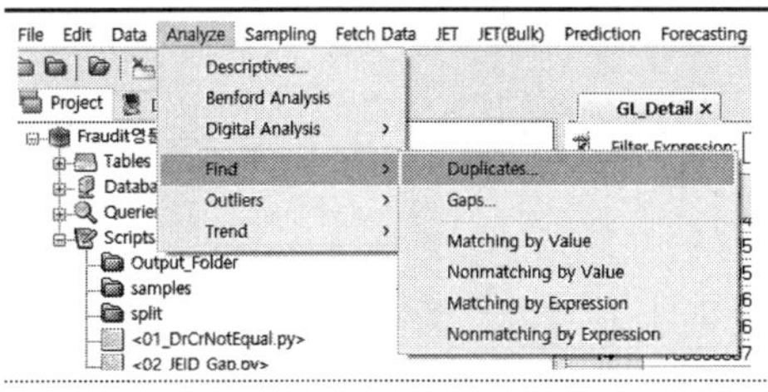

(1) Analyze >> Find >> Duplicates 메뉴를 선택한다.

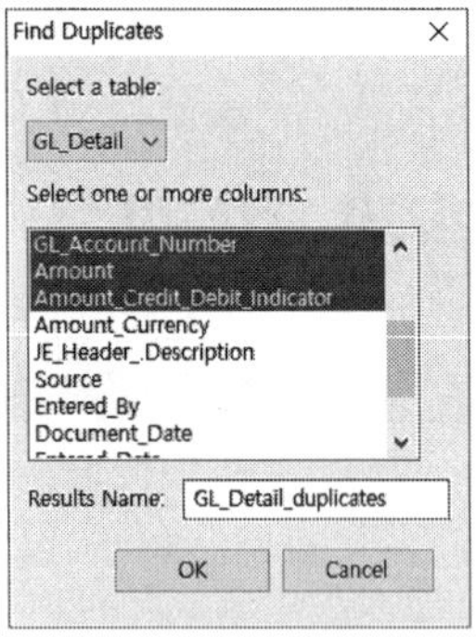

(2) Select a table : ***GL_Detail*** 선택

(3) Select one or more columns: ***GL_Account_Number***, ***Amount***, ***Amount_Credit_Debit_Indicator***, ***Period*** 선택

(4) Results Name : ***GL_Detail_duplicates*** 입력

(5) OK 버튼을 누른다.

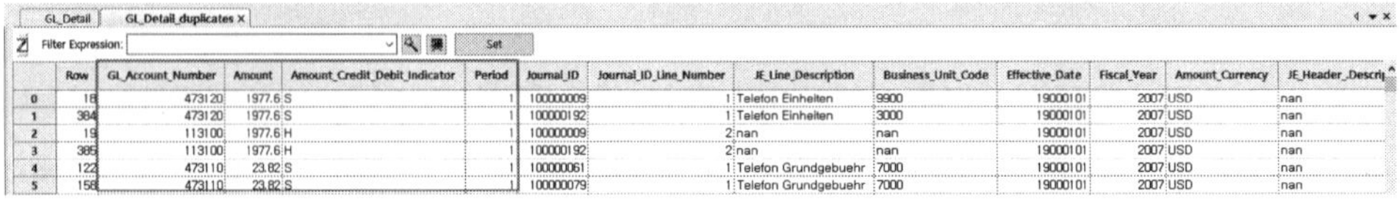

	Row	GL_Account_Number	Amount	Amount_Credit_Debit_Indicator	Period	Journal_ID	Journal_ID_Line_Number	JE_Line_Description	Business_Unit_Code	Effective_Date	Fiscal_Year	Amount_Currency	JE_Header_.Descri
0	18	473120	1977.6	S	1	100000009	1	Telefon Einheiten	9900	19000101	2007	USD	nan
1	384	473120	1977.6	S	1	100000192	1	Telefon Einheiten	3000	19000101	2007	USD	nan
2	19	113100	1977.6	H	1	100000009	2	nan	nan	19000101	2007	USD	nan
3	385	113100	1977.6	H	1	100000192	2	nan	nan	19000101	2007	USD	nan
4	122	473110	23.82	S	1	100000061	1	Telefon Grundgebuehr	7000	19000101	2007	USD	nan
5	158	473110	23.82	S	1	100000079	1	Telefon Grundgebuehr	7000	19000101	2007	USD	nan

(6) ***GL_Detail_duplicates*** 테이블이 상기와 같이 나타난다.

05 | 천단위 이하 0인 거래 찾기

1 사례의 개요 및 목적

- 이 사례는 천단위 이하(달러)가 0인 거래를 찾기 위한 것이다. 천단위 이하(달러)가 0인 경우에는 공모의 가능성이 크다.

2 사례 파일

- GL_Detail.csv

3 Fraudit과 Python 활용 절차

(1) CSV 파일 불러오기

- 사례 1을 참조한다.

(2) 천단위 이하 0인 거래 찾기

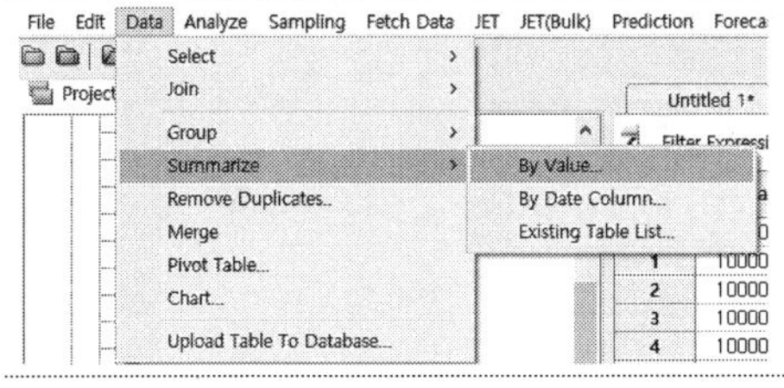

(1) Data >> Summarize >> By Value 메뉴를 선택한다.

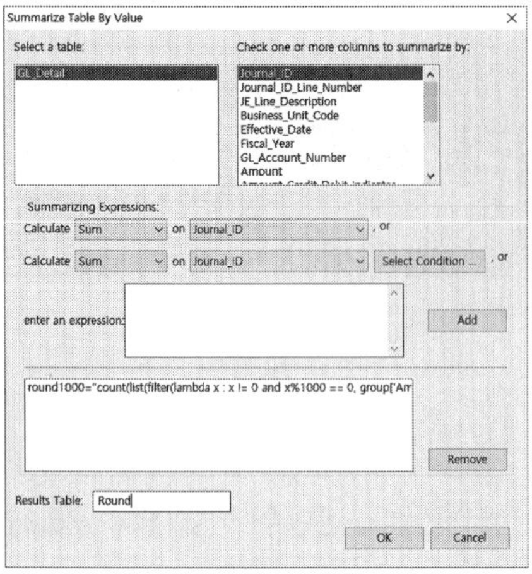

(2) Select a table : ***GL_Detail*** 선택

(3) Select one or more columns : ***Journal_ID*** 선택

(4) enter an expression : 아래와 같이 입력

count(list(filter(lambda x : x != 0 and x%1000 == 0, group['Amount'])))

(5) Add 버튼을 누른다.

(6) expression 박스에 ***round1000*** 이라고 입력한다.

(7) OK 버튼을 누른다.

(8) Results Table : ***Round*** 입력

(9) OK 버튼을 누른다.

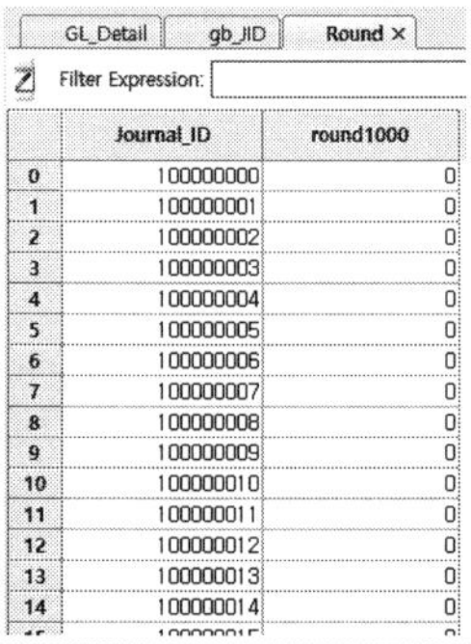

(10) ***Round*** 테이블이 왼쪽과 같이 나타난다.

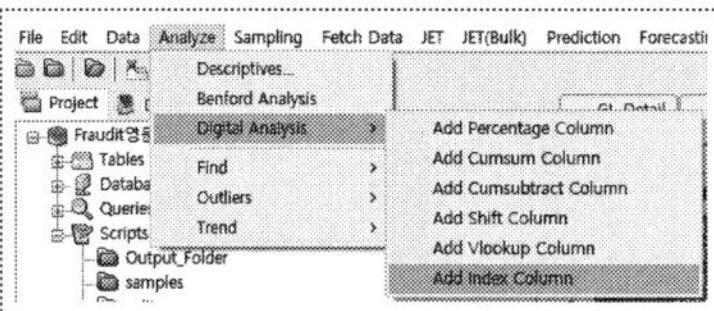

(11) Analyze >> Digital Analysis >> Add Index Column 메뉴를 선택한다.

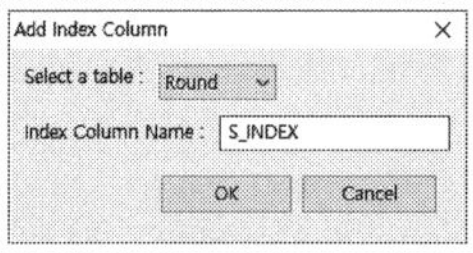

(12) Select a table : ***Round*** 선택

(13) Index Column Name : ***S_INDEX*** 입력

(14) OK 버튼을 누른다.

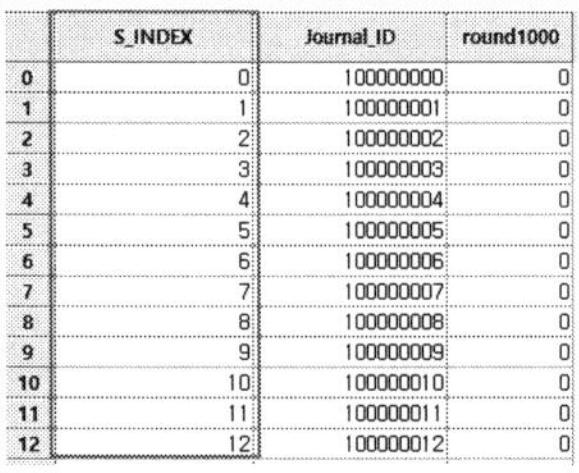

(15) ***S_INDEX*** 칼럼이 왼쪽과 같이 삽입된다.

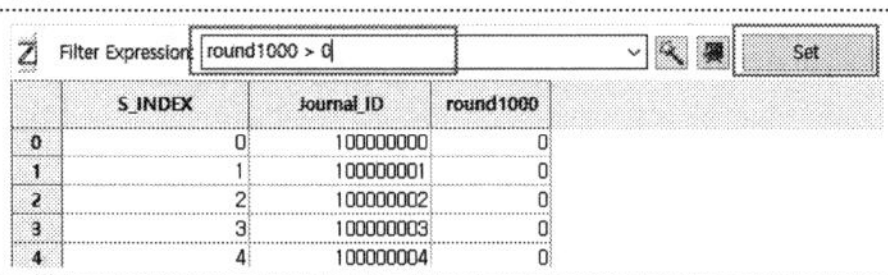

(16) Filter expression 박스에 아래와 같이 입력한다.

round1000 > 0

(17) Set 버튼을 누른다.

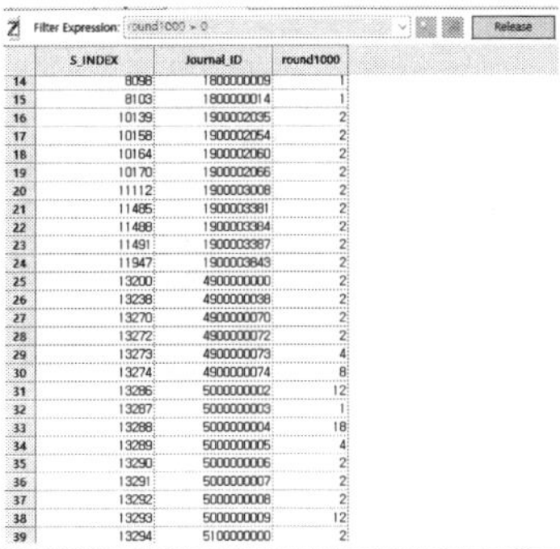

	S_INDEX	Journal_ID	round1000
14	8096	1800000009	1
15	8103	1800000014	1
16	10139	1900002035	2
17	10158	1900002054	2
18	10164	1900002060	2
19	10170	1900002066	2
20	11112	1900003008	2
21	11485	1900003381	2
22	11488	1900003384	2
23	11491	1900003387	2
24	11947	1900003843	2
25	13200	4900000000	2
26	13238	4900000038	2
27	13270	4900000070	2
28	13272	4900000072	2
29	13273	4900000073	4
30	13274	4900000074	8
31	13286	5000000002	12
32	13287	5000000003	1
33	13288	5000000004	18
34	13289	5000000005	4
35	13290	5000000006	2
36	13291	5000000007	2
37	13292	5000000008	2
38	13293	5000000009	12
39	13294	5100000000	2

(18)필터링된 결과가 왼쪽과 같이 나타나며 그 개수는 40개이다.

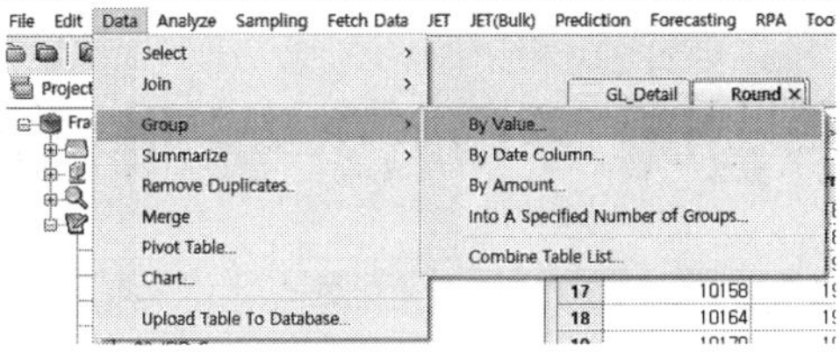

(19)Select Data >> Group >> By Value menu.

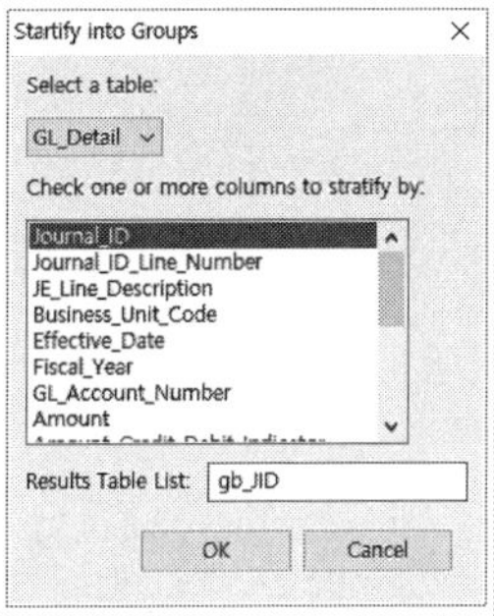

(20)Select a table : ***GL_Detail*** 선택
(21)Check one or more columns to stratify by: ***Journal_ID*** 선택
(22)Results Table List : ***gb_JID*** 입력
(23)OK 버튼을 누른다.

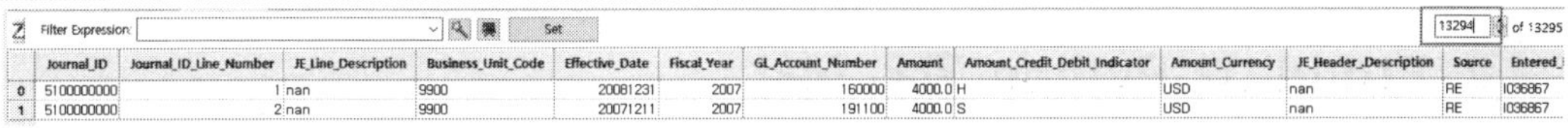

	Journal_ID	Journal_ID_Line_Number	JE_Line_Description	Business_Unit_Code	Effective_Date	Fiscal_Year	GL_Account_Number	Amount	Amount_Credit_Debit_Indicator	Amount_Currency	JE_Header_Description	Source	Entered_
0	5100000000	1	nan	9900	20081231	2007	160000	4000.0	H	USD	nan	RE	I036867
1	5100000000	2	nan	9900	20071211	2007	191100	4000.0	S	USD	nan	RE	I036867

(24)***gb_JID*** 테이블을 선택한다.
(25)***round*** 테이블의 S_INDEX는 ***gb_JID*** table의 인덱스와 동일하다. 따라서, ***Journal_ID 5100000000*** 의 상세 내용을 보고 싶다면 스핀버튼 박스에 ***13294***를 입력하면 된다.

06 | 주말에 전기한 분개 찾기

1 사례의 개요 및 목적

• 이 사례는 주말에 전표를 입력한 분개를 발견하기 위한 것이다.

2 사례 파일

• GL_Detail.csv

3 Fraudit과 Python 활용 절차

(1) CSV 파일 불러오기

• 사례 1을 참조한다.

(2) 주말에 전기한 분개 찾기

• 이 사례에서는 전표를 입력한 날짜는 ***Entered_Date*** 이다.

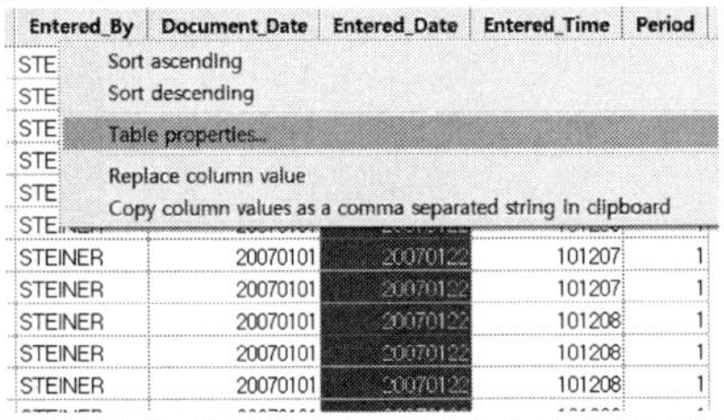

(1) ***Entered_Date*** 칼럼을 선택한다.
(2) 오른쪽 클릭한 후 ***Table properties*** 메뉴를 선택한다.

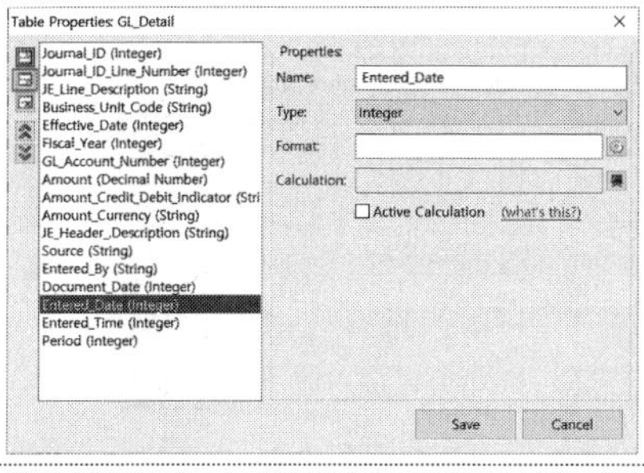

(3) 아이콘을 클릭한다.

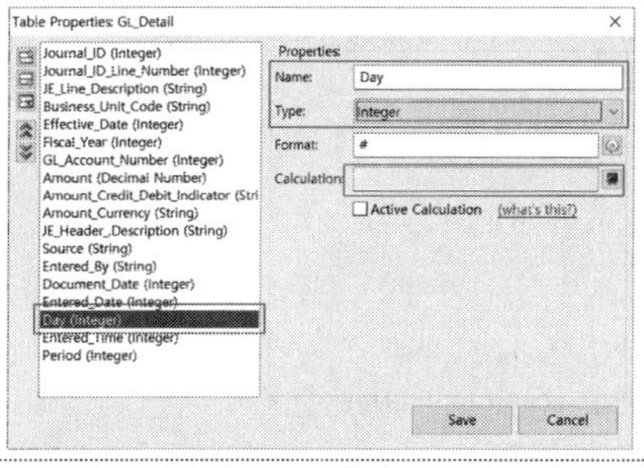

(4) Name : ***Day*** 입력

(5) Type : ***Integer 선택***

(6) Calculation box를 클릭한다.

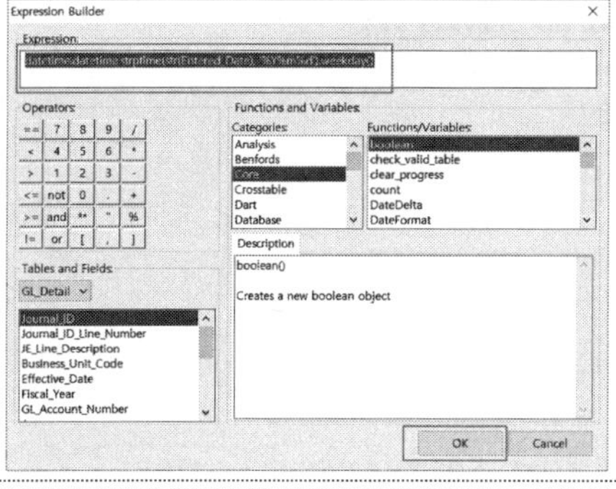

(7) Expression box에 아래와 같이 입력한다.

datetime.datetime.strptime(str(Entered_Date),'%Y%m%d').weekday()

☞ Fraudit에서는 datatime 라이브러리를 기본적으로 import하므로 datetime 라이브러리를 임포트 할 필요는 없다.

☞ Entered_Date 칼럼의 data type은 integer이므로 strptime 라이브러리를 사용하기 위해서 str() 함수를 이용하여 data type을 string으로 변환하여야 한다.

☞ weekday() 함수는 토요일은 5, 일요일은 6으로 반환한다.

(8) OK 버튼을 누른다..

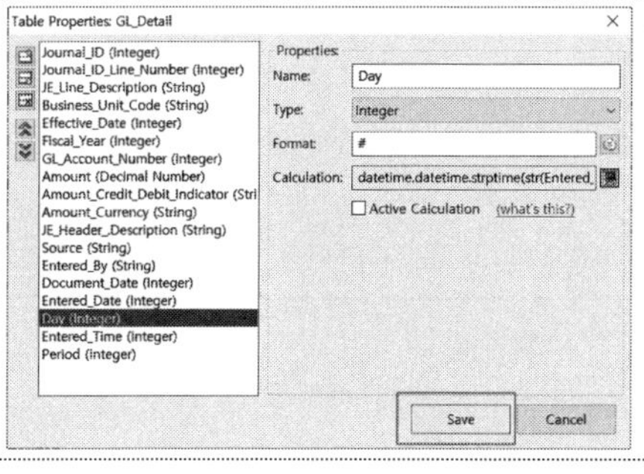

(9) Save button.

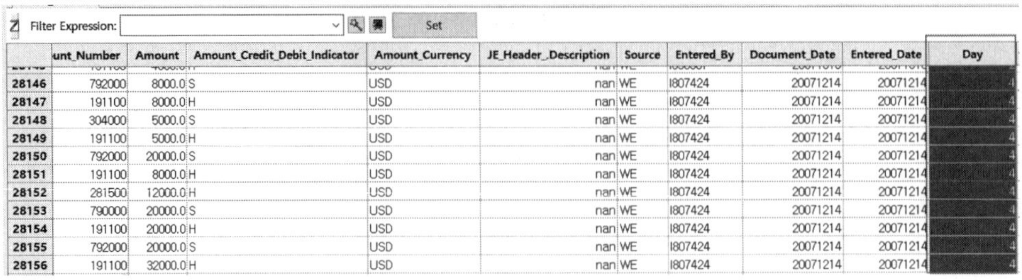

	unt_Number	Amount	Amount_Credit_Debit_Indicator	Amount_Currency	JE_Header_Description	Source	Entered_By	Document_Date	Entered_Date	Day
28146	792000	8000.0	S	USD	nan	WE	I807424	20071214	20071214	4
28147	191100	8000.0	H	USD	nan	WE	I807424	20071214	20071214	4
28148	304000	5000.0	S	USD	nan	WE	I807424	20071214	20071214	4
28149	191100	5000.0	H	USD	nan	WE	I807424	20071214	20071214	4
28150	792000	20000.0	S	USD	nan	WE	I807424	20071214	20071214	4
28151	191100	8000.0	H	USD	nan	WE	I807424	20071214	20071214	4
28152	281500	12000.0	H	USD	nan	WE	I807424	20071214	20071214	4
28153	790000	20000.0	S	USD	nan	WE	I807424	20071214	20071214	4
28154	191100	20000.0	H	USD	nan	WE	I807424	20071214	20071214	4
28155	792000	20000.0	S	USD	nan	WE	I807424	20071214	20071214	4
28156	191100	32000.0	H	USD	nan	WE	I807424	20071214	20071214	4

(10)***Day*** 칼럼이 상기와 같이 삽입된다.

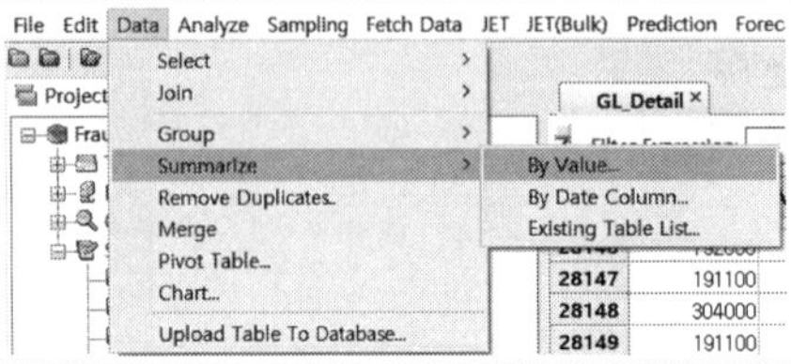

(11)Data >> Summarize >> By Value 메뉴를 선택한다.

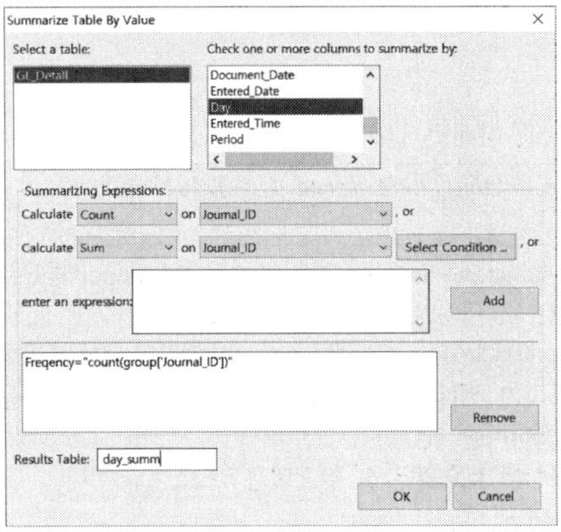

(12)Select a table : ***GL_Detail*** 선택
(13)Select one or more columns : ***Day*** 선택
(14)Summarizing Expressions :

- Calculate ***Count*** on ***Journal_ID***
  Add 버튼을 누르고 ***Frequency*** 입력
- OK 버튼을 누른다.

(15)Results Table : ***day_summ*** 입력
(16)OK button을 누른다.

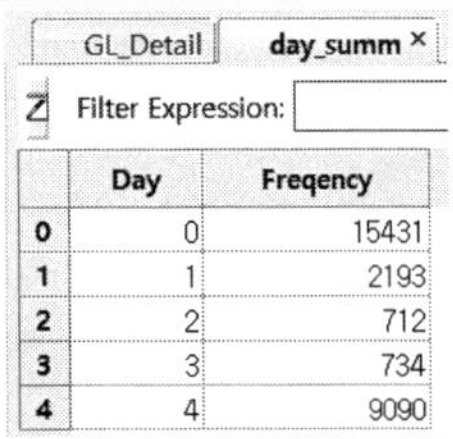

	Day	Freqency
0	0	15431
1	1	2193
2	2	712
3	3	734
4	4	9090

(17)5와 6(토요일과 일요일)은 보이지 않으므로 주말에 입력된 수는 없다.

07 | 증빙일자보다 입력일자가 빠른 분개

1 사례의 개요 및 목적

• 이 사례는 Post-dated 분개를 발견하기 위한 것이다. Post-dated 분개란 Document Date보다 Entry Date가 매우 빠른 분개를 의미한다(여기서 post의 의미는 빠르다는 의미이다).
• 예를 들어, Documen Date(증빙일자)는 2016-07-15이며 Entry Date(입력일자)는 2016-07-30이라면 약간의 시간차를 두고 입력했을 수 있다고 생각할 수 있으나, 반대로 Documen Date(증빙일자)는 2016-07-30인데 Entry Date(입력일자)는 2016-07-15라면 이는 미리 회계프로그램에 입력했다는 것이다. 물론 그 간격이 그리 크지 않은 경우는 있을 수 있으나 이 간격이 매우 크다면(예 1개월 이상) 발생하지도 않은 거래를 회계프로그램에 미리 입력한 것이므로 기간귀속에 영향을 미칠 수 있다. 특히 12월 말이 회계연도인 회사의 경우 Documen Date(증빙일자)는 2017-01-03인데 Entry Date(입력일자)는 2016-12-27이면 이는 부정의 가능성이 높을 것이다.
• 이 사례는 Document_Date보다 Entered_Date가 빠르면서 그 차이가 30일 이상인 분개를 찾는 것이다.

2 사례 파일

• GL_Detail.csv

3 Fraudit과 Python 활용 절차

(1) CSV 파일 불러오기

• 사례 1을 참조한다.

(2) Post-dated 분개 찾기

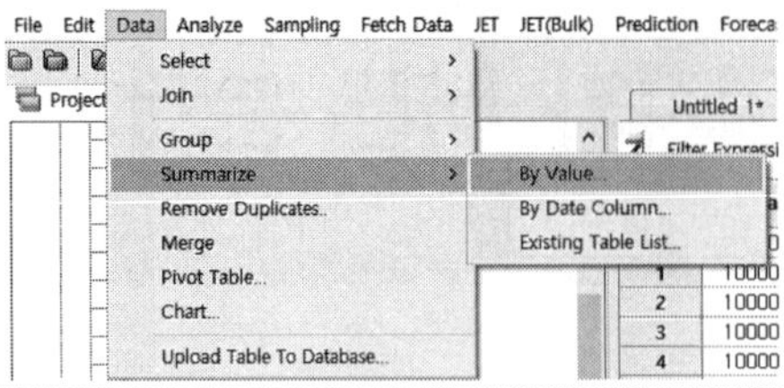

(1) Data >> Summarize >> By Value 메뉴를 선택한다.

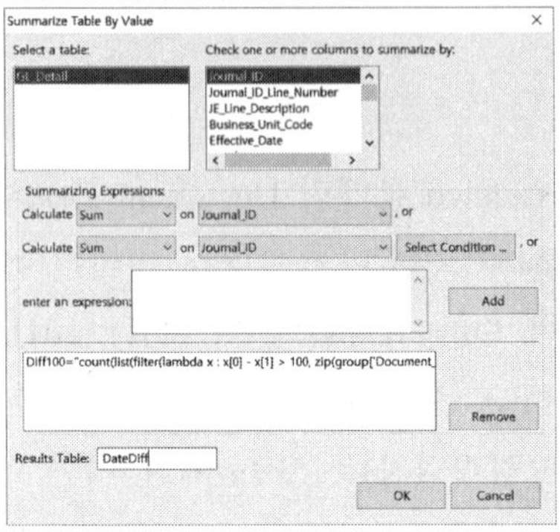

(2) Select a table : ***GL_Detail*** 선택

(3) Select one or more columns : ***Journal_ID*** 선택

(4) enter an expression에 아래와 같이 입력

count(list(filter(lambda x : x[0] - x[1] > 100, zip(group['Document_Date'], group ['Entered_Date']))))

(5) Add 버튼을 누른다.

(6) expression 박스에 ***Diff100*** 을 입력한다.

(7) OK 버튼을 누른다.

(8) Results Table : ***DateDiff*** 입력

(9) OK 버튼을 누른다.

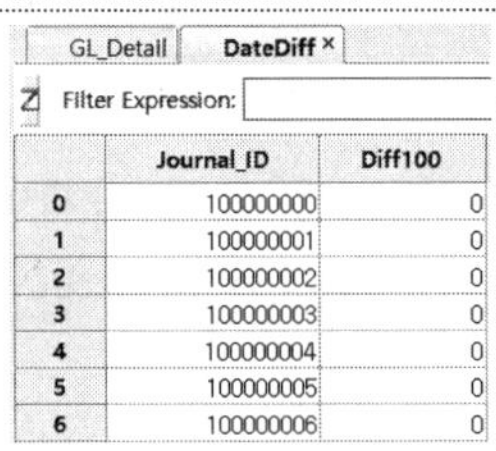

(10) ***DateDiff*** 테이블이 왼쪽과 같이 나타난다.

(11) Analyze >> Digital Analysis >> Add Index Column 메뉴를 선택한다.

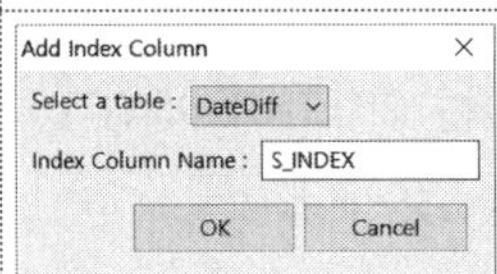

(12) Select a table : ***DateDiff*** 선택

(13) Index Column Name : ***S_INDEX*** 입력

(14) OK 버튼을 누른다.

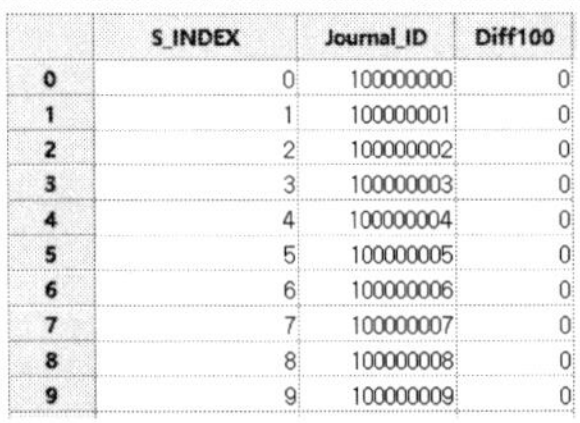

(15) ***S_INDEX*** 칼럼이 왼쪽과 같이 삽입된다.

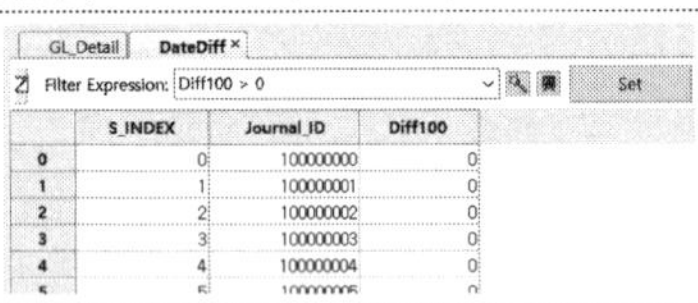

(16) Filter expression 박스에 아래와 같이 입력한다.

Diff100 > 0

(17) Set 버튼을 누른다.

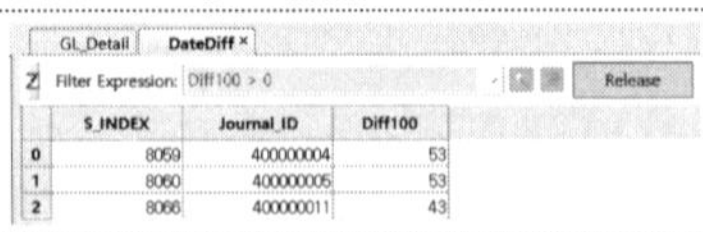

(18) 필터링이 된 결과 테이블이 왼쪽과 같이 나타난다. post-dated 분개는 총 3개이다.

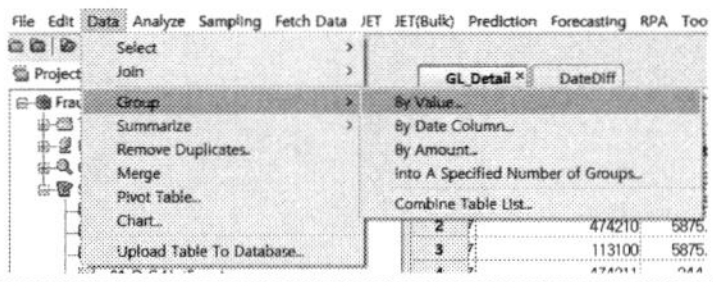

(19)Data >> Group >> By Value 메뉴를 선택한다.

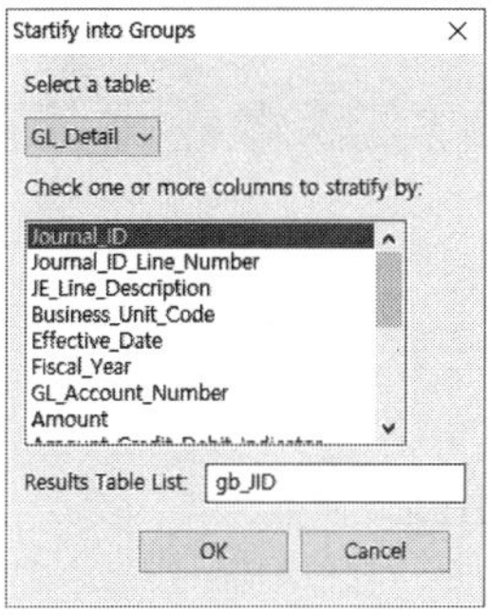

(20)Select a table : ***GL_Detail*** 선택

(21)Check one or more columns to stratify by: ***Journal_ID*** 선택

(22)Results Table List : ***gb_JID*** 입력

(23)OK 버튼을 누른다.

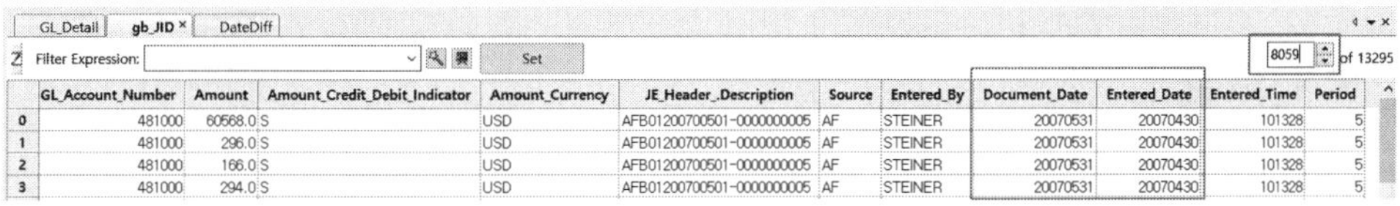

(24)***gb_JID*** 테이블을 선택한다.

(25)***DateDiff*** 의 S_INDEX는 ***gb_JID*** table list의 인덱스와 동일하다. 따라서, ***Journal_ID 400000004*** 의 상세내용을 검토하고 싶다면 ***gb_JID의*** 스핀버튼 박스에 ***8059*** 를 입력한다.

08 | 야간에 입력한 분개

1 사례의 개요 및 목적

- 이 사례는 PM 8:00에서 AM 6:00까지 입력된 분개를 찾는 것이다.

2 사례 파일

- GL_Detail.csv

3 Fraudit과 Python 활용 절차

(1) CSV 파일 불러오기

- 사례 1을 참조한다.

(2) 야간에 입력한 분개 찾기

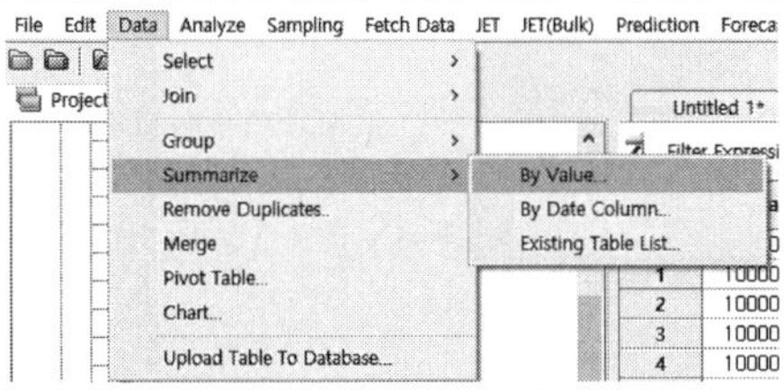

(1) Data >> Summarize >> By Value 메뉴를 선택한다.

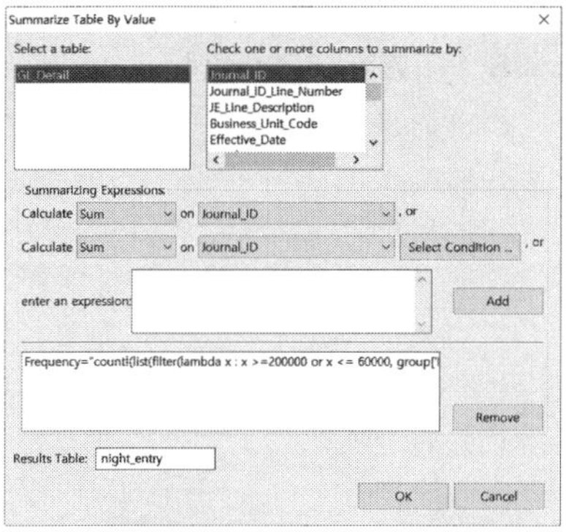

(2) Select a table : ***GL_Detail*** 선택
(3) Select one or more columns : ***Journal_ID*** 선택
(4) enter an expressio에 아래와 같이 입력한다.

count(list(filter(lambda x : x >= 200000 or x <= 60000, group['Entered_Time'])))

(5) Add 버튼을 누른다.
(6) expression 박스에 ***Frequency*** 라고 입력
(7) OK 버튼을 누른다.
(8) Results Table : ***night_entry*** 입력
(9) OK 버튼을 누른다.

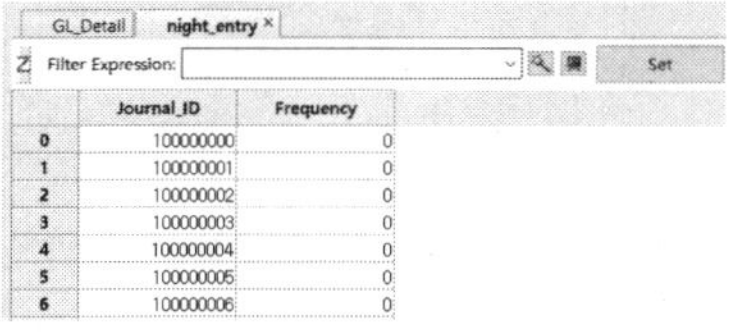

(10) ***night_entry*** 테이블이 왼쪽과 같이 나타난다.

(11) Analyze >> Digital Analysis >> Add Index Column 메뉴를 선택한다.

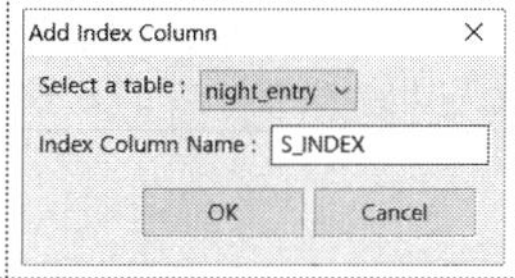

(12) Select a table : ***night_entry*** 선택
(13) Index Column Name : ***S_INDEX*** 입력
(14) OK 버튼을 누른다.

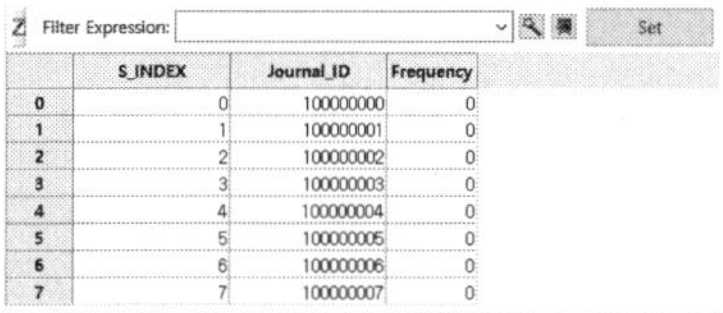

(15) ***S_INDEX*** 칼럼이 왼쪽과 같이 삽입된다.

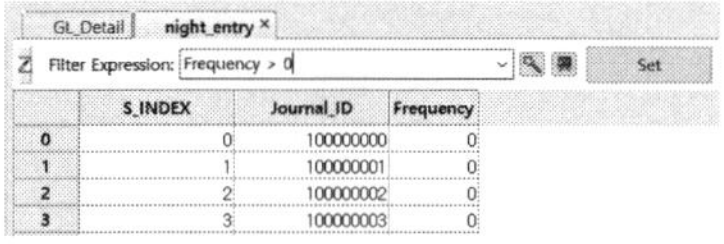

(16) Filter expression 박스에 아래와 같이 입력한다.

Frequency > 0

(17) Set 버튼을 누른다.

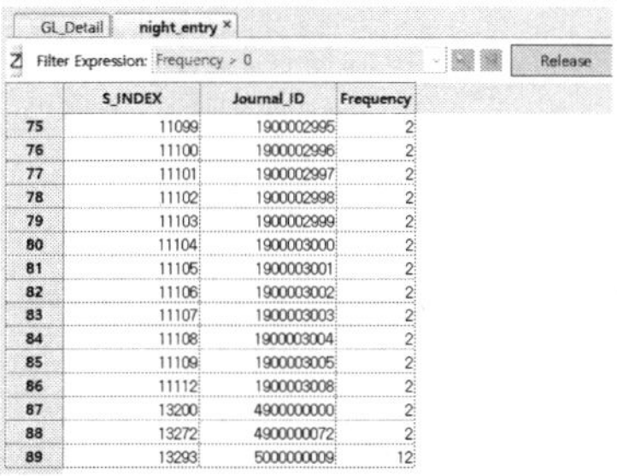

(18) 필터링 된 결과 테이블이 왼쪽과 같이 나타난다. 야간에 입력된 분개는 90개이다.

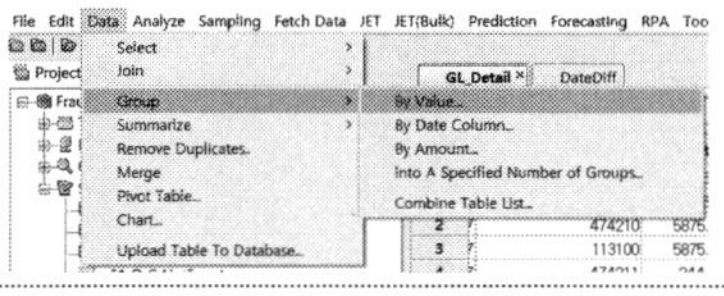

(19) Data >> Group >> By Value 메뉴를 선택한다.

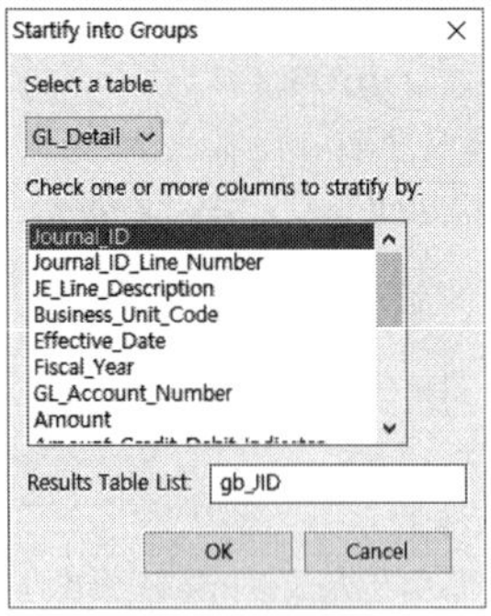

(20) Select a table : ***GL_Detail*** 선택
(21) Check one or more columns to stratify by: ***Journal_ID*** 선택
(22) Results Table List : ***gb_JID*** 입력
(23) OK 버튼을 누른다.

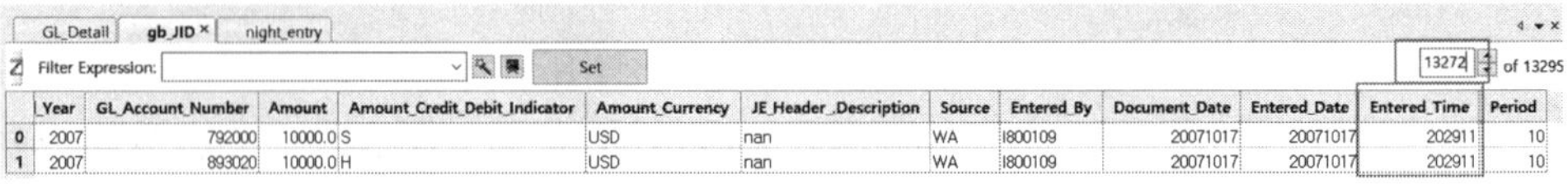

(24) ***gb_JID*** 테이블을 선택한다.
(25) ***night_entry*** 의 S_INDEX는 ***gb_JID*** table list의 인덱스와 동일하다. 따라서, ***Journal_ID 4900000072*** 의 상세내용을 검토하고 싶다면 ***gb_JID의*** 스핀버튼 박스에 ***13272*** 를 입력한다.

09 | 10회 이하 입력한 담당자의 분개 찾기

1 사례의 개요 및 목적

• 이 사례는 분개를 10회 이하로 입력한 담당자를 발견하기 위한 것이다. 분개를 적게 입력하였다는 것은 해당 분개가 경상적인 분개가 아니라 특별한 분개일 가능성이 높으므로 부정의 가능성이 상대적으로 높을 수 있다.

2 사례 파일

• GL_Detail.csv

3 Fraudit과 Python 활용 절차

(1) CSV 파일 불러오기

• 사례 1을 참조한다.

(2) 10회 이하 입력한 담당자의 분개 찾기

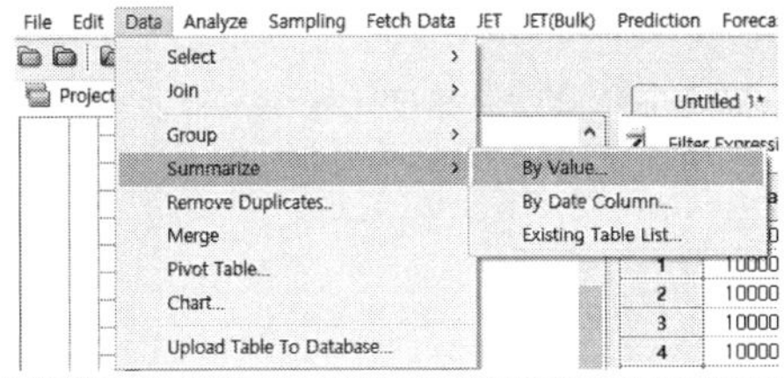

(1) Data >> Summarize >> By Value 메뉴를 선택한다.

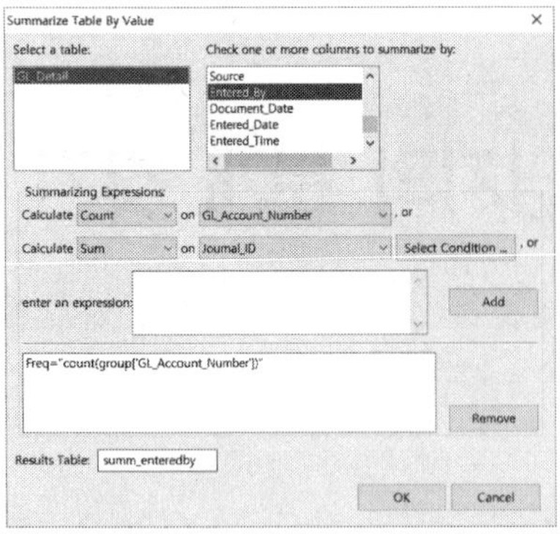

(2) Select a table : ***GL_Detail*** 선택
(3) Select one or more columns : ***Entered_By*** 선택
(4) Summarizng Expressions
- Calculate ***Count*** On ***GL_Account_Number***

(5) Add 버튼을 누른다.
(6) expression box에 ***Freq*** 라고 입력한다.
(7) OK 버튼을 누른다.
(8) Results Table : ***summ_enteredby*** 입력
(9) OK 버튼을 누른다.

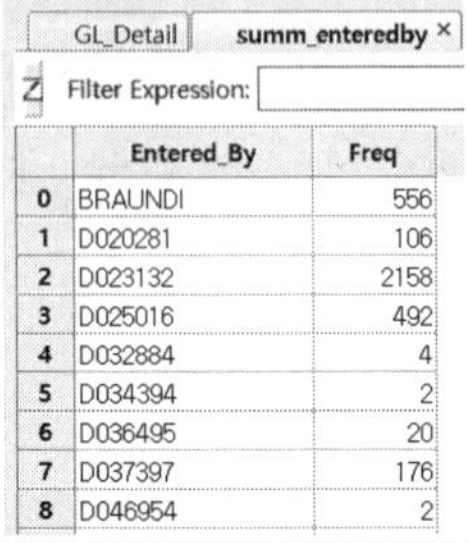

(10) The result table list(***summ_enteredby***) is shown as left.

(11) Select Analyze >> Digital Analysis >> Add Index Column

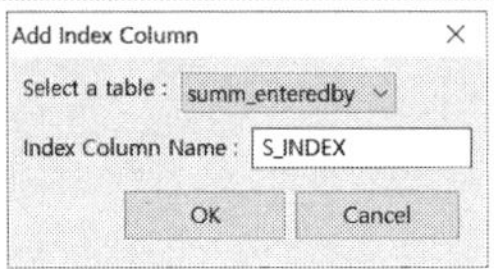

(12) Select a table : ***summ_enteredby***
(13) Index Column Name : ***S_INDEX***
(14) Press OK button.

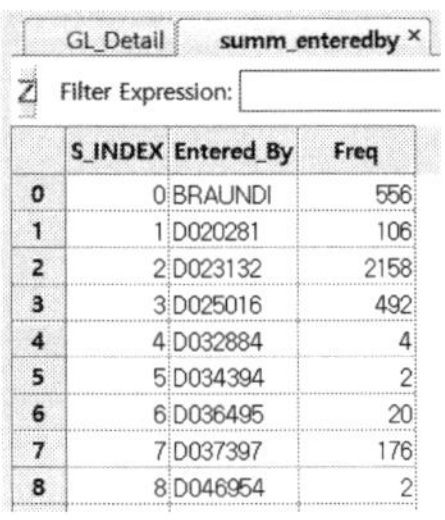

(15) Column ***S_INDEX*** is inserted as left

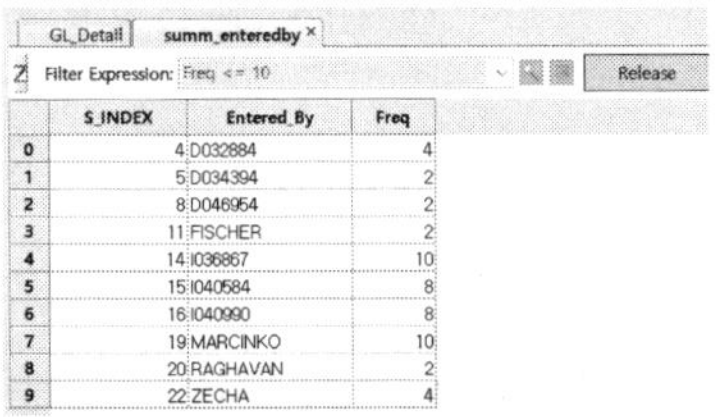

(16) Type an expression in Filter expression box

Freq <= 10

(17) Press Set button.
(18) The filtered result table is shown as left. The numbers of entries made by individuals who posted 10 or fewer entries are 10.

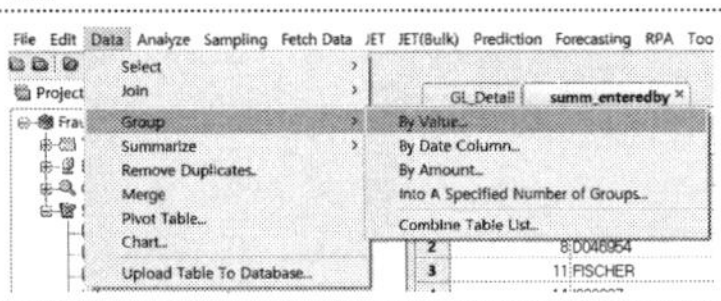

(19) Select Data >> Group >> By Value menu.

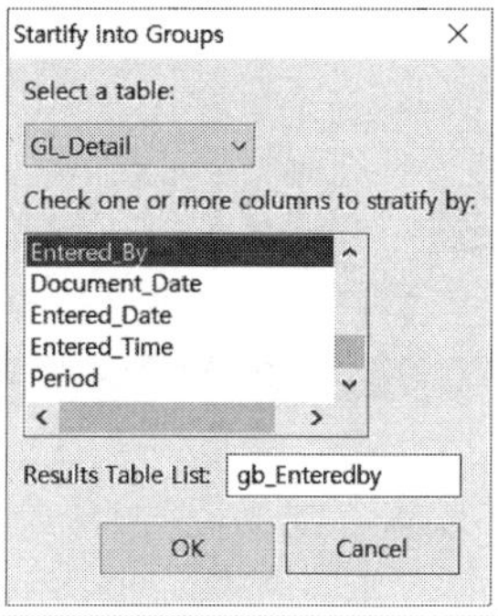

(20) Select a table : ***GL_Detail***
(21) Check one or more columns to stratify by: ***Entered_By***
(22) Results Table List : ***gb_Enteredby***
(23) Press OK button.

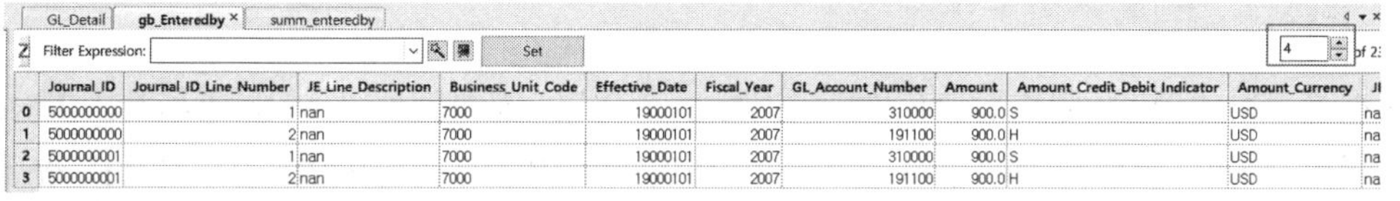

	Journal_ID	Journal_ID_Line_Number	JE_Line_Description	Business_Unit_Code	Effective_Date	Fiscal_Year	GL_Account_Number	Amount	Amount_Credit_Debit_Indicator	Amount_Currency	JI
0	5000000000	1	nan	7000	19000101	2007	310000	900.0	S	USD	na
1	5000000000	2	nan	7000	19000101	2007	191100	900.0	H	USD	na
2	5000000001	1	nan	7000	19000101	2007	310000	900.0	S	USD	na
3	5000000001	2	nan	7000	19000101	2007	191100	900.0	H	USD	na

(24) Select ***gb_Enteredby*** table.
(25) S_INDEX of table ***summ_enteredby*** is the same as index of ***gb_Enteredby*** table list. So you can enter the same index ***4*** in spin button box to review ***Journal entries made by D032884*** in detail.

10 | 3회 이하로 입력된 계정과목 찾기

1 사례의 개요 및 목적

- 이 사례는 3회 이하로 입력된 계정과목을 찾는 것이다. 계정과목의 사용 빈도가 낮다는 것은 비경상적인 분개일 가능성이 높다는 의미이므로 부정의 가능성이 상대적으로 높을 수 있다.

2 사례 파일

- GL_Detail.csv

3 Fraudit과 Python 활용 절차

(1) CSV 파일 불러오기

- 사례 1을 참조한다.

(2) 3회 이하로 입력된 계정과목 찾기

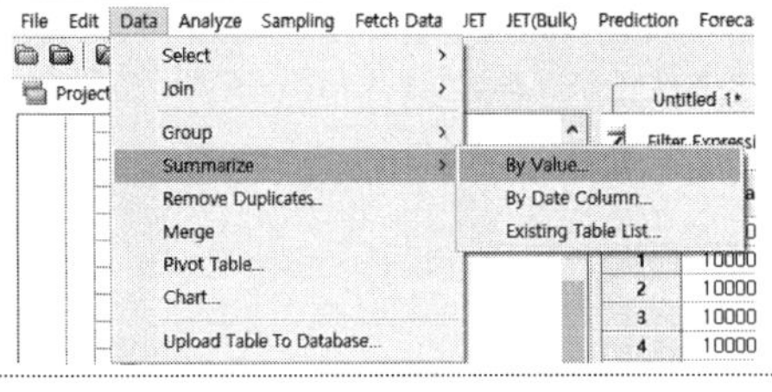

(1) Select Data >> Summarize >> By Value menu.

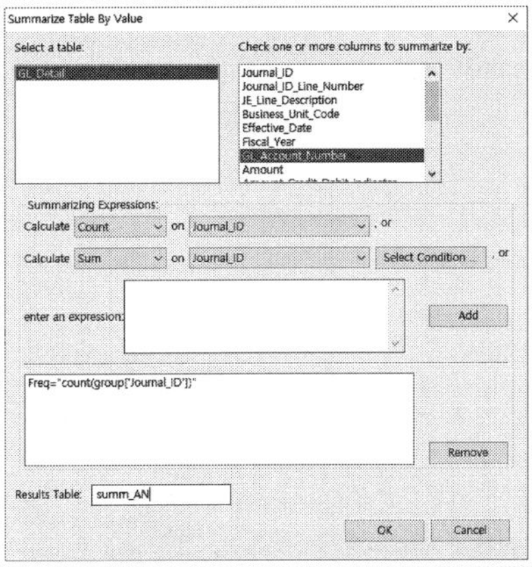

(2) Select a table : ***GL_Detail***
(3) Select one or more columns : ***GL_Account_Number***
(4) Summarizng Expressions
- Calculate : ***Count***
- On : ***Journal_ID***

(5) Press Add button.
(6) Type ***Freq*** in expression box.
(7) Press OK button.
(8) Results Table : ***summ_AN***
(9) Press OK button.

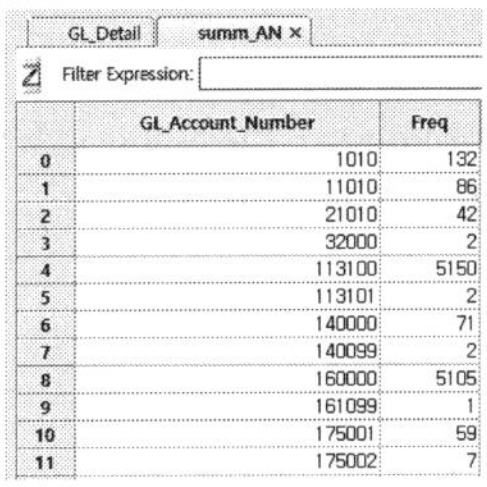

	GL_Account_Number	Freq
0	1010	132
1	11010	86
2	21010	42
3	32000	2
4	113100	5150
5	113101	2
6	140000	71
7	140099	2
8	160000	5105
9	161099	1
10	175001	59
11	175002	7

(10) The result table list(***summ_AN***) is shown as left.

(11) Select Analyze >> Digital Analysis >> Add Index Column

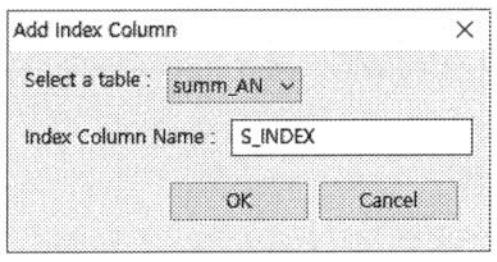

(12) Select a table : ***summ_AN***
(13) Index Column Name : ***S_INDEX***
(14) Press OK button.

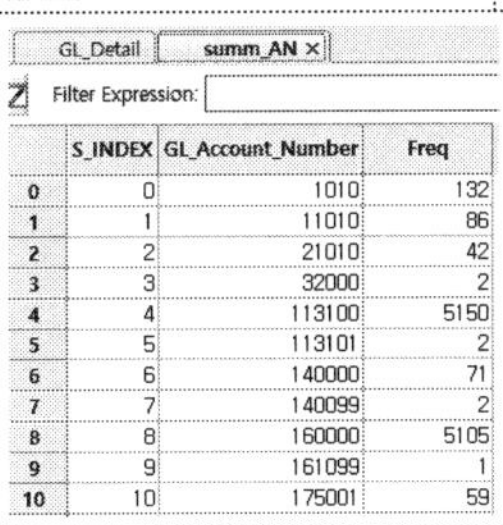

	S_INDEX	GL_Account_Number	Freq
0	0	1010	132
1	1	11010	86
2	2	21010	42
3	3	32000	2
4	4	113100	5150
5	5	113101	2
6	6	140000	71
7	7	140099	2
8	8	160000	5105
9	9	161099	1
10	10	175001	59

(15) Column ***S_INDEX*** is inserted as left

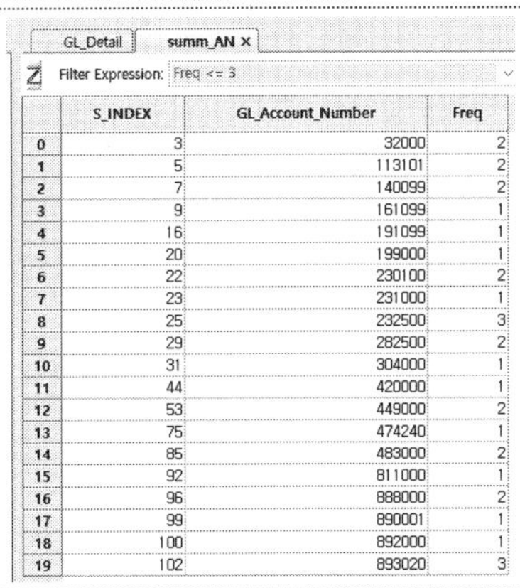

	S_INDEX	GL_Account_Number	Freq
0	3	32000	2
1	5	113101	2
2	7	140099	2
3	9	161099	1
4	16	191099	1
5	20	199000	1
6	22	230100	2
7	23	231000	1
8	25	232500	3
9	29	282500	2
10	31	304000	1
11	44	420000	1
12	53	449000	2
13	75	474240	1
14	85	483000	2
15	92	811000	1
16	96	888000	2
17	99	890001	1
18	100	892000	1
19	102	893020	3

(16) Type an expression in Filter expression box

Freq <= 3

(17) Press Set button.
(18) The filtered result table is shown as left. The numbers of accounts that were used 3 or fewer times are 20.

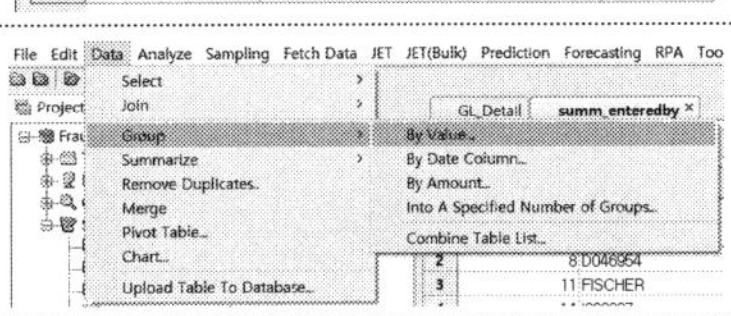

(19) Select Data >> Group >> By Value menu.

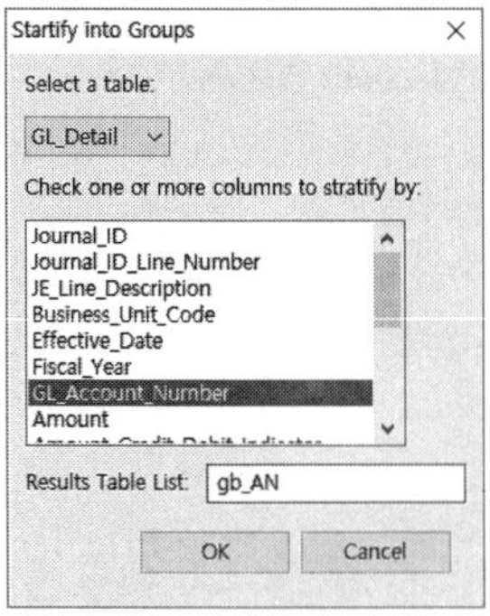

(20) Select a table : ***GL_Detail***

(21) Check one or more columns to stratify by: ***GL_Account_Number***

(22) Results Table List : ***gb_AN***

(23) Press OK button.

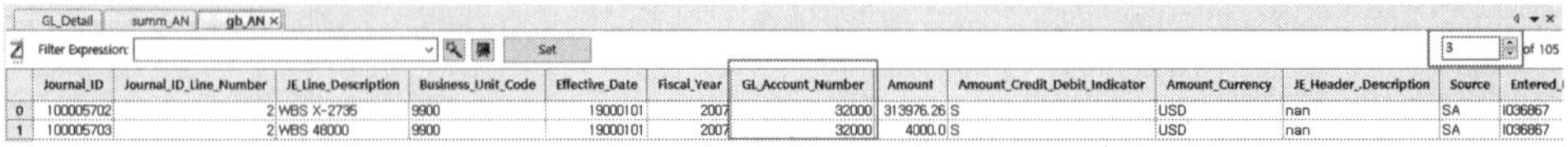

(24) Select ***gb_AN*** table.

(25) S_INDEX of table ***summ_AN*** is the same as index of ***gb_AN*** table list. So you can enter the same index ***3*** in spin button box to review ***Journal entries including GL_Account_Number 32000*** in detail.

❙ 제 12 장 ❙

사례분석-종합사례

01 | 개 요

- 이 종합사례는 *General Supply Warehouse: A Case Study in Internal Control Assessment and IT Auditing Software*(Hall and Ziltz, 2019)[2]의 사례를 활용하여 재구성한 것이다. 원문에서는 ACL과 IDEA의 활용 사례가 포함되어 있으나 여기서는 Fraudit과 파이썬으로 재구성하였다.

1 배 경

- 다양한 제품 라인을 갖춘 GSW(General Supply Warehouse)는 경쟁력 있는 가격에 품질 좋은 상업용 제품을 제공하는 업체로 명성을 떨치고 있다. GSW의 주요 고객층은 미국 및 캐나다 전역의 사업체와 LA 창고 지역에 위치하는 기업 사무실 등이다. GSW는 제조업체로부터 직접 재고를 구입한다.
- GSW는 현재 2014년에 FCA에서 구매한 클라이언트-서버 네트워크 회계 시스템을 사용하고 있다. FCA의 수석 시스템 설계자인 James Smith는 GSW의 특정한 요구에 따라 시스템을 구현하고 맞춤화하는 데 중심적인 역할을 하였다. GSW는 이후 시스템 운영을 감독하고 이전의 시스템을 새로운 시스템으로 원활하게 전환하기 위하여 James Smith를 고용하였다. 시스템의 성공적인 전환 6개월 후 GSW의 CEO는 James Smith를 Warehouse Operations Manager로 승진시켰다. GSW는 현재 회계감사가 진행 중이며 당신은 GSW의 매출 및 지출 주기 관리 및 관련 계정 평가를 담당하는 회계사이다.
- 다음은 GSW의 비즈니스 프로세스를 설명하고 있다.

2) Hall, J. & Ziltz, K., 2019, General Supply Warehouse: A Case Study in Internal Control Assessment and IT Auditing Software, International Journal of Computer Auditing , Vol.1, No.1, pp.26- 63.

2 판매 및 대금 수령 절차

(1) 플로우 차트와 데이터베이스 구조

- 고객에 대한 모든 판매는 net/30, FOB shipping 기준이다. 그림 1의 흐름도와 그림 2의 파일 구조도는 GSW의 판매 및 대금 수령 절차를 보여준다.

【그림 1】 GSW 판매 주문 및 대금 수령 절차

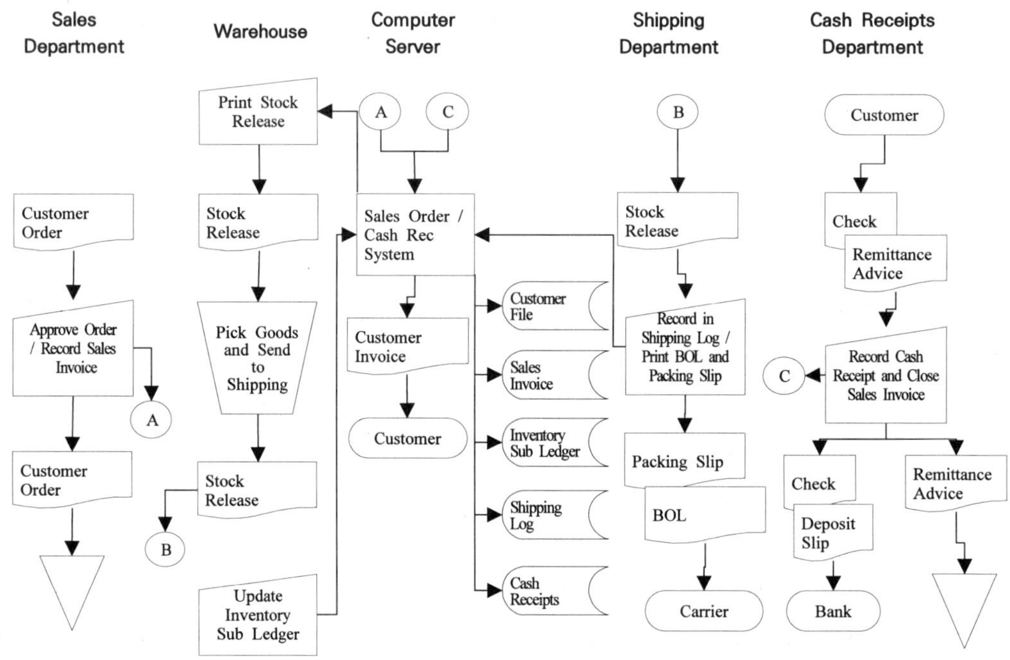

【Figure 2】 GSW 판매 주문 및 대금 수령 데이터베이스 구조(파일 구조)

Customer

Customer Num	Name	Street	City	State	Zip	Credit Limit	Sales Rep

Sales Invoice

Invoice Number	Customer Num	Product Num	Quantity	Sales Price	Amount Due	Sales Date	Due Date	Remit Num

Cash Receipts

Remit Num	Invoice Number	Customer Num	Amount	Payment Date

Shipping Log

BOL Num	Invoice Number	Ship Date	Carrier

(2) 업무 흐름

1) 판매부서

- 판매 부서는 고객 주문을 이메일이나 팩스로 받는다. 주문을 받은 담당직원은 판매 송장(레코드)을 작성하기 전에 고객 정보에 접근하여 신용을 검토한다. 이용 가능한 신용이 부족한 고객들을 위해, 판매직원은 승인을 위해 신용 관리자인 Sally Kwan에게 주문을 의뢰한다.
- 해당 주문이 인정된다면, **Sally는 고객의 신용도를 높이도록 점원에게 구두로 허가한다**.
- 승인된 판매에 대하여 담당직원은 부서의 터미널을 통해 판매 송장 파일에 기록을 작성한다.
- 시스템은 레코드의 기본키인 송장번호를 자동으로 할당하지만, 자동 데이터 입력을 지원하지는 않는다. 따라서 담당직원은 제품번호, 판매가격, 수량, 수령할 총금액(Amount due) 및 판매 일자를 포함하여 판매 주문 기록에 거래 세부 정보를 **수동으로 입력해야 한다.**

2) 창고

- 판매 송장에 입력되면, 시스템은 창고 터미널에 재고 출고 문서를 자동으로 인쇄하고 창고 직원은 이 문서를 사용하여 재고를 선택한다.
- 그 후, 창고 직원은 재고 출고 서류와 함께 해당 재고를 배송부로 보낸다.
- 재고가 창고에서 출고되면 **창고 직원은 판매된 수량을 반영하여 재고 파일에 있는 각 레코드의 수량 필드를 조정한다.**

3) 배송부

- 배송부서 직원은 재고 및 재고 출고 서류를 수령하고 배송 준비를 한 후 운송업체를 선정하여 포장전표와 화물운송장(BOL:Bill of lading)을 출력한다.
- 그 후 배송부서 직원은 배송 로그 파일에 배송 기록을 추가하고 물리적으로 해당 재고를 운송업체에 인계한다.
- 특별한 사정이 없는 한 오후 2시까지 접수된 판매 주문서는 당일 배송된다. 오후 2시 이후 접수된 판매 주문서는 익일 배송된다.

4) 대금청구

- 배송일의 종료시점에, 대금청구 시스템은 판매 송장 파일에서 해당 일자 파일에 추가된 기록을 자동으로 검색하여 고객 송장 및 송금 조언을 인쇄하고 대금청구 직원은 이를 고객에게 이메일로 보낸다.
- 시스템은 net/30 조건에 근거한 만기일을 자동으로 계산해서 해당 판매 송장 기록의 만기일 필드에 넣는다.

5) 대금수령

- 대금수령 직원인 Maria Perez는 고객으로부터 **직접 수표와 송금 통지서를 받는다**.
- 그녀는 시스템이 자동으로 송금 번호를 기본키로 할당하는 **대금수령 파일에 레코드를 생성하는 것으로 시작한다.**
- 그 후, 송장 번호(하드카피 송금 통지서에 있는)를 검색키로 사용하여 판매 송장 파일에서 적절한 송장을 찾은 다음, 수동으로 송금 번호를 레코드의 필드에 추가한다. 이렇게 하면 송장이 종료되고 수령한 것으로 표시된다. Maria는 또한 교차 참조 목적으로 대금수령 레코드에 송장 번호도 추가한다. 그 후 수동으로 고객 번호, 금액 및 지불일자를 대금수령 레코드에 추가한다.
- 그 날 종료시점에, 그녀는 예금 전표를 준비해서 은행에 수표를 보내고 송금 통지서를 사무실에 철해 둔다.
- **판매 송장 파일은 해당 기간의 총 매출과 매출채권을 계산하는 역할을 한다.** 기간 말까지 발송된 모든 품목에 대한 Amount Due(지급할 총금액)의 합계는 총 매출액을 구성한다. 배송된 항목(송장이 있는)이 회계연도 말까지 지불되지 않으면 매출채권을 구성한다.

(3) 매출 관련 내부통제 및 위험평가

• 그림 1의 플로우 차트 및 관련 내용에 근거하여 내부통제 및 위험 평가를 한다.

【그림 1】 GSW 판매 주문 및 대금 수령 절차

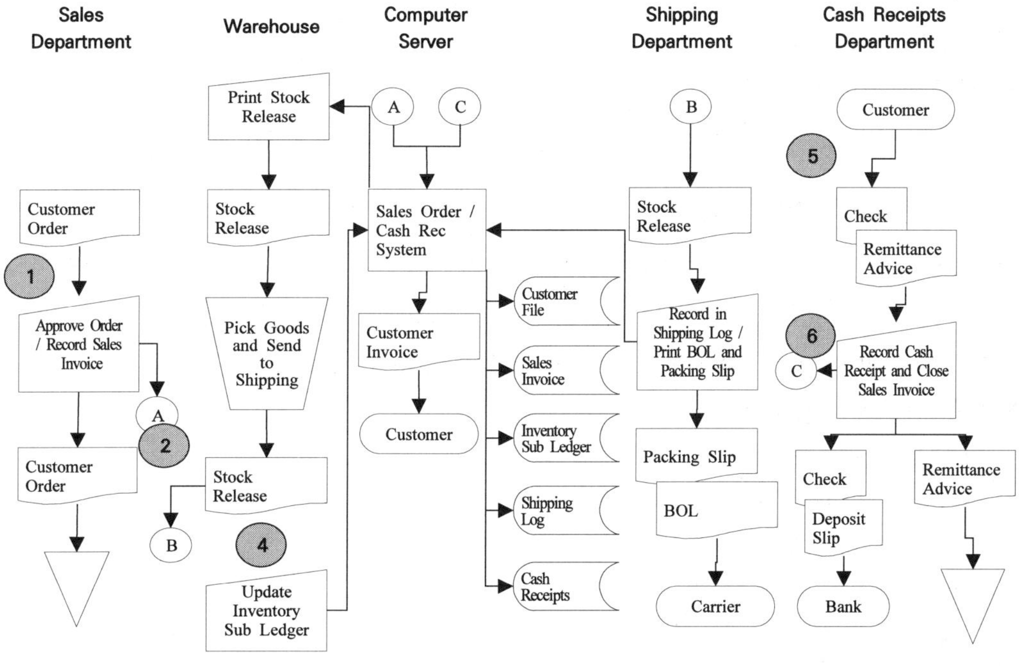

1) 적절하지 않은 신용 검사 절차

• **내부통제 취약점** : 거래 승인이 취약하다. 고객의 신용 승인이 구두 및 비공식적으로 이루어진다. 현재 절차상 판매담당 직원은 경영진의 승인 없이 신용을 연장할 수 있다.
• **위험 노출** : 신용이 없는 고객에게 판매가 이루어져 과도한 부실채권이 초래될 수 있다.
• **재무제표의 왜곡 표시 가능성**
  ✓ 매출채권의 과대 계상
  ✓ 대손충당금의 과소 계상
  ✓ 대손상각비의 과소 계상
  ✓ 매출의 과대 계상

2) 판매 송장 생성시 컴퓨터 통제의 미비

- **내부통제 취약점** : 부적절한 시스템 기능 및 컴퓨터 통제로 인하여, 판매담당 직원은 판매 가격, 수량, 수령할 금액 등을 포함한 판매 거래 내역을 수동으로 입력해야 한다.
- **위험 노출** : 이러한 환경은 판매 송장 레코드를 작성할 때 오류를 초래할 수 있다.
- **재무제표의 왜곡 표시 가능성**
  - ✓ 매출이 부정확한 기록
  - ✓ 매출채권의 부정확한 기록
  - ✓ 대손상각비의 부정확한 기록

3) 매출 인식시 잠재적인 오류

- **내부통제 취약점** : 시스템은 주문한 제품이 실제로 배송되었는지 확인하지 않고 판매 송장 파일에 레코드가 있는 경우에만 하드카피 판매 송장을 준비한다.
- **위험 노출** : shipping(실현)하기 전에 매출을 인식하면 안된다.
- **재무제표의 왜곡 표시 가능성**
  - ✓ 매출의 과대 계상
  - ✓ 매출채권의 과대 계상
  - ✓ 대손충당금의 과소 계상
  - ✓ 대손상각비의 과소 계상

4) 창고 재고 보관

- **내부통제 취약점** : 업무 분장이 미비하다. 창고 직원은 재고의 보관과 재고수불부의 갱신에 대한 기록 책임까지 다하고 있다.
- **위험 노출** : 창고 직원이 회계 기록에 접근할 수 있기 때문에 재고 손실과 도난을 숨길 수 있다.
- **재무제표의 왜곡 표시 가능성**
  - ✓ 재고자산 과소계상
  - ✓ 매출원가의 과대계상

5) 대금 수령

- **내부통제 취약점** : 업무 분장이 더 필요하다. 대금 수령 직원이 대금 수령도 하며 해당 기록까지 하고 있다.
- **위험 노출** : 잘못된 금액을 기록하거나 잘못된 송장을 기록하는 것과 같은 오류의 위험을 증가시킨다. skim이나 lapping 같은 부정의 위험도 존재한다.
- **재무제표의 왜곡 표시 가능성**
  - ✓ 수령한 현금의 과소 계상
  - ✓ 매출채권 과대계상

6) 대금 수령 기록에 대한 컴퓨터 통제 미비

- **내부통제 취약점** : 대금 수령 직원이 송금 번호, 고객 번호, 금액, 지급일 등 거래내역을 수동으로 입력한다.
- **위험 노출** : 이러한 환경은 대금 수령 관련 기록을 작성할 때 오류를 초래할 수 있다.
- **재무제표의 왜곡 표시 가능성**
  - ✓ 판매 송장 기록에 있는 고객 금액과 해당 대금 수령 레코드에 기록된 송금 금액 간의 불일치.

3 구매 및 대금 지불 절차

(1) 플로우 차트와 데이터베이스 구조

- 공급업체로부터 구입한 모든 물품은 FOB 도착지 조건이다. 그림 3의 흐름도와 그림 4의 파일 구조도는 GSW의 구매 및 대금 지급 절차를 보여준다.

【Figure 3】 GSW Purchases and Cash Receipts Procedures

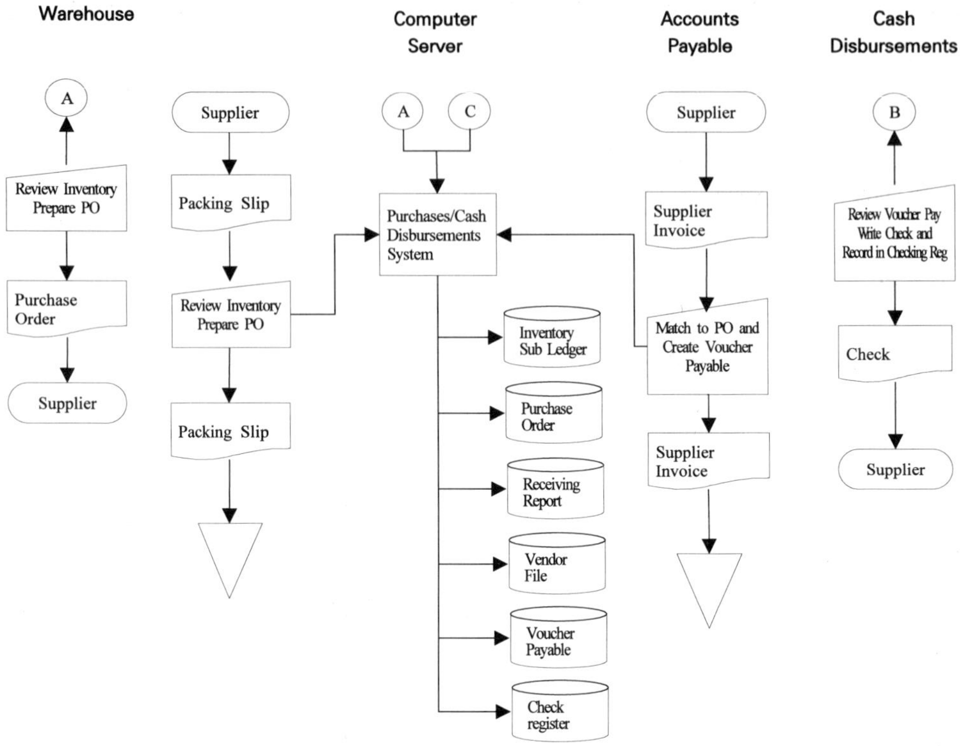

【Figure 4】 GSW Expenditure Cycle Database Structure(Files Structure)

Inventory

Product Num	Description	Unit Cost	Sales Price	Quan on Hand	Reorder Point	Value at Cost	Market Value

Vendor

Ven Num	Name	Street	City	Sate	Zip

Chk Register

Chk Num	Ven Num	Voucher Num	Chk Amnt	Pay Date

Voucher Payable

Voucher Num	Ven Num	Sup Invoice	PO Num	Ven Num	Full Amount	Disc Amnt	Due Date

Receiving Report

RR Num	PO Num	Product Num	Quantity	Ven Num	Rec Date

Purchase Order

PO Num	Date	Product Num	Quantity	Cost	Ext Cost	Ven Num	RR Num

Employee

Empno	Firstname	Lastname	Street	City	State	Zip	Workdept	Job	Gender	Salary

(2) 업무 흐름

1) 창고

- 매일 아침 James Smith는 사무실 터미널에서 자동으로 생성된 재고 현황 보고서를 검토한다.
- 보충이 필요한 항목을 결정하고 공급업체 파일에서 공급업체를 선택한다. 그 후, 구매 주문 파일에 레코드를 추가한다.
- 시스템은 각 새로운 레코드에 기본키(primary key)로 고유번호인 PO Number를 할당한다.
- Smith는 수동으로 날짜, 주문할 제품, 주문 수량, 예상단가(시스템이 자동으로 계산한), 선택된 공급업체의 ID(Ven-Num)을 입력한다.
- 그 후, Smith는 자신의 터미널에서 구매주문서를 출력하여 서명을 하고, 비서에게 개별 공급업체에 우편으로 보내도록 지시한다.

2) 물품수령

- Smith 또는 창고 직원 중 한 명이 품목을 세고 검사를 하면서 첨부된 포장 전표와 주문을 비교한다. 그러한 절차가 이루어지는 곳에서 창고는 공급업체 주문을 직접 수령한다.
- 그 후, 수령 담당 직원은 창고 터미널에서 수령 보고서 파일에 레코드를 추가한다. 시스템은 각 레코드에 고유한 키(RR Num)를 할당한다. 수령 담당 직원은 구매주문번호, 상품번호, 수령수량, 공급업체 ID번호, 수령일자를 수동으로 입력한다. 그 후 직원은 포장 전표를 창고에 보관한다.
- 마지막으로, 직원은 물품 수령 기록을 위해 재고 보조 원장(재고수불부)에 재고수량을 업데이트한다.

3) 매입채무

- 매입채무 직원인 James Jefferson은 공급업체의 하드카피 송장을 수령하며, 송장의 PO 번호를 검색키로 사용하여 송장과 그에 상응하는 구매 주문서를 대조한다.
- 그런 다음 그는 Voucher payable file에 레코드를 생성한다. 시스템은 각 레코드에 고유한 키(Voucher Number)를 할당한다. 그는 공급업체의 송장을 보고 구매 주문 번호, 공급업체 번호, 송장번호, 총 지급해야 할 금액, 할인된 지급금액, 만기일을 직접 입력한다. 입니다. 마지막으로, Jefferson은 하드카피 판매업체 송장을 사무실 서류 책장에 보관한다.

4) 대금 지급

- 매일, 대금 지급 부서의 Greg Orlando는 지급 기한이 도래한 품목에 대한 Voucher Payable file을 검토한다. 그 날 지급기한이 도래한 각 항목에 대하여 그는 Check Register 파일에 레코드를 추가한다. 시스템은 고유한 키(ChkNum)를 할당하고 Greg는 수동으로 voucher number, 공급업체번호, 지급액, 지급일자를 Check Register 레코드에 추가한다.
- 시스템은 자동으로 해당 Voucher Payable 레코드에 수표 번호를 넣어 voucher를 닫고 지급된 것으로 표시한다. 수표는 Greg의 사무실에서 인쇄된 다음 공급업자에게 보내진다.
- Voucher Payable file의 데이터는 해당 기간의 총 구매액과 매입채무를 계산하는 기초가 된다. Full Amount 필드의 총계는 해당 기간의 총 구매액을 구성한다. 회계연도 말까지 지불되지 않으면 매입채무를 구성한다.

(3) 구매 관련 내부통제 및 위험평가

- 그림 3의 플로우 차트 및 관련 내용에 근거하여 내부통제 및 위험 평가를 한다.

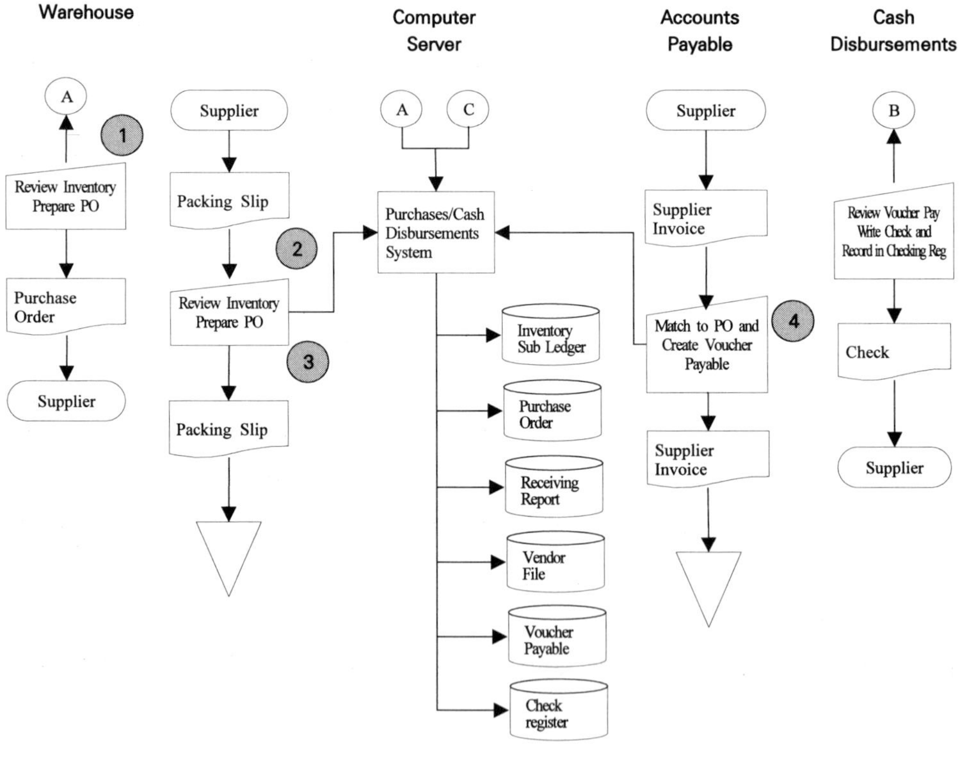

1) 구매 요청이 없음

- **내부통제 취약점** : James Smith에 대하여 거래 승인이 미비하다. 그는 거래를 승인하고 실행할 책임이 있으면서 보충이 필요한 항목을 결정하고 공급업체 파일에서 공급업체를 선택하고 있다.
- **위험 노출**
  ✓ 필요 없는 항목을 주문할 수 있다.
  ✓ 시장 가격보다 높은 가격으로 승인되지 않은 공급업체로부터 주문이 가능하다.
  ✓ 리베이트 및 부정행위 대한 가능성.
- **재무제표의 왜곡 표시 가능성**
  ✓ 재고자산 과대평가
  ✓ 과도한 구매

2) 구매 주문서의 사본이 없음

- **내부통제 취약점** : 업무 분장이 미비하다. 공식적인 재고 카운트 및 검수 기능이 없다. PO의 사본이 생성되지 않고 있다.
- **위험 노출** : 직원은 블라인드 사본 대신 포장 전표를 사용했기 때문에 수령한 물품을 실제로 계산하거나 검사하지 않을 수 있다. 따라서, 주문되지 않았거나 잘못된 수량을 받을 수 있으며 파손된 물품을 수취할 수 있다.
- **재무제표의 왜곡 표시 가능성**
  ✓ 재고자산 과대평가

3) 재고 보관

- **내부통제 취약점** : 창고 직원은 재고 보관 및 기록 보관 책임을 함께 가지고 있다.
- **위험 노출** : 창고 직원은 회계 기록에 접근할 수 있기 때문에 재고 손실과 도난을 숨길 수 있다.
- **재무제표의 왜곡 표시 가능성**
  ✓ 재고자산 과소계상
  ✓ 매출원가 과대계상

4) Three-way match

- **내부통제 취약점** : 독립적인 검증이 없다. 매입채무 담당직원이 Three-way match를 수행하지 않는다. Three-way match란 공급업체 송장, 구매주문서, 수령 기록을 대조하는 것이다. 이렇게 하면 주문 및 수령된 물품에 대해서만 회사의 책임이 있음을 확인할 수 있다.
- **위험 노출** : 담당직원은 송장과 구매주문서만 대조하고 송장과 수령 기록을 대조하지 않기 때문에, 회사는 수령하지 않은 물품이나 파손된 물품에 대해 지불을 할 수 있다.
- **재무제표의 왜곡 표시 가능성**
  - ✓ 매입채무의 왜곡
  - ✓ 대금 지급의 오류

02 | Fraudit과 파이썬을 활용한 분석

1 매출 관련 입증감사(1)

- GSW가 제시한 재무보고자료 중 매출관련 자료는 다음과 같다.

매출(Sales)		21,519,987.84
매출채권(Accounts Receivable)	19,009,030.80	
대손충당금(매출 × 0.02)	(430,399.75)	
순매출채권(Net Accounts Receivable)		18,578,631.05

(1) 사례 파일

- Sales_Invoice.tbl, Shipping_Log.tbl, Cash_Receipts.tbl

(2) Fraudit과 Python 활용 절차

1) 회사 제시 매출액 검증

- GSW의 매출액은 21,519,987.84이다. Sales_Invoice 테이블에서 이를 검증하는데 이것만으로는 그 적정성을 검증할 수 없다. 따라서 Sales_Invoice 테이블과 Shipping_Log 테이블을 조인 걸어 검증하여야 한다.

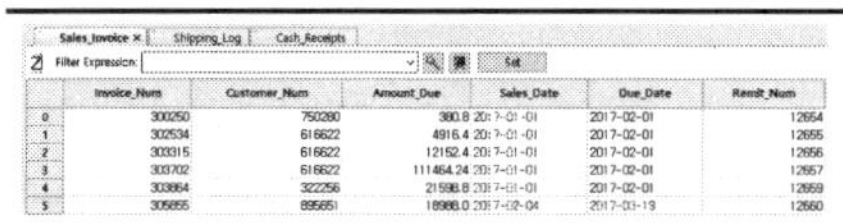

(1) Sales_Invoice 테이블을 선택한다.

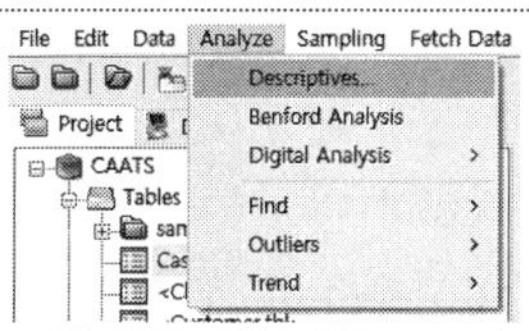

(2) Analyze >> Descritptives 메뉴를 선택한다.

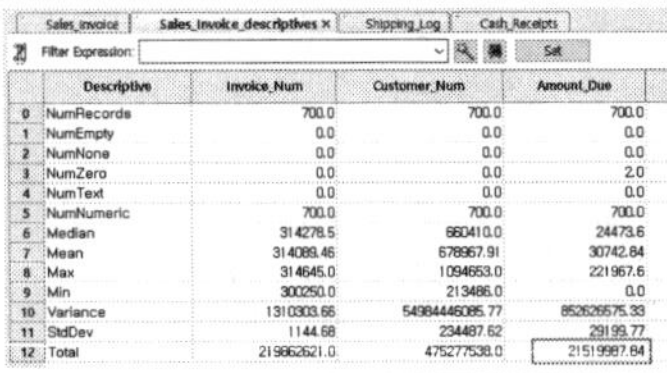

(3) Amount_Due의 합계는 21519987.84이다.

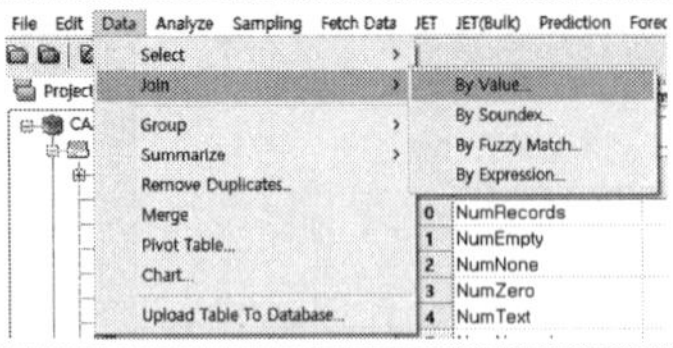

(4) Data >> Join >> By Value 메뉴를 선택한다.

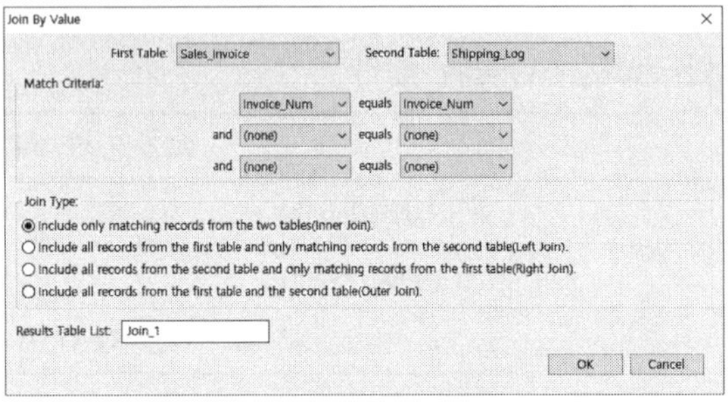

(5) First Table : ***Sales_Invoice*** 선택
Second Table : ***Shipping_Log*** 선택

(6) Match Criteria:

• ***Invoice_Num*** equals ***Invoice_Num***

(7) Join Type : Inner join 체크

(8) Results Table List : ***Join_1*** 입력

(9) OK 버튼을 누른다.

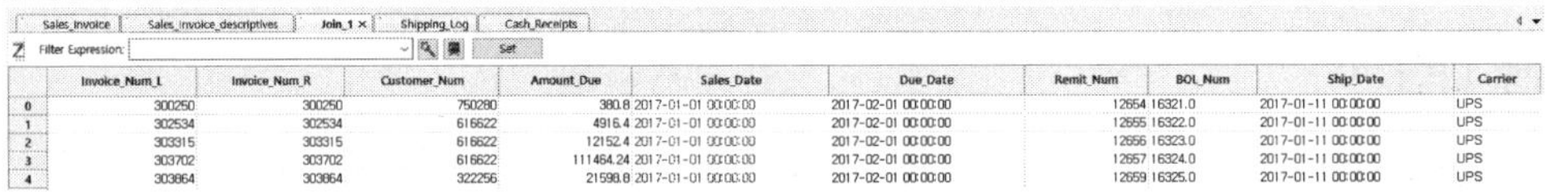

(10)조인된 ***Join_1*** 테이블이 상기와 같이 나타난다. 이 테이블에서 배송이 아직 되지 않은 판매 송장은 제거된다.

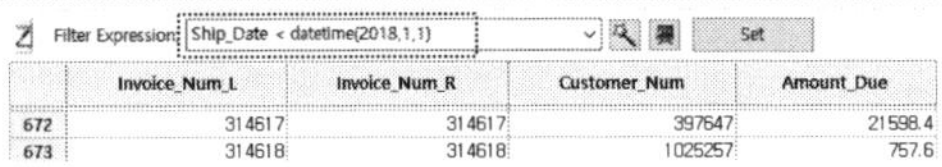

(11)***Join_1*** 테이블의 Filter Expressions에 다음과 같이 입력한다.

Ship_Date < datetime(2018,1,1)

(12)Set 버튼을 누른다.

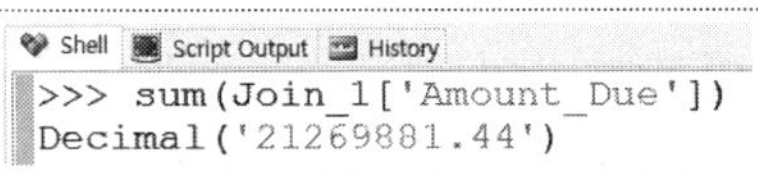

(13)Shell에 왼쪽과 같이 코드를 입력하고 엔터키를 친다.

(14)필터링이 된 ***Amount_Due*** 칼럼의 합은 21269881.44이다.

회사 제시 매출 합계	21,519,987.84
필터링이 된 ***Amount_Due*** 칼럼의 합	21,269,881.44
매출 과대 계상액	250,106.40

2) 회사 제시 매출채권 검증

- 회사가 제시한 매출채권(Accounts Receivable) 금액은 19,009,030.80이다.
- 앞서 Sales_Invoice 테이블과 Shipping_Log 테이블을 조인한 테이블(Join_1)과 Cash Receipts 테이블을 Invoice Number로 조인을 건다. 만약 회계연도 이후에 지급일자(payment date)가 있는 경우 해당 금액은 매출채권에 포함되어야 한다.

• 먼저, 동일한 송장에 중복 수령이 되었는지 확인한다.

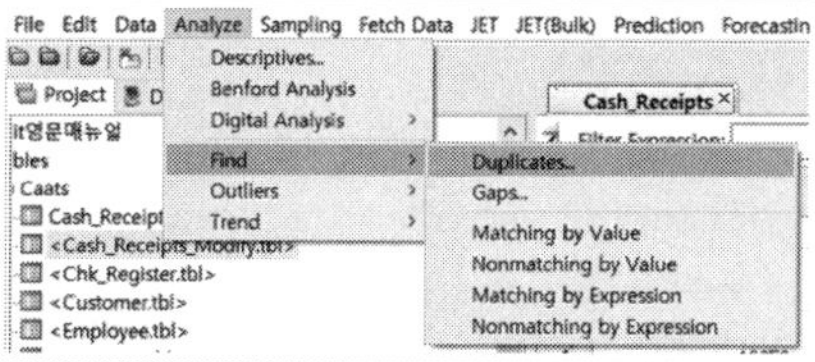

(1) Cash_Receipts 테이블을 연다.
(2) Analyze >> Find >> Duplicates 메뉴를 선택한다.

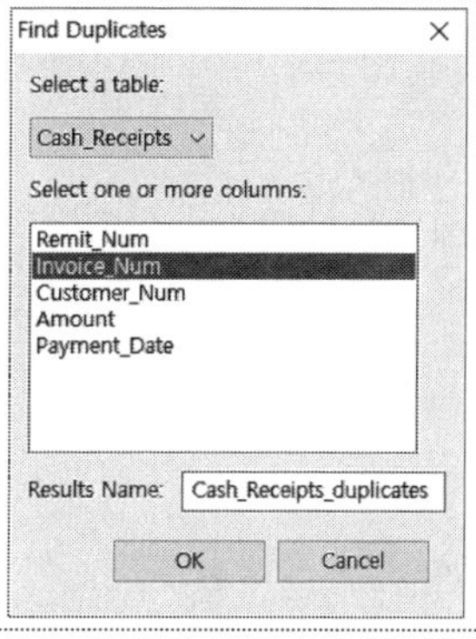

(3) Select a table : ***Cash_Receipts*** 선택
(4) Select one or more columns: ***Invoice_Num*** 선택
(5) Results Name: ***Cash_Receipts_duplicates*** 입력
(6) OK 버튼을 누른다.

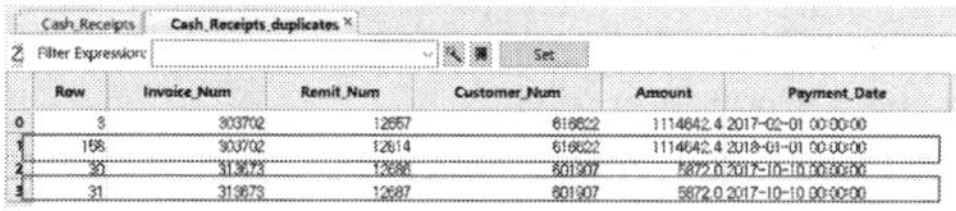

(7) 결과 테이블이 왼쪽과 같이 나타난다. Invoices_Num 303702, 313673이 중복되어 수령되었다.
☞ 이러한 결과는 내부통제의 취약점을 보여주는 증거이다.

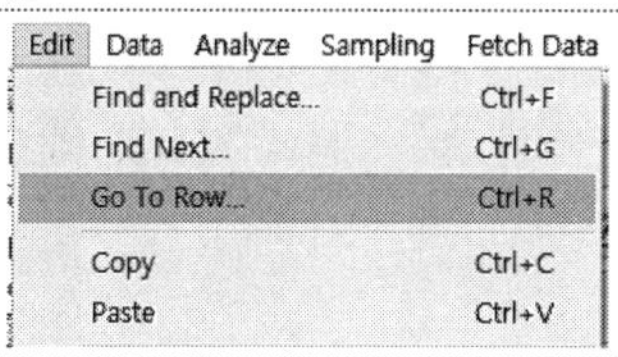

(8) ***Cash_Receipts*** 테이블을 선택한다.
(9) Edit >> Go To Row 메뉴를 선택한다.

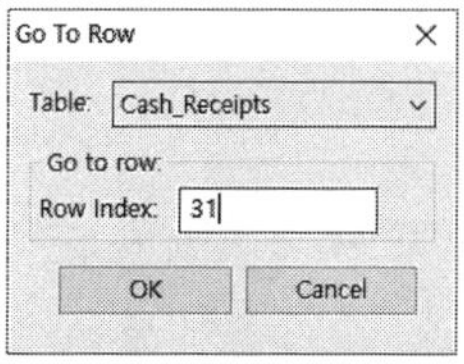

(10)Table : ***Cash_Receipts*** 선택
Row Index : ***31*** 입력
(11)OK 버튼을 누른다.

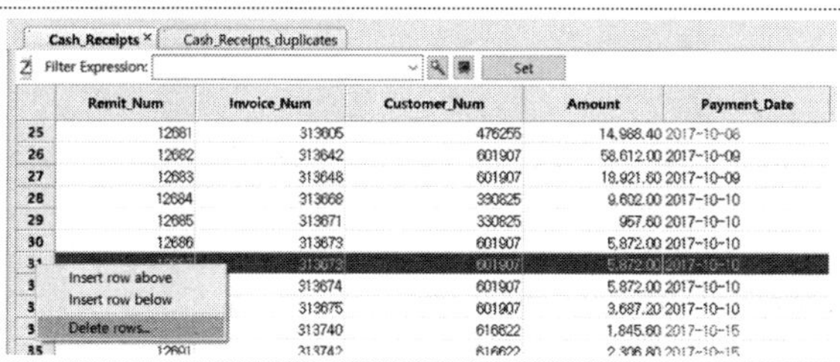

(12)***31*** 인덱스의 행을 선택하고 오른쪽 클릭후 Delete rows 메뉴를 선택한다.

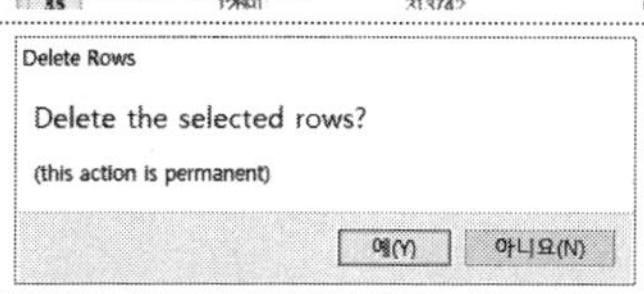

(13) ***예*** 버튼을 누른다.

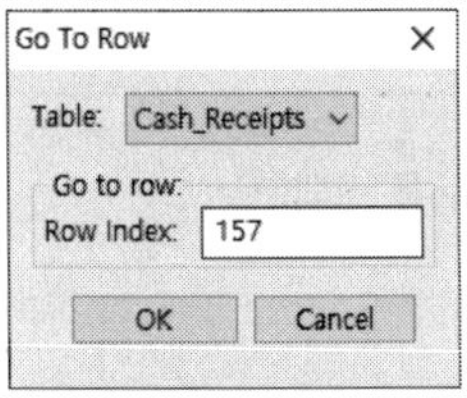

(14) Table : ***Cash_Receipts*** 선택
Row Index : ***157*** 입력
(15) OK 버튼을 누른다.

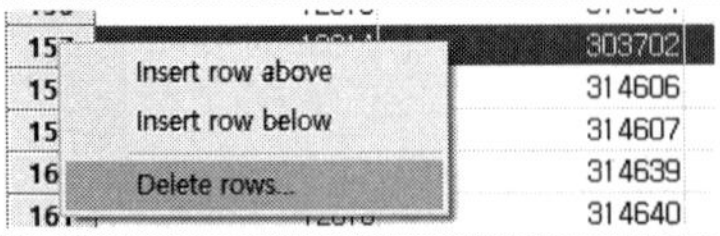

(16) ***157*** 인덱스의 행을 선택하고 오른쪽 클릭후 Delete rows 메뉴를 선택한다.

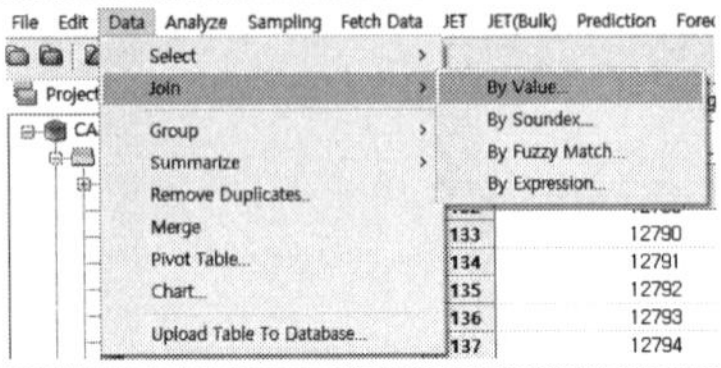

(17) Data >> Join >> By Value 메뉴를 선택한다.
☞ ***Join_1*** 테이블에서 ***Release*** 버튼을 누르지 않는다.

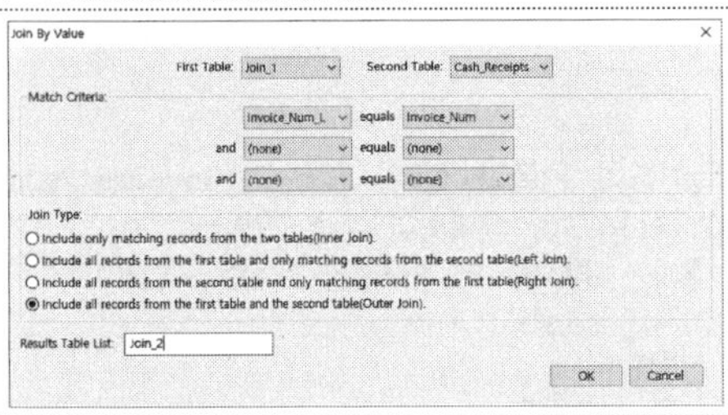

(18) First Table : ***Join_1*** 선택
Second Table : ***Cash_Receipts*** 선택
(19) Match Criteria:
- ***Invoice_Num_L*** equals ***Invoice_Num***

(20) Join Type : ***Outer join*** 체크
(21) Results Table List : ***Join_2*** 입력
(22) OK 버튼을 누른다.

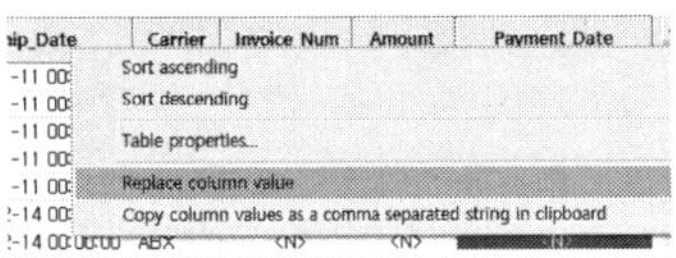

(23) Join_2의 ***Payment_Date*** 칼럼을 선택한 후 오른쪽 클릭을 하고 ***Replace column value*** 메뉴를 선택한다.

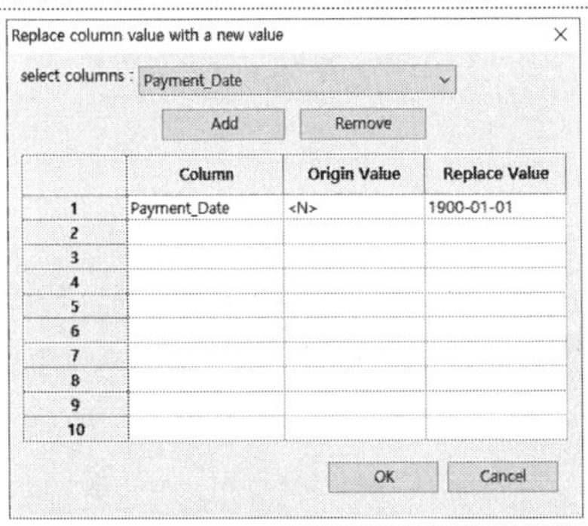

(24) Select columns : ***Payment_Date*** 선택
- Add 버튼을 누른다.
- Origin Value 셀에 <N> 을 입력한다.
- Replace Value 셀에 ***1900-01-01*** 을 입력한다.

(25) OK 버튼을 누른다.

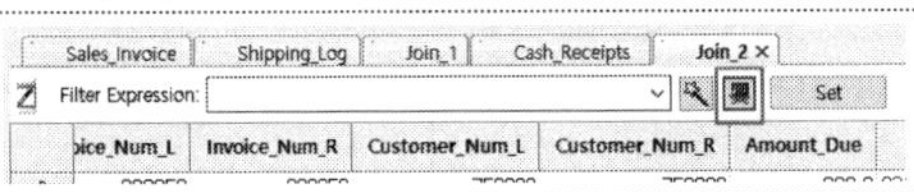

(26) 아이콘을 누른다.

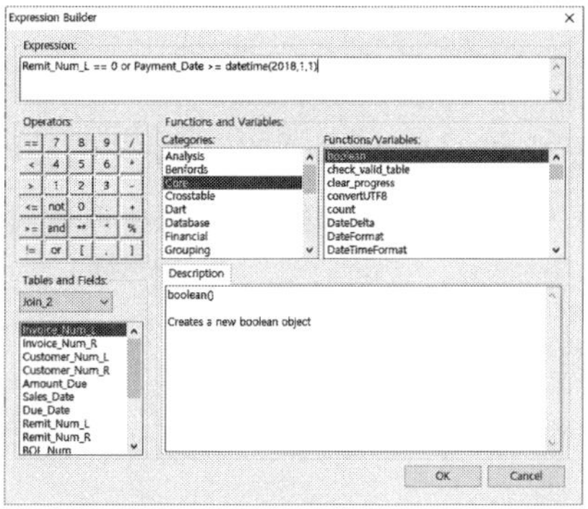

(27) Expression 박스에 아래와 같이 입력한다.

Remit_Num_L == 0 or Payment_Date >= datetime(2018, 1, 1)

☞ ***Remit_Num_L == 0*** 은 고객(customer)로부터 송금 통지를 받지 못한 것을 의미한다.

☞ ***Payment_Date >= datetime(2018,1,1)*** 은 2018년 1월 1일 이후에 고객이 지급한 것을 의미한다.

(28) OK 버튼을 누른다.

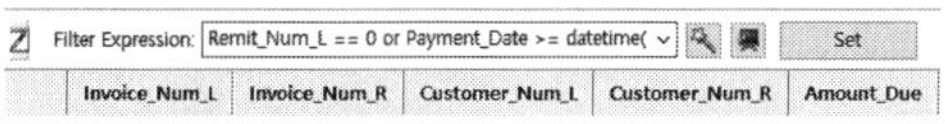

(29) ***Join_2*** 테이블에서 ***Set*** 버튼을 누른다.

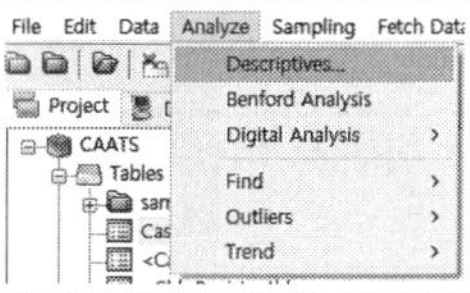

(30) Analyze >> Descriptives 메뉴를 선택한다.

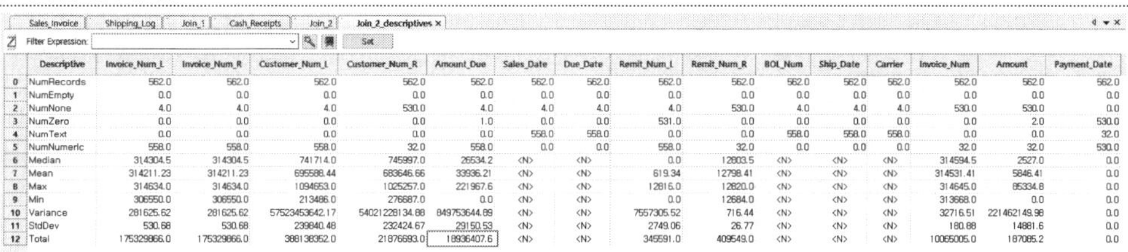

	Descriptive	Invoice_Num_L	Invoice_Num_R	Customer_Num_L	Customer_Num_R	Amount_Due	Sales_Date	Due_Date
0	NumRecords	562.0	562.0	562.0	562.0	562.0	562.0	562.0
1	NumEmpty	0.0	0.0	0.0	0.0	0.0	0.0	0.0
2	NumNone	4.0	4.0	4.0	530.0	4.0	4.0	4.0
3	NumZero	0.0	0.0	0.0	0.0	1.0	0.0	0.0
4	NumText	0.0	0.0	0.0	0.0	0.0	558.0	558.0
5	NumNumeric	558.0	558.0	558.0	32.0	558.0	0.0	0.0
6	Median	314304.5	314304.5	741714.0	745997.0	26534.2	<N>	<N>
7	Mean	314211.23	314211.23	695588.44	683646.66	33936.21	<N>	<N>
8	Max	314634.0	314634.0	1094653.0	1025257.0	221967.6	<N>	<N>
9	Min	306550.0	306550.0	213486.0	276687.0	0.0	<N>	<N>
10	Variance	281625.62	281625.62	57523453642.17	54021228134.88	849753644.89	<N>	<N>
11	StdDev	530.68	530.68	239840.48	232424.67	29150.53	<N>	<N>
12	Total	175329866.0	175329866.0	388138352.0	21876693.0	18936407.6	<N>	<N>

	Descriptive	Remit_Num_L	Remit_Num_R	BOL_Num	Ship_Date	Carrier	Invoice_Num	Amount	Payment_Date
0	NumRecords	562.0	562.0	562.0	562.0	562.0	562.0	562.0	562.0
1	NumEmpty	0.0	0.0	0.0	0.0	0.0	0.0	0.0	0.0
2	NumNone	4.0	530.0	4.0	4.0	4.0	530.0	530.0	0.0
3	NumZero	531.0	0.0	0.0	0.0	0.0	0.0	2.0	530.0
4	NumText	0.0	0.0	558.0	558.0	558.0	0.0	0.0	32.0
5	NumNumeric	558.0	32.0	0.0	0.0	0.0	32.0	32.0	530.0
6	Median	0.0	12803.5	<N>	<N>	<N>	314594.5	2527.0	0.0
7	Mean	619.34	12798.41	<N>	<N>	<N>	314531.41	5846.41	0.0
8	Max	12816.0	12820.0	<N>	<N>	<N>	314645.0	85334.8	0.0
9	Min	0.0	12684.0	<N>	<N>	<N>	313668.0	0.0	0.0
10	Variance	7557305.52	716.44	<N>	<N>	<N>	32716.51	221462149.98	0.0
11	StdDev	2749.06	26.77	<N>	<N>	<N>	180.88	14881.6	0.0
12	Total	345591.0	409549.0	<N>	<N>	<N>	10065005.0	187085.2	0.0

(31) 매출채권(AR) 잔액을 구하기 위한 Amount-Due의 합계는 18936407.6이다.

• 회사가 제시한 자료는 다음과 같다.

매출(Sales)		21,519,987.84
매출채권(Accounts Receivable)	19,009,030.80	
대손충당금(매출 × 0.02)	(430,399.75)	
순매출채권(Net Accounts Receivable) ①		18,578,631.05

• 재 검증한 자료는 다음과 같다.

1)에서 재검증한 매출액		21,269,881.44
매출채권(AR) 잔액을 구하기 위한 Amount-Due의 합계	18,936,407.60	
대손충당금(21,269,881.44 × 0.02)	(425,397.63)	
순매출채권(Net Accounts Receivable) ②		18,511,009.97
매출채권 과대 계상액(① - ②)		67,621

2 매출 관련 입증감사(2)

• 이는 매출 관련 입증감사(1)에 이어지는 것이다. 새롭게 계산된 매출채권(AR) 테이블의 연령분석 자료를 이용하여, 매출채권 중 몇 퍼센트가 연체일이 90일을 초과하는지를 검토한다.

(1) 사례 파일

• Join_2.tbl(매출 관련 입증감사(1)에서 구한)

(2) Fraudit과 Python 활용 절차

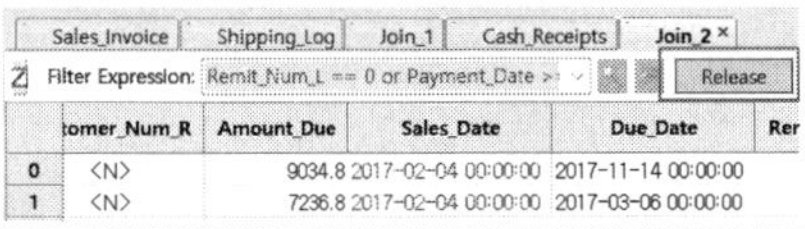

(1) 필터링 된 Join_2 테이블에서 Release 버튼을 누른다.

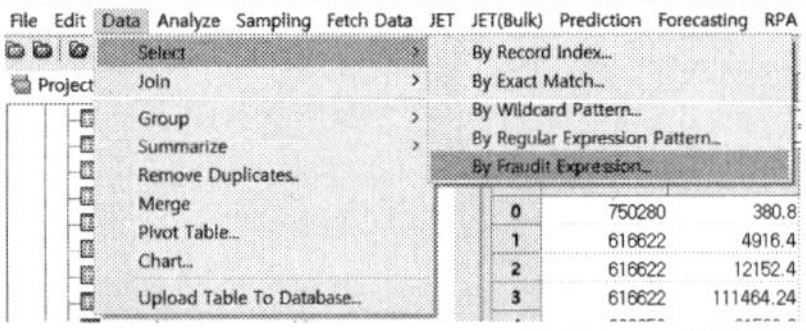

(2) Data >> Select >> By Fraudit Expression 메뉴를 선택한다.

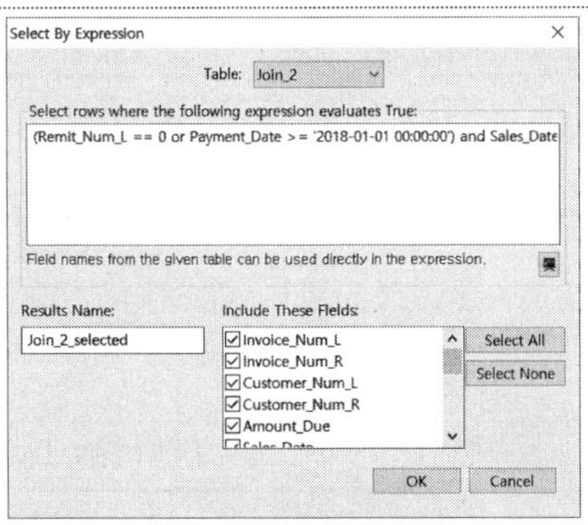

(3) Table : ***Join_2*** 선택

(4) expression 박스에 아래와 같이 입력한다.

(Remit_Num_L==0 or Payment_Date >= datetime(2018,1,1)) and Sales_Date != None

(5) Results Name: ***Join_2_selected*** 입력

(6) Include These Fields: Select All 버튼을 누른다.

(7) OK 버튼을 누른다.

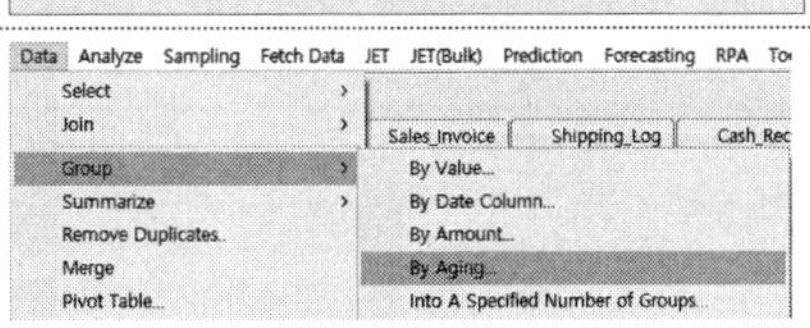

(8) Date >> Group >> By Aging 메뉴를 선택한다.

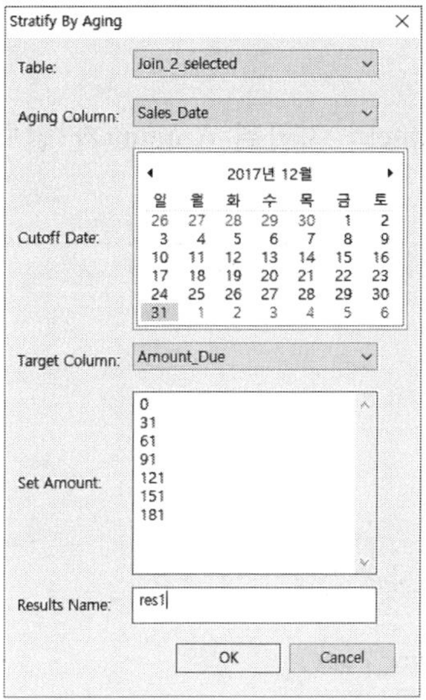

(9) Table : ***Join_2_selected*** 선택
(10) Aging Column : ***Sales_Date*** 선택
(11) Cutoff Date : ***2017년 12월 31일*** 선택
(12) Target Column : ***Amount_Due*** 선택
(13) Set Day : ***0, 31, 61, 91, 121, 151, 181*** 입력
(14) Results Name : ***res1*** 입력
(15) OK 버튼을 누른다.

	Stratum	OverEqual_L_Limit	Less_U_Limit	Record_Num	Record_Percent	Amount_Due	Amount_Due_Percent	Amount_Due_ABS	Amount_Due_ABS_Percent
0	1	0	31	121	22.79%	3,246,019.20	17.29%	3,246,019.20	17.29%
1	2	31	61	189	35.59%	6,362,877.60	33.89%	6,362,877.60	33.89%
2	3	61	91	126	23.73%	4,239,594.00	22.58%	4,239,594.00	22.58%
3	4	91	121	88	16.57%	4,736,208.80	25.23%	4,736,208.80	25.23%
4	5	121	151	4	0.75%	173,971.60	0.93%	173,971.60	0.93%
5	6	151	181	1	0.19%	354.00	0.00%	354.00	0.00%
6	Lower limit exceptions	<N>	0	0	0.00%	.00	0.00%	.00	0.00%
7	Upper limit exceptions	181	<N>	2	0.38%	16,271.60	0.09%	16,271.60	0.09%
8	Total	<N>	<N>	531	100.00%	18,775,296.80	100.00%	18,775,296.80	100.00%

(16) 매출채권 중 연체일이 90일을 초과하는 비율이 나온다. 감사인은 이러한 채권의 회수가능성에 대하여 면밀한 추가 분석이 필요하다.

3 매출 관련 입증감사(3)

• 이는 매출 관련 입증감사(2)에 이어지는 것이다. Amount due와 지급된 Amount가 일치하지 않는 항목이 있는지를 검토한다.

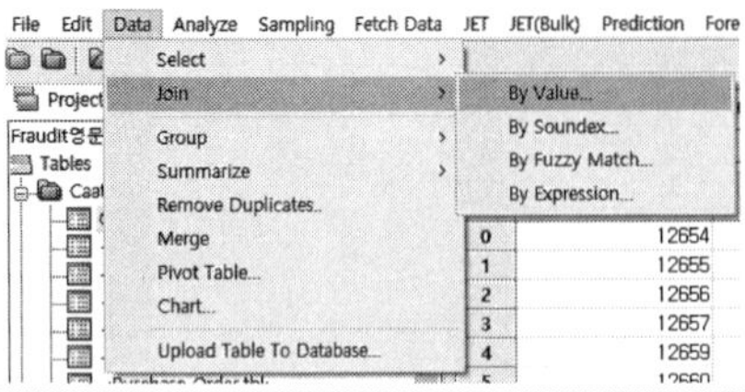

(1) Data >> Join >> By Value 메뉴를 선택한다.

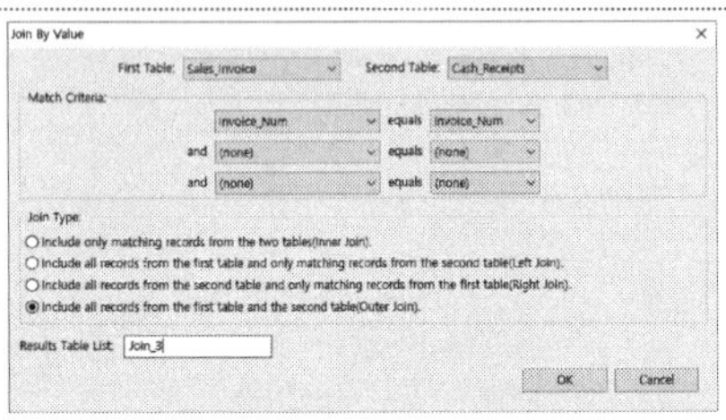

(2) First Table : ***Sales_Invoice*** 선택
Second Table : ***Cash_Receipts*** 선택
(3) Match Criteria:
Invoice_Num equals ***Invoice_Num***
(4) Join Type: Outer Join 체크
(5) Results Table List : ***Join_3*** 입력
(6) OK 버튼을 누른다.

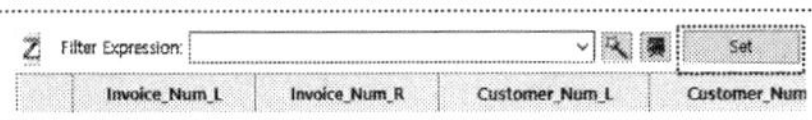

(7) Join_3 테이블에서 아이콘을 누른다.

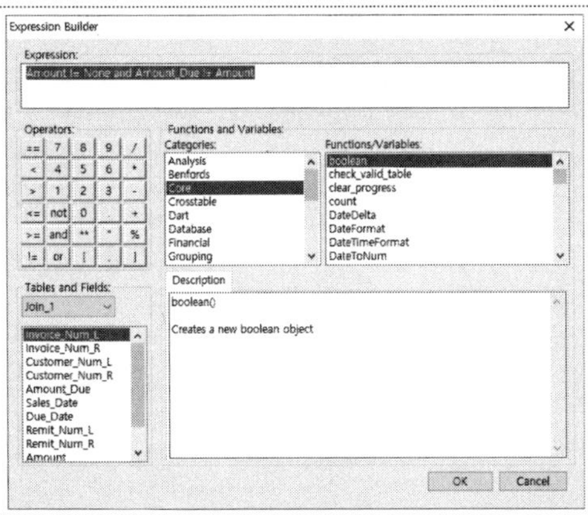

(8) Expression 박스에 아래와 같이 입력한다.

Amount != None and Amount_Due != Amount

(9) OK 버튼을 누른다.

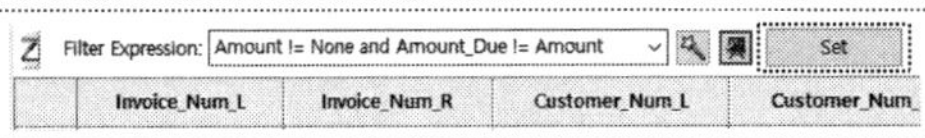

(10) Join_3 테이블에서 Set 버튼을 누른다.

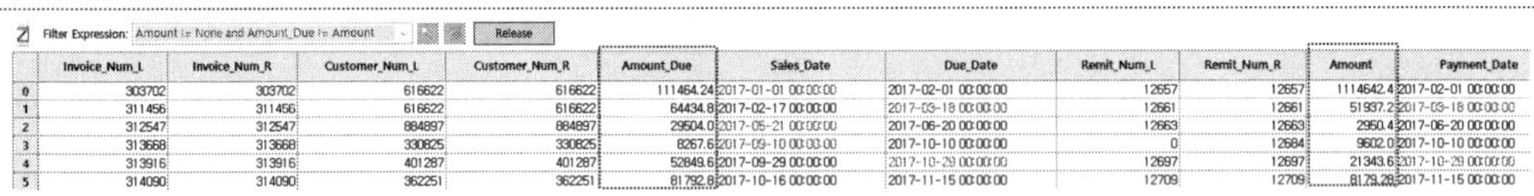

	Invoice_Num_L	Invoice_Num_R	Customer_Num_L	Customer_Num_R	Amount_Due	Sales_Date	Due_Date	Remit_Num_L	Remit_Num_R	Amount	Payment_Date
0	303702	303702	616622	616622	111464.24	2017-01-01 00:00:00	2017-02-01 00:00:00	12657	12657	1114642.4	2017-02-01 00:00:00
1	311456	311456	616622	616622	64434.8	2017-02-17 00:00:00	2017-03-18 00:00:00	12661	12661	51937.2	2017-03-18 00:00:00
2	312547	312547	884897	884897	29504.0	2017-05-21 00:00:00	2017-06-20 00:00:00	12663	12663	2950.4	2017-06-20 00:00:00
3	313668	313668	330825	330825	8267.6	2017-09-10 00:00:00	2017-10-10 00:00:00	0	12684	9602.0	2017-10-10 00:00:00
4	313916	313916	401287	401287	52849.6	2017-09-29 00:00:00	2017-10-29 00:00:00	12697	12697	21343.6	2017-10-29 00:00:00
5	314090	314090	362251	362251	81792.8	2017-10-16 00:00:00	2017-11-15 00:00:00	12709	12709	8179.28	2017-11-15 00:00:00

(11) 6개의 레코드가 amounts due와 지급된 amount가 일치하지 않는다.

4 구매 관련 입증감사(1)

- 여기서는, 먼저 Purchase Order, Receiving Report, Voucher Payable file에서 중복된 데이터가 있는지를 파악하는 것으로부터 출발한다.

(1) 사례 파일

- Purchase_Order.tbl, Receiving_Report.tbl, Voucher_Payable.tbl

(2) Fraudit과 Python 활용 절차

1) Purchase_Order table

- Purchase_Order 테이블을 연다.

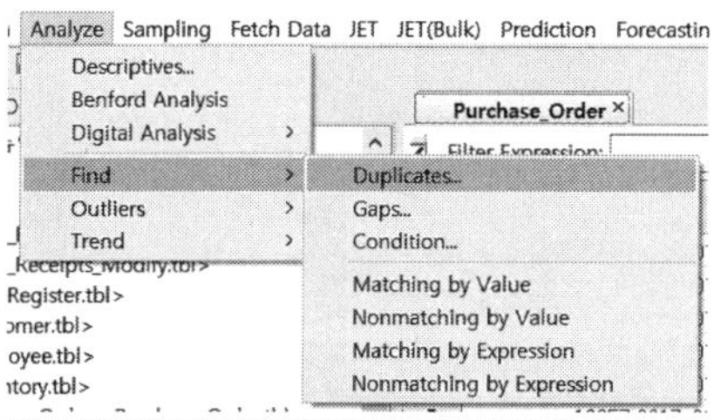

(1) Analyze >> Find >> Duplicates 메뉴를 선택한다.

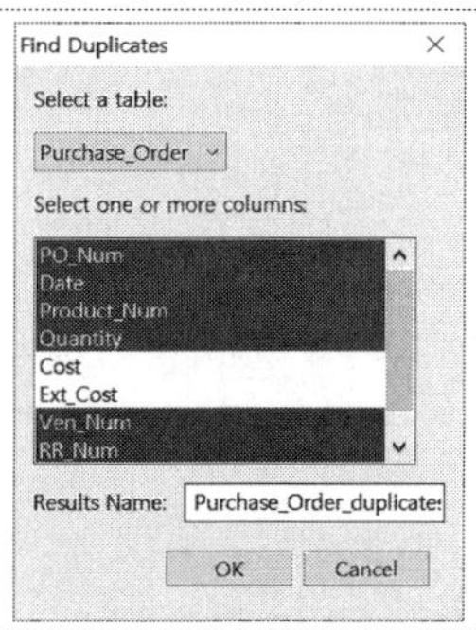

(2) Select a table : ***Purchase_Order*** 선택

(3) Select one or more columns : check the following columns : ***PO_Num, Date, Product_Num, Quantity, Ven_Num, RR_Num*** 선택

☞ 상기 칼럼의 내용이 동일하다면 이는 중복 데이터일 가능성이 매우 높다.

(4) Results Table : ***Purchase_Order_duplicates*** 입력

(5) OK 버튼을 누른다.

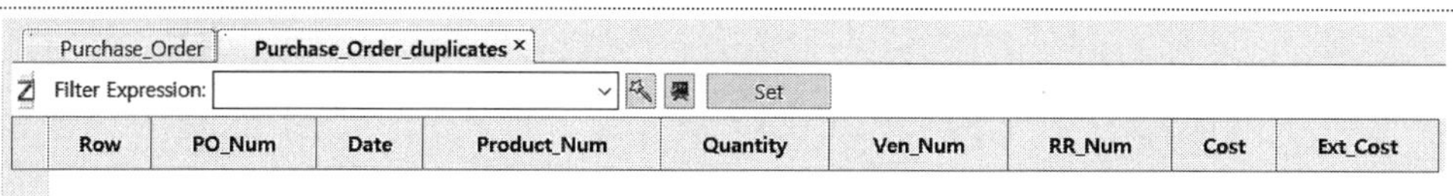

(6) 중복된 데이터는 없다.

2) Receiving_Report table

- Receiving_Report.tbl을 연다.

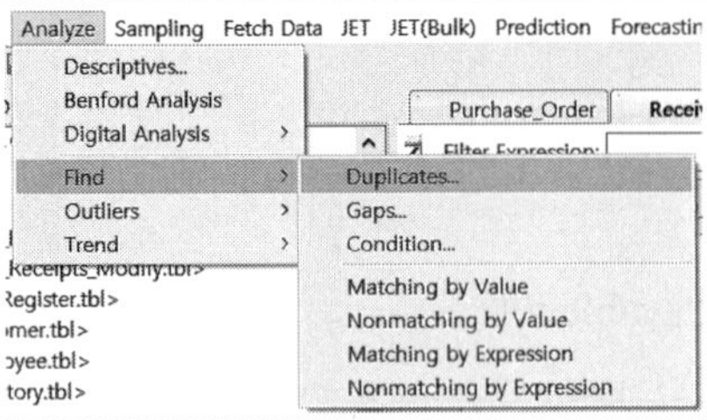

(1) Analyze >> Find >> Duplicates 메뉴를 선택한다.

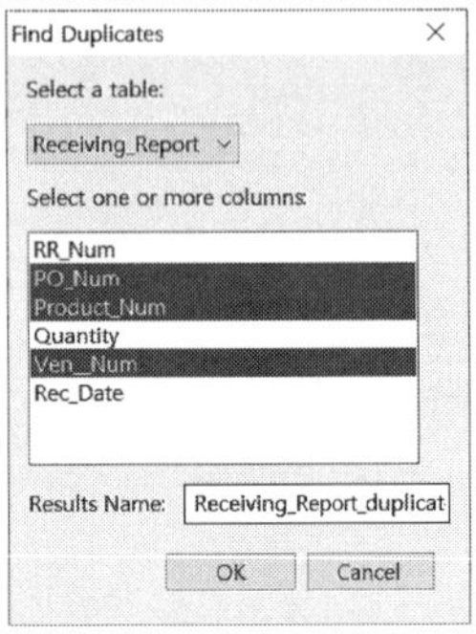

(2) Select a table : ***Receiving_Report*** 선택

(3) Select one or more columns : check the following columns : ***PO_Num, Product_Num, Ven_Num*** 선택

☞ 상기 칼럼의 내용이 동일하다면 이는 중복 데이터일 가능성이 매우 높다.

(4) Results Table : ***Receiving_Report_duplicates*** 입력

(5) OK 버튼을 누른다.

	Row	PO_Num	Product_Num	Ven_Num	RR_Num	Quantity	Rec_Date
0	98	12975	80126008	15578	16868	708	2017-05-07 00:00:00
1	99	12975	80126008	15578	16868	2	2017-05-07 00:00:00
2	278	13183	10155170	15261	17119	724	2017-12-29 00:00:00
3	304	13183	10155170	15261	17145	724	2017-12-30 00:00:00
4	296	13194	24128712	16424	17136	98	2017-12-31 00:00:00
5	306	13194	24128712	16424	17146	98	2017-12-31 00:00:00

(6) 상기 네모를 친 PO_Num 13183과 13194는 중복 데이터일 가능성이 높다. 따라서 이 자체가 내부통제의 취약점 또는 부정의 가능성을 보여주는 것이다. 여기서는 이 중복 데이터를 하나만 남기고 새롭게 Receiving_Report_Modify 테이블을 작성한다.

5 구매 관련 입증감사(2)

- 이 사례는 Purchase_Order, Receiving_Report_Modify, Voucher_Payable 테이블을 조인 걸어 기록되지 않은 매입채무가 있는지를 검토하는 것이다.

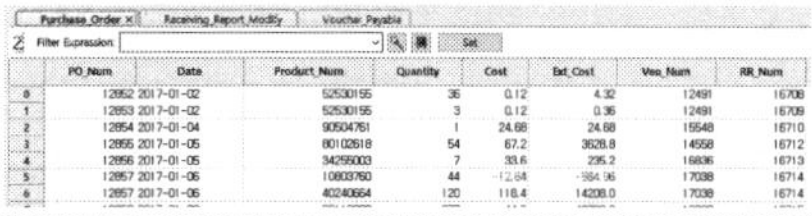

(1) ***Purchase_Order*** 테이블을 선택한다.

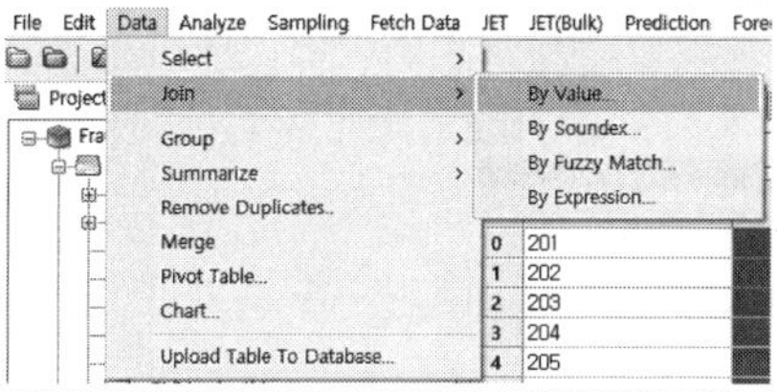

(2) Data >> Join >> By Value 메뉴를 선택한다.

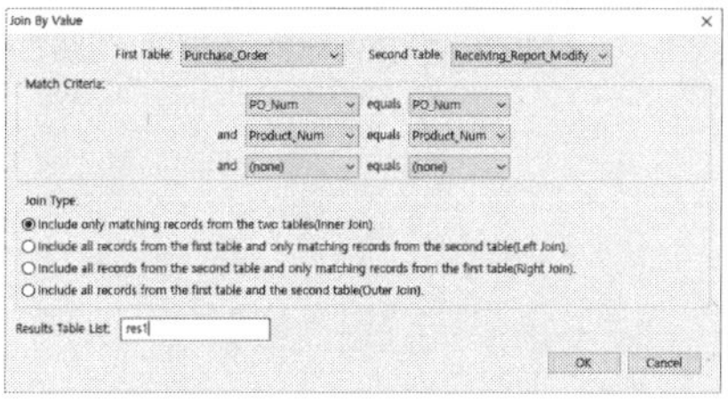

(3) First Table : ***Purchase_Order 선택***
Second Table : ***Receiving_Report_Modify*** 선택

(4) Match Criteria:
PO_Num equals ***PO_Num***
Product_Num equals ***Product_Num***

(5) Join Type : ***Inner join*** 체크

(6) Results Table List : ***res1*** 입력

(7) OK 버튼을 누른다.

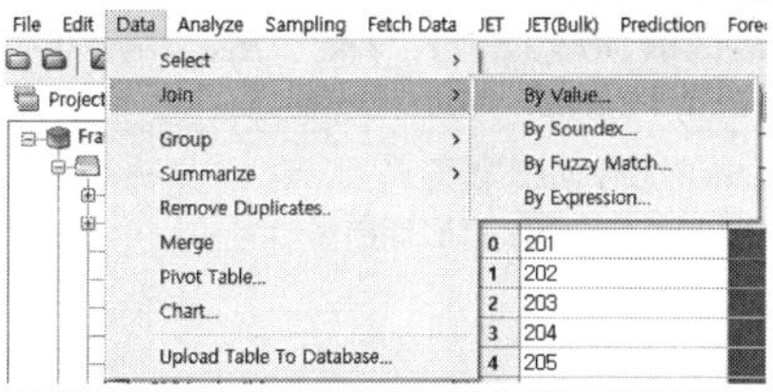

(8) Data >> Join >> By Value 메뉴를 선택한다.

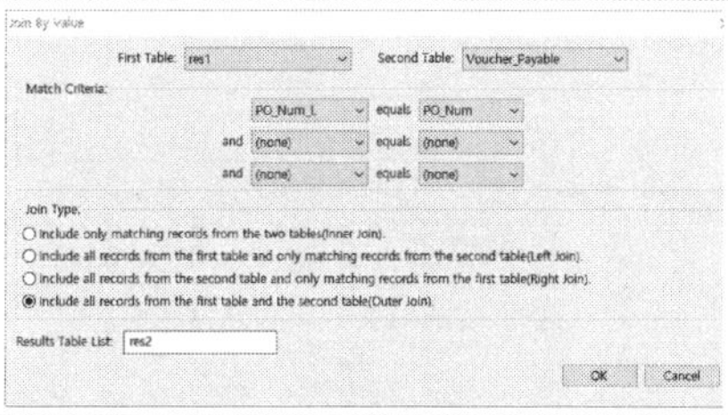

(9) First Table : ***res1*** 선택
Second Table : ***Voucher_Payable*** 선택

(10) Match Criteria:
PO_Num_L equalse ***PO_Num***

(11) Join Type : ***Outer join*** 체크

(12) Results Table List : ***res2*** 입력

(13) OK 버튼을 누른다.

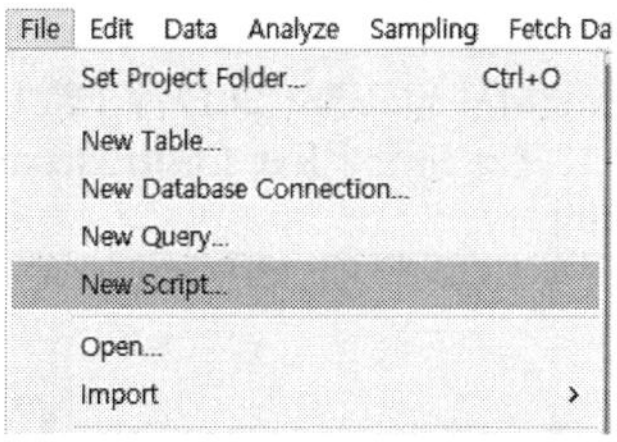

(14) File >> New Script 메뉴를 선택한다.

```
# res2 None --> 0
from datetime import datetime

for i in range(len(res2.get_column_names())):
    if type(res2[0][i]) ==  DateTime :
        res2.replaceValue([[res2.get_column_names()[i], "<N>", "1900-01-01"]])
    elif type(res2[0][i]) ==  str :
        res2.replaceValue([[res2.get_column_names()[i], "<N>", "0"]])
    else :
        res2.replaceValue([[res2.get_column_names()[i], "<N>", 0]])
```

(15)상기와 같이 코드를 입력한다.

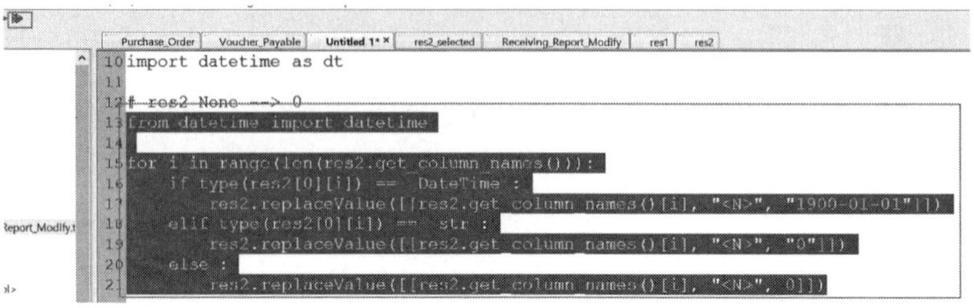

(16)상기와 같이 영역을 선택하고 ▶ 아이콘 버튼을 누른다.

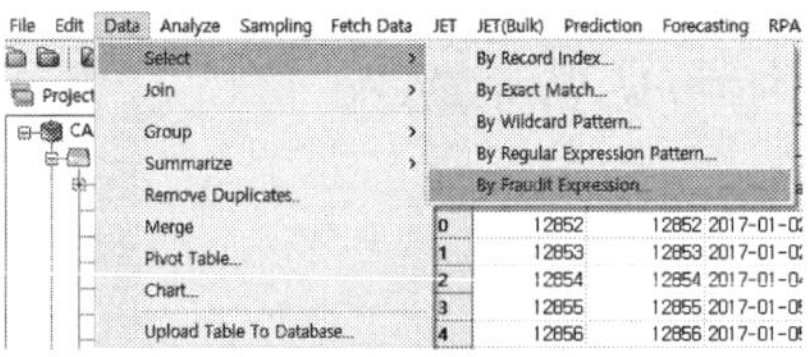

(17)Data >> Select >> By Fraudit Expression 메뉴를 선택한다.

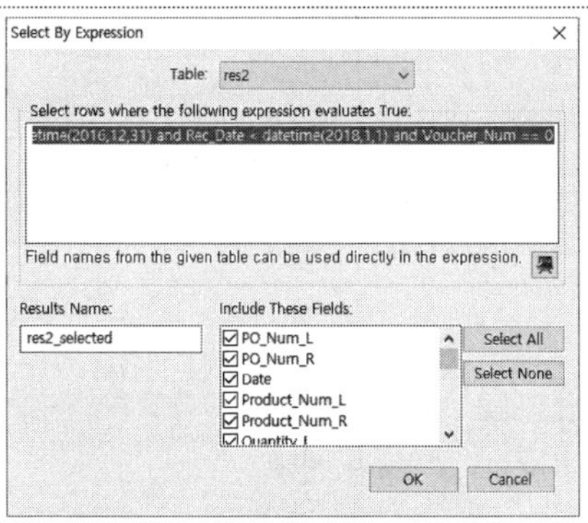

(18)Table : ***res2*** 선택

(19)Select rows where the following expression evaluates True:

Rec_Date > datetime(2016,12,31) and Rec_Date < datetime(2018,1,1) and Voucher_Num == 0

(20)Results Name : ***res2_selected*** 입력

(21)Inclucde These Fieldss: ***Select All*** 버튼을 누른다.

(22)OK 버튼을 누른다.

	PO_Num_L	PO_Num_R	Date	Product_Num_L	Product_Num_R	Quantity_L	Quantity_R	Cost	Ext_Cost	Ven_Num_L	Ven_Num_R	RR_Num_L	RR_Num_R	Ven_Num	Rec_Date	Voucher_Num	Chk_Num
0	12855	12855	2017-01-05 00:00:00	80102618	80102618	54	54	67.2	3628.8	14558	0	16712	16712	14558	2017-01-08 00:00:00	0	0
1	13183	13183	2017-12-14 00:00:00	10155170	10155170	724	724	28.2	20416.8	15261	0	0	17119	15261	2017-12-29 00:00:00	0	0
2	13184	13184	2017-12-15 00:00:00	90507811	90507811	6	6	32.32	193.92	15989	0	0	17123	15989	2017-12-29 00:00:00	0	0
3	13185	13185	2017-12-15 00:00:00	30321683	30321683	1	1	5.88	5.88	14255	0	0	17124	14255	2017-12-31 00:00:00	0	0
4	13189	13189	2017-12-19 00:00:00	23973042	23973042	28	28	14.0	391.84	14826	0	0	17127	14826	2017-12-27 00:00:00	0	0
5	13188	13188	2017-12-18 00:00:00	80102628	80102628	1	1	28.0	28.0	14414	0	0	17132	14414	2017-12-29 00:00:00	0	0
6	13194	13194	2017-12-25 00:00:00	24128712	24128712	98	98	4.04	395.92	16424	0	0	17136	16424	2017-12-31 00:00:00	0	0
7	13193	13193	2017-12-23 00:00:00	10102840	10102840	40	40	157.6	6304.0	14761	0	17139	17139	14761	2017-12-28 00:00:00	0	0
8	13193	13193	2017-12-23 00:00:00	80126308	80126308	1	1	0.96	0.96	14761	0	17139	17139	14761	2017-12-28 00:00:00	0	0
9	13193	13193	2017-12-23 00:00:00	90507811	90507811	3	3	32.32	96.96	14761	0	17139	17139	14761	2017-12-28 00:00:00	0	0
10	13191	13191	2017-12-22 00:00:00	10631190	10631190	16	16	12.4	198.4	13134	0	0	17142	13134	2017-12-29 00:00:00	0	0
11	13190	13190	2017-12-21 00:00:00	24128712	24128712	85	85	4.04	343.4	13338	0	0	17143	13338	2017-12-28 00:00:00	0	0
12	13187	13187	2017-12-17 00:00:00	40247034	40247034	240	240	49.6	11904.0	12259	0	0	17146	12259	2017-12-28 00:00:00	0	0

(23)결과 테이블에 13개 항목이 상기와 같이 나타난다. Voucher Payable에 포함되지 않으면서 2017년 1월 1일 후부터 2018년 1월 1일 전에 수령한 항목은 기록되지 않은 매입채무이며 13개의 항목의 Ext_Cost(Extended Cost value)의 합계는 43,908.88이므로 이것이 기록되지 않은 매입채무이다.

6 재고 관련 입증감사

- 이 사례는 **Inventory 테이블**에서 장부금액과 순실현가치(NRV)를 비교하여 저가로 재고자산 장부금액을 조정하는 것이다.

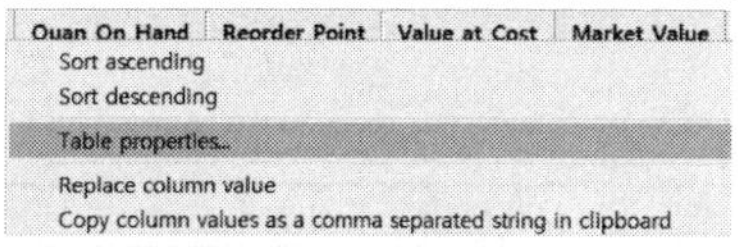

(1) ***Inventory*** 테이블을 연다.

(2) ***Market_Value*** 칼럼을 선택하고, 오른쪽 클릭 후 ***Table Properties*** 메뉴를 선택한다.

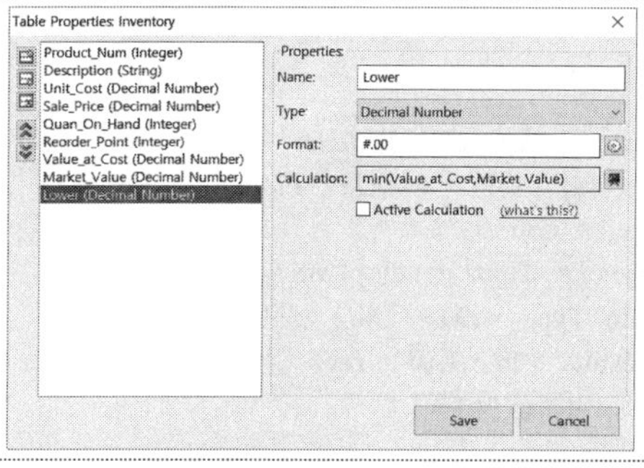

(3) Lower 칼럼을 마지막에 삽입한다.
- Type : ***Decimal Number*** 선택
- Format : ***#.00*** 입력
- Calculation 에 아래와 같이 입력한다.

min(Value_at_Cost,Market_Value)

(4) Save 버튼을 누른다.

(5) Shell에 왼쪽과 같이 입력한 후 엔터키를 치면 결과가 나온다. 저가의 합계가 4422554.60이다.

- 회사가 제시한 자료는 다음과 같다.

재고자산 장부금액	4,572,775
재고자산 저가 재계산금액	4,422,554
재고자산 과대평가금액	150,221

7 구매처에 대한 지급의 정확성 검증

• 이 사례는 구매처에 중복 지급하거나 정확하게 지급하지 않은 것이 있는지를 검토하는 것이다. 이를 위하여 Chk_Register 테이블과 Voucher_Payable 테이블을 연다.

(1) 중복 지급 검증

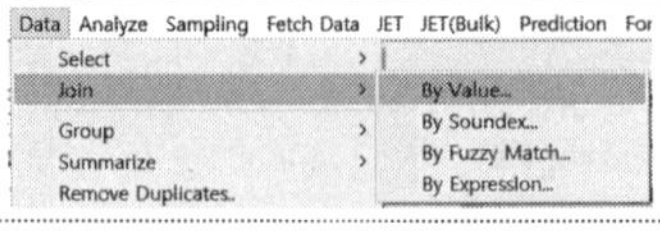

(1) Data >> Join >> By Value 메뉴를 선택한다.

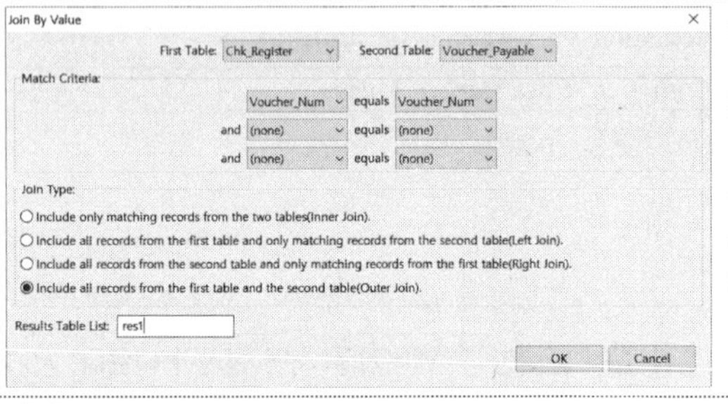

(2) First Table : ***Chk_Register*** 선택
Second Table : ***Voucher_Payable*** 선택
(3) Match Criteria :
• ***Voucher_Num*** equals ***Voucher_Num***
(4) Join Type : ***Outer Join*** 체크
(5) Results Table List : ***res1*** 입력
(6) OK 버튼을 누른다.

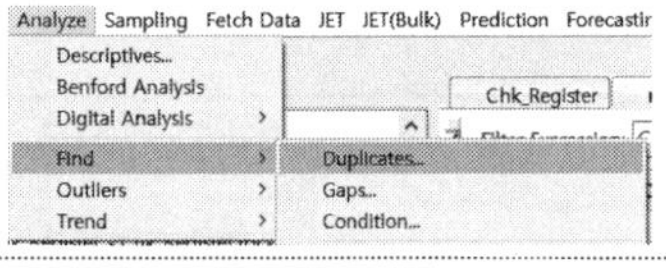

(7) Analyze >> Find >> Duplicates 메뉴를 선택한다.

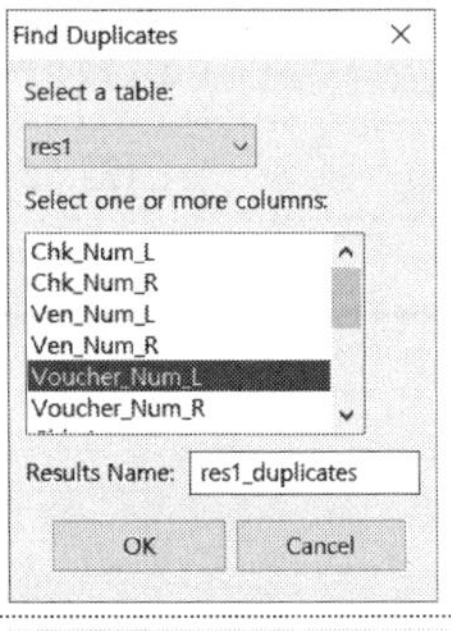

(8) Select a table : ***res1*** 선택
(9) Select on or more columns : ***Voucher_Num_L*** 선택
(10) Results Name : ***res1_duplicates*** 입력
(11) OK 버튼을 누른다.

	Row	Voucher_Num_L	Chk_Num_L	Chk_Num_R	Ven_Num_L	Ven_Num_R	Voucher_Num_R	Chk_Amnt	Pay_Date	Sup_Invce	PO_Num	Full_Amount	Disc_Amnt	Due_Date
0	60	12632	66930	66930	12851	12851	12632	17255.84	2017-10-14 00:00:00	555566	13095	17608.0	17255.84	2017-01-14 00:00:00
1	61	12632	66931	66930	12851	12851	12632	17255.84	2017-10-14 00:00:00	555566	13095	17608.0	17255.84	2017-01-14 00:00:00

(12) Voucher_Num_L과 Full_Amount가 동일하지만 Chk_Num_L이 다른 항목이 2개 나타난다. 이는 중복 지급했을 가능성이 매우 높다.

(2) 부정확한 지급 검증

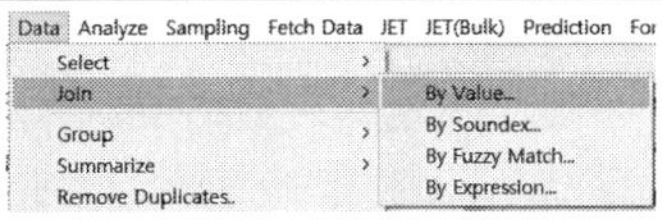

(1) Data >> Join >> By Value 메뉴를 선택한다.

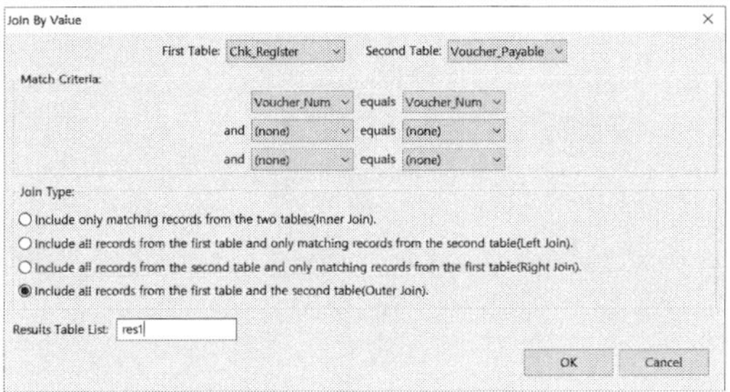

(2) First Table : ***Chk_Register*** 선택
   Second Table : ***Voucher_Payable*** 선택
(3) Match Criteria :
- ***Voucher_Num*** equals ***Voucher_Num***

(4) Join Type : ***Outer Join*** 체크
(5) Results Table List : ***res1*** 입력
(6) OK 버튼을 누른다.

(7) File >> New Script 메뉴를 선택한다.

(8) 아래와 같이 코드를 입력하고 영역을 선택한 후 ▶ 아이콘 버튼을 누른다.

```
from datetime import datetime

for i in range(len(res1.get_column_names())):
    if type(res1[0][i]) == DateTime:
        res1.replaceValue([[res1.get_column_names()[i], '<N>', '1900-01-01']])
    elif type(res1[0][i]) == str:
        res1.replaceValue([[res1.get_column_names()[i], '<N>', '0']])
    else :
        res1.replaceValue([[res1.get_column_names()[i], '<N>', 0]])
```

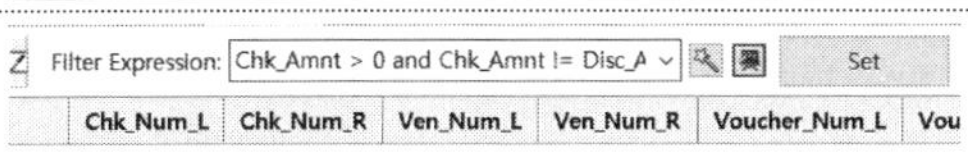

(9) Calculation 박스에 아래와 같이 입력한다.

Chk_Amnt > 0 and Chk_Amnt != Disc_Amnt and Chk_Amnt != Full_Amount

(10) Set 버튼을 누른다.

	Chk_Num_L	Chk_Num_R	Ven_Num_L	Ven_Num_R	Voucher_Num_L	Voucher_Num_R	Chk_Amnt	Pay_Date	Sup_Invce	PO_Num	Full_Amount	Disc_Amnt	Due_Date
0	66971	66971	12573	12573	12674	12674	34881.12	2017-12-01 00:00:00	853871	13137	15184.8	14881.12	2017-01-01 00:00
1	66826	66826	13788	13788	12526	12526	817.92	2017-06-08 00:00:00	122088	12983	-834.6	-817.92	2017-01-08 00:00

(11) Check Amount(Chk_Amnt)가 부정확하게 쓰여진 항목이 2개가 있다. 이에 대해서는 추가적인 조사가 필요하다.

| 제 13 장 |

파이썬으로 RPA 만들기

01 | 개 요

• RPA와 관련된 많은 상용 소프트웨어가 있다. Uipath, BluePrism, Automation Anywhere, WinAutomation 등이 대표적인 상용 소프트웨어이다. 그러나 파이썬도 상용 소프트웨어에 못지 않은 RPA관련 무료 라이브러리가 많다. 이하에서는 파이썬의 RPA 라이브러리 중 가장 핵심이라고 볼 수 있는 pyautgui, pyperclip, selenium 및 기타 라이브러리에 대해서 설명할 것이다.

1 라이브러리 설치하기

• 라이브러리를 import하기 전에 먼저 라이브러리를 설치하여야 한다. 본 교재에서는 여러분이 아나콘다를 사용한다고 가정하여, 아나콘다를 사용하는 경우 라이브러리를 설치하는 방법에 대해서 설명하도록 하겠다.

• 먼저 pyautogui 라이브러리를 설치해보자. 크롬 브라우저를 하나 열고 검색창에 **pyautogui anaconda install**이라고 입력한다.

• 그러면 다음과 같이 anaconda.org에서 Pyautogui :: Anaconda Cloud가 보일 것이다.

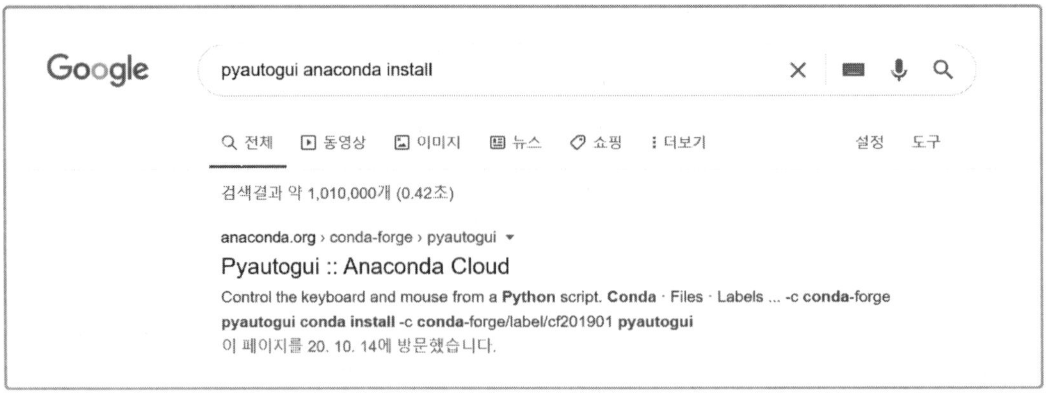

• 상기 URL을 클릭하면 다음과 같은 화면이 뜰 것이다.

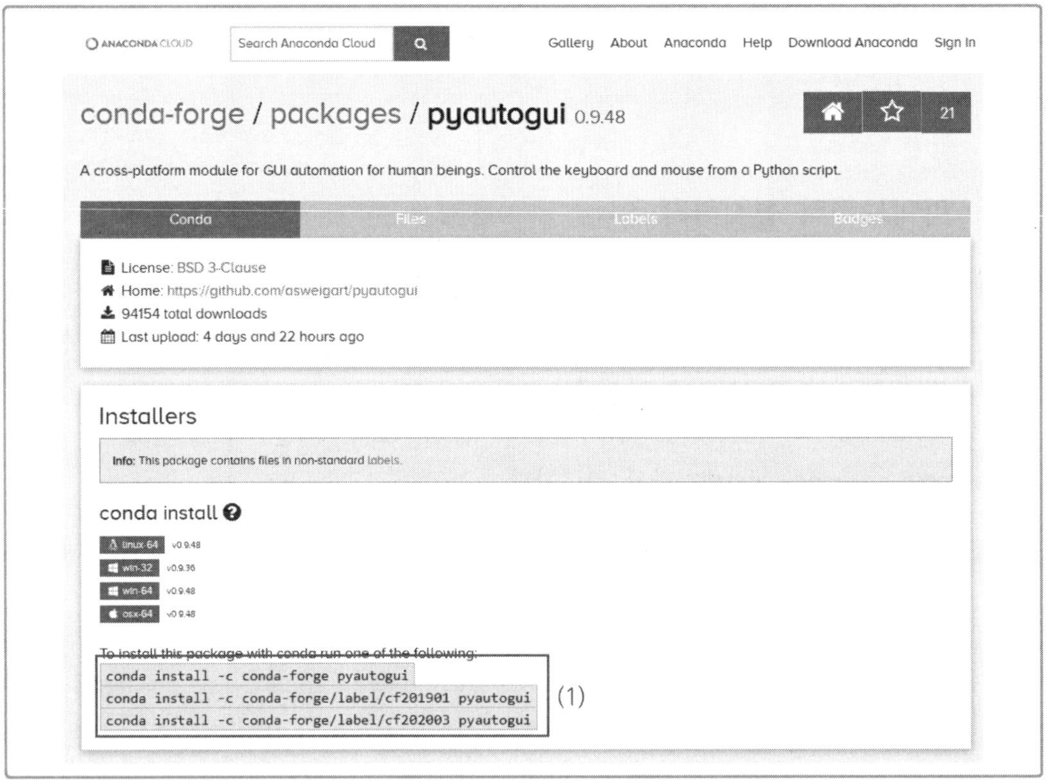

상기 (1) 중 어느 하나를 복사한 후 다음과 같이 검색창에 anaconda라고 치면 anaconda prompt가 열린다. anaconda prompt에서 복사한 것을 붙인 후 엔터키를 치면 설치가 진행된다. 설치과정에서 지시하는 내용에 따라 진행하면 된다.

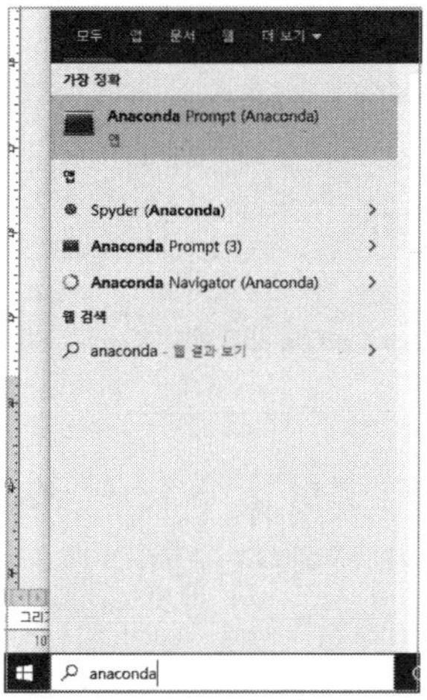

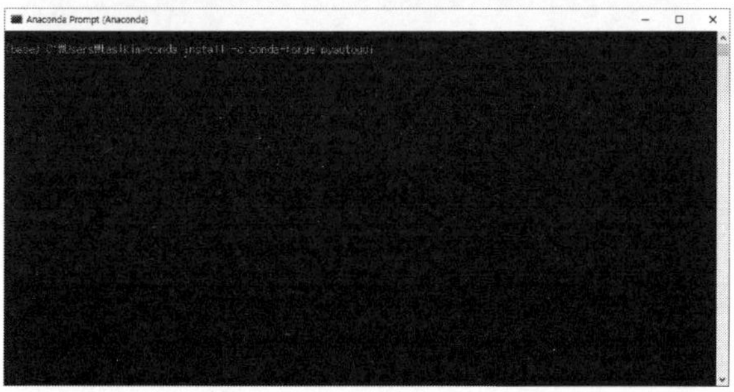

- pyautogui 이외의 라이브러리도 이와 같은 방식으로 설치하면 된다. 라이브러리 설치 후에 아나콘다의 spyder나 Jupyter notebook에서 라이브러리를 임포트하여 에러없이 실행되면 잘 설치된 것이다. 예를 들어 pyautogui가 잘 설치되었는지를 확인하려면 다음과 같이 라이브러리 불러오기를 입력하여 실행이 되는지를 확인하면 된다.

```
import pyautogui as p  # as 뒤는 약자이다.
```

02 | pyautogui

- pyautogui는 파이썬으로 윈도우의 화면상 마우스의 조정, 키보드의 조정, 좌표 인식 등을 할 수 있게 하는 RPA의 핵심인 라이브러리이다.

1 pyautogui 라이브러리 불러오기

- pyautogui 라이브러리는 다음과 같이 불러온다.

```
import pyautogui as p  # as 뒤는 약자이다.
```

2 마우스 핸들링

- 마우스 핸들링에서 유의하여야 할 것은 화면에 여러 개의 어플리케이션이나 웹브라우저가 있는 경우에는 그러한 화면에 보이는 것에 따라 마우스 핸들링의 결과가 달라질 수 있으므로, 마우스 핸들링을 특정화면에서 처리하여야 한다면 다른 어플리케이션과 웹브라우저를 모두 닫고 마우스 핸들링을 처리하는 것이 좋다.

(1) 좌표 인식

- x축과 y축은 왼쪽 가장 구석 좌표인 (0,0)에서 시작하며 x는 오른쪽으로, y는 아래쪽으로 증가한다. 화면 해상도가 1920 × 1080이면 오른쪽 하단 모서리의 픽셀은 (1919, 1079)(좌표가 1이 아닌 0에서 시작되기 때문에)가 된다.

```
0,0       X increases -->
+---------------------------+
|                           | Y increases
|                           |     |
|   1920 x 1080 screen      |     |
|                           |     V
|                           |
|                           |
+---------------------------+ 1919, 1079
```

(2) position() 함수

• position() 함수는 마우스의 현재 x, y 좌표를 튜플로 반환한다.

```
p.position() # 현재 x축과 y축의 좌표
```

상기와 같이 작성하면 interval이 없으므로 내가 원하는 위치에 마우스 커서가 이동할 시간을 확보하는 것이 불가능하다. 따라서, time 라이브러리를 불러와서 마우스 커서가 이동할 시간을 초단위로 설정하는 것이 필요하다.

```
import time
time.sleep(2)  # 2초간 인터벌을 인위적으로 부여한다.
p.position()   # 현재 x축과 y축의 좌표
Point(x = 1379, y = 97)
```

(3) size() 함수

• size() 함수는 메인 모니터의 가로 세로 크기를 반환한다.

```
p.size()  # 현재 x축과 y축의 좌표
Point(width = 1920, height = 1080)
```

(4) onScreen() 함수

• onScreen() 함수는 현재 커서가 메인 모니터의 가로 세로 크기 안에 들어가는지를 True/False로 반환한다.

```
p.onScreen(300, 300)
True
```

(5) 마우스 이동

1) moveTo() 함수

• moveTo() 함수는 이동하고자 하는 (x, y) 좌표로 이동한다. 이동하는 시간은 duration 옵션에서 초단위로 설정할 수 있다.

```
p.moveTo(300, 300, duration = 1) # duration에서 이동시간을 초단위로 설정
```

2) moveRel() 함수

• moveRel() 함수는 커서의 현재 위치에서 상대적인 (x, y) 좌표로 이동한다. 이동하는 시간은 duration 옵션에서 초단위로 설정할 수 있다.

```
p.moveRel(500, 500, duration = 1) # duration 에서 이동시간을 초단위로 설정
```

(6) 마우스 drag and drop

1) dragTo() 함수

• dragTo() 함수는 드래그 앤 드롭을 할 (x, y) 좌표에 왼쪽 또는 오른쪽 클릭을 선택 후 드래그 앤 드롭을 해준다.

```
import time
time.sleep(2)
p.dragTo(931, 347, 1, button='left') # ①
```

① 마우스를 현재 위치에서 (931, 347)로 오른쪽 클릭한 채로 1초 동안 드래그 앤 드롭을 한다.

(7) 마우스 클릭

1) click() 함수

• click() 함수는 아무 옵션이 없는 경우 마우스의 현재 위치에서 왼쪽 한 번 클릭을 반환해준다.

```
p.click() # 현재 위치에서 왼쪽 클릭을 한다.
```

• 만약 원하는 (x, y) 좌표에서 마우스 왼쪽 한 번 클릭을 하려면 다음과 같이 한다.

```
p.click(x = 487, y = 142) # (487,142) 좌표에서 왼쪽 한 번 클릭한다.
```

- 만약 원하는 (x, y) 좌표에서 마우스 오른쪽 한 번 클릭을 하려면 다음과 같이 한다.

```
p.click(x = 487, y = 142, button = 'right') # (487,142) 좌표에서 왼쪽 한 번 클릭한다.
```

2) doubleClick() 함수

- doubleClick() 함수는 아무 옵션이 없는 경우 마우스의 현재 위치에서 왼쪽 두 번 클릭을 반환해준다.

```
p.doubleClick(x = 487, y = 142) # (487,142) 좌표에서 왼쪽 두 번 클릭한다.
```

3) rightClick() 함수

- 만약 원하는 (x, y) 좌표에서 마우스 오른쪽 한 번 클릭을 하려면 다음과 같이 한다.

```
p.rightClick(x = 487, y = 142) # (487,142) 좌표에서 오른쪽 한 번 클릭한다.
```

보충설명 rightClick()과 click()의 차이

p.rightClick(x = 487, y = 142)은 p.click(x = 487, y =142, button = 'right')와 동일하다.

(8) 마우스 스크롤링

- scroll() 함수는 마우스 스크롤 wheel을 클릭해서 스크롤하는 함수이다. 양수 인자를 넣으면 위로 스크롤하며, 음수 인자를 넣으면 아래로 스크롤한다.

```
p.scroll(-1000) # 아래로 1000번 스크롤링한다.
p.scroll(1000) # 위로 1000번 스크롤링한다.
```

3 키보드 핸들링

(1) write() 함수

- write() 함수는 가장 기본적인 키보드 함수이다. 이는 string 안에 있는 character를 타이핑하는 함수이며, 타이핑되는 문자의 인터벌을 int 또는 float 인자값으로 부여할 수 있다.

(2) keyDown(), keyUp() 함수

- keyDown() 함수는 입력한 key를 누르고 keyUp() 함수는 입력한 key를 떼는 함수이다.

```
p.keyDown('win') # 윈도우 키 누르기
p.keyUp('win')   # 윈도우 키 떼기
```

```
p.keyDown('left')  # 방향키 왼쪽 누르기
p.keyUp('left')    # 방향키 왼쪽 떼기
```

```
p.keyDown('shift') # shift 키 누르기
p.keyUp('left')    # 방향키 왼쪽 떼기
```

(3) press() 함수

- press() 함수는 키보드 키를 사용하는 함수이다.

```
p.press('enter')  # 엔터
p.press('f1')     # F1 키
p.press('left')   # 방향키 왼쪽
```

- 복수의 키를 사용하거나 반복해서 사용할 수 있다.

```
p.press( ['a','b','c'], 2 )         # 'a','b','c' 문자를 2번 입력
p.press( ['#','^','_'], 2 , 1 )   # 1초 간격을 두어 특수문자를 2번 입력
```

보충설명 press() 함수와 keyDown(), keyUp() 함수와의 관계

press() 함수는 keyDown() 이후 keyUp()을 실행한 것과 동일하다.

(4) hotkey() 함수

- hotkey() 함수는 설정한 2개 이상의 키보드 키를 keyDown하고 KeyUp하는 함수이다. hotkey()를 사용하면 키보드 단축키를 편하게 활용할 수 있다.

```
p.hotkey('ctrl', 'shift', 'esc') # 윈도우 작업관리자 단축키 입력
```

(5) 키보드에서 입력할 수 있는 키

- 아래의 key는 press(), keyDown(), keyUp() 및 hotkey() 함수에 사용될 수 있다. 다만, 이러한 함수에서는 단일의 문자만 입력할 수 있으며, 여러 개의 문자를 입력하려면 write() 함수를 사용하여야 한다.

```
'₩t', '₩n', '₩r', ' ', '!', '"', '#', '$', '%', '&', "'", '(',')', '*', '+', ',', '-', '.', '/', '0', '1', '2', '3',
'4', '5', '6', '7','8', '9', ':', ';', '<', '=', '>', '?', '@', '[', '₩₩', ']', '^', '_', '`','a', 'b', 'c', 'd', 'e','f',
'g', 'h', 'i', 'j', 'k', 'l', 'm', 'n', 'o','p', 'q', 'r', 's', 't', 'u', 'v', 'w', 'x', 'y', 'z', '{', '|', '}',
'~','accept', 'add', 'alt', 'altleft', 'altright', 'apps', 'backspace', 'browserback',
'browserfavorites', 'browserforward', 'browserhome', 'browserrefresh', 'browsersearch',
'browserstop', 'capslock', 'clear','convert', 'ctrl', 'ctrlleft', 'ctrlright', 'decimal', 'del', 'delete',
'divide', 'down', 'end', 'enter', 'esc', 'escape', 'execute', 'f1', 'f10', 'f11', 'f12', 'f13', 'f14',
'f15', 'f16', 'f17', 'f18', 'f19', 'f2', 'f20', 'f21', 'f22', 'f23', 'f24', 'f3', 'f4', 'f5', 'f6', 'f7', 'f8',
'f9', 'final', 'fn', 'hanguel', 'hangul', 'hanja', 'help', 'home', 'insert', 'junja', 'kana', 'kanji',
'launchapp1', 'launchapp2', 'launchmail', 'launchmediaselect', 'left', 'modechange', 'multiply',
'nexttrack', 'nonconvert', 'num0', 'num1', 'num2', 'num3', 'num4', 'num5', 'num6', 'num7',
'num8', 'num9', 'numlock', 'pagedown', 'pageup', 'pause', 'pgdn', 'pgup', 'playpause',
'prevtrack', 'print', 'printscreen', 'prntscrn', 'prtsc', 'prtscr', 'return', 'right', 'scrolllock', 'select',
'separator', 'shift', 'shiftleft', 'shiftright', 'sleep', 'space', 'stop', 'subtract', 'tab','up',
'volumedown', 'volumemute', 'volumeup', 'win', 'winleft', 'winright', 'yen', 'command',
'option', 'optionleft', 'optionright'
```

예 탭 한칸 넣기

```
p.press('₩t')
```

예 다음 줄로 이동하기

```
p.press('₩n')
```

예 f1 키 누르기

```
p.press('f1')
```

4 메시지 박스

(1) alert() 함수

- alert() 함수는 가장 기본적인 메세지 박스로 문자열과 버튼을 생성한다.

```
p.alert(text='확인되었습니다.', title='인증', button='OK')
```

(2) confirm() 함수

- confirm() 함수는 여러 개의 버튼을 가진 메시지 박스를 생성한다.

```
p.confirm(text='계속진행하시겠습니까?', title='경고', buttons=['OK','Cancel'])
```

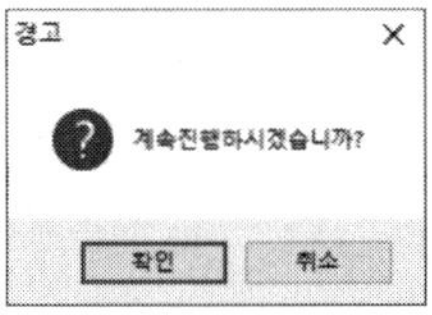

(3) prompt() 함수

- prompt() 함수는 문자열 입력값을 받는 메시지 박스이다. 입력된 문자열을 입력하고 OK 버튼을 누르면 입력값을 반환하지만 Cancel 버튼을 클릭하면 None값을 반환한다.

```
p.prompt(text='아이디를 입력해주세요', title='로그인' , default='RPA_TEST')
```

(4) password() 함수

- password() 함수는 문자열 입력값을 받을 때 마스크 처리되어 표시되는 메시지 박스를 생성한다.

```
p.password(text='패스워드를 입력해주세요', title='비밀번호' , default='')
```

5 스크린 샷

- screenshot() 함수로 이미지의 저장을 간편하게 할 수 있다. screenshot() 함수는 원하는 위치만 스크린 샷을 할 수 있는 region 인자를 제공한다. screenshot() 함수는 대략 100 milliseconds 속도가 걸린다.

(1) 모니터 전체 화면을 이미지 객체로 전환

```
im1 = p.screenshot()
```

(2) 모니터 전체 화면을 이미지 파일로 저장

- 다음과 같이 하는 경우 이미지 파일을 working folder에 저장한다. 만약 다른 폴더에 저장하려면 full path를 정해준다. 이미지 파일은 .png로 저장하여야 한다.

```
im2 = p.screenshot('my_screenshot.png') # full path를 지정할 수 있다.
```

(3) 특정영역에 해당하는 부분을 이미지 파일로 working folder에 저장

- 특정영역은 region 인자를 통하여 (x좌표 상단 왼쪽, y좌표 상단 왼쪽, x좌표 하단 오른쪽, y좌표 하단 오른쪽)과 같이 튜플로 설정한다.

```
im3 = p.screenshot('my_screenshot.png', region=(0,0, 300, 400))
```

보충설명 이미지 캡쳐 프로그램

이미지를 캡쳐하는 프로그램은 여러 가지가 있는데 픽픽(Pick Pick) 같은 프로그램은 무료이며 사용하기가 매우 편리하므로 추천하는 프로그램이다. 이미지를 캡쳐한 후 working directory에 저장할 것을 권장한다. 다른 directory에 저장하면 full path를 기입해야 하는 불편함이 따른다.

(4) 캡쳐한 이미지의 화면상 좌표값 구하기

1) locateOnScreen() 함수

- 원하는 아이콘을 클릭하거나 입력값을 넣어야 할 때 프로그램 창 위치가 달라진다면 매번 해당 좌표를 일일이 구하는 것은 매우 불편할 것이다. 이러한 문제는 locateOnScreen 함수로 간단히 해결할 수 있다. locateOnScreen() 함수는 이미지파일을 사용하여 좌표를 반환하는 함수이다. locateOnScreen() 함수를 통해 x좌표, y좌표, 너비, 높이 4가지 정보를 담은 Box객체를 반환받아 보다 쉽게 화면상의 원하는 부분의 좌표값을 구할 수 있다.
- locateOnScreen()의 인자는 다음과 같다.

locateOnScreen(이미지가 저장된 full path, confidence)

<이미지 파일명>
반드시 영문이어야 하며, 확장자는 png이어야 한다. 가능한 working directory에 저장할 것을 권장한다.

<Confidence>
이미지의 해상도에 따라 신뢰도를 기입하여야 한다. 디폴트는 1이며 이는 정확하게 일치하는 것을 의미한다. 일반적으로 0.8~0.9 정도로 세팅할 것을 권장한다.

<반환값>
(x좌표, y좌표)로 구성된 튜플

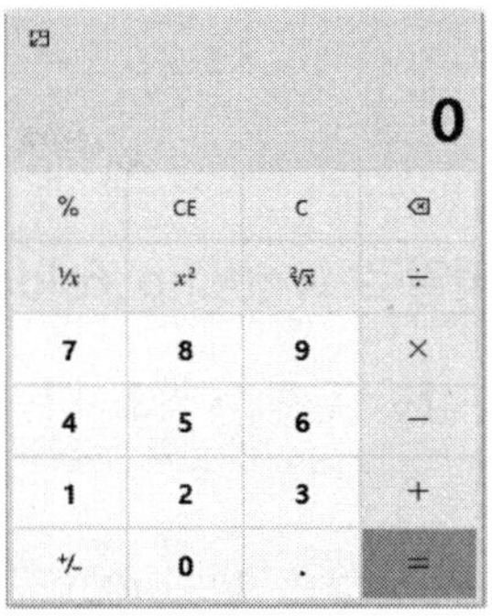

button7.png

```
button7_locate = p.locateOnScreen('button7.png')
button7_locate
Box(left=661, top=460, width=120, height=78)
```

```
point = p.center(button7_locate)  # 중앙좌표
print(point)
Box(left=661, top=460, width=120, height=78)
```

보충설명 locateOnScreen() 함수 실행시 유의사항

locateOnScreen()를 실행하기 전에 반드시 해당 이미지가 포함되어 있는 화면을 주 화면에 활성화시켜야 한다. 그렇지 않으면 해당 이미지의 좌표를 찾을 수 없게 된다.

2) locateCenterOnScreen() 함수

- locateCenterOnScreen() 함수는 캡쳐한 이미지의 정 가운데 좌표를 반환한다.

locateCenterOnScreen(이미지가 저장된 full path, confidence)

<이미지 파일명>
반드시 영문이어야 하며, 확장자는 png이어야 한다. 가능한 working directory에 저장할 것을 권장한다.

<Confidence>
이미지의 해상도에 따라 신뢰도를 기입하여야 한다. 디폴트는 1이며 이는 정확하게 일치하는 것을 의미한다. 일반적으로 0.8~0.9 정도로 세팅할 것을 권장한다.

<반환값>
(x좌표, y좌표)로 구성된 튜플

```
이미지 = p.locateCenterOnScreen('F:/duzon.png',confidence = 0.9)
이미지
Point(x=190, y=152)
이미지[0]
190
```

03 | Selenium

- BeautifulSoup는 HTML, XML 파일의 정보를 추출(parsing)하는 기능을 제공하는 라이브러리로, 일반적으로 request 또는 urllib를 이용하여 HTML, XML을 다운로드받고, BeautifulSoup로 데이터를 추출한다. 이는 웹이 운용되는 서버에 직접 명령어를 보내서 HTML을 다운로드받는 방식이므로 만약 웹이 이와 같이 직접 명령어를 보내는 것을 차단하거나, 웹이 Javascript 렌더링을 필요로 하는 경우에는 데이터를 크롤링하기가 매우 어렵게 된다.
- Selenium은 웹 어플리케이션 테스트를 위한 프레임워크이다. 그러므로 자동화 테스트가 가능하도록 여러 가지 기능을 지원한다. 즉, 버튼 클릭, 스크롤 조작, 페이지 넘김 등의 기능이 잘 작동되는지를 테스트할 때 사용된다. 따라서 Selenium을 이용하게 되면 웹에서 Javascript 렌더링을 통해 생성되는 데이터들을 손쉽게 가져올 수 있게 된다. 웹 페이지에서 자료를 수집하기 위한 RPA를 구축할 때 가장 일반적으로 많이 사용되는 라이브러리가 Selenium이다. Selenium은 웹이 운용되는 서버에 직접 명령어를 보내서 다운로드하는 방식이 아니라 웹 브라우저를 실제로 실행시키기 때문에 BeautifulSoup에 비하면 속도가 느리고, 메모리도 상대적으로 많이 사용한다(크롬 브라우저를 실행하면 메모리를 많이 사용하는 것과 비슷한 논리이다).

1 Selenium 설치

- Python에서 Selenium 라이브러리를 설치하기 위해서는 pip을 활용할 수 있다.

```
pip install selenium
```

2 WebDriver 다운로드

Selenium은 웹 브라우저를 직접 구동하는 방식이므로 각각의 브라우저를 구동하기 위한 WebDriver를 별도로 다운로드받아서 이를 불러오는 절차가 필요하다.

- 여기서는 가장 널리 사용되는 Chrome 브라우저에 대한 WebDriver를 다운로드받는 방법을 설명할 것이다.

1) ChromeDriver 다운로드

- ChromeDriver를 다운로드받기 위해서는 먼저 다음의 사이트에 접속한다.

```
https://chromedriver.chromium.org/downloads
```

- Chrome 브라우저에 아래의 주소를 치면 자신의 Chrome 버전을 확인할 수 있다.

```
chrome://settings/help
```

- Current Releases에서 자신의 Chrome 버전에 맞는 부분을 누른다.

Downloads

Current Releases

- If you are using Chrome version 91, please download ChromeDriver 91.0.4472.19
- If you are using Chrome version 90, please download ChromeDriver 90.0.4430.24
- If you are using Chrome version 89, please download ChromeDriver 89.0.4389.23
- If you are using Chrome version 88, please download ChromeDriver 88.0.4324.96
- For older version of Chrome, please see below for the version of ChromeDriver that supports it.

If you are using Chrome from Dev or Canary channel, please following instructions on the ChromeDriver Canary page.

For more information on selecting the right version of ChromeDriver, please see the Version Selection page.

- 자신의 OS에 맞는 드라이버를 다운로드 받는다. 만약 windows(32비트, 64비트)를 사용한다면 chromedriver win32.zip을 다운로드 받는다.

Index of /91.0.4472.19/

Name	Last modified	Size	ETag
Parent Directory		-	
chromedriver_linux64.zip	2021-04-22 20:18:16	5.62MB	97514be5a4e4f409593fd0f9714b9ea4
chromedriver_mac64.zip	2021-04-22 20:18:18	7.68MB	4e9117fe8a2d2ceb721cd40472e84902
chromedriver_mac64_m1.zip	2021-04-22 20:18:19	7.05MB	5890be572c5797eac97767a449df3803
chromedriver_win32.zip	2021-04-22 20:18:21	5.59MB	abb93e0867a4811 0ee9118ddc050679c
notes.txt	2021-04-22 20:18:25	0.00MB	e99b2961966e8daaea0a8051e385ee4d

• 다운로드받은 zip 파일의 압축을 푼다. 그러면 chromedriver.exe 파일이 생기며 이를 적절한 폴더(working directory)에 이동시킨다.

3 Selenium 라이브러리 및 webdriver 불러오기

• Selenium 라이브러리는 다음과 같이 불러온다.

```
import selenium    # 여기서는 약자를 붙이지 않았다.
```

• webdriver를 다음과 같이 불러온다.

```
from selenium import webdriver
```

4 Chrome 브라우저 불러오기

• 일반적으로 다음과 같이 driver 변수로 할당하여 사용한다. 이하에서는 driver 변수를 사용한다는 가정 하에 설명하기로 한다.
• Chrome 브라우저를 단순히 하나 여는 것은 다음과 같이 입력하면 된다.

```
driver = webdriver.Chrome('chromedriver.exe')
```

보충설명 브라우저 구동 기다리기

Selenium은 Chrome 브라우저 하나가 완전히 로드될 때까지(즉, "온로드" 이벤트가 시작됨) 기다렸다가 스크립트를 계속한다. 만약 브라우저 로드에 많은 AJAX를 사용한다면, 브라우저 기능은 언제 완전히 로딩되었는지 알지 못할 수도 있다. 이 때는 아래와 같이 바로 밑에 time.sleep() 명령어를 추가하는 것도 고려할 필요가 있다. time.sleep()을 실행하기 위해서는 먼저 import time과 같이 time 라이브러리를 불러와야 한다.

```
import time  # time 라이브러리를 불러온다.
time.sleep(1)  # 인자는 초단위 integer로 입력한다.
```

- 그런데 이와 같이 하면 Chrome 브라우저가 최대화되지 않는다. Chrome 브라우저가 최대화되지 않으면 앞서 설명한 pyautogui에서 이미지를 이용한 위치 찾기 등이 에러가 날 가능성이 높다. 따라서 Chrome 브라우저를 최대화하는 것이 필요하다.
- Chrome 브라우저를 최대화하려면 chrome_options라는 인자를 활용하여야 하므로 옵션 세팅을 위하여 다음과 같이 한다.

```
options = webdriver.ChromeOptions()
options.add_argument("--start-maximized")
driver = webdriver.Chrome('chromedriver.exe',chrome_options=options)
```

5 원하는 URL 입력하기

- 원하는 URL을 접속하려면 상기 driver에 get() 함수를 이용한다. get() 함수 안에 URL을 full로 홑따옴표로 입력한다. 여기서는 www.daum.net을 접속해보기로 한다.

```
driver.get('http://www.daum.net')
```

6 원하는 위치 찾기

- 웹 브라우저에서 탐색하고 작업을 수행하려면 Elements를 찾는 것이 중요하다. Elements는 텍스트, 제목, 단추, 텍스트 필드, 표 등과 같은 웹 사이트의 html 파일에 있는 모든 것이 될 수 있다.
- Selenium은 여러 가지 방법으로 Elements를 찾는 것을 지원한다. 그 여러 가지 방법은 다음과 같다.

✓ id로 element 찾기 : find_element_by_id
✓ name으로 element 찾기 : find_element_by_name
✓ xpath로 element 찾기 : find_element_by_xpath
✓ link_text로 element 찾기 : find_element_by_link_text
✓ partial_link_text로 element 찾기 : find_element_by_partial_link_text
✓ tag_name으로 element 찾기 : find_element_by_tag_name
✓ class_name로 element 찾기 : find_element_by_class_name
✓ css_selector로 element 찾기 : find_element_by_css_selector

- 한편, 복수의 elements를 찾는 방법은 다음과 같다. **이러한 방법은 결과를 리스트로 반환**한다.

✓ name으로 복수의 element 찾기 : find_elements_by_name #elements 복수 유의
✓ xpath로 복수의 element 찾기 : find_elements_by_xpath #elements 복수 유의
✓ link_text로 element 찾기 : find_elements_by_link_text #elements 복수 유의
✓ partial_link_text로 element 찾기 : find_elements_by_partial_link_text #elements 복수 유의
✓ tag_name으로 element 찾기 : find_elements_by_tag_name #elements 복수 유의
✓ class_name로 element 찾기 : find_elements_by_class_name #elements 복수 유의
✓ css_selector로 element 찾기 : find_elements_by_css_selector #elements 복수 유의

보충설명 element를 찾는 다른 방법

상기 공식적인 방법 이외에, 다음과 같은 방법을 사용할 수도 있다.
✓ find_element
✓ find_elements
상기 방법을 사용하기 위해서는 다음과 같이 먼저 셀레니움의 클래스를 불어와야 한다.

```
from selenium.webdriver.common.by import By
```

클래스를 불러온 후에는 다음 사례와 같이 입력한다.

```
driver.find_element(By.XPATH, '//button[text()="Some text"]')
driver.find_elements(By.XPATH, '//button')
```

괄호 안의 By. 뒤에는 찾는 방식에 따라 다음과 같이 입력하면 된다.

- ✓ ID = 'id'
- ✓ XPATH = 'xpath'
- ✓ LINK_TEXT = 'link text'
- ✓ PARTIAL_LINK_TEXT = 'partial link text'
- ✓ NAME = 'name'
- ✓ TAG_NAME = 'tag_name'
- ✓ CLASS_NAME = 'class name'
- ✓ CSS_SELECTOR = 'css selector'

- 이제 Elements를 찾는 방법에 대해서 자세히 살펴보자. 여기서는 www.daum.net을 다음과 같이 접속하였다고 가정한다.

```
driver.get('http://www.daum.net')
```

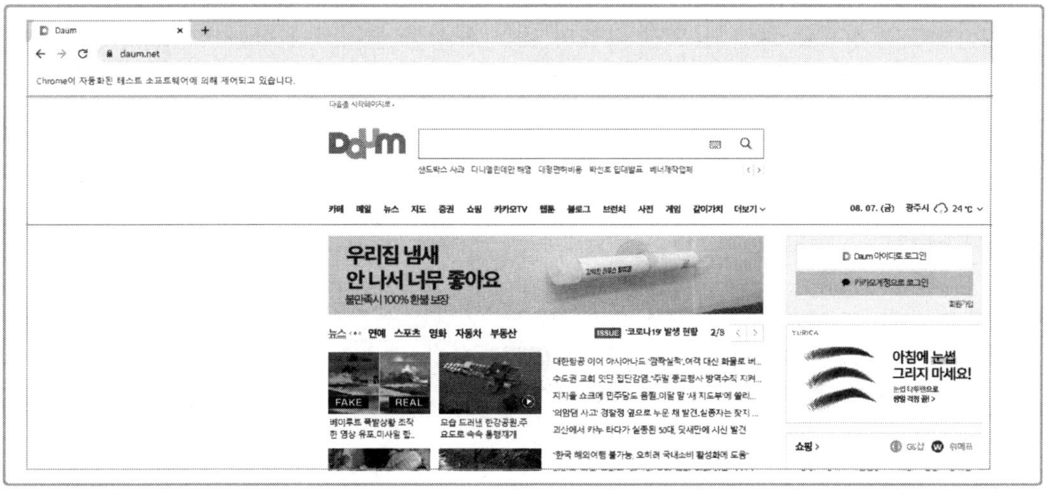

- 여기서 찾고 싶은 위치에 마우스 커서를 이동하고 오른쪽 클릭을 하면 다음과 같은 메뉴가 나오는데 여기서 검사 메뉴를 누른다. 여기에서는 검색란의 Elements를 찾고 싶다고 가정하고 다음과 같이 하거나 F12 버튼을 눌러보자.

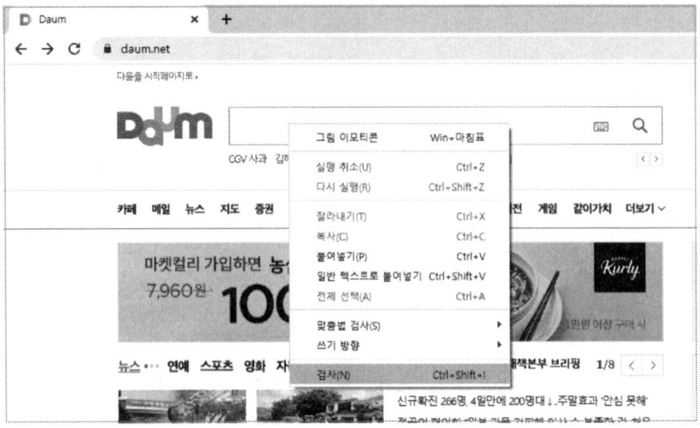

또는 F12버튼을 누른다.

• 검사 메뉴를 누르거나 F12 버튼을 누르면 다음과 같이 개발자 도구가 오른쪽 화면에 분할하여 나오는 것을 확인할 수 있다. 개발자 도구 화면을 화면의 오른쪽, 아래쪽, 왼쪽 또는 별도의 창으로 보고 싶으면 다음의 네모 표시를 눌러서 원하는 방식(Dock side)의 아이콘을 선택하면 된다.

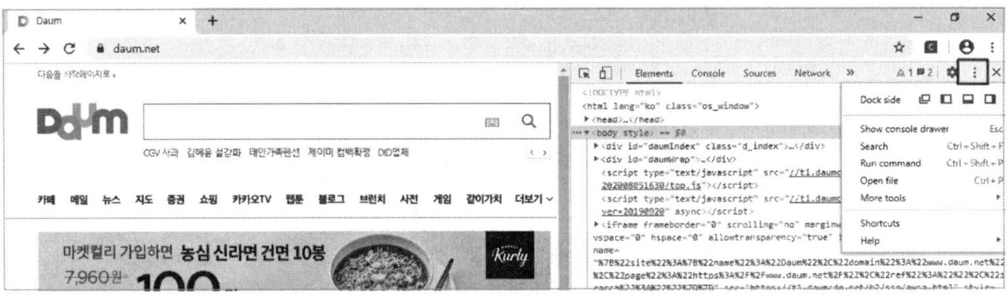

(1) 단일의 Element 찾기 : 검색란 찾기

1) ID로 Elements 찾기

• 여기서는 먼저 검색란의 Element를 ID로 찾아보자. 다음 그림의 네모 버튼을 누르면 파란색으로 활성화된다.

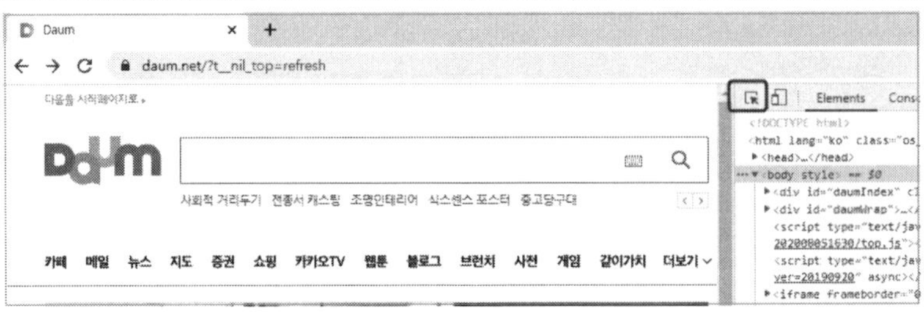

- 그 후 다음 그림과 같이 검색란의 위치 **(1)**에 커서를 이동시켜 클릭하면 개발자 도구 **(2)** 부분이 다음과 같이 활성화된다.

【그림 1】 개발자 도구

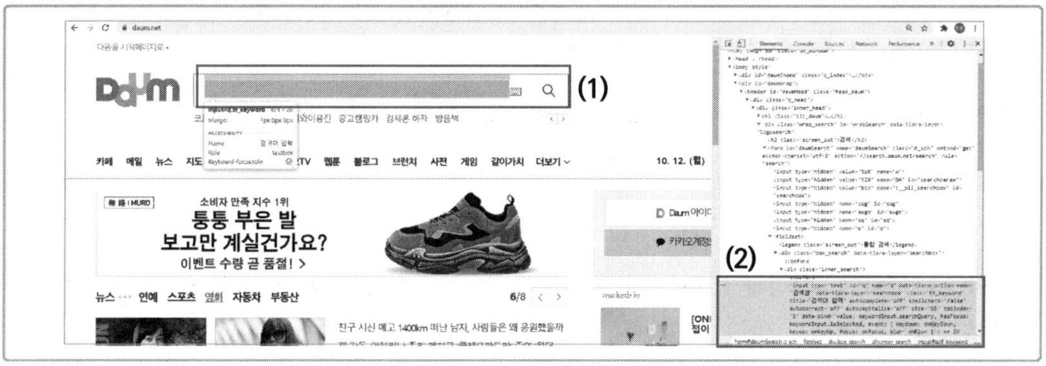

- **【그림 1】의 (2)**영역은 html 부분이므로 html에 대한 이해가 필요하다. 먼저 **(2)**영역을 자세히 살펴보자.

<input type="text" **id="q"** **name="q"** data-tiara-action-name="검색창" data-tiara-layer="searchbox" **class="tf_keyword"** title="검색어 입력" autocomplete="off" spellcheck="false" autocorrect="off" autocapitalize="off" size="55" tabindex="1" data-bind="value: keywordInput.searchQuery, hasFocus: keywordInput.isSelected, event: { keydown: onKeyDown, keyup: onKeyUp, focus: onFocus, blur: onBlur }">

상기 html의 밑줄 친 부분을 살펴보면 id="q"가 있는 것을 확인할 수 있다. 이제 id가 q라는 것을 알았기 때문에 id를 활용하여 Element를 찾아보자.

```
driver.find_element_by_id("q")
```

해당 Element에 '시청률'이라는 검색어를 입력하는 것은 다음과 같이 send_keys() 함수를 이용하면 된다.

```
driver.find_element_by_id("q").send_keys("시청률")
```

2) name으로 검색창 Element를 찾고 '시청률' 입력하기

- **【그림 1】의 (2)** 영역을 추가로 살펴보면 id뿐만 아니라 아래와 같이 name도 있는 것을 확인할 수 있다.

```
<input type="text" id="q" name="q" data-tiara-action-name="검색창" data-tiara-layer="searchbox" class="tf_keyword" title="검색어 입력" autocomplete="off" spellcheck ="false" autocorrect="off" autocapitalize="off" size="55" tabindex="1" data-bind="value: keywordInput.searchQuery, hasFocus: keywordInput.isSelected, event: { keydown: onKeyDown, keyup: onKeyUp, focus: onFocus, blur: onBlur }">
```

상기 html의 밑줄친 부분을 살펴보면 name ="q"가 있는 것을 확인할 수 있다. 이제 name이 q라는 것을 알았기 때문에 name을 활용하여 Element를 찾아보자.

```
driver.find_element_by_name("q")
```

해당 Element에 '시청률'이라는 검색어를 입력하는 것은 다음과 같이 send_keys() 함수를 이용하면 된다.

```
driver.find_element_by_name("q").send_keys("시청률")
```

3) class_name으로 검색창 Element를 찾고'시청률'입력하기

- **【그림 1】의 (2)**영역을 추가로 살펴보면 다음과 같이 class_name도 있는 것을 확인할 수 있다.

```
<input type="text" id="q" name="q" data-tiara-action-name="검색창" data-tiara-layer="searchbox" class="tf_keyword" title="검색어 입력" autocomplete="off" spellcheck="false" autocorrect="off" autocapitalize="off" size="55" tabindex="1" data-bind="value: keywordInput.searchQuery, hasFocus: keywordInput.isSelected, event: { keydown: onKeyDown, keyup: onKeyUp, focus: onFocus, blur: onBlur }">
```

상기 html의 밑줄친 부분을 살펴보면 class ="tf_keword"가 있는 것을 확인할 수 있다. 이제 class_name이 "tf_keword"라는 것을 알았기 때문에 class_name을 활용하여 Element를 찾아보자

```
driver.find_element_by_class_name("tf_keyword")
```

해당 Element에 '시청률'이라는 검색어를 입력하는 것은 다음과 같이 send_keys() 함수를 이용하면 된다.

```
driver.find_element_by_class_name("tf_keyword").send_keys("시청률")
```

4) css_selector로 검색창 Element를 찾고'시청률'입력하기

- **【그림 1】의 (2)**영역에서 오른쪽 클릭을 하면 Copy 메뉴가 나오고 다음과 같이 하위 메뉴가 나오는데 여기서 Copy selector 메뉴를 누른다.

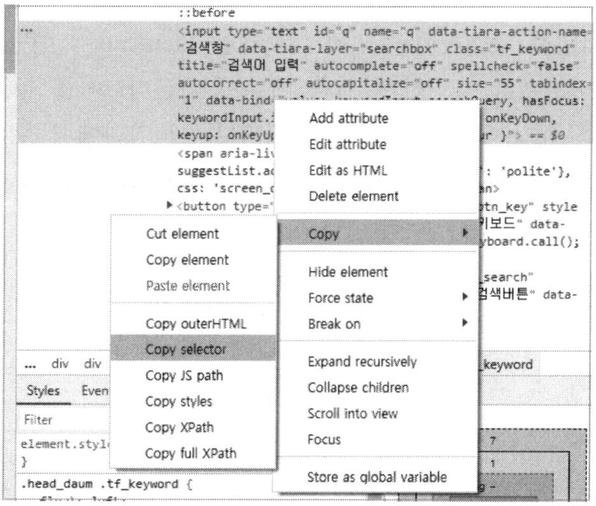

이제 코드 에디터 창에 붙이면 #q가 나온다. 이제 css_selector가 "#q"라는 것을 알았기 때문에 css_selector을 활용하여 Element를 찾아보자

```
driver.find_element_by_css_selector("#q")
```

해당 Element에 '시청률'이라는 검색어를 입력하는 것은 다음과 같이 send_keys() 함수를 이용하면 된다.

```
driver.find_element_by_css_selector("#q").send_keys("시청률")
```

5) Xpath를 이용하여 검색창 Element를 찾고'시청률'입력하기

- Elements를 찾는 방법 중 쉬운 방법은 xpath를 복사하는 것이다. xpath(XML Path Language)는 W3C의 표준으로 확장 생성 언어 문서의 구조를 통해 경로 위에 지정한 구문을 사용하여 항목을 배치하고 처리하는 방법을 기술하는 언어이다. XML 표현보다 더 쉽고 약어로 되어 있으며, XSL 변환(XSLT)과 XML 지시자 언어(XPointer)에 쓰이는 언어이다. xpath는 XML 문서의 노드를 정의하기 위하여 경로식을 사용하며, 수학 함수와 기타 확장 가능한 표현들이 있다.
- xpath의 장점은 HTML 구조 내의 모든 요소에 도달할 수 있다는 것이다. 그러나 HTML

페이지가 조금만 변경되어도 절대 xpath가 변경되어 결과적으로 올바른 Elements를 찾을 수 없게 될 수 있다는 단점이 있다. Name이나 ID의 경우에는 그것이 그대로 유지되는 한 HTML 페이지가 변경된다고 하여도 Elements를 찾을 수 있기 때문에 Name이나 ID를 사용하는 것과는 다르다는 점에 유의하여야 한다. 따라서 **xpath로 작업할 때는 ID나 Name 속성을 가지는 인근 Elements(Parent Elements)를 찾음으로써 정확성을 높일 수 있다.**

- Chrome에서 이 작업을 수행하려면 먼저 찾으려는 Elements에 해당하는 부분에 마우스를 대고 오른쪽 버튼으로 클릭하면 검사 메뉴가 나온다. 이를 누르면 개발자 화면의 Elements 메뉴에서 해당 부분의 영역이 설정된다. 이 영역에서 오른쪽 클릭하면 copy 메뉴가 나오고 그 하위 메뉴에 copy XPath를 누르면 xpath가 copy된다.

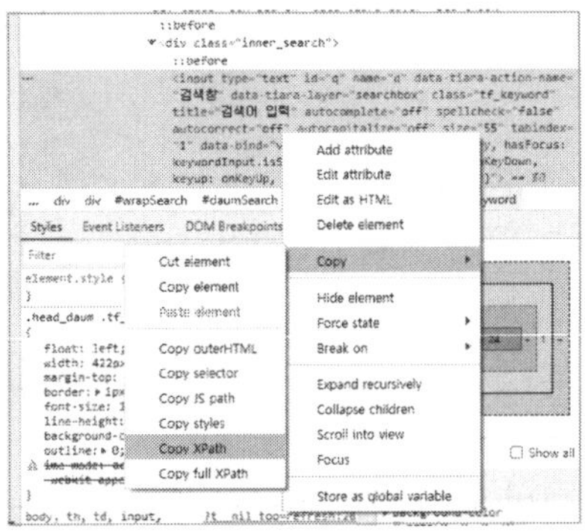

- 이제 코드 에디터 창에 ctrl + v로 붙이면 //*[@id="q"]이 나온다. 이제 xpath가 //*[@id="q"]라는 것을 알았기 때문에 xpath을 활용하여 Element를 찾아보자.

```
driver.find_element_by_xpath('//*[@id="q"]')
```

- 해당 Element에 '시청률'이라는 검색어를 입력하는 것은 다음과 같이 send_keys() 함수를 이용하면 된다.

```
driver.find_element_by_xpath('//*[@id="q"]').send_keys("시청률")
```

보충설명 **link_text, partial_link_text, tag_name으로 Elements 찾기**

상기 검색란의 element를 link_text, partial_link_text, tag_name으로는 찾기 어려우므로 이에 대한 설명은 해당 방법이 사용되는 경우에 별도로 설명할 것이다.

(2) 단일의 Element 찾기 : 검색버튼 찾아서 누르기

- 이제 검색버튼(돋보기 아이콘)의 Element를 찾아보기로 하자. F12 버튼을 눌러 개발자 도구를 실행한 후 **(1)**을 눌러 파란색으로 활성화하고 **(2)** 검색버튼(돋보기 표시)을 누르면 개발자 도구에 **(3)**부분이 활성화된다.

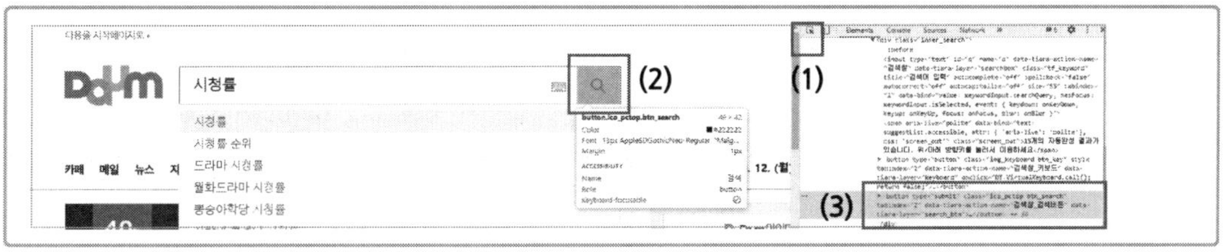

- 상기 **(3)**영역을 살펴보자.

```
<button type="submit" class="ico_pctop btn_search" tabindex="2" data-tiara-action- name ="검색창_검색버튼" data-tiara-layer="search_btn">
  <span class="ir_wa">검색</span>
</button>
```

- 상기에서 id, name으로는 검색버튼 element를 찾기 어렵다는 것을 짐작할 수 있을 것이다. 여기서는 tag_name, class_name으로 찾는 것을 시도해보고 에러가 발생하는 경우 xpath와 css_selector로 찾는 방법에 대해서 알아보기로 하자.

1) tag_name으로 element 찾기 : 검색버튼 찾아서 클릭하기

- tag_name으로 찾게 되면 주어진 html tag_name에서 가장 첫 번째 element를 반환한다. 해당 element가 없으면 NoSuchElementException이라는 에러 메시지가 나온다.
- 상기 **(3)**영역에서 span이라는 html tag가 있는 것으로 보이므로 'span'이라는 tag name으로 다음과 같이 element를 찾아보기로 한다.

```
driver.find_element_by_tag_name('span').click()
```

- 상기를 입력하고 실행하면 ElementNotInteractableException: element not interactable 이라는 에러 메시지가 뜬다. 뭐가 잘못된 것인가? 이 경우 에러가 나오게 되는 이유를 추정할 필요가 있다. 그 이유 중 몇 가지 시나리오는 다음과 같을 것이다.
  - ✓ 혹시 span이라는 tag가 하나가 아니라 여러 개일 수 있지 않을까? 왜냐하면 html tag는 여러 번 사용할 가능성이 높기 때문이다.
  - ✓ 만약 span이라는 tag가 하나가 아니라 여러 개라면 그것이 혹시 리스트로 반환할 수

있으며 그 리스트에서 인덱스를 이용하여 위치를 추정하는 것이 실질적으로 가능할까? 인덱스만을 이용해서 찾는 것은 일일이 html 구조를 다 파악해야 하므로 시간이 너무 많이 걸리고 홈페이지가 약간이라도 변할 경우 향후 그 인덱스를 활용할 수 없게 된다.

- 이런 시나리오를 고려하여 복수의 elements를 찾는 방식으로 변환한 후 실행해 보자.

```
driver.find_elements_by_tag_name('span').click()
```

이 경우 AttributeError: 'list' object has no attribute 'click'라는 에러 메시지가 뜬다. 즉, 리스트는 click이라는 속성을 가지지 않는다는 의미이므로 tag name이 span이라는 것이 여러 개라는 것을 알 수 있다. 그렇다면 몇 개 있는지를 len() 함수를 이용해서 알아보자.

```
len(driver.find_elements_by_tag_name('span'))
981
```

위의 결과도 포탈 사이트라는 특성상 계속 바뀌기 때문에 개수의 결과도 달라질 수 있다. 즉, **tag_name으로는 element를 찾는 것은 실질적으로 매우 어렵다는 것이다.**

2) class_name으로 element 찾기 : 검색버튼 찾아서 클릭하기

- 상기 **(3)**영역에서 class_name이 ico_pctop btn_searchspan이 보이므로 다음과 같이 class name으로 element를 찾아보기로 한다.

```
driver.find_element_by_class_name('ico_pctop btn_searchspan').click()
```

- 상기를 입력하고 실행하면 **selenium.common.exceptions.NoSuchElement Except ion : Message: no such element: Unable to locate element: {"method": "css sele ctor","selector":".ico_pctop btn_searchspan"}**이라는 에러 메시지가 뜬다. class name의 경우 명칭 안에서 스페이스바가 있는 경우에는 이를 인식하지 못할 수가 있으므로 스페이스바가 없는 앞 부분인 ico_p ctop까지만 입력해보자.

```
driver.find_element_by_class_name('ico_pctop').click()
```

이 경우 검색버튼을 클릭하는 것을 확인할 수 있다.

3) Xpath를 이용하여 element를 찾기 : 검색버튼 찾아서 클릭하기

- 이제 xpath로 검색버튼의 element를 찾아보자. F12 버튼을 눌러 개발자 도구를 실행한 후 **【그림 2】**의 **(1)**을 누르면 파란색으로 활성화되고 **(2)** 검색버튼(돋보기 표시)을 누르면 개발자 도구에 **(3)**부분이 활성화된다. **(3)**부분에서 오른쪽 클릭을 하면 copy 메뉴가 나오

고 그 하위 메뉴에 copy XPath를 누르면 xpath가 copy된다.

【그림 2】 Xpath를 이용하여 element를 찾기(1)

- 이제 코드 에디터 창에 ctrl + v로 붙이면 **//*[@id="daumSearch"]/fieldset/div/div/button[2]**이 나온다. 이제 xpath가 **//*[@id="daumSearch"]/fieldset/div/div/button[2]**라는 것을 알았기 때문에 xpath를 활용하여 Element를 찾아보자.

```
driver.find_element_by_xpath('//*[@id="daumSearch"]/fieldset/div/div/button[2]')
```

- 상기 element에 click() 함수를 붙여 실행하면 검색버튼이 클릭되는 것을 확인할 수 있다.

```
driver.find_element_by_xpath('//*[@id="daumSearch"]/fieldset/div/div/button[2]').click()
```

- 클릭을 하게 되면 다음의 화면과 같이 지상파 시청률 정보가 나오는 것을 확인할 수 있다.
- F12 버튼을 눌러 개발자 도구를 실행한 후 **【그림 3】**의 **(1)**을 누르면 파란색으로 활성화되고 **(2)** 일일시청률 메뉴 버튼을 누르면 개발자 도구에 **(3)**부분이 활성화된다. **(3)**부분에서 오른쪽 클릭을 하면 copy 메뉴가 나오고 그 하위 메뉴에 copy XPath를 누르면 xpath가 copy된다.
- 이제 코드 에디터 창에 ctrl + v로 붙이면 **//*[@id="jupTvRatingColl"]/div[2]/div[1]/div[1]/ul/li[1]/a**가 나온다. 이제 xpath가 **//*[@id="jupTvRatingColl"]/div[2]/div[1]/div[1]/ul/li[1]/a**라는 것을 알았기 때문에 xpath를 활용하여 Element를 찾아서 클릭해보자.

```
driver.find_element_by_xpath('//*[@id="jupTvRatingColl"]/div[2]/div[1]/div[1]/ul/li[1]/a').click()
```

【그림 3】 Xpath를 이용하여 element를 찾기(2)

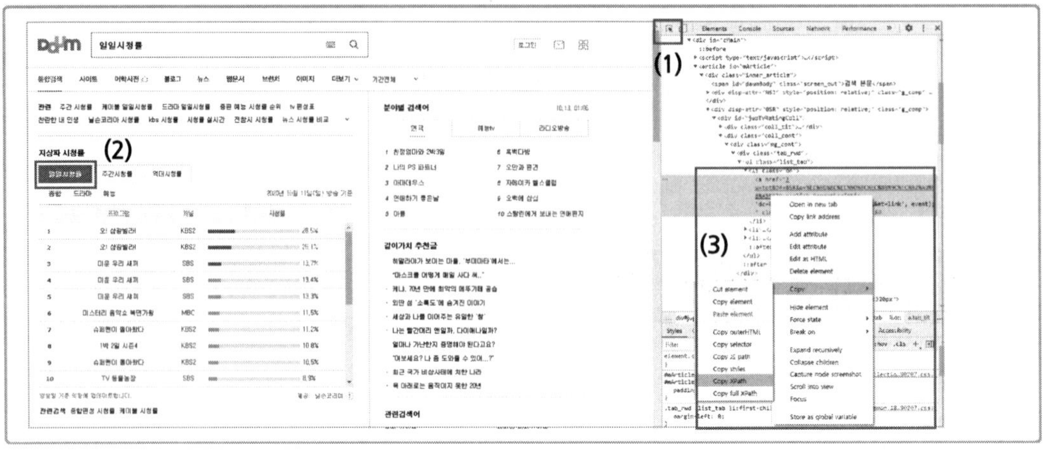

- 이제 **왼쪽 그림 (1)**에 해당하는 테이블의 정보를 테이블 형식으로 갖고 와야 한다. 화면상으로는 테이블 형식이지만 selenium에서 이를 테이블 형식으로 바로 갖고 올 수 없기 때문에 몇 단계 절차를 취해야 한다.

- F12 버튼을 눌러 개발자 도구 화면을 연 다음 **【그림 4】의 (2)** 부분을 누르고 **(3)** 부분을 클릭하면 **(4)**의 영역이 선택되는 것을 확인할 수 있다.

【그림 4】 Xpath를 이용하여 element를 찾기(3)

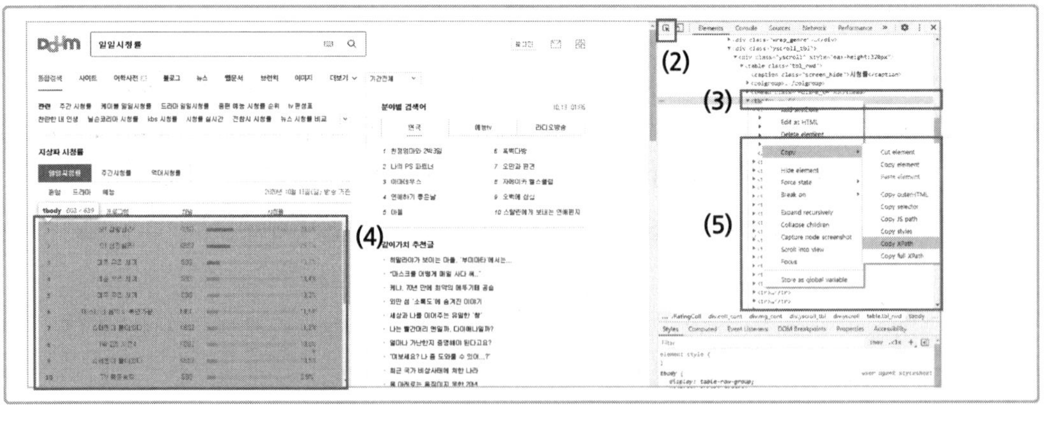

• **【그림 4】의 (4)**와 같이 헤더를 제외한 이유는 헤더와 헤더 아래 내용 정보는 구분되는 경우가 대부분이므로, 헤더 아래 내용 정보만 한꺼번에 선택하면 테이블 형식으로 변환하는 것이 쉬워질 수 있기 때문이다. 헤더는 별도로 Pandas에서 처리를 할 수 있으므로 그 부분은 일부러 제외한 것이다. 이제 **【그림 4】의 (5)**와 같이 오른쪽 클릭하여 copy xpath 메뉴를 누른다. 여기서 **【그림 4】의 (3)**을 선택한 이유에 대해서 잠깐 살펴보자. 이를 위해서 html상 테이블 구조가 어떻게 이루어지는가를 설명한다.

```
▼<div class="yscroll" style="max-height:320px">
  ▼<table class="tbl_rwd">
     <caption class="screen_hide">시청률</caption>
    ▶<colgroup>…</colgroup>
    ▶<thead class="noline_th">…</thead>
    ▼<tbody> == $0
      ▼<tr class="best">
        ▶<td>…</td>
        ▶<td>…</td>
        ▶<td>…</td>
        ▶<td class="rate">…</td>
        </tr>
      ▶<tr class="best">…</tr>
      ▶<tr class="best">…</tr>
      ▶<tr>…</tr>
      ▶<tr>…</tr>
      ▶<tr>…</tr>
      ▶<tr>…</tr>
      ▶<tr>…</tr>
      ▶<tr>…</tr>
      ▶<tr>…</tr>
      ▶<tr>…</tr>
```

• **왼쪽 그림과 같이** html에서는 테이블 헤더는 thead, 테이블 전체는 tbody, 테이블 행은 tr로 표시한다. 따라서 여기서는 테이블 전체를 선택해야 하므로 tbody 부분을 선택한 것이다.

• 이제 코드 에디터 창에 ctrl + v로 붙이면 xpath가 **//*[@id="jupTvRatingColl"]/div[2]/div[1]/div[3]/div/table/tbody**로 나온다. 그런데 이 element 안에 들어가 있는 텍스트가 어떤 형태로 되어 있는지를 알고 싶기 때문에 다음과 같이 **text** 오브젝트를 추가하고 이를 **'시청률_텍스트'** 변수로 할당한다.

```
시청률_텍스트= driver.find_element_by_xpath('//*[@id="speTvRateColl"]/div[2]/div[1]
                                            /div[3]/div/table/tbody').text
```

보충설명 text() 함수가 아닌 text 오브젝트를 기입해야 하는 이유

상기 코드를 아래와 같이 text() 함수를 추가 입력하면 TypeError: 'str' object is not callable 에러가 나온다.

```
시청률_텍스트= driver.find_element_by_xpath('//*[@id="speTvRateColl"]/div[2]
                                            /div[1]/table/tbody').text()
```

어떤 경우에는 함수를 입력하고 어떤 경우에는 오브젝트를 입력해야 하는지는 사전에 다 알 수는 없기 때문에 시행착오를 통하여 외울 수 밖에 없다.

• text의 결과는 오브젝트이므로 코드 에디터 창이 아니라 컨솔 창에서 붙이고 실행하면 다음과 같이 결과가 나온다.

```
시청률_텍스트
'1 오! 삼광빌라! KBS2₩n28.5%₩n2 오! 삼광빌라! KBS2₩n25.1%₩n3 미운 우리 새끼 SBS₩n13.7%₩n4 미운 우리 새끼 SBS₩n13.4%₩n5 미운 우리 새끼 SBS₩n13.3%₩n6 미스터리 음악쇼 복면가왕 MBC₩n11.5%₩n7 슈퍼맨이 돌아왔다 KBS2₩n11.2%₩n8 1박 2일 시즌4 KBS2₩n10.8%₩n9 슈퍼맨이 돌아왔다 KBS2₩n10.5%₩n10 TV 동물농장 SBS₩n8.9%₩n11 1박 2일 시즌4 KBS2₩n8.1%₩n12 사장님 귀는 당나귀 귀 KBS2₩n8%₩n12 KBS 뉴스9 KBS1₩n8%₩n14 미스터리 음악쇼 복면가왕 MBC₩n7.9%₩n15 TV 동물농장 SBS₩n7.4%₩n16 코로나19통합뉴스룸 KBS1₩n7.3%₩n17 전국노래자랑 KBS1₩n6.9%₩n18 슈퍼맨이돌아왔다<재> KBS2₩n6%₩n18 런닝맨 SBS₩n6%₩n20 TV쇼 진품명품 KBS1₩n5.9%'
```

• 상기 결과를 아래와 같이 바꾸어 주어야 Pandas의 from_records() 함수를 이용하여 dataframe 형태로 쉽게 만들 수 있다.

```
[['1', '오! 삼광빌라', 'KBS2', '28.5%'],
 ['2', '오! 삼광빌라', 'KBS2', '25.1%'],
 ...,
 ['20', 'TV쇼 진품명품', 'KBS2', '5.9%']]
```

• 이를 위해서 '시청률_텍스트'를 다음과 같이 변경해보자.

```
tmp = [i.split() for i in 시청률_텍스트.split('\n')]
```

상기 코드는 시청률_텍스트를 먼저 '\n'으로 구분하여 리스트로 만들고(i) 이 리스트를 다시 스페이스바로 구분하여 추가 리스트를 만들라는 것이다. 즉, 리스트의 리스트 형태로 다음과 같은 결과가 나오게 된다.

```
tmp
[['1', '오!', '삼광빌라!', 'KBS2'], ['28.5%'], ['2', '오!', '삼광빌라!', 'KBS2'], ['25.1%'], ['3', '미운', '우리', '새끼', 'SBS'], ['13.7%'], ['4', '미운', '우리', '새끼', 'SBS'], ['13.4%'], ['5', '미운', '우리', '새끼', 'SBS'], ['13.3%'], ['6', '미스터리', '음악쇼', '복면가왕', 'MBC'], ['11.5%'], ['7', '슈퍼맨이', '돌아왔다', 'KBS2'], ['11.2%'], ['8', '1박', '2일', '시즌4', 'KBS2'], ['10.8%'], ['9', '슈퍼맨이', '돌아왔다', 'KBS2'], ['10.5%'], ['10', 'TV', '동물농장', 'SBS'], ['8.9%'], ['11', '1박', '2일', '시즌4', 'KBS2'], ['8.1%'], ['12', '사장님', '귀는', '당나귀', '귀', 'KBS2'], ['8%'], ['12', 'KBS', '뉴스9', 'KBS1'], ['8%'], ['14', '미스터리', '음악쇼', '복면가왕', 'MBC'], ['7.9%'], ['15', 'TV', '동물농장', 'SBS'], ['7.4%'], ['16', '코로나19통합뉴스룸', 'KBS1'], ['7.3%'], ['17', '전국노래자랑', 'KBS1'], ['6.9%'], ['18', '슈퍼맨이돌아왔다<재>', 'KBS2'], ['6%'], ['18', '런닝맨', 'SBS'], ['6%'], ['20', 'TV쇼', '진품명품', 'KBS1'], ['5.9%']]
```

• 이제 다음과 같이 코드를 추가해보자.

```
tmp_1 = [tmp[i]+tmp[i+1] for i in range(0,len(tmp),2)]
tmp_1
[['1', '오!', '삼광빌라!', 'KBS2', '28.5%'], ['2', '오!', '삼광빌라!', 'KBS2', '25.1%'], ['3', '미운', '우리', '새끼', 'SBS', '13.7%'], ['4', '미운', '우리', '새끼', 'SBS', '13.4%'], ['5', '미운', '우리', '새끼', 'SBS', '13.3%'], ['6', '미스터리', '음악쇼', '복면가왕', 'MBC', '11.5%'], ['7', '슈퍼맨이', '돌아왔다', 'KBS2', '11.2%'], ['8', '1박', '2일', '시즌4', 'KBS2', '10.8%'], ['9', '슈퍼맨이', '돌아왔다', 'KBS2', '10.5%'], ['10', 'TV', '동물농장', 'SBS', '8.9%'], ['11', '1박', '2일', '시즌4', 'KBS2', '8.1%'], ['12', '사장님', '귀는', '당나귀', '귀', 'KBS2', '8%'], ['12', 'KBS', '뉴스9', 'KBS1', '8%'], ['14', '미스터리', '음악쇼', '복면가왕', 'MBC', '7.9%'], ['15', 'TV', '동물농장', 'SBS', '7.4%'], ['16', '코로나19통합뉴스룸', 'KBS1', '7.3%'], ['17', '전국노래자랑', 'KBS1', '6.9%'], ['18', '슈퍼맨이돌아왔다<재>', 'KBS2', '6%'], ['18', '런닝맨', 'SBS', '6%'], ['20', 'TV쇼', '진품명품', 'KBS1', '5.9%']]
```

• 그런데 TV 프로그램이 단어별로 분리되어 있으므로 이를 합치는 코드를 다음과 같이 작성한다.

```
테이블_리스트 = [[tmp_1[i][0]," ".join(tmp_1[i][1:-2]),tmp_1[i][-2],tmp_1[i][-1]]
                 for i in range(len(tmp_1))]
[['1', '오! 삼광빌라!', 'KBS2', '28.5%'], ['2', '오! 삼광빌라!', 'KBS2', '25.1%'], ['3', '미운 우리 새끼', 'SBS', '13.7%'], ['4', '미운 우리 새끼', 'SBS', '13.4%'], ['5', '미운 우리 새끼', 'SBS', '13.3%'], ['6', '미스터리 음악쇼 복면가왕', 'MBC', '11.5%'], ['7', '슈퍼맨이 돌아왔다', 'KBS2', '11.2%'], ['8', '1박 2일 시즌4', 'KBS2', '10.8%'], ['9', '슈퍼맨이 돌아왔다', 'KBS2', '10.5%'], ['10', 'TV 동물농장', 'SBS', '8.9%'], ['11', '1박 2일 시즌4', 'KBS2', '8.1%'], ['12', '사장님 귀는 당나귀 귀', 'KBS2', '8%'], ['12', 'KBS 뉴스9', 'KBS1', '8%'], ['14', '미스터리 음악쇼 복면가왕', 'MBC', '7.9%'], ['15', 'TV 동물농장', 'SBS', '7.4%'], ['16', '코로나19통합뉴스룸', 'KBS1', '7.3%'], ['17', '전국노래자랑', 'KBS1', '6.9%'], ['18', '슈퍼맨이돌아왔다<재>', 'KBS2', '6%'], ['18', '런닝맨', 'SBS', '6%'], ['20', 'TV쇼 진품명품', 'KBS1', '5.9%']]
```

• 상기와 같이 리스트의 리스트 형식으로 결과를 변경하였기 때문에 Pandas의 from_records() 함수를 이용하여 DataFrame으로 변환해보자.

```
import pandas as pd
df = pd.DataFrame.from_records(테이블_리스트, columns=['순위', '프로그램', '채널', '시청률'])
df
   순위        프로그램        채널     시청률
0   1      오! 삼광빌라!       KBS2    28.5%
1   2      오! 삼광빌라!       KBS2    25.1%
2   3      미운 우리 새끼      SBS     13.7%
3   4      미운 우리 새끼      SBS     13.4%
4   5      미운 우리 새끼      SBS     13.3%
5   6  미스터리 음악쇼 복면가왕MBC       11.5%
```

```
6   7        슈퍼맨이 돌아왔다       KBS2      11.2%
7   8        1박 2일 시즌4          KBS2      10.8%
8   9        슈퍼맨이 돌아왔다       KBS2      10.5%
9   10          TV 동물농장         SBS        8.9%
10  11       1박 2일 시즌4          KBS2       8.1%
11  12    사장님 귀는 당나귀 귀      KBS2         8%
12  12         KBS 뉴스9           KBS          8%
13  14   미스터리 음악쇼 복면가왕MBC               7.9%
14  15          TV 동물농장         SBS        7.4%
15  16       코로나19통합뉴스룸      KBS1       7.3%
16  17          전국노래자랑        KBS1       6.9%
17  18     슈퍼맨이돌아왔다〈재〉     KBS2         6%
18  18             런닝맨          SBS          6%
19  20          TV쇼 진품명품       KBS1       5.9%
```

• 마지막으로 xlwings 라이브러리를 이용하여 테이블 결과를 엑셀에 출력하는 코드를 추가해보자.

```
import xlwings as xw
xw.view(df)
```

	A	B	C	D	E
1		순위	프로그램	채널	시청률
2	0	1	오! 삼광빌라!	KBS2	28.50%
3	1	2	오! 삼광빌라!	KBS2	25.10%
4	2	3	미운 우리 새끼	SBS	13.70%
5	3	4	미운 우리 새끼	SBS	13.40%
6	4	5	미운 우리 새끼	SBS	13.30%
7	5	6	미스터리 음악쇼 복면가왕	MBC	11.50%
8	6	7	슈퍼맨이 돌아왔다	KBS2	11.20%
9	7	8	1박 2일 시즌4	KBS2	10.80%
10	8	9	슈퍼맨이 돌아왔다	KBS2	10.50%
11	9	10	TV 동물농장	SBS	8.90%
12	10	11	1박 2일 시즌4	KBS2	8.10%
13	11	12	사장님 귀는 당나귀 귀	KBS2	8%
14	12	12	KBS 뉴스9	KBS1	8%
15	13	14	미스터리 음악쇼 복면가왕	MBC	7.90%
16	14	15	TV 동물농장	SBS	7.40%
17	15	16	코로나19통합뉴스룸	KBS1	7.30%
18	16	17	전국노래자랑	KBS1	6.90%
19	17	18	슈퍼맨이돌아왔다<재>	KBS2	6%
20	18	18	런닝맨	SBS	6%
21	19	20	TV쇼 진품명품	KBS1	5.90%

04 | 국세청 사업자 휴폐업 조회

- RPA하면 빠질 수 없는 것이 국세청 홈페이지에서 사업자등록번호로 휴폐업 조회를 하는 것이다. 국세청 홈페이지에서 사업자등록번호로 휴폐업을 조회할 때 5초 안에 여러번 조회를 하면 블로킹이 되는 상황이 발생한다. 물론 이것 자체도 우회하여 블로킹을 피할 수 있기는 하지만 이러한 경우 너무 많이 조회를 하다보면 해당 IP가 차단당할 수가 있다. 그러므로 이 사례에서는 사업자등록번호 리스트를 미리 작성한 후 5초에 한번씩 조회하는 사례를 보여줄 것이다.
- 먼저 Selenium 라이브러리를 불러오고 웹드라이버 클래스를 불러들인다.

```
import selenium    # 여기서는 약자를 붙이지 않았다.
from selenium import webdriver
```

- Chrome 브라우저를 최대화하려면 chrome_options라는 인자를 활용하여야 하므로 옵션 세팅을 위하여 다음과 같이 한다.

```
options = webdriver.ChromeOptions()
options.add_argument("--start-maximized")
driver = webdriver.Chrome('chromedriver.exe',chrome_options=options)
```

- 원하는 URL을 접속하려면 상기 driver에 get() 함수를 이용한다. get() 함수 안에 URL을 full로 홑따옴표로 입력한다. 여기서는 다음의 URL에 접속한다.

```
driver.get('https://teht.hometax.go.kr/websquare/websquare.html?w2xPath=
        /ui/ab/a/a/UTEABAAA13.xml')
```

1 사업자등록번호가 입력된 리스트 엑셀로 작성하기

- 현재 Fraudit의 Project folder(working folder)에 다음과 같은 형식의 엑셀 파일을 먼저 작성하고 파일명은 '사업자번호.xlsx'로 저장한다.

	A	B	C
1	사업자번호	과세여부	조회일
2	767-82-00017		
3	101-12-36861		
4	639-12-00222		
5	211-86-59478		
6	481-03-01529		
7	717-26-00807		
8	729-33-00282		
9	211-88-95935		
10	493-19-01014		
11	110-12-97799		

2 판다스로 엑셀 파일을 DataFrame으로 불러오기

```
사업자번호 = pd.read_excel('사업자번호.xlsx')
사업자번호
      사업자번호    과세여부  조회일
0  767-82-00017      NaN     NaN
1  101-12-36861      NaN     NaN
2  639-12-00222      NaN     NaN
3  211-86-59478      NaN     NaN
4  481-03-01529      NaN     NaN
5  717-26-00807      NaN     NaN
6  729-33-00282      NaN     NaN
7  211-88-95935      NaN     NaN
8  493-19-01014      NaN     NaN
9  110-12-97799      NaN     NaN
```

3 단일 사업자번호로 조회결과 출력하기

- 이 사례는 10개의 사업자등록번호를 for 문을 이용하여 조회하여야 하지만, 그 전에 1개의 사업자등록번호에 대해서 파일럿 테스트를 한 후 나중에 10개의 사업자등록번호에 대해서 for 문을 적용할 것이다.
- 먼저 '사업자.xslx'에서 가장 먼저 나오는 사업자등록번호인 '767-82-00017'을 대상으로 코드를 작성해보자.

(1) 사업자등록번호 입력란 element 찾기

- **다음 그림의 (2)**처럼 copy xpath로 찾아서 첫 번째 사업자등록번호인 **'767-82-00017'**을 send_keys()를 이용하여 입력해보자.

```
driver.find_element_by_xpath('//*[@id="bsno"]').send_keys('767-82-00017')
```

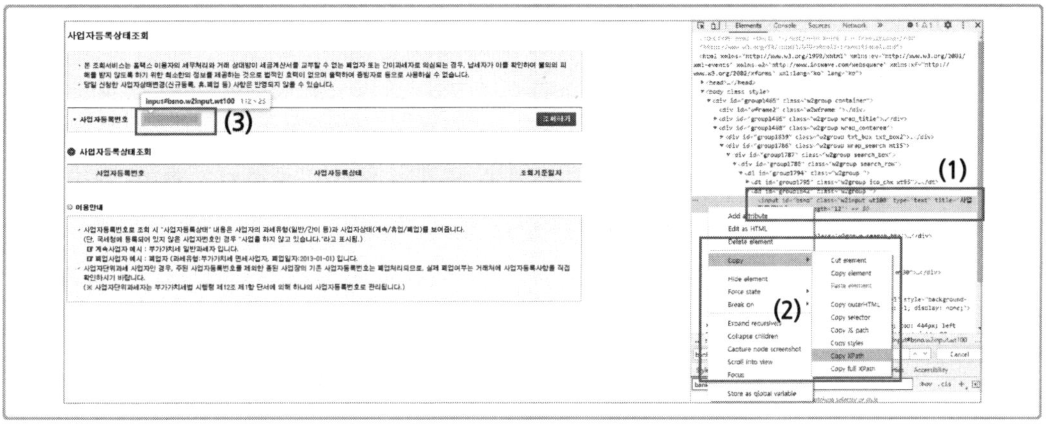

(2) 조회결과 버튼 누르기

- 이제 **다음 그림의 (2)**처럼 copy xpath로 찾아서 클릭하면 된다. 코드는 다음과 같다.

```
driver.find_element_by_xpath('//*[@id="trigger5"]').click()
```

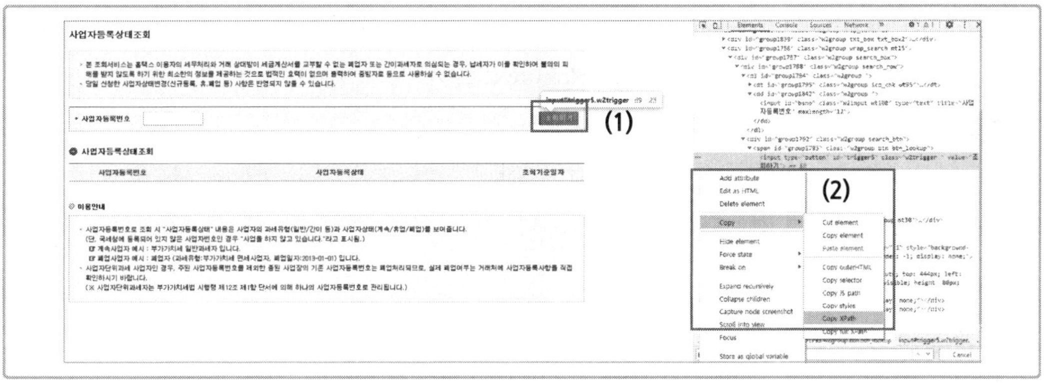

(3) 조회결과 화면에서 내용 갖고 오기

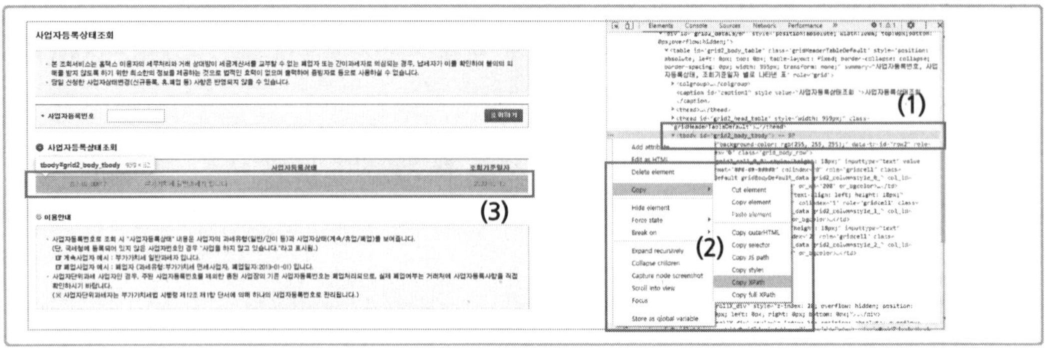

- **상기 그림의 (1)**을 선택하면 **(3)**과 같이 조회결과 테이블 부분이 선택되고 **(2)**와 같이 copy xpath를 선택한 후 코드 에디터 창에 붙인다.
- **상기 그림의 (3)**은 테이블 형식으로 구성되므로 다음과 같이 text 오브젝트를 추가 입력하여 그 결과를 확인해 볼 필요가 있다.

```
테이블_바디 = driver.find_element_by_xpath('//*[@id="grid2_body_tbody"]')
테이블_바디.text
'767-82-00017 부가가치세 일반과세자 입니다. 2020-08-31'
```

- '테이블_바디.text'의 결과인 '767-82-00017 부가가치세 일반과세자입니다. 2020-08-31'를 다음과 같은 형태의 리스트로 바꾸어 줄 필요가 있다.

```
['767-82-00017', '부가가치세 일반과세자 입니다.', '2020-08-31']
```

위와 같이 바꾸어주면 Pandas의 from_records() 함수를 이용하여 dataframe 형태로 쉽게 만들 수 있다. 이를 위해서 '테이블_바디.text'를 다음과 같이 먼저 변경해보자.

```
테이블_바디_쪼개기 = 테이블_바디.text.split(" ")
['767-82-00017', '부가가치세', '일반과세자', '입니다.', '2020-08-31']
```

이후 [사업자번호, 조회결과, 조회일] 형태로 바꾸어주기 위해서 다음과 같이 코드를 작성하면 된다.

```
[[테이블_바디_쪼개기[0], " ".join(테이블_바디_쪼개기[1:-1]), 테이블_바디_쪼개기[-1]]]
[['767-82-00017', '부가가치세 일반과세자 입니다.', '2020-08-31']]
```

4 복수 사업자번호로 조회결과 출력하기

- 단일 사업자번호로 조회결과가 DataFrame으로 잘 나오는지 확인하였다. 이제는 for문을 이용하여 복수 사업자번호에 대해서 조회결과를 DataFrame으로 반환해보자.

(1) for 문 구조 설정하기

- 앞의 2 에서 사업자번호라는 DataFrame을 다음과 같이 만들었다.

```
사업자번호 = pd.read_excel('사업자번호.xlsx')
사업자번호
     사업자번호    과세여부  조회일
0  767-82-00017    NaN       NaN
1  101-12-36861    NaN       NaN
2  639-12-00222    NaN       NaN
3  211-86-59478    NaN       NaN
4  481-03-01529    NaN       NaN
5  717-26-00807    NaN       NaN
6  729-33-00282    NaN       NaN
7  211-88-95935    NaN       NaN
8  493-19-01014    NaN       NaN
9  110-12-97799    NaN       NaN
```

- 사업자번호라는 DataFrame의 '사업자번호' 칼럼에서 한 개씩 아래로 이동하면서 for 문을 적용하여야 하므로 시작을 다음과 같이 하면 될 것이다.

```
테이블_리스트 = []
for i in range(len(사업자)):
    사업자번호 = 사업자.iloc[i]['사업자번호']
```

상기 테이블_리스트 변수를 빈 리스트로 설정한 이유는 4.5.와 같이 복합연산자를 활용하여 리스트를 차례대로 더 붙이기 위한 첫 출발점을 만들기 위해서이다.

(2) 사업자등록번호 입력란에 순차적으로 사업자등록번호 입력하기

- 앞의 3 **(1)**의 단일 사업자등록번호 입력 코드를 다음과 같이 변형해보자.

```
    driver.find_element_by_xpath('//*[@id="bsno"]').send_keys(사업자번호)
```

• 한편, **5초** 안에 조회를 다시 하면 블로킹이 되므로 잠시 기다리는 시간을 **4.5초** 정도로 입력해보자.

```
time.sleep(4.5)   #괄호안에는 초 단위를 입력한다.
```

(3) 조회결과 버튼 누르기

• 앞의 **3** (2)처럼 조회결과 버튼 누르기는 그대로 사용한다.

```
driver.find_element_by_xpath('//*[@id="trigger5"]').click()
```

(4) 조회결과 화면에서 내용 갖고 오기

• 앞의 **3** (3)의 조회결과 내용 갖고 오는 코드는 그대로 사용한다. 다만 앞에서 4.5초를 기다렸으므로 **1초** 정도를 더 기다려 **전체적으로 5초를 넘게** 할 필요가 있다.

```
테이블_바디 = driver.find_element_by_xpath('//*[@id="grid2_body_tbody"]')
time.sleep(1)  # 전체적으로 5초를 넘게 한다.
테이블_바디_쪼개기 = 테이블_바디.text.split("  ")
```

(5) 조회결과를 복수의 리스트가 원소인 리스트로 만들기

• 앞의 **(1)**에서 **테이블_리스트 = []**로 미리 설정하였으므로 for 문을 수행하면서 **[[테이블_바디_쪼개기[0], " ".join(테이블_바디_쪼개기[1:-1]), 테이블_바디_쪼개기[-1]]]**를 빈 리스트에 계속 붙이게 되면 복수의 리스트가 원소인 리스트(list of lists)가 만들어진다.

```
테이블_리스트 = 테이블_리스트 + [[테이블_바디_쪼개기[0],
                              " ".join(테이블_바디_쪼개기[1:-1]),
                              테이블_바디_쪼개기[-1]]]
```

(6) 결과를 DataFrame으로 저장하기

• 복수의 리스트가 원소인 리스트(list of lists)를 DataFrame으로 변환하는 함수는 from_records() 함수이다. from_records() 함수의 인자는 먼저 복수의 리스트가 원소인 리스트를 앞에 위치하고 컬럼 헤더는 columns 옵션을 이용하여 리스트로 처리한다.

```
df = pd.DataFrame.from_records(테이블_리스트,
                               columns = ['사업자등록번호', '과세여부', '조회일'])
```

(7) DataFrame 결과를 엑셀로 출력하기

- DataFrame을 엑셀로 출력하는 방법은 여러 가지가 있으나, 여기서는 xlwings 라이브러리를 활용하는 방법을 설명하기로 한다.

```
import xlwings as xw
xw.view(df)
```

05 | 상장주식 베타(β) 계수 구하기

• 베타(β) 계수는 전체시장의 분산가능 위험과 비교하여 개별주식의 변동성 또는 분산불능 위험 정도를 측정하는 것이다. 쉽게 표현하여 전체시장의 변동성에 대한 개별주식의 변동성(기울기)을 의미한다. 따라서 개별주식이 전체시장과 같은 방향으로 움직이는지 개별주식이 전체시장에 비해 얼마나 변동성이 크거나 위험한지를 이해하는 데 도움이 되며 개별주식의 valuation을 평가할 때 이를 파라미터로 활용한다.

• 베타(β) 계수를 구하는 공식은 다음과 같다.

$$베타(\beta)\ 계수 = 공분산(R_e,\ R_m)\ /\ 분산(R_m)$$

R_e = 개별주식 수익률
R_m = 전체시장 수익률
공분산(R_e, R_m) = 개별주식 수익률의 변화가 전체시장 수익률의 변화와의 관련정도
분산(R_m) = 시장의 데이터들이 평균에서 얼마나 분산되어 있는지

• 이 사례는 베타(β) 계수를 구하고 싶은 종목을 여러 개 선택하고 이에 대한 베타(β) 계수를 DataFrame으로 변환하여 최종적으로 엑셀에 출력하는 것이다.

1 기본 라이브러리 불러오기

• 먼저 다음과 같이 기본 라이브러리를 불러온다.

```
import pandas as pd
import FinanceDataReader as fdr
import xlwings as xw
```

FinanceDataReader 라이브러리는 https://github.com/FinanceData/FinanceDataReader를 참고하기 바란다. 한편, 파이썬에서 엑셀을 핸들링하는 라이브러리는 여러 가지가 있으나 xlwings가 여러 가지 면에서 편리하기 때문에 여기서는 xlwings 라이브러리를 사용하

였다. xlwings 라이브러리의 활용방법을 자세하게 알고 싶으면 https://docs.xlwings.org/en/stable/를 참조하기 바란다.

2 종목코드 엑셀 템플렛에서 검색항목 선택하기

- 예제로 제공되는 **종목코드.xlsx**를 현재 working folder로 이동시킨 후 이를 열고 검색하고자 하는 회사에 대하여 검색 칼럼에 1을 기입한다. 여기서는 삼성전자와 이수화학에 대해서 다음 그림 **(1)**과 같이 2회사에 대하여 검색 칼럼에 1을 기입한 후에 닫는다.

	A	B	C	D
1	회사명	구분	종목코드	검색
239	대한해운	KOSPI	005880	
240	삼성전자	KOSPI	005930	1
241	이수화학	KOSPI	005950	1
242	동부건설	KOSPI	005960	

(1)

3 종목코드 엑셀 템플렛에서 DataFrame 만들기

- 베이스_디렉토리를 다음과 같이 설정한다.

```
베이스_디렉토리 = os.getcwd()
```

- 베이스_디렉토리에서 종목코드.xlsx를 DataFrame으로 불러온다.

```
df_종목코드 = pd.read_excel(베이스_디렉토리 + '\\종목코드.xlsx')
```

- 검색 칼럼이 1인 것만 필터링한다.

```
df_종목코드 = df_종목코드[df_종목코드['검색'] == 1]
```

- 다음과 같이 인덱스를 재설정한다. 그 이유는 이후에 for 문을 적용할 때 원소와 일관성을 유지하기 위해서이다.

```
df_종목코드 = df_종목코드.reset_index()
```

4 for 문 적용하기

• 베타 계수를 구하기 위해서는 일별기준(daily)으로 할 것인지 주별기준(weekly)으로 할 지를 결정해야 한다. 이 사례에서는 일별기준으로 구한다고 가정한다. 한편 시작일자와 종료일자를 적절하게 설정하되 여기서는 다음과 같이 설정한다.

```
시작일자 = '2019-01-01'
종료일자 = '2020-09-07'
```

• 다음과 같이 for 문을 작성한다.

```
테이블_리스트 = []
for i in range(len(df_종목코드)): #①
    개별종목코드 = df_종목코드.loc[i, '종목코드']
    개별종목명 = df_종목코드.loc[i, '회사명']
    df_개별종목 = fdr.DataReader(개별종목코드, 시작일자, 종료일자) #②

    # KOSPI 200 항목을 데이터를 갖고 온다.
    df_코스피지수 = fdr.DataReader('KS11', 시작일자, 종료일자) #③

    # df의 Date와 Close, 코스피지수 Date와 Close만 갖고 옴
    df_종가_변동 = df_개별종목['Change']
    df_코스피지수_종가_변동 = df_코스피지수 ['Change']

    # 조인
    df_조인 = pd.merge(df_종가_변동, df_코스피지수_종가_변동, how='left',
            left_on = ['Date'], right_on = ['Date'],suffixes=('_개별', '_코스피지수'))
            #④

    # 베타 구하기
    공분산_개별_코스피 = df_조인.cov().iloc[0]['Change_코스피지수'] #⑤
    분산_코스피 = df_조인['Change_코스피지수'].var() #⑥

    테이블_리스트 = 테이블_리스트 + [[개별종목코드, 개별종목명, 시작일자, 종료일자, 베타]]
    df_베타결과 = pd.DataFrame.from_records(테이블_리스트, columns = ['개별종목코드', '개별
                종목명', '시작일자', '종료일자', '베타'])

    # 주가 및 변동 history 테이블 구하기 #⑦
    df_종가변동_조인 = pd.merge(df_개별종목, df_코스피지수, how='left', left_on = ['Date'],
                right_on = ['Date'],suffixes=('_{}'.format(개별종목명), '_코스피지수'))

    # 주가 및 변동 history 테이블에서 필요한 칼럼 선택
    df_종가변동_조인 = df_종가변동_조인.ix[:,[3,6,5,11]] #⑧
```

```
    # 엑셀 출력
    xw.view(df_종가변동_조인) #⑨
xw.view(df_베타결과) #⑩
```

- ✓ #①은 종목코드가 2개여서 여기서는 가장 상위의 for문은 2번만 수행하게 된다.
- ✓ #②에서 **DataReader(개별종목코드, 시작일자, 종료일자)**와 같이 종목코드, 시작일자, 종료일자 순으로 인자를 입력한다.
- ✓ #③에서 전체시장의 대용치를 KOSPI 200으로 가정해서 '**KS11**'로 종목코드를 입력한다. 전체시장의 대용치를 변경하려고 한다면 이 부분의 종목코드를 수정하면 된다.
- ✓ #④는 df_종가_변동과 df_코스피지수_종가_변동을 left join으로 조인을 하여 혹시라도 일자가 누락된 부분을 모두 제외한다.
- ✓ #⑤는 df_조인.cov()까지만 하면 다음과 같이 나오는데, **df_조인.cov().iloc[0]['Change_코스피지수']**하면 다음의 **(1)** 부분과 같이 개별주식과 코스피지수의 공분산 값을 구할 수 있다.

```
                  Change_개별    Change_코스피지수
Change_개별          0.001145         0.000222   (1)
Change_코스피지수    0.000222         0.000207
```

- ✓ #⑥은 **df_조인['Change_코스피지수']**에 대해서 분산을 구하는 것이다.
- ✓ #⑦은 **df_개별종목, df_코스피지수**를 조인한 것이며 칼럼명에 대해서 format 함수를 적용하여 개별종목명을 칼럼명에 붙인 것이다.
- ✓ #⑧은 주가 및 변동 history 테이블에서 필요한 칼럼인 Close_개별, Close_코스피지수, Change_개별, Change_코스피지수만을 칼럼 인덱스로 뽑은 것이다. 칼럼 인덱스를 이용한 이유는 개별항목이 계속 변동되기 때문이다.
- ✓ #⑨은 **df_베타결과**를 엑셀에 출력하는 것인데 for 문을 벗어난 이유는 df_베타결과 자체가 통합 테이블이기 때문이다.

06 I DART 전자공시 정보 조회

- 최근 금융감독원 전자공시 사이트(이하 DART라 함)가 새롭게 개편되어 API를 통하여 각종 재무정보를 대량으로 신속하게 받을 수 있게 되었다. 이 사례는 Open DART API Key를 발급받아 dart_fss 라이브러리를 이용하여 원하는 기업의 연간 연결재무제표를 일괄적으로 엑셀로 받는 사례이다. 물론 연결재무제표 이외에 필요한 정보는 dart_fss 라이브러리의 사용방법에 따라 받을 수 있다.
- 다만 Open DART 서비스의 일일 한도는 개인의 경우 일 10,000건이며 일일한도를 준수하더라도 서비스의 안정적인 운영을 위하여 과도한 네트워크 접속(분당 100회 이상)은 서비스 이용이 제한될 수 있으니 유의하기 바란다.

1 필요 라이브러리와 API key 입력하기

- 먼저 dart_fss 라이브러리를 불러온다.

```
import dart_fss as dart
```

- 다음은 개별적으로 신청한 Open DART API Key를 입력한다.

```
api_key = 'XXXXXXXXXXXXXXXXXXXXXXXXXXXXXXXXXXXXXXXX'
dart.set_api_key(api_key = api_key)
```

2 종목코드 엑셀 템플릿에서 검색항목 선택하기

- 예제로 제공되는 **종목코드.xlsx**를 현재 작업폴더로 이동시킨 후 이를 열고 검색하고자 하는 회사에 대하여 검색 칼럼에 1을 기입한다. 여기서는 삼성전자와 이수화학에 대해서 **다음 그림의 (1)**과 같이 두 회사에 대하여 검색 칼럼에 1을 기입한 후에 닫는다.

	A	B	C	D
1	회사명	구분	종목코드	검색
239	대한해운	KOSPI	005880	
240	삼성전자	KOSPI	005930	1
241	이수화학	KOSPI	005950	1
242	동부건설	KOSPI	005960	

(1)

3 종목코드 엑셀 템플렛에서 DataFrame 만들기

• 베이스_디렉토리를 다음과 같이 설정한다.

```
베이스_디렉토리 = os.getcwd()
```

• 베이스_디렉토리에서 **종목코드.xlsx**를 DataFrame으로 불러온다.

```
df_종목코드 = pd.read_excel(베이스_디렉토리 + '\\종목코드.xlsx')
```

• 검색 칼럼이 1인 것만 필터링한다.

```
df_종목코드 = df_종목코드[df_종목코드['검색'] == 1]
```

• 다음과 같이 인덱스를 재설정한다. 그 이유는 이후에 for 문을 적용할 때 원소와 일관성을 유지하기 위해서이다.

```
df_종목코드 = df_종목코드.reset_index()
```

• DART에 공시된 회사 리스트를 불러온다.

```
corp_list = dart.get_corp_list()
```

4 for 문 적용하기

• 다음과 같이 for 문을 작성한다.

```
for i in range(len(df_종목코드)): #①
    개별종목명 = df_종목코드.loc[i, '회사명']

    #개별회사를 검색한다.
    개별회사 = corp_list.find_by_corp_name(개별종목명, exactly=True)[0]
```

```
#특정일자 이후 연간 연결재무제표 불러온다.
fs = 개별회사.extract_fs(bgn_de='20180101')

#재무제표 검색 결과를 엑셀파일로 저장한다(저장위치 : 현재폴더/fsdata)
fs.save()
```

- 재무제표를 불러오는 시간은 네트워크 상황에 따라 다소 차이가 있지만 하나의 회사를 받는 데 대략 1~2분 정도 걸린다.

07 | 2개의 엑셀 파일 비교하기

• 엑셀업무를 하다보면 과거 엑셀 저장본과 업데이트 저장본 사이에 어떤 변화가 일어났는지를 확인해야 할 필요가 있다. 2개의 엑셀을 눈으로 일일이 확인하는 것은 너무 비효율적이며 정확하지 않기 때문에 RPA를 활용할 필요가 있다. 특히 행과 열로 구성된 데이터베이스 형태의 엑셀을 비교할 때 RPA를 활용하는 것이 매우 효율적이다. 이 사례에서는 pandas 라이브러리를 주로 사용할 것이므로 pandas에 대한 학습이 필요하다.

1 필요 라이브러리 불러오기

• 먼저 판다스 라이브러리와 xlwings 라이브러리를 불러온다.

```
import pandas as pd
import xlwings as xw
```

2 2개의 엑셀을 열어서 구조 살펴보기

• 예제로 제공된 **'분개장_1.xlsx'**와 **'분개장_2.xlsx'**을 열어보자. **'분개장_1.xlsx'**은 다음과 같다. 다음의 **(1)** 부분의 분개와 **(2)** 부분의 분개를 비교해보자. **(1)**의 **2016-06-30의 274번** 분개의 계정과목별 차변, 대변금액과 **(2)**의 **2016-06-30의 274번** 분개의 계정과목별 차변, 대변금액이 차이가 난다. 또한 **(3)**의 **2016-06-30의 275번** 분개는 새롭게 들어갔다.
• 일반적으로 기말결산과정에서 결산분개 등이 추가가 되면 분개장이 새롭게 업데이트가 될 수 있는데 감사인이 새로운 분개장을 회사로부터 엑셀이나 CSV로 받을 때 셀 단위로 바뀌거나 삭제 또는 추가된 항목이 있는지를 일목요연하게 확인할 수 있다면 분석의 효율성이 매우 높아질 것이다.

	A	B	C	D	E	F	G	H	I
24230	2016-06-30	273	84000	무형자산상각비	366,450			2016-06-30	0001
24231	2016-06-30	273	24200	상각누계액(디자인권)		366,450		2016-06-30	
24232	2016-06-30	273	84000	무형자산상각비	82,160			2016-06-30	0001
24233	2016-06-30	273	24300	상각누계액(실용신안권)		82,160		2016-06-30	
24234	2016-06-30	273	84000	무형자산상각비	536,903,920			2016-06-30	0001
24235	2016-06-30	273	24400	상각누계액(개발비)		536,903,920		2016-06-30	
24236	2016-06-30	274	10300	보통예금	350,000,000		00280	2016-06-30	FSS5
24237	2016-06-30	274	25500	부가세예수금		31,818,182	00280	2016-06-30	FSS5
24238	2016-06-30	274	40100	상품매출		318,181,818	00280	2016-06-30	FSS5

(1)

Sheet1

	A	B	C	D	E	F	G	H	I
24230	2016-06-30	273	84000	무형자산상각비	366,450			2016-06-30	0001
24231	2016-06-30	273	24200	상각누계액(디자인권)		366,450		2016-06-30	
24232	2016-06-30	273	84000	무형자산상각비	82,160			2016-06-30	0001
24233	2016-06-30	273	24300	상각누계액(실용신안권)		82,160		2016-06-30	
24234	2016-06-30	273	84000	무형자산상각비	536,903,920			2016-06-30	0001
24235	2016-06-30	273	24400	상각누계액(개발비)		536,903,920		2016-06-30	
24236	2016-06-30	274	10300	보통예금	250,000,000		00280	2016-06-30	FSS5
24237	2016-06-30	274	25500	부가세예수금		20,000,000	00280	2016-06-30	FSS5
24238	2016-06-30	274	40100	상품매출		230,000,000	00280	2016-06-30	FSS5
24239	2016-06-30	275	10300	보통예금	330,000		00280	2016-06-30	FSS5
24240	2016-06-30	275	25500	부가세예수금		30,000	00280	2016-06-30	FSS5
24241	2016-06-30	275	40100	상품매출		300,000	00280	2016-06-30	FSS5

(2) (3)

Sheet1

3 코드 작성하기

• 예제로 제공된 **'분개장_1.xlsx'**와 **'분개장_2.xlsx'**을 각각 구엑셀과 신엑셀 변수로 설정한 후 DataFrame으로 변환해보자. 다음의 **#①**에서 **na_values** 옵션은 엑셀에서 불러들일 때 값이 없어 Nan이 뜨는 경우 이를 **NA**로 바꾸라는 것이다.

```
구엑셀 = '분개장_1.xlsx'
신엑셀 = '분개장_2.xlsx'
df_old = pd.read_excel(구엑셀, 'Sheet1', na_values=['NA'])  #①
df_new = pd.read_excel(신엑셀, 'Sheet1', na_values=['NA'])
```

• 각 DataFrame에 Version 칼럼을 **'old'**와 **'new'**로 넣는다.

```
df_old['version'] = 'old'
df_new['version'] = 'new'
```

• 각 DataFrame에 고유한 시퀀스 번호를 부여할 필요가 있으므로 여기서는 전표일자, 전표번호를 하나의 세트로 보아 그 세트의 시퀀스를 구하여 전표일자, 전표번호, 시퀀스 string을 합치는 것을 구현해보자. 먼저 전표일자, 전표번호로 각 DataFrame을 groupby

로 묶어보자.

```
gb_old = df_old.groupby(['전표일자','전표번호'])
gb_new = df_new.groupby(['전표일자','전표번호'])
```

- 각 DataFrame에 **'전표번호seq'** 칼럼을 넣고 groupby에 cumcount() 함수를 적용하여 시퀀스 번호를 넣어보자.

```
df_old['전표번호seq'] = gb_old.cumcount()
df_new['전표번호seq'] = gb_new.cumcount()
```

- 각 DataFrame에 version 칼럼을 만들고 'old'와 'new'로 넣는다.

```
df_old['version'] = 'old'
df_new['version'] = 'new'
```

- 각 DataFrame에 **'전표일자번호'** 칼럼을 만들고 다음과 같이 전표일자, 전표번호, 전표번호seq를 조합해서 고유한 번호로 넣는다.

```
df_old['전표일자번호'] = df_old['전표일자'] + df_old['전표번호'].astype(str) +
                       df_old['전표번호seq'].astype(str)
df_new['전표일자번호'] = df_new['전표일자'] + df_new['전표번호'].astype(str) +
                       df_new['전표번호seq'].astype(str)
```

- 각 DataFrame에 **'전표일자번호'** 칼럼에 set() 함수를 취하여 중복을 제외한 것을 변수로 설정한다.

```
old_전표일자번호_all = set(df_old['전표일자번호'])
new_전표일자번호_all = set(df_new['전표일자번호'])
```

- **삭제_전표일자번호**와 **추가_전표일자번호** 변수를 다음과 같이 설정한다. 세트끼리 (-) 연산자를 취하는 경우 앞의 세트의 원소에서 뒤의 세트의 원소를 차감한 세트를 반환한다.

```
삭제_전표일자번호 = old_전표일자번호_all - new_전표일자번호_all
추가_전표일자번호 = new_전표일자번호_all - old_전표일자번호_all
```

- 각 df_old를 위로, df_new를 아래로 합친다.

```
all_data = pd.concat([df_old,df_new],ignore_index=True)
```

- all_data에서 subset의 항목이 모두 중복인 것을 제외하여 중복되지 않은 항목만 남긴다. 다음의 **#①**에서 keep 옵션에서 **'first'**는 디폴트이며 처음에 발견된 데이터를 남기고 중복데이터를 삭제하는 것이며, **'last'**는 마지막으로 발견된 데이터를 남기고 중복데이터를 삭

제하는 것이며, **False**는 모든 중복데이터를 삭제하는 것이다.

```
changes = all_data.drop_duplicates(subset=["전표일자","전표번호", "계정코드",
                          "계정과목", "차변금액","대변금액","거래처", "승인일자",
                          "프로젝트코드", "전표일자번호"], keep = False) #①
```

상기 change의 결과는 다음과 같다.

	전표일자	전표번호	계정코드	계정과목	차변금액	대변금액	거래처	승인일자	프로젝트코드	version		전표번호seq	전표일자번호
0	2016-06-30	274	10300	보통예금	350000000	0	280.0	2016-06-30	FSS5	old		0	2016-06-302740
1	2016-06-30	274	25500	부가세예수금	0	31818182	280.0	2016-06-30	FSS5	old	(1)	1	2016-06-302741
2	2016-06-30	274	40100	상품매출	0	318181818	280.0	2016-06-30	FSS5	old		2	2016-06-302742
3	2016-06-30	274	10300	보통예금	250000000	0	280.0	2016-06-30	FSS5	new		0	2016-06-302740
4	2016-06-30	274	25500	부가세예수금	0	20000000	280.0	2016-06-30	FSS5	new		1	2016-06-302741
5	2016-06-30	274	40100	상품매출	0	230000000	280.0	2016-06-30	FSS5	new	(2)	2	2016-06-302742
6	2016-06-30	275	10300	보통예금	330000	0	280.0	2016-06-30	FSS5	new		0	2016-06-302750
7	2016-06-30	275	25500	부가세예수금	0	30000	280.0	2016-06-30	FSS5	new		1	2016-06-302751
8	2016-06-30	275	40100	상품매출	0	300000	280.0	2016-06-30	FSS5	new		2	2016-06-302752

- 상기 그림에서 **(1)**과 **(2)**를 구분하여 별도의 DataFrame을 만든다.

```
change_new = changes[(changes["version"] == "new")]
change_old = changes[(changes["version"] == "old")]
```

- 상기 각각의 DataFrame에서 version 칼럼을 삭제한다.

```
change_new = change_new.drop(['version'], axis=1)
change_old = change_old.drop(['version'], axis=1)
```

- 상기 각각의 DataFrame에서 **전표일자번호**를 새로운 인덱스로 변경한다.

```
change_new.set_index('전표일자번호', inplace=True)
change_old.set_index('전표일자번호', inplace=True)
```

- change_old와 change_new를 다음과 같이 combine한다.

```
df_all_changes = pd.concat([change_old, change_new], axis=1,
                           keys=['old', 'new'], join='outer')
```

상기 axis 옵션은 1은 칼럼, 0은 행을 의미한다. keys 옵션은 칼럼을 구분하는 키로 **change_old**에 해당하는 것을 **'old'**로 **change_new**에 해당하는 것을 **'new'**로 구분한다는 것을 의미한다. **join** 옵션은 inner, left, right, outer 중 선택하면 된다. **df_all_changes**의 결과는 다음과 같다.

	old										
	전표일자	전표번호	계정코드	계정과목	차변금액	대변금액	거래처	승인일자	프로젝트코드	version	전표번호seq
2016-06-302740	2016-06-30	274	10300	보통예금	350000000	0	280	2016-06-30	FSS5	old	0
2016-06-302741	2016-06-30	274	25500	부가세예수금	0	31818182	280	2016-06-30	FSS5	old	1
2016-06-302742	2016-06-30	274	40100	상품매출	0	318181818	280	2016-06-30	FSS5	old	2
2016-06-302750											
2016-06-302751											
2016-06-302752											

	new										
	전표일자	전표번호	계정코드	계정과목	차변금액	대변금액	거래처	승인일자	프로젝트코드	version	전표번호seq
2016-06-302740	2016-06-30	274	10300	보통예금	250000000	0	280	2016-06-30	FSS5	new	0
2016-06-302741	2016-06-30	274	25500	부가세예수금	0	20000000	280	2016-06-30	FSS5	new	1
2016-06-302742	2016-06-30	274	40100	상품매출	0	230000000	280	2016-06-30	FSS5	new	2
2016-06-302750	2016-06-30	275	10300	보통예금	330000	0	280	2016-06-30	FSS5	new	0
2016-06-302751	2016-06-30	275	25500	부가세예수금	0	30000	280	2016-06-30	FSS5	new	1
2016-06-302752	2016-06-30	275	40100	상품매출	0	300000	280	2016-06-30	FSS5	new	2

- 이제 사용자 정의 함수를 다음과 같이 만든다.

```
def report_diff(x):
    return x[0] if x[0] == x[1] else '{} ---> {}'.format(*x)
```

매개변수 x가 DataFrame이라면 x[0]은 첫 번째 칼럼을 의미하고 x[1]은 두 번째 칼럼을 의미할 것이다. **if if x[0] == x[1]** 라면 **x[0]**인 첫 번째 칼럼을 반환하고, 그렇지 않으면 **'{} ---> {}'.format(*x)**를 반환하라는 것인데 format() 안에 인자로 ***x**를 하면 여러 개의 인자를 받을 수 있게 된다.

- **df_all_changes**를 **'old'** 칼럼과 **'new'** 칼럼을 항목별로 바로바로 옆에 붙이는 방식으로 하면 분석하기가 더 쉬워진다.

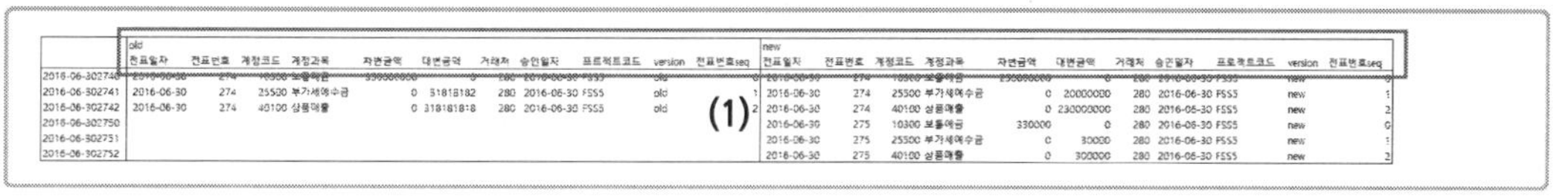

이를 위해서 **swaplevel()** 함수를 사용해보자. swaplevel() 함수는 인덱스의 레벨을 바꾸어준다. swaplevel(axis=1)은 단순하게 칼럼의 인덱스 레벨을 바꾸어주어서 다음 **(2)**처럼만 바뀌게 된다.

따라서 **[change_new.columns[0:]]**을 뒤에 붙여서 다음 **(3)**부분 즉, change_new의 칼럼명들을 왼쪽 칼럼 인덱스 별로 사이사이에 넣어 **(4)**처럼 만든다.

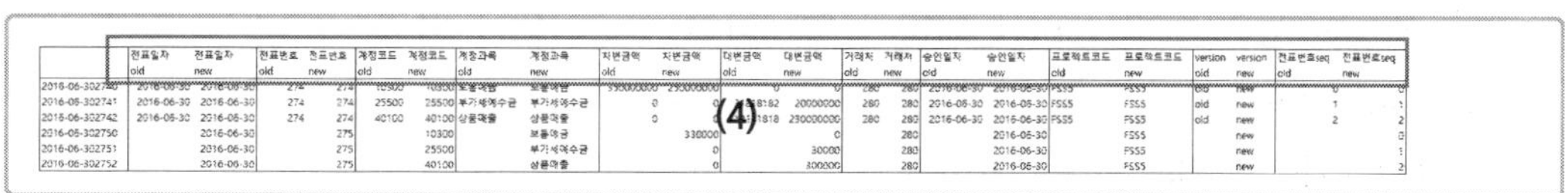


```
df_all_changes = df_all_changes.swaplevel(axis=1)[change_new.columns[0:]]
```

• 이제 다음 그림과 같이 셀 단위로 바뀐 내용이 있으면 다음 그림과 같이 보이게 해보자.

	거래처	계정과목	계정코드	대변금액	승인일자	전표번호	전표번호seq	전표일자	차변금액	프로젝트코드
2016-06-302740	280	보통예금	10300	0	2016-06-30	274	0	2016-06-30	350000000.0 ---> 250000000.0	FSS5
2016-06-302741	280	부가세예수금	25500	31818182.0 ---> 20000000.0	2016-06-30	274	1	2016-06-30	0	FSS5
2016-06-302742	280	상품매출	40100	318181818.0 ---> 230000000.0	2016-06-30	274	2	2016-06-30	0	FSS5
2016-06-302750	nan ---> 280.0	nan ---> 보통예금	nan ---> 10300.0	nan ---> 0.0	nan ---> 2016-06-30	nan ---> 275.0	nan ---> 0.0	nan ---> 2016-06-30	nan ---> 330000.0	nan ---> FSS5
2016-06-302751	nan ---> 280.0	nan ---> 부가세예수금	nan ---> 25500.0	nan ---> 30000.0	nan ---> 2016-06-30	nan ---> 275.0	nan ---> 1.0	nan ---> 2016-06-30	nan ---> 0.0	nan ---> FSS5
2016-06-302752	nan ---> 280.0	nan ---> 상품매출	nan ---> 40100.0	nan ---> 300000.0	nan ---> 2016-06-30	nan ---> 275.0	nan ---> 2.0	nan ---> 2016-06-30	nan ---> 0.0	nan ---> FSS5

이를 위해 사용자 정의 함수 **report_diff()**를 이용하여 다음처럼 코드를 작성한다.

```
df_changed = df_all_changes.groupby(level=0, axis=1).apply(lambda x:
                                        x.apply(report_diff, axis=1))
```

groupby(level=0, axis=1)은 다음 **(5)**처럼 첫번째 인덱스 칼럼인 '전표일자', '전표번호', '계정코드', '계정과목', '차변금액', '대변금액', '승인일자', '프로젝트코드' 별로 group으로 묶어서 구분하겠다는 것이다.

	전표일자	전표일자	전표번호	전표번호	계정코드	계정코드	계정과목	계정과목	차변금액	차변금액	대변금액	대변금액	거래처	거래처	승인일자	승인일자	프로젝트코드	프로젝트코드	version	version	전표번호seq	전표번호seq
	old	new	old	new	old	new	old	new	old	new	old	new	old	new	old	new	old	new	old	new	old	new
2016-06-302740	2016-06-30	2016-06-30	274	274	10300	10300	보통예금	보통예금	350000000	250000000	0	0	280	280	2016-06-30	2016-06-30	FSS5	FSS5	old	new	0	0
2016-06-302741	2016-06-30	2016-06-30	274	274	25500	25500	부가세예수금	부가세예수금	0	0	31818182	20000000	280	280	2016-06-30	2016-06-30	FSS5	FSS5	old	new	1	1
2016-06-302742	2016-06-30	2016-06-30	274	274	40100	40100	상품매출	상품매출	0	0	318181818	230000000	280	280	2016-06-30	2016-06-30	FSS5	FSS5	old	new	2	2
2016-06-302750		2016-06-30		275		10300		보통예금		330000		0		280		2016-06-30		FSS5		new		0
2016-06-302751		2016-06-30		275		25500		부가세예수금		0		30000		280		2016-06-30		FSS5		new		1
2016-06-302752		2016-06-30		275		40100		상품매출		0		300000		280		2016-06-30		FSS5		new		2

(5)

상기 **(5)** 부분만 확대해서 살펴보자.

x ← df_all_changes.groupby(level=0, axis=1)

	전표일자	전표일자	전표번호	전표번호	계정코드	계정코드
	old	new	old	new	old	new
2016-06-302740	2016-06-30	2016-06-30	274	274	10300	10300
2016-06-302741	2016-06-30	2016-06-30	274	274	25500	25500
2016-06-302742	2016-06-30	2016-06-30	274	274	40100	40100
2016-06-302750		2016-06-30		275		10300
2016-06-302751		2016-06-30		275		25500
2016-06-302752		2016-06-30		275		40100

x[0] x[1]

이를 사용자 정의 함수 **report_diff()**와 연계하여 설명하면 다음과 같다.

```
def report_diff(x):  # x는 df_all_changes.groupby(level=0, axis=1)로 들어감
    return x[0] if x[0] == x[1] else '{} ---> {}'.format(*x)
    # x[0] 과 x[1]이 동일하면 x[0], 아니면 '{x[0]} ---> {x[1]}' 로 표시하라는 의미
```

```
df_changed = df_all_changes.groupby(level=0, axis=1).apply(lambda x:
                         x.apply(report_diff, axis=1)) # 칼럼으로 적용한다는 의미임
```

- 다음은 **df_changed**의 칼럼순서를 분개장 칼럼 순서대로 변경한 후에 인덱스를 리셋하자.

```
cols = list(change_new.columns)
df_changed = df_changed[cols]
df_changed = df_changed.reset_index()
```

- 이제 **changes** DataFrame의 **전표일자번호** 칼럼의 내용이 **삭제_전표일자번호**에 포함된다면 **df_removed**, **추가_전표일자번호**에 포함된다면 **df_added**로 구분하여 만든다.

```
df_removed = changes[changes["전표일자번호"].isin(삭제_전표일자번호)]
df_added = changes[changes["전표일자번호"].isin(추가_전표일자번호)]
```

- 다음은 df_changed, df_removed, df_added 를 리스트 처리하여 변수로 설정한다.

```
dfs = [df_changed, df_removed, df_added]
```

- 베이스_디렉토리를 설정한다.

```
베이스_디렉토리 = os.getcwd()
```

- xlwings 라이브러리를 이미 불러온 상태이므로 예제로 제공된 **분개장차이.xlsx**를 연다.

```
wb = xw.Book(베이스_디렉토리 + '\ \분개장차이.xlsx')
```

- 다음과 같이 for 문을 돌린다.

```
for i in range(len(dfs)):
    sht = wb.sheets[i]  #①
    sht.range('A1').value = dfs[i] #②
```

✓ **#①**은 각 시트(changed, removed, added)를 차례대로 열고

✓ **#②**는 연 시트의 **'A1'** 셀에 **df_changed, df_removed, df_added**를 붙이는 것이다.

- 엑셀의 결과는 다음과 같다.

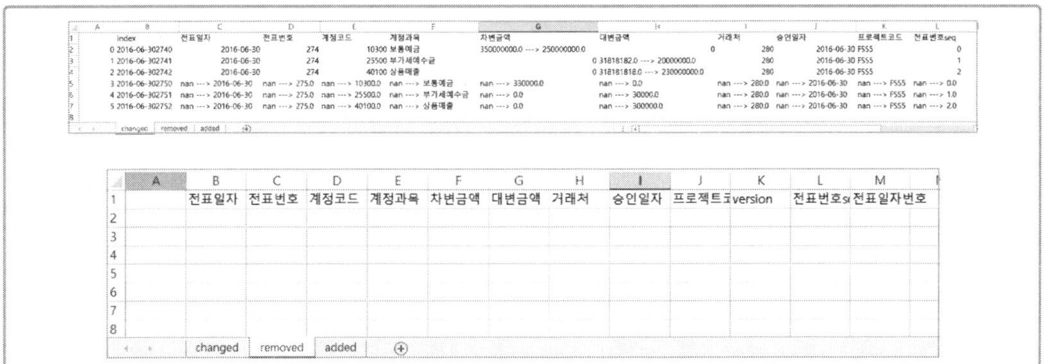

	A	B	C	D	E	F	G	H	I	J	K	L	M
1		전표일자	전표번호	계정코드	계정과목	차변금액	대변금액	거래처	승인일자	프로젝트코드	version	전표번호seq	전표일자번호
2	48474	2016-06-30	275	10300	보통예금	330000	0	280	2016-06-30	FSS5	new	0	2016-06-302750
3	48475	2016-06-30	275	25500	부가세예수금	0	30000	280	2016-06-30	FSS5	new	1	2016-06-302751
4	48476	2016-06-30	275	40100	상품매출	0	300000	280	2016-06-30	FSS5	new	2	2016-06-302752
5													
6													
7													
8													

changed | removed | added

| 제 14 장 |

정규표현식 (Regular Expression)

01 | 정규표현식이란?

- 정규표현식(regular expression)은 줄임말로 정규식이라고도 한다. 정규식은 **특정 문자열의 패턴**을 표현하는 식으로, 문자열 처리함수를 사용하는 것보다 **복잡한 표현을 보다 간결하게 표현**할 수 있다. 정규식은 자체 표현방식으로 구성되어 있기 때문에 **그 문법을 별도로 익혀야 한다.**

보충설명 정규식을 공부할 수 있는 사이트

정규식을 익힐 수 있는 사이트는 많은데 아래의 사이트는 초보자가 학습하기 매우 유용한 사이트이다.

✓ https://regex101.com/

✓ https://regexper.com (시각화)

1 주요 메타 문자

- **메타 문자(meta character)**란 **특별한 뜻이 담겨 있는 문자열 양식을 나타내는 일종의 특수기호**이다. 그러므로 어떤 메타 문자가 어떤 의미를 가지고 있는지는 **별도로 기억하여야 한**다. 정규식을 처음 배울 때 어렵다고 느끼는 부분이 파이썬의 문법과는 **별도로 이를 암기하여야 한다는 점**이다.

(1) 매칭을 나타내는 메타문자

1) 임의의 모든 character 1개 : .

- .은 임의의 모든 character를 나타내는 메타문자이다. 여기서 character는 알파벳, 한글, 숫자, 특수문자 등 모든 character가 해당된다. 다음 정규식을 살펴보자.

가.다

상기 정규식은 가와 다 사이에 임의의 모든 문자가 1개 나오는 것을 표현한 것이다.

정규식	문자열	해당여부	이유
가.다	가다	아니오	"가와 "다" 사이에 문자가 없으므로
가.다	가나다	예	"가와 "다" 사이에 문자인 "나"가 1번 나오므로
가.다	가나나다	아니오	"가와 "다" 사이에 문자인 "나"가 2번 나오므로
가.다	가1다	예	"가와 "다" 사이에 숫자인 "1"가 1번 나오므로
가.다	가a다	예	"가와 "다" 사이에 알파벳인 "a"가 1번 나오므로
가.다	가?다	예	"가와 "다" 사이에 특수문자인 "?"가 1번 나오므로

2) 줄의 시작 : ^

- ^은 줄의 시작을 나타낸다. 다음 정규식을 살펴보자.

^가나다

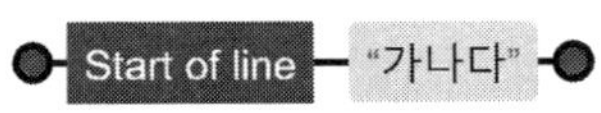

정규식	문자열	해당여부	이유
^가나다	가나다로부터 한글은 시작된다.	예	"가나다"가 문장 맨 앞에서 시작되므로
^가나다	한글의 시작은 가나다로부터이다.	아니오	"가나다"가 문장 맨 앞에서 시작되지 않으므로

3) 줄의 끝 : $

- $은 줄의 끝을 나타낸다. 다음의 정규식을 살펴보자

가나다$

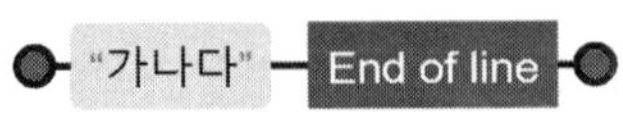

정규식	문자열	해당여부	이유
가나다$	가나다로부터 한글은 시작된다.	아니오	"가나다"가 문장 맨 뒤에 있지 아니하므로
가나다$	한글의 시작은 가나다로부터이다.	아니오	"가나다"가 문장 맨 뒤에 있지 아니하므로
가나다$	한글의 시작은 가나다	예	"가나다"가 문장 맨 뒤에 있으므로

4) 또는(or) : |

• |은 파이썬 문법에서도 또는(or)을 의미하며 같은 의미이다. 다음의 정규식을 살펴보자.

개|나

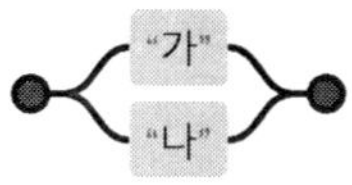

정규식	문자열	해당여부	이유
개|나	가나다는 가와 나와 다이다	예	**가나**다는 **가**와 **나**와 다이다
개|나	가다는 가와 다이다	예	**가**다는 **가**와 다이다

보충설명 **| 의 적용 순서**

|은 순서상 앞의 것이 먼저 적용되므로 동일한 단어가 연속적으로 나오면서 후반부만 다르게 나오는 두개의 문자열을 적용할 때는 후반부에 다르게 나오는 문자열을 순서상 앞에 위치하여야 한다. 예를 들어, URL 주소를 나타낼때 http://www.daum.net와 https://www.daum.net이 있고 이 중 http 또는 https를 갖고 오고 싶다면, http|https가 아니라 https|http라고 하여야 한다.

5) 대괄호 : [ ]

가. 대괄호 안에서 문자열

• 대괄호 [ ]는 대괄호 안의 문자가 여러개 있으면 그 문자 중 어느 한 개를 의미한다. 다음의 정규식을 살펴보자.

[가나다]

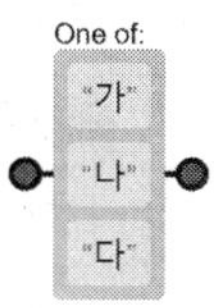

정규식	문자열	해당여부	이유
[가나다]	가와 나와 다로 가나, 가나다, 다나, 다나가 처럼 구성할 수 있다.	예	**가**와 **나**와 **다**로 **가나**, **가나다**, **다나**, **다나가** 처럼 구성할 수 있**다**.

나. 대괄호 안에서 ^

- 대괄호 안에서 ^표시는 **해당 문자(열)을 제외**한다는 의미이다. 다음의 정규식을 살펴보자.

정규식	문자열	해당여부	이유
[^가나다]	가나다는 가, 나, 다로 구성되어 있다.	예	가나다는 가, 나, 다로 구성되어 있다.

다. 대괄호 안에서 -

- 대괄호 안에 –를 기입하면 범위를 지정할 수 있다. 다음의 정규식을 살펴보자.

[a-z] : 영어 문자의 모든 범위를 지정한다.
[가-힣] : 한글 문자의 모든 범위를 지정한다.
[0-9] : 숫자의 모든 범위를 지정한다

정규식	문자열	해당여부	이유
[a–z]	알파벳의 시작은 a,b,c이다.	예	알파벳의 시작은 a,b,c이다.
[가–힣]	알파벳의 시작은 a,b,c이다.	예	알파벳의 시작은 a,b,c이다.
[0–9]	숫자의 시작은 1,2,3이다.	예	숫자의 시작은 1,2,3이다.

6) 괄호 : ( )

- 괄호 ( )는 그룹으로 묶을때 사용한다. 다음의 정규식을 살펴보자.

(가나다)

이는 가나다를 하나의 묶음으로 보아 이 문자열이 나오는지를 보겠다는 것이다.

정규식	문자열	해당여부	이유
(가나다)	한글의 시작은 가나다이다.	예	한글의 시작은 가나다이다.
(가나다)	한글의 시작은 가, 나, 다이다.	예	하나의 묶음으로 가나다가 없다.

7) 숫자와 문장와 관련 메타문자

메타문자	의 미
\d	숫자를 의미한다. 그러므로 [0-9]와 동일한 의미이다.
\D	숫자를 제외한 것을 의미한다. 그러므로 [^0-9]와 동일한 의미이다.
\s	공백문자(white space)를 의미한다.

\S	공백문자를 제외한 것을 의미한다.
\b	단어의 시작과 끝의 빈공백을 의미한다.
\B	단어의 시작과 끝의 빈공백이 아닌 빈공백을 의미한다.
\w	숫자와 알파벳 문자를 의미한다. 따라서 [a-zA-Z0-9]와 동일한 의미이다.
\W	숫자와 알파벳 문자를 제외한 것을 의미한다.

(2) 반복을 나타내는 메타문자

메타문자	의 미
*	0회 이상 반복
*?	0회이상 반복 (최소 매칭 non-greedy)
+	1회 이상 반복
+?	1회 이상 반복 (최소 매칭 non-greedy)
?	0회 or 1회
{m}	m회 반복
{m, n}	m회에서 n회까지 반복

1) * : 0회 이상 반복

- *은 바로 앞의 문자나 숫자가 0회 이상 반복하는 패턴을 표현하는 것이다. 다음 정규식을 살펴보자.

정규식	문자열	해당여부	이유
가나*다	가다	예	"나"가 0번 나오므로(즉, 안나오므로)
가나*다	가나다	예	"나"가 1번 나오므로
가나*다	가나나다	예	"나"가 2번 나오므로
가나*다	가나다 가나다	예	"나"가 1번 나오면서 앞의 가나다와 뒤의 가나다가 모두 해당

2) + : 1회 이상 반복

- +은 바로 앞의 문자나 숫자가 1회 이상 반복하는 패턴을 표현하는 것이다. 다음 정규식을 살펴보자. 이는 가와 다 사이에 나는 1회 이상 반복하는지를 표현한 것이다. 따라서 아래와 같이 설명될 수 있다.

가나+다

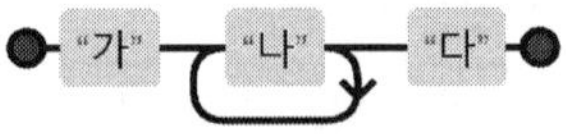

정규식	문자열	해당여부	이유
가나+다	가다	아니오	"나"가 0번 나오므로(즉, 안나오므로)
가나+다	가나다	예	"나"가 1번 나오므로
가나+다	가나나다	예	"나"가 2번 나오므로
가나+다	가나다 가나다	예	"나"가 1번 나오면서 앞의 가나다와 뒤의 가나다가 모두 해당

3) ? : 0회 또는 1회 반복

- **?**은 바로 앞의 문자나 숫자가 0회 또는 1회 반복하는 패턴을 표현하는 것이다. 다음 정규식을 살펴보자. 이는 가와 다 사이에 나는 0회 또는 1회 반복하는지를 표현한 것이다. 따라서 아래와 같이 설명될 수 있다.

가나?다

정규식	문자열	해당여부	이유
가나?다	가다	예	"나"가 0번 나오므로(즉, 안나오므로)
가나?다	가나다	예	"나"가 1번 나오므로
가나?다	가나나다	아니오	"나"가 2번 나오므로
가나?다	가나다 가나다	예	"나"가 1번 나오면서 앞의 가나다와 뒤의 가나다가 모두 해당

4) { } : 반복 회수 정하기

- **{ }**은 반복 회수를 정해줄 수 있다. 예를 들어 **{2}**면 2번 반복하는 것이고 **{2, 4}**면 2~4번 반복하는 것을 의미한다. 다음 정규식을 살펴보자.

가나{2}다

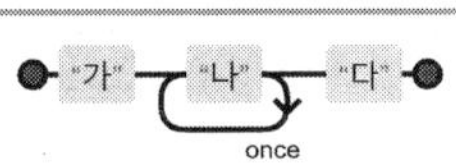

정규식	문자열	해당여부	이유
가나{2}다	가다	아니오	"나"가 0번 나오므로(즉, 안나오므로)
가나{2}다	가나다	아니오	"나"가 1번 나오므로
가나{2}다	가나나다	예	"나"가 2번 나오므로
가나{2}다	가나나나다	아니오	"나"가 3번 나오므로

• 다음 정규식을 살펴보자.

정규식	문자열	해당여부	이유
가나{2,4}다	가다	아니오	"나"가 0번 나오므로(즉, 안나오므로)
가나{2,4}다	가나다	아니오	"나"가 1번 나오므로
가나{2,4}다	가나나다	예	"나"가 2번 나오므로
가나{2,4}다	가나나나다	예	"나"가 3번 나오므로

2 Greedy VS Non-greedy

• 파이썬의 정규식은 기본적으로 **마구 마구 욕심스럽게(greedy)** 매칭을 하는 방식이다. 말이 좀 어려운데 간단한 예를 들어보자. 웹에서 html 문서를 크롤링한 문자열이 다음과 같다고 가정해보자.

```
<title> 여기는 제목입니다. </title>
```

• 여기서 **첫번째 <title>**까지만 찾고 싶은데 아래와 같이 정규식을 작성하였다고 가정하자.

```
<.*>
```

이는 **<title>**이 **<>**안에 어떤 문자가 0회 이상 나오면 되지 않겠냐는 생각 때문이다. 그런데 이것을 실행하면 결과는 다음과 같이 **<title> 여기는 제목입니다. </title>**이 모두 선택되는 결과가 나온다. **<https://regex101.com/ 참조>**

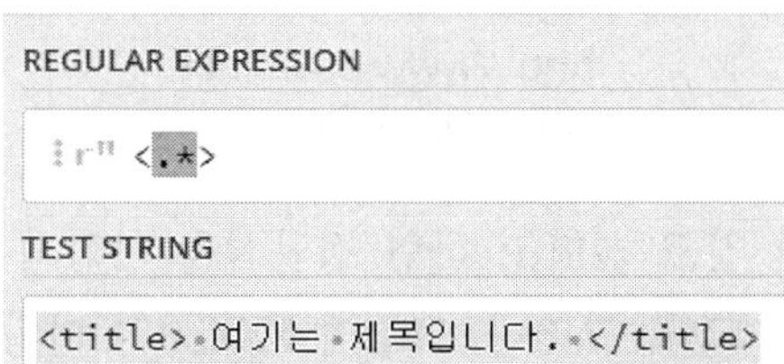

이는 꺽쇠괄호가 다음과 같이 적용되기 때문이다.

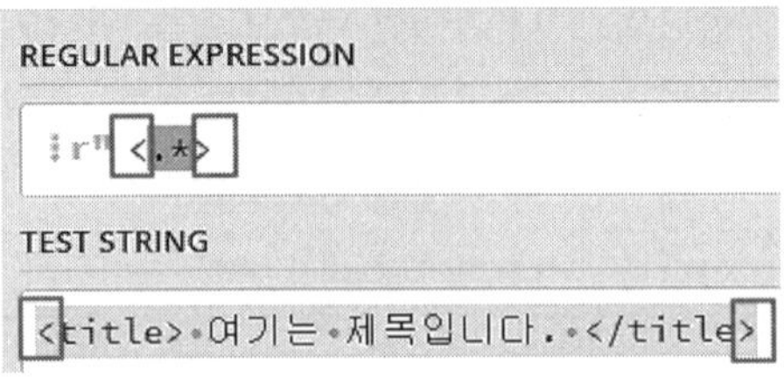

즉, 파이썬의 정규식은 기본적으로 마구 마구 욕심스럽게(greedy) 매칭하는 방식이므로 **첫번째 〈title〉이나 〈/title〉**만 갖고 오기 위해서는 greedy 하지 않은, 즉, **Non-greedy** 방법을 적용할 수 있어야 하는데 이 때 적용하는 방법이 바로 **?**이다.

앞에서 **?**은 바로 앞의 문자나 숫자가 0회 또는 1회 반복하는 패턴을 의미한다고 하였는데, **?앞에 * 또는 +가 나오게 되면** Non-greedy 매칭을 하게 된다. 상기 사례에서 첫번째 <title>이나 </title>만 찾고 싶으면 아래와 같이 ***** 뒤에 **?**을 붙이면 된다.

〈.*?〉

정규식	문자열	이유
〈.*?〉	<title> 여기는 제목입니다. </title>	<title> 여기는 제목입니다. </title>
〈.*?〉	<title> 여기는 제목입니다. </title>	<title> 여기는 제목입니다. </title>

3 긍정형 전방탐색과 부정형 전방탐색

(1) 긍정형 전방탐색

- 긍정형 전방탐색이란 전방탐색문자에 해당하는 문자열이 검색에는 포함되지만 검색결과에는 제외되어 검색 결과에는 전방탐색문자가 제거된 후에 돌려주는 것이다.
- 웹에서 html 문서를 크롤링한 문자열이 다음과 같다고 가정해보자.

'http://www.daum.net'
'https://www.daum.net'

여기서 http 또는 https만 찾고 싶다고 하면 정규식을 어떻게 하는 것이 좋을까? 직관적으로 https|http라고 하면 된다. 그러나 URL이 **XXX…:**의 다양한 패턴을 가질 수 있다면 이러한 정규식은 일종의 hard coding이 된다. 이때 긍정형 전방탐색을 적용하면 매우 편

리하게 패턴을 찾을 수 있다. 다음과 같이 정규식을 만들어보자.

```
.+(?=:)
```

긍정형 전방탐색은 **(?=전방탐색문자)**의 형태를 취한다.

정규식	문자열	이유
.+(?=:)	http://www.daum.net	http://www.daum.net
.+(?=:)	https://www.daum.net	https://www.daum.net

(2) 부정형 전방탐색

- 부정형 전방탐색이란 전방탐색문자에 해당하는 문자열이 들어가 있으면 검색결과에는 제외되고, 전방탐색문자에 해당하는 문자열이 들어가 있지 않으면 검색결과로 돌려주는 것을 의미한다. 부정형 전방탐색은 **(?!전방탐색문자)**의 형태를 취한다.
- 예를 들어, 파일명이 **python.exe**와 **python.bat**인 2개의 파일이 있는데 이 중 **파일명이 .bat인 것을 제외한 파일명(확장자를 포함한 full name)**을 갖고 오고 싶다고 하면 다음과 같은 정규식을 작성하면 된다.

```
.*[.](?!bat$).*$
```

✓ **.** : 모든 문자

✓ ***** : 0회 이상

✓ **[.]** : **.**이 1개(.을 문자로 처리한 것이다)

✓ **(?!bat$)** : bat$이면 즉, 마지막에 bat가 있으면 검색결과에서 제외하고, bat가 있지 않으면 검색결과에 포함시킴

✓ **.*$** : 모든 문자가 0회 이상 나오면서 마지막까지 돌려줌

4 정규식 라이브러리 및 주요 함수

- 정규식 라이브러리는 다음과 같이 re를 불러온다.

```
>>> import re
```

- 주요 함수는 다음과 같다.

함수	설명
match(pattern, string)	· 문자열(string)에서 패턴(pattern)과 매치하는지 검사 · 매칭 결과가 존재하면 MachObject 반환 · 매칭 결과가 없으면 None · 문자열(string) 시작부터 매치 검사 · group()은 매치하는 문자열을 나타낸다
search(pattern, string)	· 문자열(string) 전체에서 패턴(pattern)과 존재하는지 검사 · 매칭 결과가 존재하면 MachObject 반환 · 매칭 결과가 없으면 None · 1개만 찾음(패턴이 존재하는지 여부만 조사)
findall(pattern, string)	· 문자열(string)에서 패턴(pattern)을 만족하는 문자열의 리스트를 반환
split(pattern, string)	· 패턴(pattern)을 구분자로 string을 분리하여 리스트로 반환
sub(pattern, repl)	· 문자열(string)에서 패턴(pattern)과 일치하는 부분을 repl로 교체
compile(pattern)	· 패턴(pattern)을 컴파일하여 정규식 객체로 반환

(1) 문자열에서 전화번호만 가져오기

```
>>> import re
>>> text = '전화는 010-1111-1111로 걸어주세요'
>>> m = re.search('₩d+-₩d+-₩d+', text)
>>> print(m)
<re.Match object; span=(4, 17), match='010-1111-1111'>
```

```
>>> import re
>>> text = '전화는 010-1111-1111로 걸어주세요'
>>> m = re.match('₩d+-₩d+-₩d+', text)
>>> print(m)
None
```

(2) 문자열에서 숫자만 갖고 오기

```
>>> import re
>>> text = '전화는 010-1111-1111로 걸어주세요'
>>> m = re.findall('₩d+', text)
>>> print(m)
['010', '1111', '1111']
```

(3) 날짜 형태만 갖고 오기

```
>>> import re
>>> text = '오늘은 01/01/2019 입니다'
>>> m = re.match('₩d{1,2}₩/₩d{1,2}₩/₩d{2,4}', text)
>>> print(m)
<re.Match object; span=(4, 14), match='01/01/2019'>
```

보충설명 **/(슬래시)를 하나의 문자로 구분하는 방법**

/(슬래시)는 앞에 **\(백슬래쉬)**을 넣어서 **/(슬래시)가 하나의 문자**라는 것을 구분해주어야 한다.

02 | 정규식을 이용한 적요란 환율 재계산

1 사례의 개요 및 목적

- 본 사례는 정규식을 이용하여 적요란에 기입된 환율정보와, 표시통화로 환산된 차변금액 또는 대변금액을 비교하여 환율이 적절하게 적용되었는지를 파악하기 위한 것이다.

2 사례 파일

- 적요.tbl을 연다.

3 Fraudit과 Python 활용 절차

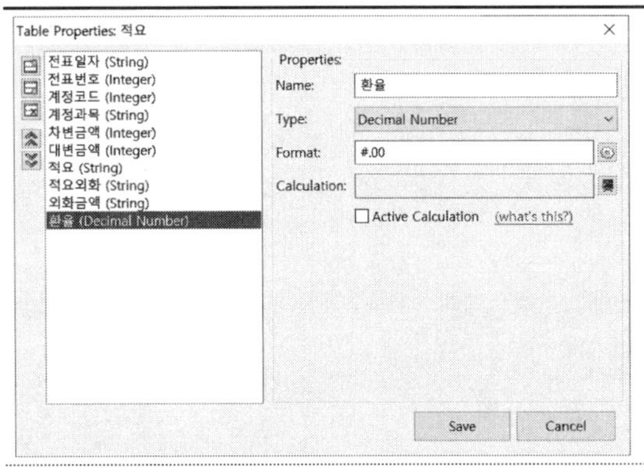

(1) 적요외화, 외화금액, 환율 칼럼을 삽입한다.
- *적요외화* 칼럼
  - Type : ***String*** 선택
- *외화금액* 칼럼
  - Type : ***String*** 선택
- ***환율*** 칼럼
  - Type : ***Decimal Number*** 선택
  - Format : ***#.00*** 기입

(2) Save 버튼을 누른다.

```
import re

p = re.compile(r'(U*S*[$]|u*S*[$]|JPY|EUR|eur|Jpy)+(₩d+[.,]*₩d+[.,]*₩d+)')
for i in range(len(적요)):
    if p.findall(적요[i]['적요']):
        적요[i]['적요외화'] = p.findall(적요[i]['적요'])[0][0]
    else :
```

```
        적요[i]['적요외화'] = "0"

for i in range(len(적요)):
    if p.findall(적요[i]['적요']):
        적요[i]['외화금액'] = p.findall(적요[i]['적요'])[0][1]
    else :
        적요[i]['외화금액'] = "0"

for i in range(len(적요)):
    if 적요[i]['외화금액'].count('.') >= 2:
        적요[i]['외화금액'] = 적요[i]['외화금액'].replace(적요[i]['외화금액'][적요[i]['외화금액
                          '].index(".")],"")
        적요[i]['외화금액'] = 적요[i]['외화금액'].replace(",","")

    else :
        적요[i]['외화금액'] = 적요[i]['외화금액'].replace(",","")

적요.set_type(8, number, "#.00")
적요.set_format(8, "#.00")
적요.set_format(9, "#.00")


for i in range(len(적요)):
    if 적요[i]['차변금액'] == 0 and 적요[i]['대변금액'] == 0 :
        적요[i]['환율'] = 0
    elif 적요[i]['차변금액'] != 0 and 적요[i]['대변금액'] == 0 :
        if 적요[i]['외화금액'] != 0 :
            적요[i]['환율'] = abs(적요[i]['차변금액'])/적요[i]['외화금액']
        else :
            적요[i]['환율'] = 0
    elif 적요[i]['차변금액'] == 0 and 적요[i]['대변금액'] != 0 :
        if 적요[i]['외화금액'] != 0 :
            적요[i]['환율'] = abs(적요[i]['대변금액'])/적요[i]['외화금액']
        else :
            적요[i]['환율'] = 0
    else :
        적요[i]['환율'] = 0
```

(3) 상기와 같이 코드 에디터 창에 입력한 후 코드 영역을 선택하고 ⏩ 아이콘을 눌러 코드를 실행한다.

	전표일자	전표번호	계정코드	계정과목	차변금액	대변금액	적요	적요외화	외화금액	환율
57	2016-01-09	3	40400	제품매출	0	11,956,210	13(U$9966)	U$	9966.00	1199.70
58	2016-01-10	1	10800	외상매출금	46,520,729	0	83(EUR35501.98)	EUR	35501.98	1310.37
59	2016-01-10	1	25500	부가세예수금	0	0	83(EUR35501.98)	EUR	35501.98	0.00
60	2016-01-10	1	40400	제품매출	0	46,520,729	83(EUR35501.98)	EUR	35501.98	1310.37
61	2016-01-11	37	10300	보통예금	0	[illegible]	예금인출(u$[illegible])	u$	[illegible]	[illegible]
62	2016-01-11	40	10300	보통예금	0	194,792,805	예금인출(U$161,530.45)	U$	161530.45	1205.92
63	2016-01-11	41	10800	외상매출금	0	1,365,380	물품대입(u$1165) 5/2	u$	1165.00	1172.00
64	2016-01-11	42	10800	외상매출금	0	2,568,449	물품대입(U$2191.42) 9/14,11/8	U$	2191.42	1172.05
65	2016-01-11	43	10300	보통예금	51,808,618	0	예금입(u$43,311)	u$	43311.00	1196.20
66	2016-01-11	43	25900	선수금	0	51,808,618	선수금입(U$43,311)	U$	43.31	1196200.00
67	2016-01-11	44	25900	선수금	0	8,765,155	선수금입(u$7342.5)	u$	7342.50	1193.76
68	2016-01-11	45	10800	외상매출금	0	4,291,864	물품대입(u$3662) 8/19,20	u$	3662.00	1172.00
69	2016-01-12	4	10300	보통예금	21,549,570	0	예금입(EUR 16418.22)	0	0.00	0.00
70	2016-01-12	4	10800	외상매출금	0	20,984,947	물품대입(EUR 16418.22)	0	0.00	0.00
71	2016-02-15	30	83100	지급수수료	1,856,993	0	일본관련경비(JPY174,305)	JPY	174305.00	10.65
72	2016-03-31	107	83100	지급수수료	9,788,665	0	일본경비정산(JPY944,788)	JPY	944788.00	10.36
73	2016-03-31	107	25300	미지급금	0	9,788,665	일본경비정산(JPY944,788)	JPY	944788.00	10.36
74	2016-03-31	107	83100	지급수수료	1,212,140	0	일본 세미나 참가경비(JPY116,994)	JPY	116994.00	10.36
75	2016-03-31	107	25300	미지급금	0	1,212,140	일본 세미나 참가경비(JPY116,994)	JPY	116994.00	10.36

(4) 적요 테이블에 ***전표일자 2016-01-11 전표번호 37***과 ***전표일자 2016-01-11 전표번호 43***의 환율을 보면 비정상적인 환율이 보인다. 이 거래에 대해서는 추가적인 조사가 필요하다.

저자소개

안 정국

학력
- 연세대학교 정보대학원 (정보시스템 박사)
- San Diego University for Integrative Studies (MBA)
- San Diego State University (회계학 전공, 컴퓨터과학 부전공)

주요경력
- 선문대학교 경영학부 조교수 (2019. 09 ~ 현재)
- 연세대 정보대학원 겸임교수 (2019.03 ~ 2019.08)
- 화이스트스캔 인공지능 융합연구소 연구소장(2016.04 ~ 2019.08)
- 에이제이케이글로벌 대표 (2010 ~ 2016)

주요저서
- 파이썬을 활용한 나만의 RPA만들기(「삼일인포마인」, 2021)

파이썬과 Fraudit을 활용한

회계부정적발

A-JIN

지은이와 협의 인지 생략

인 쇄 : 2021년 08월 15일
발 행 : 2021년 08월 20일
저 자 : 안정국
발 행 처 : 도서출판 아진
437-120
경기도 의왕시 이미로 40 (포일동 653번지)
인덕원IT밸리 A동 1019호
TEL:02-737-0663 FAX:02-737-0664
Homepage:ajin.to
E-mail:kgb@ajin.to
발 행 인 : 김 근 배
등록번호 : 제330-1995-56호
ISBN : 978-89-5761-711-3 13320

가격 50,000원